Rösler/Wimmer/Lang
Vorzeitige Beendigung von Darlehensverträgen

Vorzeitige Beendigung von Darlehensverträgen

Begründung und Berechnung von
Vorfälligkeitsentschädigung und
Nichtabnahmeentschädigung aus
juristischer und finanzmathematischer
Sicht

– mit Berechnungsprogramm auf CD-ROM –

von

Rechtsanwalt Dr. Patrick Rösler, Heidelberg
Professor Dr. Konrad Wimmer, Dingolfing
Rechtsanwalt Dr. Volker Lang, Bonn

Verlag C. H. Beck München 2003

Zitiervorschlag: Rösler/Wimmer/Lang Rdnr. D 41

Verlag C. H. Beck im Internet:
beck.de

ISBN 3 406 49664 4

© 2003 Verlag C. H. Beck oHG
Wilhelmstraße 9, 80801 München
Druck und Bindung: fgb · Freiburger Graphische Betriebe
Bebelstraße 11, 79108 Freiburg i. Br.

CD-ROM: © 2001–2002, Buhl Data Service GmbH, www.buhl.de

Satz: Otto Gutfreund GmbH
Marburger Str. 11, 64289 Darmstadt

Umschlag: Bruno Schachtner, Dachau
Gedruckt auf säurefreiem, alterungsbeständigem Papier
(hergestellt aus chlorfrei gebleichtem Zellstoff)

Vorwort

Soweit ersichtlich, hat erstmals ein Autorenteam versucht, ein gleichermaßen juristisch wie finanzmathematisch geprägtes Thema (hoffentlich) erschöpfend zu bearbeiten. Schließlich muß die Praxis naturgemäß beide Sichtweisen kombinieren, da ohne Kenntnis der Rechtslage Schadensberechnungen vor Gericht nicht halten und andererseits die Beschreibung und Auslegung der Rechtslage keineswegs zu den notwendigerweise konkreten Abrechnungsergebnissen führt.

Das „gemischt" zusammengesetzte Autorenteam identifiziert sich mit dem Gesamtwerk, weshalb die Urheber zu den einzelnen Abschnitten nicht gesondert genannt werden. Vielmehr hoffen wir, daß juristische und betriebswirtschaftliche Argumente schlüssig zu einem Gesamtergebnis zusammengeführt werden.

Der Aufbau des Buches orientiert sich an den unterschiedlichen Lebenssachverhalten. Dadurch soll deutlich werden, wie die unterschiedlichen Beendigungsmöglichkeiten juristisch einzuordnen sind und auf welcher Rechtsgrundlage die Zahlungsansprüche von Bank und Darlehensnehmer beruhen. Daran orientiert sich wiederum der rechtliche Rahmen, der durch finanzmathematische Erkenntnisse ausgefüllt werden muß und durch diese auch – quasi als Rückkopplung – mitbestimmt wird.

Hinsichtlich der finanzmathematischen Aspekte wurde versucht, anhand einigermaßen übersichtlicher und vereinfachter Beispiele zu arbeiten. Die Komplexität spezieller Praxisfälle kann letztlich nur durch entsprechende Profi-Software (z. B. MARZIPAN, KAPLAN, KAPO) gelöst werden. Als Kompromiß haben wir diesem Buch ein Programm beigelegt, das dem Leser erlaubt, den typischen Praxisfall (Annuitätendarlehen) mit hinreichender Genauigkeit abzubilden.

Die Änderungen durch die am 1.1.2002 in Kraft getretene Schuldrechtsmodernisierung sind eingearbeitet. Alte und neue Vorschriften sind mit a. F. (alte Fassung) und n. F. (neue Fassung) gekennzeichnet. Vorschriften des BGB ohne Angabe dieser Zusätze sind durch die Schuldrechtsmodernisierung zumindest für die relevante Fragestellung unverändert geblieben. Ebenfalls berücksichtigt wurden die Änderungen der AGB-Banken und AGB-Sparkassen vom 1.4.2002.

Für die freundliche Genehmigung zur Software-Nutzung für das beiliegende Berechnungsprogramm danken wir der BUHL DATA SERVICE GMBH, dort ganz besonders Herrn Dr. Thomas Becker.

Ganz herzlich danken wir Frau stud. iur. Elise Hartwich, die mit großer Geduld und Kompetenz die Bearbeitung und Vereinheitlichung des Manuskripts einschließlich der zahlreichen Schaubilder und Berechnungen in vorbildlicher Weise übernommen hat. Herrn Hans-Dieter Burneleit als zuständigen Lektor danken wir für die Betreuung ebenso wie dem Verlag C. H. Beck, der die Veröffentlichung in seinem Verlagsprogramm ermöglicht hat.

Unsere Leser bitten wir, mit Hinweisen, Anregungen und Kritik (uns gegenüber) nicht zu sparen, damit das Buch auch in einer hoffentlich nächsten Auflage dem Anspruch gerecht wird, dieses komplexe Thema aus juristischer wie finanzmathematischer Sicht umfassend zu beleuchten.

Patrick Rösler   Konrad Wimmer   Volker Lang

Inhaltsverzeichnis

Vorwort	V
A. Einführung	1
B. Die Möglichkeiten der Darlehensbeendigung	7
I. Nichtabnahme durch den Kunden	8
II. Kündigung durch die Bank	11
1. Kündigung bzw. Widerruf durch die Bank vor Auszahlung	12
2. Kündigung nach § 19 AGB-Banken bzw. Nr. 26 AGB-Sparkassen	17
3. Kündigung nach § 12 VerbrKrG und § 498 BGB n. F.	18
III. Ordentliche Kündigung durch den Kunden	21
1. Überblick: § 609 a BGB a. F. und § 489 BGB n. F.	21
2. Kündigung variabel verzinslicher Kredite	24
3. Kündigung festverzinslicher Kredite	25
a) Kündigung bei Ende der Zinsbindung	26
b) Kündigung von Verbraucherkrediten	27
c) Kündigung nach 10 Jahren	30
aa) Vollauszahlung des Darlehens	30
bb) Neue Vereinbarung	32
cc) Kündigungsfrist	32
4. Unabdingbarkeit der gesetzlichen Kündigungsgründe	32
IV. Vorzeitiges Tilgungsrecht des Kunden	33
1. Grundsätze der BGH-Rechtsprechung	33
2. Weitere Fallgruppen vorzeitiges Tilgungsrecht	34
3. Fallgruppen ohne vorzeitiges Tilgungsrecht	35
4. Tilgungsaussetzung gegen Lebensversicherung	38
5. Konsequenzen für die Praxis	40
6. Rechtsdogmatische Lösungsansätze zur vorzeitigen Beendigung	41
a) Vorzeitiges Tilgungsrecht	41
b) Ordentliches Kündigungsrecht	46
c) Außerordentliches Kündigungsrecht	48
d) Aufhebungsvertrag	53
e) Wegfall der Geschäftsgrundlage	54
aa) Grundsätze	55
bb) Rechtsfolgen	59
cc) Übertragbarkeit auf Fälle vorzeitiger Rückführung	60
f) Analogie zum Werkvertragsrecht	63
g) Ersatzkreditnehmerstellung	64
V. Außerordentliche Kündigung durch den Kunden	65
1. Schuldrechtsmodernisierungsgesetz	66
a) Anfänge der Schuldrechtsmodernisierung	67

        b) Bedeutung des EU-Rechtes 69
        c) Weitere Entwicklung des Schuldrechtsmodernisierungs-
           gesetzes 71
     2. Möglichkeit der Kündigung von Dauerschuldverhältnissen aus
        wichtigem Grund 74
     3. Neuregelung der vorzeitigen Tilgung als außerordentliches
        Kündigungsrecht 76
        a) Die konsolidierte Fassung des Diskussionsentwurfs 76
        b) Der Regierungsentwurf vom 9. 5. 2001 77
        c) Das Kündigungsrecht des § 490 Abs. 2 BGB in der Fassung des
           SchRModG 80
  VI. **Aufhebungsvertrag** 83
  VII. **Vorzeitige Beendigung von Darlehen im Ausland – ein kurzer
      Rechtsvergleich** 87

C. Zahlungsansprüche und Zahlungsverpflichtungen 90

  I. **Nichtabnahmeentschädigung** 91
  II. **Vorfälligkeitsentschädigung** 92
     1. Rechtsgrundlage bei vorzeitigem Tilgungsrecht 92
     2. Kündigung durch die Bank 96
        a) Rechtsgrundlage 97
        b) Verbraucherkreditrecht und Verzug 98
  III. **Vorfälligkeitsentgelt** 102
     1. Sittenwidriges Vorfälligkeitsentgelt, § 138 BGB 102
     2. Billiges Ermessen nach § 315 Abs. 3 BGB 103
     3. Vorfälligkeitsentschädigung als Grenze des Vorfälligkeitsentgelts 104
  IV. **Disagioerstattung** 105
  V. **Rückerstattung einer Forward-Prämie** 110
  VI. **Rückerstattung einer CAP-Prämie** 111
     1. Begriff der CAP-Pämie 111
     2. Rechtliche Einordnung der Zinsbegrenzungsvereinbarung ... 112
     3. Rückerstattungsverpflichtung 113
  VII. **Abwicklung und Erteilung der Löschungsbewilligung** 114
  VIII. **Rückabwicklung überhöhter Vorfälligkeitsentschädigungen** 117
     1. Rückzahlung und Verzinsung 117
     2. Weitergehende Schäden 120

D. Rechtliche Rahmenbedingungen für die Berechnung 123

  I. **Grundlagen** 123
  II. **Rechtlich geschützte Zinserwartung als Ausgangspunkt** ... 126
     1. Allgemeines 126
     2. Sondertilgungsrechte 127
  III. **Aktiv-Passiv-Methode** 129
  IV. **Aktiv-Aktiv-Methode** 132
     1. Zinsmargenschaden 133

	2. Zinsverschlechterungsschaden	134
	3. Zinsverschlechterungsschaden neben Zinsmargenschaden	137
V.	**Weitere Faktoren bei der Schadensberechnung**	**138**
	1. Entfallende Risikokosten	138
	2. Ersparte Verwaltungskosten	140
	3. Entgelt für die vorzeitige Beendigung	142
	4. Cash-Flow-Methode	143
	5. Abzinsung	144
	6. Transparenz der Berechnung	145
	7. Effektiv- oder Nominalzinssätze	146
VI.	**Vorteilsausgleichung**	**147**
	1. Gestiegenes Zinsniveau	147
	2. Margenerstattung bei Umschuldung	148
VII.	**Nichtabnahme- und Vorfälligkeitsentschädigungsklauseln in AGB**	**149**
	1. Grundsatz	149
	2. Vereinbarung einer Vorfälligkeitsklausel	152
	3. Rückwirkung der Rechtsprechung	156
E.	**Konkrete Methoden zur Berechnung der Zahlungsverpflichtung**	**158**
I.	**Grundsätzliche Probleme der Berechnung**	**158**
	1. Cash-Flow-Methode und reale Zinsstrukturkurve	161
	2. Nominal- oder Effektivzinssätze	163
	3. Abzinsung von Risikokosten	166
	4. Transparenz der Berechnung	166
	5. Ablösung per Termin	168
II.	**Aktiv-Aktiv-Methode**	**169**
	1. Kumulative Berechnung von Zinsverschlechterungsschaden und Zinsmargenschaden	170
	2. Vor- und Nachteile des Aktiv-Aktiv-Vergleichs	171
	3. Finanzmathematischer Aufbau des Aktiv-Aktiv-Vergleichs ...	172
III.	**Aktiv-Passiv-Methode**	**175**
	1. Vereinfachter Aktiv-Passiv-Vergleich	176
	2. Finanzmathematisch exakter Aktiv-Passiv-Vergleich (Kurswertvergleich)	179
	a) Ausgangsüberlegung „Kursbewertung"	179
	b) Vorgehensweise beim korrekten Aktiv-Passiv-Vergleich ...	180
	c) Erstattung bei Altfällen	183
	3. Exakter Aktiv-Passiv-Vergleich bei unterjährlichen Zahlungen .	185
	4. Beispiel zur Erfüllung der Transparenzanforderungen an die Abrechnung	187
	5. Mathematische Abbildung der realen Zinsstrukturkurve	193
	6. Folgerungen aus dem exakten Aktiv-Passiv-Vergleich und offene Punkte	194
IV.	**Fallstudie: Methodenvergleich**	**195**
	1. Exakter Aktiv-Passiv-Vergleich	195
	2. Aktiv-Aktiv-Vergleich	202

V. Disagioerstattung ... 202
1. Methode der Disagioerstattung ... 202
2. Disagioerstattung und Vorfälligkeitsentschädigung ... 204
3. Zinsfestschreibungszeit und geschützter Zinserwartungszeitraum ... 208
VI. Erstattung eines Zinsnutzens ... 212
VII. Vorfälligkeitsentschädigung und Vorschußzinsen ... 214
1. Darstellung der Vorschußzinsberechnung ... 214
2. Berechnung der Vorschußzinsen ... 215
3. Wertung der Vorschußzinsregelung ... 216

F. Berücksichtigung sonstiger Vertragsänderungen ... 221
I. Ausgangsüberlegung ... 221
1. Bepreisung außerplanmäßiger Ereignisse und bankinterne Konsequenzen ... 224
2. Sondertilgungen ... 224
3. Wechsel der Darlehensart ... 224
4. Änderung des Zahlungsrhythmus ... 224
5. Veränderung der Laufzeit ... 225
II. Berechnungsmethoden bei Umschuldung und Margenerstattung ... 225
1. Laufzeitverlängerung und Wechsel der Darlehensart ... 229
2. Zinsstrukturkurveneffekte ... 231
3. Begrenzung des Kreditvolumens ... 232
III. Ablösung per Termin und Forwarddarlehen ... 234
1. Ablösung per Termin ... 234
2. Exkurs: Berechnung von Forward-Rates ... 236
3. Forwarddarlehen ... 237
4. § 490 Abs. 2 BGB und Terminablösung ... 238

G. Abwicklung von Leasinggeschäften und Teilzahlungskrediten ... 240
I. Leasing ... 240
II. Teilzahlungskredite ... 243
1. Produktbeschreibung ... 243
2. Vorzeitige Rückzahlung von Teilzahlungskrediten ... 244

H. Schlußbetrachtung ... 247

I. Hinweise zum Berechnungsprogramm auf der beiliegenden CD-ROM ... 249

Verzeichnis BGH-Entscheidungen ... 251

Literaturverzeichnis ... 255

Anhang
1. AGB-Banken (Nr. 18, 19) ... 271
2. AGB-Sparkassen (Nr. 26) ... 273

3. Bürgerliches Gesetzbuch (§§ 314, 489, 490, 497, 498) 275
4. Bürgerliches Gesetzbuch – alte Fassung (§§ 609 a, 610) 278
5. Verbraucherkreditgesetz – außer Kraft (§§ 11, 12) 279

Sachverzeichnis 281

A. Einführung

Nach dem Grundsatz **pacta sunt servanda** können sich Bank[1] und Darlehensnehmer darauf verlassen, daß die jeweils andere Vertragspartei den geschlossenen Vertrag vereinbarungsgemäß abwickelt. Aus verschiedenen Gründen kann sowohl der Darlehensnehmer als auch die Bank eine vorzeitige Beendigung des Vertrages wünschen. Zur vorzeitigen Beendigung des Vertrages kommen gesetzliche, vertragliche und von der Rechtsprechung entwickelte Lösungen in Betracht. Je nach Beendigungsart und abhängig von der konkreten Fallgestaltung können zusätzlich zu der zurückzuzahlenden Darlehensvaluta nebst den vertraglich vereinbarten Zinsen Zahlungsverpflichtungen auf den Darlehensnehmer zukommen, vor allem, um den bei der Bank entstehenden Refinanzierungsschaden auszugleichen. 1

Gerade diese letzte Frage hat in der vergangenen Dekade zu einer juristischen Auseinandersetzung geführt, die als „alles überstrahlendes Problem der Grundpfandkredite"[2] eine große Prozeßlawine verursachte, so daß vereinzelt sogar von einer Ersatzgesetzgebung gesprochen wurde.[3] Seit der grundlegenden, die Nichtabnahmeentschädigung betreffende Entscheidung des Bundesgerichtshofs vom 12.3.1991[4] verging kaum eine Woche, in der nicht mindestens eine, zumeist aber mehrere Entscheidungen vor allem der Instanzenrechtsprechung in den einschlägigen Fachpublikationen veröffentlicht wurden, die von Kreditwirtschaft[5] und Schrifttum[6] – je nach Interessenlage – kontrovers diskutiert wurden. Konkret ging es um die Frage, ob und wenn ja, „zu welchem Preis" ein Darlehens- 2

---

[1] Die Begriffe Bank und Kreditinstitut (vgl. § 1 KWG) werden im folgenden synonym verwendet.

[2] *Köndgen*, NJW 2000, 468, 480.

[3] *Köndgen*, in: *Ernst/Zimmermann*, Zivilrechtswissenschaft und Schuldrechtsreform, S. 457, 465; vgl. auch den Abriß bei *Stelling*, Die vorzeitige Ablösung festverzinslicher Realkredite, S. 64 ff., 206.

[4] BGH WM 1991, 760 (im Anschluß an *Derleder*, JZ 1989, 165, 173 ff.); siehe bereits BGH WM 1989, 1011, dazu WuB I E 4.–6.89 (*W. Weber*); BGH WM 1985, 686; BGH WM 1986, 156; BGH WM 1989, 1011; BGH WM 1990, 174; BGH WM 1990, 751; aus der Instanzenrechtsprechung vgl. OLG Koblenz WM 1983, 802; OLG Hamm WM 1985, 1493; OLG Stuttgart WM 1986, 998; OLG Hamm WM 1987, 105; OLG Düsseldorf WM 1991, 218.

[5] Vgl. etwa *Hadding/Hopt/Schimansky*, Vorzeitige Beendigung von Finanzierungen, Rating von Unternehmen, Bankrechtstag 1996, Band 8 der Schriftenreihe der Bankrechtlichen Vereinigung, Berlin 1997; siehe auch *A. Weber*, Rückwirkung von Rechtsprechung, Bericht über das Bankrechtssymposium vom 26.6.1995, WM 1996, 49 ff.

[6] Vgl. nur *Metz/Wenzel*, Vorfälligkeitsentschädigung, Köln 1995; *Werth*, in: *Ott/Schäfer*, Effiziente Verhaltenssteuerung und Kooperation im Zivilrecht, S. 108; *derselbe*, ZBB 1997, 48 ff.; *Köndgen*, in: *Ott/Schäfer*, Effiziente Verhaltenssteuerung und Kooperation im Zivilrecht, S. 135 ff.; *Reifner*, NJW 1995, 86 ff.; *derselbe*, NJW 1985, 2945 ff.; *W. Weber*, NJW 1995, 2951 ff.; *Wenzel*, WM 1995, 1433 ff.; *derselbe*, Die Bank 1997, 43 ff.; *derselbe*, Die Bank 1995, 368 ff.; *Metz*, ZBB 1994, 205 ff.; *Stark*, Die Bank 1996, 522 ff.; *Stelling*, Die vorzeitige

kunde[7] berechtigt ist, sein Darlehen vor Ablauf der Festzinsschreibungsphase vorzeitig zurückzuzahlen.[8]

3   Üblicherweise erfolgt die Finanzierung von Immobilien, jedenfalls im privaten Bereich, in der Weise, daß der (oder die) Darlehensnehmer – häufig Eheleute – zum Zwecke der Immobilienfinanzierung[9] mit ihrer Bank einen Darlehensvertrag abschließen, der durch das zu erwerbende Objekt grundpfandrechtlich abgesichert wird. Die Laufzeit des Darlehens beträgt üblicherweise 20 bis 30 Jahre,[10] längere oder auch kürzere Laufzeiten sind möglich. Der Zinssatz wird für die Dauer von zwei, fünf, zehn Jahren oder sogar einen längeren Zeitraum[11] festgeschrieben, d. h. er ist in dem vereinbarten Zeitraum nicht einseitig änderbar. Für den Kunden wie für die Bank hat diese Ausgestaltung den Vorteil, daß jedenfalls für den Zeitraum der Zinsbindung für beide Parteien eine sichere Kalkulationsgrundlage besteht.[12] Da beide Parteien während der Zinsbindungsfrist an den vereinbarten Zinssatz gebunden sind, sind Phasen sinkender Kreditzinsätze für den Kunden, Phasen steigender Kreditzinssätze hingegen für die Bank nachteilig. Letztere kann das Zinsänderungsrisiko allerdings über ihre Disposition (Treasury) steuern.

4   Die Frage der vorzeitigen Rückführung eines bereits valutierten Darlehens ist ein wichtiger Ausschnitt aus dem Gesamtkomplex der Problematik, auf welche Weise ein wirksam abgeschlossener Darlehensvertrag vorzeitig beendet werden kann. Eine vorzeitige Beendigung kann auf vielerlei Arten, die u. a. von der Darlehensform und -ausgestaltung abhängen, zustandekommen: durch Nichtabnahme seitens des Kunden, durch Kündigung durch die Bank oder den Kunden oder durch den „Wunsch" des Kreditnehmers, das Darlehen vorzeitig zurückzuführen.

5   Die Gründe, ein Darlehen vorzeitig zurückzuführen (oder nach Abschluß des Vertrages von vornherein nicht abzunehmen) sind mannigfaltig. So ist es bei-

---

Ablösung festverzinslicher Realkredite, S. 67 ff.; *MünchKomm/Westermann*, BGB, § 608 Rdnr. 6 a.

[7] Zur Abgrenzung zwischen dem „weiteren ökonomischen Begriff des *Kredits*" und dem „engeren Rechtsbegriff des *Darlehens*" siehe *Köndgen*, NJW 1994, 1508; *derselbe*, in: *Ernst/Zimmermann*, Zivilrechtswissenschaft und Schuldrechtsreform, S. 457, 469; *Hopt/Mülbert*, Kreditrecht, § 607 Rdnr. 1; vgl. auch BGH NJW 1985, 2417 = WM 1985, 834, 836 sowie *Stelling*, Die vorzeitige Ablösung festverzinslicher Realkredite, S. 17 ff., 30 ff. Im Folgenden werden jedoch die Begriffe „Kredit" und „Darlehen" synonym verwendet, obwohl der Begriff „Kredit" im SchModG fast vollständig durch „Darlehen" ersetzt wurde.

[8] Vgl. *Stelling*, Die vorzeitige Ablösung festverzinslicher Realkredite, S. 67.

[9] Zum sog. Immobiliarkredit siehe auch *Bruchner*, in: Festschrift Schimansky, S. 263 ff.

[10] *Rösler*, in: *Hadding/Nobbe*, Bankrecht 2000, S. 165, 175.

[11] Die Kreditwirtschaft bietet hier die unterschiedlichsten Laufzeiten an, die naturgemäß verschiedene Konditionen aufweisen. So sind kürzere Zinsbindungsfristen bei normaler Zinslandschaft regelmäßig „preiswerter" als längere Fristen, weil das Kreditinstitut für diesen Zeitraum festgelegt ist und Änderungen des Zinsniveaus auf den Geld- und Kapitalmärkten nicht weitergeben kann.

[12] Der Umstand, daß diese „Kalkulationssicherheit" für die Mehrzahl aller Kreditkunden von erheblicher Bedeutung ist, wird durch die erfolgreiche Plazierung von innovativen Kreditformen verdeutlicht. Als besonders erfolgversprechend haben sich in dieser Landschaft die Forwardkredite sowie die Darlehen mit Zins-Cap etabliert. Zu den Einzelheiten dieser – Zinsrisiken absichernden – Finanzierungsform siehe auch *Kümpel*, Bank- und Kapitalmarktrecht, Rdnr. 15.58; *Rösler*, WM 2000, 1930 ff.

spielsweise möglich, daß der Kunde an dem Immobilienobjekt einfach nicht mehr interessiert ist, etwa, weil es seinen Erwartungen nicht mehr entspricht. Persönliche und wirtschaftliche Hintergründe, die den Kunden von einer Abstandnahme bzw. Beendigung des Vertrages bewegen, sind häufig Ehescheidung, Arbeitslosigkeit, Krankheit, örtliche berufliche Veränderungen oder sonstige, in der persönlichen Sphäre des Kunden liegende Ursachen. In der Praxis kommt diesen Fällen von „**personal hardship**" eine besondere Bedeutung zu. Aus diesem Grund sind gerade bei derartigen Konstellationen eine für Darlehensgeber wie Darlehensnehmer angemessene und interessengerechte Lösung zu entwickeln.

Als erste wegweisende Entscheidung gilt das Urteil des Bundesgerichtshofs vom 12. 3. 1991,[13] in welcher das Gericht erste Vorgaben für die Berechnung der Nichtabnahmeentschädigung entwickelt hat. Die Folgerechtsprechung sowohl des Bundesgerichtshofs[14] als auch der Instanzgerichte[15] hat schnell festgestellt,

6

---

[13] BGH WM 1991, 760; siehe bereits BGH WM 1989, 1011, dazu WuB I E 4.–6.89 *W. Weber*; vgl. auch bereits BGH WM 1985, 686; BGH WM 1986, 156; BGH WM 1989, 1011; BGH WM 1990, 174; BGH WM 1990, 751; aus der Instanzenrechtsprechung vgl. OLG Koblenz WM 1983, 802; OLG Hamm WM 1985, 1493; OLG Stuttgart WM 1986, 998; OLG Hamm WM 1987, 105; OLG Düsseldorf WM 1991, 218.

[14] BGH ZIP 1996, 1835, dazu EWiR 1996, 1113 *Reifner* und WuB I E 3.197 *Wenzel*; BGH WM 1997, 1747ff. = ZIP 1997, 1641ff. mit Anm. *Köndgen* = NJW 1997, 2875ff. = ZBB 1998, 24 = DB 1997, 1966f., dazu EWiR 1997, 921 *Medicus* und WuB I E 3.–1.98 *v. Heymann/Rösler*; BGH WM 1997, 1799ff. = ZIP 1997, 1646ff. = NJW 1997, 2878f. = ZBB 1998, 28 = DB 1997, 1968, dazu EWiR 1997, 923 *Metz*; BGH ZIP 2001, 20 (mit. Anm. *Metz*) = WM 2001, 20 = ZfIR 2000, 115 mit Bespr. *Wenzel*, dazu EWiR 2001, 107 *Rösler*.

[15] Vgl. OLG Karlsruhe WM 1997, 1049 = ZIP 1997, 498, dazu EWiR 1997, 493 *Metz*; OLG Karlsruhe WM 1997, 520; OLG Karlsruhe WM 1996, 572, dazu WuB I E 3.–3.96 *Hammen/Dischinger*; OLG München WM 1997, 1700; OLG München WM 1997, 1051f.; OLG München WM 1997, 521f., dazu WuB I E 3.–4.97 *Redaktion*; OLG München WM 1996, 1132, dazu WuB I E 3.–9.96 *Zoller/von Aulock*; OLG Schleswig WM 1997, 522, dazu WuB I E 3.–7.97 *Hammen*; OLG Schleswig WM 1996, 443f., dazu WuB I E 3.–1.96 *K. Müller*; OLG Düsseldorf ZIP 1997, 500f.; OLG Stuttgart WM 1997, 529ff. = ZIP 1996, 1605, dazu EWiR 1996, 927 *Wehrt*; OLG Zweibrücken WM 1996, 621; OLG Celle WM 1996, 439, dazu WuB I E 3.–12.96 *Beckers*; OLG Frankfurt/Main WM 1996, 440, dazu WuB I E 3.–12.96 *Beckers*; OLG Köln WM 1997, 1328f.; OLG Hamm ZIP 1997, 360f.; OLG Hamm WM 1996, 442, dazu WuB I E 3.–12.96 *Beckers*; OLG Hamm WM 1996, 901, dazu WuB I E 3.–1.96 *K. Müller*; OLG Hamm WM 1996, 569, dazu WuB I E 3.–3.96 *Hammen/Dischinger*; OLG Hamm WM 1995, 836ff.; OLG Hamm WM 1995, 191; OLG Oldenburg ZIP 1996, 1741ff., dazu EWiR 1996, 925 *Vortmann*; LG Karlsruhe WM 1996, 574, dazu WuB I E 3.–3.96 *Hammen/Dischinger*; LG Dortmund WM 1996, 444, dazu WuB I E 3.–1.96 *K. Müller*; LG Lübeck WM 1996, 577, dazu WuB I E 3.–3.96 *Hammen/Dischinger*; LG München I WM 1996, 579, dazu WuB I E 3.–3.96 *Hammen/Dischinger*; LG Braunschweig WM 1996, 1134 dazu WuB I E 3.–9.96 *Zoller/von Aulock*; AG Hamburg-Harburg, WM 1996, 1140, dazu WuB I E 3.–9.96 *Zoller/von Aulock*; AG Dortmund WM 1996, 1136, dazu WuB I E 3.–13.96 *Rehbein*; AG Delmenhorst WM 1996, 580, dazu WuB I E 3.–3.96 *Hammen/Dischinger*. Als weitere grundlegende Entscheidung des Bundesgerichtshofs gilt das Urteil vom 8. 10. 1996, WM 1996, 2047ff. in welcher sich der Bundesgerichtshof mit dem Verhältnis zwischen Vorfälligkeitsentschädigung und Disagioerstattung beschäftigt hat; siehe hierzu *Wehrt*, ZIP 1997, 481; WuB I.E 3.–1.97 *Wenzel* und *Lang*, Sparkasse 1997, 46ff.

daß die gleichen Kriterien auf die Vorfälligkeitsentschädigung Anwendung finden. Einzelheiten von Grund und Berechnung der Nichtabnahme- bzw. Vorfälligkeitsentschädigung – bereits die Frage, ob es sich tatsächlich um eine Entschädigung handelt, war streitig – galten jedoch lange Zeit als ungelöst.

7   Eine grundlegende Klärung erfolgte durch zwei lang erwartete Urteile des Bundesgerichtshofs vom 1.7. 1997,[16] wobei sich vor allem die Entscheidung mit dem Aktenzeichen XI ZR 267/96 durch eine ausführliche, wenngleich nicht unumstrittene Begründung für Grund und Berechungsmethodik der Vorfälligkeitsentschädigung hervorhob.[17] Die Entscheidungen vom 1.7. 1997 wurden vom Schrifttum im Ergebnis durchaus begrüßt.[18] Allerdings erfuhren die Ausführungen des Bundesgerichtshofes zur rechtsdogmatischen Begründung des Anspruchs auf vorzeitige Rückführung zum Teil erhebliche Kritik.[19] Dennoch schien der Rechtsfrieden überwiegend wieder hergestellt.[20] Im Rahmen der nachfolgenden Rechtsprechung wurde allerdings versucht, zulässige Parameter für eine transparente, nachvollziehbare und vor allem den Grundsätzen der neuen BGH-Rechtsprechung entsprechenden Berechnung der Vorfälligkeitsentschädigung zu entwickeln. Vorläufig letzter Höhepunkt dieser Diskussion war das Urteil des Bundesgerichtshofs vom 7.11. 2000,[21] in welchem der XI. Zivilsenat seine Rechtsprechung zur Berechnung der Nichtabnahme- bzw. Vorfälligkeitsentschädigung weiter konkretisiert hat.

8   Auch der Gesetzgeber hat die Vorfälligkeitsproblematik erkannt und aufgegriffen. Von besonderer Bedeutung ist in diesem Zusammenhang das **Schuldrechtsmodernisierungsgesetz**, das nach langer Diskussion am 1.1. 2002 in Kraft getreten ist. Im Rahmen dieses Schuldrechtsmodernisierungsgesetzes wurde die

---

[16] BGH WM 1997, 1747 ff. = ZIP 1997, 1641 ff. = NJW 1997, 2875 ff. = DB 1997, 1966 f. (Vorinstanz: OLG Schleswig WM 1997, 522 ff.); BGH WM 1997, 1799 ff. = ZIP 1997, 1646 ff. = NJW 1997, 2878 f. = DB 1997, 1968 (Vorinstanz OLG Bremen, OLG Report Bremen/Hamburg/Schleswig 1996, 289 ff.

[17] BGH ZIP 1998, 20 f. = WM 1998, 70 = NJW 1998, 592, dazu EWiR 1998, 481 *Eckert*; BGH WM 1999, 840, 841; vgl. auch *Nobbe*, Aktuelle höchst- und obergerichtliche Rechtsprechung, Rdnr. 736.

[18] Nach *Köndgen*, ZIP 1997, 1645 ff. hat „das Revisionsgericht seine Aufgabe, Rechtsfrieden zu schaffen, im Ergebnis mit Augenmaß erfüllt"; ebenso *Medicus*, EWiR 1997, 921 f.; ähnlich *Guttenberg*, JuS 1999, 1058, 1060; nach *Wenzel*, WM 1997, 2340 war der Bundesgerichtshof „erkennbar um eine pragmatische Lösung und um die Schaffung von Rechtssicherheit und Transparenz bemüht"; Nach dem Verständnis von *Metz*, EWiR 1997, 923 f. hat der Bundesgerichtshof „hinlängliche Präzision bewiesen"; *Grönwoldt/Bleuel*, DB 1997, 2062 ff. sprechen von einer „klärenden Auseinandersetzung". Vgl. auch *Marburger*, ZBB 1998, 30, 31, wonach die Entscheidungen „insgesamt geeignet sein [dürften], Ruhe in die seit Jahren andauernden Auseinandersetzungen zwischen Banken und Verbraucherschutzorganisationen zu bringen."; *Lang/Beyer*, WM 1998, 897, 904, 913: „Die Kreditwirtschaft... hat sich mit den Entscheidungen des Bundesgerichtshofs vom 1.7. 1997 arrangieren können". Befürwortend auch *Früh*, NJW 1999, 2623; *Knops*, Verbraucherschutz bei Immobiliarkreditverhältnissen, S. 144.

[19] Vgl. *Früh*, NJW 1999, 2623.

[20] *Köndgen*, ZIP 1997, 1645.

[21] BGH ZIP 2001, 20 mit Anm. *Metz* und Besprechung *Wenzel*, dazu EWiR 2001, 107 *Rösler*.

A. Einführung

Vorschrift des § 490 Abs. 2 BGB geschaffen, wonach der Darlehensnehmer einen Darlehensvertrag, bei dem für einen bestimmten Zeitraum ein fester Zinssatz vereinbart und das Darlehen durch ein Grund- oder Schiffspfandrecht gesichert ist, das Darlehen vorzeitig kündigen kann, wenn seine berechtigten Interessen dies gebieten, was insbesondere dann der Fall sein soll, wenn er „ein Bedürfnis nach einer anderweitigen Verwertung des zur Sicherung des Darlehens beliehenen Objekts hat. Allerdings ist der Darlehensgeber dann verpflichtet, dem Darlehensgeber denjenigen Schaden zu ersetzen, der diesem aus der vorzeitigen Kündigung entsteht (Vorfälligkeitsentschädigung).[22] Der Gesetzgeber hat damit ein Kündigungsrecht geschaffen, welches gewisse Parallelen zu dem Kündigungsrecht nach § 649 Satz 1 BGB a. F. aufweist.[23] Im Rahmen des Schuldrechtsmodernisierungsgesetzes sind ferner mehrere vormalige „Nebengesetze", vor allem das Gesetz über den Widerruf von Haustürgeschäften (HausTWG),[24] das Gesetz zur Regelung der Allgemeinen Geschäftsbedingungen (AGBG),[25] das Verbraucherkreditgesetz (VerbrKrG),[26] das Fernunterrichtschutzgesetz (FernUSG), sowie das Gesetz über Fernabsatzverträge und andere Fragen des Verbraucherrechts sowie zur Umstellung von Vorschriften auf Euro (FernAbsG)[27] in das BGB integriert worden. Die neuen Vorschriften des Schuldrechtsmodernisierungsgesetzes, allen voran § 490 Abs. 2 BGB n. F., gelten für alle Darlehen, die nach dem Stichtag 1.1. 2002 abgeschlossen wurden. Für vor diesem Zeitpunkt geschlossene Verträge hingegen ist nach wie vor das alte Recht maßgebend, so daß die von der Rechtsprechung entwickelten Grundsätze zum vorzeitigen Tilgungsrecht auch noch Gültigkeit haben werden. Ab dem 1.1. 2003 gelten jedoch auch für alle in der Vergangenheit abgeschlossenen Darlehensverträge die neuen Regelungen des BGB. Damit dürften die Fälle des vorzeitigen Tilgungsrechts nach der Rechtsprechung des BGH in der Praxis nach dem 1.1. 2003 keine Rolle mehr spielen. Sie

---

[22] Siehe hierzu eingehend *Rösler/Lang*, in: Lang/Assies/Werner, Schuldrechtsmodernisierung in der Bankpraxis, S. 162 f.

[23] Siehe hierzu *Rösler/Lang*, in: Lang/Assies/Werner, Schuldrechtsmodernisierung in der Bankpraxis, S. 167.

[24] BGBl. I, S. 122, geändert u. a. durch das VerbrKrG v. 17.12. 1990 (BGBl. I, S. 2840) und durch das Gesetz über Fernabsatzverträge und andere Fragen des Verbraucherrechts sowie zur Umstellung von Vorschriften auf Euro" vom 27.6. 2000 (BGBl. I, S. 940). Nunmehr aufgegangen in §§ 312–312 a BGB i. d. F. d. SchRModG vom 23.11. 2001.

[25] BGBl. I, S. 3317, geändert durch das Überweisungsgesetz vom 21.7. 1999 (BGBl. I, S. 1642) und das Gesetz über Fernabsatzverträge und andere Fragen des Verbraucherrechts sowie zur Umstellung von Vorschriften auf Euro vom 27.6. 2000 in der Fassung der Bekanntmachung vom 29.6. 2000 (BGBl. I, S. 940). Nunmehr aufgegangen in §§ 305 ff. BGB i. d. F. d. SchRModG vom 23.11. 2001.

[26] BGBl. I, S. 2840, geändert durch das Gesetz über Fernabsatzverträge und andere Fragen des Verbraucherrechts sowie zur Umstellung von Vorschriften auf Euro vom 27.6. 2000 in der Fassung der Bekanntmachung vom 29.6. 2000 (BGBl. I, S. 940). Nunmehr aufgegangen in §§ 491–498 ff. BGB i. d. F. d. SchRModG vom 23.11. 2001.

[27] Kernpunkt dieses umfangreichen Artikelgesetzes ist das eigentliche Fernabsatzgesetz (Art. 1 des Gesetz über Fernabsatzverträge und andere Fragen des Verbraucherrechts sowie zur Umstellung von Vorschriften auf Euro vom 27.6. 2000, BGBl. I, S. 897). Das FernAbsG ist nunmehr aufgegangen in §§ 312 b-312 f BGB i. d. F. d. SchRModG vom 23.11. 2001.

werden von § 490 Abs. 2 BGB n. F. überlagert. In die von Rechtsprechung und Praxis entwickelten Grundsätze der Berechnung der Vorfälligkeitsentschädigung hat der Gesetzgeber allerdings nicht eingegriffen.

9 Aus diesen Gründen der „Parallelität" werden im Folgenden, soweit erforderlich, sowohl die neue als auch die alte Regelung dargestellt. Die Unterscheidung erfolgt in der Form eines Klammerzusatzes. Die von der Änderung „betroffenen" Bestimmungen des BGB werden durch den Zusatz n. F. (= neue Fassung, d. h. Fassung des SchRModG) gekennzeichnet, während die bis zum 31.1. 2001 geltende Gesetzesversion entweder den Zusatz a. F. (= alte Fassung) oder die Bezeichnung des ursprünglichen Gesetzes (z. B. VerbrKrG, HausTWG, AGBG) aufweist. Hat sich auch nach der Schuldrechtsreform der Inhalt der betreffenden Norm nicht oder nur unwesentlich geändert, erfolgt kein Zusatz, in diesem Falle gilt der aufgeführte Paragraph gleichermaßen nach altem und nach neuem Recht.

10 Insgesamt stellen Vorfälligkeitsentgelt, Vorfälligkeitsentschädigung und Nichtabnahmeentschädigung einen Ausgleich dafür dar, daß der Darlehensvertrag nicht wie ursprünglich vereinbart abgewickelt, sondern vorzeitig beendet wird. Darüber hinaus müssen sich die Vertragsparteien Gedanken machen, inwieweit Einmalzahlungen wie Disagio, Forward-Prämie, Cap-Prämie u.ä. bei der Abrechnung des Darlehens berücksichtigt und zurückerstattet werden müssen. Um zu entscheiden, in welchen Fällen die Bank in welcher Höhe Zahlungen vom Kreditnehmer verlangen kann und in welchen Fällen sie dem Kreditnehmer Beträge zu erstatten hat, sind zunächst die unterschiedlichen Beendigungsgründe mit den daran anknüpfenden Zahlungsverpflichtungen darzustellen, bevor die juristischen Rahmenbedingungen für Berechnung sowie die finanzmathematisch angezeigten Berechnungsmethoden näher erläutert werden.

B. Die Möglichkeiten der Darlehensbeendigung

Wird der Darlehensvertrag nicht wie vertraglich vereinbart durchgeführt, sondern will eine der Vertragsparteien den Vertrag vorzeitig beenden, ist zur Frage, welche Zahlungsverpflichtungen die vorzeitige Beendigung auslöst, zunächst zu unterscheiden, aus welchem Grund der Darlehensvertrag vorzeitig endet. Dafür kommen Widerruf durch die Bank, Abnahmeverweigerung durch den Kunden, Kündigung durch die Bank, Kündigung oder Inanspruchnahme eines vorzeitigen Tilgungsrechts durch den Kunden oder eine einvernehmliche Vertragsauflösung in Betracht.

Der **Tod des Kreditnehmers** beendet den Darlehensvertrag ebensowenig wie ein Erlaßvertrag nach § 397 BGB, der in der Bankpraxis auch als Forderungsverzicht mit Besserungsschein ausgestaltet wird.[1]

Eine Übersicht zu den Beendigungsgründen enthält Abbildung 1.

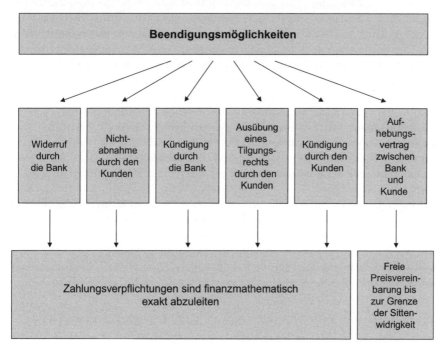

Abbildung 1: Juristische Möglichkeiten, den Kreditvertrag zu beenden (Übersicht)

---

[1] Dazu *Früh*, in: *Hellner/Steuer*, Bankrecht und Bankpraxis, Rdnr. 3/166 ff.

I. Nichtabnahme durch den Kunden

4 Der frühestmögliche Zeitpunkt der Beendigung des Darlehensvertrages durch den Kunden ist der Zeitraum, in dem der Darlehensvertrag zwar rechtswirksam geschlossen ist, die Darlehensvaluta aber noch nicht oder noch nicht vollständig ausbezahlt ist. Sofern ein Darlehensvertrag zwischen Bank und Kunde rechtswirksam abgeschlossen wurde, ist der Kunde grundsätzlich verpflichtet, die Darlehensvaluta abzunehmen.[2]

5 Ein Darlehensvertrag, der in den Anwendungsbereich des Verbraucherdarlehensrechts fällt, ist nur dann rechtswirksam abgeschlossen, wenn er insbesondere die **Schriftformerfordernis** nach § 4 VerbrKrG bzw. § 492 BGB n.F., § 126 BGB erfüllt. Dazu muß eine von grundsätzlich beiden Vertragsparteien unterzeichnete Vertragsurkunde vorliegen. Hat die Bank die Zinsen auf bloße mündliche Zusage des Verbraucherkreditnehmers z. B. bereits im EDV-System gesichert und damit den Refinanzierungsvorgang in der Abteilung Disposition bzw. Treasury angestoßen und lehnt der Kunde dann den Abschluß des Kreditvertrages ab, kann die Bank mangels rechtswirksamem Verbraucherkreditvertrag keine Nichtabnahmeentschädigung verlangen. Der Kunde war aufgrund der mündlichen Zusage nicht zur Abnahme verpflichtet. Schadensersatzansprüche der Bank aus c. i. c. bestehen dabei regelmäßig nicht, der Verbraucher soll gerade durch die erforderliche Schriftform vor dem unüberlegten Abschluß eines Vertrages gewarnt werden und bindet sich erst mit Leistung der Unterschrift unter die Vertragsurkunde.

6 Handelt es sich beim Darlehensnehmer nicht um einen **Verbraucher** im Sinne des § 13 BGB, können Ansprüche der Bank aus vorvertraglicher Pflichtverletzung (c. i. c.) in Fällen des Abbruchs der Vertragsverhandlungen nur in engen Ausnahmefällen gestellt werden. Voraussetzungen dafür ist die Schaffung eines qualifizierten Vertrauensschadens, da die Haftung nicht zu einer Aushöhlung der Entschließungsfreiheit führen darf.[3] Übliche Kreditanfragen lösen selbst dann keine Ansprüche der Bank aus, wenn diese bereits Darlehensverträge ausgefertigt hat.[4]

7 Eine Klausel in Formularverträgen, welche eine **Abnahmeverpflichtung** für das Darlehen festschreibt, und für den Fall einer Nichtabnahme eine Nichtabnahmeentschädigung fordert, kann bereits deswegen nicht beanstandet werden, weil sich die Pflicht zur Abnahme bereits aus dem Gesetz ergibt.[5] Die Klausel ist insoweit überflüssig. Die Geltendmachung einer Nichtabnahmeentschädigung erfordert allerdings regelmäßig eine zuvorige erfolglose Nachfristsetzung;[6]

---

[2] BGH ZIP 1991, 575 = WM 1991, 760, dazu WuB I E 4.–7.91 *Beckers* und EWiR 1991, 443 *Derleder*; von Heymann/Rösler, ZIP 2001, 441; *Köndgen*, Gewährung und Abwicklung grundpfandrechtlich gesicherter Kredite, S. 72.

[3] *Palandt/Heinrichs*, § 276 Rdnr. 72 ff. m. w. N.

[4] OLG Dresden ZIP 2001, 604.

[5] BGH ZIP 1997, 2192 = WM 1998, 23 = NJW 1998, 683, dazu EWiR 1998, 193 *Allmendinger* und WuB I E 3.–3.98 *Sonnenhol*; *Nobbe*, Aktuelle höchst- und obergerichtliche Rechtsprechung, Rdnr. 743. Etwas anderes kann allerdings in Fällen eines arbeitsteiligen Zusammenwirkens mehrerer Banken gelten, vgl. hierzu *Nobbe*, aaO., Rdnr. 744 m. w. N.

[6] *Nobbe*, Aktuelle höchst- und obergerichtliche Rechtsprechung, Rdnr. 745 m. w. N.

auf eine Ablehnungsandrohung hingegen konnte auch nach altem Recht verzichtet werden.[7]

Im herkömmlichen Sinne wird als **Nichtabnahmeentschädigung** die Entschädigung bezeichnet, die der Darlehensnehmer durch schuldhafte Nichtabnahme des Darlehens ausgelöst hat. Aber auch beim Widerruf des Darlehens durch die Bank bzw. der Kündigung durch die Bank vor Auszahlung der Darlehensvaluta ist das Darlehen noch nicht abgenommen und bei der Bank kann ein Refinanzierungsschaden bereits entstanden sein. Dieser muß nicht konkret nachgewiesen werden. Vielmehr ist auf die Meldung des Vertragsabschlusses an die Disposition (Treasury) abzustellen. Die Nichtabnahmeentschädigung ist damit als eine Entschädigung zu definieren, die unabhängig vom Grund der Vertragsbeendigung auf einem Refinanzierungsschaden nebst entgangenem Gewinn der Bank für solche Darlehensteile beruhen, die zum Zeitpunkt der Vertragsbeendigung noch nicht ausgezahlt sind.

Kommt der Kunde seiner **Abnahmeverpflichtung** schuldhaft nicht nach, kann die Bank einen Schadensersatzanspruch in Form einer Nichtabnahmeentschädigung geltend machen, der insbesondere den ihr entstehenden Zinsschaden umfaßt. Ist die Abnahmeverpflichtung fällig, kann die Bank den Darlehensnehmer durch Setzung einer Nachfrist (mit Ablehnungsandrohung) in Verzug setzen[8] und nach erfolglosem Ablauf ihre Rechte aus § 326 BGB a. F. bzw. §§ 281, 323 BGB n. F. geltend machen.[9] Die Nachfristsetzung ist allerdings entbehrlich, wenn der Darlehensnehmer die Abnahme des Darlehens nach Fälligkeit von sich aus ernsthaft und endgültig verweigert.[10]

Erfolgt die ernsthafte und endgültige Verweigerung bereits vor Fälligkeit des Anspruchs auf Abnahme der Darlehensvaluta, ist für die Anwendung des § 326 Abs. 1 Satz 1 BGB a. F. bzw. § 281 Abs. 1 BGB n. F. kein Raum. Die schuldhafte Verweigerung der Darlehensabnahme ergibt sich in diesem Fall aus einer positiven Vertragsverletzung,[11] deren Rechtsfolgen allerdings regelmäßig aus § 326 BGB a. F. bzw. nunmehr aus §§ 280, 281 Abs. 2, 323, 324 BGB n. F. entnommen werden.[12] Dies gilt bei langfristigen Baufinanzierungen auch für Teilauszahlungen nach Baufortschritt und den Anforderungen des § 3 MaBV für noch nicht ausbe-

---

[7] OLG Zweibrücken WM 1996, 621, dazu WuB I E 3.–6.96 *Weber*.
[8] *von Heymann/Rösler*, ZIP 2001, 441; *Palandt/Heinrichs*, BGB, § 326 Rdnr. 18.
[9] BGH NJW 2001, 1344; *von Heymann/Rösler*, ZIP 2001, 441; kritisch *Knops*, Verbraucherschutz bei Immobilienkreditverhältnissen, S. 138 (siehe dort Fn. 272), der nur die Pflicht zur Kapitalüberlassung und die Zinszahlungspflicht, nicht aber die Abnahmepflicht als synallagmatisch miteinander verknüpft betrachtet und § 326 BGB a. F. demzufolge allenfalls analog anwenden will.
[10] BGH NJW 2001, 1344; BGH ZIP 1992, 104; *von Heymann/Rösler*, ZIP 2001, 441; *Palandt/Heinrichs*, BGB, § 326 Rdnr. 20.
[11] BGH NJW 2001, 1344, 1345 f.; BGH ZIP 2001, 20, 21 unter Hinweis auf BGH ZIP 1982, 1092, 1093 = WM 1982, 907, 908; BGH ZIP 1986, 371, 372 = WM 1986, 325, 326, dazu EWiR 1986, 213 *Löwe*; *von Heymann/Rösler*, ZIP 2001, 441; vgl. auch *Rösler*, in: *Hadding/Nobbe*, Bankrecht 2000, S. 165, 171 unter Hinweis auf BGH ZIP 1992, 104 = NJW 1992, 971, dazu EWiR 1992, 257 *Rehbein*.
[12] *von Heymann/Rösler*, ZIP 2001, 441; *Rösler*, in: *Hadding/Nobbe*, Bankrecht 2000, S. 165, 171; *Palandt/Heinrichs*, BGB, § 276 Rdnr. 124, § 326 Rdnr. 1 a. E.; *Knops*, Verbrau-

zahlte Teilbeträge.[13] Die Verweigerung der Abnahme stellt in jedem Fall eine schuldhafte Verletzung vertraglicher Pflichten dar und führt zum Schadensersatzanspruch der Bank. Die Rechtsfolgen beider Fallgruppen sind identisch.

11 Erfüllt der Darlehensnehmer die vertraglich rechtswirksam vereinbarten Auszahlungvoraussetzungen[14] wie z. B. Stellung der Sicherheiten, Vorlage von Eigenkapital-, Verdienstnachweis oder andere Dokumente nicht, ist die Bank zur Auszahlung nicht verpflichtet. Die Bank kann auch in diesen Fällen von ihren Möglichkeiten nach § 326 BGB a. F. bzw. §§ 281, 323 BGB n. F. Gebrauch machen, den Vertrag kündigen und Nichtabnahmeentschädigung verlangen. Der Darlehensnehmer hat in diesem Fall keine Rechte aus § 326 BGB a. F. Eine unberechtigte Kündigung des Darlehensnehmers ist dann als endgültige Erfüllungsverweigerung anzusehen, womit die Bank wiederum Nichtabnahmeentschädigung verlangen kann.[15]

12 Stichtag für die Berechnung der Nichtabnahmeentschädigung ist bei einem Schadensersatzanspruch aus § 326 BGB a. F. der Zeitpunkt, in dem die Nachfrist mit Ablehnungsandrohung abläuft. Bei einem Schadensersatzanspruch aus positiver Vertragsverletzung wegen endgültiger und ernsthafter Erfüllungsverweigerung ist auf den Zeitpunkt abzustellen, in dem die Bank die Nichtabnahmeentschädigung verlangt.

13 Im Falle der Nichtabnahme des Darlehens muß der Darlehensnehmer bis zum Zeitpunkt der endgültigen Nichtabnahme eine im Darlehensvertrag vereinbarte Bereitstellungsprovision[16] (z. B. 2 % p. a. auf den Darlehensbetrag[17]) an die Bank zahlen. Diese stellt die Gegenleistung für die Bereitstellung der Darlehensvaluta dar.[18] Häufig wird eine bereitstellungsprovisionsfreie erste Laufzeit von drei oder sechs Monaten vereinbart; die für diese Zeit anfallenden Bereitstellungskosten sind dann in der Zinskalkulation berücksichtigt. Während der Bereitstellungszeit fallen noch keine vertraglichen Zinsen an. Der Anspruch der Bank auf Zahlung der Bereitstellungsprovision endet, wenn sie nach der vertraglichen Situation nicht mehr verpflichtet ist, das Darlehen auf Abruf bereitzuhalten und damit mit den entsprechenden finanziellen Mitteln nicht mehr gebunden ist.[19] Ab dem Zeitpunkt der Nichtabnahme entfällt die Bereitstellungsprovision für die Zukunft und tritt in der Gesamtabrechnung zur ab diesem Zeitpunkt zu berechnenden Nichtabnahmeentschädigung hinzu (vgl. Abbildung 2).[20]

---

cherschutz bei Immobiliarkreditverhältnissen, S. 138 (siehe dort Fn. 272); *Derleder*, JZ 1989, 165, 169.

[13] Siehe hierzu eingehend *von Heymann/Rösler*, WM 1998, 2456; *Rösler*, in: *von Heymann/Wagner/Rösler*, MaBV für Notare und Kreditinstitute, S. 30ff. sowie BGH ZIP 2001, 245 mit Anm. *Grziwotz* = ZfIR 2001, 111 mit Bespr. *Blank*, dazu EWiR 2001, 181 *Vogel*.

[14] Dabei ist insbesondere das Schriftformerfordernis des § 4 VerbrKG bzw. § 492 BGB n. F. zu beachten. Durch einfachen Brief „nachgeschobene" Auszahlungsvoraussetzungen sind nicht Vertragsbestandteil und unbeachtlich.

[15] BGH ZIP 2001, 510.

[16] Diese wird z. T. auch als Bereitstellungszins(en) bezeichnet.

[17] Abzüglich eines eventuell vereinbarten Disagios, vgl. KG WM 2001, 2204.

[18] KG WM 2001, 2204.

[19] KG WM 2001, 2204.

[20] *von Heymann/Rösler*, ZIP 2001, 441; unklar zu dieser Abgrenzung *Knops*, ZfIR 2001, 438.

Sind nur Teile des Darlehens nicht abgenommen, gelten die hier dargestellten **14** Grundsätze für diese Teile entsprechend.

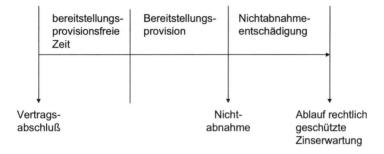

Abbildung 2: Zeitablauf Bereitstellungsprovision und Nichtabnahmeentschädigung

II. Kündigung durch die Bank

Möglich und nicht selten ist eine vorzeitige Vertragsbeendigung auch durch Kündi- **15** gung seitens der Bank.[21] Diese wird eine solche regelmäßig dann aussprechen, wenn sich der Kunde mit den vereinbarten Zins- und Tilgungsleistungen in Verzug befindet oder wenn sich seine wirtschaftlichen Verhältnisse in einer Weise verschlechtert haben, die eine ordnungsgemäße Rückführung als gefährdet erscheinen läßt (vgl. Nr. 19 AGB-Banken bzw. Nr. 26 AGB-Sparkassen und § 490 Abs. 1 BGB n. F.).[22]

Handelt es sich um einen Verbraucherkredit, ist für Kredite, die nicht von der **16** Sicherung durch ein Grundpfandrecht abhängig gemacht wurden, § 12 VerbrKrG bzw. § 498 BGB n. F. zu beachten, der die **Gesamtfälligstellung bei Teilzahlungskrediten** detailliert regelt. Darüber hinaus treffen die Banken insbesondere in Verbraucherkreditverträgen, die nicht § 12 VerbrKrG § 498 BGB n. F. unterliegen, häufig Regelungen mit dem Kunden, wann der Bank ein ordentliches oder außerordentliches Kündigungsrecht zusteht.[23] Wirksam wird die Kündigung als empfangsbedürftige Willenserklärung frühestens mit ihrem Zugang. Bei ordentlichen Kündigungen, bei denen eine Frist einzuhalten ist, wird der Kreditvertrag erst mit Ablauf der Frist beendet.

Der Kündigung durch die Bank steht keine **Pflicht zur Kreditversorgung** **17** entgegen, eine solche gibt es nach den Grundsätzen der Vertragsfreiheit nicht.[24] Die Bank kann also grundsätzlich nicht gezwungen werden, Kredite zu gewähren, zu belassen, zu stunden oder zu erhöhen. In ihrer Risikoeinschätzung ist sie frei und diese muß sich an ihrer Geschäftspolitik, den Zwängen der Bankenauf-

---

[21] Zur Legitimation, in diesen Fällen eine Vorfälligkeitsentschädigung zu berechnen, siehe unten Rdnr. C 17 ff.
[22] Vgl. hierzu *Bunte*, in: *Schimansky/Bunte/Lwowski*, Bankrechts-Handbuch, § 24 Rdnrn. 26 ff.; *Gößmann*, in: *Hellner/Steuer*, Bankrecht und Bankpraxis, Rn. 1/554 ff.; krit. *Köndgen*, in: *Ernst/Zimmermann*, Zivilrechtswissenschaft und Schuldrechtsreform, S. 457, 474.
[23] Siehe Vertragsbeispiele bei *von Heymann*, in: *Hopt*, Vertrags- und Formularbuch, VI. G.
[24] *MünchKomm/Westermann*, BGB, § 610 BGB Rdnr. 3.

sicht und den Interessen der Gesellschafter orientieren. Die Bank muß sich aber an die entwickelten allgemeinen Grundsätze halten.

So darf die **Kündigung** nicht zur **Unzeit** erfolgen. Das Verbot der Kündigung zur Unzeit wird aus §§ 627 Abs. 2, 671 Abs. 2 und 675 Abs. 1 BGB abgeleitet.[25] In besonderen Konstellationen, insbesondere wenn die Bank einen Vertrauenstatbestand geschaffen hat und durch die Kündigung dem Darlehensnehmer schwere Schäden entstehen würden, muß sie die Kündigung vorher androhen. Dies kann in Sanierungsfällen eine Rolle spielen, wenn die Bank ein Sanierungskonzept zunächst mitträgt und dieses dann durch eine Kreditkündigung scheitern würde. Außerdem muß die Bank das vormals aus § 242 BGB ableitbare, nunmehr in § 241 Abs. 2 BGB n. F. kodifizierte[26] allgemeine Gebot der Rücksichtnahme beachten. Hierunter fällt eine rechtsmißbräuchliche Kündigung, also eine Kündigung, die ohne schutzwürdige Interessen der Bank und unter Mißachtung der schutzwürdigen Interesse des Darlehensnehmers erfolgt.[27]

1. Kündigung bzw. Widerruf durch die Bank vor Auszahlung

18 Sofern oder soweit das Darlehen noch nicht ausgezahlt ist, konnte die Bank den Kreditvertrag nach den Regelungen des BGB vor der Schuldrechtsmodernisierung widerrufen, wenn beim Darlehensnehmer eine wesentliche Verschlechterung der Vermögenslage eintritt, durch welche die Rückzahlung des Kredits gefährdet wäre. Nach dem Grundgedanken der Regelung des § 610 BGB a. F. konnte der Bank bei bereits eingetretener Gefährdung der Rückzahlung eine Auszahlung nicht mehr zugemutet werden, sie stellt also einen Fall der clausula rebus sic stantibus dar, wonach selbstschädigende Handlungen nicht vorgenommen werden müssen.[28] § 490 Abs. 1 BGB n. F. differenziert nun nicht mehr zwischen Widerruf (vor Valutierung) und Kündigung (nach Valutierung), sondern spricht einheitlich von Kündigung, wobei eine solche dann möglich sein soll, wenn in den Vermögensverhältnissen des Darlehensnehmers oder in der Werthaltigkeit einer für das Darlehen gestellten Sicherheit eine wesentliche Verschlechterung eintritt oder einzutreten droht, durch die die Rückerstattung des Darlehens, auch unter Verwertung der Sicherheit, gefährdet wird.

19 Der **Widerruf** bzw. die **Kündigung** bewirken eine einseitige Lösung von einer bestehenden vertraglichen Verpflichtung. Sie beseitigen den Darlehensvertrag für die Zukunft, sind also mit den Widerrufsrechten in § 1 HaustürWG (bzw. § 312 BGB n. F.) und § 7 VerbrKrG (bzw. § 395 BGB n. F. i. V. m. § 355 BGB n. F.) nicht vergleichbar, die eine schwebende Unwirksamkeit des Vertrages und bei Ausübung eine Unwirksamkeit von Anfang an zur Folge haben. Vom Widerruf bzw. der Kündigung abzugrenzen ist auch die Sperrung eines bereits zugesagten Kredits. Die Bank wird mit der einseitig erklärten *Sperre der Kreditlinie* zum Ausdruck bringen wollen, daß eine Verfügung über den Kredit zumindest für einen begrenzten Zeitraum nicht möglich ist. Rechtlich ist dies als (Teil-)Widerruf

---

[25] BGH WM 1984, 586.
[26] Siehe hierzu *Lang*, in: Lang/Assies/Werner, Schuldrechtsmodernisierung in der Bankpraxis, S. 58 m. w. N.
[27] *Früh*, in: Hellner/Steuer, Bankrecht und Bankpraxis, Rdnr. 3/150.
[28] MOT II 314; *Hopt/Mülbert*, Kreditrecht, § 610 BGB Rdnr. 2 m. w. N.

nach § 610 BGB a. F. oder als (Teil-)Kündigung nach § 490 Abs. 1 BGB n. F. aufzufassen, weshalb die entsprechenden tatbestandlichen Voraussetzungen vorliegen müssen. Läßt sie den Kreditnehmer später wieder verfügen und nimmt er den Kredit in Anspruch, kommt insoweit in neuer Vertrag zustande.

Voraussetzung für § 610 BGB a. F. war, daß die Verschlechterung der Vermögenslage objektiv eingetreten sein mußte und zu einer Gefährdung des Darlehensrückzahlungsanspruchs geführt hat. Die Kriterien in § 610 BGB waren weitgehend inhaltsgleich zu den Tatbestandsmerkmalen in Nr. 19 AGB-Banken bzw. Nr. 26 AGB-Sparkassen und dem außerordentlichen Kündigungsrecht in § 490 Abs. 1 BGB n. F., obwohl die Formulierung leicht abweichend ist. **20**

Für das Kündigungsrecht nach § 490 Abs. 1 BGB n. F. reicht eine **drohende Gefährdung** einer wesentlichen Vermögensverschlechterung. Für die Verschlechterung kommt es auf die gesamte Vermögenslage des Darlehensnehmers an. Jede Vermögensminderung, auch der Ausfall von Absatz- und Gewinnchancen, weitere nicht nur unerhebliche Verbindlichkeiten sowie der Wegfall anderweitiger Finanzierungsmöglichkeiten fallen darunter.[29] Unerheblich ist, ob der Bank werthaltige Sicherheiten zur Verfügung stehen,[30] denn die Bank soll nicht bereits vor Auszahlung des Kredits gezwungen werden, auf die – oft mühevolle – Verwertung von Kreditsicherheiten angewiesen zu sein, um die Darlehensvaluta nebst Zinsen zurückzuerhalten. Der Wortlaut bezieht sich also direkt auf die Gefährdung des Darlehensrückzahlungsanspruchs.

Die Verschlechterung muß außerdem nach Abschluß des Kreditvertrages eingetreten sein.[31] Soweit sie der Bank bei Vertragsschluß schon bekannt war, ist das Widerrufsrecht/Kündigungsrecht ausgeschlossen.[32] Unklar ist, ob auch die objektiv unveränderte Vermögenslage das Widerrufsrecht/Kündigungsrecht ausschließt, ob es also auf die Kenntnis der Bank von der Verschlechterung zum Zeitpunkt der Kreditausreichung ankommt. Dies wird wohl zu verneinen sein, § 610 BGB a. F. bzw. § 490 Abs. 1 BGB n. F. knüpfen an die objektive Verschlechterung der Vermögenslage an, auf die Kenntnis der Bank kommt es nicht an.[33] Nur eine weitere Verschlechterung berechtigt die Bank in den Fällen der zum Zeitpunkt des Vertragsschlusses bereits schlechten Vermögenslage zum Widerruf bzw. zur Kündigung. **21**

Die Vorschriften sind nur auf nicht ausgezahlte Teile eines Darlehens anwendbar, wobei es keine Rolle spielt, ob der Kredit bereits abgerufen war oder nicht. Für die bereits valutierten Teile muß die Bank auf das außerordentliche Kündigungsrecht nach Nr. 19 AGB-Banken bzw. Nr. 26 AGB-Sparkassen zurückgreifen.[34] Die gesetzliche Regelung des § 610 BGB a. F. (§ 490 Abs. 1 BGB n. F.) geht der in Nr. 19 AGB-Banken bzw. Nr. 26 AGB-Sparkassen niedergelegten Konkretisierung des außerordentlichen Kündigungsrechts für die Fälle des nicht ausbezahlten Darlehens **22**

---

[29] *MünchKomm/Westermann*, BGB, § 610 BGB Rdnr. 7.
[30] A. A. *MünchKomm/Westermann*, BGB, § 610 BGB Rdnr. 6.
[31] Siehe hierzu eingehend auch die Begründung des Regierungsentwurfes zum SchRModG vom 14. 5. 2001, BT-Drucks. 14/6040, S. 598 ff.
[32] BGH WM 1960, 576.
[33] Ebenso *MünchKomm/Westermann*, BGB, § 610 BGB Rdnr. 5.
[34] *Hopt/Mülbert*, Kreditrecht, § 610 BGB Rdnr. 28.

vor,³⁵ soweit die Bank die Beendigung des konkreten Vertrages auf die Verschlechterung der Vermögensverhältnisse stützt. Kündigt sie aber das Darlehen oder die gesamte Geschäftsverbindung aus einem anderen Grund wie z. B. Betrugsversuch zu Lasten der Bank oder schuldhaft falschen Angaben des Darlehensnehmers, kann sie nach Nr. 19 AGB-Banken bzw. Nr. 26 AGB-Sparkassen kündigen.

23   Widerruft die Bank das Darlehensversprechen nach § 610 BGB bzw. kündigt sie nach § 490 Abs. 1 BGB n. F. wegen der Verschlechterung der Vermögensverhältnisse der Darlehensnehmers, kann sie wie bei der Nichtabnahme durch den Kunden einen Schaden erleiden, der sich aus Refinanzierungsschaden und entgangenem Gewinn zusammensetzt. Als Rechtsgrundlage für diesen Schadensersatzanspruch kommt in Ermangelung einer anderweitigen gesetzlichen Regelung – wie bei der berechtigten Kündigung durch die Bank – das gewohnheitsrechtlich anerkannte Rechtsinstitut der Positiven Vertragsverletzung (PVV, seit der Schuldrechtsmodernisierung in § 280 BGB n. F., ggf. i. V. m. §§ 281, 282, 324 BGB n. F., gesetzlich geregelt) des Darlehensvertrages in Betracht.³⁶

24   Dazu muß der Darlehensnehmer eine **Nebenpflichtverletzung** des Darlehensvertrages begangen haben. Dies scheitert nicht am Widerruf des Darlehensvertrages, denn der Widerruf wirkt nur für die Zukunft, beseitigt den Darlehensvertrag also nicht rückwirkend.³⁷ Nebenpflichten eines Vertrages sind durch seine Auslegung in Verbindung mit § 242 BGB zu bestimmen. Für den Darlehensnehmer besteht abgeleitet aus der Vorleistungspflicht des Darlehensgebers die Pflicht, dafür Sorge zu tragen, daß er den geschlossenen Vertrag auch erfüllen kann. Danach kann die Pflichtverletzung in diesen Fällen angenommen werden, wenn der Darlehensnehmer sich nach Abschluß des Darlehensvertrages in finanzieller Hinsicht nicht so verhalten hat, daß ihm die Rückführung des noch auszureichenden Darlehens auch in Zukunft möglich bleibt. Die Handlung des Darlehensnehmers muß allerdings schuldhaft erfolgt sein, um einen Schadensersatzanspruch der Bank zu begründen. Das **Verschulden** muß sich auf die Handlung beziehen, die zur Pflichtverletzung geführt hat. Offen ist, ob in diesen Fällen eine Garantiehaftung für Geld („Geld hat man zu haben") vorliegt. Ob diese aus § 279 BGB a. F. bzw. § 276 Abs. 1 S. 1 BGB n. F. oder aus einem der Rechts- und Wirtschaftsordnung immanenten allgemeinen Grundsatz der unbeschränkten Vermögenshaftung hergeleitet wird, kann für diese Frage dahinstehen.³⁸ Es steht der Anspruch der Bank auf Rückzahlung im Raum, den der Darlehensnehmer aus jetziger Sicht nicht befriedigen kann, es geht also um die Gefahr des künftigen Ausfalls der Bank. Ausgereicht und zur Rückzahlung fällig ist die Darlehensvaluta in diesen Fällen gerade nicht, woraus sich eine abweichende Beurteilung zur gewöhnlichen und aktuellen Nichtzahlung auf eine fällige Forderung ergeben könnte.³⁹ Bei der

---

³⁵ A. A. ohne Differenzierung *Früh*, in: *Hellner/Steuer*, Bankrecht und Bankpraxis, Rdnr. 3/165 und *MünchKomm/Westermann*, BGB, § 610 BGB Rdnr. 1.
³⁶ A. A. *Hopt/Mülbert*, Kreditrecht, § 610 BGB Rdnr. 28, die als Anspruchsgrundlage § 628 Abs. 2 BGB analog anwenden wollen, der jedoch nach h. M. ebenfalls Verschulden voraussetzt.
³⁷ *Hopt/Mülbert*, Kreditrecht, § 610 BGB Rdnr. 28.
³⁸ Zu dieser Diskussion *Palandt/Heinrichs*, 59. Aufl., § 279 Rdnr. 4.
³⁹ Diese Differenzierung wird von *Hopt/Mülbert*, Kreditrecht, § 610 BGB Rdnr. 4 nicht vorgenommen.

Anwendung des allgemeinen Grundsatzes der Garantiehaftung für Geldschulden käme es auf einen Verschuldensnachweis nicht mehr an. Ansonsten müßte das Herbeiführen der verschlechterten Vermögenslage schuldhaft erfolgt sein, was im Einzelfall nur schwierig nachweisbar sein dürfte. Bei Arbeitslosigkeit nach personenbedingter Kündigung wird das Verschulden eher zu bejahen sein, bei Arbeitslosigkeit nach betriebsbedingter Kündigung wird ein Verschulden des Darlehensnehmers dagegen regelmäßig zu verneinen sein. Bei der Vermögensverschlechterung aufgrund einer Scheidung dürfte das Verschulden so gut wie nicht nachweisbar sein, anders wiederum bei Vermögensverfall durch Spielleidenschaft. Dies zeigt auch die neue Vorschrift des § 490 Abs. 1 BGB n. F.

Letztlich wird das Ergebnis bei Widerruf durch die Bank nach § 610 BGB **25** a. F. bzw. § 490 Abs. 1 BGB n. F. dem der berechtigten Kündigung durch die Bank in einer Parallelwertung entsprechen müssen. Denn für das Entstehen eines Refinanzierungsschadens kommt es nicht darauf an, ob die Bank eine Kündigung vor oder nach Auszahlung der Darlehensvaluta ausspricht.

Erfolgt der Widerruf bzw. die Kündigung unberechtigt, also ohne daß eine **26** wesentliche Verschlechterung der Vermögenslage des Kreditnehmers eingetreten wäre, entfaltet der Widerruf bzw. die Kündigung keine Rechtswirkungen und wird als nicht erfolgt behandelt. Die Bank macht sich in solchen Fällen schadensersatzpflichtig nach § 326 Abs. 1 BGB a. F. bzw. §§ 281, 323 BGB n. F., wenn sie den Anspruch des Darlehensnehmers auf Auszahlung des Darlehens nicht erfüllt.[40] Nur in Ausnahmefällen, die aus den allgemeinen Grundsätzen wie der Kündigung zur Unzeit etc. abgeleitet werden können,[41] muß die Bank davon absehen, ein ihr zustehendes Widerrufsrecht auszuüben.

Mit dem am 1.1.2002 in Kraft getretenen **Schuldrechtsmodernisierungs-** **27** **gesetz** ist die Vorschrift des § 610 BGB entfallen. Für Darlehensverträge, die nach diesem Datum zwischen Bank und Kreditnehmer geschlossen worden sind, gilt ausschließlich § 490 Abs. 1 BGB n. F. Nach § 490 Abs. 1 BGB n. F. steht dem Kreditinstitut ein jederzeitiges außerordentliches Kündigungsrecht für die Tranchen des Darlehens zu, welche noch nicht ausbezahlt worden sind. Voraussetzung ist auch nach dem neuen Recht, daß in den Vermögensverhältnissen des Darlehensnehmers eine wesentliche Verschlechterung eintritt oder einzutreten droht, durch die der Anspruch auf die Rückerstattung des Darlehens gefährdet wird. Dieser Wortlaut ist offensichtlich aus den bisherigen Regelungen Nr. 19 AGB-Banken und Nr. 26 AGB-Sparkassen entnommen.[42] Neu aufgenommen hat der Gesetzgeber eine Regelung, wonach dieses außerordentliche Kündigungsrecht auch gilt, wenn hinsichtlich der Werthaltigkeit einer für das Darlehen gestellten Sicherheit eine wesentliche Verschlechterung eintritt oder einzutreten droht. Noch im ursprünglichen Entwurf des § 490 Abs. 1 BGB wurde der Bank ein Kündigungsrecht „nur" in den Fällen eingeräumt, in denen Vermögensverhältnissen des Darlehensnehmers oder eines Dritten, der für das Darlehen eine Sicherheit gestellt hat, eine wesentliche Verschlechterung eintritt oder einzutreten drohte. Da sich diese Erweiterung augenscheinlich nur auf Personalsicherheiten

---

[40] BGH WM 1990, 215.
[41] Dazu Teil B. Rdnr. 17.
[42] *Freitag*, WM 2001, 2370.

bezog, die im wesentlichen auf die Bonität des Sicherungsgebers abstellte, bestand ein Kündigungsrecht nicht, wenn der Drittsicherungsgeber beispielsweise eine Grundschuld oder sonstige dingliche Rechte als Sicherheit zur Verfügung stellte, da es insoweit nicht mehr auf die Bonität des Grundschuldbestellers, sondern auf die Werthaltigkeit der Grundschuld ankommt.[43]

Vor diesem Hintergrund wurde § 490 Abs. 1 BGB im Hinblick auf die Besicherung entsprechend geändert, indem auf die Werthaltigkeit einer für das Darlehen gestellten Sicherheit abgestellt wurde, also sowohl die Bonität eines Bürgen, Mitverpflichteten usw. als auch die Werthaltigkeit der Sicherheit als solche mitumfaßt.[44] Problematisch für die Bank kann allerdings die in § 490 Abs. 1 BGB zuletzt eingebaute Einschränkung sein, wonach ein Kündigungsrecht nur besteht, wenn durch die Vermögensverschlechterung die Rückerstattung des Darlehens – auch unter Verwertung von Kreditsicherheiten – gefährdet wird. Die Bank wird sich bei der Kündigung nach § 490 Abs. 1 BGB im Wege einer Gesamtbetrachtung des Darlehensvertrages mit allen dafür haftenden Kreditsicherheiten die Frage stellen müssen, ob durch die eingetretene oder drohende Vermögensverschlechterung die **Ausfallwahrscheinlichkeit** für die Bank steigt. Bei der bekannten Problematik der Bewertung von Sicherheiten für den Liquidationsfall (insbesondere bei Personalsicherheiten wie Bürgschaften) dürfte dieses Thema in der Praxis einigen Diskussionsbedarf auslösen. Das Problem könnte in der Form auftreten, daß der Kreditnehmer bzw. der zwischenzeitlich amtierende Insolvenzverwalter die Bank auf Schadensersatz wegen rechtswidriger Kündigung mit der Begründung verklagt, daß nach Verwertung der Kreditsicherheiten ein Ausfall für die Bank von vornherein höchst unwahrscheinlich war. Vor dem Hintergrund dieser Neuregelung mußte insbesondere Nr. 26 Abs. 2 Unterabsatz 2 AGB-Sparkassen grundlegend geändert werden. Nr. 26 Abs. 2 AGB-Sparkassen betrifft das Recht der außerordentlichen Kündigung, und zwar sowohl im Hinblick auf die gesamte Geschäftsbeziehung als auch in Bezug auf einzelne Geschäftszweige im Falle der Vermögensverschlechterung. In Nr. 26 Abs. 2, 2. Abschnitt AGB-Sparkassen werden enumerativ, aber nicht abschließend, bestimmte Kündigungsgründe aufgeführt, die im wesentlichen mit den bisher im 2. Abschnitt der Nr. 26 AGB-Sparkassen übereinstimmen. Hinzugefügt wurde jedoch das Recht zur außerordentlichen Kündigung im Falle der wesentlichen Verschlechterung bzw. erheblichen Gefährdung in der Werthaltigkeit der für ein Darlehen gestellten Sicherheit (Nr. 26 Abs. 2 Buchstabe a) AGB-Sparkassen). Diese Regelung entspricht der gegenwärtigen Praxis des Darlehensgeschäftes, entsprechende Darlehensverträge bei Vorliegen dieser Voraussetzungen zu kündigen.[45] Neu eingefügt wurde ferner ein 3. Unterabschnitt in Nr. 26 Abs. 2 AGB-Sparkassen, der aufgrund der Neuregelung des SchRModG, nämlich die ausdrückliche gesetzliche Regelung über die Kündigung von Dauerschuldverhältnissen aus wichtigem Grund (§ 314 Abs. 2 BGB),[46] geboten war. Nach § 314

---

[43] Vgl. *Köndgen*, WM 2001, 1637, 1643.
[44] Vgl. *Köndgen*, WM 2001, 1637, 1643.
[45] Vg. *MünchKomm/Westermann*, BGB § 610 Rdnr. 7.
[46] Siehe hierzu eingehend *Lang*, in: *Lang/Assies/Werner*, Schuldrechtsmodernisierung in der Bankpraxis, S. 97 ff.

Abs. 2 BGB darf eine Kündigung (aus wichtigem Grund) in Fällen, in denen der wichtige Grund in der Verletzung einer Vertragspflicht besteht, grundsätzlich erst nach erfolglosem Ablauf einer zur Abhilfe bestimmten Frist oder nach erfolgloser Abmahnung erfolgen. Diese AGB-Regelung bewirkt somit keine materielle Änderung, sondern hat lediglich deklaratorischen Charakter. Nr. 19 Abs. 3 AGB-Banken wurde entsprechend ausgestaltet, so daß insoweit keine wesentlichen Unterschiede bestehen. Dagegen ist in Nr. 18 AGB-Banken, der das Kündigungsrecht des Kunden anspricht, ein neuer Abs. 3 eingefügt worden, der ausdrücklich vorsieht, daß die gesetzlichen Kündigungsrechte unberührt bleiben, um jeden Endruck zu vermeiden, die gesetzlichen Kündigungsrechte des Darlehensnehmers könnten von den AGB-mäßigen Kündigungsrechten des Kunden verdrängt werden. Zu denken ist hierbei nicht nur an das neue außerordentliche Kündigungsrecht des Kunden nach § 490 Abs. 2 BGB, sondern ebenfalls an die §§ 313, 314 BBG, auf die im übrigen auch § 490 Abs. 3 BGB ausdrücklich verweist. Eine Immobilie oder sicherungsübereignete Maschine haftet dem Kreditinstitut jedoch nach wie vor. Bei Sachsicherheiten ist also auf die Werthaltigkeit dieser Sicherheit abzustellen.

§ 490 Abs. 1 BGB n. F. gibt der Bank außerdem das Recht zur außerordentlichen Kündigung, wenn das Darlehen bereits ausgezahlt ist, sofern eine Verschlechterung der Vermögensverhältnisse eintritt oder einzutreten droht. 28

2. Kündigung nach § 19 AGB-Banken bzw. Nr. 26 AGB-Sparkassen

Regelmäßig werden von allen Banken und Sparkassen für alle Geschäftsbeziehungen die jeweiligen AGB des Kreditinstituts bzw. der Kreditinstitutsgruppe[47] vereinbart. Mit der wirksamen Einbeziehung der AGB in das Kreditverhältnis bedingen die Parteien die Beendigungsregelungen in § 609 BGB a. F. (§ 488 Abs. 3 BGB n. F.) ab.[48] 29

Unbefristete Kredite, insbesondere bei der Kreditgewährung „bis auf weiteres" (**b. a. w.-Kredite**), können nach Nr. 19 Abs. 2 **AGB-Banken** und Nr. 26 Abs. 1 **AGB-Sparkassen** grundsätzlich jederzeit ohne Einhaltung einer Kündigungsfrist gekündigt werden. Die Bank kann sich jedoch Schadensersatzansprüchen aus PVV des Darlehensvertrages aussetzen, wenn sie die von der Rechtsprechung aufgestellten allgemeinen Grundsätze nicht beachtet.[49] 30

Alle Kredite können nach Nr. 19 Abs. 3 AGB-Banken bzw. Nr. 26 Abs. 2 AGB-Sparkassen außerordentlich gekündigt werden. Diese Regelung konkretisiert den aus § 626 Abs. 1 BGB abgeleiteten und nunmehr in § 314 Abs. 1 BGB n. F. ausdrücklich festgelegten Rechtsgedanken, nach dem alle Dauerschuldverhältnisse zumindest durch außerordentliche Kündigung beendet werden können. Im Rahmen der aufgrund des Schuldrechtsmodernisierungsgesetzes gebotenen Überarbeitung der Allgemeinen Geschäftsbedingungen wurde Nr. 26 Abs. 2 Unterabsatz 2 AGB-Sparkassen insofern modifiziert, als daß Recht zur außerordent- 31

---

[47] So hat sich das im Bundesverband deutscher Banken organisierte private Kreditgewerbe die AGB-Banken durch das Bundeskartellamt genehmigen lassen. Ähnliche AGB's werden von der Sparkassenorganisation verwandt.
[48] Früh, in: *Hellner/Steuer*, Bankrecht und Bankpraxis, Rdnr. 3/141 a.
[49] Dazu oben Rdnr. B 17.

lichen Kündigung im Falle der wesentlichen Verschlechterung bzw. erheblichen Gefährdung in der Werthaltigkeit der für ein Darlehen gestellten Sicherheit gemäß § 490 Abs. 1 BGB n. F. in einem neuen 3. Unterabschnitt in Nr. 26 Abs. 2 AGB-Sparkassen ausdrücklich geregelt. Für die außerordentliche Kündigung bedarf es eines wichtigen Grundes, aufgrund dessen es der Bank unzumutbar ist, das Kreditverhältnis bis zum Ablauf einer Kündigungsfrist der ordentlichen Kündigung oder bei befristeten Krediten bis zum Vertragsende fortzuführen. Solche Gründe können die unzureichende Kreditbesicherung unter Verstoß gegen Nr. 13 AGB-Banken bzw. Nr. 22 AGB-Sparkassen oder unrichtige Angaben des Kreditnehmers über seine Vermögenslage sein. Auch während der Kreditlaufzeit muß der Kreditnehmer zutreffende Angaben machen, denn die Bank hat ein berechtigtes Interesse daran, die aktuelle wirtschaftliche Entwicklung des Kunden realistisch beurteilen zu können.[50] Sie kann dazu sogar bankaufsichtsrechtlich verpflichtet sein (vgl. § 18 KWG, Basel II).

32 Auch die wesentliche Verschlechterung der wirtschaftlichen Verhältnisse des Kreditnehmers erwähnen die AGB's der Kreditinstitute ausdrücklich. Dieser Kündigungsgrund ist dem gesetzlichen Leitbild des § 610 BGB a. F. (entspricht § 490 Abs. 1 BGB n. F.) und dem darin geregelten Widerrufsrecht des Darlehensgebers[51] (bei § 490 Abs. 1 BGB n. F. ein außerordentliches Kündigungsrecht) entnommen. Sobald der Kredit nicht nur unerheblich und entgegen der Vereinbarungen nicht mehr zurückgeführt wird oder andere Indizien wie Zwangsversteigerung, Insolvenzgefahr wegen Überschuldung etc. vorliegen, steht der Bank ein außerordentliches Kündigungsrecht zu.[52] Die Kündigungsgründe brauchen in der Kündigungserklärung nicht genannt zu werden, sie müssen nur objektiv vorliegen. Es genügt, wenn sie in einer Person bei mehreren gesamtschuldnerisch haftenden Kreditnehmern vorliegen. Die außerordentliche Kündigung muß in angemessener Frist, also als Reaktion auf das Bekanntwerden neuer Umstände oder Verhaltensweisen des Kreditgebers erklärt werden, wobei der Bank eine angemessene Überlegungszeit je nach Sachlage einzuräumen ist. Ansonsten ist das außerordentliche Kündigungsrecht verwirkt. Im Zweifel ist die außerordentliche Kündigung in eine ordentliche umzudeuten.

3. Kündigung nach § 12 VerbrKrG und § 498 BGB n. F.

33 Für einige in den Anwendungsbereich des vormaligen Verbraucherkreditgesetzes[53] fallende Kredite gelten hinsichtlich der Kündigung die besonderen und zu Lasten des Kreditnehmers unabdingbaren Regeln des § 12 VerbrKrG (§ 498 BGB n. F.). Ein Rückgriff auf die Regelungen des BGB oder formularmäßige Regelungen zu Lasten des Kreditnehmers ist damit nicht möglich. Nur die außerordentliche Kündigung aus wichtigem Grund bleibt weiterhin möglich.[54] Dafür

---

[50] *MünchKomm/Westermann*, BGB, § 610 BGB Rdnr. 14.
[51] Dazu oben Rdnr. B 18 ff.
[52] Zu weiteren Fällen *Früh*, in: *Hellner/Steuer*, Bankrecht und Bankpraxis, Rdnr. 3/156.
[53] Gemäß § 1 VerbrKrG i.V. m. §§ 2 und 3 Abs. 1 VerbrKrG, dazu *Graf von Westphalen* in: *Graf von Westphalen/Emmerich/von Rottenburg*, Verbraucherkreditgesetz, § 1 Rdnr. 1 ff.
[54] *Emmerich*, in: *von Westphalen/Emmerich/von Rottenburg*, Verbraucherkreditgesetz, § 12 Rdnr. 23 f.

kommen Fälle der unrichtigen Vermögensangaben des Kreditnehmers, wesentliche Verschlechterung der Vermögenslage etc. in Betracht, wobei das Umgehungsverbot nach § 18 VerbrKrG (§ 506 BGB n. F.) wertend zu berücksichtigen ist.[55]

Das gesetzliche Kündigungsrecht des § 12 VerbrKrG (§ 498 BGB n. F.) gilt für **Teilzahlungskredite** im Falle des Zahlungsverzuges des Kreditnehmers. Dabei sind die einzelnen Voraussetzungen des § 12 VerbrKrG (§ 498 BGB n. F.) kumulativ einzuhalten. Für grundpfandrechtlich gesicherte Darlehen, die zu für diesen Darlehen üblichen Bedingungen gewährt werden, finden die Regelungen des § 12 VerbrKrG (§ 498 BGB n. F.) nach § 3 Abs. 2 Nr. 2 VerbrKrG (§ 491 Abs. 3 Nr. 1 BGB n. F.)[56] keine Anwendung. **34**

Teilzahlungskredite sind Verbraucherkredite aller Art, die von Kreditnehmerseite in Raten zu tilgen sind. Wie viele Raten und in welcher Höhe diese vereinbart sind, spielt keine Rolle, ab zwei vereinbarten Zahlungen kann von Ratenzahlung ausgegangen werden.[57] Bei bloßer einmaliger Tilgungsleistung liegt dagegen kein Ratenkredit vor, auch nicht bei der Ratenzahlung von Zinsen. Dagegen ist die Tilgung der Kapitalforderung nicht zwingend nötig, auch bei Zahlungen in einen Tilgungsersatz wie Lebensversicherung, Bausparvertrag oder Aktienfonds findet § 12 VerbrKrG (§ 498 BGB n. F.) aufgrund der wirtschaftlich vergleichbaren Situation für den Verbraucher entsprechend Anwendung.[58] Gleichbleibende Ratenzahlungen sind nicht erforderlich, so daß auch Abreden über Mindestraten bei revolvierenden Krediten etc. in den Anwendungsbereich des § 12 VerbrKrG (§ 498 BGB n. F.) fallen. Auch Finanzierungsleasingverträge fallen unter § 12 VerbrKrG (§ 498 BGB n. F.).[59] Für die Teilzahlungskrediteigenschaft kommt es auf den Zeitpunkt der Kündigung durch die Bank an. Bei nachträglich vereinbarter Ratenzahlung liegt ein Teilzahlungskredit vor, bei nachträglicher Aufhebung der Ratenzahlung nicht.[60] Die Aufhebung der Ratenzahlung zur Umgehung des § 12 VerbrKrG (§ 498 BGB n. F.) ist nach § 18 VerbrKrG (§ 506 BGB n. F.) nicht möglich. **35**

Voraussetzung für die Kündigung durch die Bank ist, daß der Kreditnehmer mit mindestens zwei aufeinanderfolgenden Teilzahlungen ganz oder zum Teil in **Verzug** ist. Der Verzug richtet sich nach den allgemeinen Regelungen im BGB, also insbesondere §§ 284, 285, 279 BGB a. F. bzw. § 286 BGB n. F. Nutzt der Verbraucher durch konsequente unpünktliche Zahlung, Nichtzahlung jeder **36**

---

[55] *Emmerich*, in: *von Westphalen/Emmerich/von Rottenburg*, Verbraucherkreditgesetz, § 12 Rdnr. 25; weiter nach konkretem Kündigungsgrund differenzierend *Metz*, Verbraucherkreditgesetz, § 12 Rdnr. 5.

[56] Dazu unten Teil B., Rdnr. 64 f.

[57] Ebenso *Emmerich*, in: *von Westphalen/Emmerich/von Rottenburg*, Verbraucherkreditgesetz, § 12 Rdnr. 7; a. A. (ab 3 Raten) *MünchKomm/Habersack*, BGB, § 12 VerbrKrG Rdnr. 3.

[58] *Metz*, Verbraucherkreditgesetz, § 12 Rdnr. 2; *MünchKomm/Habersack, BGB*, § 12 VerbrKrG Rdnr. 5.

[59] Zu den Schwierigkeiten der Anwendung *Emmerich*, in: *von Westphalen/Emmerich/von Rottenburg*, Verbraucherkreditgesetz, § 12 Rdnr. 13 ff.

[60] *Emmerich*, in: *von Westphalen/Emmerich/von Rottenburg*, Verbraucherkreditgesetz, § 12 Rdnr. 10.

zweiten Rate oder ständige Teilleistungen diese Schutzvorschrift vorsätzlich aus, kann die Bank nach § 242 BGB außerordentlich kündigen.[61]

37 Außerdem muß der Kreditnehmer mit mindestens 10 % des **Nennbetrages des Kredits** oder des **Teilzahlungspreises** in Verzug sein. Bei Krediten, die über drei Jahre Laufzeit haben, genügen 5 %. Der Teilzahlungspreis ist in § 4 Abs. 1 S. 4 Nr. 2 lit. b VerbrKrG (§ 492 Abs. 1 Satz 4 Nr. 2 BGB n. F.) erwähnt und meint bei den Sachkrediten den Gesamtbetrag von Anzahlung und allen Teilzahlungen einschließlich Zinsen und sonstigen Kosten. Der Nennbetrag des Kredites wird im Verbraucherkreditrecht nicht definiert und deckt sich nicht mit dem Nettokreditbetrag nach § 4 Abs. 1 S. 4 Nr. 1 lit. a VerbrKrG (§ 492 Abs. 1 Satz 4 Nr. 1 BGB n. F.). Vielmehr ist der Nennbetrag der Nettokreditbetrag plus aller mitfinanzierter Einmalkosten wie Bearbeitungsentgelt, Vermittlungsprovisionen etc. Laufzeitabhängige Kosten wie Zinsen sind hier also nicht erfaßt.[62] Bei Finanzierungsleasingverträgen ist die Bestimmung des Kreditnennwertes problematisch. Handelt es sich um einen Vollamortisationsvertrag, wird die Summe der Leasingraten dem Nennbetrag des Kredits gleichzusetzen sein. Ähnlich einem Disagio sind Sonderzahlungen zu Beginn des Vertrages, welche die Höhe der Leasingrate reduzieren, auf die Leasingraten zu addieren.[63] Bei Teilamortisationsverträgen ist zusätzlich auch die Restzahlung oder Abschlußzahlung für die Bestimmung des Nennwertes zu berücksichtigen.[64]

38 Die Bank muß vor Kündigung eine **Nachfrist** zur Zahlung des rückständigen Betrages von zwei Wochen setzen. Darin ist die Gesamtfälligstellung anzudrohen. Außerdem ist dem Kreditnehmer die Höhe des rückständigen, geschuldeten Betrages mitzuteilen. Vorbild dieser Regelung ist § 326 Abs. 1 BGB a. F. (§§ 280, 286 BGB n. F.). Mit ihr soll dem Verbraucher der Ernst der Situation letztmalig deutlich vor Augen geführt werden. Wie bei § 326 BGB a. F. bzw. § 280, 286 BGB n. F. sind die Voraussetzungen für eine wirksame Nachfristsetzung streng formalisiert, so daß Unrichtigkeiten zur Unwirksamkeit der Nachfristsetzung führen. Bei ernsthafter und endgültiger Erfüllungsverweigerung des Kreditnehmers ist die Nachfristsetzung wie bei § 326 BGB a. F. (§ 286 Abs. 1 BGB n. F.) als bloßer Formalismus überflüssig.[65] Aus Beweisgründen wird die Nachfristsetzung stets schriftlich erfolgen, obwohl eine besondere Form von § 12 VerbrKrG (§ 498 BGB n. F.) nicht vorgeschrieben wird. Mit der Nachfristsetzung kann die Kündigung noch nicht ausgesprochen werden.[66] Sonst würde das abgestufte Sanktionssystem des § 12 VerbrKrG (§ 498 BGB n. F.) unterlaufen. Bei mehreren Kredit-

---

[61] *Emmerich*, in: *von Westphalen/Emmerich/von Rottenburg*, Verbraucherkreditgesetz, § 12 Rdnr. 27 ff.

[62] *Metz*, Verbraucherkreditgesetz, § 12 Rdnr. 14; *MünchKomm/Habersack*, BGB, § 12 VerbrKrG Rdnr. 13.

[63] *MünchKomm/Habersack*, BGB, § 12 VerbrKrG Rdnr. 14.; a. A. *Emmerich*, in: *von Westphalen/Emmerich/von Rottenburg*, Verbraucherkreditgesetz, § 12 Rdnr. 19.

[64] *Emmerich*, in: *von Westphalen/Emmerich/von Rottenburg*, Verbraucherkreditgesetz, § 12 Rdnr. 22; *MünchKomm/Habersack*, BGB, § 12 VerbrKrG Rdnr. 14.

[65] *Emmerich*, in: *von Westphalen/Emmerich/von Rottenburg*, Verbraucherkreditgesetz, § 12 Rdnr. 51.

[66] So auch *Metz*, Verbraucherkreditgesetz, § 12 Rdnr. 2; aber strittig, vgl. *Emmerich*, in: *von Westphalen/Emmerich/von Rottenburg*, Verbraucherkreditgesetz, § 12 Rdnr. 47 m. w. N.

nehmern sind für jeden Kreditnehmer die einzelnen Voraussetzungen des § 12 Abs. 1 Nr. 2 VerbrKrG zu beachten, so daß die Nachfristsetzung mit Androhung der Gesamtfälligstellung auch gegenüber dem Mitkreditnehmer erklärt werden muß.[67]

Weiterhin soll die Bank ein Gespräch anbieten, obwohl das **Gesprächsangebot** keine Voraussetzung der Kündigung ist. Allerdings ist sie eine gesetzlich normierte Pflicht der Bank, so daß der Kreditnehmer Schadensersatzansprüche bei Mißachtung durch die Bank geltend machen kann, soweit ihm dadurch ein Schaden entstanden ist.[68] Die Bank wird aber regelmäßig ohnehin ein Gespräch anstreben, um die Regulierung ihrer offenen Forderung zu beschleunigen. 39

Verstreicht die Nachfrist ohne vollständige Rückzahlung der aufgelaufenen Beträge, hat die Bank das Recht, den Kreditvertrag zu kündigen. Verpflichtet ist sie dazu nicht. Wie bei Kündigungsgründen, die zur außerordentlichen Kündigung berechtigen, wird die Bank innerhalb einer angemessenen Frist die Kündigung aussprechen müssen. Ansonsten ist das Kündigungsrecht verwirkt und die Voraussetzungen des § 12 VerbrKrG bzw. § 498 BGB n. F. (in der Praxis insbesondere neue Nachfristsetzung) müssen erneut erfüllt sein, damit die Bank nach dieser Norm kündigen kann. 40

III. Ordentliche Kündigung durch den Kunden

1. Überblick: § 609 a BGB a. F. und § 489 BGB n. F.

Den Kreditnehmer können sowohl aus der konkreten vertraglichen Gestaltung und nach Nr. 18 AGB-Banken bzw. Nr. 26 AGB-Sparkassen, als auch aus § 609 BGB a. F., § 609 a BGB a. F.[69] § 488 Abs. 3 BGB n. F. und § 489 BGB n. F. Kündigungsrechte zustehen 41

In Kreditverträgen sind Kündigungsrechte des Kunden regelmäßig soweit ausgeschlossen, wie dies nach § 609 a BGB a. F. bzw. § 498 BGB n. F. möglich ist. Werden dem Kunden weitergehende vertragliche Kündigungsrechte eingeräumt, ist auf deren Formulierung und Ausgestaltung im Einzelfall abzustellen. Auch die Vorschrift des § 609 a BGB ist im Schuldrechtsmodernisierungsgesetz aufgegangen. Allerdings entspricht der „neue" § 489 BGB i. d. F. d. SchRModG annähernd wörtlich der Vorgängerbestimmung des § 609 a BGB.[70] Die Vorschrift wurde lediglich an die neue Diktion des Darlehensrechts, die zwischen dem Darlehensvertrag und dem Darlehen unterscheidet, angepaßt. Speziell § 489 Abs. 1 Nr. 2 BGB wurde im Hinblick auf die Definition des Verbraucherbegriffs in § 13 BGB redaktionell überarbeitet. Inhaltliche Änderungen zum geltenden Recht ergeben sich nicht.[71] 42

---

[67] *MünchKomm/Habersack*, BGB, § 12 VerbrKrG Rdnr. 20.
[68] *Emmerich*, in: *von Westphalen/Emmerich/von Rottenburg*, Verbraucherkreditgesetz, § 12 Rdnr. 62 m. w. N.; *Metz*, Verbraucherkreditgesetz, § 12 Rdnr. 21.
[69] Dazu ausführlich *Hopt/Mülbert*, WM 1990, Beilage Nr. 3; *von Rottenburg*, WM 1987, 1; *Häuser/Welter*, NJW 1987, 17; *von Heymann*, BB 1987, 455. § 609 a BGB gilt für alle Kreditverträge, die ab dem 1. 1. 1987 abgeschlossen wurden.
[70] Begründung des Regierungsentwurfs vom 14. 5. 2001, BT-Drucks. 14/6040, S. 598.
[71] Begründung des Regierungsentwurfs vom 14. 5. 2001, BT-Drucks. 14/6040, S. 598.

43 Bei Kreditverträgen, die vor dem 1.1.1987 geschlossen wurden, steht dem Kreditnehmer nach wie vor ein Kündigungsrecht nach § 247 BGB a. F.[72] zu. § 247 Abs. 1 BGB a. F. lautet: „Ist ein höherer Zinssatz als sechs vom hundert für das Jahr vereinbart, so kann der Schuldner nach dem Ablaufe von sechs Monaten das Kapital unter Einhaltung einer Kündigungsfrist von sechs Monaten kündigen. Das Kündigungsrecht kann nicht durch Vertrag ausgeschlossen oder beschränkt werden." Der Zweck dieser Vorschrift lag darin, den Zinschuldner vor einem Mißbrauch der wirtschaftlichen Übermacht des Gläubigers zu schützen und die Anpassung des Zinssatzes zu marktüblichen Konditionen zu ermöglichen.[73] Ein Ausschluß des Kündigungsrechtes war nur unter den eng begrenzten Voraussetzungen des § 247 Abs. 2 BGB möglich und zulässig.[74]

44 Sofern der Kreditnehmer sein Darlehen nach § 247 Abs. 1 BGB a. F. ordentlich kündigt, kann der Kreditgeber eine Vorfälligkeitsentschädigung nicht geltend machen, weil hierin eine Beschränkung des Kündigungsrechtes zu sehen ist.[75] Nach allgemeiner Auffassung gilt § 247 Abs. 1 BGB a. F. auch bei sog. **Abschnittsfinanzierungen**,[76] d. h. solchen Darlehensverhältnissen, bei denen nach Ablauf einer Festzinsperiode der Zinssatz jeweils für eine weitere Festzinsperiode neu festgeschrieben wird. Wie bei fast jeder grundpfandrechtlich gesicherten Immobilienfinanzierung haben die Parteien bei der Abschnittsfinanzierung eine bestimmte Endlaufzeit des Kreditverhältnisses vereinbart. Der (anfängliche) Zinssatz wird indessen regelmäßig nur für eine bestimmte Zeitspanne, die unter der Gesamtlaufzeit liegt, festgeschrieben (Abschnitt); nach Ablauf dieser Zinsbindungsfrist wird für eine weiteren Abschnitt einer neuer – fester – Zinssatz vereinbart. Diese neue Zinsvereinbarung berührt indessen nicht den übrigen Inhalt und die Dauer ursprünglich abgeschlossenen Kreditvertrages, so daß insgesamt kein neuer Vertrag begründet, sondern der alte Vertrag fortgeführt wird. Aus diesem Grunde verbleibt es auch bei Abschnittsfinanzierungen bei der Anwendbarkeit des § 247 BGB a. F.[77] Vor allem, wenn neben der Vereinbarung eines neuen Festzinssatzes weitere „Vertragsbestandteile" modifiziert werden (z. B. Kündi-

---

[72] Art. 12 Abs. 2 i. V. m. Art. 14 des Gesetzes zur Änderung wirtschafts-, verbraucher-, arbeits- und sozialrechtlicher Vorschriften vom 25.7.1986 (BGBl. I, S. 1169); siehe hierzu eingehend *von Heymann*, Die Kündigung von Darlehen nach § 247 BGB.

[73] *Staudinger/Schmidt*, BGB, § 247 Rdnr. 2; *MünchKomm/Maydell*, BGB, § 247 Rdnr. 17; *Knops*, Verbraucherschutz bei Immobiliarkreditverhältnissen, S. 94.

[74] Siehe hierzu *Knops*, Verbraucherschutz bei Immobiliarkreditverhältnissen, S. 94. Ein solcher Kündigungsausschluß war auch mittels AGB möglich, so jedenfalls *Wolf*, in: *Wolf/Horn/Lindacher*, AGBG, § 9 Rdnr. D 45 a. E.

[75] BGHZ 111, 287, BGHZ 79, 163; BGH NJW-RR 1990, 431; OLG Hamm WM 1995, 190; *Staudinger/Schmidt*, BGB, § 247 Rdnr. 37; *MünchKomm/Maydell*, BGB, § 247 Rdnr. 17; *Brandner*, in: *Ulmer/Brandner/Hensen*, AGBG, Anh. §§ 9–11 Rdnr. 284; *Canaris*, Bankvertragsrecht, Rdnr. 1346; *Hopt/Mülbert*, Kreditrecht, § 609 Rdnr. 13; *Reifner*, NJW 1995, 86, 87; *Pleyer*, NJW 1978, 2128; *Knops*, Verbraucherschutz bei Immobiliarkreditverhältnissen, S. 94.

[76] Vgl. *Köndgen*, in: *Ernst/Zimmermann*, Zivilrechtswissenschaft und Schuldrechtsreform, S. 457, 461.

[77] *Metz*, in: *Metz/Wenzel*, Vorfälligkeitsenschädigung, Rdnr. 15; *Knops*, Verbraucherschutz bei Immobiliarkreditverhältnissen, S. 94; *von Heymann*, BB 1987, 415; vgl. auch *Köndgen*, Gewährung und Abwicklung grundpfandrechtlich gesicherter Kredite, S. 168 f.; *Häuser/Welter*, NJW 1987, 17.

gungsregeln oder Vertragslaufzeit), ist es mitunter problematisch, ob in dieser Modifizierung „nur" die Änderung des bestehenden Vertrages oder aber der Abschluß eines neuen Darlehensvertrages (Novation) zu sehen ist. Abzustellen ist in diesen Fällen auf den mutmaßlichen Parteiwillen im konkreten Einzelfall, so daß im Zweifel „nur" eine Änderung des alten Vertrages anzunehmen ist.[78] Der Abschluß eines neuen Vertrags wird aber im Falle einer umfassenden Prolongationsvereinbarung eines an sich fälligen Darlehensvertrages angenommen.[79]

Für die Bankpraxis bedeuten die Regelungen in § 609a BGB a. F. und § 489 BGB n. F. im Überblick, daß im Verbraucherkreditbereich nur für typische **Baufinanzierungen** mit einer Zinsfestschreibung ein Kündigungsrecht längerfristig ausgeschlossen werden kann. Für alle Kreditnehmer kann das Kündigungsrecht durch Vereinbarung einer Festzinsvereinbarung grundsätzlich für maximal 10 Jahre ausgeschlossen werden. 45

Von § 609a BGB a. F. bzw § 489 BGB n. F. bzw. werden alle Arten von Darlehen erfaßt. **Avalkredite** zur Stellung von Bürgschaften oder Garantien, Akkreditivkredite, Diskontkredite sowie ähnliche Kreditformen aus der Bankpraxis stellen hingegen keine Darlehen dar und fallen somit nicht in den Anwendungsbereich des § 609a/§ 489 BGB.[80] Für Schuldverschreibungen wie Inhaber-, Order- und Namensschuldverschreibungen gelten §§ 793 ff. BGB.[81] 46

Bei der Kündigungsmöglichkeit nach § 609a BGB a. F. bzw. § 489 BGB n. F. hat der Darlehensnehmer sowohl das Recht, den Darlehensvertrag insgesamt zu kündigen, als auch die Möglichkeit, eine **Teilkündigung** auszusprechen. Die Teilkündigung beendet das Darlehensverhältnis für denjenigen Teil, den der Kreditnehmer gekündigt hat. So lange kein Mißbrauch des Teilkündigungsrechts wie kleinste Tranchenkündigungen im Monatsrhythmus o.ä. vorliegt, wird eine Teilkündigung als Minus zur vollständigen Kündigung stets zulässig sein, wenn der Darlehensnehmer den Vertrag auch vollständig kündigen könnte. Die Bank hat bei der Teilkündigung den Vorteil, daß ihr ein Restdarlehen verbleibt, obwohl sie für das gesamte Darlehen keine rechtlich geschützte Zinserwartung mehr hat. 47

Im **Auslandskreditgeschäft** finden § 609a BGB a. F. bzw. § 489 BGB n. F. Anwendung, wenn der Darlehensvertrag deutschem Recht unterliegt. Bei der Vereinbarung ausländischen Rechts greift das Kündigungsrecht nicht als zwingendes Recht ohne Rücksicht auf das im konkreten Fall vereinbarte Vertragsstatut ein, eine Sonderanknüpfung ist abzulehnen.[82] 48

---

[78] OLG Hamm WM 1996, 569, 571; *Engau*, Sparkasse 1987, 18, 20; *Hopt/Mülbert*, Kreditrecht, § 609a Rdnr. 53; *Köndgen*, Gewährung und Abwicklung grundpfandrechtlich gesicherter Kredite, S. 153f.; *Stelling*, Die vorzeitige Ablösung festverzinslicher Realkredite, S. 48.

[79] *Hopt/Mülbert*, Kreditrecht, § 609a Rdnr. 53; *Knops*, Verbraucherschutz bei Immobiliarkreditverhältnissen, S. 94; vgl. auch OLG Hamm WM 1996, 569 m 571; *Soergel/Häuser*, BGB, § 609a Rdnr. 3; *Harbeke*, in: *Hadding/Hopt/Schimansky*, Bankrechtstag 1996, S. 85, 88; *Lang/Beyer*, WM 1998, 897, 898; *Metz*, in: *Metz/Wenzel*, Vorfälligkeitsentschädigung, Rdnr. 16; a. A. *Stelling*, Die vorzeitige Ablösung festverzinslicher Realkredite, S. 48.

[80] *MünchKomm/Westermann*, BGB, § 609a BGB Rdnr. 8 ff.

[81] *MünchKomm/Westermann*, BGB, § 609a BGB Rdnr. 11 m. w. N.

[82] Ausführlich dazu *MünchKomm/Westermann*, BGB, § 609a BGB Rdnr. 13.

49 § 489 BGB n. F. (§ 609a BGB a. F.) enthält in Abs. 1 Nr. 1–3 und Abs. 2 **vier Kündigungstatbestände** mit unterschiedlichen Kündigungsfristen. Die Norm unterscheidet grundlegend zwischen Krediten mit variablem und Krediten mit festem Zinssatz. Dies spiegelt die Grundidee der Norm und die Gesetzgebungsgeschichte wider, wonach Darlehen mit festem Zinssatz im Hinblick auf die laufzeitkongruente Refinanzierung am Kapitalmarkt im Vergleich zu variablen Darlehen privilegiert werden sollten. Allen Kündigungsrechten ist gemeinsam, daß sie nach § 609a Abs. 3 BGB a. F. bzw. § 489 Abs. 3 BGB n. F. nur dann wirksam ausgeübt worden sind, wenn der Darlehensnehmer zwei Wochen nach Wirksamwerden der Kündigung das Darlehen vollständig zurückgezahlt hat. Damit wird erreicht, daß die Bank bei Beendigung des Darlehens durch den Darlehensnehmer auf jeden Fall den offenen Betrag zurückerhält und die Kündigung nicht nur zur Erlangung evtl. günstigerer Verzugszinsen ausgesprochen werden kann.

2. Kündigung variabel verzinslicher Kredite

50 Nach § 609a Abs. 2 BGB a. F. (§ 489 Abs. 2 BGB n. F.) beträgt die Kündigungsfrist für **variabel verzinsliche Kredite** drei Monate, beginnend mit der Valutierung des Kredits. Die Kündigung kann jederzeit nach Empfang des Darlehens ausgesprochen werden, eine Mindestlaufzeit muß nicht abgewartet werden.[83] Bei Teilvalutierungen besteht das Kündigungsrecht für den valutierten Teilbetrag.[84]

51 Darlehen mit variablem Zinssatz sind solche, bei denen jederzeit eine Änderung des Zinssatzes eintreten kann. Ob die Änderung auf einer Zinsgleitklausel und damit auf einem Referenzzinssatz wie Basiszinssatz oder EONIA beruht oder ob die Bank ein einseitiges Zinsfestsetzungsrecht nach § 315 BGB hat, spielt dabei keine Rolle. Auch Darlehen mit Zinsbegrenzungen, die von der Kreditwirtschaft hauptsächlich als **Cap-Kredit** und **Collar-Kredit** angeboten werden,[85] sind variabel verzinsliche Darlehen im Sinne des § 609a BGB a. F. bzw. § 489 BGB n. F. Beim Cap-Kredit wird ein maximaler Zinssatz (Strike-Price) für den variablen Referenzzinssatz während einer bestimmten Laufzeit vereinbart. Mit dieser Variante nutzt der Kreditnehmer den Vorteil einer variablen Verzinsung im Hinblick auf die Chancen einer Zinsverbilligung sowie einer Kündbarkeit des Darlehens. Gleichzeitig sichert er sich gegen den Anstieg des Zinssatzes über die vereinbarte Cap-Grenze ab. Um die Absicherungskosten beim Cap-Kredit zu reduzieren, wird häufig die Kombination von Cap und Floor, der Collar-Kredit, angeboten. Dabei vereinbaren Kreditgeber und Kreditnehmer einen Zinskorridor, innerhalb dessen der Darlehenszins schwanken kann, typischerweise sichert dabei die eine Partei die Obergrenze, die andere die Untergrenze.[86]

52 Probleme im Zusammenhang mit einer Vorfälligkeitsentschädigung stellen sich bei diesen Konstellationen regelmäßig nicht.[87]

---

[83] *Rösler*, in: *Hadding/Nobbe*, Bankrecht 2000, S. 165, 167.
[84] *Hopt/Mülbert*, Kreditrecht, § 609a BGB Rdnr. 42.
[85] Dazu *Jahn*, in: *Schimansky/Bunte/Lwowski*, Bankrechts-Handbuch, § 114 Rdnr. 9; Basisinformationen über Finanzderivate, 97; *Rösler*, WM 2000, 1930.
[86] *Pohl*, Innovative Finanzinstrumente im gemeinsamen europäischen Binnenmarkt, S. 34 m. w. N.
[87] Probleme bestehen bei variabel verzinslichen Krediten im Bereich der Ausgestaltung

3. Kündigung festverzinslicher Kredite

Die Kündigungsrechte des Kreditnehmers bei **festverzinslichen Krediten** regelte für Vertragsabschlüsse bis zum 31. 12. 2001 § 609a Abs. 1 BGB und nunmehr die in wesentlich inhaltsgleiche Bestimmung des § 489 BGB. Hiernach kann der Darlehensnehmer das Darlehen nach § 609a Abs. 1 Nr. 1 BGB a. F. (§ 489 Abs. 1 Nr. 1 BGB n. F.) einen Monat zum Ende der **Zinsbindungsfrist** kündigen, sofern bei Ende der Zinsbindungsfrist keine neue Vereinbarung über den Zinssatz getroffen wurde.

53

Ausreichend für die **Festzinsvereinbarung** ist jede vertragliche Abrede über einen festen Zinssatz, womit bereits bei Darlehensabschluß zumindest für einen Teil der Laufzeit ein fester Zinssatz als Prozentsatz der Darlehensvaluta vereinbart wird. Die Vereinbarung von festen Bereitstellungszinsen genügt nicht,[88] ebensowenig die Vereinbarung von Zinsober- oder/und Zinsuntergrenzen (z. B. Cap-Darlehen).

54

Darlehen, die (a) nicht überwiegend für gewerbliche oder berufliche Zwecke bestimmt sind und (b) nicht grundpfandrechtlich gesichert sind, können gemäß § 609a Abs. 1 Nr. 2 BGB a. F. bzw. § 489 Abs. 1 Nr. 2 BGB n. F. mit einer Kündigungsfrist von drei Monaten gekündigt werden, wenn seit dem vollständigen Erhalt der Darlehensvaluta mindesten sechs Monate verstrichen sind (die Mindestlaufzeit derartiger Darlehen beträgt also mindestens neun Monate).[89] § 609a Abs. 1 Nr. 2 BGB a. F. bzw. § 489 Abs. 1 Nr. 2 BGB n. F. betrifft in erster Linie Verbraucherkredite und findet keine Anwendung auf typische Immobilienfinanzierungen, die regelmäßig eine grundpfandrechtliche Besicherung beinhalten, um langfristige Zinsbindungen mit entsprechenden Konditionen zu ermöglichen.[90]

55

Grundsätzlich kündbar sind gemäß § 609a Abs. 1 Nr. 3 BGB a. F. (§ 489 Abs. 1 Nr. 3 BGB n. F.) Kreditverträge, wenn seit der Auszahlung der Kreditvalute zehn Jahre verstrichen sind, ungeachtet, um welche „Kreditform" es sich handelt.[91]

56

---

der Zinsanpassungsklausel, siehe hierzu grundlegend BGHZ 97, 212 = NJW 1986, 1803 = ZIP 1986, 698, dazu EWiR 1986, 653 *Köndgen*; nunmehr auch BGH ZIP 2000, 962 und hinsichtlich der Frage, unter welchen Voraussetzungen Zinssatzänderungen weitergegeben werden müssen (vgl. BGHZ 97, 212, 217, 221; BGH NJW 1991, 832, 833; kontrovers diskutiert wird vor allem OLG Celle WM 1991, 1025 dazu WuB I E 4.–9.91 *Menk*). Siehe zum Ganzen *Metz*, in: *Hadding/Nobbe*, Bankrecht 2000, S. 183 ff. sowie eingehend *Bruchner/Metz*, Variable Zinsklauseln, passim.

[88] *Hopt/Mülbert*, Kreditrecht, § 609a BGB Rdnr. 9.

[89] Vgl. *Köndgen*, in: *Ernst/Zimmermann*, Zivilrechtswissenschaft und Schuldrechtsreform, S. 457, 475 f.

[90] *Rösler*, in: *Hadding/Nobbe*, Bankrecht 2000, S. 165, 168; vgl. auch *Häuser/Welter*, NJW 1987, 17, 20; *Häuser*, in: *Schimansky/Bunte/Lwowski*, Bankrechts-Handbuch, § 83 Rdnr. 152, wonach ein nicht nach § 609a Abs. 1 Nr. 2 BGB kündbares dinglich gesichertes Darlehen erst dann vorliegt, wenn zumindest der Antrag auf Eintragung des Grundpfandrechtes gestellt wurde. Diese Sichtweise entspricht der Praxis des Kreditgeschäftes.

[91] *Rösler*, in: *Hadding/Nobbe*, Bankrecht 2000, S. 165, 168. Nach Ansicht von *Köndgen*, in: *Ernst/Zimmermann*, Zivilrechtswissenschaft und Schuldrechtsreform, S. 457, 473 erweist sich die 10-Jahres-Frist, jedenfalls für Kaufleute und die öffentliche Hand als „sinnlose Überregulierung".

57 Auch **synthetische Festsatzkredite**, bei denen der variable Darlehenszins nur deshalb im wirtschaftlichen Ergebnis zu einem Festzins wird, weil der Kunde zusätzlich zum Darlehensvertrag mit variablem Zinssatz und rechtlich unabhängig von diesem eine Vereinbarung über einen Zinsswap abschließt und damit seinen variablen Zins aus dem Kreditvertrag gegen einen festen Zins „tauscht", sind aus Sicht des § 609a BGB a. F. bzw. § 489 BGB n. F. variable Kredite. Unabhängig davon ist die Frage zu beurteilen, inwieweit die Bank aus Verletzung einer Aufklärungspflicht zu Schadensersatz verpflichtet ist, wenn sie dem Kreditnehmer anstelle eines Festsatzkredites diese Kombination aus variablem Kredit und Swap anbietet und ihn über die damit verbundenen Risiken nicht ausreichend informiert. Über das Risiko des Darlehensnehmers, daß er bei Kündigung des Darlehens den Swap evtl. nur mit Verlust weiterveräußern oder glattstellen lassen kann, muß die Bank den Kunden aufklären, wenn sie ihm Darlehen und Swap als Kombinationsprodukt verkauft. Ansonsten kann sie aus Verschulden bei Vertragsverhandlungen (c. i. c.) für den dem Kreditnehmer enstehenden Schaden haften.

58 Diese Norm gilt nur für verzinsliche Darlehen, die Höhe des Zinses spielt dabei keine Rolle. Ist kein Zins vereinbart, findet § 609a Abs. 1 BGB a. F. (§ 489 Abs. 1 BGB n. F.) keine Anwendung. Auf die Gegenseitigkeit wie bei der Vorgängervorschrift zu § 609a BGB, dazu § 247 BGB,[92] kommt es nicht an. Die Verzinslichkeit bestimmt sich nach den allgemeinen Grundsätzen des BGB. Bei der Vereinbarung eines Disagios wird darauf abzustellen sein, ob das Disagio als Zinsersatz oder als einmalige Vergütung wie z. B. Bearbeitungskosten anzusehen ist. Letzteres ist nur möglich, wenn sich das Disagio in Höhe der üblichen Bearbeitungskosten von 1–2 % des Kreditbetrages bewegt. Ist kein Zins, sondern lediglich ein Disagio vereinbart, wird dies regelmäßig als Zinsersatz anzusehen sein, so daß ein verzinslicher Kredit im Sinne des § 609a BGB a. F. (§ 489 BGB n. F.) anzunehmen ist.

a) Kündigung bei Ende der Zinsbindung

59 Endet die Zinsbindung vor der für die Rückzahlung bestimmten Zeit und ist keine neue Vereinbarung über den Zinssatz getroffen, so beträgt die Kündigungsfrist nach § 609a Abs. 1 Nr. 1 BGB a. F. (§ 489 Abs. 1 Nr. 1 BGB n. F.) einen Monat zum Ende der Zinsbindungsfrist. Der Darlehensnehmer kann also einen Monat vor Ablauf der Zinsbindungsfrist durch formlose, einseitige und empfangsbedürftige Willenserklärung den Darlehensvertrag zum Ablauf der Festschreibungsfrist beenden.[93] Für **Roll-Over-Kredite** regelt § 609a Abs. 1 Nr. 1 2. Hs. BGB a. F. (§ 489 Abs. 1 Nr. 1 2. Hs. BGB n. F.), daß die Kündigung nur jeweils zum Zinsanpassungstermin wirksam werden kann. Der Darlehensnehmer kann also jeweils zum Ablauf der in der Praxis gängigen Anpassungsintervallen von 3 oder 6 Monaten kündigen. Eine länger laufende Rahmenvereinbarung ändert daran nichts.

60 Entscheidendes Tatbestandsmerkmal dieses Kündigungsrechts ist das Fehlen einer neuen **Vereinbarung über den Zinssatz**. Jede mit oder nach Vertragsabschluß getroffene Vereinbarung stellt eine Vereinbarung in diesem Sinne dar.

---

[92] Zu dieser ausführlich *von Heymann*, Die Kündigung von Darlehen nach § 247 BGB.
[93] So auch *Hopt/Mülbert,* Kreditrecht, § 609a BGB Rdnr. 14.

Liegt eine solche vor, steht dem Kreditnehmer am Ende der Zinsbindung kein Kündigungsrecht zu. Läuft diese neue Vereinbarung über z. B. einen festen Zinssatz kürzer als die Darlehenslaufzeit, steht dem Kreditnehmer das Kündigungsrecht am Ende der zweiten Festschreibung erneut zu.[94]

Auch formularmäßige Abreden – auch im ursprünglichen Darlehensvertrag – genügen dem Erfordernis einer Vereinbarung über den weiteren Zinssatz.[95] Vereinbarungen über den Zinssatz zu Beginn des Darlehens können für den Zeitraum getroffen werden, bis das Kündigungsrecht nach § 609a Abs. 1 Nr. 3 BGB a. F. (§ 489 Abs. 1 Nr. 3 BGB n. F.) nach 10 Jahren eingreift. Im Darlehensvertrag festgelegte Zinsänderungsklauseln nach § 315 BGB stellen allerdings keine Vereinbarung in diesem Sinne dar, da sie der Bank erlauben, den Zinssatz nach billigem Ermessen einseitig neu festzusetzen. Die Einräumung eines Widerspruchs- oder Kündigungsrechts für den Darlehensnehmer, wenn er mit der neuen Kondition nicht einverstanden ist, ändert daran nichts.[96]

61

b) Kündigung von Verbraucherkrediten

Festkonditionierte Darlehen, die nicht überwiegend für gewerbliche oder berufliche Zwecke bestimmt sind, können nach § 609a Abs. 1 Nr. 2 BGB a. F. (§ 489 Abs. 1 Nr. 2 BGB n. F.) mit einer Kündigungsfrist von 3 Monaten gekündigt werden, wenn seit dem vollständigen Empfang der Darlehensvaluta zumindest 6 Monate verstrichen sind. Diese verbraucherfreundliche Regelung gilt nur für Kredite, die nicht grundpfandrechtlich oder schiffspfandrechtlich gesichert sind. So besteht z. B. bei typischen, auf dem Finanzierungsobjekt gesicherten Eigenheim-/**Baufinanzierungskrediten** kein Kündigungsrecht für den Verbraucher, um langfristige Zinsbindungen mit entsprechenden Konditionen bei diesen Krediten zu ermöglichen.

62

Erste wichtige Tatbestandsvoraussetzung ist, daß das Darlehen einer **natürlichen Person** gewährt sein muß, die es nicht überwiegend für gewerbliche oder berufliche Zwecke verwendet. Diese Definition deckt sich mit dem in § 1 Abs. 1 VerbrKrG (§ 491 Abs. 1 BGB n. F.) und § 13 BGB niedergelegten **Verbraucherbegriff**.[97] Ob das Darlehen einer oder mehrerer natürlichen Personen gewährt wird, spielt keine Rolle, so werden z. B. auch Gesamthandsgemeinschaften als Darlehensnehmer erfaßt. Über die Zweckbestimmung des Darlehens entscheiden die Vertragsparteien. Häufig wird der **Finanzierungszweck** im Darlehensvertrag festgelegt. Gibt der Darlehensnehmer schuldhaft einen falschen Finanzierungszweck an, kann er an der Ausübung seines Kündigungsrechts nach Treu und Glauben (§ 242 BGB) gehindert sein.[98] Ist eine Festlegung nicht getroffen oder nicht feststellbar, muß über die Verwendung der Darlehensvaluta zu privaten oder gewerblichen/beruflichen Zwecken objektiv entschieden werden. Die Differenzie-

63

---

[94] *Hopt/Mülbert*, Kreditrecht, 1989, § 609a BGB Rdnr. 11.
[95] A. A. *Hopt/Mülbert*, Kreditrecht, § 609a BGB Rdnr. 11, 12.
[96] So auch *Hopt/Mülbert*, Kreditrecht, § 609a BGB Rdnr. 12; a. A. *von Heymann*, BB 1987, 415; *Döll*, Die Bank 1987, 39 und *MünchKomm/Westermann*, BGB, § 609a BGB Rdnr. 18.
[97] Dazu ausführlich *Graf von Westphalen*, in: *von Westphalen/Emmerich/von Rottenburg*, Verbraucherkreditgesetz, § 1 Rdnr. 26 ff.
[98] *Hopt/Mülbert*, Kreditrecht, § 609a BGB Rdnr. 19.

rung zwischen gewerblich und beruflich ist im Rahmen dieser Betrachtung nicht erforderlich.[99] Privaten Zwecken dienen Konsumentenkredite für Gegenstände des täglichen Lebens und des privaten Konsums, Baufinanzierungskredite für den privaten Wohnungsbau, Kredite zur Kapitalanlagezwecken, Kredite zum Erwerb von Geschäftsanteilen an Gesellschaften,[100] Kredite an Gesellschafter für Gesellschafterdarlehen etc. Nicht privaten Zwecken dienen dagegen Kredite an Freiberufler und Einzelkaufleute für deren berufliche/gewerbliche Betätigung, Kredite an gewerbliche GbRs wie Rechtsanwaltssozietäten und Ärztegemeinschaften und Kredite an OHG, KG, GmbH, AG, etc. Im Gegensatz zu den Regelungen im Verbraucherkreditrecht (VerbrKrG bzw. §§ 491–507 BGB n. F.) werden Existenzgründer in § 609a BGB a. F. (§ 489 BGB n. F.) nicht privilegiert, es steht ihnen also kein Kündigungsrecht nach § 609a Abs. 1 Nr. 2 BGB a. F. (§ 489 Abs. 1 Nr. 2 BGB n. F.) zu. Dies regelt § 507 BGB n. F. inzwischen ausdrücklich.

64   Weitere Tatbestandsvoraussetzung ist die fehlende **grundpfandrechtliche** bzw. schiffspfandrechtliche **Sicherung** des Darlehens. In der Praxis wird es sich um Grundschulden handeln, aber auch Hypothek und Rentenschuld sind erfaßt. Auf das Stadium der Eintragung des Grundpfandrechts oder die Person des Sicherungsgebers bzw. Eigentümers kommt es nicht an.[101] Auch die Einhaltung einer bestimmten Beleihungsgrenze beim zu stellenden Grundpfandrecht als Kreditsicherheit – wie z. B. bei erstrangigen Hypothekarkrediten nach §§ 11, 12 HypBankG – spielt keine Rolle. Ferner spielt keine Rolle, ob es sich um ein erstrangig, ein nachrangig oder gemischt durch Grundschulden gesichertes Darlehen handelt. Entscheidend ist, daß die Bank das Darlehen ohne die grundpfandrechtliche Sicherung nicht ausgereicht bzw. bei nachträglicher Grundschuldbestellung nicht aufrecht erhalten hätte. Dazu genügt die Vereinbarung der grundpfandrechtlichen Sicherung im Darlehensvertrag.[102]

Häufig werden in der Bankpraxis **Grundpfandrechte mit weitem Sicherungszweck** zur Sicherung von Baufinanzierungskrediten herangezogen, wenn Sicherungsgeber und Kreditnehmer identisch sind.[103] Werden diesem Kreditnehmer später weitere Kredite z. B. zur Finanzierung eines Fahrzeuges oder zur Finanzierung von Wertpapieren ausgereicht, haftet die Grundschuld und damit das belastete Objekt auch für diese Kredite. In diesen Fällen wird im Einzelfall zu prüfen sein, ob die Bank den Kredit nur ausgereicht hat, weil die Grundschuld als Sicherheit zur Verfügung stand. Bei „zufälliger" Mithaftung über den weiten Sicherungszweck für ein Darlehen, das z. B. vollwertig mit Wertpapieren besichert ist, wird man dies kaum annehmen können.[104] An dieser Beurteilung ändert sich nichts, auch wenn im Darlehensvertrag die Grundschuld aus Gründen des § 4 VerbrKrG (bzw. des § 492 BGB n. F.) explizit aufgeführt ist, damit sie zweifelsfrei als Sicherheit herangezogen werden kann. Es kommt somit immer

---

[99] Dazu dennoch *Hopt/Mülbert,* Kreditrecht, § 609a BGB Rdnr. 23 ff.
[100] A. A. *Hopt/Mülbert,* Kreditrecht, § 609a BGB Rdnr. 20 und *MünchKomm/Westermann,* BGB, § 609a BGB Rdnr. 24.
[101] KG WM 2001, 2204; OLG Stuttgart WM 1999, 1007.
[102] KG WM 2001, 2204.
[103] Zur AGB-rechtlichen Problematik von Grundschulden als Drittsicherheiten z. B. *Rösler,* WM 1998, 1377.
[104] Ähnlich *MünchKomm/Westermann,* BGB, § 609a BGB Rdnr. 28.

darauf an, ob der Kredit im konkreten Einzelfall nicht ohne die Grundschuld ausgereicht worden wäre, also conditio sine qua non für die Kreditgewährung war. Ansonsten liegt kein grundpfandrechtlich gesicherter Kredit im Sinne des § 609a Abs. 1 Nr. 2 BGB a. F. (§ 489 Abs. 1 Nr. 2 BGB n. F.) vor, so daß der Kreditnehmer für sein Wertpapierdarlehen ein Kündigungsrecht nach dieser Norm hätte.

Aufgrund der zeitlich späteren Einführung des Verbraucherkreditgesetzes können die Überlegungen des Gesetzgebers zu § 3 Abs. 2 Nr. 2 VerbrKrG (§ 491 Abs. 3 Nr. 1 BGB n. F.) und den dortigen Privilegierungen für grundpfandrechtlich gesicherte Kredite zur Konkretisierung des Kündigungsrechts nach § 609a Abs. 1 Nr. 2 BGB a. F. (§ 489 Abs. 1 Nr. 2 BGB n. F.) herangezogen werden. Problematisch bei der Privilegierung nach § 3 Abs. 2 Nr. 2 VerbrKrG (§ 491 Abs. 3 Nr. 1 BGB n. F.) ist das Tatbestandsmerkmal der **üblichen Bedingungen**.[105] Der Wortlaut der Norm stellt auf die Bedingungen des Kreditvertrages ab, auch hier muß das Grundpfandrecht conditio sine qua non zur Darlehensgewährung sein.[106] Die Einhaltung einer bestimmten Beleihungsgrenze beim zu stellenden Grundpfandrecht als Kreditsicherheit – wie z. B. bei erstrangigen Hypothekarkrediten nach §§ 11, 12 HypBankG – spielt ebenfalls keine Rolle.[107] Auch Zusatzsicherheiten für den Kredit gefährden die Eigenschaft als Immobiliarkredit im Sinne des § 3 Abs. 2 Nr. 2 VerbrKrG (§ 491 Abs. 3 Nr. 1 BGB n. F.) nicht.[108] Ferner spielt keine Rolle, ob es sich um ein erstrangig, ein nachrangig oder gemischt durch Grundschulden gesichertes Darlehen handelt, wobei diese Frage für die Konditionsgestaltung wegen der unterschiedlichen Refinanzierungsmöglichkeiten erheblich ist.[109] Unter übliche Bedingungen fallen insbesondere die bei Immobiliarkrediten regelmäßig niedrigeren Zinsen im Vergleich zu nicht grundpfandrechtlich besicherten Konsumentenkrediten. Dabei kommt es nicht darauf an, ob die Zinshöhe dem Durchschnitt der grundpfandrechtlich gesicherten Kredite - etwa nach der **Bundesbankstatistik**[110] - entspricht. Denn durch individuelle Vertragsgestaltungen und den Verhandlungen zwischen Bank und Kunde bildet sich der Zinssatz nach dem Prinzip von Angebot und Nachfrage am Markt frei. Entscheidendes Kriterium ist, daß der Zinssatz unterhalb sonstiger, nicht grundpfandrechtlich gesicherter Verbraucherkredite liegt.

Das Kündigungsrecht des Verbrauchers besteht außerdem nur, wenn die **Darlehensmindestlaufzeit** von 6 Monaten abgewartet wurde. Diese Frist beginnt wie die Frist in § 609a Abs. 1 Nr. 3 BGB a. F. (§ 489 Abs. 1 Nr. 3 BGB n. F.) mit

---

[105] Ausführlich dazu *Bruchner*, WM 1999, 825 m. w. N.; *ders.* in: *Horn/Lwowski/Nobbe*, Festschrift für Schimansky, S. 263.
[106] *Bruchner* in: *Horn/Lwowski/Nobbe*, Festschrift für Schimansky, S. 263.
[107] BGH DB 2000, 1399 m. Anm. *Edelmann*; OLG Braunschweig WM 1998, 1223, dazu WuB I G 5.–2.98 *von Heymann*; OLG Hamm, WM 1998, 1230, dazu WuB I G 5. – 2.98 *von Heymann*; LG Berlin WM 1999, 76; LG Bochum EWiR 1996, 475 *Pfeiffer*; *Bruchner*, WM 1999, 825; *von Heymann*, WM 1991, 1285.
[108] *Bruchner,* in: *Horn/Lwowski/Nobbe,* Festschrift für Schimansky, S. 263 m. w. N.
[109] OLG Thüringen WM 1999, 2315, dazu WuB I G 5. – 2.00 *Rösler*; *Bruchner,* in: *Horn/Lwowski/Nobbe*, Festschrift für Schimansky, S. 263.
[110] Zu deren Ungeeignetheit *Bruchner*, WM 1999, 825; *ders.* in: *Horn/Lwowski/Nobbe*, Festschrift für Schimansky, S. 263.

dem vollständigen Empfang der Darlehensvaluta. Nach Ablauf dieser Mindestlaufzeit kann der Darlehensnehmer das Darlehen mit einer Frist von 3 Monaten kündigen. Damit läuft der Darlehensvertrag bei unterstellter Vollauszahlung am Tage des Vertragsschlusses mindestens 9 Monate.

c) Kündigung nach 10 Jahren

67 Alle Darlehensverträge sind mit einer Frist von 6 Monaten nach § 609a Abs. 1 Nr. 3 BGB a. F. (§ 489 Abs. 1 Nr. 3 BGB n. F.) ohne Ausnahme kündbar, wenn seit der Auszahlung des Darlehens 10 Jahre verstrichen sind. Es handelt es sich damit um ein gesetzlich eingeräumtes Optionsrecht des Kreditnehmers. Damit wird ein Kernbestand wirtschaftlicher Bewegungsfreiheit der Darlehensnehmer geschützt. Die Banken bieten ungeachtet des Kündigungsrechts Zinsbindungsfristen von 15 und 20 Jahren an.[111] Sie werden bei der Konditionsgestaltung die Möglichkeit der Kündigung durch den Darlehensnehmer berücksichtigen und dieses gesetzlich vorgegebene Optionsrecht (Kündigung durch den Darlehensnehmer) entsprechend bepreisen oder absichern.

68 **aa) Vollauszahlung des Darlehens.** Die Frist von 10 Jahren beginnt mit Vollauszahlung des Darlehens, wenn der Darlehensnehmer die Darlehensnettobetrag also vollständig erhalten hat. Durchschnittliche, typische **Baufinanzierungen** werden regelmäßig nach Baufortschritt (§ 3 MaBV[112]) über mehrere Monate oder gar ein bis zwei Jahre ausgezahlt, je nach Umfang der Maßnahme, Leistungsfähigkeit des Bauträgers, äußeren Einflüssen und den vertraglichen Vereinbarungen. Erst nach Empfang der letzten Auszahlungstranche beginnt die Frist des § 609a Abs. 1 Nr. 3 BGB a. F. (§ 489 Abs. 1 Nr. 3 BGB n. F.) zu laufen.[113]

69 Nicht unproblematisch in diesem Zusammenhang sind **Forward-Darlehen**. Bei Forward-Darlehen[114] schließt die Bank mit dem Kunden einen Darlehensvertrag ab, der regelmäßig erst in etwa ein bis drei Jahren (Forward-Zeit) zur Auszahlung kommen soll. Bereitstellungszinsen fallen für diese Darlehen während der Forward-Zeit regelmäßig nicht an. Durch diese Konstruktion will sich der Kreditnehmer das zum Zeitpunkt des Vertragsschlusses (niedrige) Zinsniveau zum Fordwardzinssatz zu sichern. Nach dem Wortlaut des § 609a Abs. 1 Nr. 3 BGB a. F. (§ 489 Abs. 1 Nr. 3 BGB n. F.) beginnt die 10-Jahresfrist für die Kündigungsmöglichkeit des Kreditnehmers nach dem vollständigen Empfang des Darlehens. Bezogen auf den Wortlaut der Norm kann die Forward-Zeit also beliebig lang sein, theoretisch kommen 5, 10 und auch 15 Jahre Forward-Zeit in Betracht. In Übereinstimmung mit dem Wortlaut der Norm könnte dies bedeuten, daß der Darlehensnehmer heute einen Kreditvertrag zur sofortigen Auszahlung mit einer 10jährigen Zinsfestschreibungszeit abschließt und einen zweiten Kreditvertrag wiederum mit 10jähriger Zinsfestschreibung und Auszahlung in 10 Jahren, wenn die Zinsfestschreibung des ersten Darlehens abgelaufen ist. Damit hätte er sich die heutige Zinskondition für wirtschaftlich ein und dasselbe Darlehen für 20 Jahre gesichert.

---

[111] A. A. noch *MünchKomm/Westermann*, BGB, § 609a BGB Rdnr. 31.

[112] Dazu *von Heymann/Rösler*, WM 1998, 2456 und *Rösler*, in: *von Heymann/Wagner/Rösler*, MaBV für Notare und Kreditinstitute, Rdnrn. 83 ff.

[113] *Hopt/Mülbert*, Kreditrecht, § 609a BGB Rdnr. 39; *von Heymann*, BB 1987, 415.

[114] Dazu ausführlich *Rösler*, WM 2000, 1930.

Zweck des § 609a BGB a. F. (§ 489 BGB n. F.) ist, dem Kreditnehmer seine **70**
wirtschaftliche Bewegungsfreiheit zu erhalten und ihn nicht übermäßig lange an
Kreditverträge zu binden, um unter dem Druck des Kündigungsrechts marktgerechte Zinsen zu vereinbaren und Umschuldungen zu erleichtern.[115] Die Kündigungsrechte des Darlehensnehmers dürfen nach § 609a Abs. 4 BGB (§ 489 Abs. 4
BGB n. F.) durch Vertrag weder ausgeschlossen noch erschwert werden.[116] Aus
diesem Grund wird die durch obige Konstruktion des **Doppeldarlehens** erzielte
faktisch 20jährige Zinsbindung gegen § 609a BGB a. F. (§ 489 BGB n. F.) verstoßen. Der Darlehensnehmer wäre 20 Jahre wirtschaftlich an dieselbe Finanzierung gebunden. Dies würde z. B. im Falle der Nichtabnahme des Darlehens
wenige Wochen nach Abschluß der beiden Darlehensverträge bedeuten, daß der
Darlehensnehmer für das zuerst zur Auszahlung gelangende Darlehen für die
rechtlich geschützte Zinserwartung der Bank Nichtabnahmeentschädigung bezahlen muß.[117] Die rechtlich geschützte Zinserwartung der Bank beträgt in diesem Fall 10 Jahre und 6 Monate, der Darlehensnehmer kann das Darlehen frühestens 10 Jahre nach Auszahlung kündigen, muß aber eine Kündigungsfrist von
6 Monaten einhalten. Gleiches gilt für das Anschlußdarlehen, die Bank könnte
nach dem Wortlaut des Gesetzes darauf vertrauen, daß dieses Darlehen nach Auszahlung in 10 Jahren nochmals für 10 Jahre Zinsfestschreibung läuft und insgesamt
für über 20 Jahre Nichtabnahmeentschädigung für das zweite Darlehen verlangen. In der Gesamtbetrachtung würde die Bank also für wirtschaftlich ein und
dasselbe Darlehen für die ersten 10 Jahre *doppelt* und außerdem für die Jahre 10–20
eine Entschädigung für eine Nichtabnahme verlangen können. Weniger extrem
aber prinzipiell ähnlich ist die Schadensbetrachtung, wenn der Kreditnehmer ein
ihm zustehendes vorzeitiges Tilgungsrecht während der Laufzeit des ersten Darlehens ausübt und die Bank dann Vorfälligkeitsentschädigung für das erste Darlehen und Nichtabnahmeentschädigung für das zweite Darlehen verlangt.

Aus diesem Grund wird eine überzogene Konstruktion des Forward-Darle- **71**
hens insbesondere bei Doppeldarlehen als Umgehung des § 609a BGB a. F.
(§ 489 BGB n. F.) nicht möglich sein; dem Darlehensnehmer wird dennoch ein
Kündigungsrecht zustehen. Unter **Abwägung** des erheblichen Kundeninteresses
am Produkt Forward-Darlehen, der Auszahlungsfristen über Monate oder Jahre
bei Baufinanzierungen und des eindeutigen Gesetzeswortlauts erscheint es zulässig, eine Forward-Zeit bis zur Hälfte der gesetzlich zulässigen Bindung, also
5 Jahre, zu vereinbaren. Mit dieser Begrenzung dürften auch Anschlußdarlehen,
die nach Ablauf der ersten 5 Jahre des bestehenden Darlehensvertrages bei Zinsfestschreibung von 10 Jahren geschlossen werden oder Doppeldarlehen mit
gleichzeitigem Abschluß und einer Beschränkung auf 5 Jahre Zinsfestschreibung
und 5 Jahre Forward-Zeit, zulässig sein. Ob darüber hinaus eine weitere Ausdehnung der Forward-Zeit unter besonderer Aufklärung des Kunden möglich ist,
erscheint fraglich. Aus Aufklärungspflichtverletzungen resultieren Schadensersatzansprüche aus c. i. c., bei (konkludent) geschlossenem Beratungsvertrag aus

---

[115] *Palandt/Putzo*, § 609a Rdnr. 1.
[116] Zu § 609a BGB ausführlich *Hopt/Mülbert*, WM 1990, Beilage Nr. 3.
[117] BGH WM 1991, 760, dazu WuB I E 4. – 7.91 *Beckers*; *Rösler/Wimmer*, WM 2000, 164.

diesem.[118] Über gesetzlich zwingende Regelungen wie § 609a BGB a. F. (§ 489 BGB n. F.) hilft Aufklärung und Beratung jedoch nicht hinweg.

72 **bb) Neue Vereinbarung.** Wird nach Auszahlung des Darlehens eine neue Vereinbarung über die Zeit der Rückzahlung oder den Zinssatz getroffen, läuft die Frist von diesem Zeitpunkt von neuem. In der Praxis wird eine solche Vereinbarung regelmäßig einige Zeit vor dem Ablaufen der vereinbarten Zinsbindung getroffen. Die Vereinbarung über den Zinssatz ist wie bei § 609a Abs. 1 Nr. 1 BGB a. F. (§ 489 Abs. 1 Nr. 1 BGB) jede Abrede zwischen Darlehensnehmer und Darlehensgeber. Einseitige Zinsfestsetzungsrechte nach § 315 BGB genügen auch hier dem Erfordernis der Vereinbarung nicht.[119]

73 Bei Darlehen, die bei derselben Bank bereits bestehen, könnte der Abschluß eines neuen Darlehens als **Forward-Darlehen** und die damit verbundene Vereinbarung über eine erneute Zinsfestschreibungszeit als Anwendungsfall des § 609a Abs. 1 Nr. 3 zweiter Halbsatz BGB a. F. (§ 489 Abs. 1 Nr. 3 zweiter Halbsatz BGB n. F.) eingestuft werden. Nach dieser gesetzlichen Regelung läuft bei einer neuen Vereinbarung über den Zinssatz die 10-Jahres-Frist ab dem Zeitpunkt dieser Vereinbarung von neuem. Aufgrund der aus vertraglicher Sicht vorgenommenen Umschuldung durch Abschluß eines neuen Kreditvertrages kann das Forward-Darlehen jedoch nicht als Anwendungsfall von § 609a Abs. 1 Nr. 3 zweiter Halbsatz BGB a. F. (§ 489 Abs. 1 Nr. 3 zweiter Halbsatz BGB n. F.) eingestuft werden. Diese Norm erfaßt nur Fälle, bei denen sich Darlehensnehmer und Bank vor Ablauf der Zinsfestschreibung über eine neue Zinsfestschreibung – in aller Regel mit einem geänderten Zinssatz – für das bereits bestehende Darlehen einigen. Ein neuer Darlehensvertrag wie beim Forward-Darlehen wird in diesen Fällen gerade nicht geschlossen.

74 **cc) Kündigungsfrist.** Der Darlehensnehmer muß nach Ablauf von 10 Jahren eine Kündigungsfrist von 6 Monaten einhalten. Er kann damit die Kündigung nach 10 Jahren erklären, muß aber die Kündigungsfrist von 6 Monaten abwarten. Darlehensverträge aller Art können also spätestens nach 10 Jahren und 6 Monaten nach Vollauszahlung beendet werden.

4. Unabdingbarkeit der gesetzlichen Kündigungsgründe

75 Nach § 609a Abs. 4 BGB a. F. (§ 489 Abs. 4 BGB n. F.) sind die Regelungen über Voraussetzungen und Folgen des Kündigungsrechts grundsätzlich unabdingbar. Das gilt für jede Ausschließung des Kündigungsrechts, für Erschwerungen durch Aufstellung zusätzlicher Voraussetzungen, aber auch für Kündigungsfolgen, die dem Darlehensnehmer die Kündigung erschweren könnten. Abweichende Vereinbarungen, welche die Kündigunsgrechte einschränken oder erschweren, verstoßen gegen zwingendes Recht und sind nach § 134 BGB nichtig.[120] Der Darle-

---

[118] Zur Haftung der Bank bei Aufklärungs-/Beratungspflichten *Vortmann*, Aufklärungs- und Beratungspflichten der Banken; insbesondere bei Immobilienanlagen *von Heymann*, Bankenhaftung bei Immobilienanlagen, 41 ff., 123 ff.; *Rösler*, DB 1999, 2297.

[119] So auch *MünchKomm/Westermann*, BGB, § 609a BGB Rdnr. 32.

[120] *MünchKomm/Westermann*, BGB, § 609a BGB Rdnr. 38; *Hopt/Mülbert*, Kreditrecht, § 609a BGB Rdnr. 47.

hensvertrag im übrigen bleibt von der Nichtigkeit der Einschränkungs-Klauseln unberührt. **Vertragsstrafenvereinbarungen**, Vereinbarungen über Vorfälligkeitsentschädigungen oder der Nichtrückerstattung eines anteilig unverbrauchten Disagios,[121] soweit es nicht zu den einmalig mit Vertragsschluß abgegoltenen Kosten zählt,[122] sind deshalb immer unzulässig, wenn dem Kreditnehmer ein Kündigungsrecht nach § 609a BGB a. F. (§ 489 BGB n. F.) zusteht.

Bei Darlehen an den **Bund**, ein **Sondervermögen des Bundes**, ein **Land**, eine **Gemeinde** oder einen **Gemeindeverband** sind die Kündigungsrechte in § 609a Abs. 1 und 2 BGB a. F. (§ 489 Abs. 1 und 2 BGB n. F.) nicht zwingend, können durch Vertrag also abbedungen werden. Eine Analogie auf vergleichbare ausländische Gebietskörperschaften war mit dem Schutzzweck des § 609a BGB a. F. vereinbar und zulässig.[123] Mit der Schuldrechtsmodernisierung hat der Gesetzgeber die **ausländischen Gebietskörperschaften** nun ebenso in § 489 Abs. 4 BGB n. F. aufgenommen wie die **Europäischen Gemeinschaften**. Durch § 489 Abs. 4 BGB n. F. (§ 609a Abs. 4 BGB a. F.) wird den betroffenen Institutionen die Teilnahme am langfristigen Kapitalmarkt erleichtert, auf die Schuldnerschutzvorschriften des § 489 Abs. 1 und 2 BGB n. F. (§ 609a Abs. 1 und 2 BGB n. F.) sind sie nicht angewiesen.[124]

76

IV. Vorzeitiges Tilgungsrecht des Kunden

1. Grundsätze der BGH-Rechtsprechung

Der BGH räumt dem Kreditnehmer ausnahmsweise einen Anspruch auf **vorzeitige Vertragsbeendigung** ein, wenn dies **berechtigte Interessen des Kreditnehmers** gebieten.[125] Es handelt sich nicht um einen Anspruch auf Vertragsauflösung, sondern um einen Anspruch auf eine Modifizierung des Vertragsinhalts ohne Reduzierung des Leistungsumfangs. Gleichwohl liegt eine Ausnahme vom Grundsatz *pacta sunt servanda* vor, da ein vertraglich nicht vorgesehener Anspruch des Darlehensnehmers auf Vorverlegung des Erfüllungszeitpunktes besteht.

77

Dieses **vorzeitige Tilgungsrecht** steht dem Darlehensnehmer bei grundpfandrechtlich gesicherten, festkonditionierten Darlehen dann zu, wenn seine **berechtigten Interessen**, die sich aus der **wirtschaftlichen Handlungsfreiheit** bezüglich des belasteten Grundstücks ergeben, die Interessen der Bank an der vertragsgemäßen Fortführung des Darlehens überwiegen.[126] So ist bei einem

78

---

[121] A. A. ohne Differenzierung zwischen Zinsbestandteil und Einmalkosten *MünchKomm/Westermann*, BGB, § 609a BGB Rdnr. 38.
[122] Dazu unten Teil C., Rdnr. 43 ff.
[123] *MünchKomm/Westermann*, BGB, § 609a BGB Rdnr. 39 m. w. N.
[124] *Köndgen*, WM 2001, 1637, 1642 spricht dennoch von „Überregulierung" und fordert eine weitergehende gesetzliche Lockerung.
[125] BGH WM 1997, 1747 und 1799 = WuB I E 3.–1.98 *von Heymann/Rösler* = NJW 1997, 2875 und 2878; *Lang/Beyer*, WM 1998, 897 belegen den in der Rechtsdogmatik vor diesen BGH-Entscheidungen unbekannten Anspruch mit der Vokabel „*innovativ*"; dem folgend *Rösler*, in: *Hadding/Nobbe*, Bankrecht 2000, S. 165, 169 (siehe dort Fn. 6).
[126] BGH WM 1997, 1747 und 1799 = WuB I E 3.–1.98 *von Heymann/Rösler* = NJW 1997, 2875 und 2878.

geplanten Verkauf des Objekts,[127] der regelmäßig lastenfrei erfolgen soll oder bei der Notwendigkeit einer anderen oder weiteren Belastung des Grundstücks mit Grundpfandrechten dem Darlehensnehmer nicht zuzumuten, am alten Darlehensvertrag festhalten zu müssen. Dabei spielt es keine Rolle, ob es sich um Allein- oder Miteigentum an der Immobilie handelt.[128] Über diese beiden Fälle hinaus wird dem Darlehensnehmer das vorzeitige Tilgungsrecht auch dann zustehen, wenn seine Nutzungswünsche mit dem eingetragenen Grundpfandrecht der finanzierenden Bank aus anderen Gründen kollidieren.

79 Der Darlehensgeber soll durch die vorzeitige Rückführung des Darlehenskapitals und die Zahlung der Vorfälligkeitsentschädigung im wirtschaftlichen Ergebnis so gestellt werden, wie er stünde, wenn das Darlehen für den ursprünglich vereinbarten Festzinsschreibungszeitraum fortgeführt und mit Zinsen bedient worden wäre. Die vom Kreditnehmer in solchen Fällen angestrebte Änderung des Kreditvertrages erschöpft sich somit letztlich in der Beseitigung der vertraglichen – zeitlich begrenzten – Erfüllungssperre durch Vorverlegung des Erfüllungszeitpunktes. Mit diesen Ausführungen hat der Bundesgerichtshof der früheren „Sittenwidrigkeitsrechtsprechung", die zwingend einen Aufhebungsvertrag voraussetzte, für bestimmte Fallgruppen eine klare Absage erteilt.

2. Weitere Fallgruppen vorzeitiges Tilgungsrecht

80 Da der Anspruch auf eine vorzeitige Kreditabwicklung seine Rechtfertigung in der Erhaltung der wirtschaftlichen Handlungsfreiheit findet, kommt es auf den Beweggrund für den Verkauf des beliehenen Objektes nicht an. Die wirtschaftliche Handlungsfähigkeit beinhaltet nicht nur die Möglichkeit der Veräußerbarkeit[129] des sichernden Grundstückes, sondern auch dessen Belastbarkeit.[130] Der Anspruch besteht daher – so die exemplarische Aufzählung des Bundesgerichtshofs – bei einem Verkauf aus privaten Gründen wie z. B. **Ehescheidung**,[131] **Krankheit**, **Arbeitslosigkeit**, **Überschuldung**,[132] **Umzug**[133] ebenso wie in

---

[127] OLG München WM 1998, 1484 = WuB I E 3.–7.98 *Marburger.*
[128] LG Bremen VuR 2000, 350.
[129] BGH WM 1997, 1747, 1749 = ZIP 1997, 1641, 1642.
[130] BGH WM 1997, 1799, 1800 = ZIP 1997, 1646.
[131] BGHZ 136, 161, 162; OLG Schleswig WM 1997, 522; OLG Schleswig WM 1998, 861; *MünchKomm/Westermann*, BGB, § 608 Rdnr. 6; *Bruchner* in: *Schimansky/Bunte/Lwowski*, Bankrechts-Handbuch, § 78 Rdnr. 101; *Canaris*, in: *Hadding/Hopt/Schimansky*, Bankrechtstag 1996, S. 3, 7; *derselbe*, in: Festschrift Zöllner, S. 1055, 1056; *Dietrich*, DStR 1997, 1087, 1088; *Guttenberg*, JuS 1999, 1058, 1059; *Harbeke*, in: *Hadding/Hopt/Schimansky*, Bankrechtstag 1996, S. 85, 90; *Lang/Beyer*, WM 1998, 897, 901; *Marburger*, ZBB 1998, 30, 31; *Nobbe*, Neue höchstrichterliche Rechtsprechung, Rdnr. 839; *Reich*, in: *Hadding/Hopt/Schimansky*, Bankrechtstag 1996, S. 43, 47; *Rösler*, BB 1997, 1369; *Weber* NJW 1995, 2951, 2952; *Wehrt*, ZBB 1997, 48, 49; *Stelling*, Die vorzeitige Ablösung festverzinslicher Realkredite, S. 45.
[132] Vgl. LG Hannover WM 1995, 192; LG Lübeck WM 1996, 577; AG Hamburg-Harburg WM 1996, 1140; AG Delmenhorst WM 1996, 580; AG Köln WM 1999, 1460; *Harbeke*, in: *Hadding/Hopt/Schimansky*, Bankrechtstag 1996, S. 85, 90; *Lang/Beyer*, WM 1998, 897, 901; *Stelling*, Die vorzeitige Ablösung festverzinslicher Realkredite, S. 45 f.
[133] Vgl. LG München I WM 1996, 579; *MünchKomm/Westermann*, BGB, § 608 Rdnr. 6;

Fällen, in denen der Grundstückseigentümer eine **Nachfinanzierung** benötigt, zu der die finanzierende Bank nicht bereit ist[134] sowie bei der Wahrnehmung einer günstigen **Verkaufsgelegenheit** und für den Fall einer anderweitigen Verwertung des beliehenen Objektes.[135]

Insbesondere die letztgenannten Beispiele waren jedoch von einem derartigen Generalisierungsniveau, daß eine Serie von Folgeprozessen nicht ausbleiben konnte, in denen darum gestritten wurde, ob der Kreditnehmer tatsächlich einen Fall von „hardship" vorzuweisen hat, der die Bank zur Rücksichtnahme nötigt.[136] 81

Tatsächlich wurden die Gerichte in der Folgezeit mit derartigen Fragen konfrontiert. Das OLG München hat in seiner Entscheidung vom 30. 3. 1998,[137] den Vorgaben des Bundesgerichtshofs entsprechend, nochmals bekräftigt, daß ein Darlehensnehmer die vorzeitige Ablösung des Darlehens verlangen kann, wenn er das als Sicherheit beliehene Grundstück – in diesem Fall wegen Ehescheidung – veräußern muß. Unerheblich dürfte es sein, ob die Immobilie privat genutzt wird oder ob es sich um eine gewerbliche Nutzung des Eigentümers handelt. In beiden Fällen ist die wirtschaftliche Handlungsfreiheit nach § 1136 BGB bezüglich der Immobilie berührt, so daß auch bei gewerblicher Nutzung ein vorzeitiges Tilgungsrecht bestehen wird.[138] 82

3. Fallgruppen ohne vorzeitiges Tilgungsrecht

Kein vorzeitiges Tilgungsrecht steht dem Darlehensnehmer zu, wenn er lediglich zum Zweck der **zinsgünstigen Umschuldung** sein Darlehen vorzeitig beenden möchte.[139] Die Möglichkeit, eine günstige Finanzierung bei einem anderen Kreditinstitut aufgrund gefallener Zinsen zu nutzen, besteht also nicht. 83

Das OLG Köln hat in einem Fall einer zu gleichen Zeit eingetretenen **Arbeitslosigkeit** des Kreditnehmers und seiner Ehefrau einen Anspruch auf vorzeitige Rückführung abgelehnt. Im konkreten Fall wollte der Kreditnehmer infolge seiner Notlage allerdings nicht das darlehensfinanzierte Eigenheim, sondern eine andere Immobilie veräußern und mit dem Erlös das Eigenheimdarlehen vorzei- 84

Bruchner, in: *Schimansky/Bunte/Lwowski*, Bankrechts-Handbuch, § 78 Rdnr. 101; *Canaris*, in: *Hadding/Hopt/Schimansky*, Bankrechtstag 1996, S. 3, 7; *derselbe*, in: Festschrift Zöllner, S. 1055, 1056; *Dietrich*, DStR 1997, 1087, 1088; *Guttenberg*, JuS 1999, 1058, 1059; *Harbeke*, in: *Hadding/Hopt/Schimansky*, Bankrechtstag 1996, S. 85, 90; *Lang/Beyer*, WM 1998, 897, 901; *Marburger*, ZBB 1998, 30, 31; *Nobbe*, Neue höchstrichterliche Rechtsprechung, Rdnr. 839; *Reich*, in: *Hadding/Hopt/Schimansky*, Bankrechtstag 1996, S. 43, 47; *Rösler*, BB 1997, 1369; *Wehrt*, ZBB 1997, 48, 49; *Stelling*, Die vorzeitige Ablösung festverzinslicher Realkredite, S. 45, 148 f.

[134] BGH WM 1997, 1799, 1800 = ZIP 1997, 1646.
[135] BGH WM 1997, 1747, 1749 = ZIP 1997, 1641, 1643 unter Hinweis auf *Nobbe*, Aktuelle höchst- und obergerichtliche Rechtsprechung, Rdnr. 839; a. A. *Wenzel*, in: *Metz/Wenzel*, Vorfälligkeitsentschädigung, Rdnr. 230.
[136] *Köndgen*, ZIP 1996, 1645; *derselbe*, in: *Ernst/Zimmermann*, Zivilrechtswissenschaft und Schuldrechtsreform, S. 457, 467 f.
[137] OLG München WM 1998, 1484, dazu WuB I E 3.–7.98 *Marburger*.
[138] So auch *Knops*, ZfIR 2001, 438.
[139] *Lang/Beyer*, WM 1998, 897, 902; *von Heymann/Rösler* in: WuB I E 3.–1.98; *Nobbe*, Bankrecht, Rdnr. 706; *Knops*, ZfIR 2001, 438.

tig ablösen.¹⁴⁰ Damit stand die zu veräußernde Immobilie in keinem Zusammenhang mit dem Darlehen und dem Sicherungsobjekt, so daß § 1136 BGB in bezug auf dieses nicht tangiert war.

85   Auch das AG Köln stellte vor dem Hintergrund der Maxime „Geld hat man zu haben"¹⁴¹ in einer kurz darauf folgenden Entscheidung klar, daß **Zahlungsschwierigkeiten** des Kunden, die nicht auf einer Notlagenindikation beruhen, für sich gesehen keinen Anspruch auf vorzeitige Rückzahlung begründen können.¹⁴² Eine vorzeitige Vertragsbeendigung sei in diesen Fällen allenfalls im Wege eines Aufhebungsvertrages möglich, dessen Konditionen einer Prüfung nach § 138 BGB zugänglich sind.¹⁴³

86   Das vom BGH aus den Rechtsgedanken zum Hypothekenrecht (§ 1136 BGB) in Verbindung mit Treu und Glauben speziell für die Fälle des Häuslebauers konstruierte vorzeitige Tilgungsrecht läßt sich weder auf andere Dauerschuldverhältnisse wie z. B. im Miet- oder Gesellschaftsrecht übertragen, noch findet es Anwendung, wenn es sich z. B. um einen **gewerblichen Festsatzkredit** handelt, der durch die Sicherungsübereignung einer Maschine oder die Zession von Forderungen gesichert wird.

87   Auch der **Tod des Kreditnehmers** bewirkt keine Sonderstellung seiner Erben. Nach § 1922 BGB gehen alle Forderungen und Verbindlichkeiten auf die Erben im

---

¹⁴⁰ OLG Köln WM 1999, 1167, 1168; vgl. dazu auch *Häuser*, in: *Schimansky/Bunte/Lwowski*, Bankrechts-Handbuch, § 83 Rdnr. 158.

¹⁴¹ Vgl. RGZ 140, 10, 15 f.; BGHZ 7, 346, 354; BGHZ 36, 344, 345; BGHZ 83, 293, 300; BGHZ 106, 269, 272; BGHZ 107, 92, 97 ff.; BGH NJW 1990, 1034, 1035; BGH WM 1991, 1154, 1155; OLG Hamm WM 1990, 1105, 1107; *Ballerstedt*, in: Festschrift Nipperdey, S. 261, 267; *Basedow*, ZHR 143 (1979), 317, 326; *Erman/Battes*, BGB, § 279 Rdnr. 3; *Jauernig/Vollkommer*; BGB, § 279 Rdnr. 2; *Coester-Waltjen*, AcP 183 (1983), 279, 283 f.; *MünchKomm/Emmerich*, BGB, § 279 Rdnr. 5; *Esser/Schmidt*, SchR I/1, § 13 II, *Fikentscher*, Schuldrecht, Rdnr. 216; *Palandt/Heinrichs*, BGB, § 279 Rdnr. 4; *Larenz*, SchR I, § 12 III; *Löwisch*, BB 1985, 959; *Soergel/Wiedemann*, BGB, § 279 Rdnr. 7; *Staudinger/Löwisch*, BGB, § 279 Rdnr. 2; *Medicus*, AcP 188 (1988), 489 ff.; *G. H. Roth*, JuS 1968, 101, 105; *Karsten Schmidt*, JuS 1984, 737, 742; *Simitis*, AcP 159 (1969), 406, 446; *Stelling*, Die vorzeitige Ablösung festverzinslicher Realkredite, S. 158; deutlich auch *Köndgen*, NJW 2000, 468, 481: „Geldmangel entschuldigt (und entschuldet) bekanntlich nicht." Kritisch aber *Reifner*, Verbraucherverschuldung, S. 310 ff. („unsoziales Prinzip").

¹⁴² AG Köln WM 1999, 1460.

¹⁴³ OLG Schleswig ZIP 1997, 501 = WM 1997, 522, 524, dazu EWiR 1997, 17 *Reifner*; OLG München WM 1996, 132, dazu WuB I E 3.–9.96 *Zoller/von Aulock*; OLG München WM 1997, 521, 522; OLG Oldenburg ZIP 1996, 1741 = WM 1996, 1955, dazu EWiR 1996, 925 *Vortmann*; OLG Karlsruhe WM 1997, 520; OLG Hamm WM 1996, 569, 572; AG Köln WM 1999, 1460, dazu WuB I E 3.–8.99 *Wenzel*; LG München I WM 1996, 579, 580; AG Dortmund WM 1996, 1136; *Canaris*, in: *Hadding/Hopt/Schimansky*, Bankrechtstag 1996, S. 3, 32 ff.; *derselbe*, in: Festschrift Zölner, S. 1055, 1068 ff.; *Dietrich*; DStR 1997, 1087, 1088; *Harbeke*, in: *Hadding/Hopt/Schimansky*, Bankrechtstag 1996, S. 85, 100; *Melzer*, BB 1995, 321, 322; *Früh*, NJW 1999, 2623, 2626; *Rösler*, BB 1369, 1374 f.; *derselbe*, in: *Hadding/Nobbe*, Bankrecht 2000, S. 165, 174; *Stark*, Die Bank 1996, 522; *Bruchner*, in: *Schimansky/Bunte/Lwowski*, Bankrechts-Handbuch, § 78 Rdnr. 101; *W. Weber*, NJW 1995, 2951; *Wenzel*, in: *Metz/Wenzel*, Vorfälligkeitsentschädigung, Rdnr. 78; *derselbe*, WM 1995, 1433, 1438; *derselbe*; EWiR 1995, 343, 344; *derselbe*, WM 1996, 1605; *derselbe*, WM 1997, 2340, 2341; *MünchKomm/Westerman*, BGB, § 608 Rdnr. 6 a; *Reich*, in: *Hadding/Hopt/Schimansky*, Bankrechtstag 1996, S. 43, 46; *Köndgen*, ZIP 1997, 1645, 1646; *Mues*, ZBB 1996, 252; *Stelling*, Die vorzeitige Ablösung festverzinslicher Realkredite, S. 86.

IV. Vorzeitiges Tilgungsrecht des Kunden

Wege der Gesamtrechtsnachfolge über. Die Erben haben also die gleichen Kündigungsrechte und Möglichkeiten zur vorzeitigen Tilgung wie der ursprüngliche Kreditnehmer. Der Erbfall allein führt deshalb nicht zu einem vorzeitigen Tilgungsrecht. Allerdings wird die im Wege der Erbauseinandersetzung häufig vorgenommene Veräußerung der Immobilie den Erben in der Regel ein Recht zur vorzeitigen Tilgung gegen Zahlung einer Vorfälligkeitsentschädigung zuerkennen.

Die vom Bundesgerichtshof im Rahmen der von ihm entwickelten **Vertragsmodifizierungstheorie** aufgestellten Grundsätze finden dann zwingend Anwendung, wenn der Darlehensnehmer ein **berechtigtes Interesse** an der vorzeitigen Rückführung besitzt und dieses auch darlegen kann.[144] Ersucht der Kunde um eine vorzeitige Rückführung, ohne ein solches berechtigtes Interesse zu besitzen, z. B. wenn er vorträgt, bei einem anderen Institut günstigere Konditionen zu erhalten, so steht es der Bank frei, der vorzeitigen Vertragsbeendigung zuzustimmen. Sofern der Kunde bereit ist, die der Bank entstehenden Nachteile auszugleichen, wird sie u. U. mit dem Kunden einen Aufhebungsvertrag abschließen. In diesem Falle handelt es sich nicht um einen Quasi-Schadensersatzanspruch der Bank im Form einer Vorfälligkeitsentschädigung, sondern um ein echtes Vorfälligkeitsentgelt.[145] Dieses Vorfälligkeitsentgelt ist der Preis für die Einwilligung der Bank in die vorzeitige Beendigung des Darlehensvertrages.

88

---

[144] Vgl. OLG München WM 1997, 521; OLG München WM 1997, 1700; OLG Köln WM 1997, 1328; OLG Karlsruhe ZIP 1997, 498f.; OLG Karlsruhe WM 1997, 1049, dazu WuB I E 3.–8.97 *Harbeke*; OLG Schleswig WM 1997, 522, 524; OLG Frankfurt/Main WM 1996, 440, 441; OLG Hamm WM 1996, 442; OLG Oldenburg ZIP 1996, 1741; LG Detmold ZIP 1994, 1518, 1519; AG Dortmund WM 1996, 1136, 1137; AG Hamburg-Harburg WM 1996, 1140; AG Delmenhorst WM 1996, 580, dazu WuB I E 3.–3.96 *Hammen/Dischinger; Bellinger/Kerl/Fleischmann*, HypBankG, Vorbem. vor §§ 14–21a Rdnr. 26; *Beyer*, ZKredW 1994, 318; *Canaris*, in: *Hadding/Hopt/Schimansky*, Bankrechtstag 1996, S. 3, 18; *Dietrich*, DStR 1997, 1087, 1088; *Köndgen*, Gewährung und Abwicklung grunpfandrechtlich gesicherter Kredite, S. 147; *von Rottenburg*, in: *von Westphalen/Emmerich/von Rottenburg*, VerbrKrG, § 4 Rdnrn. 4 ff.; *Wenzel*, WM 1995, 1433, 1437; derselbe, WM 1997, 2340, 2341; *Rösler*, BB 1997, 1369; *Früh*, NJW 1999, 2323, 2326; *Stelling*, Die vorzeitige Ablösung festverzinslicher Realkredite, S. 185.

[145] *Rösler*, in: *Hadding/Nobbe*, Bankrecht 2000, S. 165, 170, 174; *Stelling*, Die vorzeitige Ablösung festverzinslicher Realkredite, S. 188 f.; wohl auch LG München WM 1996, 579, 580; *Canaris*, in: *Hadding/Hopt/Schimansky*, Bankrechtstag 1996, S. 3, 19 f.; *Harbeke*, in: *Hadding/Hopt/Schimansky*, Bankrechtstag 1996, S. 85, 92; *Hammen/Dischinger*, Anm. zu OLG Hamm WM 1996, 569, in: WuB I E 3.–3.96; *Weber*, NJW 1995, 2951, 2952; *Wenzel*, in: *Metz/Wenzel*, Vorfälligkeitsentschädigung, Rdnr. 188; derselbe, WM 1995, 1433, 1434; a. A. LG Braunschweig WM 1996, 1134, 1135; *Reifner*, NJW 1995, 86, 88. Gleichwohl ist zu konzedieren, daß dieses Aufhebungsentgelt regelmäßig als Vorfälligkeitsentschädigung bezeichnet wird (vgl. *Metz*, in: *Metz/Wenzel*, Vorfälligkeitsentschädigung, Rdnr. 96; derselbe, ZBB 1994, 205, 209; *Reifner/Brutschke*, Gutachten zur Vorfälligkeitsentschädigung, S. 22 f., was jedoch kein Beleg dafür ist, daß es sich tatsächlich um einen Schadensersatzanspruch handeln soll; (vgl. *Canaris*, in: *Hadding/Hopt/Schimansky*, Bankrechtstag 1996, S. 3, 19 f.; *Weber*; NJW 1995, 2951, 2952 f.; *Wenzel*, in: *Metz/Wenzel*, Vorfälligkeitsentschädigung, Rdnrn. 235 f.; derselbe, WM 1995, 1433, 1436 f.; *Stelling*, aaO., S. 190, die sämtlichst empfehlen, den Begriff „Vorfälligkeits*entschädigung*" durch die Begriffe „Vorfälligkeits*entgelt*" oder „Vorfälligkeits*vergütung*" zu ersetzen.

4. Tilgungsaussetzung gegen Lebensversicherung

89 Verschiedentlich wird zwischen Darlehensnehmer und Darlehensgeber eine Vereinbarung geschlossen, wonach die Tilgung des Kredites durch eine abgeschlossene, parallel zum Darlehensvertrag laufende **Lebensversicherung** erfolgen soll.[147] In aller Regel werden Darlehenslaufzeit und Laufzeit der Lebensversicherung miteinander abgestimmt, so daß bei Ende des Darlehens die Lebensversichung fällig wird und somit zur Tilgung des Darlehens in einer Summe Verwendung finden kann. Erfolgt aus Gründen der Transparenz und nach § 4 VerbrKrG (§ 491 BGB n. F.) ein Hinweis auf die Tilgung des Kredits durch eine abgeschlossene Lebensversicherung, kann der Darlehensnehmer bei Fälligkeit der Lebensversicherung das Darlehen nicht aufhebungsentgeltfrei vorzeitig tilgen.[148] Beide Verträge sind rechtlich und wirtschaftlich getrennt zu betrachten.

90 Exemplarisch ist der vom OLG Köln unter dem 10.12.1999[149] entschiedene Fall. Konkret ging es um ein im April 1998 abgeschlossenes, durch Grundpfandrecht gesichertes Baudarlehen, dessen Zinssatz bis September 2003 festgeschrieben war. Die Darlehensnehmer waren Eheleute. Einige Zeit nach Abschluß des Darlehensvertrages, aber vor Ablauf der Zinsbindungsfrist, wurde die Tilgung ausgesetzt gegen Sicherungsabtretung einer neu abgeschlossenen Lebensversicherung. Diese sollte monatlich bedient werden und zum Zwecke der Darlehenstilgung bei Ende der Laufzeit Verwendung finden. Nach dem Tod der insoweit begünstigten Ehefrau wurde die Lebensversicherungssumme zum Zwecke der vorzeitigen Ablösung an die Bank ausgezahlt. Die Bank erklärte sich mit dieser vorzeitigen Rückführung einverstanden, falls eine Vorfälligkeitsentschädigung gezahlt werde. Das OLG Köln stellt zunächst fest, daß der Darlehensvertrag nach wie vor Bestand hatte und nicht im Wege einer Kündigung beendet werden konnte. Allerdings spreche „viel dafür, daß den Darlehensgeber die Rechtspflicht trifft, sich auf Verlangen des Darlehensnehmers auf eine dahingehende Vertragsänderung einzulassen, wenn in dem Darlehensvertrag vereinbart ist, daß die Tilgung des Darlehens durch eine bestimmte Lebensversicherung erfolgen soll und sich der Darlehensgeber die Ansprüche aus der Versicherung sicherungshalber abtreten läßt". Allerdings dürfe der Darlehensgeber sein Einverständnis von der Zahlung einer Vorfälligkeitsentschädigung abhängig machen;[150] die Änderung der Tilgungsvereinbarung könne hieran nichts ändern.[151]

91 Tritt die Fälligkeit der Lebensversicherung vor Ablauf der Darlehenslaufzeit bzw. der Zinsfestschreibungszeit ein, so kann der Darlehensnehmer ohne ent-

---

[146] Siehe dazu unten Rdnrn. B 198 ff.
[147] Zu den verschiedenen Formen von Tilgungsaussetzungsmodellen *Rösler*, BKR 2001, 125.
[148] A. A. OLG Karlsruhe, VuR 2000, 268 = WM 2001, 1561, der BGH hat die Revision durch Beschluß vom 5.12.2000 (XI ZR 137/00) nicht angenommen.
[149] OLG Köln ZIP 2000, 308 = NJW-RR 2001, 260.
[150] OLG Köln ZIP 2000, 308, 309; vgl. auch BGHZ 133, 355, 359 f. = ZIP 1996, 1895, 1897, dazu EWiR 1996, 1113 *Reifner*.
[151] OLG Köln ZIP 2000, 308 f.

IV. Vorzeitiges Tilgungsrecht des Kunden

sprechende Vereinbarung[152] nicht automatisch das Recht haben, das Darlehen zurückführen zu können,[153] da beide Verträge rechtlich und wirtschaftlich selbständig sind. Allerdings stellt sich bei einer solchen Kombination die Frage, ob eine Verletzung etwaig bestehender Aufklärungs- und Beratungspflichten[154] der Bank zu besorgen steht. Ungeachtet der Informationspflichten nach dem Verbraucherdarlehensrecht (vgl. §§ 4, 5 und 7 Abs. 2 VerbrKrG bzw. §§ 492, 495 Abs. 2, 355 BGB n. F.) bestehen vorvertragliche Aufklärungspflichten regelmäßig in bezug auf den Kreditvertrag und dessen Bedingungen.[155] Hierzu gehören auch die finanziellen Belastungen bei Darlehensverträgen in Kombination mit Lebensversicherungen.[156] Verletzt die darlehensgebende Bank eine solche Aufklärungs- oder Beratungspflicht, so haftet sie gegenüber dem Darlehensnehmer aus positiver Vertragsverletzung mit der Folge, daß sie dem Darlehensnehmer die hieraus entstehenden Mehrkosten ersetzen muß.[157] War also der Abschluß der Lebensversicherung als Tilgungsersatz vorgesehen, so muß die Bank dem Darlehensnehmer auf die Konsequenzen hinweisen, wenn die Laufzeit des Darlehens und diejenige der Lebensversicherung nicht übereinstimmen.[158] Unterläßt sie diesen Hinweis,

---

[152] So geschehen bei OLG Karlsruhe EWiR 2001, 311 mit Anm. *Mues, ebenda,* der zutreffend darauf hinweist, daß die Entscheidung nicht verallgemeinerungsfähig ist.

[153] OLG Köln NJW-RR 2001, 260; a. A. noch OLG Karlsruhe VuR 2000, 268.

[154] Die Rechtsprechung und das Schrifttum zu den bankrechtlichen Aufklärungs- und Beratungspflichten ist inzwischen nahezu unüberschaubar; zur Unterscheidung zwischen Aufklärung und Beratung siehe nur *Nobbe,* in: *Horn/Schimansky,* Bankrecht 1998, S. 235, 236f.; *Horn,* ZBB 1997, 139, 140f.; *derselbe,* WM 1999, 1, 4; *derselbe,* in: Festschrift Claussen, S. 469, 471; *Hadding,* in: Festschrift Schimansky, S. 67, 72ff.; *Bliesener,* Aufsichtsrechtliche Verhaltenspflichten, § 11 I 1, S. 247ff.; *Lang,* AcP 201 (2001), 451ff. *M. Lange,* Informationspflichten von Finanzdienstleistern, S. 23ff.; nunmehr auch *Siol,* in: Festschrift Schimansky, S. 781, 782f. Allgemein zu den bankrechtlichen Aufklärungs- und Beratungspflichten im Kreditgeschäft *Siol,* in: *Schimansky/Bunte/Lwowski,* Bankrechts-Handbuch, § 42, § 44 Rdnrn. 8–87; *Bruchner,* WM 1999, 825; *Fischer/Klanten,* ZBB 1996, 1; *Früh,* WM 1998, 2176; *Füllmich/Rieger,* ZIP 1999, 465; *Keßler,* VuR 1998, 3; *Singer,* ZBB 1998, 141; *Spickhoff/Petershagen,* BB 1999, 165; *Streit,* ZIP 1999, 477; *Stüsser,* NJW 1999, 1586; Ein Überblick über die Rechtsprechung findet sich bei *Nobbe,* Aktuelle höchst- und obergerichtliche Rechtsprechung, Rdnrn. 459ff. und *Köndgen,* NJW 2000, 468, 469f.; *derselbe,* Gewährung und Abwicklung grundpfandrechtlich gesicherter Kredite, S. 47ff.

[155] Vgl. BGH ZIP 1990, 854 = WM 1990, 918 = NJW 1990, 1844, dazu EWiR 1990, 555 *Reifner* und WuB I E 1.–18.90 *von Rottenburg;* BGH ZIP 1989, 558 = WM 1989, 665 = NJW-RR 1989, 815, dazu EWiR 1989, 449 *Reifner* und WuB I E 1.–8.89 *Münstermann;* BGH NJW-RR 1988, 236; OLG Hamm WM 1999, 1056; OLG Hamburg WM 1986, 1431, dazu WuB I E 1.–3.87 *Kessler;* modifizierend OLG Düsseldorf WM 1990, 1490, dazu WuB I E 1.–9.91 *Wagner-Wieduwilt; von Heymann/Rösler,* ZIP 2001, 441, 443; *Rösler,* DB 1999, 2297; *von Heymann,* Bankenhaftung bei Immobilienanlagen, S. 149.

[156] BGH ZIP 1998, 1389 = NJW 1998, 2898, dazu EWiR 1998, 775 *Schwark;* BGH ZIP 1989, 558 = WM 1989, 665 = NJW-RR 1989, 815, dazu EWiR 1989, 449 *Reifner* und WuB I E 1.–8.89 *Münstermann;* BGH ZIP 1990, 854 = WM 1990, 918 = NJW 1990, 1844, dazu EWiR 1990, 555 *Reifner* und WuB I E 1.–18.90 *von Rottenburg;* OLG Hamm WM 1999, 1056; *von Heymann/Rösler,* ZIP 2001, 441, 443f.; dazu ausführlich *Rösler,* BKR 2001, 125.

[157] OLG Hamm WM 1999, 1056; *von Heymann/Rösler,* ZIP 2001, 441, 444.

[158] *von Heymann/Rösler,* ZIP 2001, 441, 444.

so haftet sie wegen Verletzung von Aufklärungspflichten mit der Folge, daß sie eine etwaige Vorfälligkeitsentschädigung ersetzen muß.[159] Da diese Entschädigung von der darlehensgebenden Bank selbst beansprucht wird, läge in einer entsprechenden Geltendmachung insofern eine unzulässige Rechtsausübung, als daß die Bank gehalten wäre, die erhaltene Vorfälligkeitsentschädigung sogleich wieder zurückzugewähren.[160]

92 Angesichts der – allerdings nicht verallgemeinerungsfähigen – Entscheidung des OLG Karlsruhe,[161] wonach die im Darlehensvertrag vereinbarte Tilgung durch eine abgetretene Kapitallebensversicherung als besondere Fälligkeitsvereinbarung anzusehen ist, die sich auf den Zeitpunkt der Auszahlung der Versicherungssumme bezieht, ist der kreditwirtschaftlichen Kautelarpraxis zu empfehlen, bei Darlehen mit Tilgungsaussetzung durch Kapitallebensversicherungen klare und eindeutige Tilgungvoraussetzungen festzulegen.[162]

5. Konsequenzen für die Praxis

93 Trotz der Kritik[163] an den beiden Grundsatzentscheidungen des Bundesgerichtshofs vom 1. 7. 1997, die nunmehr „unumstößliches Datum" sind,[164] ist insgesamt zu konzedieren, daß die Rechtsprechung die meisten Fälle der vorzeitigen Rückführung von Festzinsdarlehen vor Ablauf der Zinsbindungsfrist angemessen entschieden hat. Der harschen Kritik von *Köndgen*[165] kann in dieser Massivität keinesfalls zugestimmt werden.

94 Die von Teilen der Kreditwirtschaft ursprünglich vorgetragenen Bedenken, wonach es den Anschein hatte, daß durch die beiden Entscheidungen des Bundesgerichtshofs vom 1. 7. 1997 der – rechtsdogmatisch wirksame – Kündigungsausschluß nach § 609a Abs. Ziffer 1 BGB a.F (nunmehr § 489 Abs. 1 Nr. 1 BGB n. F.) faktisch in weiten Teilen außer Kraft gesetzt würde, haben sich ebensowenig bestätigt wie die vorgeblich mangelhafte Nachvollziehbarkeit der Beweggründe für den Wunsch nach vorzeitiger Tilgung. In der Praxis hat sich kaum ein Kreditinstitut einem diesbezüglichen Wunsch des Kunden auf vorzeitige Beendigung des Kreditverhältnisses verschlossen, sofern die Rückführung ordnungsgemäß erfolgt und die geforderte Vorfälligkeitsentschädigung geleistet worden ist.[166] Im übrigen sind Fälle, in denen Kunden eine vorzeitige Rückführung verlangen, mit Blick auf das Gesamtvolumen der ausgelegten Gelder eher die Ausnahme.

95 Schließlich erwies sich auch die im BGH-Urteil vom 1. 7. 1997 unter dem Aktenzeichen 197/96 getroffene Feststellung, wonach die Notwendigkeit der Nach-

---

[159] Vgl. auch OLG Karlsruhe EWiR 2001, 323; *Rösler*, BKR 2001, 125.
[160] Vgl. BGHZ 56, 25; BGHZ 66, 305; BGHZ 74, 300; BGHZ 116, 200; vgl. auch hierzu *MünchKomm/G. H. Roth*, BGB, § 242 Rdnrn. 45 ff.; *Palandt/Heinrichs*, BGB, § 242 Rdnrn. 38 ff., insbes. Rdnrn. 50 ff.
[161] OLG Karlsruhe EWiR 2001, 313.
[162] So *Mues*, EWiR 2001, 313, *ebenda*, S. 314.
[163] Siehe hierzu oben Rdnr. A 7 (siehe dort Fn. 18).
[164] So *Köndgen*, NJW 2000, 468, 481.
[165] *Köndgen*, ZIP 1997, 1645.
[166] *Stelling*, Die vorzeitige Ablösung festverzinslicher Realkredite, S. 64. Zur Vertragsaufhebung aus Kulanzgründen siehe *Peters*, JZ 1996, 73.

finanzierung im berechtigten Interesse des Kunden (Stichwort: **wirtschaftliche Handlungsfreiheit**) liege und somit ein anspruchsbegründendes Merkmal für die Vertragsbeendigung sei, als wenig erschreckend. Sofern eine Bank eine Nachfinanzierung ablehnt, liegen hierfür in der Regel nachvollziehbare Gründe vor, etwa eine fehlende Bonität oder unzureichende wirtschaftliche Leistungsfähigkeit des Kunden. Erklärt sich jedoch eine andere Bank bereit, die Nachfinanzierung unter Einbeziehung der Altverbindlichkeiten einschließlich der zu entrichtenden Vorfälligkeitsentschädigung zu übernehmen, so kommt dies dem die Nachfinanzierung ablehnenden Kreditinstitut erheblich entgegen, wird es doch von dem wirtschaftlichen Risiko eines aus seiner Sicht bonitätsmäßig schwachen Kunden befreit.

Verlangt der Kunde eine vorzeitige Rückführung allein aus **Konditionengründen**, bieten sich der Bank nach wie vor **drei Handlungsalternativen**. Erstens besteht in einem solchen Falle die Möglichkeit, den Wunsch nach vorzeitiger Rückführung abzulehnen. Zweitens mag die Bank im Einzelfall überlegen, ob sie einem entsprechenden Begehren nicht aus geschäftspolitischen Gründen Folge leistet, etwa dann, wenn der Kunde noch erhebliche Vermögenswerte unterhält, die er bei „mangelnder Kooperation" mit an Sicherheit grenzender Wahrscheinlichkeit abziehen würde. In diesen Fällen wird – zumindest konkludent – ein Aufhebungsvertrag ohne Aufhebungsentgeltvereinbarung zustandekommen. Schließlich hat die Bank die Möglichkeit, in Fällen, in denen der Kunde allein aus Konditionengründen eine vorzeitige Rückführung fordert, mit diesem einen Aufhebungsvertrag gegen Aufhebungsentgelt zu schließen. 96

6. Rechtsdogmatische Lösungsansätze zur vorzeitigen Beendigung

a) Vorzeitiges Tilgungsrecht 97

Da eine vorzeitige Rückführung von hypothekarisch gesicherten Festzinsdarlehen vor Ablauf der Zinsbindungsfrist weder über eine Kündigung noch über einen Aufhebungsvertrag legitimiert werden kann – beiden Konstruktionen hat der Bundesgerichtshof eine Absage erteilt – galt es, einen Weg zu finden, die den Interessen einerseits des rückzahlungswilligen und -fähigen Darlehensnehmers und andererseits des Kreditinstituts, dessen rechtlich geschütze Zinserwartung nicht außer acht gelassen werden konnte, in angemessener und interessengerechter Weise Rechnung trägt. 98

Der Bundesgerichtshof hat zu diesem Zwecke die dogmatisch höchst kontrovers diskutierte **Vertragsmodifizierungstheorie** entwickelt, die letztlich in das Ergebnis mündet, daß dem Darlehensnehmer unter bestimmten Voraussetzungen ein Anspruch auf Auflösung des Darlehensvertrages gegen Zahlung einer unter Schadensersatzgesichtspunkten zu bemessenden Vorfälligkeitsentschädigung zusteht.[167] Ein solcher Anspruch wurde schon zuvor teilweise aus dem auch für den Darlehensvertrag geltenden Gebot der Rücksichtnahme bzw. allgemein aus Treu und Glauben hergeleitet.[168] Auch der Bundesgerichtshof ist der Mei- 99

---

[167] BGH WM 1997, 1747, 1748 = ZIP 1997, 1641, 1642; BGH WM 1998, 70, 71.
[168] Vgl. LG Hannover WM 1995, 192, 193; LG Karlsruhe WM 1996, 574, 575; *Nobbe*, Aktuelle höchst- und obergerichtliche Rechtsprechung, Rdnr. 703; *Canaris*, in: *Hadding/Hopt/Schimansky*, Bankrechtstag 1996, S. 37 ff.; *Wenzel*, in: *Metz/Wenzel*, Vorfälligkeitsent-

nung, daß ein Anspruch des Darlehensnehmers auf vorzeitige Ablösung des Darlehens jedenfalls für den Fall einer anderweitigen Verwertung des beliehenen Objektes gegeben sein kann.

100 Die dogmatische Begründung dieses Anspruchs wurde als „durchaus innovativ" bezeichnet.[169] Nach Auffassung des Bundesgerichtshofs zielt der Anspruch auf vorzeitige Rückführung nicht auf Vertragsauflösung oder Vertragsaufhebung ab, sondern auf eine „Modifizierung des Vertragsinhaltes ohne Reduzierung des Leistungsumfangs".[170] Das Begehren des Darlehensnehmers auf vorzeitige Rückführung des Darlehensbetrages gegen Zahlung einer angemessenen Vorfälligkeitsentschädigung soll nicht auf eine Beseitigung der vertraglichen Bindung gerichtet sein, sondern letztlich nur eine vorzeitige Erbringung der geschuldeten Leistung zum Ziel haben. Der Bank steht also nach wie vor der Primäranspruch aus dem Darlehensvertrag zu,[171] der aber um die Vorteile der vorzeitigen Zahlung zu reduzieren ist. Gleichwohl wird insofern eine Ausnahme vom Grundsatz pacta sunt servanda eingeräumt, da in solchen Fällen ein vertraglich nicht vorgesehener Anspruch des Darlehensnehmers auf Vorverlegung des Erfüllungszeitpunktes besteht.[172]

101 Der Bundesgerichtshof hat zunächst recht allgemein festgehalten, daß dem Darlehensnehmer unter bestimmten Voraussetzungen ein Anspruch auf Auflösung des Darlehensvertrages gegen Zahlung einer unter Schadensersatzgesichtspunkten zu bemessenden Vorfälligkeitsentschädigung zusteht.[173] Ein solcher Anspruch kann sich, sofern etwa ein Recht zur Kündigung nicht besteht, unter bestimmten Umständen aus Treu und Glauben ergeben.[174]

102 Nach Ansicht des Bundesgerichtshofs erfährt der Grundsatz der **Vertragstreue** bei Dauerschuldverhältnissen dann Ausnahmen, wenn berechtigte Interessen eines Vertragsteils dies gebieten. Sofern in derartigen Fällen der Darlehensgeber an der unveränderten Durchführung des Darlehensvertrages festhalten würde, könnte er z.B. den Verkauf des den Kredit sichernden Grundstückes vereiteln, was dem Kreditnehmer faktisch eine anderweitige Verwertung des belasteten Grundstückes unmöglich machen würde. Hierin sieht der Bundesgerichtshof einen Eingriff in die **wirtschaftliche Handlungsfreiheit** des Kreditnehmers, die das Gesetz – wie § 1136 BGB zeigt – gerade auch bei der grundpfandrechtlichen Belastung von Grundstücken gewahrt wissen will.[175]

---

schädigung, Rdnr. 228 und in WM 1995, 1433, 1436; *derselbe*, WM 1997, 2340, 2341; *Rösler*, in: *Hadding/Nobbe*, Bankrecht 2000, S. 165, 168; kritisch *Marburger*, ZBB 1998, 30, 31.

[169] *Lang/Beyer*, WM 1998, 897, 899; zustimmend *Rösler*, in: *Hadding/Nobbe*, Bankrecht 2000, S. 165, 168 (siehe dort Fn. 6); eher ironisch *Köndgen*, in: *Ernst/Zimmermann*, Zivilrechtswissenschaft und Schuldrechtsreform, S. 457, 467 („neuartiges Vertragslösungsrecht").

[170] BGH WM 1997, 1747, 1749 = ZIP 1997, 1641, 1643; OLG Schleswig WM 1997, 522, 524.

[171] *Rösler*, in: *Hadding/Nobbe*, Bankrecht 2000, S. 165, 169; ausdrücklich vom Vorsitzenden Richter des XI. Senates, *Gerd Nobbe*, ebenda, bestätigt, vgl. Diskussionsbericht, S. 209.

[172] Vgl. BGH WM 1997, 1747, 1749 = ZIP 1997, 1641, 1643; *Rösler*, in: *Hadding/Nobbe*, Bankrecht 2000, S. 165, 169.

[173] BGH WM 1997, 1747, 1748 = ZIP 1997, 1641, 1642.

[174] BGH WM 1997, 1747, 1749 = ZIP 1997, 1641, 1643; vgl. auch *Nobbe*, Aktuelle höchst- und obergerichtliche Rechtsprechung, Rdnr. 703.

[175] BGH WM 1997, 1747, 1749 = ZIP 1997, 1641, 1643 unter Hinweis auf BGHZ 76, 371, 373; vgl. bereits *Metz*, ZBB 1994, 205, 211; a. A. *Wenzel*, WM 1995, 1433, 1435 f.

Die Entwicklung dieser Grundsätze erfolgte erkennbar vor dem Hintergrund 103
verbraucherschutzrechtlicher Aspekte.[176] Ebenso wie ein Versicherungsnehmer
oder ein Mieter wird auch ein Kreditnehmer gegenüber seiner regelmäßig informationell
überlegenen Vertragspartei als besonders schutzwürdig angesehen,[177]
was nicht zuletzt auf die zunehmende Bedeutung des Verbraucherschutzes in der
Europäischen Union und in Deutschland zurückgeht.[178] Aus diesem Grunde haben
Rechtsprechung und Schrifttum nach Möglichkeiten gesucht, in Fällen gestörter
Vertragsparität eine Ausstiegsmöglichkeit aus dem Vertrag zu kreieren,
was vor allem bei Dauerschuldverhältnissen[179] – hierzu gehören Miete und Darlehen[180]
– gilt, die in der Regel über eine längere Zeit laufen. Zwar ist das approbate
Mittel der Beendigung eines Dauerschuldverhältnisses die Kündigung.[181] Es
hat sich aber gezeigt, daß die gesetzlichen oder vertraglichen Kündigungsmöglichkeiten
vor allem in Fällen nachträglicher Äquivalenzverschiebungen[182] nicht
ausreichen, um den Belangen der unterlegenen Partei Rechnung zu tragen.

Zum Teil wurde einer derartiger Anspruch auf **Vertragsmodifizierung** schon 104
zuvor aus dem für alle Vertragsformen geltenden Gebot der Rücksichtnahme bzw.

---

[176] *Nobbe*, Der BGH – Innenansichten zu Struktur, Funktion und Bedeutung". – Festvortrag zur feierlichen Eröffnung des Instituts für Deutsches und Internationales Bank- und Kapitalmarktrecht der Juristenfakultät der Universität Leipzig vom 21.1. 2000 (in Internet abrufbar als html- oder pdf-Lesefassung unter http://www.uni-leipzig.de/bankinstitut/institut/ profil.html#gruendung).

[177] Vgl. *Reifner*, WM 1996, 2094; *Singer*, JZ 1995, 1133, 1138; *Schimansky*, WM 1995, 461, 464f.; *Grün*, WM 1994, 713, 722; *Wiedemann*, JZ 1994, 411, 413; *Kothe*, ZBB 1994, 172, 177; *Medicus*, NJW 1955, 2577; aus der Rechtsprechung siehe BGHZ 80, 161; BGH NJW 1987, 183; OLG Stuttgart ZIP 1984, 1209; LG Neubrandenburg NJW 1997, 2826. Diese Schutzbedürftigkeit manifestiert sich inzwischen in den auch im Kreditgeschäft zunehmend geforderten Aufklärungs- und Beratungspflichten der informationell regelmäßig überlegenen Banken, vgl. BGH WM 2000, 1687 = ZIP 2000, 1483; BGH WM 2000, 1685 = ZIP 2000, 1430; BGH WM 2000, 1287 = NJW 2000, 3065 = ZIP 2000, 1098; BGH WM 2000, 1245 = NJW 2000, 2352 = ZIP 2000 1051; BGH WM 1999, 678 = NJW 1999, 2032 = ZIP 1999, 574; BGH WM 1997, 662 = NJW 1997, 1361 = ZIP 1997, 580; BGH WM 1991, 85; BGH NJW 1989, 1665; OLG München WM 1997, 254, 256f.; OLG Köln WM 1997, 472; OLG Düsseldorf WM 1996, 1810; OLG Frankfurt/Main ZIP 1994, 1014; OLG Karlsruhe ZIP 1998, 1711; OLG Stuttgart WM 1999, 1007, dazu WuB I G 4. 1.99/4.99 *Mülbert*; OLG Koblenz WM 2000, 2006 = ZIP 2000, 1436; OLG Köln WM 1998, 1817; LG Bremen WM 1999, 847; *Köndgen*, NJW 2000, 468, 469; *derselbe*, NJW 1995, 1508, 1510; *Siol*, in: Schimansky/Bunte/Lwowski, Bankrechts-Handbuch, § 44 Rdnrn. 12ff.; *Lang/Rösler*, in: Lang/Assies/Werner, Schuldrechtsmodernisierung in der Bankpraxis, S. 196ff. m. w. N.; anders noch *Canaris*, Bankvertragsrecht, Rdnr. 109 (siehe aber dort Rdnrn. 110ff.); einschränkend *von Heymann*, NJW 1999, 1577ff.; *Rösler*, DB 1999, 2297, 2298; *Rümker*, in: *Köndgen*, Bankhaftungsrecht, S. 71, 86; *Spickhoff/Petershagen*, BB 1999, 165, 166; a. A. *Bruchner*, WM 1999, 825, 830; *Früh*, ZIP 1999, 701; *Streit*, ZIP 1999, 477, 479.

[178] *Oppermann*, Europarecht, Rdnrn. 2038, 2040; vgl. auch EuGH Slg. 1995, I-1923ff. – RS C 470/93 "Mars"; EuGH Slg. 1996, I-2169; EuGH NVwZ 2000, 905; EuGH NVwZ 1999, 1216 sowie grundsätzlich *Hopt*, AcP 183 (1983), 608, 652.

[179] *Palandt/Heinrichs*, BGB, vor § 241 Rdnr. 17; kritisch zu den „allgemeinen Lehren über Dauerschuldverhältnisse" *Esser/Schmidt*, SchR I/1, § 15 III 4.

[180] *Palandt/Heinrichs*, BGB, vor § 241 Rdnr. 17.

[181] Vgl. nunmehr § 314 Abs. 1 BGB n. F.

[182] *Esser/Schmidt*, SchR I/2, § 24 I.

allgemein aus Treu und Glauben hergeleitet.[183] So hat der Bundesgerichtshof bereits im Jahre 1994 für den Bereich des **Versicherungsgeschäftes** entschieden, daß eine 10-Jahres-Klausel bei der Unfall-, Privathaftpflicht- und Hausratsversicherung gegen § 9 Abs. 1 AGBG (nunmehr § 307 Abs. 1 BGB n. F.) verstößt[184] und zur Begründung ausgeführt, daß es „für den Versicherungsnehmer außerordentlich belastend sein [kann], wenn er die Versicherung nicht an unvorhergesehene Veränderungen wirtschaftlicher Umstände anpassen und gegebenenfalls ganz darauf verzichten kann, das Risiko weiter zu versichern". Bei einer Vertragsdauer von 10 Jahren sei es „für viele Versicherungsnehmer nicht vorauszusehen, ob sie etwa arbeitslos werden, eine berufliche Selbständigkeit verlieren, wirtschaftliche Scheidungsfolgen hinnehmen müssen oder in Vermögensverfall geraten."[185] Wenngleich der Bundesgerichtshof *nicht* so weit gehen wollte, dem Versicherungsnehmer ein generelles Kündigungsrecht wegen Umständen, die aus dessen Sphäre und dessen Risikobereich stammen, zuzugestehen, so konstatierte er jedoch, daß sich die Umstände des Versicherungsnehmers in 10 Jahren in einer Weise ändern können, „daß sie eine Anpassung an den Versicherungsvertrag oder eine Lösung von diesem erforderlich machen. Die Gegenüberstellung der Vor- und Nachteile des Versicherungsnehmers einerseits und der berechtigten Interessen des Versicherers an Verträgen mit einer zehnjährigen Laufzeit andererseits ergibt ein solches Ungleichgewicht zu Lasten des Versicherungsnehmers, daß die Zehn-Jahres-Klausel das Gleichgewicht der Rechte und Pflichten in einem Maße stört, das mit den Geboten von Treu und Glauben nicht mehr vereinbar ist".[186] In einer späteren Entscheidung wurden diese Grundsätze auf die Wohngebäudeversicherungen ausgedehnt.[187]

105   Gewisse Parallelen zwischen einer Versicherung mit zehnjähriger Laufzeit und einer Kreditverpflichtung mit identischer Laufzeit liegen zwar auf der Hand, denn in beiden Fällen ist für den Kredit- bzw. Versicherungsnehmer nicht vorhersehbar, wie sich seine weitere persönliche und wirtschaftliche Entwicklung vollziehen wird.[188] Allerdings hat der Gesetzgeber gerade für Darlehen seine gesetzgeberische Grundentscheidung bezüglich der Bindungsfristen in § 609a BGB a. F. (§ 489 BGB n. F.) dokumentiert, so daß eine Parallelwertung ausscheidet.

106   Auch zwischen **Miete** und verzinslichem Darlehen wurden von der Literatur Gemeinsamkeiten erkannt. Zutreffend ist, daß die Situation des Mieters und des Darlehensnehmers, jedenfalls bei längerfristiger Bindung, insofern vergleichbar ist, als daß sich eine Veränderung der persönlichen und/oder wirtschaftlichen Verhältnisse des Mieters/Darlehensnehmers auf das Vertragsverhältnis auswirken kann, die den Grundsatz der Vertragsparität in einer „unerträglichen Weise" verschiebt.

---

[183] Vgl. LG Hannover WM 1995, 192, 193; LG Karlsruhe WM 1996, 574, 575; *Nobbe,* Aktuelle höchst- und obergerichtliche Rechtsprechung, Rdnr. 703; *Canaris,* in: Hadding/Hopt/Schimansky, Bankrechtstag 1996, S. 3, 37 ff.; *Wenzel,* in: Metz/Wenzel, Vorfälligkeitsentschädigung, Rdnr. 228 und in WM 1995, 1433, 1436; *derselbe,* WM 1997, 2340, 2341; *Rösler,* in: Hadding/Nobbe, Bankrecht 2000, S. 165, 168; kritisch *Marburger,* ZBB 1998, 30, 31.
[184] BGH NJW 1994, 2693, 2695.
[185] BGH NJW 1994, 2693, 2695.
[186] BGH NJW 1994, 2693, 2695. Eingestandermaßen mutet die vom BGH (aaO.) gewählte Formulierung fast schon tautologisch an.
[187] BGH NJW 1995, 1289, 1290.
[188] *Knops,* Verbraucherschutz bei Immobiliarkreditverhältnissen, S. 129 ff.

IV. Vorzeitiges Tilgungsrecht des Kunden

Allerdings ist im Mietrecht zu berücksichtigen, daß der Mieter in aller Regel eher vor einer Beendigung als vor einer „unwirtschaftlichen" Fortsetzung des Mietverhältnisses geschützt werden soll, was durch die Schaffung komplexer Vorschriften (vgl. §§ 556 a–556 c, 564 a–564 c, 565, 565 a BGB a. F. sowie das gesamte MHG) sichergestellt werden soll.[189] Der Mieterschutz ist (nicht nur) im deutschen Recht von überragender Bedeutung. Gleichwohl hat das Bundesverfassungsgericht entschieden, daß der Vermieter (!) auch bei langfristig abgeschlossenen Mietverträgen ohne ordentliche Kündigungsmöglichkeit unter bestimmten Voraussetzungen das Recht haben kann, das Mietverhältnis außerordentlich zu kündigen, was vor allem in Fällen der Eigenbedarfskündigung zum Tragen kommt.[190] Auch hier wird der Grundsatz „pacta sunt servanda" eingeschränkt.[191] Umgekehrt hat die Rechtsprechung auch dem Mieter die Möglichkeit eingeräumt, das Mietverhältnis zu beenden, obschon eine ordentliche Kündigungsmöglichkeit (noch) nicht besteht, was vor allem im Zusammenhang mit der Stellung eines Ersatzmieters diskutiert wird.[192] Hierbei sind die Interessen des Vermieters und des Mieters gegeneinander abzuwägen.[193] Auf der einen Seite muß es dem Vermieter freistehen, mit wem er einen Mietvertrag abschließt. Sofern das Festhalten am Mietvertrag jedoch für den Mieter eine „Härte" (die sich nicht zur „Unerträglichkeit" verdichtet haben muß) bedeutet, kann ihm ein Recht zur außerordentlichen Kündigung zustehen, wenn er einen geeigneten, d. h. nicht zuletzt solventen Nachmieter stellt und das Beharren des Vermieters auf die Einhaltung des Mietvertrages nach Abwägung der beiderseitigen Interessen als mißbräuchliche Rechtsausübung erscheint.[194]

Nach Ansicht von *Nobbe* findet der Anspruch auf Vertragsmodifizierung seine **107** Grundlage in dem auch für den Darlehensvertrag geltenden – nunmehr in § 241 Abs. 2 BGB n. F. gesetzlich fixierten – Gebot der gegenseitigen Rücksichtnahme in Verbindung mit § 242 BGB.[195] Wie bei jedem gegenseitigen Vertragsverhältnis gilt auch beim Darlehensvertrag der Grundsatz, daß sich beide Vertragsparteien so zu verhalten haben, daß der Vertragszweck nicht gefährdet wird. Dieses sog. **Gebot der Rücksichtnahme** ergibt sich aus § 241 Abs. 2 BGB n. F. i.V.m. § 242 BGB und beinhaltet verschiedene Komponenten.[196] Zunächst ist der Schuldner

---

[189] Vgl. *Palandt/Putzo*, BGB, vor § 535 Rdnrn. 96 ff. und die Kommentierungen der genannten Vorschriften; vgl. zur sozialschützenden Komponente auch *Esser/Weyers*, SchR II/1, § 19.

[190] Vgl. BVerfG NJW 1989, 970; BVerfG ZMR 1995, 198; weitere Nachweise bei *Lammel*, NJW 1994, 3320; darauf aufbauend BGHZ 103, 91; vgl. auch LG Münster NJW-RR 1990, 1354.

[191] *Knops*, Verbraucherschutz bei Immobiliarkreditverhältnissen, S. 131.

[192] *Knops*, Verbraucherschutz bei Immobiliarkreditverhältnissen, S. 214 ff.; *derselbe*, WM 2000, 1427, 1428 f.

[193] *Esser/Weyers*, SchR II/1, § 16 II 2; *Rädler*, NJW 1993, 689; *Palandt/Putzo*, BGB, § 552 Rdnr. 9.

[194] *Esser/Weyers*, SchR II/1, § 20 III 2 b; *Palandt/Putzo*, BGB, § 552 Rdnr. 9; OLG Hamm NJW-RR 1983, 1564.

[195] *Nobbe*, Aktuelle höchst- und obergerichtliche Rechtsprechung, Rdnr. 703. *Nobbe* ist Mitglied des XI. Senats des Bundesgerichtshofs (sog. Bankensenat) – seit dem 1. 7. 1999 sogar dessen Vorsitzender – und hat an den Grundsatzentscheidungen des Bundesgerichtshofs zur Vorfälligkeitsentschädigung mitgewirkt.

[196] Vgl. *Palandt/Heinrichs*, BGB, § 242 Rdnrn. 23 ff.; *Esser/Schmidt*, SchR I/1, § 6 V,

nach Maßgabe der §§ 241 Abs. 2, 242 BGB verpflichtet, seine vertraglichen Pflichten so zu erfüllen, wie es dem Sinn und Zweck des betreffenden Vertrages sowie den ungeschriebenen, aber durchweg anerkannten Geboten des Geschäftsverkehrs unter redlich Denkenden entspricht.[197] Auf der anderen Seite richtet sich das Rücksichtnahmegebot auch an den Gläubiger; dieser ist gehalten, die ihm zustehenden Rechte nur in der Weise auszuüben, daß das begründete Vertrauen seines Vertragspartners nicht enttäuscht wird.[198] Aus §§ 241 Abs. 2, 242 BGB ergibt sich somit für beide Parteien die vertragliche Nebenpflicht, keine Handlungen oder Dispositionen vorzunehmen, die die Erreichung des Vertragszwecks gefährden.[199] Im Rahmen der Vertragsabwicklung sind beide Vertragspartner gehalten, nicht auf einer formalistischen Sichtweise zu beharren, sondern mit Blick auf den Geist und den Zweck des Vertrages nach Treu und Glauben zusammenzuarbeiten.[200] Diese leistungssichernde Nebenpflicht manifestiert sich vor allem darin, alles zu unterlassen, was den Eintritt des Leistungserfolges und die Erreichung des Vertragszwecks gefährden oder beeinträchtigen kann.[201] Neben dieser Pflicht zur Unterlassung vertragsgefährdender Rechtshandlungen können jedoch nach §§ 241 Abs. 2, 242 BGB auch Mitwirkungspflichten zur Leistungssicherung in Frage kommen. Dies wird insbesondere dann anzunehmen sein, wenn ein Vertragspartner zur Erreichung des Vertragszweckes auf den anderen angewiesen ist und diesem die Unterstützung zumutbar und möglich ist, ohne rechtliche Nachteile, z. B. die Preisgabe eigener Interessen, hinehmen zu müssen.[202]

108 Vor diesem Hintergrund ist das sich aus §§ 241 Abs. 2, 242 BGB ergebende Rücksichtnahmegebot sicher eine tragbare Begründung, um einen Anspruch auf Vertragsmodifizierung rechtfertigen zu können, zumal die Bank aufgrund ihres Anspruchs auf Vorfälligkeitsentschädigung keinen Nachteil erleidet.[203]

b) Ordentliches Kündigungsrecht

109 Zum Teil wurde versucht, im Wege der (ergänzenden) Vertragsauslegung ein **konkludent** vereinbartes Kündigungsrecht des Darlehensnehmers zu begrün-

---

S. 110 f.; *Medicus*, SchR I, Rdnr. 130; *MünchKomm/G. H. Roth*, BGB, § 242 Rdnr. 147; *Balzer*, Vermögensverwaltung, S. 193; *Schwintowski/Schäfer*, Bankrecht, § 12 Rdnr. 71; *Roll*, Vermögensverwaltung, S. 240.

[197] *Balzer*, Vermögensverwaltung, S. 193; *Palandt/Heinrichs*, BGB, § 242 Rdnr. 24; *Medicus*, SchR I, Rdnr. 130.

[198] *Balzer*, Vermögensverwaltung, S. 193; *Esser/Schmidt*, SchR I/1, § 6 V.

[199] *MünchKomm/G. H. Roth*, BGB, § 242 Rdnr. 179; *Palandt/Heinrichs*, BGB, § 242 Rdnr. 32; *Erman/Werner*, BGB, § 242 Rdnr. 67; *Soergel/Teichmann*, BGB, § 242 Rdnr. 133; *Esser/Schmidt*, SchR I/1, § 6 V; *Balzer*, Vermögensverwaltung, S. 193.

[200] *MünchKomm/G. H. Roth*, BGB, § 242 Rdnr. 167; *Palandt/Heinrichs*, BGB, § 242 Rdnr. 32; *Erman/Werner*, § 242 Rdnr. 67; *Soergel/Teichmann*, BGB, § 242 Rdnr. 133; *Balzer*, Vermögensverwaltung, S. 193.

[201] *MünchKomm/G. H. Roth*, BGB § 242 Rdnr. 167; *Balzer*, Vermögensverwaltung, S. 194.

[202] *MünchKomm/G. H. Roth*, BGB, § 242 Rdnr. 167; *Soergel/Teichmann*, BGB, § 242 Rdnr. 133; *Balzer*, Vermögensverwaltung, S. 194.

[203] Zumindest wird hierdurch ein gewisses Maß an Rechtssicherheit geschaffen, vgl. *Köndgen*, ZIP 1997, 1645; EWiR 1997, 923, 924 *Metz*; *Wenzel*, WM 1997, 2340, 2342; *derselbe*, Die Bank 1997, 662, 665; *Lang/Beyer*, WM 1998, 897, 913 f.; a. A. wohl *Stelling*, Die vorzeitige Ablösung festverzinslicher Realkredite, S. 114 ff.

IV. Vorzeitiges Tilgungsrecht des Kunden 47

den.[204] Vor dem Hintergrund der Dispositivität des § 609a Abs. 1 Nr. 1 BGB a. F. (§ 489 Abs. 1 Nr. 1 BGB n. F.) sei davon auszugehen, daß die Parteien bei Abschluß des Darlehensvertrages stillschweigend vereinbart hätten, den Darlehensnehmer im Falle der Veräußerung des Objektes aus dem Darlehensvertrag zu entlassen, sofern dieser eine Kompensationsleistung erbringt.[205] Zum Teil wird versucht, ein solches „kompensationspflichtiges Kündigungsrecht" aus einer **Analogie zu § 649 Satz 1 BGB** herzuleiten.[206] Abgesehen davon, daß bereits das für eine Analogie unabdingabe Erfordernis des Vorliegens einer planwidrigen Regelungslücke[207] zweifelhaft ist,[208] so läuft die Annahme einer entsprechenden konkludenten Vereinbarung auf eine reine Fiktion hinaus,[209] für die im Regelfall keinerlei Anhaltspunkte bestehen.[210]

Nach gefestigter Rechtsprechung kann der Darlehensnehmer, der eine vorzeitige **110** Rückführung eines Festzinsdarlehens begehrt, also den zugrundeliegenden Darlehensvertrag nicht durch eine einseitige ordentliche Kündigung vorzeitig been-

---

[204] *Reifner*, NJW 1995, 86, 89; vgl. auch *Metz*, in: *Metz/Wenzel*, Vorfälligkeitsentschädigung, Rdnr. 101; *derselbe*, ZBB 1994, 205, 211; kritisch *Stelling*, Die vorzeitige Ablösung festverzinslicher Realkredite, S. 93.

[205] *Reifner*, NJW 1995, 86, 89; siehe auch den Vorschlag von *Reifner* (VuR 1999, 41, 43) zur Schaffung eines kompensationspflichtigen Ablösungsrechtes in Form eines § 609a Abs. 5 BGB: „Ist eine Kündigung nicht möglich, so ist einem Verbraucher die Entlassung aus dem Kreditverhältnis gegen Zahlung einer angemessenen Vorfälligkeitsentschädigung zu gewähren". Anders aber nunmehr § 490 Abs. 2 BGB n. F.; siehe hierzu unten Rdnr. B 187 ff.

[206] Vgl. LG Lübeck WM 196, 577, 578; *Peters*, JZ 1996, 73, 76; kritisch *Stelling*, Die vorzeitige Ablösung festverzinslicher Realkredite, S. 70 f.; 97 ff.

[207] *Canaris*, Lücken im Gesetz, S. 25; *Larenz/Canaris*, Methodenlehre, S. 202 ff.

[208] *Stelling*, Die vorzeitige Ablösung festverzinslicher Realkredite, S. 97; vgl. auch *Häuser/Welter*, NJW 1987, 17, 19; *Esser/Weyers*, SchR II/1, § 26 III 3 b; *MünchKomm/Westermann*, BGB, § 609a Rdnr. 1; *Hopt/Mülbert*, WM-Sonderbeilage 3/1990, S. 4; *Köndgen*, Gewährung und Abwicklung grundpfandrechtlich gesicherter Kredite, S. 155; *Reifner/Brutschke*, Gutachten zur Vorfälligkeitsentschädigung, S. 15 f.; *Harbeke*, in: *Hading/Hopt/Schimansky*, Bankrechtstag 1996, S. 85, 98; *von Heymann*, BB 1987, 415, 417.

[209] Vgl. zur – regelmäßig im Zusammenhang mit konkludent geschlossenen Auskunftsverträgen diskutierten – Problematik – *Laband*, DJZ 1903, 259, 263 f. (gegen RGZ 52, 365 ff.); *Canaris*, Vertrauenshaftung, S. 539; *derselbe*, Bankvertragsrecht, Rdnrn. 78 ff., 100; *derselbe*, in: Festschrift Schimansky, S. 43, 47 f.; *Heinsius*, ZBB 1994, 47, 49; *G. H. Roth*, in: *Assmann/Schütze*, Handbuch Kapitalanlagerecht, § 12 Rdnr. 18; *Lammel*, AcP 179 (1979), 337, 340 f.; *Jost*, Vertragslose Auskunfts- und Beratungshaftung, S. 47, 83 f., 119, 166, 216; *A. Wiegand*, Sachwalterhaftung, S. 56 ff., 66, 93; *Lorenz*, in: Festschrift Larenz I, S. 575, 618; *Ebke*, Wirtschaftsprüfer und Dritthaftung, S. 69; *Rollinger*, Aufklärungspflichten bei Börsentermingeschäften, S. 28, 31; *Haller*, Jura 1997, 234, 239; *Kleinschmitt*, Informationsmodell, S. 78; *Bunte*, in: *Schimansky/Bunte/Lwowski*, Bankrechts-Handbuch, § 8 Rdnr. 16; *Ekkenga*, Anlegerschutz, S. 46; vgl. auch *Schäfer*, Haftung für fehlerhafte Anlageberatung und Vermögensverwaltung, S. 9; *derselbe*, in: *Schäfer/Müller*, Haftung für fehlerhafte Wertpapierdienstleistungen, Rdnr. 19; *derselbe*, in: *Horn/Schimansky*, Bankrecht 1998, S. 27, 29; *Schwintowski/Schäfer*, Bankrecht, § 11 Rdnr. 62; *Baumbach/Hopt*, HGB, § 347 Rdnrn. 19, 22; *Hopt*, AcP 183 (1983), 608, 617 f.; *van Look*, in: *Vortmann*, Prospekthaftung und Anlageberatung, § 1 Rdnr. 56; siehe auch BGH WM 1997, 580 = ZIP 1997, 580, dazu EWiR 1997, 443 *Jaskulla*; BGH WM 1996, 664 = ZIP 1996, 667, dazu EWiR 1996, 395 *Steiner*; OLG Düsseldorf WM 1997, 562, dazu EWiR 1997, 357 *Kälberer*.

[210] Im Erg. auch *Stelling*, Die vorzeitige Ablösung festverzinslicher Realkredite, S. 97.

den.²¹¹ Aufgrund der vertraglich vereinbarten Zinsbindung ist das Recht zur vorzeitigen Kündigung bis zum Ablauf der Festzinsbindung wirksam abbedungen.²¹² Steht dem Darlehensnehmer jedoch gemäß den im Darlehensvertrag getroffenen Abreden in Verbindung mit § 489 BGB n. F. bzw. § 609 a BGB a. F. ein Kündigungsrecht nicht zu, und liegen auch sonst keine Anhaltspunkte für ein wie auch immer geartetes Recht zur vorzeitigen Rückführung vor, besteht grundsätzlich keine Verpflichtung der Bank, einer vorzeitigen Darlehensrückführung zuzustimmen.²¹³

111 Im Hinblick auf das wirksam ausgeschlossene bzw. nicht bestehende Kündigungsrecht stellt sich allenfalls die Frage, ob dieser Kündigungsausschluß nur für die ursprünglichen Darlehensverträge gilt, oder ob er sich auch auf die **Prolongationsvereinbarung** bzgl. einer weiteren Festzinsschreibung erstreckt. Qualifiziert man die Prolongationsvereinbarung als neu begründetes Kapitalnutzungsverhältnis, wäre der Ausschluß des ordentlichen Kündigungsrechtes nicht Bestandteil der Vereinbarung, sofern nicht nochmals auf das ausgeschlossene Kündigungsrecht Bezug genommen würde. In diesen Fällen gilt § 609 a BGB a. F. bzw. § 489 BGB n. F.. Nach ganz herrschender Auffassung bleibt in Fällen der Konditionsanpassung nach Ablauf der Zinsbindungsfrist der ursprünglich abgeschlossene Darlehensvertrag allerdings bestehen, selbst wenn so wesentliche Punkte wie Rückzahlungsmodalitäten oder der Vertragszins geändert werden.²¹⁴ Eine Ausnahme kann allenfalls in den Fällen angenommen werden, in denen Prolongationsvereinbarungen über ein mit Ende der Zinsfestschreibung endfällig werdendes Darlehen hinausgehen.²¹⁵ Üblicherweise wird jedoch auch hier durch die Verlängerung der Laufzeit und Änderung des Zinssatzes der ursprüngliche Vertrag lediglich geändert, jedenfalls soweit alle nicht geänderten Bestimmungen fortbestehen sollen.²¹⁶

c) Außerordentliches Kündigungsrecht

112 Da der Grund für den Wunsch nach einer vorzeitigen Darlehensablösung regelmäßig in der Risikosphäre des Darlehensnehmers liegt, war – jedenfalls bis zum Inkrafttreten des SchRModG – eine vorzeitige Tilgung im Wege einer außerordentlichen Kündigung aus wichtigem Grund²¹⁷ nicht möglich.²¹⁸ Diese Sichtweise war, soweit ein solches Kündigungsrecht nicht gesetzlich fixiert war, durchaus folgerichtig. Bei der Zuordnung des **Verwendungsrisikos** geht es nicht

---

[211] Siehe nur BGH WM 1997, 1747, 1948 = ZIP 1997, 1641, 1642; BGH WM 1997, 1799, 1800 = ZIP 1997, 1646; OLG Schleswig WM 1997, 522, 524; OLG Koblenz WM 2001, 567, 569: vgl. bereits BGH NJW 1996, 3337 (obiter).
[212] OLG Schleswig WM 1997, 522, 524.
[213] BGH WM 1997, 1747, 1948 = ZIP 1997, 1641, 1642; BGH WM 1997, 1799, 1800 = ZIP 1997, 1646; vgl. *Wenzel*, WM 1995, 1433, 1435.
[214] *Metz*, ZBB 94, 205 (206); *Hopt/Mülbert*, Kreditrecht, § 609a Rdnr. 53; *Reifner* NJW 95, 86, 88; jeweils m. w. N.
[215] BGH NJW 1985, 617; *Hopt/Mülbert*, Kreditrecht, § 609a Rdnr. 33.
[216] *Metz*, ZBB 94, 205 (206); *Hopt/Mülbert*, Kreditrecht, § 609a Rdnr. 53; *Reifner* NJW 95, 86, 88; jeweils m. w. N.
[217] Vgl. hierzu *Häuser*, in: *Schimansky/Bunte/Lwowski*, Bankrechts-Handbuch, § 83 Rdnrn. 154 ff.
[218] BGH WM 1997, 1747, 1748 = ZIP 1997, 1641, 1642 unter Hinweis auf BGH WM 1990, 9; BGH WM 1991, 760, 761; OLG Schleswig WM 1997, 522, 524.

um Fragen der Vorwerfbarkeit oder des Verschuldens, sondern um eine angemessene Risikoverteilung zwischen zwei Erwartungen. Da es letztendlich der Darlehensnehmer ist, der über die Kreditaufnahme und dessen Verwendung entscheidet, obliegt ihm auch das Risiko, wenn sich seine Erwartungen nicht erfüllen.[219] Als wichtiger Grund für eine außerordentliche Kündigung können nur objektive Tatsachen anerkannt werden, deren „Gewicht unter Berücksichtigung aller Umstände und unter Abwägung der Interessen beider Vertragsteile die Fortsetzung des Vertrages unzumutbar machen" (vgl. nunmehr § 314 Abs. 1 BGB n. F.).[220]

Selbst eine **Scheidung**, die als Fall von „personal hardship" als einer der häufigsten Gründe für das Ansinnen einer vorzeitigen Rückführung angeführt wird, ist nach ständiger Rechtsprechung kein wichtiger Grund für eine vorzeitige Vertragsaufhebung mittels Kündigung. Eine Scheidung liegt regelmäßig im persönlichen Bereich der Darlehensnehmer und steht damit außerhalb jedes Verantwortungsbereichs oder auch nur einer Beeinflußbarkeit der darlehensgebenden Bank. Würde man eine Scheidung als wichtigen Grund ansehen, so wäre das Kreditinstitut Risiken ausgesetzt, auf die es keinerlei Einfluß hätte.[221] **113**

Der Vergleich mit dem Mietrecht zeigt, daß für die vorzeitige Beendigung eines längerfristig angelegten Vertrages üblicherweise das Instrument der ordentlichen oder außerordentlichen Kündigung in Betracht kommt.[222] Nicht zuletzt vor diesem Hintergrund wurde ein Ablösungsanspruch mit dem Rechtsinstitut der außerordentlichen Kündigung begründet.[223] Dieser Ansatz ging davon aus, daß die Regelung des § 609a BGB a. F. keine abschließende Regelung für eine außerordentlichen Kündigung beinhalten sollte.[224] Daher gelte auch beim Immobiliarkredit der für alle Dauerschuldverhältnisse geltende Grundsatz, daß eine **114**

---

[219] BGH WM 1990, 8, 9; BGH WM 1986, 156, 157; *Wenzel*, WM 1997, 2340.
[220] OLG Schleswig WM 1997, 522, 524 unter Hinweis auf BAG NJW 1982, 2015; krit. *Stelling*, Die vorzeitige Ablösung festverzinslicher Realkredite, S. 90; vgl. z. B. bei Bankenfusion OLG Karlsruhe WM 2001, 1803.
[221] BGH WM 1997, 1747, 1748 = ZIP 1997, 1641, 1642 unter Hinweis auf BGH WM 1990, 9; BGH WM 1991, 760, 761; OLG Schleswig WM 1997, 522, 524.
[222] Für Dauerschuldverhältnisse, die man *immer* beenden können muß, wird das Recht zur außerordentlichen Kündigung aus den §§ 554a, 626 Abs. 1 BGB (so *Palandt/Putzo*, BGB, § 609 Rdnr. 13; *Derleder* NJW 1986, 97, 102); den §§ 553, 554, 554a, 628 (so *Emmerich*, in: von Westphalen/Emmerich/von Rottenburg, VerbrKrG, § 12 Rdnr. 4) oder den §§ 712, 723 BGB, §§ 89a Abs. 1, 133 Abs. 1 HGB (so *Wiedemann/Schultz*, ZIP 1999, 1, 8) hergeleitet.
[223] *Metz*, EWiR 1994, 1079, 1080; *derselbe*, in: Metz/Wenzel, Vorfälligkeitsentschädigung, Rdnrn. 68 ff.; *derselbe*, ZBB 1994, 205, 210; *Reifner*, VuR 1996, 82 (anders aber *derselbe*, EwiR 1996, 1113, 1114 und NJW 1995, 86, 89); nunmehr wieder *Stelling*, Die vorzeitige Ablösung festverzinslicher Realkredite, S. 124 ff.
[224] *Canaris*, in: Hadding/Hopt/Schimansky, Bankrechtstag 1996, S. 3, 7; *Hopt/Mülbert*; Kreditrecht, § 609a Rdnr. 1; *MünchKomm/Westermann*, BGB, § 609a Rdnr. 31; *Köndgen*, Gewährung und Abwicklung grundpfandrechtlich gesicherter Kredite, S. 150, EWiR 1994, 1079, 1080 *Metz*, *derselbe*, in: Metz/Wenzel, Vorfälligkeitsentschädigung, Rdnr. 68.; *derselbe*, ZBB 1994, 205, 210; *Weber*, NJW 1995, 2951; *Palandt/Putzo*, BGB, § 609a Rdnr. 4; *Wenzel*, in: Metz/Wenzel, Vorfälligkeitsentschädigung, Rdnr. 208; *derselbe*, WM 1995, 1433, 1435; *Stelling*, Die vorzeitige Ablösung festverzinslicher Realkredite, S. 71, 99; vgl. auch *RGRK/Ballhaus*, BGB, § 609 Rdnr. 16; *Bruchner*, in: Schimansky/Bunte/Lwowksi, Bankrechts-Handbuch, § 79 Rdnr. 41; *Palandt/Putzo*, BGB, § 609 Rdnrn. 13 f.; *Schwintowski/*

fristlose Kündigung aus wichtigem Grund möglich ist, wenn einem Vertragsteil unter Berücksichtigung aller vertragsrelevanten Umstände ein Festhalten am Vertrag nicht mehr zugemutet werden kann.[225] Das Recht zur außerordentlichen Kündigung sei daher das geeignete Rechtsinstitut, um als Basis eines vom Darlehensnehmer einseitig durchsetzbaren Rechts zur vorzeitigen Kapitalrückführung dienen zu können.[226] Vor der Prämisse, daß sich ein Vertragspartner aus einem Dauerschuldverhältnis immer muß lösen können, wird dies zum Teil mit einer Gesetzesanalogie zu § 626 Abs. 1 BGB[227] oder einer Rechtsanalogie zu den §§ 542 Abs. 1, 544, 553, 554, 554a, 594e, 626 Abs. 1, 651e Abs. 1 Satz 2, 651j Abs. 1, 671 Abs. 2, 696 Satz 2, 712, 723 Abs. 1 Satz 2, 749 Abs. 2 BGB sowie § 89a Abs. 1 Satz, 133 Abs. 1 HGB[228] begründet. Andere konstruieren ein solches Recht über einen Rückgriff auf § 242 BGB[229] sowie auf die Lehre von der clausula rebus sic stantibus.[230] Überwiegend wird auf die Angabe einer Rechtsvorschrift

---

Schäfer, Bankrecht, § 7 Rdnr. 203; *Erman/Werner*, § 609 Rdnr. 7; *Stelling*, Die vorzeitige Ablösung festverzinslicher Realkredite, S. 71, 99.

[225] Vgl. BGH WM 1969, 335, 336; BGH DB 1978, 787; BGH WM 1980, 380, 381; BGH NJW 1981, 1666, 1667; BGH WM 1985, 1305, 1307; BGH WM 1999, 840, 841; OLG Celle ZIP 1982, 942, 951; OLG Frankfurt/Main WM 1985, 1157, 1159; OLG Hamm WM 1985, 1461; OLG München WM 1996, 1132, 1133; *RGRK/Ballhaus*, BGB, § 609 Rdnr. 16; *Bruchner*, in: Schimansky/Bunte/Lwowki, Bankrechts-Handbuch, § 79 Rdnrn. 41 ff.; *Canaris*, Bankvertragsrecht², Rdnr. 1341; *Esser/Weyers*, SchR II/1, § 26 III 3 c; *Gernhuber*; Schuldverhältnis, § 16 II 5; *Soergel/Häuser*, BGB, § 609 Rdnr. 40; *Hopt/Mülbert*, Kreditrecht, § 609 Rdnr. 34; *Köndgen*, Gewährung und Abwicklung grundpfandrechtlich gesicherter Kredite, S. 149; *Staudinger/J. Schmidt*, BGB, § Einbl. Zu §§ 241 ff., Rdnr. 382; *Schönle*, Bank- und Börsenrecht, § 12 II 5 b; *MünchKomm/Schwerdtner*; BGB, § 626 Rdnr. 267; *Schwintowski/Schäfer*, Bankrecht, § 7 Rdnr. 203; *Stelling*, Die vorzeitige Ablösung festverzinslicher Realkredite, S. 71 f.; a. A. aber *Gernhuber*, JZ 1959, 314, 315.

[226] So *Stelling*, Die vorzeitige Ablösung festverzinslicher Realkredite, S. 124 ff., der sogar die Ansicht vertritt, diese Eignung sei „an keiner Stelle bezweifelt worden".

[227] BGHZ 82, 354, 359; BGH NJW 1978, 947 f.; *Brandmüller*, Grundschulddarlehen, S. 264; *Soergel/Häuser*, BGB § 609, Rdrn. 40; *Hopt*, ZHR 143, 1979; 139 ›161; *Reifner*, NJW 1995, 86, 89.

[228] RGZ 65, 37 f.; RGZ 94, 234, 235 f.; RGZ 150, 193, 199; *Bruchner*, in: Schimansky/Bunte/Lwowski, Bankrechts-Handbuch § 79, Rdnr. 41; *Bydlinski*, Vertragsbindung, S. 12; *MünchKomm/Kramer*, BGB, Einl. Schuldrecht, Rdnr. 87 ff.; *Martinek*, Moderne Vertragstypen II, S. 124; *Michalski*, JA 1979, 401 (405); *Oetker*, Dauerschuldverhältnis, S. 269; *Palandt/Putzo*, BGB, § 626, Rdnr. 1; *Schwintowski/Schäfer*, Bankrecht, § 7 Rdnr. 203; *SoergelWiedemann*, BGB, vor § 275, Rdnr. 78.

[229] BGH LM Nr. 24 zu § 581 BGB; BGHZ 41, 104, 108; BGH DB 1972, 2054 f.; BGHZ 50, 312, 315; BGHZ 51, 79 82; BGHZ 64, 288, 293; BGH WM 1978, 271, 273; BGHZ 77, 65, 69; BGHZ 82, 354, 359; BGH NJW 1986, 3134 f.; BGH NJW 1989, 1482 f.; BGH NJW 1993, 1133, 1135; OLG Hamburg MDR 1981, 1165; *RGRK/Alff*, BGB, § 242, Rdnr. 51; *Emmerich*, in: Emmerich/Sonnenschein/Weitemeyer, Miete, § 553, Rdnr. 11; *Fikentscher*, Schuldrecht, Rdnr. 188; *Staudinger/Heintzmann*, BGB § 554a, Rdnr. 18; *Erman/Jendrek*, BGB, § 554a, Rdnr. 10; *Rüthers*, Unbegrenzte Auslegung, S. 237; *Staudinger/J. Schmidt*, BGB, § 242, Rdnr. 1385; *MünchKomm/Schwerdtner*, BGB, § 626, Rdnr. 1; *Jauernig/Vollkommer*, BGB § 242, Rdnr. 76, 98; *Erman/Werner*, BGB, § 242, Rdnr. 138.

[230] *Claussen*, Bank- und Börsenrecht, § 8 Rdnr. 38; *Krückmann*, AcP 116 (1918), 157, 263 ff.; *H. Weber*, Fehlerhafte Gesellschaft, S. 127 f.

IV. Vorzeitiges Tilgungsrecht des Kunden

gänzlich verzichtet oder auf eine gewohnheitsrechtliche Anerkennung verwiesen.[231]

Ob allerdings das Kriterium der wirtschaftlichen Unzumutbarkeit, die aus einem scheidungs-, versetzungs- oder arbeitslosigkeitsbedingten Immobilienverkauf zu resultieren scheint, eine außerordentliche Kündigung rechtfertigen kann, ist zweifelhaft.[232] Das Risiko der Verwendbarkeit einer Leistung trägt der Leistungsgläubiger, ohne daß es darauf ankommt, weshalb dieser die empfangene Leistung nicht mehr benötigt.[233] Wer also bei der Prüfung, ob eine vorzeitige Darlehenstilgung gerechtfertigt ist, darauf rekurriert, ob die Vertragsfortführung für den Darlehensnehmer nach Treu und Glauben unzumutbar geworden ist, berücksichtigt nicht, daß eine außerordentliche Kündigung regelmäßig nicht auf Gründe gestützt werden kann, die aus der Sphäre des Kündigenden stammen.[234] Anderfalls wäre der Darlehensgeber einer erheblichen Unsicherheit ausgesetzt, da ursprünglich, d. h. bei Vertragsschluß, nicht erkannte Risiken vom Darlehensnehmer auf den Darlehensgeber abgewälzt werden könnten.[235] Vor diesem Hin-

115

---

[231] *Soergel/Wiedemann*, BGB, vor § 275 Rdnr. 78; vor § 323, Rdnr. 62.

[232] Vgl. *Stelling*, Die vorzeitige Ablösung festverzinslicher Realkredite, S. 100; anders *Reifner*, VuR 1996, 82, der § 628 Abs. 1 Satz 1 BGB analog als Anspruchsgrundlage heranziehen will, hierbei aber verkennt, daß den Darlehensgeber nicht nur eine Überlassungspflicht, sondern auch eine Belassungspflicht trifft. Vgl. zum Ganzen *Soergel/Häuser*, BGB, vor § 607 Rdnr. 11 m. w. N.

[233] BGHZ 17, 317, 327; BGHZ 74, 370, 374; BGHZ 83, 282, 288; BGH NJW-RR 1986, 467; BGH NJW 1990, 981; BGH NJW 1991, 1817; BGH ZIP 1991, 575, 576; BGH ZIP 1994, 1358, 1362; OLG Schleswig WM 1997, 522, 524; OLG München VuR 1998, 232; LG München I WM 1996, 579, 580; OLG Stuttgart NJW 1954, 233; OLG Braunschweig NJW 1976, 570, 571; *RGRK/Alff*, BGB, § 242 Rdnr. 61; *MünchKomm/Westermann*, BGB, § 608 Rdnr. 6; *Bruchner*, in: Schimansky/Bunte/Lwowksi, Bankrechts-Handbuch, § 78 Rdnr. 101; *Canaris*, in: Hadding/Hopt/Schimansky, Bankrechtstag 1996, S. 10; *Palandt/Heinrichs*, BGB, § 242 Rdnr. 145; *Dauner-Lieb*, Verbraucherschutz, S. 57 ff.; *Esser/E.Schmidt*, SchR I/1, § 23 III 2; *Flume*, Rechtsgeschäft, § 265a; *Henssler*, Risiko als Vertragsgegenstand, S. 42; *U. Huber*, JuS 1972, 57, 59; *Medicus*, Bürgerliches Recht, Rdnr. 160; *Dietrich*, DStR 1997, 1087, 1088; *Einsele*, JZ 1997, 514, 515; *Früh*, NJW 1999, 2623, 2625; *Guttenberg*, JuS 1999, 1058, 1060; *Lang/Beyer*, WM 1997, 897, 898 f.; *Weber*; NJW 1995, 2951; *Wenzel*, in: Metz/Wenzel, Vorfälligkeitsentschädigung, Rdnr. 210; *derselbe*, WM 1995, 1433, 1435; *Willoweit*, JuS 1988, 833; *Stelling*, Die vorzeitige Ablösung festverzinslicher Realkredite, S. 46, 74, 102; kritisch aber *Derleder*, JZ 1989, 165, 166 ff.

[234] BGH NJW 1951, 836; BGH NJW 1970, 1313; BGH NJW 1978, 2390, 2391; BGH DB 1981, 2274, 2275; BGH NJW 1991, 1828, 1829; BGH ZIP 1994, 1358, 1362; BGHZ 136, 161, 164; OLG Karlsruhe WM 1996, 572, 573; OLG München WM 1996, 1132, 1133; LG München I WM 1996, 579, 580; *Bellinger/Kerl*, HypBankG, vor §§ 14–21a Rdnr. 26; *Canaris*, in: Hadding/Hopt/Schimansky, Bankrechtstag 1996, S. 3, 8; *Dietrich*, DStR 1997, 1087, 1088; *Guttenberg*, JuS 1999, 1058, 1060; *Harbeke*, in: Hadding/Hopt/Schimansky, Bankrechtstag 1996, S. 85, 90; *Palandt/Heinrichs*, BGB, vor § 241 Rdnr. 19; *Erman/Werner*, BGB, § 242 Rdnr. 183; *Erman/Jendrek*, BGB, § 554a Rdnr. 11; *Reifner* NJW 1995, 86, 89; *Staudinger/J. Schmidt*, BGB, § 242 Rdnr. 1387; *Rösler*; BB 1997, 1369, 1371; *Stelling*, Die vorzeitige Ablösung festverzinslicher Realkredite, S. 95; *Weber*, NJW 1995, 2951; *Wenzel*, in: Metz/Wenzel, Vorfälligkeitsentschädigung, Rdnrn. 209 f.; *derselbe*, WM 1995, 1433, 1435.

[235] Vgl. *Esser/Schmidt*, SchR I/2, § 24; *Fikentscher*, Geschäftsgrundlage, S. 31; *derselbe*, in:

tergrund kann ein Darlehensnehmer eine außerordentliche Kündigung eines festverzinslichen Immobiliarkredites grundsätzlich nicht mit Fällen von „personal hardship" rechtfertigen.[236]

116 Auch der Versuch, § 628 Abs. 1 Satz 1 BGB a. F. analog als Anspruchsgrundlage für ein außerordentliches Kündigungsrecht heranzuziehen,[237] begegnet systematischen Bedenken. Aus einer Gesetzesanalogie zu dieser Bestimmung ergibt sich allenfalls ein Verzinsungsanspruch des Darlehensgebers für die Zeit bis zur außerordentlichen Kündigung, nicht aber ein Recht zur Kündigung.[238]

117 Der Bundesgerichtshof hat bei Festzinsdarlehen mit längerfristiger Zinsbindung dann auch das Vorliegen eines außerordentlichen Kündigungsrechtes für Fälle von personal hardship abgelehnt, was nach geltendem Recht insofern sachgerecht war, da nur auf diese Weise auch den Interessen des Kreditgebers angemessen Rechnung getragen werden kann.[239] Die Kündigung, jedenfalls in Form der hier zu Disposition stehenden Beendigungs- oder Fälligkeitskündigung, ist die auf Verabschiedung der aus einem Schuldverhältnis folgenden Leistungspflicht gerichtete Erklärung, die dazu führt, daß das Schuldverhältnis seine Beendigung findet.[240] Sie bewirkt also, daß mit Zugang der Kündigungserklärung die gekündigte Pflicht beendet bzw. die Fälligkeit wie die Erfüllbarkeit des Anspruchs herbeigeführt wird. Die Kündigung wirkt als aufhebendes Gestaltungsrecht[241] nur in die Zukunft und beendet das Schuldverhältnis nicht insgesamt, sondern läßt die bereits entstandenen Pflichten hinsichtlich der bis zum Kündigungstermin – aber auch nur bis dahin – fälligen Schuld bestehen.[242] Daneben ruft sie regelmäßig Abwicklungspflichten, etwa Rückgabe- oder – wie beim Darlehen – Rückzahlungspflichten hervor.[243] Die Kündigung ist somit „ein Mittel vorzeitiger Vertragsbeendigung, sei es nun, daß sie eine befristete Schuldbeziehung früher als geplant abbricht oder aber zu einer Loslösung vom Vertrag verhilft".[244]

118 Die Möglichkeit, den Darlehensvertrag im Wege einer außerordentlichen Kündigung beenden zu können, hätte demzufolge die Konsequenz, daß zum Zeitpunkt der Wirksamkeit der Kündigung die Pflicht des Darlehensgebers zur Überlassung der Darlehenssumme endet, aber auch die Pflicht des Darlehensnehmers, Zinsen für diese Überlassung zu entrichten.[245] Da der Darlehensgeber in

---

Festschrift Hefermehl, S. 41, 50 f.; *Hennsler*, Risiko als Vertragsgegenstand, S. 12; *Schlechtriem*, Schuldrecht AT, Rdnr. 106; *Staudinger/J. Schmidt*, BGB, § 242 Rdnr. 1033.

[236] Vgl. *Stelling*, Die vorzeitige Ablösung festverzinslicher Realkredite, S. 100.
[237] *Reifner*, VuR 1996, 82.
[238] *Stelling*, Die vorzeitige Ablösung festverzinslicher Realkredite, S. 103.
[239] Vgl. auch *Canaris*; in: Festschrift Zöllner, S. 1055, 1071; anders wohl *Stelling*, Die vorzeitige Ablösung festverzinslicher Realkredite, S. 71 ff.
[240] *Esser/Schmidt*, SchR I/1, § 20 I 1 und 2.
[241] Vgl. *Seckel*, Festgabe für Richard Koch, S. 205, 210 ff. *Bötticher*, Gestaltungsrecht, S. 2 f.; *Flume*, Rechtsgeschäft, § 11 3.
[242] *Esser/Schmidt*, SchR I/1, § 20 III.
[243] Ausgleichspflichtig (zumeist nach §§ 812 ff BGB) sind lediglich Vorleistungen für die Zeit nach Wirksamwerden der Kündigung vgl. BGHZ 54, 347, 351 f.; BGHZ 56, 285, 287 ff.
[244] *Esser/Schmidt*, SchR I/1, § 20 IV.
[245] Vgl. RGZ 53, 294, 297; BGH BB 1979, 343, 344; *Brandmüller*, Grundschulddarlehen, S. 218; *Bruchner*, WM 1987, 449, 460; *derselbe*, in: *Schimansky/Bunte/Lwowski*, Bankrechts-

IV. Vorzeitiges Tilgungsrecht des Kunden

diesen Fällen keine rechtlich geschützte Zinserwartung mehr besitzt, kann er diese auch nicht mehr fordern. Schadensersatzansprüche zugunsten des Darlehensgebers sind zwar möglich, etwa wenn der kündigende Darlehensnehmer die Darlehensvaluta nicht begleicht. In diesem Fall ist der Schadensersatzanspruch jedoch nicht auf den Zeitraum der rechtlich geschützten Zinserwartung gerichtet, sondern bemißt sich nach den Regeln über den Verzug.[246]

d) Aufhebungsvertrag

Wenngleich die Instanzenrechtsprechung lange Zeit die Ansicht vertreten hatte, daß eine vorzeitige Vertragsbeendigung abseits von bestehenden Kündigungsrechten nur im Rahmen eines **Aufhebungsvertrages** geregelt werden könne,[247] so hat sich BGH dieser Sichtweise nicht angeschlossen.[248] Ein Anspruch auf Modifizierung des Vertragsinhaltes ohne Reduzierung des Leistungsumfanges kann über einen Aufhebungsvertrag dogmatisch nicht begründet werden.

Ein Vertragsschluß setzt zwei übereinstimmende Willenserklärungen voraus, wobei es grundsätzlichen jedem freisteht, ob, und wenn ja, mit wem er kontrahieren will. Zwar wird der Begriff der Privatautonomie[249] heute nicht mehr im Sinne einer totalen und dann stets die Durchschlagskräftigeren begünstigende

119

120

Handbuch, § 78 Rdnrn. 6, 10; *RGRK/Ballhaus*, BGB, § 608 Rdnr. 3; *Köndgen*, Gewährung und Abwicklung grundpfandrechtlich gesicherter Kredite, S. 76; *derselbe*, NJW 1987, 160, 163; *Lammel*, BB-Beilage 8/1980, S. 62; *Mack*, WM 1986, 447, 460; *Mülbert*, AcP 192 (1992), 447, 460; *MünchKomm/von Maydell*, BGB, § 246 Rdnr. 22; *MünchKomm/Westermann*, BGB, § 608, Rdnr. 18; *Sandkühler*, Bankrecht, S. 62; *Soergel/Teichmann*, BGB, § 246 Rdnr. 7; *Trinkner/Wolfer*, BB 1987, 425, 428; *von Westphalen*, ZIP 1984, 1. Dies verkennt *Stelling*, Die vorzeitige Ablösung festverzinslicher Realkredite, S. 167 f., der den Anspruch auf vorzeitige Rückführung über ein Recht zur außerordentlichen Kündigung begründet und den Anspruch des Darlehensnehmers auf Vorfälligkeitsentschädigung über eine Art „wirtschaftlichen Bestandsschutz" konstruiert.

[246] *Esser/Schmidt*, SchR I/1, § 20 IV, S. 324; vgl. aber BGHZ 104, 285, 290 f.

[247] Vgl. OLG München WM 1997, 1700; OLG Schleswig WM 1997, 522, 524; OLG Frankfurt/Main WM 1996, 440, 441; OLG Hamm WM 1996, 442; OLG Oldenburg ZIP 1996, 1741; OLG Köln WM 1997, 1328; OLG Karlsruhe WM 1997, 1049, dazu WuB I E 3.– 8.97 *Harbeke*; LG Detmold ZIP 1994, 1518, 1519; AG Dortmund WM 1996, 1136, 1137; AG Hamburg-Harburg WM 1996, 1140; *Bellinger/Kerl*, HypBankG, vor §§ 14–21a, Rdnr. 26; *Beyer*, ZKredW 1994, 318; *Bruchner*; in: *Schimansky/Bunte/Lwowski*, Bankrechts-Handbuch, § 78 Rdnr. 101; *Canaris*, in: *Hadding/Hopt/Schimansky*, Bankrechtstag 1996, S. 3, 18; *derselbe*, in: Festschrift Zöllner, S. 1055, 1070 ff.; *Dietrich*, DStR 1997, 1087, 1088; *Soergel/Häuser*; BGB, § 609 Rdnr. 10; *Harbeke*, in: *Hadding/Hopt/Schimansky*, Bankrechtstag 1996, S. 85, 94; *Rausch/Zimmermann*, Grundschuld und Hypothek, S. 206; *Rösler*; BB 1997, 1369, 1371 f.; *Köndgen*, Gewährung und Abwicklung grundpfandrechtlich gesicherter Kredite, S. 147; *von Rottenburg*, in: *von Westphalen/Emmerich/von Rottenburg*, VerbrKrG, § 4 Rdnrn. 4 ff.; *Wenzel*, in *Metz/Wenzel*, Vorfälligkeitsentschädigung, Rdnr. 177; *derselbe*, WM 1995, 1433, 1437; *derselbe*, Die Bank 1995, 368; *derselbe*, WM 1997, 2340; *Rösler*, BB 1997, 1369. Für diese Sichtweise auch heute noch plädierend *Früh*, NJW 1999, 2323, 2326; siehe auch *Stelling*, Die vorzeitige Ablösung festverzinslicher Realkredite, S. 75, 185 ff.

[248] BGH WM 1997, 1747, 1748 = ZIP 1997, 1641, 1642; BGH WM 1998, 70, 71; anders aber *Früh*, NJW 1999, 2323, 2326.

[249] Eingehend zu diesem Prinzip *Flume*, Rechtsgeschäft, § 1 I, S. 2 ff.; *Medicus*, BGB-AT, Rdnrn. 174 ff., zu den Einschränkungen Rdnrn. 472 ff.; vgl. auch BVerfGE 72, 155, 170

Ungebundenheit verstanden,[250] sondern hat, den Gedanken des Sozialstaatsprinzips und des Verbraucherschutzes folgend,[251] in Fällen, in denen die Funktionsfähigkeit der Privatautonomie ausgeschaltet oder doch wenigstens stark beeinträchtigt ist,[252] zahlreiche Einschränkungen durch Gesetz und Richterrecht erfahren.[253] Gleichwohl ist dem deutschen Recht eine Pflicht zum Vertragsabschluß (**Kontrahierungszwang**)[254] bis auf wenige Ausnahmen fremd, so daß es nach wie vor im Ermessen des Kreditgebers liegen muß, ob und zu welchen Konditionen er dem Abschluß eines Aufhebungsvertrages zustimmt.

121 Ein Anspruch auf Abschluß eines Aufhebungsvertrag kann daher weder fingiert noch sonstwie angeordnet werden.[255] Das Institut des Aufhebungsvertrages ist allerdings dann ein geeignetes Instrument, eine vorzeitige Vertragsbeendigung herbeizuführen, wenn zwar ein Anspruch auf Vertragsmodifizierung nicht besteht; der Kreditgeber den Kreditnehmer dennoch aus dem Vertrag zu entlassen gewillt ist.[256]

e) Wegfall der Geschäftsgrundlage

122 Ob sich im Einzelfall für den Darlehensnehmer ein Anspruch aus Treu und Glauben nach den Grundsätzen des **Wegfalls der Geschäftsgrundlage** auf Einwilligung in eine vorzeitige Ablösung gegen Ersatz des Erfüllungsschadens ergeben

---

= NJW 1986, 1859, 1860; *Schäfer*, in: *Horn/Schimansky*, Bankrecht 1998, S. 27, 30; grundlegend für das Bankrecht *Schimansky*, WM 1995, 461 ff.

[250] *Esser/Schmidt*, SchR I/1, § 1 II 2; *Medicus*, BGB-AT, Rdnrn. 480 ff.; grundlegend hierzu BVerfGE 8, 274, 329.

[251] Instruktiv *Esser/Schmidt*, SchR I/1, § 1 II, S. 8 ff.

[252] BVerfGE 89, 214, 231 = NJW 1994, 36, 38; BVerfG NJW 1994, 2749; BVerfG NJW 1996, 2021; *Canaris*, Vertrauenshaftung, S. 440 f., wonach gerade in diesen Fällen die Vertrauenshaftung ihre Rechtfertigung findet. Kritisch hierzu *Köndgen*, Selbstbindung S. 101 ff.

[253] Vgl. z. B. § 53 BörsG; § 15 Abs. 1 Satz 2 VerbrKrG; vgl. *Bliesener*, Aufsichtsrechtliche Verhaltenspflichten, 4. Kap., S. 244.

[254] Ein solche Abschlußpflicht ist vorwiegend im Bereich der Daseinsvorsorge vorgeschrieben, etwa für die Versorgung mit Strom, Wasser und Gas (§ 10 EnWirtG, § 2 Stromeinspeisungsg, vgl. BGH NJW-RR 1991, 401), für den Personentransport (§ 22 PersBefG), für Monopol- und Pflichtleistungen der Post (§ 8 PostG), die Pflegeversicherung (§ 23 Abs. 6 SGB XI), für Krankenhäuser hinsichtlich allgemeiner Krankenhausleistungen (vgl. BGH NJW 1990, 762), in den Grenzen des § 5 Abs. 4 HaftPflVG auch für die KFZ-Pflichtversicherung, wohl auch für das Recht auf Netzzugang nach dem TKG oder dem EnWirtG (*Tschentscher/Neumann*, BB 1997, 2347; *Lukes*, BB 1997, 1219). Kreditinstitute unterliegen regelmäßig keinem Abschlußzwang (vgl. LG Stuttgart NJW 1996, 3347; *Simon*, ZIP 1987, 1234); allerdings sieht das Sparkassenrecht einiger Bundesländer in bezug auf das Einrichten von Girokonten einen Kontrahierungszwang vor (vgl. § 8 SpKVO NRW, OLG Köln NJW-RR 1992, 1522); vgl. zum Ganzen *Palandt/Heinrichs*, BGB, vor § 145 Rdnrn. 8 ff. mit zahlreichen w. N.

[255] Unrichtig daher die Festellung von *Knops*, Verbraucherschutz bei Immobiliarkreditverhältnissen, S. 144 (in Fn. 299), wonach *Früh*, NJW 1999, 2623, 2629 und *Lang/Beyer*, WM 1998, 897, 901 „an der bekannten Konstruktion der Pflicht des Kreditgebers zum Abschluß eines Aufhebungsvertrages" festhalten. Die zitierten Autoren reden an keiner Stelle „einer *Pflicht* des Kreditgebers zum Abschluß eines Aufhebungsvertrages" das Wort.

[256] So *Früh*, NJW 1999, 2623, 2629 und *Lang/Beyer*, WM 1998, 897, 901.

kann,²⁵⁷ wurde vom Bundesgerichtshof in seiner Grundsatzentscheidung vom 1. 7. 1997 zwar für denkbar erachtet, für den konkreten Fall aber ausdrücklich offen gelassen.²⁵⁸ Tatsächlich sollen die Grundsätze über den Wegfall der Geschäftsgrundlage nur solche Fälle erfassen, in denen das geschlossene Rechtsgeschäft die Wirklichkeit verfehlt, weil diese sich nicht nach den Vostellungen der Parteien entwickelt hat.²⁵⁹ Eine solche Situation ist in den meisten Fällen, in denen der Darlehensnehmer eine vorzeitige Rückführung begehrt, anzunehmen, weil er in der Regel das Darlehen nicht mehr benötigt.²⁶⁰ Auf der anderen Seite sollen die Grundsätze über den Wegfall der Geschäftsgrundlage den Grundsatz der Vertragstreue nicht durchbrechen, sondern ihm gerade zur Verwirklichung verhelfen, so daß Umstände, die in der Risikosphäre nur einer Partei liegen, z. B. das Verwendungsrisiko eines Darlehens,²⁶¹ gerade keine Geschäftsgrundlage bilden können.²⁶²

aa) Grundsätze. Das Rechtsinstitut des Wegfalls der Geschäftsgrundlage, das nunmehr in § 313 BGB seine Kodifizierung erfahren hat,²⁶³ wurde vom Bundesgerichtshof²⁶⁴ nicht – wie vereinzelt in der Literatur behauptet wurde – „en passant mit wenigen Worten als nicht einschlägig beiseite geschoben",²⁶⁵ sondern gar nicht explizit erwähnt. Tatsächlich erscheint die Lehre vom Wegfall der Geschäftsgrundlage auf den ersten Blick durchaus geeignet, um sowohl den wohlverstandenen Interessen des Darlehensgebers wie auch des Darlehensnehmers angemessen Rechnung tragen zu können. **123**

Nach der Rechtsprechung des Bundesgerichtshofs wird die Geschäftsgrundlage gebildet durch „die bei Abschluß des zutage getretenen, dem Geschäftsgegner erkennbaren und von ihm nicht beanstandeten Vorstellungen der einen Vertragspartei oder die gemeinschaftlichen Vorstellungen beider Parteien von dem Vorhandensein oder dem künftigen Eintritt gewisser Umstände, sofern der Geschäftswille der Parteien auf diesen Vorstellungen aufbaut".²⁶⁶ Die Ge- **124**

---

²⁵⁷ So wohl *Einsele*, JZ 1997, 514, 515 („unter Umständen"); *Rehbein*, WuB I E 3.–13.96; EWiR 1996, 1113 f. *Reifner; derselbe*, VuR 1996, 82; *derselbe*, NJW 1995, 86, 89.
²⁵⁸ BGH WM 1997, 1747, 1748 = ZIP 1997, 1641, 1642 unter Hinweis auf BGH WM 1986, 156, 158; OLG Schleswig WM 1997, 522, 524 f.; ebenso BGH WM 1997, 1799 f. = ZIP 1997, 1646; OLG Schleswig WM 1997, 522, 524 unter Hinweis auf LG Karlsruhe WM 1996, 574 und *Nobbe*, Neue höchstrichterliche Rechtsprechung zum Bankrecht, Rdnr. 839; vgl. auch *Früh*, NJW 1999, 2623, 2625.
²⁵⁹ Vgl. BGHZ 25, 390, 392 = NJW 1958, 297; *MünchKomm/G. H. Roth*, BGB, § 242 Rdnrn. 517 ff., 531; *Früh*, NJW 1999, 2623, 2625.
²⁶⁰ So zu Recht *Früh*, NJW 1999, 2623, 2625.
²⁶¹ BGH NJW 1990, 981; *Früh*, NJW 1999, 2623, 2625.
²⁶² BGH NJW 1978, 2390; BGH NJW 1990, 981; *Früh*, NJW 1999, 2623, 2625; *MünchKomm/G. H. Roth*, BGB, § 242 Rdnr. 537; *Früh*, NJW 1999, 2623, 2625.
²⁶³ Hierzu eingehend *Lang*, in: Lang/Assies/Werner, Schuldrechtsmodernisierung in der Bankpraxis, S. 86 ff.
²⁶⁴ BGH WM 1997, 1747, 1748 = ZIP 1997, 1641, 1642 unter Hinweis auf BGH WM 1986, 156, 158; OLG Schleswig WM 1997, 522, 524 f.; ebenso BGH WM 1997, 1799, 1800 = ZIP 1997, 1646; OLG Schleswig WM 1997, 522, 524 unter Hinweis auf LG Karlsruhe WM 1996, 574 und *Nobbe*, Neue höchstrichterliche Rechtsprechung, Rdnr. 839.
²⁶⁵ *Knops*, Verbraucherschutz bei Immobiliarkreditverhältnissen, S. 142.
²⁶⁶ BGH NJW 1953, 1585; seither stdg. Rspr., vgl. BGHZ 84, 1, 8 f.; BGHZ 129, 236,

schäftsgrundlage ist daher einerseits vom einseitig gebliebenen Motiv und andererseits vom Vertragsinhalt abzugrenzen,[267] was mitunter problematisch ist.[268]

125 Der überwiegende Teil des Schrifttums und die Rechtsprechung halten die Lehre von der Geschäftsgrundlage mit unterschiedlichsten Begründungen[269] für erforderlich, da sich die Wirklichkeit in bestimmten Ausnahmesituationen weithin von dem entfernt, was die Parteien vorausgesehen haben.[270] Dies gilt nicht nur in Zeiten starker politischer und wirtschaftlicher Veränderungen[271] (große Geschäftsgrundlage),[272] sondern kann sich auch in normalen Zeiten ergeben (kleine Geschäftsgrundlage).[273] Anders als im Geschäftsverkehr zwischen großen Wirtschaftsunternehmen, wo häufig eine Vertragsanpassung an geänderte wirtschaftliche Verhältnisse vorgesehen ist,[274] machen sich Privatleute bei Vertragsabschluß regelmäßig keine Gedanken über unvorhergesehene Ereignisse.

126 Die Bedeutung des Instituts vom Fehlen oder Wegfall der Geschäftsgrundlage hat auch der Gesetzgeber anerkannt und dieses Rechtsinstitut im Rahmen des

---

252; BGH NJW 1997, 323; siehe auch bereits zuvor RGZ 103, 328, 332; RGZ 168, 121, 126; eher kritisch *Köhler*, in: 50 Jahre BGH – Festgabe aus der Wissenschaft, Band I, S. 295, 297 f.

[267] *Palandt/Heinrichs*, BGB, § 242 Rdnr. 113; *Medicus*, BGB-AT, Rdnr. 857; sehr kritisch zu dieser Abgrenzung *Esser/Schmidt*, SchR I/2, § 24 I 2a, S. 40.

[268] Vgl. *Köhler*, in: 50 Jahre BGH – Festgabe aus der Wissenschaft, Band I, S. 295, 301 ff.

[269] Vgl. *Dauner-Lieb*, in: *Ernst/Zimmermann*, Zivilrechtswissenschaft und Schuldrechtsreform, S. 305, 321; *Staudinger/J. Schmidt*, BGB, § 242 Rdnrn. 942 ff.; *MünchKomm/G. H. Roth*, BGB, § 242 Rdnrn. 496 ff.; *Soergel/Teichmann*, BGB, § 242 Rdnrn. 199 ff.; *Köhler*, in: 50 Jahre BGH – Festgabe aus der Wissenschaft, Band I, S. 295 ff. Nach *Palandt/Heinrichs*, BGB, § 242 Rdnr. 113 und *Köhler*, aaO. soll es 56 (bzw. 57) verschiedene Theorien über die Geschäftsgrundlage geben.

[270] Zur Kodifizierung des Instituts vom Fehlen bzw. dem Wegfall der Geschäftsgrundlage im Rahmen des Schuldrechtsmodernisierungsgesetzes vgl. *Dauner-Lieb*, in: *Ernst/Zimmermann*, Zivilrechtswissenschaft und Schuldrechtsreform, S. 305, 321 ff.; *Lang*, in: Lang/Assies/Werner, Schuldrechtsmodernisierung in der Bankpraxis, S. 86 ff.

[271] So wie etwa nach dem 1. Weltkrieg, dem Währungszusammenbruch von 1923, nach dem 2. Weltkrieg, der Wiedervereingung (vgl. hierzu BGHZ 120, 10; BGH ZIP 1993, 955; BGH NJW 1994, 2688; BGH NJW 1997, 320) oder auch bei Naturkatastrophen (vgl. *Palandt/Heinrichs*, BGB, § 242 Rdnrn. 124, 148).

[272] Vgl. *Flume*, Rechtsgeschäft, § 26, S. 518 ff.; *Medicus*, BGB-AT, Rdnr. 859; *Palandt/Heinrichs*, BGB, § 242 Rdnrn. 124, 148.

[273] *Medicus*, BGB-AT, Rdnr. 857; *Palandt/Heinrichs*, BGB, § 242 Rdnr. 124. Als Musterbeispiel wird häufig der Fall genannt, in denen ein Fußballspieler, für den ein Verein eine hohe Ablösesumme gezahlt hat, seine Spielberechtigung verliert (vgl. BGH NJW 1976, 565; *Wertenbruch*, NJW 1993, 179; *Medicus*, aaO.; *Köhler*, in: 50 Jahre BGH – Festgabe aus der Wissenschaft, Band I, S. 295, 303 f.). Exemplarisch ist jedoch auch das Zerbrechen eine Ehe, auf deren Fortbestand die Eheleute ihre Zukunftsplanung aufgebaut haben (vgl. BGHZ 82, 227; BGHZ 84, 361; BGH NJW 1985, 313; BGH NJW 1989, 1986, was auch im Falle der Darelehensaufnahme von Bedeutung sein kann. Weitere Beispiele finden sich bei *Medicus*, aaO.; *Palandt/Heinrichs*, BGB, § 242 Rdnrn. 144 ff.

[274] Zu den sog. *Wirtschaftsklauseln*, siehe *J. F. Baur*, in: Festschrift Steindorff, S. 509 f.; *Eidenmüller*, ZIP 1995, 1063 ff.

SchRModG einer gesetzlichen Regelung zugeführt. § 313 BGB n. F. wurde mit der Überschrift „Störung der Geschäftsgrundlage" versehen und kodifiziert die von der Rechtsprechung aufgestellten Grundsätze über den Wegfall und das Fehlen der Geschäftsgrundlage.[275]

Herkömmlicherweise wird zwischen **objektiver Geschäftsgrundlage** und **subjektiver Geschäftsgrundlage** unterschieden, wobei erstere als die „Vorstellungen, von denen die Geschäftsparteien bei ihren Vereinbarungen ausgegangen sind und sich beide, mindestens wenn man redliche Denkweise unterstellt, haben leiten lassen"[276] definiert wird, während letztere aus denjenigen Umständen bestehen soll, „deren Vorhandensein oder Fortdauer im Vertrag sinngemäß vorausgesetzt ist, damit er die von den Parteien mit seiner Durchführung verbundenen Erwartungen wenigstens annähernd erfüllen kann",[277] wodurch vor allem die eher seltenen Äquivalenzstörungen erfaßt werden sollen.[278] Häufiger, aber auch viel heikler sind hingegen die Fälle des Interessenwegfalls wegen **Zweckstörung** (Zweckvereitelung bzw. Zweckfortfall)[279] sowie solche des beiderseitigen Motivirrtums.[280] Eine klare Abgrenzung zwischen objektiver und subjektiver Geschäftsgrundlage ist jedoch kaum möglich.[281] Auch die tradionelle Unterscheidung zwischen bereits von Anfang an fehlender und nachträglich weggefallener Geschäftsgrundlage beschreibt in erster Linie die zeitliche Komponente.[282]

127

Im Geltungsbereich der Lehre vom Wegfall der Geschäftsgrundlage ist zunächst erforderlich, daß zumindest eine Partei die zum Zeitpunkt des Vertragsabschlusses vorliegenden sowie künftig möglichen Umstände nicht, nicht vollständig oder nicht zutreffend bedacht hat. Allerdings sollen vertragstypische Risiken, selbst wenn diese nicht berücksichtigt wurden, eine Vertragsänderung nicht rechtfertigen.[283] So liegt das Risiko der Geldentwertung in der Sphäre des Geldleistungsgläubigers,[284] während der Geldleistungsschuldner dasjenige der

128

---

[275] Krit. hierzu *Dauner-Lieb*, in: *Ernst/Zimmermann*, Zivilrechtswissenschaft und Schuldrechtsreform, S. 395, 321 f.; *Remien*, in: *Schulze/Schulte-Nölke*, Schuldrechtsreform vor dem Hintergrund des Gmeinschaftsrechts, S. 101, 103 f.; *U. Hübner*, in: *Ernst/Zimmermann*, Zivilrechtswissenschaft und Schuldrechtsreform, S. 31, 37 f.

[276] *Larenz*, SchR-AT, § 21 II, S. 322; *Larenz/Wolf*, BGB-AT, § 20 III d.

[277] *Larenz*, SchR-AT, § 21 II, S. 324.

[278] *Medicus*, BGB-AT, Rdnr. 860; *Palandt/Heirnichs*, BGB, § 242 Rdnr. 113; *MünchKomm/G. H. Roth*, BGB, § 242 Rdnrn. 496 ff.; *Köhler*, in: 50 Jahre BGH – Festgabe aus der Wissenschaft, Band I, S. 295, 300; *Dauner-Lieb*, in: *Ernst/Zimmermann*, Zivilrechtswissenschaft und Schuldrechtsreform, S. 321.

[279] Vgl. BGH NJW 1957, 776; BGH NJW 1984, 1796; OLG Karlsruhe NJW 1992, 3177; *MünchKomm/G. H. Roth*, BGB, § 242 Rdnrn. 656 ff.; *Dauner-Lieb*, in: *Ernst/Zimmermann*, Zivilrechtswissenschaft und Schuldrechtsreform, S. 305, 321; *Köhler*, in: 50 Jahre BGH – Festgabe aus der Wissenschaft, Band I, S. 295, 297 ff.

[280] Vgl. BGHZ 25, 390; BGH NJW 1972, 152; BGH NJW 1976, 565; BGH NJW 1990, 567; BGH NJW 1993, 1641; BGH NJW 1996, 1479; *Palandt/Heinrichs*, BGB, § 242 Rdnr. 149; *Dauner-Lieb*, in: *Ernst/Zimmermann*, Zivilrechtswissenschaft und Schuldrechtsreform, S. 305, 322; a. A. *Medicus*, SchR I, Rdnr. 162 (Anwendung des § 199 Abs. 2 BGB).

[281] *Medicus*, BGB-AT, Rdnr. 860.

[282] Vgl. BGH NJW 1986, 1348, 1349.

[283] Vgl. BGHZ 74, 373; BGHZ 101, 152; BGH NJW 1992, 2691; BGH NJW 1998, 2875.

[284] BGHZ 86, 168; BGH NJW 1959, 2203 (Kalibau); BGH NJW 1981, 1668; BGH

Geldbeschaffung und Finanzierung trägt.[285] Im übrigen muß die nicht vorhergesehene Störung eine erhebliche **Beeinträchtigung der Äquivalenz** zu Lasten einer Vertragspartei nach sich ziehen. Eine Beeinträchtigung der Äquivalenz ist wesentlich, wenn die beiderseitigen Verpflichtungen in ein grobes Mißverhältnis geraten.[286]

129 Um in solchen Fällen einen Wegfall der Geschäftsgrundlage annehmen zu können, müssen weitere Faktoren hinzutreten.[287] Hierzu gehört die **Vorhersehbarkeit** der wirklichen Umstände. Soweit eine solche Vorhersehbarkeit bestanden hat, ist eine Berufung auf Treu und Glauben weniger dringlich,[288] da der Vertragsgegner regelmäßig davon ausgehen darf, daß der andere Teil diese Umstände einkalkuliert hat. Darüber hinaus ist die Vorhersehbarkeit der wirklichen Umstände und damit das Risiko unvorhergesehener Ereignisse abhängig von Art und Typ des Geschäftes. So gilt beispielsweise die Bürgschaft als relativ riskantes Geschäft.[289] Die Erwartung des Bürgen, der Bürgschaftsfall werde nicht eintreten, da der Hauptschuldner leistungsfähig und leistungswillig bleiben wird, ist daher nicht Geschäftsgrundlage, weil die Zahlungsfähigkeit des Hauptschuldners allein zur Risikosphäre des Bürgen gehört.[290] Gleiches gilt für die Erwartung, daß weitere Sicherheiten fortbestehen werden.[291]

130 Ein weiterer Gesichtspunkt ist der vereinbarte Leistungszweck. Sofern der Leistungserfolg ohne Zutun des Schuldners von sich aus eintritt (**Zweckerreichung**) oder wegen Wegfalls des Leistungssubstrats nicht mehr erreicht werden kann (**Zweckfortfall**), sind im Regelfall die Vorschriften über die Unmöglichkeit anwendbar.[292] Sofern der Leistungserfolg noch herbeigeführt werden kann

---

NJW 1991, 1478; BGH NJW-RR 1993, 272; entsprechendes gilt für den Mietzins (vgl. BGH NJW 1976, 142); zum Leasing siehe BGHZ 81, 298; BGH NJW 1985, 796; BGH NJW 1990, 314; kritisch hierzu *Medicus*, BGB-AT, Rdnr. 862; *Lieb*, JZ 1982, 562; *Canaris*, AcP 190 (1990), 408, 414 ff.

[285] Vgl. BGH NJW 1983, 1489, 1490.

[286] BGH NJW 1984, 1746, 1747; BGH NJW 1991, 1478, 1479; BGH NJW 1998, 1701, 1705; vgl. auch *Köhler*, in: 50 Jahre BGH – Festgabe aus der Wissenschaft, Band I, S. 295, 297. Die Formel des „groben Mißverhältnisses" fand sich später auch in der Rechtsprechung zur Sittenwidrigkeit von Bürgschaften, vgl. hierzu *G. Fischer*, in: Hadding/Nobbe, Bankrecht 2000, S. 91 ff.; siehe auch die Übersicht *desselben*, WM 1998, 1714 ff., 1749 ff.; ferner *Nobbe*, Aktuelle höchst- und obergerichtliche Rechtsprechung, Rdnrn. 1010 ff. (siehe dort auch die Übersicht der Stellungnahmen des Schrifttums).

[287] Vgl. *Medicus*, BGB-AT, Rdnr. 867; *MünchKomm/G. H. Roth*, BGB, § 342 Rdnrn. 656 f.; *Dauner-Lieb*, in: Ernst/Zimmermann, Zivilrechtswissenschaft und Schuldrechtsreform, S. 321.

[288] *Medicus*, BGB-AT, Rdnr. 868.

[289] Vgl. BGH NJW 1983, 1850; BGH NJW 1988, 2599, 2603; BGH NJW 1988, 3205; BGH NJW 1994, 2146; BGH ZIP 1993, 903; *Dauner-Lieb*, in: Ernst/Zimmermann, Zivilrechtswissenschaft und Schuldrechtsreform, S. 321.

[290] BGHZ 104, 242; BGH NJW 1983, 1850, i.ü. stdg. Rspr., vgl. *Köhler*, in: 50 Jahre BGH – Festgabe aus der Wissenschaft, Band I, S. 295, 316.

[291] Vgl. BGH NJW 1994, 2146; vgl. aber BGH ZIP 2000, 962; *v. Westphalen*, in: Horn/Schimansky, Bankrecht 1998, S. 167, 175 ff., 178; *Derleder/Beining*, ZBB 2001, 68.

[292] *Esser/Schmidt*, SchR I/2, § 24 II 2, S. 46; *Palandt/Heinrichs*, BGB, § 242 Rdnr. 144.

oder bereits herbeigeführt worden ist,²⁹³ der andere Teil indessen kein Interesse hieran hat, so kann eine Störung der Geschäftsgrundlage²⁹⁴ gegeben sein (Zweckstörung).

bb) Rechtsfolgen. Sofern eine Anwendung der Grundsätze über das Fehlen 131 oder den Wegfall der Geschäftsgrundlage, die vom Gericht im übrigen von Amts wegen, also ohne gesonderte Geltendmachung durch die Parteien zu berücksichtigen sind,²⁹⁵ in Betracht kommt, soll dies zunächst nicht zur Auflösung des Vertrages führen, sondern zu dessen Anpassung an die veränderten Verhältnisse,²⁹⁶ was nunmehr auch in § 313 Abs. 1 Satz 1, 2. Halbsatz BGB n. F. ausdrücklich normiert wurde.

Nach dem Prinzip des mildesten Mittels gilt der Grundsatz **Vertragsanpas-** 132 **sung** vor Vertragsauflösung,²⁹⁷ wobei vor allem das Kriterium der Zumutbarkeit für beide Parteien von Bedeutung ist,²⁹⁸ das damit sowohl auf der Tatbestands- als auch auf der Rechtsfolgenseite seine Beachtung findet.²⁹⁹ Als Anpassung kommen u. a. die Veränderung der Vertragsmodalitäten wie Leistungs- und Gegenleistungsumfang, Laufzeit, Ersatz von Aufwendungen für eine zwecklos gewordene Leistung oder die Begründung einer Ersatzpflicht für entgangenen Gewinn,³⁰⁰

---

²⁹³ Vgl. BAG NJW 1987, 918; OLG Karlsruhe NJW-RR 1990, 559; *Medicus*, BGB-AT, Rdnr. 872.

²⁹⁴ So *Palandt/Heinrichs*, BGB, § 242 Rdnr. 145.

²⁹⁵ BGHZ 54, 145, 155; *MünchKomm/G. H. Roth*, BGB, § 242 Rdnr. 551.

²⁹⁶ BGHZ 47, 52; BGHZ 83, 254; BGHZ 89, 238; BGH NJW 1984, 1747; *Köhler*, in: 50 Jahre BGH – Festgabe aus der Wissenschaft, Band I, S. 295, 307. Aus diesem Grunde gelten, trotz einer gewissen strukturellen Verwandtschaft und teilidentischen Wertungsmaßstäben (so *Stelling*, Die vorzeitige Ablösung festverzinslicher Realkredite, S. 104), gerade nicht die gleichen Grundsätze wie bei der außerordentlichen Kündigung. Denn während ein Wegfall der Geschäftsgrundlage zunächst eine Vertrags*anpassung* ermöglicht, führt eine außerordentliche Kündigung *immer* zur Vertragsbeendigung (dies verkennt *Stelling*, aaO., siehe dort Fn. 104; richtig *Einsele*, JZ 1997, 514, 515).

²⁹⁷ Vgl. *Köhler*, in: 50 Jahre BGH – Festgabe aus der Wissenschaft, Band I, S. 295, 307; *Lang*, in: Lang/Assies/Werner, Schuldrechtsmodernisierung in der Bankpraxis, S. 94 ff. Aus diesem Grunde kann es offenbleiben, ob die Lehre von der Geschäftsgrundlage *neben* dem Recht zur außerordentlichen Kündigung anweinbar ist (so OLG Hamm NJW-RR 1988, 550; OLG Koblenz WM 1989, 30, 32 f.; *Hönn*, Kompensation gestörter Vertragsparität, S. 167) oder dieser gegenüber subsidiär ist (so die wohl h. M., vgl. BGHZ 24, 91, 95 f.; *Gernhuber*, Schuldverhältnis, § 16 II 5 b; *Haarmann*, Wegfall der Geschäftsgrundlage, S. 130 f.; *Palandt/Heinrichs*, BGB, § 242 Rdnr. 120; *Medicus*, Bürgerliches Recht, Rdnr. 153; *MünchKomm/G. H. Roth*, § 242 Rdnrn. 584 f.; *Soergel/Teichmann*, BGB, § 242 Rdnr. 270; *Jauernig/Vollkommer*; BGB, § 242 Rdnr. 76; *Erman/Werner*, BGB, § 242 Rdnr. 171; *Oetker*, Dauerschuldverhältnis, S. 419 f.; *Stelling*, Die vorzeitige Ablösung festverzinslicher Realkredite, S. 104), wobei der Vorrang nur im Hinblick auf die Rechtsfolge der Vertragsbeendigung gilt, so daß eine mögliche Anpassung des gestörten Vertrages mit Hilfe der Lehre vom Wegfall der Geschäftsgrundlage zulässig bleibt (vgl. RGZ 107, 151, 154; BGH NJW 1958, 785; BGHZ 47, 48, 51 f. BGH Z 89, 226, 238 f.; BGH NJW 1984, 1746, 1747; BGH NJW 1991, 1478, 1480; *Michalski*, JA 1979, 401, 407).

²⁹⁸ *MünchKomm/G. H. Roth*, BGB, § 242 Rdnr. 507.

²⁹⁹ *Esser/Weyers*, SchR I/2, § 24 III, S. 49; *Palandt/Heinrichs*, BGB, § 242 Rdnr. 131.

³⁰⁰ Vgl. BGH NJW 1961, 1859 f.; OLG Frankfurt/Main MDR 1974, 400, 401.

60   B. Die Möglichkeiten der Darlehensbeendigung

Stundung oder die Einräumung eines Ausgleichsanspruchs[301] in Betracht.[302] Erst wenn die Parteien mit einer Vertragsanpassung, d. h. einer qualitativen Veränderung der Leistungen, nichts mehr anfangen können, kommt als ultima ratio eine Beendigung des Vertrages in Betracht.[303] Zum Teil wird erwogen, jedenfalls bei Dauerschuldverhältnissen das Kündigungsrecht nur zu gewähren, wenn der Versuch einer Vertragsanpassung gescheitert oder aussichtslos ist.[304] Denkbar ist schließlich auch eine teilweise Aufrechterhaltung kombiniert mit einer Stornierung der Restverpflichtung.[305]

133   **cc) Übertragbarkeit auf Fälle vorzeitiger Rückführung.** Zwar gilt im Bereich des Darlehensgeschäftes der Grundsatz, wonach der Darlehensnehmer grundsätzlich selbst das Verwendungsrisiko zu tragen hat und er sich später nicht mehr soll darauf berufen können, daß er das Darlehen nicht mehr benötigt.[306] Im Bereich langfristiger Darlehensbindungen könnte es jedoch in bestimmten Einzelfällen gerechtfertigt erscheinen, Ausnahmen von diesem Grundsatz zuzulassen.

134   Gerade im Bereich des Immobiliarkreditgeschäftes kann der **Grundsatz der Dispositionsfreiheit** als wesentliches Kernelement der Privatautonomie, der rechtsgeschäftliche gegenseitige Bindungen in das freie Belieben der Parteien stellt, mitunter mit der Freiheit des Eigentums (Art. 14 GG),[307] der Berufsfreiheit (Art. 12 GG) und mit der wirtschaftlichen Handlungsfreiheit (Art. 2 Abs. 1 GG)[308] in Konflikt geraten. Vor dem Hintergrund der Normenhierarchie unseres Rechtssystems und der daraus resultierenden, vom Bundesverfassungsgericht mehrfach betonten Folge, daß keine zivilrechtliche Vorschrift der Verfassung

---

[301] BGH NJW 1958, 58, 906; BGH NJW 1962, 30.

[302] *Esser/Weyers*, SchR I/2, § 24 III; *Medicus*, BGB-AT, Rdnr. 878; *Palandt/Heinrichs*, BGB, § 242 Rdnrn. 131, 137.

[303] BGHZ 101, 143, 150; BGH NJW 1984, 1746, 1747; *Esser/Schmidt*, SchR I/2, § 24 III; *Medicus*, BGB-AT, Rdnr. 878.

[304] *Köhler*, in: Festschrift Steindorff, S. 611; *Medicus*, BGB-AT, Rdnr. 878. Ob dieser Sichtweise in § 313 Abs. 3 BGB n. F. ihre Stütze findet, wird die Rechtsprechung entscheiden (müssen).

[305] *Esser/Schmidt*, SchR I/2, § 24 III.

[306] BGH NJW-RR 1986, 467; BGH NJW 1990, 981; BGH NJW 1991, 1817; KG WM 2001, 2204; *Palandt/Heinrichs*, BGB, § 242 Rdnr. 145; *Stelling*, Die vorzeitige Ablösung festverzinslicher Realkredite, S. 46.

[307] *Metz*, ZBB 1994, 205, 210; *derselbe* in: *Metz/Wenzel*, Vorfälligkeitsentschädigung, Rdnr. 68; dagegen zu Recht *Stelling*, Die vorzeitige Ablösung festverzinslicher Realkredite, S. 152 ff., 154 mit dem zutreffenden Argument, daß ein eine Hypothek oder Grundschuld nicht gegen den objektiv-rechtlichen Wertgehalt von Art. 14 Abs. 1 GG verstoßen kann.

[308] Vgl. BVerfGE 8, 274, 328; BVerfGE 72, 155, 170; BVerfGE 73, 261, 270; BVerfGE 81, 242, 254 f.; BVerfGE 89, 214, 231; *Dürig* in: *Maunz/Dürig/Herzog/Scholz*, GG, Art. 2 Abs. 1 Rdnrn. 53, 57; *Erichsen*, in: *Isensee/Kirchhof*, Handbuch des Staatsrechts, Bd. VI, § 152 Rdnrn. 56 ff.; *Flume*, Rechtsgeschäft, § 1 10 a; *Grün*, WM 1994, 713, 720; *Jarass*, in: *Jarass/Pieroth*, GG, § Art. 2 Rdnrn. 4, 13; *Kannengießer*, in: *Schmidt-Bleibtreu/Klein*, GG, Art. 2 Rdnr. 14; *Kunig*, in: *von Münch/Kunig*, GG, Art. 2 Rdnr. 16; *Laranz/Wolf*, BGB-AT, § 1 I 1 a; *Maunz/Zippelius*, Deutsches Staatsrecht, § 24 I 2, 28 I; *Medicus*, BGB-AT, Rdnrn. 172 ff.; *Preis/Rolfs*, DB 1994, 261, 262; *Schmidt-Salzer*, NJW 1970, 8, 10; *Stelling*, Die vorzeitige Ablösung festverzinslicher Realkredite, S. 155 ff.

widersprechen darf,[309] geht die Theorie der mittelbaren Drittwirkung[310] davon aus, daß die Verfassung in ihrem Grundrechtsabschnitt nicht nur subjektiv-öffentliche Rechte gewährt, sondern daneben eine objektive Wertordnung statuiert, die insbesondere bei der Konkretisierung von wertausfüllungsbedürftigen Rechtsbegriffen und Generalklauseln berücksichtigt werden muß.

Bei der durch Grundpfandrechte abgesicherten Immobilienfinanzierung wird **135** das Grundstück im wohlverstandenen Interesse des Darlehensgebers zum Haftungsobjekt für das Darlehen herangezogen. Auf der anderen Seite darf diese Bindung an den Darlehensvertrag nicht so weit führen, daß dadurch die Mobilität des Grundstücks vollständig aufgehoben wird, weil ansonsten die Eigentumsfreiheit durch diese Vertragsbindung über Gebühr beeinträchtigt werden könnte.[311] Zwar ist die Freiheit des Eigentums mit Blick auf die legitimen Interessen des Grundpfandgläubigers beschränkt – so darf der Eigentümer des mit einer Grundschuld belasteten Grundstücks das darauf befindliche Objekt nicht ohne weiteres einreißen lassen, weil hierdurch die Sicherheit des Grundschuldgläubigers gefährdet wäre –; andererseits kann die Einschränkung nicht so weit gehen, daß sich der Eigentümer mit Eingehung seiner Kreditverpflichtung jeder Dispositionsmöglichkeit begibt. Nicht zuletzt vor diesem Hintergrund hat der Bundesgerichtshof die Vorschrift des **§ 1136 BGB** herangezogen, wonach eine Vereinbarung, durch die sich der Eigentümer dem Gläubiger gegenüber verpflichtet, das Grundstück nicht zu veräußern und nicht weiter zu belasten, nichtig ist. Allerdings ist die Einräumung einer Grundschuld zum Zwecke der Darlehensbesicherung sicherlich kein Fall des § 1136 BGB. Zum einen ist die Veräußerung der

---

[309] Besonders deutlich BVerfGE 7, 198, 205; BVerfGE 14, 263, 278; BVerfGE 31, 58, 72 f.; BVerfGE 35, 79, 114; BVerfGE 37, 132, 148.

[310] Grundlegend BVerfGE 7, 198, 205 ff.; vgl. auch BVerfGE 10, 302, 322; BVerfGE 13, 318, 325; BVerfGE 14, 263, 277 f.; BVerfGE 18, 85, 92; BVerfGE 24, 278, 282; BVerfGE 25, 256, 263; BVerfGE 30, 173, 187 f.; BVerfGE 32, 273, 277; BVerfGE 34, 269, 279 f.; BVerfGE 35, 202, 214; BVerfGE 42, 143, 148; BVerfGE 46, 325, 334 ff.; BVerfGE 49, 89, 142; BVerfGE 49, 228, 240; BVerfGE 52, 131, 165 f; BVerfGE 54, 129, 135 ff.; BVerfGE 54, 148, 151 ff.; BVerfGE 60, 234, 239; BVerfGE 61, 1, 6; BVerfGE 62, 230, 242 f.; BVerfGE 66, 116, 131; BVerfGE 73, 261, 269; BGHZ 13, 334, 338; BGHZ 20, 345, 351 f.; BGHZ 26, 349, 353; BGH NJW 1972, 1414, 1415; BGHZ 70, 313, 324; BGHZ 91, 1, 6 f.; BGH NJW 1986, 2944; abweichend jedoch BGHZ 24, 72, 76 f.; BGHZ 26, 217, 223; BGHZ 27, 284, 285; BGHZ 33, 145, 149 f.; BGHZ 38, 317, 319 f. (wo jeweils ohne nähere Begründung die Theorie der unmittelbaren Drittwirkung vertreten wird). Aus dem Schrifttum siehe *Badura*, Staatsrecht, S. 99 f; *Erichsen*, Jura 1996, 527. 531; *Esser/Schmidt*, SchR I/1, § 3 V; *Flume*, Rechtsgeschäft, § 1 10 b; *Palandt/Heinrichs*, BGB, § 242 Rdnr. 8; *Jarass*, in: *Jarass/Pieroth*, GG, Art. 1 Rdnr. 25; *Kannengießer*, in: *Schmidt-Bleibtreu/ Klein*, GG, Vorb. v. Art. 1, Rdnr. 8; *Katz*, Staatsrecht, Rdnrn. 616 ff.; *Larenz*, SchR I, § 4 IV; *Larenz/Wolf*, BGB-AT § 1 12 b; *Medicus*, AcP 192 (1992), 35, 43; *von Münch*, in: *von Münch/Kunig*, GG, vor Art. 1–19 Rdnrn. 31 ff.; *Pieroth/Schlink*, Staatsrecht II, Rdnrn. 181 ff.; *Reimers*, MDR 1967, 533, 535; *MünchKomm/ G. H. Roth*, BGB, § 242 Rdnr. 38; *Rupp*, AöR 101 (1976), 161, 169 ff.; *Stein*, Staatsrecht, § 26 V; *Soergel/Teichmann*, BGB § 242, Rdnr. 45; *Stelling*, Die vorzeitige Ablösung festverzinslicher Realkredite, S. 144 f.

[311] Vgl. BVerfGE 89, 214, 232; BGH WM 1997, 1747, 1749 = ZIP 1997, 1641, 1643; *Canaris*, in: Festschrift Zöllner, S. 1055, 1063; *Wehrt*, ZBB 1997, 48, 55; *Knops*, Verbraucherschutz bei Immobiliarkreditverhältnissen, S. 119.

belasteten Immobilie nach wie vor möglich (wenngleich regelmäßig nicht zu dem Preis, den sich der Veräußerer vorstellt).[312] Ferner ist die mit der Belastung der Immobilie verbundene wirtschaftliche Einschränkung gerade die Folge der privatautonomen und eigenverantwortlichen Ausübung der wirtschaftlichen Handlungsfreiheit des Grundstückseigentümers. Zu konzedieren ist allerdings, daß der Rechtsgedanke des § 1136 BGB, der in der Tat die wirtschaftliche Handlungsfreiheit des Grundstückseigentümers schützen soll,[313] im Falle einer Notlagenindikation nicht völlig ignoriert werden kann.[314]

136 Zu berücksichtigen ist in diesem Zusammenhang auch die zeitliche Komponente, die einem Darlehen mit langfristiger Bindung als Dauerschuldverhältnis anhaftet. Langfristige Verträge beinhalten aufgrund der zeitlichen Dimension ein hohes Maß an Unsicherheit, vor allem im Hinblick auf die zukünftige wirtschaftliche Leistungsfähigkeit des Darlehensnehmers.[315] Mögliche Einkommenseinbrüche sind ein, wenn nicht das wesentliches Kriterium für Probleme bei der Erfüllung langfristiger Verbindlichkeiten,[316] wobei hinzukommt, daß die zukünftige Einkommensentwicklung einer Prognose zwar zugänglich ist, die aber aufgrund der Möglichkeit unvorhergesehener Ereignisse, wie Ehescheidung, Krankheit, Arbeitslosigkeit u.ä. indessen nur sehr vage ausfallen kann. Mit zunehmender Vertragsdauer wächst somit das Risiko der Fehleinschätzung, der Veränderung der mikro- und makroökonomischen und auch sozialen Rahmenbedingungen sowie der individuellen Präferenzvorstellungen.[317]

137 Der **Topos der Langfristigkeit** ist nachgerade Immobiliarkrediten immanent.[318] Die damit verbundene Konfliktlage kann im Einzelfall bedeuten, daß, je länger eine ordentliche Beendigung des Vertrages ausgeschlossen ist, um so eher ein Recht zur Vertragsanpassung oder gar zur außerordentlichen Beendigung angenommen werden muß, sofern und soweit – und dies ist unabdingbare weitere Voraussetzung – dies rechtfertigende Umstände vorliegen.[319] Die Pflicht zur kontinuierlichen Zins- und Tilgung des Darlehens ist für sich gesehen jedoch noch kein solcher Umstand,[320] da vergleichbare Pflichten bei allen langfristigen Vertragstypen – man denke etwa an die Miete – bestehen.

138 Zum Teil wird noch das Argument der „fehlenden Waffengleichheit"[321] als Beleg für ein Recht zur Vertragsanpassung bzw. zur vorzeitigen Beendigung insbe-

---

[312] *Wenzel*, WM 1997, 2340, 2341; *Marburger*, ZBB 1998, 30, 31.
[313] *MünchKomm/Eickmann*, BGB, § 1136 Rdnr. 1; *Palandt/Bassenge*, BGB, § 1136 Rdnr. 1; *Metz*, ZBB 1994, 205, 211; *Knops*, Verbraucherschutz bei Immobiliarkreditverhältnissen, S. 119.
[314] Anders noch *Lang/Beyer*, WM 1998, 897, 903.
[315] Vgl. *Köndgen*, ZBB 1997, 117, 121; *Kern*, JuS 1992, 13, 14; *Lörcher*, DB 1996, 1269; *Knops*, Verbraucherschutz bei Immobiliarkreditverhältnissen, S. 121.
[316] Vgl. *Derleder*, KJ 1991, 275, 288.
[317] *Knops*, Verbraucherschutz bei Immobiliarkreditverhältnissen, S. 123.
[318] *Reich*, in: *Hadding/Hopt/Schimansky*, Bankrechtstag 1996, S. 43, 45 f.; *Köndgen*, Gewährung und Abwicklung grundpfandrechtlich gesicherter Kredite, S. 2.
[319] Vgl. *Reich*, in: *Hadding/Hopt/Schimansky*, Bankrechtstag 1996, S. 43, 45 f.; *Ulmer* in: Festschrift Möhring, S. 295, 304.
[320] So aber *Knops*, Verbraucherschutz bei Immobiliarkreditverhältnissen, S. 126.
[321] Zum Aspekt der „Waffengleichheit am Markt" vgl. *Hopt*, AcP 183 (1983), 608, 652.

sondere eines Immobiliarkredits aufgeführt.³²² Dieses ist – von Täuschungsfällen abgesehen – allerdings kein geeignetes Kriterium, um einen Anspruch auf Vertragsanpassung rechtfertigen zu können.³²³

Insgesamt finden sich wohl nur in Einzelfällen Argumente, die Lehre vom **139** Wegfall der Geschäftsgrundlage auf die Fälle der vorzeitigen Beendigung eines Darlehensvertrages anzuwenden, da andernfalls die engen Anwendungsvoraussetzungen dieses Rechtsinstituts zu stark ausgeweitet würden.

f) Analogie zum Werkvertragsrecht

Teilweise wurde versucht, ein Recht des Darlehensnehmers zur ordentlichen **140** Kündigung aus einer **Gesetzesanalogie zur werkvertraglichen Bestimmung** des § 649 Satz 1 BGB herzuleiten.³²⁴ Hiernach ist der Besteller berechtigt, den Vertrag bis zur Vollendung des Werkes jederzeit und ohne Angaben von Gründen zu kündigen, wobei der Unternehmer allerdings berechtigt ist, den vereinbarten Werklohn abzüglich desjenigen Betrages, den er durch die vorzeitige Vertragsbeendigung erspart oder böswillig zu erwerben unterläßt, verlangen kann.³²⁵ Zwar wird vereinzelt die Ansicht vertreten, daß § 649 Satz 1 BGB im Grunde kein Kündigungsrecht im klassischen Sinne sei, da nur Dauerschuldverhältnisse einer Kündigung zugänglich seien.³²⁶ Vor dem Hintergrund eines weitgehenden Kündigungsbegriffes³²⁷ wird man jedoch konzedieren müssen, daß § 649 BGB einen allgemein als adäquat empfundenen Interessenausgleich zwischen den Parteien eines **Werkvertrages** anordnet.³²⁸

Dieser werkvertraglich motivierte Interessenausgleich soll auf den Fall einer **141** außerplanmäßigen Tilgung eines festverzinslichen Immobiliarkredits übertragbar sein. Immerhin erleide der Darlehensgeber, ebenso wie der Werkunternehmer, keinen Schaden, da eine Kündigung an eine vollwertige Kompensation gebunden sei. Wenn schon der Besteller im Rahmen eines Werkvertrages dem Werkunternehmer, der aus bestimmten immateriellen Gründen (z. B. zum Zwecke der Selbstverwirklichung im künstlerischen Bereich: Schaffung eines „Lebenswerkes") möglicherweise ein viel weitergehendes Interesse an einer Vertragserfüllung besitzt, kündigen kann, so müsse dies im Verhältnis zwischen Bank, die ja „nur" Geld zur Verfügung stellt, und Kunde erst recht möglich sein.

---

³²² *Knops*, Verbraucherschutz bei Immobiliarkreditverhältnissen, S. 125.
³²³ Vgl. aber *Köndgen*, Gutachten vorzeitige Tilgung, S. 133 ff.
³²⁴ Vgl. LG Lübeck WM 1996, 577, 578, *F. Peters*, JZ 1996, 73, 78.
³²⁵ Vgl. *Erman/Seiler*, BGB, § 649 Rdnr. 2; *MünchKomm/Soergel*, BGB, § 649 Rdnrn. 1, 4; *Palandt/Sprau*, BGB, § 649 Rdnr. 1; *Staudinger/F. Peters*, BGB, § 649 Rdnr. 4; *Stelling*, Die vorzeitige Ablösung festverzinslicher Realkredite, S. 70; *Soergel/Teichmann*, BGB, § 649 Rdnr. 7.
³²⁶ *Beitzke*, Nichtigkeit, Auflösung und Umgestaltung von Dauerrechtsverhältnissen, S. 36; *Hammen/Dischinger*, in: WuB I E 3.–3.96; *van Venrooy*, JR 1991, 492.
³²⁷ Vgl. *Medicus*, JuS 1988, 1, 3.
³²⁸ Vgl. Motive Band II, S. 503; siehe auch RGZ 169, 203, 208; *Erman/Seiler*, BGB, § 649 Rdnr. 1; *MünchKomm/Soergel*, BGB, § 649 Rdnr. 1; *Palandt/Sprau*, BGB, § 649 Rdnr. 1; *Stelling*, Die vorzeitige Ablösung festverzinslicher Realkredite, S. 70 f.; kritisch *Staudinger/F. Peters*, BGB, § 649 Rdnr. 4; *derselbe*, JZ 1996, 73 f.; *Soergel/Teichmann*, BGB, § 649 Rdnr. 2; *van Venrooy*, JR 1991, 492, 493 ff.

142 Es ist in hohem Masse wahrscheinlich, daß der Gesetzgeber die Vorschrift des § 649 BGB vor Augen hatte, als er im Rahmen des § 490 Abs. 2 BGB n. F. dem Darlehensnehmer unter bestimmten Voraussetzungen ein Recht zur Darlehenskündigung (bei voller Kompensation) eingeräumt hat.[329] Allerdings fordert § 490 BGB n. F., anders als § 649 BGB a. F., einen Kündigungsgrund. Im übrigen ist die Analogie zu § 649 BGB mit der Rechtsprechung des Bundesgerichtshofs, die jedenfalls noch für alle Darlehen gilt, die vor dem 1.1. 2002 abgeschlossen wurden gilt, nicht kompatibel.

g) Ersatzkreditnehmerstellung

143 Die Frage, wie zu verfahren ist, wenn sich ein **Ersatzkreditnehmer** bereit erklärt, das vorzeitig zurückzuführende Darlehen zu übernehmen, ist jedenfalls in der Praxis von eher geringer Bedeutung. Da infolge des Vorfälligkeitsereignisses regelmäßig zugleich die finanzierte Liegenschaft veräußert wird, kommt auf den ersten Blick natürlich – wenn überhaupt – der Erwerber der Liegenschaft als Nachfrager für einen Sekundärerwerb auch des Darlehens in Betracht. Allerdings ist eine solche Nachfolge eher theoretisch: zunächst ist es kaum wahrscheinlich, daß der potentielle Darlehensübernehmer das Darlehen zu absolut identischen Bedingungen bei der gleichen Bank übernehmen kann oder will, da Immobilienkredite, jedenfalls im Hinblick auf die Laufzeit und die monatliche Belastung, zunehmend individuell auf den konkreten Darlehenskunden zugeschnitten sind.[330] Darüber hinaus hat sich das Zinsniveau zum Zeitpunkt der potentiellen Übernahme gegenüber der Zinssituation zum Zeitpunkt des ursprünglichen Darlehensabschlusses mit Sicherheit verändert, sei es nach oben, sei es nach unten, so daß ein Übernahmeinteresse allenfalls bei gestiegenem Zinsniveau besteht.[331] Ein Sekundärerwerb dürfte schließlich regelmäßig an den erheblichen Transaktionskosten scheitern, nicht zuletzt, weil die Bank in jedem Falle eine erneute Kreditwürdigkeitsprüfung hinsichtlich des neuen Kreditnehmers vornehmen wird.[332] Insgesamt ist bei Realkrediten an Konsumenten zu Wohnerwerbszwecken ein entsprechender Sekundärmarkt faktisch nicht vorhanden.[333] Dessen ungeachtet liegt es in erster Linie im Ermessen der darlehensgebenden Bank, ob sie einen Ersatzkreditnehmer akzeptiert und mit diesem kontrahiert.[334] Hierbei

---

[329] Begründung RegE SchRModG, BR-Drucks. 338/01, S. 600; kritisch *Mankowski/Knöfel*, ZBB 2001, 335, 336.

[330] *Köndgen*, NJW 2000, 468, 480. Nach Ansicht von *Knops*, Verbraucherschutz bei Immobiliarkreditverhältnissen, S. 214 f.; *derselbe*, WM 2000, 1427, 1428 kann indessen die Ersatzkreditnehmerstellung auch bei einer Differenz zwischen der Höhe des zu übernehmenden Kapitals und der Höhe des Finanzierungsbedarfs des Erwerbers sinnvoll sein.

[331] Vgl. aber *Knops*, Verbraucherschutz bei Immobiliarkreditverhältnissen, S. 216; *derselbe*, WM 2000, 1427 der auch bei sinkendem Zinsniveau die Chance sieht, einen ablösebereiten Ersatzkreditnehmer zu finden. Wohl a. A. *Köndgen*, Gutachten vorzeitige Tilgung, S. 13; *derselbe*, NJW 2000, 468, 480.

[332] *Köndgen*, Gutachten vorzeitige Tilgung, S. 13.

[333] *Köndgen*, Gutachten vorzeitige Tilgung, S. 13. Anders ist die Situation in Dänemark; siehe hierzu *Köndgen* aaO., S. 1001, 113 ff. und unten Rdnr: B 209.

[334] Vgl. aber *Knops*, Verbraucherschutz bei Immobiliarkreditverhältnissen, S. 229; *derselbe*, WM 2000, 1427, 1431.

wird zum Teil die Ansicht vertreten, daß eine Obliegenheit besteht, einen Ersatzkreditnehmer zu akzeptieren, wenn es für die Bank zumutbar ist,[335] wobei vor allem auf die wirtschaftliche Leistungsfähigkeit[336] und die Kompatibilität mit den bisherigen Darlehensbedingungen[337] abgestellt wird. In diesem Zusammenhang wird im Ergebnis die Ansicht vertreten, daß die Wichtigkeit der persönlichen Leistungsfähigkeit des Schuldners in Anbetracht der grundpfandrechtlichen Sicherung in den Hintergrund tritt.[338] Lehnt die Bank einen an sich zumutbaren Ersatzkreditnehmer ab, so soll die Zinspflicht für den ursprünglichen Kreditnehmer entfallen.[339]

In dieser Allgemeinheit wird man dieser Sichtweise jedoch nicht zustimmen **144** können, da eine solche Obliegenheit in eine Art Kontrahierungszwang hinauslaufen würde, was dem deutschen Recht bis auf wenige Ausnahmen fremd ist.[340] Es verbleibt daher bei dem Grundsatz, daß es in erster Linie Sache der Bank ist, mit wem sie kontrahieren will.

V. Außerordentliche Kündigung durch den Kunden

In Ausnahmefällen kann dem Darlehensnehmer ein Recht zur **außerordentli- 145 chen Kündigung** zustehen. Dies kann z. B. dann der Fall sein, wenn das darlehensgebende Kreditinstitut mit einem anderen fusioniert hat und beim Darlehensnehmer gewichtige Gründe dafür vorliegen, den Darlehensvertrag mit dem neuen Institut nicht weiterführen zu wollen.[341] Bei Kündigung unter Zuhilfenahme von außerordentlichen Kündigungsgründen wird der Bank regelmäßig keine Vorfälligkeitsentschädigung zustehen.[342]

Von ungleich größerer Bedeutung ist jedoch das Schuldrechtsmodernisie- **146** rungsgesetz, durch welches die hier aufgezeigten Grundsätze, zumindest für „Rückzahlungsfälle", die nach dem 1. 1. 2003 zum Tragen kommen, jedenfalls hinsichtlich der Begründung des Anspruchs auf vorzeitige Rückzahlung weitgehend Makulatur werden. Bis dahin und für alle Altfälle ist zwischen Richterrecht und gesetzlicher Regelung scharf zu trennen.

---

[335] Vor allem *Knops*, Verbraucherschutz bei Immobiliarkreditverhältnissen, S. 231 ff.; *derselbe*, WM 2000, 1427, 1432 ff.

[336] *Knops*, Verbraucherschutz bei Immobiliarkreditverhältnissen, S. 235 ff.; *derselbe*, WM 2000, 1427, 1433 f.

[337] *Knops*, Verbraucherschutz bei Immobiliarkreditverhältnissen, S. 235 ff.; *derselbe*, WM 2000, 1427, 1434 f. Bei kurzer Laufzeit wird die Zumutbarkeit in der Regel zu verneinen sein, so auch *Knops*, aaO. unter Hinweis auf vergleichbare Grundsätze im Mietrecht.

[338] *Knops*, Verbraucherschutz bei Immobiliarkreditverhältnissen, S. 232, 233 f.; *derselbe*, WM 2000, 1427, 1435.

[339] *Knops*, Verbraucherschutz bei Immobiliarkreditverhältnissen, S. 239, 250 ff.; *derselbe*, WM 2000, 1427, 1438.

[340] Siehe oben Rdnr. B 120.

[341] OLG Karlsruhe WM 2001, 1803.

[342] OLG Karlsruhe WM 2001, 1803.

1. Schuldrechtsmodernisierungsgesetz

147 Am 1.1. 2002 ist das **Schuldrechtsmodernisierungsgesetz** in Kraft getreten. Vordergründig dient das Gesetz der Umsetzung von drei **EU-Richtlinien**,[343] der Richtlinie 1999/44/EG des Europäischen Parlaments und des Rates vom 25. 5. 1999 zu bestimmten Aspekten des Verbrauchsgüterkaufs und der Garantien für Verbrauchsgüter (**Verbrauchsgüterkaufrichtlinie**),[344] der Richtlinie 2000/35/EG des Europäischen Parlaments und des Rates vom 29. 7. 2000 zur Bekämpfung von Zahlungsverzug im Geschäftsverkehr (**Zahlungsverzugs-Richtlinie**)[345] und von Artikel 10, 11 und 18 der Richtlinie 2000/31/EG des Europäischen Parlaments und des Rates vom 8. 6. 2000 über bestimmte rechtliche Aspekte der Dienste der Informationsgesellschaft, insbesondere des elektronischen Geschäftsverkehrs, im Binnenmarkt („Richtlinie über den elektronischen Geschäftsverkehr", **E-Commerce-Richtlinie**).[346] Hinzu kommt noch die vom Bundesjustizministerium nicht zur Begründung des Diskussionsentwurfs herangezogene Richtlinie 1998/27/EG des Europäischen Parlaments und des Rates vom 19. Mai 1998 über Unterlassungsklagen zum Schutz der Verbraucherinteressen. Sie wird in einem besonderen Gesetz (Gesetz über Unterlassungsklagen bei Verbraucherrechts- und anderen Verstößen – Unterlassungsklagengesetz – UKlaG) umgesetzt, in welchem auch der verfahrensrechtliche Teil des AGB-Gesetzes aufgeht.

148 Allerdings ist kaum zu bestreiten, daß es zur Umsetzung dieser Richtlinien kaum einer so groß angelegten Schuldrechtsreform bedurft hätte.[347] Vor diesem Hintergrund ist es durchaus verständlich, daß die Schuldrechtsreform als solche im Vorfeld höchst kontrovers geführt wurde und ihre jeweiligen Protagonisten auf mehr oder weniger hohem Niveau einen erbitterten Kampf der Argumente führten.[348]

---

[343] Dies betont *Weis*, in: *Ernst/Zimmermann*, Zivilrechtswissenschaft und Schuldrechtsreform, S. 25.

[344] ABl. EG Nr. L 171, S. 12 = NJW 1999, 2421, dazu *Staudenmayer*, NJW 1999, 2393 ff.; *Reich*, NJW 1999, 2397 ff.; *Tonner*, BB 1999, 1769 (im Internet abrufbar unter http://europa.eu.int/eur-lex/de/lif/dat/1999/de_399L0044.html).

[345] Abl. EG Nr. L 200, S. 35.

[346] ABl. EG Nr. L 178, S. 1 (im Internet abrufbar unter http:// europa.eu.int/eur-lex/de/lif/dat/2000/de.300L0031.html); siehe hierzu *Gierschmann*, DB 2000, 1315 ff.; *von Lackum*, Der Richtlinien-Vorschlag der EG-Kommission zum elektronischen Geschäftsverkehr, Teil I, JurPC 1999 Web.-Dok, 130/1999, Teil II JurPC 1999 Web-Dok. 135/1999; vgl. auch *Bülow/Artz*, NJW 2000, 2049; *Derleder/Pallas*, ZIP 1999, 1285.

[347] So treffsicher *Zimmermann*, in: *Ernst/Zimmermann*, Zivilrechtswissenschaft und Schuldrechtsreform, S. 1, 19; ähnlich *Dauner-Lieb*, JZ 2001, 8, 9; vgl. auch den Entwurf zur Umsetzung der Verbrauchsgüterkauf-Richtlinie von *Ernst/Gsell*, ZIP 2000, 1410 ff.; ebenso *Lang*, in: Lang/Assies/Werner, Schuldrechtsmodernisierung in der Bankpraxis, S. 3; siehe auch *Schwartze*, ZEup 8 (2000), 544 ff.; *P. Huber*, in: Festschrift Henrich, S. 312 ff.

[348] Eine ganze Anzahl von Hochschullehrern stand der Schuldrechtsreform kritisch bis ablehnend gegenüber, so z. B. *Altmeppen*, DB 2001, 1131 ff.; *derselbe*, DB 2001, 1399 ff; *Brüggemeier/Reich*, BB 2001, 213 ff.; *Dauner-Lieb*, JZ 2001, 8, 15 ff.; *dieselbe*, in: *Ernst/Zimmermann*, Zivilrechtswissenschaft und Schuldrechtsreform, S. 305 ff.; *Dilger*, ZBB 2000, 322 ff.; *Dörner*, in: *Schulze/Schulte-Nölke*, Die Schuldrechtsreform vor dem Hintergrund des Gemeinschafts-

a) Anfänge der Schuldrechtsmodernisierung

Das Vorhaben einer umfassenden Schuldrechtsreform war jedoch beileibe keine 149
„neue Idee". Bereits Ende der siebziger Jahre, vor allem auf dem 52. Deutschen
Juristentag, wurde das Für und Wider einer grundlegenden Reform des Schuldrechts diskutiert.[349] Bereits hier wurde die Integration verschiedener Nebengesetze (u. a. das AGBG), die Einführung neuer vertraglicher Schuldverhältnisse (u. a. den Bankvertrag) und die Überarbeitung bereits geregelter Schuldverhältnisse (u. a. den Kauf- und den Werkvertrag) in die Überlegungen einbezogen.[350]

---

rechts, S. 177 ff.; *Eidenmüller*, ebenda, S. 405 ff.; *derselbe*; JZ 2001, 283 ff.; *derselbe*, WM 2001, 728; *Ernst*, ZRP 2001, 1 ff.; *Ernst/Gsell*, ZIP 2000, 1410 ff.; *dieselben*, ZIP 2000, 1812 ff.; *Fleischer*, in: *Schulze/Schulte-Nölke*, Die Schuldrechtsreform vor dem Hintergrund des Gemeinschaftsrechts, S. 243 ff.; *Grigoleit*, ebenda, S. 269 ff.; *Grunewald*, JZ 2001, 433 ff.; *Gsell*, ZIP 2000, 1861 ff.; *dieselbe*, JZ 2001, 65 ff.; *Gsell/Rüfner*, NJW 2001, 424 ff.; *Haas*, BB 2001, 1313 ff.; *Hänlein*, DB 2001, 852 ff.; *Hammen*, WM 2001, 1357; *Heinrichs*, in: *Schulze/Schulte-Nölke*, Die Schuldrechtsreform vor dem Hintergrund des Gemeinschaftsrechts, S. 81 ff.; *derselbe*, BB 2001, 1417 ff.; *Hoeren*, in: *Schulze/Schulte-Nölke*, Die Schuldrechtsreform vor dem Hintergrund des Gemeinschaftsrechts, S. 315 ff.; *Honsell*, JZ 2001, 278 ff.; *derselbe*, JZ 2001, 18 ff.; *U. Huber*, ZIP 2000, 2273 ff.; *derselbe*, ZIP 2000, 2137 ff.; *Jakobs*, JZ 2001, 27 ff.; *Kesseler*, ZRP 2001, 70 ff.; *Köndgen*, in: *Ernst/Zimmermann*, Zivilrechtswissenschaft und Schuldrechtsreform, S. 457 ff.; *derselbe*, in: *Schulze/Schulte-Nölke*, Die Schuldrechtsreform vor dem Hintergrund des Gemeinschaftsrechts, S. 231 ff.; *Kohler*, JZ 2001, 325 ff.; *Krebs*, DB 2000, Beilage 14; *Leenen*, JZ 2001, 552 ff.; *Lorenz*, in: *Schulze/Schulte-Nölke*, Die Schuldrechtsreform vor dem Hintergrund des Gemeinschaftsrechts, S. 329 ff.; *derselbe*, JZ 2001, 742; *Magnus*, in: *Schulze/Schulte-Nölke*, Die Schuldrechtsreform vor dem Hintergrund des Gemeinschaftsrechts, S. 67 ff.; *Mankowski*, ebenda, S. 357 ff.; *derselbe*, JZ 2001, 745 ff.; *Micklitz*, EuZW 2001, 133 ff.; *derselbe*, in: *Schulze/Schulte-Nölke*, Die Schuldrechtsreform vor dem Hintergrund des Gemeinschaftsrechts, S. 189 ff.; *Motsch*, JZ 2001, 428 ff.; *Pfeiffer*, in: *Schulze/Schulte-Nölke*, Die Schuldrechtsreform vor dem Hintergrund des Gemeinschaftsrechts, S. 133 ff.; *Remien*, ebenda, S. 101 ff.; *H. Roth*, JZ 2001, 543 ff.; *W. H. Roth*, JZ 2001, 475 ff: *Rüfner*, ZRP 2001, 12 ff.; *Karsten Schmidt*, in: *Schulze/Schulte-Nölke*, Die Schuldrechtsreform vor dem Hintergrund des Gemeinschaftsrechts, S. 143 ff.; *Schmidt-Kessel*, NJW 2001, 97 ff.; *Schulte-Braucks*, NJW 2001, 103 ff.; *Schulze/Schulte-Nölke*, in: *Schulze/Schulte-Nölke*, Die Schuldrechtsreform vor dem Hintergrund des Gemeinschaftsrechts, S. 1 ff.; *Staudenmayer*, ebenda, S. 419 ff: *Staudinger*, ebenda, S. 295 ff.; *H. Stoll*, JZ 2001, 589 ff.; *Teichmann*, BB 2001, 1485 ff.; *Ulmer*, JZ 2001, 491 ff.; *derselbe*, in: *Schulze/Schulte-Nölke*, Die Schuldrechtsreform vor dem Hintergrund des Gemeinschaftsrechts, S. 215 ff.; *von Koppenfels*, WM 2001, 1360; *H. P. Westermann*, in: *Schulze/Schulte-Nölke*, Die Schuldrechtsreform vor dem Hintergrund des Gemeinschaftsrechts, S. 109 ff.; *derselbe*, JZ 2001, 530 ff.; *von Westphalen*, DB 2001, 799 ff.; *Wetzel*, ZRP 2001, 117 ff.; *Wieser*, NJW 2001, 121 ff.; *Wilhelm/Deeg*, JZ 2001, 223 ff.; *Zimmermann*, JZ 2001, 171 ff.; *Zimmermann/Leenen/Mansel/Ernst*, JZ 2001, 684 ff.; befürwortend *Canaris*, JZ 2001, 499 ff.; *derselbe*, in: *Schulze/Schulte-Nölke*, Die Schuldrechtsreform vor dem Hintergrund des Gemeinschaftsrechts, S. 43 ff.; *Däubler-Gmelin*, NJW 2001, 2281 ff.; *Pick*, in: *Schulze/Schulte-Nölke*, Die Schuldrechtsreform vor dem Hintergrund des Gemeinschaftsrechts, S. 25 ff.; *derselbe*, ZIP 2001, 1173 ff.; *Schmidt-Räntsch*, ZIP 2000, 1639 ff: *derselbe*, in: *Schulze/Schulte-Nölke*, Die Schuldrechtsreform vor dem Hintergrund des Gemeinschaftsrechts, S. 169 ff.

[349] *Zimmermann*, in: *Ernst/Zimmermann*, Zivilrechtswissenschaft und Schuldrechtsreform, S. 1, 13; *Wolf*, ZRP 1978, 249 ff.

[350] *Zimmermann*, in: *Ernst/Zimmermann*, Zivilrechtswissenschaft und Schuldrechtsreform, S. 1, 13; *Wolf*, ZRP 1978, 249, 252 f.

150 Das Bundesministerium der Justiz veranlaßte daraufhin eine Reihe von wissenschaftlichen Gutachten,[351] die 1981 und 1983 in drei Bänden veröffentlicht wurden und nahezu alle Teilbereiche des Allgemeinen und Besonderen Schuldrechts – mit Ausnahme des Mietrechts – einer kritischen Analyse unterzogen.[352] Die Gutachten stießen in der wissenschaftlichen Öffentlichkeit auf ausgesprochen lebhafte Resonanz,[353] die sich auch in einer Sondertagung der Zivilrechtslehrervereinigung im Jahre 1983 widerspiegelte.[354]

151 Ein Jahr später setzte das Bundesjustizminsterium eine Kommission ein, die sich mit verschiedenen Problemkreisen, namentlich dem Recht der Leistungsstörungen, dem Gewährleistungsrecht bei Kauf- und Werkvertrag sowie der Verjährung auseinandersetzen sollte. Nach mehreren Sitzungen legte die Kommission im Jahre 1992 ihren Abschlußbericht vor.[355]

152 Dieser Bericht war Gegenstand des 60. Deutschen Juristentags im September 1994 und wurde trotz vereinzelter Kritik[356] im Ergebnis durchaus positiv aufgenommen.[357] Leider wurde dieser Kommissionsentwurf nicht weiter verfolgt; „die Aufbruchstimmung wich einer etwas diffusen Gleichgültigkeit"; mit einer Umsetzung schien keiner mehr so recht zu rechnen.[358]

153 Dies erwies sich indessen als Trugschluß. Zwar sei – wie aus Kreisen des Bundesjustizministerium verlautbart wurde – der Abschlußbericht aus dem Jahre 1992 grundsätzlich für eine umfassende Schuldrechtsmodernisierung geeignet gewesen. Wegen der engen inhaltlichen Verknüpfung sollten aber die Arbeiten an der Europäischen Richtlinie über den Verbrauchsgüterkauf abgewartet werden, deren Entwurf die Europäische Kommission im Sommer 1996 vorgelegt hatte.[359]

---

[351] Die Gutachter sind aufgeführt bei *Zimmermann*, in: *Ernst/Zimmermann*, Zivilrechtswissenschaft und Schuldrechtsreform, S. 1, 13 (siehe dort Fn. 92).

[352] Aus der umfassenden Literatur siehe *Armbrüster*, JR 1991, 322 ff.; *Ernst*, NJW 1994, 2177 ff.; *derselbe*, JZ 1994, 801 ff.; *Flume*, AcP 193 (1993), 89 ff.; *Heinrichs*, NJW 1982, 2021; *Medicus*, AcP 188 (1988), 169 ff.; *derselbe*, NJW 1992, 2384 ff.; *Rabe*, NJW 1992, 2395 ff.; *Rolland*, in: Festschrift Medicus, S. 469 ff.; *Stürner*, NJW 1994, Beilage zu Heft 25, S. 2 ff.; *H. P. Westermann*, ZRP 1983, 249 ff.

[353] Siehe die Nachweise bei *Zimmermann*, in: *Ernst/Zimmermann*, Zivilrechtswissenschaft und Schuldrechtsreform, S. 1, 13 (sieh dort Fn. 94).

[354] Vgl. hierzu z. B. *Hopt*, AcP 183 (1983), 608 ff., darauf aufbauend *Lang*, AcP 201 (2001), 451 ff.

[355] *Zimmermann*, in: *Ernst/Zimmermann*, Zivilrechtswissenschaft und Schuldrechtsreform, S. 1, 14; *Engelhard*, NJW 1984, 1201; vgl. auch *Medicus*, AcP 188 (1988), 168 ff; Zum Inhalt siehe *Stürner*, in: Festschrift Brandner, S. 635 ff.

[356] *Flume*, in: Verhandlungen des 60. Deutschen Juristentages, Band II/2, S. K 112 ff.; *Ernst*, NJW 1994, 2177 ff.; *derselbe*, JZ 1994, 801 ff.

[357] Vgl. die Tagungsberichte in NJW 1994, 3070 und JZ 1995, 190. Nach Ansicht von *Dauner-Lieb*, JZ 2001, 8, 15 ist dies allerdings nur die halbe Wahrheit. Abgesehen davon, daß eine intensive wissenschaftliche Diskussion nicht stattgefunden habe, seien auch kritische Stimmen vernehmbar gewesen, z. B. *Flume*, AcP 193 (1993), 89 ff.; *derselbe*, ZIP 1994, 1497; *Stürner*, NJW 1994, Beilage zu Heft 25, S. 2 ff.

[358] So *Zimmermann*, in: *Ernst/Zimmermann*, Zivilrechtswissenschaft und Schuldrechtsreform, S. 1, 16.

[359] *Weis*, in: *Ernst/Zimmermann*, Zivilrechtswissenschaft und Schuldrechtsreform, S. 25, 27.

V. Außerordentliche Kündigung durch den Kunden

Diese Richtlinie wurde am 7. 7. 1999 im Amtsblatt verkündet und sah die Umsetzung durch den nationalen Gesetzgeber bis spätetesten zum 31. 12. 2001 vor.

b) Bedeutung des EU-Rechtes

Die Bedeutung des EU-Rechtes, das zunehmend Einwirkungen auf die Kernbereiche der nationalen Privatrechte entfaltet,[360] ist seit Mitte der achtziger Jahre kontinuierlich angewachsen. Von herausragender Bedeutung ist das Instrument der EG-Richtlinie. Nach Art. 249 Abs. 3 EGV ist die Richtlinie für jeden Mitgliedstaat, an den sie gerichtet wird, hinsichtlich des zu erreichenden Zieles verbindlich, überläßt jedoch den innerstaatlichen Stellen die Wahl der Form und der Mittel.[361] Die Richtlinie ist ein eigentümlicher Rechtsakt des Gemeinschaftsrechts,[362] die in etwa vergleichbar ist mit einem deutschen Rahmengesetz.[363] Sie bindet die Mitgliedstaaten nicht unmittelbar,[364] sondern stellt die Verpflichtung auf, die in der Richtlinie genannte Zielsetzung in nationales Recht umzusetzen, wobei die Art und Weise der Umsetzung dem Mitgliedsstaat freigestellt ist. Auf diese Weise soll die Richtlinie zwar gemeinschaftsweit materiell-rechtlich harmonisieren, hierbei aber die Vielfalt nationaler Rechtsformen, soweit möglich, respektieren (Abgleichung statt Vereinheitlichung).[365]

154

Vor diesem Kontext ist der deutsche Gesetzgeber vor allem in jüngerer Zeit dazu übergegangen, zum Zwecke der Umsetzung von EG-Richtlinien keine neuen Spezialgesetze zu erlassen, sondern sukzessive die erforderlichen Rechtsänderungen in das BGB zu integrieren. Exemplarisch ist das Überweisungsgesetz vom 21. 7. 1999,[366] welches dem BGB die §§ 676 a–h bescherten. Neben der Erweiterung der Informationspflichten bei der entgeltlichen Geschäftsbesorgung wurden hier die Vertragstypen des Überweisungs- und des Girovertrages eingeführt. In jüngster Zeit hat vor allem das überwiegend am 30. 6. 2000 in Kraft getretene „Gesetz über Fernabsatzverträge und andere Fragen des Verbraucherrechts sowie zur Umstellung von Vorschriften auf Euro" (FernAbsG)[367] für Furore ge-

155

---

[360] *Hommelhoff*, AcP 192 (1992), 71 ff; *Zimmermann*, in: *Ernst/Zimmermann*, Zivilrechtswissenschaft und Schuldrechtsreform, S. 1, 16; umfassend *Grundmann*, Europäisches Schuldvertragsrecht, passim.

[361] Art. 14 Abs. 3 EGKSV beinhaltet hinsichtlich der dort genannten Empfehlung eine ähnliche Regelung, vgl. EuGH EuZW 1991, 26 ff.

[362] Vgl. *Oppermann*, Europarecht, Rdnrn. 547; *Micklitz/Reich*, BB 1999, 2093, 2096.

[363] *Oppermann*, Europarecht, Rdnrn. 547.

[364] In eng begrenzten Fällen ist eine unmittelbare Wirkung von EG-Richtlinien gemeinschaftsrechtlich legitim. Zwingende Voraussetzung hierfür ist, daß die Richtlinie so „perfekt" regelungsintensiv ausgearbeitet ist, daß sich die Umsetzung in nationales Recht sich mehr oder weniger auf ein bloßes Abschreiben der Inhalts reduzieren würde und der Mitgliedsstaat die Anpassung seines nationalen Rechtes nicht fristgemäß vorgenommen hat. Vgl. hierzu EuGH Slg. 1970, 1213 ff. – RS 33/70 „SpaSACE"; EuGH Slg. 1982, 53 f – RS 8/81 „Wirkung der Richtlinie"; EuGH Slg. 1987, 2969 ff. – RS 80/86; *Oppermann*, Europarecht, Rdnrn. 556; siehe auch BVerfGE 75, 223 ff.; BVerwGE 74, 241 ff.

[365] *Oppermann*, Europarecht, Rdnrn. 548.

[366] Überweisungsgesetz vom 21. 7. 1999 (BGBl. I, S. 1642).

[367] Kernpunkt dieses umfangreichen Artikelgesetzes ist das eigentliche Fernabsatzgesetz

sorgt.[368] Im Rahmen dieses Gesetzes blieb auch das BGB vor Modifikationen nicht verschont. Neben der Definition des „Verbrauchers" in § 13 BGB.[369] und des „Unternehmers" in 14 BGB[370] sind hier vor allem Vorschriften der §§ 241a, 361a, 651k BGB zu nennen. In gewisser Weise mag auch das – überwiegend als mißglückt angesehene[371] – Gesetz zur Beschleunigung fälliger Zahlungen, vor allem die seit dem 1. 5. 2000 geltende Vorschrift des § 284 Abs. 3 Satz 1 BGB a. F. (§ 286 Abs. 3 S. 1 BGB n. F.)[372] genannt werden.

156   Alle drei der genannten Gesetze sind in Wissenschaft und Praxis auf erhebliche Kritik gestoßen,[373] was zu der Frage führte, ob der Gesetzgeber zu einer dem BGB angemessenen Gesetzgebung überhaupt noch in der Lage ist.[374] Gleichwohl hat der Gesetzgeber vor allem die Verbrauchsgüterkauf-Richtlinie zum Anlaß genommen, die so lange aufgeschobene Schuldrechtsreform nunmehr zu realisieren, was durchaus nicht nur negativ beurteilt wurde.[375] Begründet wurde dies mit der bereits erwähnten Umsetzung der drei EU-Richtlinien und der – daraus

---

(Art. 1 des Gesetzes über Fernabsatzverträge und andere Fragen des Verbraucherrechts sowie zur Umsetellung von Vorschriften auf Euro vom 27. 6. 2000, BGBl. I, S. 897). Das Fern-AbsG basiert auf der Richtlinie 97/7/EG des Europäischen Parlamentes und des Rates vom 20. 5. 1997 über den Verbraucherschutz bei Vertragsabschlüssen im Fernabsatz (ABl. EG Nr. L 144 vom 4. 6. 1997, S. 19; dazu *Martinek*, NJW 1998, 207 ff.) und erfaßt sowohl die Lieferung von Waren als auch die Erbringung von Dienstleistungen, nicht hingegen Verträge über Finanzgeschäfte, die erst später in einer eigenständigen EG-Richtlinie geregelt werden sollen (vgl. „Vorschlag für eine Richtlinie des Europäischen Parlaments und des Rates über den Fernabsatz von Finanzdienstleistungen an Verbraucher und zur Änderung der Richtlinie 90/619/EWG des Rates und der Richtlinien 97/7/EG und 98/27/EG" vom 14. 10. 1998, abgedruckt in WM 1999, 1477).

[368] Vgl. z. B *Bülow/Artz*, NJW 2000, 2049; *Fuchs*, ZIP 2000, 1273; speziell zur Änderung der Vorschriften im BGB siehe auch die *sehr* kritischen Abhandlungen von *Flume*, ZIP 2000, 1427 und *Hensen*, ZIP 2000, 151.

[369] In der Fassung des FernAbsG vom vom 27. 6. 2000, BGBl. I, S. 897; dazu *Flume*, ZIP 2000, 1427, 1428: „Die Definition des § 13 BGB ist nach ihrem Wortlaut barer Unsinn".

[370] In der Fassung des FernAbsG vom vom 27. 6. 2000, BGBl. I, S. 897; ebenfalls strikt ablehnend *Flume*, ZIP 2000, 1427, 1428; ähnlich *Hensen*, ZIP 2000, 1151.

[371] Vgl. *Flume*, ZIP 2000, 1429, 1430; *Einsele*, JZ 2000, 9 ff.; *H. H. Jakobs*, JZ 2000, 641 ff.

[372] Gesetz zur Beschleunigung fälliger Zahlungen vom 30. 3. 2000, (BGBl. I 2000, S. 330), dazu *Fabis*, ZIP 2000, 865; *Kiesel*, NJW 2000, 1673; *Schmidt-Räntsch*, ZfIR 2000, 337; sehr kritisch *Brambring*, ZfIR 2000, 245; *Ernst*, ZeuP 8 (2000), 769; *U. Huber*, JZ 2000, 743 ff.; *derselbe*, JZ 2000, 957 ff.; befürwortend aber *Pick*, ZfIR 2000, 333 ff.

[373] Zum Fernabsatzgesetz (vor allem zu §§ 13, 14 BGB: *Hensen*, ZIP 2000, 1151 f. („Man könnte heulen"), dem folgend *Flume*, ZIP 2000, 1429, 1430; *H. Roth*, JZ 2000, 1013 ff.; *Lüke*, JuS 2000, 1139; positiver *Lorenz*, JuS 2000, 833 ff.

[374] *Flume*, ZIP 2000, 1429, 1430 f. *U. Huber*, JZ 2000, 966 f; *Seiler*, in: Behrends/Sellert, Kodifikationsgedanke, S. 105 ff.; im Erg. auch *Dauner-Lieb*, JZ 2001, 8, 10; *Ernst*, ZEup 8 (2000), 767 ff.

[375] Vgl. z. B. *Reich*, NJW 1999, 2397 ff.; *P. Schäfer/K. Pfeiffer*, ZIP 1999, 1829 ff.; *Micklitz*, EuZW 1999 m 485 ff; *Ehmann/Rust*, JZ 1999, 853 ff.; *Gass*, in: Festschrift Rolland, S. 129 ff.; tendenziell wohl auch *Zimmermann*, in: *Ernst/Zimmermann*, Zivilrechtswissenschaft und Schuldrechtsreform, S. 1, 19 ff. (der indessen zur Vorsicht mahnt).

resultierenden – Notwendigkeit, Schluß zu machen „mit dem Flickenteppich aus unübersichtlichen und verwirrenden Sondergesetzen und zurückzufinden zu einer systematischen und integrierenden Lösung in unserer Zivilrechtskodifikation, dem Bürgerlichen Gesetzbuch".[376]

c) Weitere Entwicklung des Schuldrechtsmodernisierungsgesetzes

Tatsächlich legte das Bundesministerium der Justiz im September 2000 einen annähernd 650 Seiten starken **Diskussionsentwurf eines Schuldrechtsmodernisierungsgesetzes** vor,[377] der die Verbrauchsgüterrichtlinie, die Richtlinie zur Bekämpfung von Zahlungsverzug im Geschäftsverkehr sowie die e-commerce-Richtlinie umsetzen sollte.[378] Im Rahmen dieses Entwurfes wurde das gesamte Schuldrecht modifiziert und angepasst, wobei z.T. sogar über den Abschlußbericht der Kommission aus dem Jahre 1992 hinausgegangen wurde.[379] Neben der Neustrukturierung überkommener Vertragstypen wie Kauf-, Werk- und Darlehensvertrages sollte vor allem das Recht der Leistungsstörungen[380] sowie das Recht der Verjährung eine Überarbeitung erfahren.[381] Darüber hinaus sollten Rechtsinstitute wie die positive Forderungsverletzung, die culpa in contrahendo und der Wegfall der Geschäftsgrundlage endlich kodifiziert werden.[382] Des weiteren galt es, Fragen des Vertragsschlusses, des Widerrufs[383] sowie der Lösung

157

---

[376] *Weis*, in: *Ernst/Zimmermann*, Zivilrechtswissenschaft und Schuldrechtsreform, S. 25, 28; kritisch *Dauner-Lieb*, JZ 2001, 8, 10 f.

[377] Siehe hierzu den Überblick bei *Dauner-Lieb*, JZ 2001, 8, 12 ff.

[378] *Weis*, in: *Ernst/Zimmermann*, Zivilrechtswissenschaft und Schuldrechtsreform, S. 25. Siehe hierzu *Dauner-Lieb*, JZ 2001, 8 ff.; *Ernst*, ZRP 2001, 1 ff.; *Honsell*, JZ 2001, 18 ff.; *U. Huber*; ZIP 2000, 2137 ff.; *Krebs*, DB 2000, Beilage Nr. 14 zu Heft 48; *Wieser*, NJW 2001, 121 ff.

[379] *Zimmermann*, in: *Ernst/Zimmermann*, Zivilrechtswissenschaft und Schuldrechtsreform, S. 1, 20; *Schulze/Schulte-Nölke*, in: *Schulze/Schulte-Nölke*, Schuldrechtsreform vor dem Hintergrund des Gemeinschaftsrechts, S. 1, 9.

[380] Hierzu grundlegend *U. Huber*, in: BMJ, Gutachten und Vorschläge, S. 647 ff.; nunmehr in Abkehr seiner damaligen Vorschläge *derselbe*, in: *Ernst/Zimmermann*, Zivilrechtswissenschaft und Schuldrechtsreform, S. 31 ff.; *derselbe*, JZ 2001, 18 ff.; vgl. auch *Canaris*, in: *Schulze/Schulte-Nölke*, Schuldrechtsreform vor dem Hintergrund des Gemeinschaftsrechts, S. 43 ff.; *Magnus*, ebenda, S. 67 ff.; *Heinrichs*, ebenda, S. 81 ff.

[381] Hierzu *Mansell*, in: *Ernst/Zimmermann*, Zivilrechtswissenschaft und Schuldrechtsreform, S. 333 ff.; *Bydlinski,* in: *Schulze/Schulte-Nölke*, Schuldrechtsreform vor dem Hintergrund des Gemeinschaftsrechts, S. 381 ff.; *Eidenmüller*, ebenda, S. 405.

[382] Hierzu *Dauner-Lieb*, in: *Ernst/Zimmermann*, Zivilrechtswissenschaft und Schuldrechtsreform, S. 305 ff.; *dieselbe*, JZ 2001, 8, 14; *Köndgen*, in: *Schulze/Schulte-Nölke*, Schuldrechtsreform vor dem Hintergrund des Gemeinschaftsrechts, S. 231 ff.

[383] So hat der Gesetzgeber im Rahmen der Umsetzung der Fernabsatzrichtlinie die Vorschrift des § 361a BGB – nunmehr § 355 BGB n.F. – in das BGB eingefügt, wodurch er dem deutschen Recht die innovative Konstruktion der sog. „schwebenden Wirksamkeit" beschert hat; Begründung des RegierungsE BT-Drucks. 14/2658, S. 41, 47; *Schmidt-Räntsch*, ZBB 2000, 344, 346; dazu *Gernhuber*, WM 1998, 1797, 1804; *Kamanabrou*, WM 2000, 1417, 1418; *Tönner*; BB 2000, 1413, 1415; *Bülow/Artz*, NJW 2000, 2049, 2051; *Palandt/Heinrichs*, BGB, § 361a Rdnr. 8; Die Bezeichnung der „schwebenden Wirksamkeit" findet sich zuvor bei *Pfeiffer/Dauck*, NJW 1997, 30, 33; *Pfeiffer*, Anm. zu BGH LM § 1b AbzG Nr. 31; *Wolf*, Anm. zu BGH LM § 535 BGB Nr. 153; *Heinrichs*, in: Festschrift Medicus, S. 177, 187 f., 191;

158 vom Vertrag, vor allem auch vor dem Hintergrund elektronischer Willenserklärungen, also im Distanzgeschäft, einer praxisorientierten Lösung zuzuführen.[384]

Weiterhin bestand die Absicht, bestimmte vorvertragliche Informationspflichten, die sich meist an eine bestimmte, informationell überlegene Berufsgruppe richteten, zu etablieren.[385] Bereits seit dem Inkrafttreten des Maastricher Unionsvertrages vom 7. 2. 1992[386] am 1. 11. 1993 und des Vertrages von Amsterdam vom 2. 10. 1997[387] am 1. 5. 1999 hat die EU auch in ihrem Primärrecht ein Recht auf Information als Komponente des Verbraucherschutzes verankert (vgl. Art. 153 EGV).[388] Hierbei wird von einem hohen Schutzniveau ausgegangen (Art. 95 Abs. 3 EGV). Nach der Rechtsprechung des EuGH ist im Interesse eines angemessenen Ausgleiches zwischen den Erfordernissen des freien Waren- und Dienstleistungsverkehrs auf der einen Seite und den Anforderungen an den Verbraucherschutz vom Leitbild eines kritischen mündigen Verbrauchers, der Informationen aufnehmen und eigenverantwortlich handeln kann, auszugehen.[389] Vor diesem Hintergrund betrachtet die Gemeinschaft die Information als das vorrangige Instrument des Verbraucherschutzes, das zwingenden oder einschränkenden Normen grundsätzlich vorzugehen hat"[390]. Der EuGH spricht insoweit von einem **Grundrecht des Verbrauchers auf angemessene Unterrichtung**.[391] Derartige

---

Fuchs, ZIP 2000, 1273, 1282. Zur Frage der Verzichtbarkeit des Widerrufsrechtes *derselbe*, AcP 196 (1996), 314, 355; *Krämer*, ZIP 1997, 93, 96, die dies bejahen; a. A. *Bülow*, ZIP 1998, 945; vgl. auch *MünchKomm/Ulmer*, BGB, § 7 VerbrKrG Rdnr. 26. Nach § 361 a Abs. 1 Satz 1 BGB ist der Verbraucher an seine Willenserklärung nicht mehr gebunden, wenn er sie fristgerecht widerruft. Insoweit stellt sich das Widerrufsrecht als ein zugunsten des Verbrauchers wirkendes modifiziertes Rücktrittsrecht dar, vgl. *Fuchs*, ZIP 2000, 1273, 1281, 1282 f.; *derselbe*, AcP 106 (1996), 340, 350; wohl auch *Bülow/Artz*, NJW 2000, 2049, 2051; *Bülow*, ZIP 1999, 1291,1293; *Micklitz/Reich*, BB 1999, 2093, 2094; *Waldenberger*, K&R 1999, 345, 349; *Heinrichs*, in: Festschrift Medicus, S. 177, 190.

[384] Vgl. *Hager*, in: *Ernst/Zimmermann*, Zivilrechtswissenschaft und Schuldrechtsreform, S. 429 ff.; *Hoeren*, in: *Schulze/Schulte-Nölke*, Schuldrechtsreform vor dem Hintergrund des Gemeinschaftsrechts, S. 315 ff.; *Lorenz*, ebenda, S. 329 ff.; *Mankowski*, ebenda, S. 357 ff.; *Fuchs*, ZIP 2000, 1273, 1274.

[385] Vgl. zu der Integration vorvertraglicher (Informations)Pflichten *Schulze/Schulte-Nölke,* in: *Schulze/Schulte-Nölke*, Schuldrechtsreform vor dem Hintergrund des Gemeinschaftsrechts, S. 1, 18; *Fleischer*, ebenda, S. 243 ff.; *Grigoleit*, ebenda, S. 269; siehe auch *Dauner-Lieb*, in: *Ernst/Zimmermann*, Zivilrechtswissenschaft und Schuldrechtsreform, S. 305 ff.; *Krebs*, DB 2000, Beilage Nr. 14 zu Heft 48, S. 9; zu den beruflich motivierten Informationspflichten siehe *Hopt*, AcP 183 (1983), 608 ff.; *Lang*, AcP 201 (2001), 451 ff.

[386] BGBl. II 1992, S. 1253.

[387] BGBl. II 1998, S. 387.

[388] Vgl. EuGH, Slg. 1996, I-2169; EuGH NVwZ 2000, 905; EuGH NVwZ 1999, 1216 (zu Fragen des Zugangs zu Informationen bei Rat und der Kommission); *Kloepfer/Neun*, EuR 2000, 512, 527, 530.

[389] Vgl. EuGH Slg. 1995, I-1923 ff. – RS C 470/93 "Mars". Zu dem – bisher schwierigen – Verhältnis zwischen Verbraucher(schutz)recht und Privatrecht siehe *Dauner-Lieb*, Verbraucherschutz, *passim*; *Dreher*, JZ 1997, 167 ff.; *Medicus*, in: Festschrift Kitagawa, S. 471 ff.; *Pfeiffer*, in: *Schulze/Schulte-Nölke*, Eurpäische Rechtsangleichung, S. 21 ff.

[390] *Oppermann*, Europarecht, Rdnr. 2043.

[391] EuGH Slg. 1990, I-667 ff.; RS C 362/88.

V. Außerordentliche Kündigung durch den Kunden

Informationspflichten gewinnen auch im Bereich des Kreditgeschäfts zunehmende Bedeutung.

Schließlich sollten verschiedene, verbraucherschutzrechtlich orientierte Gesetzeswerke wie das VerbrKrG, das HausTWG, das FernAbsG sowie das AGBG[392] in das BGB integriert werden.[393] Auf diese Weise soll die Dualität von BGB und den zivilrechtlichen Sondergesetzen, die z.T. als „disparater Flickenteppich" bezeichnet wurde,[394] einem einheitlichen, in sich geschlossenen Gesetzeswerk weichen. Allerdings geht das Schuldrechtsmodernisierungsgesetz nicht so weit, nunmehr das gesamte Verbraucherrecht – wie etwa in Österreich oder Frankreich – im Rahmen eines Verbrauchergesetzbuches zu regeln.[395]

159

Da der im September 2000 vom Bundesministerium der Justiz vorgelegte Diskussionsentwurf eines Schuldrechtsmodernisierungsgesetzes vor allem in der Wissenschaft für eine lebhafte Diskussion gesorgt hat,[396] hat das Bundesministerium der Justiz die Ergebnisse verschiedener Arbeitsgruppen im Rahmen einer konsolidierten Fassung des Diskussionsentwurfs eingearbeitet. Diese konsolidierte Fassung wurde kurzfristig von einer Arbeitsgruppe,[397] und zwar noch vor der Tagung der Zivilrechtslehrer am 30./31. März 2001 kommentiert, wobei vor allem auf die Erkenntnisse des Regensburger Symposiums „Schuldrechtsmodernisierung 2001" zurückgegriffen werden konnte.

160

Um die Umsetzung der Schuldrechtsmodernisierung zum 1.1.2002 sicherstellen zu können, hat die Bundesregierung unter dem 14.5.2001 einen Regierungsentwurf eines Gesetzes zur Modernisierung des Schuldrechts (Stand: 9.5.2001)[398] vorgelegt. Nach weiteren Beratungen und der Einarbeitung der wesentlichen Vorschläge des Bundesrates konnte schließlich am 23.11.2001[399] das Schuldrechtsmodernisierungsgesetz verkündet werden und am 1.1.2002 in Kraft treten. Der Vollständigkeit halber sei erwähnt, daß das BGB i.d.F. des SchRModG nach seinem Inkrafttreten bereits zwei mal in wesentlichen Bereichen geändert wurde. So wurde im Rahmen des 4. Finanzmarktförderungsgesetzes die den Differenzeinwand

161

---

[392] Vgl. vor allem zur Integration des AGBG *Ulmer*, in: *Schulze/Schulte-Nölke*, Schuldrechtsreform vor dem Hintergrund des Gemeinschaftsrechts, S. 215 ff.; *derselbe*, JZ 2001, 491 ff.

[393] Hierzu *Dauner-Lieb*, JZ 2001, 8, 14f.; *Pfeiffer*, in: *Ernst/Zimmermann*, Zivilrechtswissenschaft und Schuldrechtsreform, S. 481 ff.; *Schmidt-Räntsch*, in: *Schulze/Schulte-Nölke*, Schuldrechtsreform vor dem Hintergrund des Gemeinschaftsrechts, S. 169 ff.; *Dörner*, ebenda, S. 177 ff.; *Micklitz*, ebenda; S. 189 ff.

[394] *Tonner*, BB 2000, 1413, 1414; ähnlich *Kamanabrou*, WM 2000, 1417, 1426; *Schmidt-Räntsch*, ZBB 2000, 344, 345; *Micklitz/Reich*, BB 1999, 2093.

[395] Vgl. *Schulze/Schulte-Nölke*, in: *Schulze/Schulte-Nölke*, Schuldrechtsreform vor dem Hintergrund des Gemeinschaftsrechts, S. 1, 17.

[396] Ein wesentliches Argument hierbei war auch, daß der Abschlußbericht der Schuldrechtskommission aus dem Jahre bereits über zehn Jahre alt war und auf dem Erkenntnisstand der achtziger Jahre erarbeitet wurde, vgl. *Dauner-Lieb*, JZ 2001, 8, 15; *Zimmermann*, in: *Ernst/Zimmermann*, Zivilrechtswissenschaft und Schuldrechtsreform, S. 1, 22.

[397] Diese Arbeitsgruppe bestand aus Prof. Dr. Barbara Dauner-Lieb, Dipl.-Vw. Dr. iur. Arnd Arnold, Wolfgang Dötsch und Volker Kitz.

[398] BT-Drucks. 14/6040 (im Internet abrufbar unter http://www.bmj.bund.de sowie http://www.rws.verlag.de/volltexte/schuldrechtsmodernisierung).

[399] BGBl I, S. 313 f.

betreffende Vorschrift des § 764 BGB ersatzlos gestrichen.[400] Des weiteren wurde als Folge der Rechtsprechung zum Fall der Eheleute *Heiniger*[401] die Vorschrift der §§ 355, 358 BGB geändert, mit der Folge, daß ein Widerufsrecht, über welches nicht belehrt wurde, ohne zeitliche Befristung bestehen bleibt. Geklärt wurde ferner, daß auch grundpfandrechtlich gesicherte Immobiliardarlehen, die im Rahmen einer Haustürsituation abgeschlossen werden, ein Widerrufsrecht beinhalten. Bisher bestand aufgrund der Subsidiarität der Vorschriften betreffend Haustürgeschäfte gegenüber den Bestimmungen über Verbraucherdarlehen in derartigen Fällen kein Widerrufsrecht. Diese gesetzgeberische Entscheidung wurde indessen vom EuGH als nicht richtlinienkonform angesehen; der BGH hat diese Sichtweise bestätigt, so daß insoweit gesetzgeberischer Handlungsbedarf bestand.

162 Die Reform des Schuldrechts gilt als bisher größter gesetzgeberischer Eingriff in der Geschichte des BGB. Gleichwohl dies viele zum Umdenken zwingen wird, so ist eine solche Maßnahme aus der Sicht der Gesetzgebungswissenschaft, der Rechtsgeschichte und der Rechtsvergleichung keinesfalls besonders ungewöhnlich oder gar ein Novum.[402] Daß eine solch umfassende Schuldrechtsreform Bedenken und Kritik bei denjenigen auslöst, denen an einem wohlstrukturierten deutschen Zivilrecht gelegen ist und den guten Ruf des deutschen BGB erhalten wollen,[403] ist nicht nur verständlich; es ist für eine erfolgreiche Schuldrechtsreform sogar unabdingbar. Gleichwohl sei daran erinnert, daß auch die Entstehung des BGB seinerzeit erheblicher Kritik ausgesetzt war, wobei vor allem die fehlende legislatorische Qualität beanstandet wurde.[404] Es bleibt zu hoffen, daß das „neue Schuldrecht" alsbald den Ruf genießt, den sich das BGB in der Vergangenheit, zum Teil mit Mühe, erarbeiten konnte.[405]

2. Möglichkeit der Kündigung von Dauerschuldverhältnissen aus wichtigem Grund

163 Bereits an dieser Stelle sei darauf hingwiesen, daß im Rahmen des Schuldrechtsmodernisierungsgesetzes im BGB eine Regelung – konkret: § 490 Abs. 2 BGB – aufgenommen wurde, die dem Darlehensnehmer unter bestimmten Voraussetzungen das Recht verschafft, den Darlehensvertrag vorzeitig zu kündigen, wobei der dem Darlehensgeber entstehende Schaden über eine Vorfälligkeitsentschädigung auszugleichen ist.[406]

---

[400] Siehe hierzu *Schäfer/Lang*, BKR 2002, 197 ff.

[401] EUGH BKR 2002, 86 mit Anm. *Edelmann* und *Frisch*; darauf BGH BGR 2002, 570 mit Anm. *Rohe*.

[402] *Schulze/Schulte-Nölke*, in: *Schulze/Schulte-Nölke*, Schuldrechtsreform vor dem Hintergrund des Gemeinschaftsrechts, S. 1, 4.

[403] Vgl. *Dauner-Lieb*, JZ 2001, 8, 18: „Gutes Recht braucht eine Lobby..."

[404] Vgl. *Schwab*, ZNR 2000, 325 ff.; *Schülte-Nölke*, NJW 1996, 1705 ff; *Schulze/Schulte-Nölke*, in: *Schulze/Schulte-Nölke*, Schuldrechtsreform vor dem Hintergrund des Gemeinschaftsrechts, S. 1, 23.

[405] Vgl. *Fuchs*, ZIP 2000, 1273, 1287: „Zu hoffen bleibt allerdings, daß sich die neuen Vorschriften nicht als trojanisches Pferd erweisen, aus dem eines Tages (weitere) Ansätze für eine Zurückdrängung der Privatautonomie durch einen undifferenzierten, rollenspezifisch motivierten Verbraucherschutz in Kerngebiete des BGB eingeschleust werden".

[406] Siehe hierzu gleich nachstehend B Rdnr. 169 ff.

V. Außerordentliche Kündigung durch den Kunden

Diese Regelung ist in engem sachlichen Kontext zu der gleichfalls neu eingeführten Bestimmung des § 314 BGB n. F. zu sehen. Anders als die Regelung des § 490 BGB n. F. war § 314 BGB n. F. bereits im ersten Diskussionsentwurf zum SchRModG enthalten und hat seitdem kaum Änderungen erfahren.[407]

164

Nach § 314 Abs. 1 BGB n. F. können Dauerschuldverhältnisse von jedem Vertragsteil aus wichtigem Grund ohne Einhaltung einer Kündigungsfrist gekündigt werden. Ein wichtiger Grund liegt vor, wenn dem kündigenden Teil unter Berücksichtigung aller Umstände des Einzelfalls und unter Abwägung der beiderseitigen Interessen die Fortsetzung des Vertragsverhältnisses bis zur vereinbarten Beendigung oder bis zum Ablauf einer Kündigungsfrist nicht zugemutet werden kann. Mit dieser Regelung hat der Gesetzgeber schlicht und ergreifend die von Rechtsprechung und Schrifttum entwickelten Grundsätze bzgl. der **Kündigung von Dauerschuldverhältnissen**[408] aufgegriffen und kodifiziert.[409] In § 314 Abs. 2 bis 4 BGB n. F. wird dieser Grundsatz näher konkretisiert. So ist die Kündigung im Falle einer (wesentlichen) Vertragsverletzung erst nach erfolgloser Fristsetzung bzw. Abmahnung möglich (§ 314 Abs. 2 BGB n. F.); auch muß nach Kenntnis des Kündigungsgrundes innerhalb einer „angemessenen Frist" gekündigt werden (§ 314 Abs. 3 BGB n. F.). Auch wird die Berechtigung, Schadensersatz zu verlangen, durch die Kündigung nicht ausgeschlossen (§ 314 Abs. 4 BGB n. F.).

165

Ausweislich der Regierungsberündung[410] besteht der für eine Kündigung erforderliche wichtige Grund, „wenn Tatsachen vorliegen, die unter Berücksichtigung aller Umstände und unter Abwägung der beiderseitigen Interessen die Fortsetzung des Vertrags für den Kündigenden unzumutbar machen". Ein Verschulden des anderen Teils ist weder erforderlich noch ausreichend, und ein eigenes Verschulden schließt das Kündigungsrecht nicht unbedingt aus.

166

---

[407] Zu § 314 BGB n. F. siehe eingehend *Lang*, in: Lang/Assies/Werner, Schuldrechtsmodernisierung in der Bankpraxis, S. 97 ff.

[408] Vgl. RGZ 65, 37 f.; RGZ 94, 234, 235 f.; RGZ 150, 193, 199; BGHZ 41, 104, 108; BGH DB 1972, 2054, 2055; BGHZ 50, 312, 315; BGHZ 51, 79, 82; BGHZ 64, 288, 293; BGH WM 1978, 271, 273; BGH NJW 1978, 947, 948; BGHZ 77, 65, 69; BGHZ 82, 354, 359; BGH NJW 1986, 3134, 3135; BGH NJW 1989, 1482, 1483; BGH NJW 1993, 1133, 1135; OLG Hamburg MDR 1981, 1165; *Canaris*, in: Hadding/Hopt/Schimansky, Bankrechtstag 1996, S. 3, 7; *Hopt/Mülbert*; Kreditrecht, § 609 a Rdnr. 1; *MünchKomm/Westermann*, BGB, § 609 a Rdnr. 31; *MünchKomm/Schwerdtner*, BGB, § 626, Rdnr. 1; *Emmerich*, in: Emmerich/Sonnenschein/Weitemeyer*, Miete, § 553, Rdnr. 11; *Fikentscher*, Schuldrecht, Rdnr. 188; *Staudinger/J. Schmidt*, BGB, § 242 Rdnr. 1385; *Staudinger/Heintzmann*, BGB, § 554 a Rdnr. 18; *Erman/Jendrek*, BGB, § 554 a Rdnr. 10; *Köndgen*, Gewährung und Abwicklung grundpfandrechtlich gesicherter Kredite, S. 150, EWiR 1994, 1079, 1080 *Metz*; *derselbe*, in: Metz/Wenzel, Vorfälligkeitsentschädigung, Rdnr. 68.; *derselbe*, ZBB 1994, 205, 210; *Weber*, NJW 1995, 2951; *Palandt/Putzo*, BGB, § 609 a Rdnr. 4; *Wenzel*, in: Metz/Wenzel, Vorfälligkeitsentschädigung, Rdnr. 208; *derselbe*, WM 1995, 1433, 1435; *Soergel/Häuser*, BGB, § 609 Rdrn. 40; *Hopt*, ZHR 143 (1979), 139, 161; *Stelling*, Die vorzeitige Ablösung festverzinslicher Realkredite, S. 71, 99; vgl. auch *RGRK/Ballhaus*, BGB, § 609 Rdnr. 16; *Bruchner*, in: Schimansky/Bunte/Lwowksi, Bankrechts-Handbuch, § 79 Rdnr. 41; *Schwintowski/Schäfer*, Bankrecht, § 7 Rdnr. 203.

[409] Begründung RegE SchRModG, BR-Drucks. 338/01, S. 408.

[410] Begründung RegE SchRModG, BR-Drucks. 338/01, S. 409.

167 Aufgrund seines „generalklauselartigen Charakters" steht § 314 BGB n. F. naturgemäß in einem Konkurrenzverhältnis zu verschiedenen anderen Vorschriften des Bürgerlichen Gesetzbuchs und anderer Gesetze, in denen die Kündigung aus wichtigem Grund bei einzelnen Dauerschuldverhältnissen besonders geregelt ist. Diese Einzelbestimmungen sollen nach dem Willen des Gesetzgebers nicht aufgehoben oder geändert werden, sondern als leges speciales Vorrang vor § 314 BGB haben.[411]

168 Als speziellere Vorschrift ist § 490 BGB n. F. zu qualifizieren, wird hier doch das außerordentliche Kündigungsrecht bei einem speziellen Dauerschuldverhältnis, nämlich dem Darlehensvertrag festgelegt. Gleichwohl § 490 Abs. 1 und 2 BGB n. F. somit als lex specialis Vorrang gegenüber § 314 BGB n. F. beansprucht, so legt § 490 Abs. 3 BGB n. F. ausdrücklich fest, daß die Vorschriften der §§ 313 (Störung der Geschäftsgrundlage) und 314 (Kündigung von Dauerschuldverhältnissen aus wichtigem Grund) unberührt bleiben, also daneben weiterhin Anwendung finden.

3. Neuregelung der vorzeitigen Tilgung als außerordentliches Kündigungsrecht

a) Die konsolidierte Fassung des Diskussionsentwurfs

169 Im ersten Diskussionsentwurf aus dem Jahre 2000 war eine Regelung über ein Recht zur vorfälligen Tilgung nicht verankert, was vor allem von *Köndgen* kritisiert wurde.[412] Die Vertragsmodifizierungstheorie des BGH, die er als „gewagte und in ihren Weiterungen noch kaum absehbare Fortbildung des BGB-Leistungsstörungsrechts" wertet,[413] hielt Köndgen auch in rechtspolitischer Hinsicht für einen falschen Schritt. Seiner Ansicht nach sei die Schwelle für den Anspruch auf Vertragslösung viel zu niedrig angesetzt.[414]

170 Wenngleich der Gesetzgeber den Vorschlägen von *Köndgen* nicht in allen Punkten gefolgt ist, so findet sich bereits in der Konsolidierten Fassung eine Regelung hinsichtlich der vorfälligen Rückführung, und zwar in § 487 Abs. 2 BGB KF. Diese Regelung hatte folgenden Wortlaut:

> „Der Darlehensnehmer kann einen Darlehensvertrag, bei dem für einen bestimmten Zeitraum ein fester Zinssatz vereinbart ist, unter Einhaltung der Fristen des § 486 Abs. 1 Nr. 2 vorzeitig kündigen, wenn er einen sachlichen Grund für die Kündigung hat und er dem Darlehensgeber denjenigen Schaden ersetzt, der diesem aus der vorzeitigen Kündigung entsteht (Vorfälligkeitsentschädigung). Ein sachlicher Grund liegt insbesondere vor, wenn der Darlehensnehmer ein Bedürfnis nach einer anderweitigen Verwertung des zur Sicherung des Darlehens beliehenen Objekts hat. § 486 Abs. 3 gilt entsprechend."

171 In dieser Vorschrift wollte der Gesetzgeber an die Rechtsprechung des BGH zur Vorfälligkeitsentschädigung anknüpfen und diese einer Kodifizierung zuführen.

---

[411] Begründung RegE SchRModG, BR-Drucks. 338/01, S. 409f.

[412] *Köndgen*, in: *Ernst/Zimmermann*, Zivilrechtswissenschaft und Schuldrechtsreform, S. 457, 467, 474, 475f.

[413] *Köndgen*, ZIP 1997, 1645; *derselbe*, in: *Ernst/Zimmermann*, Zivilrechtswissenschaft und Schuldrechtsreform, S. 457, 467.

[414] *Köndgen*, in: *Ernst/Zimmermann*, Zivilrechtswissenschaft und Schuldrechtsreform, S. 457, 476.

Allerdings hat sich der Gesetzgeber anstelle eines Anspruchs auf Vertragsauflösung bereits hier für ein Kündigungsrecht des Darlehensnehmers entschieden.[415] Die Frage nach der Berechnung der Vorfälligkeitsentschädigung, welche in Rechtsprechung und Schrifttum kontrovers diskutiert wurde,[416] wurde hingegen nicht geregelt, was im wesentlichen begrüßt wurde.[417]

Kritisiert wurde indessen die Abgrenzung zu § 486 Abs. 1 Nr. 2 BGB KF, da § 487 Abs. 2 BGB KF augenscheinlich kein grundpfandrechtlich gesichertes Darlehen voraussetzt, auch wenn dieser Fall offensichtlich den Hintergrund der Regelung bilden sollte.[418] Bei einem nicht durch Grund- oder Schiffspfandrecht sicherten Darlehen mit festem Zinssatz könne der Darlehensnehmer jedoch bereits nach § 486 Abs. 1 Nr. 2 BGB KF kündigen. Insoweit wäre ein Klarstellung angebracht.[419]

b) Der Regierungsentwurf vom 9. 5. 2001

Im Rahmen der Überarbeitung des Diskussionsentwurfs wurde die Paragraphenfolge (eher geringfügig) verändert, so daß das Recht zur vorzeitigen Darlehenskündigung nunmehr in § 490 BGB n. F. festgeschrieben wurde.

Im Rahmen des Regierungsentwurfes vom 9. 5. 2001 fand sich in in § 490 Abs. 2 BGB RE die folgende Fassung einer Vorfälligkeitsregelung:

„Der Darlehensnehmer kann einen Darlehensvertrag, bei dem für einen bestimmten Zeitraum ein fester Zinssatz vereinbart und das Darlehen durch ein Grund- oder Schiffspfandrecht gesichert ist, unter Einhaltung der Fristen des § 489 Abs. 1 Nr. 2 vorzeitig kündigen, wenn er ein Bedürfnis nach einer anderweitigen Verwertung des zur Sicherung des Darlehens beliehenen Objekts hat und er dem Darlehensgeber denjenigen Schaden ersetzt, der diesem aus der vorzeitigen Kündigung entsteht (Vorfälligkeitsentschädigung)."

Der in § 487 Abs. 2 BGB KF enthaltene, eine Kündigung rechtfertigende sachliche Grund wurde in § 490 Abs. 2 BGB RE durch „ein Bedürfnis nach einer anderweitigen Verwertung des zur Sicherung des Darlehens beliehenen Objekts" ersetzt. Gegenüber der konsolidierten Fassung des § 487 Abs. 2 BGB handelte es sich jedoch vor allem um eine redaktionelle Klarstellung, da auch § 487 Abs. 2 BGB KF in seinem Satz 2 von einem „Bedürfnis nach einer anderweitigen Verwertung" sprach.

Ausweislich der Begründung zu § 490 BGB RE soll die in ihrem Absatz 1 ein außerordentliches Kündigungsrecht des Darlehensgebers für den Fall der Vermögensverschlechterung sowie in seinem Absatz 2 ein außerordentliches Kündigungsrecht des Darlehensnehmers für den Fall der anderweitigen Verwertung des Sicherungsobjekts normieren. Absatz 3 hingegen stellt klar, dass § 490 BGB nicht abschließend ist.

---

[415] *Dauner-Lieb/Arnold/Dötsch/Kitz*, Anmerkungen zur konsolidierten Fassung eines Schuldrechtsmodernisierungsgesetzes, S. 102.

[416] Siehe hierzu eingehend Teil D.

[417] *Dauner-Lieb/Arnold/Dötsch/Kitz*, Anmerkungen zur konsolidierten Fassung eines Schuldrechtsmodernisierungsgesetzes, S. 102.

[418] *Dauner-Lieb/Arnold/Dötsch/Kitz*, Anmerkungen zur konsolidierten Fassung eines Schuldrechtsmodernisierungsgesetzes, S. 102.

[419] *Dauner-Lieb/Arnold/Dötsch/Kitz*, Anmerkungen zur konsolidierten Fassung eines Schuldrechtsmodernisierungsgesetzes, S. 102.

177 Aus der Überschrift wird deutlich, daß die Vorschrift lediglich außerordentliche Kündigungsrechte betrifft. Ordentliche Kündigungsrechte, wie sie sich zum Beispiel aus Nr. 19 Abs. 2 AGB-Banken ergeben, sind mithin von dieser Vorschrift nicht berührt.

178 Mit § 490 Abs. 2 BGB RE sollte die aktuelle Rechtsprechung zur vorfälligen Rückführung einer gesetzlichen Regelung zugeführt werden, d. h. es handelt sich um nichts anderes als um die Kodifizierung von Richterrecht.[420] Die Vorschrift folgt allerdings nicht der Sichtweise des Bundesgerichtshofs, wonach der Darlehensnehmer unter bestimmten Voraussetzungen einen Anspruch auf Vorverlegung des Erfüllungszeitpunktes besitzt,[421] sondern gewährt dem Darlehensnehmer bei einem grundpfandrechtlich gesicheten Darlehen ein außerordentliches Kündigungsrecht für den Fall, daß der Darlehensnehmer ein Bedürfnis nach einer anderweitigen Verwertung des Sicherungsobjekts hat. Das Kündigungsrecht wird allerdings davon abhängig gemacht, daß der Darlehensnehmer dem Darlehensgeber denjenigen Schaden ersetzt, der diesem aus der Kündigung entsteht.

179 Gleichwohl orientiert sich die Gesetzesfassung jedenfalls, soweit es die Begründung für den Anspruch auf vorzeitige Rückführung betrifft, eng an den vom BGH entwickelten Grundsätzen, so daß sich aus der Kodifikation in dieser Frage kaum Änderungen in der Praxis ergeben dürften. Auch nach der Rechtsprechung des BGH kommt es nicht darauf an, aus welchem Beweggrund der Darlehensnehmer das Beleihungsobjekt anderweitig verwerten will;[422] der Anspruch des Darlehensnehmers auf vorzeitige Vertragsauflösung besteht daher sowohl bei einem Verkauf aus privaten Gründen (z. B. Ehescheidung, Krankheit, Arbeitslosigkeit, Überschuldung, Umzug) ebenso wie bei der Wahrnehmung einer günstigen Verkaufsgelegenheit. Dies ergibt sich daraus, daß die Rechtsprechung den Anspruch auf vorzeitige Kreditabwicklung mit der Erhaltung der wirtschaftlichen Handlungsfreiheit des Darlehensnehmers bezüglich der belasteten Immobilie rechtfertigt. Dürfte der Darlehensgeber den Darlehensnehmer auch bei einem beabsichtigten Verkauf des beliehenen Objekts an der unveränderten Durchführung des Darlehensvertrags festhalten, könnte er den Verkauf vereiteln und dem Darlehensnehmer so die anderweitige Verwertung des belasteten Gegenstandes faktisch unmöglich machen. Darin läge ein nicht hinnehmbarer Eingriff in die wirtschaftliche Handlungsfreiheit des Darlehensnehmers.

180 An die Stelle des Anspruchs auf Vertragsauflösung tritt allerdings nunmehr ein **Kündigungsrecht des Darlehensnehmers**, was nach Ansicht des Gesetzgebers keine inhaltliche Änderung darstellt, sondern lediglich der Gesetzessystematik entspricht, die dem Schuldner bei Dauerschuldverhältnissen wie dem Darlehensvertrag nicht einen Anspruch auf vorzeitige Vertragserfüllung, sondern ein Kündigungsrecht gewährt. Das Kündigungsrecht des Darlehensnehmers soll indessen von der Zahlung einer Vorfälligkeitsentschädigung **abhängig** sein. Durch diese konditionale Verknüpfung wird im Ergebnis das in der Rechtsprechung

---

[420] Siehe hierzu *Dauner-Lieb*, in: *Ernst/Zimmermann*, Zivilrechtswissenschaft und Schuldrechtsreform, S. 305 ff.; *Köndgen*, in: *Schulze/Schulte-Nölke*, Schuldrechtsreform vor dem Hintergrund des Gemeinschaftsrechts, S. 231 ff.
[421] Siehe oben Teil B Rdnr. 77, 93 ff.
[422] Siehe oben Teil B Rdnr. 78 ff.

entwickelte Vertragsaufhebungsmodell erreicht: Der Schuldner hat zwar ein Kündigungsrecht; die Kündigung wird indessen erst wirksam, wenn er dem Darlehensgeber den objektiv zu berechnenden Vorfälligkeitsschaden ersetzt.

Auf diese Weise sollte mit § 490 Abs. 2 BGB-RE die Rechtsprechung des BGH[423] kodifiziert werden. Ausweislich der Regierungsbegründung[424] sollte sich die Gesetzesfassung eng an den vom BGH entwickelten Grundsätzen orientieren, so daß sich aus der Kodifikation keine Änderung der geltenden Rechtslage, sondern nur eine größere Rechtsklarheit und Rechtssicherheit für den Rechtsanwender ergibt. **181**

Allerdings wird mit der Kündigungskonstruktion die BGH-Rechtsprechung gerade *nicht* kodifiziert, sondern vieleher eine unter geltendem Recht ganz überwiegend abgelehnte und kaum mehr vertretene Mindermeinung.[425] Zumindest, soweit es um die rechtsdogmatische Begründung des Anspruchs auf vorzeitige Darlehensrückführung geht, ist dieser Aussage zuzustimmen, denn ein Anspruch auf Vertragsmodifizierung durch Vorverlegung des Erfüllungszeitpunktes ist gerade kein Recht auf Kündigung. **182**

Nach § 490 Abs. 2 BGB-RE sollte die Wirksamkeit der vom Darlehensnehmer ausgesprochen Kündigung davon abhängig sein, daß der Darlehensnehmer dem Darlehensgeber die Vorfälligkeitsentschädigung zahlt.[426] Die Zahlung der Vorfälligkeitsentschädigung wurde somit zur aufschiebenden Rechtsbedingung der Kündigung erhoben, was zur Folge hat, daß die Kündigung vor dem Eintritt dieser Rechtsbdingung schwebend unwirksam ist.[427] **183**

Diese Konstruktion, wonach die Wirksamkeit der Kündigung von einer Kompensationszahlung, mithin von einer in der Sphäre des Kündigenden liegenden Bedingung abhängig sein sollte, läßt es gerechtfertigt erscheinen, einen kurzen Blick auf das Wesen und die Rechtsnatur einer Kündigung zu werfen. **184**

Die Kündigung gilt als sog. **Gestaltungsrecht**,[428] das eine einseitige Einwirkung auf ein Rechtsverhältnis gestattet und regelmäßig durch eine einseitig empfangsbedürftige Willenserklärung ausgeübt wird. Anders als bei der Erfüllung eines Anspruchs ist die Mitwirkung einer anderen Person bei der Ausübung eines Gestaltungsrechtes nicht erforderlich.[429] In diesem Zusammenhang ist zunächst festzuhalten, dass Gestaltungsrechte vom Grundsatz her als bedingungsfeindlich qualifiziert werden.[430] Eingestandermaßen werden Einschränkungen von diesem Grundsatz zugelassen, wenn es sich um Bedingungen handelt, die den Erklärungsempfänger – hier: den Darlehensgeber – nicht in eine ungewisse Lage versetzen[431] oder sogar der Mitwirkung des Erklärungsempfängers bedür- **185**

---

[423] BGHZ 136, 161 ff.; NJW 1997, 2875 ff. und 2978 f.
[424] Begründung RegE SchRModG, BR-Drucks. 338/01, S. 600.
[425] *Mankowski/Knöfel*, ZBB 2001, 335, 336.
[426] Begründung RegE SchRModG, BR-Drucks. 338/01, S. 601.
[427] Begründung RegE SchRModG, BR-Drucks. 338/01, S. 601; vgl. auch *Mankowski/Knöfel*, ZBB 2001, 335, 337.
[428] Vgl. hierzu *Medicus*, BGB-AT, Rdnr. 79.
[429] *Medicus*, BGB-AT, Rdnr. 79.
[430] *Palandt/Heinrichs*, BGB, vor § 158 Rdnr. 13; vgl. auch BAG NJW 1995, 1983; *Medicus*, BGB-AT, Rdnrn. 846, 851.
[431] Vgl. BGHZ 97, 267; *Palandt/Heinrichs*, BGB, vor § 158 Rdnr. 13.

fen.⁴³² Kündigungen unter einer Rechtsbedingung sind, wenngleich derartige Konstellationen nur aus Spezialrechtsgebieten und Sonderfällen bekannt sind,⁴³³ unter diesen Voraussetzungen denn auch möglich.

186 In Absatz 2 sollte im übrigen nur der Begriff der Vorfälligkeitsentschädigung legal definiert werden. Deren Berechnungsgrundsätze werden dagegen weiterhin der Rechtsprechung und Finanzmathematik überlassen, da diese in ihren Verästelungen und Details einer gesetzlichen Kodifikation nicht zugänglich sind und auch für eventuelle Änderungen im Hinblick auf strukturelle Änderungen in den äußeren wirtschaftlichen Bedingungen offen sein müssen. Dem wäre eine Festschreibung im Gesetz abträglich.

c) Das Kündigungsrecht des § 490 Abs. 2 BGB in der Fassung des SchRModG

187 Der Rechtsausschuß hat den Regierungsentwurf des § 490 Abs. 2 BGB nochmals einer grundlegenden Modifikation unterzogen.⁴³⁴ § 490 Abs. 2 BGB in der nunmehr geltenden Fassung lautet somit:

„Der Darlehensnehmer kann einen Darlehensvertrag, bei dem für einen bestimmten Zeitraum ein fester Zinssatz vereinbart und das Darlehen durch ein Grund- oder Schiffspfandrecht gesichert ist, unter Einhaltung der Fristen des § 489 Abs. 1 Nr. 2 vorzeitig kündigen, wenn seine berechtigten Interessen dies gebieten. Ein solches Interesse liegt insbesondere vor, wenn der Darlehensnehmer ein Bedürfnis nach einer anderweitigen Verwertung der zur Sicherung des Darlehens beliehenen Sache hat. Der Darlehensnehmer hat dem Darlehensgeber denjenigen Schaden zu ersetzen, der diesem aus der vorzeitigen Kündigung entsteht (Vorfälligkeitsentschädigung)."

188 Der Rechtsausschuß vertrat zunächst die Ansicht, daß die auch vom Bundesgerichtshof verwandte Formulierung „wenn seine berechtigten Interessen dies gebieten"⁴³⁵ in die Vorschrift zu übernehmen sei und das Verwertungsinteresse des Darlehensnehmers im Anschluß daran als Konkretisierung eines solchen Interesses dargestellt werden müsse. Eine derartige Formulierung lasse der Rechtsprechung bei gleichgelagerten Fällen in der Zukunft mehr Raum.⁴³⁶

189 Des weiteren – und dies scheint entscheidend – dürfe die Wirksamkeit der Kündigung des Darlehensvertrags *nicht* – wie im Regierungsentwurf vorgesehen – von der Zahlung der Vorfälligkeitsentschädigung abhängig gemacht werden. Vielmehr sollte dem Darlehensgeber im Fall einer berechtigten Kündigung *ein gesetzlicher Anspruch* auf Zahlung der Vorfälligkeitsentschädigung zustehen.⁴³⁷

---

⁴³² *Medicus*, BGB-AT, Rdnr. 850.
⁴³³ *Mankowski/Knöfel*, ZBB 2001, 335, 338 u.a unter Hinweis auf „die kleingartenrechtliche Kündigungsgenehmigung nach § 1 Abs. 3 KschVO" (weitere Beispiele ebenda, siehe dort Fn. 15).
⁴³⁴ Beschlußempfehlung und Bericht des Rechtsaussschusses, BT-Drucks. 14/7052, S. 240f.
⁴³⁵ Vgl. BGH NJW 1997, 2875, 2877.
⁴³⁶ Beschlußempfehlung und Bericht des Rechtsaussschusses, BT-Drucks. 14/7052, S. 240.
⁴³⁷ Siehe hierzu auch *Habersack*, BKR 2001, 72 *Rösler/Lang*, in: Lang/Assies/Werner, Schuldrechtsmodernisierung in der Bankpraxis S. 169f.

V. Außerordentliche Kündigung durch den Kunden

Durch diese **Aufhebung des Junktims** zwischen Kündigung und Zahlung 190
einer Vorfälligkeitsentschädigung hat der Rechtsausschuß eine drastische Änderung vollzogen. Die Zahlung der Vorfälligkeitsentschädigung ist nunmehr nicht mehr Voraussetzung für die Wirksamkeit der Kündigung, sondern begründet „nur noch" einen Anspruch des Darlehensgebers auf Zahlung einer Vorfälligkeitsentschädigung. Mit dieser Trendwende wurde das Risiko der Einbringlichkeit der Vorfälligkeitsentschädigung vollumfänglich auf den Darlehensgeber verlagert.

Da die darlehensgebende Bank gehalten ist, dem Darlehensnehmer nach wirk- 191
samer Kündigung eine für ihn transparente und nachvollziehbare Abrechnung hinsichtlich der Höhe der Vorfälligkeitsentschädigung zu erteilen,[438] könnte man nunmehr erhöhte Mißbrauchsgefahren zu Lasten des Darlehensgebers konstruieren.[439] Immerhin hat der Darlehensnehmer nunmehr die Möglichkeit, das Darlehen vorzeitig zu kündigen, wobei die Wirksamkeit der Kündigung nur noch vom Grund der Kündigung, nicht mehr hingegen von der Zahlung der Vorfälligkeitsentschädigung, abhängig ist.

Auf der anderen Seite konnte sich die Kreditwirtschaft bereits mit den beiden 192
Grundsatzentscheidungen des Bundesgerichtshofs vom 1. 7. 1997[440] sowie der gleichfalls grundsätzlichen Folgeentscheidung des Bundesgerichtshofs vom 7. 11. 2000[441] arrangieren. In der Praxis wird die Bank bestehende Kreditsicherheiten, insbesondere Grundschulden, nur freigeben, wenn der Darlehensnehmer auch die Vorfälligkeitsentschädigung vollständig bezahlt hat. Der **Sicherungszweck** der Kreditsicherheit erfaßt regelmäßig auch **Sekundärforderungen** und damit die in diesen Fällen als Schadensersatz zu qualifizierende Vorfälligkeitsentschädigung.[442]

Insgesamt ist die Vorfälligkeitsproblematik mit der Bestimmung des § 490 193
Abs. 2 BGB teilweise einer gesetzlichen Lösung zugeführt worden, die auf alle ab dem 1. 1. 2002 abgeschlossenen Darlehensverträge mit Festzinsvereinbarung Anwendung findet. Für die vor dem 1. 1. 2002 abgeschlossenen Verträge gelten die neuen Regelungen erst ab 1. 1. 2003.

Der Gesetzgeber hat damit ein Kündigungsrecht geschaffen, welches erheb- 194
liche Parallelen zu dem **Kündigungsrecht beim Werkvertrag** nach § 649 Satz 1 BGB a. F. aufweist.[443] Nach dieser Bestimmung ist der Besteller berechtigt, den

---

[438] Vgl. hierzu *Mankowski/Knöfel*, ZBB 2001, 335, 341, die dem Darlehensnehmer insoweit einen „echten" und selbständig einklagbaren Anspruch auf „richtige Auskunftserteilung" zuerkennen wollen.

[439] Vgl. *Mankowski/Knöfel*, ZBB 2001, 335, 342 f. *Rösler/Lang*, in: Lang/Assies/Werner, Schuldrechtsmodernisierung in der Bankpraxis S. 171.

[440] BGH WM 1997, 1747 ff. = ZIP 1997, 1641 ff. = NJW 1997, 2875 ff. = DB 1997, 1966 f. (Vorinstanz: OLG Schleswig WM 1997, 522 ff.); BGH WM 1997, 1799 ff. = ZIP 1997, 1646 ff. = NJW 1997, 2878 f. = DB 1997, 1968 (Vorinstanz OLG Bremen OLG Report Bremen/Hamburg/Schleswig 1996, 289 ff.

[441] BGH ZIP 2001, 20 mit Anm. *Metz* und Besprechung *Wenzel*, dazu EWiR 2001, 107 *Rösler*.

[442] Nunmehr ausdrücklich OLG Frankfurt/Main ZIP 2002, S. 67, den EWiR 2002, 371 *Fränke*; siehe auch *Rösler/Lang*, in: Lang/Assies/Werner, Schuldrechtsmodernisierung in der Bankpraxis, S. 170 ff.

[443] Vgl. *Rösler/Lang*, in: Lang/Assies/Werner, Schuldrechtsmodernisierung in der Bankpraxis, S. 167 f.

Vertrag bis zur Vollendung des Werkes jederzeit und ohne Angaben von Gründen zu kündigen, wobei auch hier der Unternehmer berechtigt ist, den vereinbarten Werklohn (abzüglich desjenigen Betrages, den er durch die vorzeitige Vertragsbeendigung erspart oder böswillig zu erwerben unterläßt) zu verlangen.[444] Anders als bei § 649 Satz 1 BGB, in dessen Rahmen eine Kündigung ohne nähere Begründung erfolgen kann, setzt § 490 Abs. 2 BGB n. F. allerdings ein besonderes Bedürfnis nach einer anderweitigen Verwertung des Objektes, mithin einen Kündigungsgrund voraus, der als wichtiger Grund i. S. d. allgemeinen Zivilrechtsdogmatik anzusehen ist. Die vereinzelt vertretene Sichtweise, wonach § 649 Satz 1 BGB im Grunde kein Kündigungsrecht „im klassischen Sinne" sei, da nur Dauerschuldverhältnisse einer Kündigung zugänglich seien,[445] stellt sich für die Kündigung nach § 490 Abs. 2 BGB n. F. nicht, da ein Darlehensvertrag seit je her als Dauerschuldverhältnis anerkannt ist.

195 Das **außerordentliche Kündigungsrecht** des § 490 Abs. 2 BGB ist, vor allem in Verbindung mit der derzeitigen Rechtsprechung des BGH zur Berechnung einer Vorfälligkeitsentschädigung grundsätzlich geeignet, einen angemessenen Interessenausgleich zwischen Darlehensgeber und Darlehensnehmer herbeizuführen. Der Darlehensgeber erleidet keine finanziellen Nachteile. Zwar ist die Kompensation hier (mehr) Wirksamkeitsvoraussetzung für die Kündigung. Gleichwohl hat der Darlehensgeber gegenüber dem Darlehensnehmer einen gesetzlichen Anspruch auf Zahlung einer Vorfälligkeitsentschädigung.[446]

196 Wie der Gesetzgeber bereits im Rahmen der Begründung des Regierungsentwurfes eingeräumt hat, soll die Regelung des § 490 Abs. 2 BGB n. F. indessen nicht als Freibrief für eine jederzeitige Lösung eines unliebsam gewordenen Vertrages verstanden werden. Eine vorzeitige Vertragsauflösung kommt nur in Betracht, wenn der Darlehensnehmer ein Bedürfnis für eine anderweitige Verwertung der Immobilie vorträgt. Dies wird mit dem Argument der Erhaltung der wirtschaftlichen Handlungsfähigkeit begründet. Der Darlehensgeber soll ausdrücklich nicht einen Verkauf des beliehenen Objekts vereiteln können und so dem Darlehensnehmer eine anderweitige Verwertung des belasteten Gegenstandes faktisch unmöglich machen. Eine Ablösung allein aus Konditionengründen kommt allerdings auch nach neuem Recht ebensowenig in Betracht wie eine Ablösung aus Gründen freier Liquidität bzw. bei Arbeitslosigkeit oder sonstigen, nicht in Verbindung mit der belasteten Immobilie stehenden Gründen.

197 Letztendlich wird es der Rechtsprechung überlassen bleiben, auf welche Weise sie die Vorschrift des § 490 Abs. 2 BGB n. F. inhaltlich ausfüllt. Die Fragen und Probleme der Berechnung der Vorfälligkeitsentschädigung jedenfalls sind mit

---

[444] Vgl. *Erman/Seiler*, BGB, § 649 Rdnr. 2; *MünchKomm/Soergel*, BGB, § 649 Rdnrn. 1, 4; *Palandt/Sprau*, BGB, § 649 Rdnr. 1; *Staudinger/F. Peters*, BGB, § 649 Rdnr. 4; *Stelling*, Die vorzeitige Ablösung festverzinslicher Realkredite, S. 70; *Soergel/Teichmann*, BGB, § 649 Rdnr. 7.

[445] *Beitzke*, Nichtigkeit, Auflösung und Umgestaltung von Dauerrechtsverhältnissen, S. 36; *Hammen/Dischinger,* in: WuB I E 3.–3.96; *van Venrooy,* JR 1991, 492.

[446] Beschlußempfehlung und Bericht des Rechtsausschusses, BT-Drucks. 14/7052, S. 241.

der Schuldrechtsmodernisierung sehenden Auges ausdrücklich nicht beantwortet worden.

Der Ausschluß dieses außerordentlichen Kündigungsrechts durch formularmäßige Bestimmungen (und nur solche sind in der Bankpraxis im Grundsatz denkbar) wird den Darlehensnehmer vor dem Hintergrund der klaren Regelung und der seit Jahren gefestigten BGH-Rechtsprechung in aller Regel unangemessen benachteiligen und damit unwirksam sein.[447]

VI. Aufhebungsvertrag

Besteht weder ein Kündigungsrecht der Bank, noch ein Kündigungsrecht des Kunden und hat er auch nicht die Möglichkeit, das Darlehen durch Ausübung eines vorzeitigen Tilgungsrechts vorzeitig zurückzuführen, können Bank und Kunde, losgelöst von jedweder gesetzlichen oder richterrechtlich begründeten Beendigungsmöglichkeit eine einvernehmliche Vertragsauflösung mit Hilfe eines **Aufhebungsvertrages** herbeiführen. Daran hat weder die Rechtsprechung des BGH noch das SchRModG etwas geändert. Auch bestehende Aufhebungsverträge werden durch richterliche oder gesetzgeberische Änderungen grundsätzlich in ihrer Wirksamkeit nicht beeinträchtigt.[448] 198

Diese nach den Grundsätzen der **Vertragsfreiheit** bestehende Möglichkeit des Abschlusses einer Aufhebungsvereinbarung wird der Kunde insbesondere dann anstreben, wenn er zur Erreichung eines günstigeren Zinssatzes bei einer anderen Bank das Darlehen umschulden möchte oder er aufgrund unerwarteter liquider Mittel das Darlehen ablösen möchte.

Im Zusammenhang mit der vorzeitigen Rückführung von Festzinskrediten wurde von der Instanzenrechtsprechung und der Literatur sogar lange Zeit die Ansicht vertreten, daß der Aufhebungsvertrag, dessen Modalitäten der freien Vereinbarung der Parteien unterliegen, außerhalb einer ordentlichen Kündigung die einzige Möglichkeit sei, eine vorzeitige Rückführung zu ermöglichen.[449] Zum Teil wurde die Ansicht vertreten, dem ablösewilligen Darlehensnehmer stünde ein aus § 242 BGB abgeleiteter Anspruch auf Abschluß eines Aufhebungsvertrages zu.[450] 199

---

[447] A. A. zum Teil *Mülbert*, WM 2002, 465.
[448] LG Bonn, ZfIR 2002, 374.
[449] Vgl. OLG München WM 1997, 521; OLG München WM 1997, 1700; OLG Köln WM 1997, 1328; OLG Karlsruhe ZIP 1997, 498f.; OLG Karlsruhe WM 1997, 1049, dazu WuB I E 3.–8.97 (*Harbeke*); OLG Schleswig WM 1997, 522, 524; OLG Frankfurt/Main WM 1996, 440, 441; OLG Hamm WM 1996, 442; OLG Oldenburg ZIP 1996, 1741; LG Detmold ZIP 1994, 1518, 1519; AG Dortmund WM 1996, 1136, 1137; AG Hamburg-Harburg WM 1996, 1140; AG Delmenhorst WM 1996, 580, dazu WuB I E 3.–3.96 *Hammen/Dischinger*; *Bellinger/Kerl/Fleischmann*, HypBankG, vor §§ 14–21a Rdnr. 26; *Beyer*, ZKredW 1994, 318; *Canaris*, in: *Hadding/Hopt/Schimansky*, Bankrechtstag 1996, S. 3, 18; *Dietrich*, DStR 1997, 1087, 1088; *Köndgen*, Gewährung und Abwicklung grunpfandrechtlich gesicherter Kredite, S. 147; *von Rottenburg*, in: *von Westphalen/Emmerich/von Rottenburg*, VerbrKrG, § 4 Rdnrn. 4 ff.; *Wenzel*, WM 1995, 1433, 1437; *Rösler*, BB 1997, 1369. Für diese Sichtweise auch heute noch plädierend *Früh*, NJW 1999, 2323, 2326.
[450] OLG Stuttgart ZIP 1996, 1605; LG Hannover WM 1995, 192, 193; LG Karlsruhe

Kunde/Kundin Straße PLZ, ORT	Bank: Filiale: Straße: Ort: Ihr Ansprechpartner: Telefon: Telefax: Ort, Datum

Aufhebung des Darlehensvertrages vom ..., Kontonummer:

Sehr geehrte/r ... ›
Sie möchten obiges Darlehen vor Ablauf der Zinsfestschreibungsfrist zurückzahlen. Diesen Wunsch können wir nur gegen Zahlung eines Aufhebungsentgelts (Vorfälligkeitsentgelt) erfüllen. Das Aufhebungsentgelt soll uns die Nachteile einer vorzeitigen Rückführung der Darlehensmittel ausgleichen, da unverändert Kosten aus der Beschaffung der ausgeliehenen Gelder anfallen.

Das Aufhebungsentgelt beträgt zum Rückzahlungstermin ... Euro ...

Je nach Entwicklung des Zinsniveaus kann sich der Betrag zum Rückzahlungstermin ändern. Zu diesem Termin berechnen wir das Aufhebungsentgelt auf Grundlage des dann gültigen Niveaus, das heißt, der vollständige Betrag kann sich erhöhen oder ermäßigen. Auch wenn der Darlehensbetrag nicht pünktlich zum Rückzahlungstermin zurückgezahlt wird, kann sich die Höhe des Aufhebungsentgelts ändern.

Ihr Einverständnis mit der vorzeitigen Rückführung gegen Zahlung eines Aufhebungsentgelts bitten wir, auf der beigefügten Kopie zu bestätigen.

Mit freundlichen Grüßen

BANK Unterschrift 1   BANK Unterschrift 2

Einverstanden:

Darlehensnehmer 1   Darlehensnehmer 2

Muster Aufhebungsvertrag mit Aufhebungsentgelt-Anpassungsklausel

VI. Aufhebungsvertrag

Diese Ansicht ist mit der Rechtssprechung des BGH vom 1. 7. 1997[451] und der Einführung des § 490 BGB n. F. überholt.

Die Bank wird nur dann in eine Aufhebungsvereinbarung einwilligen, wenn 200 der Darlehensnehmer bereit ist, der Bank die ihr entstehenden Nachteile auszugleichen. In diesen Fällen ist die Vorfälligkeits*entschädigung* ein **Vorfälligkeitsentgelt** (oder **Aufhebungsentgelt**) und als Preis für den Abschluß eines Aufhebungsvertrages anzusehen. Es handelt sich mithin nicht um einen Schadensersatzanspruch der Bank, sondern um eine **Preisvereinbarung**.[452]

Im Aufhebungsvertrag wird die **einvernehmliche Vertragsaufhebung** zu ei- 201 nem bestimmten Termin gegen ein bestimmtes Entgelt vereinbart. Der Vertrag kann auch bei Verbraucherkreditverträgen formfrei abgeschlossen werden, die Bank sollte ihn aber aus Beweisgründen immer schriftlich dokumentieren. Haben sich Bank und Kunde ohne schriftliche Vereinbarung verständigt, wird der Aufhebungsvertrag spätestens bei Ausbuchung des Kredits durch die Bank gegen Vereinnahmung der Darlehensrestforderung einschließlich eines Aufhebungsentgelts durch konkludentes Handeln zustande kommen. Ist die Bank mit der Zahlung durch den Kunden z. B. aufgrund eines zu niedrigen Aufhebungsentgelts nicht einverstanden, muß sie die gesamte Summe abzüglich etwa fälliger Raten an den Kreditnehmer zurückzahlen.

Die **Offenlegung** der Berechnung des Aufhebungsentgelts ist in diesen Fällen 202 zwar rechtlich nicht nötig, kann sich aber aus geschäftspolitischen Erwägungen und um Diskussionen mit dem Kunden vorzubeugen, durchaus empfehlen.[453] Darüber hinaus können Regelungen in den Aufhebungsvertrag aufgenommen werden, daß die Berechnung des Entgelts auf dem derzeitigen Zinsniveau beruht und sich das Aufhebungsentgelt bei Änderung desselben biz zum Rückzahlungszeitpunkt erhöhen oder ermäßigen kann.[454] Dann ist die Bank zum Zeitpunkt der Abwicklung des Kredits zu einer Neuberechnung verpflichtet, geht allerdings auch nicht das Risiko ein, daß sich der Refinanzierungsschaden aufgrund sinkender Zinsen erhöht und sie diesen beim Kreditnehmer nicht realisieren kann. Außerdem kann sich der Hinweis im Vertrag empfehlen, daß sich bei

---

WM 1996, 574, 575; *Bellinger/Kerl/Fleischmann*, HypBankG, vor §§ 14–21a Rdnr. 26; *Canaris*, in: Hadding/Hopt/Schimansky, Bankrechtstag 1996, S. 3, 37 f.; *Dietrich*, DStR 1997, 1087, 188 (siehe dort Fn. 16); *MünchKomm/Westermann*, BGB, § 608 Rdnr. 6; *Soergel/Häuser*, BGB, § 609 Rdnr. 11; *Nobbe*, Neue höchstrichterliche Rechtsprechung, Rdnr. 839; *Rehbein*, Anm. zu AG Dortmund WM 1996, 1136, in: WuB I E 3.–13.96; *Reich*, in: Hadding/Hopt/Schimansky, Bankrechtstag 1996, S. 43, 60, 69; *Wenzel*; in: Metz/Wenzel, Vorfälligkeitsentschädigung, Rdnr. 228; derselbe, WM 1995, 1433, 1436; derselbe, Die Bank 1995, 368 f.; *Zoller/v. Aulock*, Anm. zu OLG München WM 1996, 1132, in: WuB I E 3.–9.96; kritisch *Stelling*, Die vorzeitige Ablösung festverzinslicher Realkredite, S. 185.

[451] BGH WM 1997, 1747 und 1799 = WuB I E 3. – 1.98 *von Heymann/Rösler* = NJW 1997, 2875 und 2878.

[452] Dazu *Rösler*, BB 1997, 1369 m. w. N.; auch Mankowski/Knöfel, ZBB 2001, 335, 344.

[453] Im Erg. wohl auch *Mankowski/Knöfel*, ZBB 2001, 335, 339, die zu Recht davor warnen, hier „überzogene" Anforderungen zu stellen.

[454] Vgl. auch *Mankowski/Knöfel*, ZBB 2001, 335, 351; kritisch aber *Köndgen*, Gutachten vorzeitige Tilgung, S. 142.

einem von der getroffenen Vereinbarung abweichenden Rückzahlungstermin das Aufhebungsentgelt ändern kann.

203 Alternativ können sich die Parteien auf einen **Ablösetermin in der Zukunft** einigen und diesen im Aufhebungsvertrag festschreiben. Der Ablösebetrag kann dann anhand der Termin(Future)zinssätze berechnet werden und das Zinsänderungsrisiko für beide Parteien ausgeschlossen werden. Der Darlehensnehmer hat den Vorteil, daß der Ablösebetrag unabhängig von Entwicklungen am Kapitalmarkt feststeht. Die Treasury der Bank kann die Position glattstellen.

204 Zum Teil wird die Ansicht vertreten, dem Darlehensnehmer stehe ein Rechtsanspruch auf Aufhebung des Darlehensvertrages unter dem Gesichtspunkt der **culpa in contrahendo** zu, wenn ihn die Bank in einer Hochzinsphase zum Abschluß einer Festzinsvereinbarung geraten habe, ohne zugleich auf deren Risiken hinzuweisen.[455] Wenngleich der Grundsatz, wonach ein Kreditgeber zur Aufklärung nicht[456] bzw. allenfalls in Bezug auf den Kreditvertrag und dessen Bedingungen verpflichtet ist; ansonsten aber darüber hinausgehende Aufklärungsleistungen nicht schuldet, in dieser Absolutheit heute kaum noch Gültigkeit beanspruchen kann[457], so steht doch fest, daß künftige Zinsentwicklungen nur sehr bedingt einschätzbar sind,[458] so daß für einen Anspruch aus culpa in contrahendo, der immer schuldhaftes Verhalten voraussetzt, nur in sehr eng begrenzten Einzelfällen Raum bleibt.[459]

---

[455] *Reifner*, NJW 1995, 86, 90; *Reifner/Brutschke*, Gutachten zur Vorfälligkeitsentschädigung, S. 7f.

[456] Vgl. BGH WM 2000, 1687 = ZIP 2000, 1483; BGH WM 2000, 1685 = ZIP 2000, 1430; BGH WM 2000, 1287 = NJW 2000, 3065 = ZIP 2000, 1098; BGH WM 2000, 1245 = NJW 2000, 2352 = ZIP 2000 1051; BGH WM 1999, 678 = NJW 1999, 2032 = ZIP 1999, 574; BGH WM 1997, 662 = NJW 1997, 1361 = ZIP 1997, 580.

[457] *Köndgen*, NJW 2000, 468, 469; siehe auch bereits *derselbe*, NJW 1995, 1508, 1510; *Rösler*, DB 1999, 2297, 2298; anders noch *Canaris*, Bankvertragsrecht, Rdnr. 109 (siehe aber dort Rdnrn. 110ff.). Vgl. auch *Nobbe*, in: Horn/Schimansky, Bankrecht 1998, S. 235, 236f.; *Horn*, ZBB 1997, 139, 140f.; *derselbe*, WM 1999, 1, 4; *derselbe*, in: Festschrift Claussen, S. 469, 471; *Hadding*, in: Festschrift Schimansky, S. 67, 72ff.; *Bliesener*, Aufsichtsrechtliche Verhaltenspflichten, § 11 I 1, S. 247ff.; *M. Lange*, Informationspflichten von Finanzdienstleistern, S. 23ff.; *Siol*, in: Festschrift Schimansky, S. 781, 782f. Allgemein zu den bankrechtlichen Aufklärungs- und Beratungspflichten im Kreditgeschäft Siol, in: Schimansky/Bunte/Lwowski, Bankrechts-Handbuch, § 42, § 44 Rdnrn. 8–87; *Bruchner*, WM 1999, 825; *Fischer/Klanten*, ZBB 1996, 1; *Früh*, WM 1998, 2176; *Füllmich/Rieger*, ZIP 1999, 465; *Keßler*, VuR 1998, 3; *Singer*, ZBB 1998, 141; *Spickhoff/Petershagen*, BB 1999, 165; *Streit*, ZIP 1999, 477; *Stüsser*, NJW 1999, 1586; Ein Überblick über die Rechtsprechung findet sich bei *Nobbe*, Aktuelle höchst- und obergerichtliche Rechtsprechung, Rdnrn. 459ff. und *Köndgen*, NJW 2000, 468, 469f.; *derselbe*, Gewährung und Abwicklung grundpfandrechtlich gesicherter Kredite, S. 47ff.

[458] *Stelling*, Die vorzeitige Ablösung festverzinslicher Realkredite, S. 41f., 77.

[459] Ähnlich *Stelling*, Die vorzeitige Ablösung festverzinslicher Realkredite, S. 77.

VII. Vorzeitige Beendigung von Darlehen im Ausland

Im Rahmen eines Rechtsgutachtens hat *Köndgen* rechtsvergleichend die Möglichkeiten einer vorzeitigen Darlehensrückführung in den Ländern Frankreich, Belgien, Großbritannien, Dänemark sowie den USA untersucht,[460] deren Ergebnisse an dieser Stelle nur kurz zusammengefaßt werden können:

In **Frankreich**, dessen Realkreditsystem nahezu absolut vom Festkredit beherrscht wird, besteht ein gesetzlich festgeschriebenes Recht auf vorzeitige Rückführung. Vertraglich fixierte Laufzeiten und Tilgungsfristen wirken im Zweifel nur zugunsten des Darlehensnehmers; sie regeln somit nur die Fälligkeit (Leisten-müssen), nicht hingegen die Erfüllbarkeit (Leisten-dürfen).[461] Gegenteiliges kann vereinbart werden, was inzwischen die Regel darstellt.[462] Gleichwohl verbleibt dem Darlehensnehmer ein gesetzliches, dem ordre public unterstehendes und weder durch Individualabrede noch durch AGB abdingbares Recht auf vorzeitige Rückführung,[463] welches von Köndgen als entgeltliches Gestaltungsrecht bezeichnet wird.[464] Die Vorfälligkeitsentschädigung ist gesetzlich pauschaliert, wobei unter mehreren Alternativen die Pauschale von 3% vom Restsaldo die absolute Regel bildet.[465] Diese Pauschale darf nicht durch weitere Entgelte aufgestockt werden.[466]

In **Belgien** – auch hier dominiert der Festzinskredit mit Laufzeiten zwischen 5 und 30 Jahren – kann der Darlehensgeber nach Ablauf eines Finanzierungsabschnitts, der i. d. R. fünf Jahre beträgt, das Darlehen fällig stellen; allerdings kann der Darlehensnehmer die Verlängerung des Kreditverhältnisses zu aktuellen Marktkonditionen verlangen, was nach Köndgen auf eine Art Änderungskündigung zu Gunsten des Darlehensgebers für den Fall steigender Refinanzierung hinausläuft.[467] Dem Darlehensnehmer steht das Recht zu, sich jederzeit vom Vertrag lösen zu können; er schuldet dann aber eine Kompensation, die je nach Zeitpunkt der vorzeitigen Rückführung deutlich unter dem Erfüllungsinteresse liegen kann.[468] Darüber hinaus bestehen gesetzlich vorgeschriebene Sondertilgungsrechte ohne Kompensationspflicht.[469]

Im Gegensatz zu Frankreich und Belgien ist **Großbritannien** traditionell ein Land des zinsvariablen Hypothekarkredits.[470] Da der Grundpfandkredit zu den am wenigsten regulierten Bankgeschäften gehört,[471] haben die Hypothekarkredit-

---

[460] *Köndgen*, Gutachten vorzeitige Tilgung, S. 19 ff.
[461] *Ebenda*, S. 26.
[462] *Ebenda*, S. 26.
[463] *Ebenda*, S. 35.
[464] *Ebenda*, S. 39.
[465] *Ebenda*, S. 41; eine solche Pauschalierung durch AGB ist nach deutschem Recht unwirksam.
[466] *Ebenda*, S. 41.
[467] *Ebenda*, S. 47.
[468] *Ebenda*, S. 48.
[469] *Ebenda*, S. 49.
[470] *Ebenda*, S. 20, wonach langfristige Festzinskredite erst seit 1995 größere Marktanteile beanspruchen. Einzelheiten *ebenda*, S. 51 ff.
[471] Vgl. *ebenda*, S. 59.

geber quasi im Wege der Selbstregulierung im Juli 1997 einen „Code of Mortgage Lending Practice" erlassen; im übrigen gilt das Common Law,[472] welches die vorfällige Tilgung als unabdingbares gesetzliches Recht des Darlehensnehmers begreift, dessen Ausübung allerdings in gewissen Grenzen vertraglich erschwert werden darf. Die gegenwärtige Vertragspraxis sieht vor, den Darlehensnehmer nur gegen Zahlung einer Kompensation aus der längerfristigen Bindung zu entlassen. Gerichtliche Entscheidungen und Präjudizien zu dieser Praxis existieren nicht.[473]

209 **Dänemark** gilt als Stammland des pfandbriefrefinanzierten Hypothekarkredits, wobei regelmäßig Gesamtlaufzeiten von 30 Jahren erreicht werden.[474] Es herrscht der Grundsatz der kongruenten Refinanzierung; das Darlehen selbst ist als Pfandbriefdarlehen ausgestaltet. Der Darlehensnehmer erhält als Valutierung die zugrundeliegenden Pfandbriefe, die er allerdings nie zu sehen bekommt, denn die Bank veräußert diese im Namen und für Rechung des Darlehensnehmers an der Kopenhagener Börse. Der Darlehensnehmer erhält als Nettokreditbetrag den Verkaufspreis dieses Pfandbriefes.[475] Nach dänischem Recht hat der Darlehensnehmer jederzeit das Recht zur vorzeitigen Tilgung. In praxi erfolgt dies über den an das Kreditinstitut gerichteten Auftrag, entsprechende Pfandbriefe zum Marktpreis zurückzukaufen, wobei der Nennwert der Papiere dem Darlehensbetrag zur Zeit der vorzeitigen Rückzahlung entsprechen muß.[476] Alternativ ist die direkte Rückzahlung des Darlehensbetrages zu pari (100 %), also zum ursprünglichen Kreditbetrag an die Bank möglich, die dann verpflichtet ist, die dem Darlehen zugrundeliegenden Pfandbriefe zu kündigen und gleichfalls zurückzuzahlen.[477] Insgesamt hat Dänemark auf diese Weise einen in hohem Maße liquiden Sekundärmarkt für Darlehen organisiert.[478] Das dänische Modell ist unter finanzmathematischen Gesichtspunkten ideal und sowohl für Bank als auch Darlehensnehmer unproblematisch und fair.

210 Mit einem Volumen von mehr als 3 Trillionen US-Dollar bilden die **Vereinigten Staaten** den größten Hypothekarkreditmarkt der Welt.[479] In den **USA** hängt die Praxis der vertraglichen Ausgestaltung des Grundpfandkredits[480] u. a. von der Art und Weise der Refinanzierung ab.[481] Die Höhe des Entgeltes konnte auf unterschiedlichste Weise berechnet werden.[482] Hinzu kamen unterschiedliche einzelstaatliche Gesetzgebungsakte, die die vorzeitige Darlehensrückführung auf mannigfaltige Weise regelten.[483] Da die Rechtszersplitterung hierdurch ein nicht

---

[472] *Ebenda*, S. 80.
[473] *Ebenda*, S. 71, 80.
[474] *Ebenda*, S. 110, 113, 115 f.
[475] *Ebenda*, S. 110, 113, 114.
[476] *Ebenda*, S. 119 ff.
[477] *Ebenda*, S. 120.
[478] *Köndgen*, Gutachten vorzeitige Tilgung, S. 145 bezeichnte das dänische Modell als geradezu genial, hält aber dessen Übertragbarkeit auf den gesamten EU-Bereich aufgrund der unterschiedlichen Strukturen für zweifelhaft.
[479] *Ebenda*, S. 20, 87 f.
[480] Vgl. *ebenda*, S. 90 ff.
[481] *Ebenda*, S. 88 ff.
[482] *Ebenda*, S. 96.
[483] Siehe *ebenda*, S. 8 f.

mehr hinnehmbares Ausmaß ereichte, wurde im Rahmen des sog. 3. Restaments (1996) eine einheitliche Vorfälligkeitsregelung geschaffen, die sowohl für gewerbliche als auch für private Immobiliarkredite gilt. Grundsätzlich hat der Darlehensnehmer das Recht, ein Festzinsdarlehen jederzeit vorzeitig zu tilgen. Allerdings kann dieses Recht vertraglich abbedungen werden, und zwar sogar mit absoluter Wirkung (lock-in-Klausel), wobei es den Parteien allerdings frei bleibt, eine vorzeitige Vertragsauflösung gegen Zahlung eines Entgeltes zu vereinbaren.[484] Da in den USA interessanterweise auch institutionelle Kreditgeber systematisch versuchen, aus wirtschaftlichen Gründen ein Festzinsdarlehen vorzeitig zu lösen, wird dem Darlehensgeber aufgrund einer due-on-sale-Klausel das Recht eingeräumt, das Darlehen bei Veräußerung der dieses sichernden Immobilie fälligzustellen.[485]

---

[484] *Ebenda*, S. 101.
[485] *Ebenda*, S. 102.

C. Zahlungsansprüche und Zahlungsverpflichtungen

1 Werden von der Bank zu Beginn des Darlehens **einmalige Vergütungen** verlangt, verbleiben diese beim Kreditinstitut, sofern es sich nicht um versteckte Zinsen handelt. Solche Einmalleistungen sind mit Erbringung der Leistung verbraucht und nicht erstattungsfähig.[1] Dabei handelt es sich in der Regel um die anfallenden Vertragsanbahnungs- und **Vertragsabschlußkosten**. Dazu gehören **Bearbeitungskosten**, Antrags- und Auskunftskosten, **Maklerprovisionen** sowie die Kosten für die Restschuldversicherung. Auch ein **Disagio** kann als nicht rückerstattungsfähige Einmalvergütung anzusehen sein, wenn es die übliche Höhe von **Bearbeitungsentgelten** nicht übersteigt, die in der Regel bei 1–2 % der Darlehensvaluta liegen und wenn daneben keine weiteren Bearbeitungskosten etc. verlangt werden.

Abbildung 1: Beendigungsgründe mit Zahlungsverpflichtungen und Rechtsgrund

---

[1] *Bruchner*, in: *Schimansky/Bunte/Lwowski*, Bankrechts-Handbuch, § 81 Rdn. 224 m. w. N.; *Emmerich,* in: *von Westphalen/Emmerich/von Rottenburg*, Verbraucherkreditgesetz, § 12 Rdnr. 70.

I. Nichtabnahmeentschädigung

Verweigert der Darlehensnehmer die Abnahme bereits vor Fälligkeit dieser Verpflichtung, indem er etwa erklärt, er benötige das Darlehen nicht mehr und würde davon endgültig Abstand nehmen, ist als Rechtsgrundlage für das Verlangen der Bank, eine Entschädigung zu erhalten, PVV des Darlehensvertrages heranzuziehen.

Ist die Abnahme der Darlehensvaluta bereits fällig und verweigert der Darlehensnehmer dann noch die Abnahme des Darlehens, findet unmittelbar § 326 BGB. Anwendung. Nach dieser Norm kann die Bank den Schaden ersetzt verlangen, der durch das vertragswidrige Verhalten des Darlehensnehmers entsteht. Das ist auch in diesem Fall die **Nichtabnahmeentschädigung**.

In allen Fällen der Nichtabnahme vor und nach Fälligkeit der Abnahmeverpflichtung berechnet sich die Nichtabnahmeentschädigung nach den gleichen Grundsätzen. In beiden Fällen handelt es sich um einen Schadensersatzanspruch (Sekundäranspruch) der Bank.

Die Nichtabnahmeentschädigung berechnet sich wie die Vorfälligkeitsentschädigung.[2] Die Urteile des BGH zur Berechnung der Entschädigung bauen aufeinander auf und entwickeln die Berechnungsvorgaben jeweils weiter. Nach dem grundlegenden Urteil vom 12.3.1991[3] zur Berechnung der Nichtabnahmeentschädigung hat der BGH zunächst mit dem Disagio-Urteil vom 8.10.1996[4] und dann mit den Urteilen vom 1.7.1997[5] (Vorfälligkeitsentschädigung bei vorzeitigem Tilgungsrecht) diese Rechtsprechung konkretisiert. Das Urteil vom 7.11.

---

[2] BGH ZIP 2001, 20, 21f.; OLG Schleswig ZIP 1997, 501, 503; OLG Schleswig WM 1998, 1486, dazu WuB I E 3.–8.98 *Marburger*; OLG Hamm WM 1998, 1811; OLG Celle WM 1996, 439, 440; *Köndgen*, Gewährung und Abwicklung grundpfandrechtlich gesicherter Kredite, S. 147; *derselbe*, NJW 1994, 1508, 1513; *Metz*, in: Metz/Wenzel, Vorfälligkeitsentschädigung, Rdnr. 102; *derselbe*, ZBB 1994, 205f.; *Beckers*, WM 1991, 2049, 2054; *Lang/Beyer*, WM 1998, 897, 905; *Lubberich*, Sparkasse 1997, 245f.; *von Westphalen*, ZIP 1984, 1, 2; *Peters*; JZ 1996, 73, 77; *Soergel/Häuser*, BGB, § 607 Rdnrn. 133ff.; *Schwintowski/Schäfer*, Bankrecht, § 7 Rdnrn. 42ff.; *zur Megede/Kirtsen*, DLK 1992, 564, 565; *Wehrt*, ZBB 1997, 48, 51; *von Heymann/Rösler*, ZIP 2001, 441, 442, 445. Diese Gleichsetzung erfolgt ausschließlich im Hinblick auf die *Berechnung*, so daß die Nichtabnahmeentschädigung auch als früheste Form der Vorfälligkeitsentschädigung bezeichnet wird (so etwa *Köndgen*, in: Ott/Schäfer, Effiziente Verhaltenssteuerung und Kooperation im Zivilrecht, S. 135, 140; *derselbe*, ZIP 1997, 1564; *Wehrt*, in: Ott/Schäfer, Effiziente Verhaltenssteuerung und Kooperation im Zivilrecht, S. 108, 114; *Metz*, in: Metz/Wenzel, Vorfälligkeitsentschädigung, Rdnr. 102; *derselbe*, ZBB 1994, 205f.; *Rösler*, BB 1997, 1369, 1373; *von Heymann/Rösler*, ZIP 2001, 441, 445; *Beckers*, WM 1991, 2049, 2054; *Wenzel*, Die Bank 2001, 192, 193). Eine Parallele im Hinblick auf Rechtsgrund und Rechtswirkung von Nichtabnahmeentschädigung und Vorfälligkeitsentschädigung wurde indessen *nicht* gezogen; dies verkennen *Knops*, Verbraucherschutz bei Immobilienkreditverhältnissen, S. 138 (siehe dort Fn. 272) und augenscheinlich auch *Stelling*, Die vorzeitige Ablösung festverzinslicher Realkredite, S. 89.

[3] WM 1991, 760 = WuB I E 4.–7.91 *Beckers*.

[4] BGH WM 1996, 2047 = WuB I E 3.–1.97 *Wenzel*.

[5] BGH WM 1997, 1747 und 1799 = WuB I E 3.–1.98 *von Heymann/Rösler* = NJW 1997, 2875 und 2878.

2000[6] erging wiederum zur Nichtabnahmeentschädigung, baut aber seinerseits auf den vorangegangenen Entscheidungen auf. Auch bei der Nichtabnahmeentschädigung besteht also die Möglichkeit, nach den unten[7] beschriebenen Varianten Aktiv-Aktiv-Vergleich in der konkreten oder abstrakten Variante oder dem Aktiv-Passiv-Vergleich den Schadensersatzanspruch zu berechnen.

II. Vorfälligkeitsentschädigung

6 Eine **Vorfälligkeitsentschädigung** kann die Bank immer dann verlangen, wenn der Kreditnehmer von seinem durch die Rechtsprechung entwickelten vorzeitigen Tilgungsrecht Gebrauch macht[8] oder den Darlehensvertrag nach § 490 Abs. 2 BGB n. F. außerordentlich kündigt, die Bank den Darlehensvertrag kündigt oder nach § 490 Abs. 1 BGB n. F. (§ 610 BGB a. F.) widerruft und der Kreditnehmer die Kündigung bzw. den Widerruf zu vertreten hat.

7 Die Bank soll aus der vorzeitigen Rückführung der Darlehensvaluta nach der Rechtsprechung des BGH[9] keinen Nachteil erleiden. Sie soll so gestellt werden, wie sie stünde, wenn der Darlehensvertrag nach den vertraglichen Vereinbarungen abgewickelt worden wäre und kann damit insbesondere ihren Zinsschaden geltend machen.

1. Rechtsgrundlage bei vorzeitigem Tilgungsrecht

8 Übt der Kunde ein **vorzeitiges Tilgungsrecht** aus, steht der Bank auf der Grundlage der Entscheidungen des BGH vom 1. 7. 1997[10] eine **Vorfälligkeitsentschädigung** zu. Bei vorzeitiger Beendigung von Darlehensverträgen hat der Kreditnehmer der Bank grundsätzlich die Restschuld laut Kreditkonto nebst den bis zum Zeitpunkt der Beendigung des Vertrages aufgelaufenen, noch nicht beglichenen Darlehenszinsen zu zahlen.

9 Die Rechtsgrundlage für diesen Zahlungsanspruch der Bank ergibt sich direkt aus dem Darlehensvertrag. Der Bank steht bei Ausübung des vorzeitigen Tilgungsrechts nach wie vor der komplette **Primäranspruch** aus dem Darlehensvertrag zu, der allerdings um die Vorteile der vorzeitigen Zahlung zu reduzieren ist. Der Anspruch der Bank auf Ausgleich der wirtschaftlichen Nachteile bei vorzeitiger Tilgung ist somit dogmatisch kein Schadensersatzanspruch (**Sekundäranspruch**), sondern der immer noch bestehende Primäranspruch auf Rückzahlung der Darlehensvaluta aus §§ 488, 607 BGB n. F. (§ 607 BGB a. F.).[11] Die Vor-

---

[6] BGH NJW, 2001, 509 = WM 2001, 20 = ZIP 2001, 20, dazu von *Heymann/Rösler* ZIP 2001, 441.

[7] Vgl. XXX.

[8] BGH WM 1997, 1747 und 1799 = WuB I E 3.–1.98 *von Heymann/Rösler* = NJW 1997, 2875 und 2878.

[9] BGH WM 1997, 1747 und 1799 = WuB I E 3.–1.98 *von Heymann/Rösler* = NJW 1997, 2875 und 2878.

[10] BGH WM 1997, 1747 und 1799 = WuB I E 3.–1.98 *von Heymann/Rösler* = NJW 1997, 2875 und 2878.

[11] A. A. *Knops*, ZfIR 2001, 438, der § 324 BGB a. F. heranziehen will, obwohl ein Fall der Unmöglichkeit gerade nicht vorliegt.

II. Vorfälligkeitsentschädigung

fälligkeitsentschädigung entsteht also aus juristischer Sicht in diesen Fällen durch Subtraktion der vertragsgemäß gezahlten Raten (Kapital plus Zinsen) und der erlangten Vorteile durch die vorzeitige Tilgung von der ursprünglichen Darlehenssumme. Zusammengefaßt handelt es sich somit um einen Anspruch des Kunden auf Vorverlegung der vereinbarten Zahlungszeitpunkte der ausfallenden Raten, also einen Anspruch auf Vorziehen künftiger Cash-Flows.

Da der Bundesgerichtshof sowohl der Konstruktion des Aufhebungsvertrages als auch einem Recht zur außerordentlichen Kündigung sowie der Einordnung der Vorfälligkeitsentschädigung als echte Schadensersatzforderung[12] eine Absage erteilt hat,[13] ist die begriffliche Frage, ob der vorzeitig zurückführende Darlehensnehmer eine Vorfälligkeitsentschädigung oder ein Vorfälligkeitsentgelt schuldet, zumindest dergestalt beantwortet, daß es sich jedenfalls nicht um ein Entgelt im Rahmen eines Aufhebungsvertrages handelt.[14] Bei der Vorfälligkeitsentschädigung handelt es sich somit weder um einen Preis für die Vertragsaufhebung,[15] noch um eine Vertragsstrafe.[16] Auch die Qualifizierung als Aufwandsentschädigung kommt nicht in Betracht.[17]

Dennoch ist die dogmatische Einordnung der vom Bundesgerichtshof eingeführten „angemessenen Entschädigung"[18] nach wie vor nicht völlig eindeutig.[19] Einer Qualifizierung als **reiner Schadensersatz**[20] steht der Grundsatz entgegen,

---

[12] So noch BGH BB 1998, 124, 125; LG Hannover WM 1995, 192, 193; LG Braunschweig WM 1996, 1134, 1135; AG Hamburg-Harburg WM 1996, 1140; zur Megede/Kirtsen, DLK 1992, 564, 565; Metz, in: Metz/Wenzel, Vorfälligkeitsentschädigung, Rdnr. 81; derselbe, ZBB 1994, 205, 209 f.; Reich, in: Hadding/Hopt/Schimansky, Bankrechtstag 1996, S. 43, 61, 69 f.; Reifner, NJW 1995, 86, 88; derselbe, NJW 1996, 86, 88; Reifner/Brutscheke, Gutachten zur Vorfälligkeitsentschädigung, S. 23.

[13] BGH WM 1997, 1747, 1749 = ZIP 1997, 1641, 1643; OLG Schleswig WM 1997, 522, 524.

[14] Siehe aber noch OLG Schleswig WM 1997, 522, 524 unter Hinweis auf OLG Hamm WM 1995, 569; OLG Hamm WM 1995, 839 und BGH WM 1982, 125.

[15] Vgl. aber noch Köndgen, Gewährung und Abwicklung grunpfandrechtlich gesicherter Kredite, S. 147; derselbe, in: Ott/Schäfer, Effiziente Verhaltenssteuerung und Kooperation im Zivilrecht, S. 135, 142; Canaris, in: Hadding/Hopt/Schimansky, Bankrechtstag 1996, S. 3, 17; derselbe, in: Festschrift Zöllner, S. 105, 1069; Wenzel, WM 1995, 1433, 1434; Weber, NJW 1995, 2951, 2953; vgl. auch Früh, NJW 1999, 2323, 2326; Mankowski/Knöfel, ZBB 2001, 335, 344.

[16] Knops, Verbraucherschutz bei Immobiliarkreditverhältnissen, S. 146; vgl. auch BGH NJW 1986, 46, 48; Canaris, ZIP 1980, 709, 717.

[17] So noch Brandner, in: Ulmer/Brandner/Hensen, AGBG, § 10 Nr. 7 Rdnr. 7; Hammen, WM 1994, 1101, 1106; Wolf, in: Wolf/Horn/Lindacher, AGBG, § 9 Rdnr. D 30; modifizierend Hammen/Dischinger, in: WuB I E 3.–3.96; dagegen Canaris, in: Hadding/Hopt/Schimansky, Bankrechtstag 1996, S. 3, 22; Knops, Verbraucherschutz bei Immobiliarkreditverhältnissen, S. 147; Stelling, Die vorzeitige Ablösung festverzinslicher Realkredite, S. 79.

[18] Nach Auffassung von Köndgen, ZIP 1997, 1645, 1646 ist dieser Begriff „vom Gesetz selbst in § 651f. Abs. 2 BGB für die Kennzeichnung des Immaterialschadensersatzes reserviert".

[19] Köndgen, ZIP 1997, 1645, 1646; Wenzel, WM 1997, 2340, 2342, der an anderer Stelle (Die Bank 2001, 192 ff.) geschickt und salomonisch von „Vorfälligkeits*ausgleich*" spricht.

[20] Z.T. wurde die stillschweigende Vereinbarung über eine Vorfälligkeitsentschädigung jedenfalls vor den Grundsatzurteilen des Bundesgerichtshofs vom 1.7.1997 als still-

daß ein solcher im Zivilrechtssystem ausschließlich Sanktion für eine Vertragsverletzung ist,[21] während die vorzeitige Vertragsauflösung durch Modifizierung des Vertragsinhaltes hingegen nach dem Verständnis des Bundesgerichtshofs ein subjektives (vertragliches)[22] Recht des Kreditnehmers sein soll, das der Bank nach wie vor den Primäranspruch aus dem Darlehensvertrag, wenn auch in modifizierter (gekürzter) Form, zuerkennt.[23] Dieser Anspruch soll gerade nicht wie der typische Schadensersatzanspruch Sekundäranspruch sein. Somit handelt es sich bei der „angemessenen Entschädigung" um nichts anderes als um das der Bank ohnehin zustehende Kapital plus Entgelt,[24] also Zinsen sowie sonstige, laufzeitunabhängige Vergütungsbestandteile,[25] die aufgrund der vorzeitigen Zur-Verfügung-Stellung durch Subtraktion der erlangten Vorteile bereinigt werden müssen.[26]

12   Gegen eine Klassifizierung als **Entgelt** könnte allenfalls der Umstand sprechen, daß es nicht höher sein darf als das Erfüllungsinteresse des Darlehensgebers. Das Argument, daß diese Frage der gerichtlichen Nachprüfung zugänglich ist,[27] kann jedoch insofern nicht als Indiz für die Qualifizierung als Schadensersatz herangezogen werden, als daß auch Primäransprüche der Höhe nach gerichtlich überprüfbar sind. Letztendlich ist die dem Darlehensgeber zustehende angemessene Entschädigung nichts anderes als die Leistung des vollkompensatori-

---

schweigende Abrede einer Schadenspauschalierung gewertet, vgl. *Reich*, in: *Hadding/Hopt/Schimansky*, Bankrechtstag 1996, S. 43, 69; *Reifner*, NJW 1995, 86, 90; *Metz*, ZBB 1994, 205, 209. Dies bedeutet allerdings – entgegen *Metz*, aaO. – nicht, daß von den Banken „ersichtlich eine Schadensersatzregelung gewollt sei".

[21] *Wenzel*, WM 1997, 2340, 2342 unter Hinweis auf *Köndgen*, ZIP 1997, 1645, 1646; *Köndgen*, WM 2001, 1637, 1644.

[22] So *Grönwoldt/Bleul*, DB 1997, 2062, 2063.

[23] *Rösler*, in: *Hadding/Nobbe*, Bankrecht 2000, S. 165, 169; nochmals bekräftigend ebenda Diskussionsbericht, S. 209; ausdrücklich vom Vorsitzenden Richter des XI. Senates, *Gerd Nobbe*, ebenda, bestätigt.

[24] Vgl. OLG Schleswig WM 1997, 522, 524; OLG Karlsruhe ZIP 1997, 498, 499; LG Detmold ZIP 1994, 1518, 1519; LG Dortmund WM 1996, 444; AG Delmenhorst WM 1996, 580, 581; AG Dortmund WM 1996, 1136, 1138; *MünchKomm/Westermann*, BGB, § 608 Rdnr. 6 a; *Bellinger/Kerl*, HypBankG, vor §§ 14–21 a, Rdnr. 27; *Bruchner*, in: *Schimansky/Bunte/Lwowski*, Bankrechts-Handbuch, § 78 Rdnr. 102; *Canaris*, in: *Hadding/Hopt/Schimansky*, Bankrechtstag 1996, S. 3, 17 f.; *derselbe*, in: Festschrift Zöllner, S. 1055, 1069; *Dietrich*, DStR 1997, 1087, 1088; *Harbeke*, in: *Hadding/Hopt/Schimansky*, Bankrechtstag 1996, S. 85, 99 f.; *Köndgen*, Gewährung und Abwicklung grundpfandrechtlich gesicherter Kredite, S. 148 f.; *Rausch/Zimmermann*; Grundschuld und Hypothek, S. 206; *Rösler* BB 997, 1369, 1370; *Weber*, NJW 1995, 2951, 2953; *Wenzel*, in: *Metz/Wenzel*, Vorfälligkeitsentschädigung, Rdnrn. 237 f.; *derselbe*, WM 1995, 1433, 1436 f.; *derselbe*, Die Bank 1995, 368.

[25] Zur Terminologie vgl. *Köndgen*, ZBB 1997, 117, 118 (siehe dort Fußnote 2). *Köndgen*, aaO. verweist zunächst darauf, daß der Begriff „Gebühren" als terminus technicus bis 1993 in Nr. 14 Abs. 1 AGB-Spk i. d. F. von Januar 1986 Verwendung gefunden hat. Zur Klarstellung, daß *Zinsentgelte* im Rahmen seiner weiteren Ausführungen weitgehend ausgespart bleiben sollen, hält er ausdrücklich an dem Terminus „Gebühren" als Oberbegriff für *Entgelte* einerseits und *Auslagen* andererseits fest. Vgl. auch *Krüger*, ZIP 2000, 1196, 1197; *Derleder/Metz*, ZIP 1996, 573 ff. *dieselben*, ZIP 1996, 621 ff.

[26] Ähnlich *Stelling*, Die vorzeitige Ablösung festverzinslicher Realkredite, S. 83; vgl. auch *von Heymann/Rösler*, ZIP 2001, 441, 444; *Lang/Beyer*, WM 1997, 897, 901 f.

[27] *Wenzel*, WM 1997, 2340, 2342; *Grönwoldt/Bleul*, DB 1997, 2062, 2063.

schen Erfüllungsinteresses. Der Bank steht nach wie vor der Primäranspruch aus dem Darlehensvertrag zu,[28] nur zu einem früheren Zeitpunkt und dadurch um verschiedene Faktoren bereinigt. Eine Qualifizierung als Vorfälligkeitsentgelt wäre dann dogmatisch unzutreffend,[29] da es sich gerade nicht um die Gegenleistung für eine Leistung der Bank handelt.

Der Begriff Vorfälligkeitsentgelt ist gleichbedeutend mit dem Begriff **Aufhebungsentgelt**. Dieses Entgelt kann die Bank im Falle eines Aufhebungsvertrages erheben. In diesem Fall ist Anspruch der Bank zwar auch ein Primäranspruch. Er findet seine Grundlage jedoch nicht mehr in dem ursprünglichen Darlehensvertrag, sondern in einem neuen Vertrag, der Aufhebungsvereinbarung, die das ursprüngliche Vertragsverhältnis überwindet und beendet.

13

Für die Qualifizierung als **Vorfälligkeitsentschädigung** könnte immerhin vorgebracht werden, daß sich deren Bemessung ausschließlich an Schadensersatzgesichtspunkten zu orientieren hat.[30] Zwar ist der Anspruch auf Vertragsauflösung durch Modifizierung des Vertragsinhaltes als subjektives Recht des Kreditnehmers nach wie vor ein Primäranspruch. Er deckt sich jedoch insoweit mit einem Schadensersatzanspruch, als daß er einer weiteren Nachverhandlung nicht zugänglich ist. Aufgrund dieser schadensersatzrechtlichen Limitierung ist der Anspruch des Kreditgebers auf angemessene Entschädigung somit ambivalent. Seiner Herkunft nach ist er Primäranspruch aus dem Darlehensvertrag, in seiner praktischen Ausgestaltung hingegen ist er eher dem Schadensersatzrecht als dem Vertragsrecht zuzuordnen.[31]

14

Diese Ansicht scheint auch durch die Folgerechtsprechung bestätigt zu werden. In einem weiteren Urteil hatte der Bundesgerichtshof in der Pauschalierung einer Vorfälligkeitsentschädigung mit jährlich 1 % des Darlehensbetrages bei Hypothekenbanken, deren Nettozinsmarge 0,63 % betrug,[32] einen Verstoß gegen § 9 Abs. 2 Nr. 1 AGBG (nunmehr: § 307 Abs. 2 Nr. 1 BGB n. F.) gesehen[33] und ausgeführt, daß eine Pauschalierung, die zu einer Bereicherung des Verwenders Allgemeiner Geschäftsbedingungen führe, weil sie sich nicht am gewöhnlichen Lauf der Dinge orientiere, den wesentlichen Grundgedanken des Schadensersatzrech-

15

---

[28] *Rösler*, in: *Hadding/Nobbe*, Bankrecht 2000, S. 165, 169.
[29] So aber wohl *Stelling*, Die vorzeitige Ablösung festverzinslicher Realkredite, S. 86 ff.
[30] Vgl. *Bruchner*, in: *Schimansky/Bunte/Lwowski*, Bankrechts-Handbuch, § 78 Rdnr. 104; § 80 Rdnrn. 7 ff.
[31] Vgl. auch *Wenzel*, WM 1997, 2340, 2342; *Grönwoldt/Bleul*, DB 1997, 2062, 2063.
[32] Im konkreten Fall enthielt der Darlehensvertrag die folgende Regelung: „Wird das Darlehen vor Ablauf der Rückzahlungssperrfrist fällig, so ist gleichzeitig mit der Rückzahlung für die Zeit von der Fälligkeit bis zum Ende der Rückzahlungssperrfrist eine Entschädigung von jährlich 1 % des fälligen Darlehensbetrages an die Bank zu erstatten"; vgl. BGH WM 1998, 70.
[33] BGH ZIP 1998, 20 f. = WM 1998, 70 = NJW 1998, 592, dazu EWiR 1998, 481 *Eckert*; BGH WM 1999, 840, 841; vgl. auch BGHZ 79, 163, 167; BGH WM 1991, 760, 761; *Hopt/Mülber*, Kreditrecht, § 609 Rdnr. 12; *Reifner*, NJW 1995, 86, 91; *Nobbe*, Aktuelle höchst- und obergerichtliche Rechtsprechung, Rdnr. 736; *Stelling*, Die vorzeitige Ablösung festverzinslicher Realkredite, S. 204 f.; a. A. *Wolf*, in: *Wolf/Horn/Lindacher*, AGBG, § 9 Rdnr. D 30 (allerdings unter Bezugnahme auf die inzwischen überholte Entscheidungen BGH NJW 1980, 2074, 2076 und BGH NJW 1982, 2433, 2435).

tes (§ 252 BGB) widerspreche.[34] Hierdurch werde der Vertragspartner entgegen den Geboten von Treu und Glauben unangemessen benachteiligt. Eine solche Klausel sei folglich unwirksam.[35] Allerdings heißt es an anderer Stelle:[36] „Die Vorfälligkeitsentschädigung ist... nicht ein in den Grenzen des § 138 Abs. 1 BGB frei aushandelbaren Preis, sondern dient – *ähnlich* wie Schadensersatz – dem Ausgleich der Nachteile, die die kreditgebende Bank durch die vorzeitige Rückzahlung der Darlehensvaluta erleidet".

16   Nach all dem dürfte der Anspruch der Bank auf den Ausgleich der Nachteile[37] in Form einer Vorfälligkeitsentschädigung als **schadensersatzähnlicher Anspruch** bezeichnet werden können.[38] Am einfachsten wird rechtsuntechnisch vom Ausgleich der wirtschaftlichen Nachteile gesprochen werden können, welche die Bank aufgrund der vorzeitigen Rückführung erleidet. Letztendlich ist der Begriff „Vorfälligkeitsentschädigung", wenngleich systematisch nicht vollkommen „sauber", insofern die geeignetere Vokabel, als daß hier eine klare Abgrenzung zu einem Aufhebungsentgelt sichtbar wird. Finanzmathematisch ist mit der dänischen Lösung[39] eine Marktbewertung notwendig. Der Darlehensnehmer zahlt letztlich den Marktwert des Festdarlehens. Die Differenz zur nominalen Restschuld ist aus juristischer Sicht die Vorfälligkeitsentschädigung.

2. Kündigung durch die Bank

17   Übt das Kreditinstitut ein nach AGB-Banken oder den konkreten Vertragsbedingungen bestehendes Kündigungsrecht berechtigterweise aus, kann es nach allgemeinen Grundsätzen Schadensersatz vom Kreditnehmer verlangen, der ihm durch die Nichterfüllung des Darlehensvertrages entsteht.[40] Dies wurde durch die Schuldrechtsmodernisierung in § 314 Abs. 4 BGB n. F. ausdrücklich dargestellt.

---

[34] BGH WM 1998, 20, 21 unter Hinweis auf BGH WM 1984, 1174, 1175; BGH WM 1994, 1121, 1122. Allerdings weist *Stelling*, Die vorzeitige Ablösung festverzinslicher Realkredite, S. 83 (siehe dort Fn. 414) zu Recht darauf hin, daß es einen Widerpruch bedeutet, wenn der BGH zunächst ein Recht auf „Modifizierung des Vertragsinhaltes ohne Reduzierung des Leistungsumfangs durch Vorverlegung des Erfüllungszeitpunktes" für gegeben hält, dann aber von einem Schadensersatzanspruch spricht; siehe auch *Canaris*, in: Festschrift Zöllner, S. 1055, 1069 f.; *Grönwoldt/Bleul*, DB 1997, 2062, 2063; *Köndgen*, ZIP 1997, 1645, 1646; *Wenzel*, WM 1997, 2340, 2342; *Lang/Beyer*, WM 1998, 897, 902; vgl. auch *Ulmer/Brandner/Hensen*, AGBG, § 11 Nr. 5 Rdnr. 27; *Wolf/Horn/Lindacher*, AGBG, § 11 Nr. 5 Rdnr. 39.
[35] BGH WM 1998, 20, 21 unter Hinweis auf BGH WM 1984, 1174, 1175; BGH WM 1994, 1121, 1122; *Ulmer/Brandner/Hensen*, AGBG, § 11 Nr. 5 Rdnr. 27; *Wolf/Horn/Lindacher*, AGBG, 3. Auflage, § 11 Nr. 5 Rdnr. 39 m. w. N.
[36] BGH WM 1998, 70, 71.
[37] BGH WM 1998, 70, 71.
[38] Ähnlich BGH BB 1998, 124, 125; WuB I E 3.–2.95 *Escher-Weingart*; vgl. auch *Stelling*, Die vorzeitige Ablösung festverzinslicher Realkredite, S. 80 (siehe dort Fn. 397 a. E.), der diese Formulierung als dogmatisch unklar bezeichnet.
[39] Siehe oben Rdnr. B 209.
[40] BGH WM 1996, 2047 = WuB I E 3.–1.97 *Wenzel*.

a) Rechtsgrundlage

Als Rechtsgrundlage wird **Positive** Forderungs-/**Vertragsverletzung** (PFV/ PVV, seit der Schuldrechtsmodernisierung in §§ 280 BGB n. F. gesetzlich geregelt[41]) des Darlehensvertrages herangezogen werden können.[42] Tatbestandsvoraussetzungen dieser schon lange gewohnheitsrechtlich anerkannten Rechtsfigur sind neben der durch eine Handlung des Schuldners erfolgten Pflichtverletzung im Rahmen eines bestehenden Schuldverhältnisses insbesondere Kausalität, Rechtswidrigkeit und Verschulden. Verschulden im Sinne von eigenem oder fremdem Verschulden nach §§ 276, 278 BGB n. F. = a. F. bedeutet in diesem Zusammenhang, daß der Kreditnehmer fahrlässig oder vorsätzlich eine Pflichtverletzung im Rahmen des Darlehensverhältnisses begangen hat. Typischerweise wird er seinen Zahlungsverpflichtungen nicht nachgekommen sein, wobei es keine Rolle spielt, aus welchem Grund er die vereinbarten Zahlungen nicht geleistet hat. Auch sonstige Gründe wie Straftaten gegen die Bank oder deren Angestellte, Nichtstellung vereinbarter Sicherheiten, mutwilliges Nichtoffenlegen der wirtschaftlichen Verhältnisse etc. sind schuldhafte Pflichtverletzungen des Kreditnehmers.

18

In der Praxis kommt es durchaus vor, daß Festzinsdarlehen vor Ablauf der Zinsbindungsfrist seitens des Kreditinstitutes aus wichtigem Grund, beispielsweise bei Verzug der Ratenzahlungen, gekündigt werden.[43] Nach Ausspruch der Kündigung wird nicht mehr der vertraglich vereinbarte Zinssatz, sondern ein Verzugszinssatz zugrunde gelegt. Häufig wird in derartigen Fällen auf eine gesonderte Geltendmachung von entgangenem Gewinn, etwa in Form einer Vorfälligkeitsentschädigung, verzichtet.[44] Durch diese Vorgehensweise wird der vertragsuntreue Darlehensnehmer wirtschaftlich regelmäßig besser gestellt als derjenige, der vor Ablauf der Zinsbindungsfrist um eine vorzeitige Aufhebung des Darlehensvertrages ersucht, da letzterer grundsätzlich zur Entrichtung einer Vorfälligkeitsentschädigung bzw. eines Vorfälligkeitsentgelts verpflichtet ist.

19

In den Fällen, in denen das Kreditinstitut ein Darlehen vor Ablauf der Festzinsschreibung aus sachlich gerechtfertigten Gründen, also bei Verschulden des Darlehensnehmers, kündigt, etwa, weil der Darlehensnehmer mit seinen Raten in Verzug geraten ist oder die Kündigung wegen eines vom Darlehensnehmer zu vertretenden Wegfalls der Sicherheiten gerechtfertigt ist, kann von einer Modifizierung des Vertragsinhaltes naturgemäß keine Rede sein. Das ursprüngliche Darlehensverhältnis wandelt sich aufgrund der Kündigung in ein **Rückabwicklungsverhältnis**. In derartigen Fällen kann die Bank jedoch wegen der Vertragsuntreue des Darlehensnehmers und der daraus resultierenden Kündigung **Schadensersatz wegen Nichterfüllung** aus dem Gesichtspunkt der positiven Ver-

20

---

[41] Ausführlich hierzu *Lang*, in: Lang/Assies/Werner, Schuldrechtsmodernisierung in der Bankpraxis, S. 80 ff.

[42] A. A. *Hopt/Mülbert*, Kreditrecht, § 610 BGB Rdnr. 28, die als Anspruchsgrundlage § 628 Abs. 2 BGB analog anwenden wollen, der jedoch nach h. M. ebenfalls Verschulden voraussetzt.

[43] Siehe dazu schon oben.

[44] Vgl. *Rösler* auf dem Forum Bankrecht 2000 in Berlin; wiedergegeben von *Pamp*, in: Hadding/Nobbe, Bankrecht 2000, S. 207, 210.

tragsverletzung verlangen.⁴⁵ Dieser Anspruch richtet sich auf das positive Interesse, d. h. der Gläubiger (die Bank) ist so zu stellen, wie er stehen würde, wenn der Schuldner den Vertrag ordnungsgemäß erfüllt hätte.⁴⁶ In diesen Fällen handelt es sich bei dem Anspruch auf Vorfälligkeitsentschädigung nicht um einen modifizierten vertraglichen Anspruch wie in den Fällen des vorzeitigen Tilgungsrechts, sondern um einen **echten** Schadensersatzanspruch.⁴⁷ Hieraus folgt, daß der vertragsbrüchige Darlehensnehmer seiner Bank im Falle einer außerordentlichen Kündigung wegen Zahlungsverzuges alle aus der vorzeitigen Vertragsbeendigung entstehenden Schäden ersetzen muß.⁴⁸

21 Aus dem Rechtsinstitut der PVV, positive Vertragsverletzung, (§§ 280, 281 BGB n. F.) kann die Bank insbesondere den ihr entstehenden **Zinsschaden** verlangen. Dieser Schaden läßt sich rechnerisch in gleicher Weise ermitteln wie die Nachteile, die der Bank bei Nichtabnahme eines Darlehens bzw. beim Ausüben eines vorzeitigen Tilgungsrechts oder einer außerordentlichen Kündigung nach § 490 Abs. 2 BGB n. F. entstehen. Der Schadensersatzanspruch beruht auf dem nicht vertragsgemäßen Verhalten des Kreditnehmers und ist eine Variante der Vorfälligkeitsentschädigung. Die Vorfälligkeitsentschädigung ist ein Anspruch, der die Bank so stellen soll, wie wenn der ursprüngliche Darlehensvertrag vereinbarungsgemäß abgewickelt worden wäre.

22 Kündigt die Bank aus einem Grund, den der Kreditnehmer nicht zu vertreten hat (fehlendes Verschulden), sind die Voraussetzungen der PVV nicht erfüllt und die Bank hat keinen Anspruch auf Schadensersatz. Denkbar wären Wegfall von Kreditsicherheiten aufgrund höherer Gewalt, z. B. Zerstörung des Sicherungsgegenstandes durch Naturkatastrophe, Tod des Bürgen oder Gründe, welche allein die Bank zu vertreten hat, z. B. ordentliche Kündigung von Geschäftsbeziehungen aus unternehmensstrategischen Überlegungen.

b) Verbraucherkreditrecht und Verzug

23 Die Ausführungen unter a) gelten auch für Kredite im Anwendungsbereich des **Verbraucherdarlehensrechts**, da die Grundsätze der positiven Vertragsverlet-

---

⁴⁵ BGH ZIP 1996, 1895 = WM 1996, 2047, dazu EWiR 1996, 1113 *Reifner* und WuB I E 3.–1.97 *Wenzel*; *von Heymann/Rösler*; ZIP 2001, 441, 442; *Palandt/Heinrichs*, BGB, vor § 249 Rdnr. 16.

⁴⁶ *Palandt/Heinrichs*, BGB, vor § 249 Rdnr. 16; § 325 Rdnr. 10.

⁴⁷ Aus der Entscheidung des Bundesgerichtshofs vom 9. 2. 1993, NJW 1993, 1260 ff. ergibt sich überdies, daß diese Vorfälligkeitsentschädigung, soweit sie nicht fristgemäß geleistet wird, ihrerseits mit einem Verzugszins belegt werden kann, ohne gegen das Zinseszinsverbot zu verstoßen.

⁴⁸ Vgl. BGH WM 1988, 8, 10; OLG Düsseldorf NJW-RR 1987, 302, 303; OLG Köln WM 1987, 804, 805; KG WM 1987, 1513, 1515; *Canaris*, Bankvertragsrecht, Rdnrn. 1338, 1347; *derselbe*, NJW 1978, 1891, 1897; *Erman/Werner*, BGB, § 609 Rdnr. 8; *Soergel/Häuser*, BGB, § 609 Rdnr. 67; *Hopt/Mülbert*, Kreditrecht, § 609 Rdnr. 51; *Köndgen*, Gewährung und Abwicklung grundpfandrechtlich gesicherter Kredite, S. 145; *Löwisch*, BB 1985, 959; *Stelling*, Die vorzeitige Ablösung festverzinslicher Realkredite, S. 203; siehe auch OLG Koblenz NJW-RR 1986, 405, 406; OLG Celle WM 1987, 1063; *Canaris*, in: *Hadding/Hopt/Schimansky*, Bankrechtstag 19096, S. 3, 21; *Emmerich*, WM 1984, 949, 954; *derselbe*, WM 1986, 541, 545; *Gernhuber*, JZ 1959, 314, 315, die einen (inhaltlich nahezu identischen) Schadensersatzanspruch aus §§ 325, 326 BGB herleiten.

II. Vorfälligkeitsentschädigung

zungen neben den Kündigungsfolgen der §§ 11, 12 VerbrKrG bzw. §§ 497, 498 BGB n. F., die ausschließlich die Voraussetzungen der Kündigung und die Folgen des Verzugs regeln sollen,[49] anwendbar sind. Bei der Vorfälligkeitsentschädigung handelt es sich nicht um einen Verzugsschaden, sondern um einen Refinanzierungsschaden, der im Verbraucherkreditrecht gerade nicht geregelt ist.[50] In § 314 Abs. 4 BGB n. F. hat der Gesetzgeber ausdrücklich klargestellt, daß Schadensersatzansprüche auch bei Kündigung geltend gemacht werden können. Anderenfalls ist der vertragsuntreue Kreditnehmer gegenüber den vertragstreuen Kreditnehmer erheblich privilegiert.[51]

Die wohl herrschende Meinung vertritt allerdings die gegenteilige Auffassung,[52] was zuletzt durch die Entscheidung des OLG Zweibrücken vom 24. 7. 2000 belegt wurde.[53] Zwar werde – so das Gericht – in der Literatur auch für den Fall, daß ein Darlehen wegen vom Kreditnehmer schuldhaft veranlaßter Darlehenskündigung vorzeitig fällig wird, ein Schadensersatzanspruch des Darlehensgebers auf Ersatz des aus dem vorzeitig aufgelösten Vertrag entgangenen Gewinns bejaht.[54] Auch habe der Bundesgerichtshof bereits mit Urteil vom 28. 4. 1988[55] entschieden, daß Kreditinstitute einen abstrakt berechneten Anspruch auf Schadensersatz wegen Nichterfüllung unter Zugrundelegung der zur Zeit des Verzuges marktüblichen Bruttosollzinsen geltend machen können, wenn der Darlehensnehmer die vorzeitige Fälligkeit verschuldet hat und mit seiner Rückzahlungspflicht in Verzug gerät. Dieser Anspruch soll aber nur anstelle des Verzögerungsschadens nach § 286 BGB geltend gemacht werden können.[56]

Nach Ansicht des OLG Zweibrücken ist diese Rechtsprechung jedoch mit Inkrafttreten des VerbrKrG, jedenfalls in dessen Anwendungsbereich, hinfällig geworden. Der Gesetzgeber habe mit § 11 Abs. 1 VerbrKrG (§ 497 Abs. 1 BGB n. F.) eine abschließende Sonderregelung für Verbraucherkredite geschaffen. Darlehensgeber, die ihren Schaden abstrakt berechnen wollten, können neben der

---

[49] *Von Heymann/Rösler*, ZIP 2001, 441, 442; a. A. OLG Zweibrücken ZIP 2000, 2198 = WM 2001, 24, dazu EWiR 2001, 397 *Knops*.

[50] *Von Heymann/Rösler*, ZIP 2001, 441, 442.

[51] *Von Heymann/Rösler*, ZIP 2001, 441, 442; *Lang/Beyer*, WM 1998, 897, 913; a. A. wohl *Stelling*, Die vorzeitige Ablösung festverzinslicher Realkredite, S. 203 mit der Begründung, daß der vertragsbrüchige Darlehensnehmer das verfolgte Ziel, nämlich die lastenfreie Objektveräußerung, gerade nicht erreichen, sondern im Gegenteil sogar der Einleitung eines Zwangsversteigerungs- (oder -verwaltungs)verfahren ausgesetzt werden könne; ähnlich *Canaris*, in: *Hadding/Hopt/Schimansky*, Bankrechtstag 1996, S. 3, 21. Insgesamt ist sicher zu konzedieren, daß in der Regel im Falle einer außerordentlichen Kündigung durch die Bank die Nachteile zu Lasten des Darlehensnehmers überwiegen werden. Diese Argumentation verkennt jedoch, daß die Einleitung von Vollstreckungsmaßnahmen „nur" der Realisierung, sprich Durchsetzung der Bankenforderung dient; allerdings keinerlei Einfluß auf die Höhe des der Bank zustehenden Zahlungsanspruches entfalten kann.

[52] Vgl. *MünchKomm/Habersack*, BGB, § 11 VerbrKrG Rdnrn. 11, 22; *Staudinger/Kessal-Wulf*, BGB, § 11 VerbrKrG Rdnr. 15; *Soergel/Häuser*, BGB, § 11 VerbrKrG Rdnr. 8.

[53] OLG Zweibrücken ZIP 2000, 2198.

[54] *MünchKomm/Thode*, BGB, § 288 Rdnr. 30; *Soergel/Wiedemann*, BGB, § 288 Rdnr. 37.

[55] BGHZ 104, 337 = ZIP 1988, 759, dazu EWiR 1988, 657 *Rümker*.

[56] OLG Zweibrücken ZIP 2000, 2198, 2199 unter Hinweis auf BGHZ 104, 337, 342 = ZIP 1988, 759, 761.

Forderung der Restschuld i. S. d. § 12 Abs. 2 VerbrKrG (§ 498 Abs. 2 BGB n. F.) somit ausschließlich den Anspruch gemäß § 11 Abs. 1 VerbrKrG (§ 497 Abs. 1 BGB n. F.) auf Verzugszinsen nach der Formel „Basiszinssatz plus 5 %" geltend machen.[57] Für eine darüber hinausgehende Geltendmachung von Schadensersatz wegen Nichterfüllung in Gestalt von entgangenem Gewinn sei hingegen wegen der Verbraucherschutzregelung des § 18 Satz 1 VerbrKrG (§§ 506, 655 c BGB n. F.) kein Raum.[58] Letztendlich folgt das OLG Zweibrücken der herrschenden Auffassung in der Literatur, die eine von § 11 Abs. 1 VerbrKrG (§ 497 Abs. 1 BGB n. F.) abweichende Form der Schadensbemessung im Falle eines Verbraucherkredits nicht tolerieren will.[59]

26 Einerseits kann aus der Gesetzesbegründung geschlossen werden, daß die §§ 11, 12 VerbrKrG (§§ 497, 498 BGB n. F.) jedenfalls für Verbraucherkredite eine abschließende Lösung bilden sollten. Auf der anderen Seite darf nicht verkannt werden, daß die Vorfälligkeitsentschädigung nichts mit einem Verzugsschaden zu tun hat. Für grundpfandrechtlich gesicherte Kredite i. S. d. § 3 Abs. 2 Ziffer 2 VerbrKrG (§§ 491 Abs. 3, 500 BGB n. F.) kann diese Streitfrage jedoch offen bleiben, da die §§ 11 und 12 VerbrKrG (§§ 497, 498 BGB n. F.) regelmäßig keine Anwendung finden.

27 Das Thema **Verzugsschaden** und Vorfälligkeitsentschädigung ist ähnlich zu betrachten wie das Problem des Zusammenwirkens von Bereitstellungszinsen und Vorfälligkeitsentschädigung/Nichtabnahmeentschädigung. Bei beiden Themen wird diskutiert, ob die Bank die Vorfälligkeitsentschädigung/Nichtabnahmeentschädigung doppelt vereinnahmt. Zur vereinfachten Darstellung kann Abbildung 2 dienen. Dabei ist davon auszugehen, daß der mit dem Gesetz zur Beschleunigung fälliger Zahlungen[60] neu geschaffene § 284 Abs. 3 BGB a. F. (§ 286 Abs. 3 BGB n. F.) nicht dazu führt, daß nach der Darlehenskündigung eine zinsfreie Zeit entsteht.[61]

28 Ein Verzugsschaden fällt immer nur dann an, wenn der Darlehensnehmer mit der Rückzahlung des Kapitals in Verzug ist. Darum kann zum Zeitpunkt der außerordentlichen Kündigung oder der Kündigung nach Verbraucherkreditrecht ein Verzugsschaden dann nicht anfallen, wenn der Darlehensnehmer die fällige Kapitalschuld sofort tilgt. In diesen Fällen besteht das Problem der Doppel-Vereinnahmung nicht. Vom Rückzahlungstermin bis zum Ablauf der rechtlich geschützten Zinserwartung kann in diesen Fällen eine Vorfälligkeitsentschädigung berechnet werden.

29 Verschiebt sich die Zahlung des Darlehensnehmers wie häufig in die Zukunft, ist die Vorfälligkeitsentschädigung zum Zeitpunkt der Rückzahlung abzurechnen. Zu diesem Zeitpunkt fließt der Bank die Darlehensvaluta zu, mit der sie die

---

[57] OLG Zweibrücken ZIP 2000, 2198, 2199; *MünchKomm/Habersack*, BGB, § 11 VerbrKrG Rdnrn. 11, 22; *Staudinger/Kessal-Wulf*, BGB, § 11 VerbrKrG Rdnr. 15; *Soergel/Häuser*, BGB, § 11 VerbrKrG Rdnr. 8; vgl. auch Begründung des Regierungsentwurfs zum Verbraucherkreditgesetz, BT-Drucks. 11/5462, S. 26.
[58] OLG Zweibrücken ZIP 2000, 2198, 2199.
[59] Vgl. *MünchKomm/Habersack*, BGB, § 11 VerbrKrG Rdnrn. 11, 22; *Staudinger/Kessal-Wulf*, BGB, § 11 VerbrKrG Rdnr. 15; *Soergel/Häuser*, BGB, § 11 VerbrKrG Rdnr. 8.
[60] Gesetz vom 30. 3. 2000, am 1. 5. 2000 in Kraft getreten, siehe BGBl I, 330.
[61] Dazu z. B. *Kahlert*, NJW 2001, 128.

Refinanzierung nicht wie vorgesehen weiter bedienen kann. Die Vorfälligkeitsentschädigung ist von diesem Zeitpunkt bis zum Ende der rechtlich geschützten Zinserwartung zu berechnen. Vom Zeitpunkt des Verzugs bis zur Rückzahlung fällt ein Verzugsschaden an, für dessen Zeitraum selbstverständlich keine Vorfälligkeitsentschädigung verlangt werden kann. Der **Verzugsschaden** wird bei Verbrauchern regelmäßig mit B + 5 % berechnet. Bei grundpfandrechtlich gesicherten Krediten beträgt der Verzugsschaden nach Einführung der Schuldrechtsmodernisierung B + 2,5 % (§ 497 Abs. 1 BGB n. F.). Auch soweit kein Verbraucher beteiligt ist, beträgt der Verzugszins nach § 288 Abs. 2 BGB n. F. B + 5 %, da die Rückführung der Darlehensvaluta zwar eine Geldforderung, aber keine Entgeltforderung – dies sind nur Zinsen – darstellt. Der Basiszinssatz ist jetzt in § 247 BGB n. F. gesetzlich geregelt.

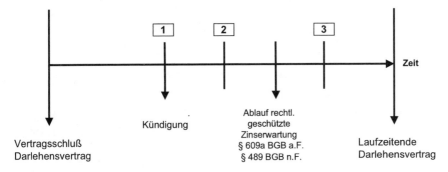

Abbildung 2: *Verzug und Vorfälligkeitsentschädigung*

Zahlt der Kreditnehmer die Darlehensvaluta erst nach Ablauf der rechtlich geschützten Zinserwartung nach dem Kündigungstermin zurück, fällt keine Vorfälligkeitsentschädigung an, denn die Bank durfte auf eine Fortsetzung der Cash-Flows nicht vertrauen. Allerdings fällt bis zum Rückzahlungstermin der übliche Verzugsschaden an.

Damit ist klargestellt, daß Vorfälligkeitsentschädigung und Verzugsschaden aufgrund der zeitlichen Abläufe vom Kreditinstitut bei korrekter Vorgehensweise nicht doppelt vereinnahmt werden, sondern unterschiedliche Schadenspositionen abdecken. Diese Fälle sind also entgegen der Ansicht des OLG Zweibrücken sehr diffenziert zu betrachten.

III. Vorfälligkeitsentgelt

32 Haben weder Bank noch Kunde die Möglichkeit, den Darlehensvertrag einseitig durch Ausübung eines Kündigungsrechts, eines Widerrufs oder eines vorzeitigen Tilgungsrechts zu Fall zu bringen, müssen sie sich zur Überwindung der geschlossenen Vereinbarung auf einen **Aufhebungsvertrag** einigen. Das mit diesem Aufhebungsvertrag regelmäßig vereinbarte **Aufhebungsentgelt** findet seine Rechtsgrundlage unmittelbar in der Vereinbarung zwischen Bank und Kunde.

33 Das **Vorfälligkeitsentgelt** stellt damit den Preis für die Einwilligung der Bank in die vorzeitige Beendigung des Darlehensvertrages dar. Diese Preisvereinbarung ist wegen der individuellen Bestimmung im Einzelfall keine Allgemeine Geschäftsbedingung im Sinne des § 305 BGB n. F. Außerdem würde sie wegen § 307 Abs. 3 BGB n. F. hinsichtlich Höhe und Angemessenheit ohnehin nicht nach §§ 307–309 BGB n. F. kontrolliert werden können.[62]

1. Sittenwidriges Vorfälligkeitsentgelt, § 138 BGB

34 Als sachgerechte Norm zur Beurteilung der rechtmäßigen Höhe des **Aufhebungsentgelts** ist § 138 BGB heranzuziehen.[63] § 138 BGB hat sich in den Vertragsbeziehungen der Kreditinstitute zu ihren Kunden bereits in der Vergangenheit einen erheblichen Stellenwert gesichert, wie z. B. in den Fällen des sittenwidrigen Ratenkredits, der Gläubigergefährdung, der Schuldnerknebelung oder der Übersicherung.

35 Sittenwidrig und damit wegen Verstoßes gegen § 138 Abs. 1 BGB unwirksam wäre eine Aufhebungsentgeltvereinbarung, die von Gesamtcharakter, Inhalt oder Beweggrund und Zweck die sittliche Durchschnittsauffassung der Rechtsgemeinschaft grob verletzen würde, wobei auf die Umstände bei Vertragsschluß abzustellen ist.[64] Dies bedeutet, daß als Grundlage zur objektiven Beurteilung der Rechtmäßigkeit einer Aufhebungsentgeltvereinbarung die Grundsätze zur Berechnung einer Vorfälligkeitsentschädigung herangezogen werden können. Das BGH-Urteil vom 7.11.2000[65] hat also die Meßlatte für die objektive Sittenwidrigkeit gleichfalls exakt definiert. Als Maßstab („Nulllinie") für den Vorfälligkeitsschaden sind die konkret berechneten Wiederbeschaffungskosten für die ausfallenden Zins- und Tilgungsraten heranzuziehen. Letztere ergeben sich aus der exakten finanzmathematischen Umsetzung der BGH-Rechtsprechung zur Vorfälligkeitsentschädigung. Die notwendigen subjektiven Kriterien können beispielsweise darin liegen, daß die Bank eine Notlage des Kreditnehmers in der

---

[62] *Rösler,* BB 1997, 1369 m. w. N.
[63] AG Köln, WM 1999, 1460; OLG München, WM 1996, 1132 = WuB I E 3.–9.96 *Zoller/von Aulock* m. w. N; AG Dortmund, WM 1996, 1136; OLG München, WM 1997, 521; OLG Karlsruhe, WM 1997, 520; OLG Schleswig, WM 1997, 522; OLG Oldenburg, WM 1996, 1955; *Canaris,* Bankrechtstag 1996, siehe dazu *Wenzel,* WM 1996, 1605 und *Mues,* ZBB 1996, 252; a. A. LG Weiden EWiR 2000, 1137 *Rösler.*
[64] Palandt/Heinrichs, BGB, § 138 Rdnr. 2 ff. m. w. N.
[65] BGH NJW, 2001, 509 = WM 2001, 20 = ZIP 2001, 20, dazu *von Heymann/Rösler,* ZIP 2001, 441.

III. Vorfälligkeitsentgelt

Hinsicht ausgenutzt hat, ein nicht mehr nachvollziehbar überhöhtes Aufhebungsentgelt zu verlangen. Ausnahmsweise können auch allein objektive Kriterien genügen, um die Sittenwidrigkeit zu bejahen.

Dabei kann sich an die Rechtsprechung zur Beurteilung von Ratenkreditverträgen und Finanzierungsleasingverträgen angelehnt werden,[66] nach der ein Vertrag dann sittenwidrig ist, wenn zwischen Leistung und Gegenleistung ein auffälliges Mißverhältnis besteht und der Kreditgeber sich leichtfertig der Erkenntnis verschließt, daß der Kreditnehmer nur wegen seiner schwächeren Lage auf die schlechten Bedingungen eingeht. Überschreitet das von der Bank verlangte Aufhebungsentgelt die korrekt berechnete Aufhebungsentschädigung um mehr als 90–100 %, wird man ohne hinzutreten weiterer subjektiver Merkmale von der Sittenwidrigkeit der Aufhebungsvereinbarung ausgehen müssen. Liegen subjektive Merkmale vor, kann bereits bei 20–30 oder 50 % die Sittenwidrigkeit zu bejahen sein.[67] 36

Ist der Aufhebungsvertrag sittenwidrig und damit nach § 138 Abs. 1 BGB insgesamt nichtig, entfaltet er *keine* Rechtswirkungen.[68] Das bedeutet, daß der Zweck des Aufhebungsvertrages, den ursprünglichen Darlehensvertrag zu überwinden, fehlgeschlagen ist. Der Darlehensvertrag besteht nach wie vor fort. Ein bereits gezahltes Aufhebungsentgelt hat die Bank dem Darlehensnehmer nach § 812 Abs. 1 S. 1 BGB zurückzuerstatten, dieser muß im Gegenzug etwa fällige Raten nach den darlehensvertraglichen Absprachen nachzahlen. Etwa zwischenzeitlich freigegebene Kreditsicherheiten, insbesondere Grundschulden, müßte der Darlehensnehmer wieder zur Verfügung stellen. Häufig wird ihm das nicht mehr möglich sein, so daß die Bank dann ihrerseits ein Kündigungsrecht mit den Folgen des Schadensersatzanspruches aus §§ 280, 282 BGB n. F. (positive Vertragsverletzung) haben könnte. Diese Ergebnisse befriedigen nicht. Die Bank hätte den vom Darlehensnehmer gewünschten und von ihr dem Grunde nach befürworteten Aufhebungsvertrag durch das Verlangen eines sittenwidrigen Aufhebungsentgelts vereitelt. Deshalb wird in diesen Fällen auf die Beschränkung der Nichtigkeit und Teilaufrechterhaltung des Aufhebungsvertrages ausgewichen werden müssen. Diese Ausnahme vom Grundsatz der Gesamtnichtigkeit bei § 138 BGB ist in Einzelfällen möglich.[69] Damit bleibt der die Aufhebung des Darlehensvertrages regelnde Teil des Aufhebungsvertrages rechtswirksam bestehen, während die Vereinbarung über das Entgelt unwirksam ist. Die Bank muß den Kreditnehmer damit ohne Zahlung eines Vorfälligkeitsentgelts aus dem Vertrag entlassen. 37

2. Billiges Ermessen nach § 315 Abs. 3 BGB

Zum Teil wurde zur Überprüfung der rechtlichen Grenze der Entgelthöhe auch eine Gesetzesanalogie zu § 315 Abs. 3 BGB in Betracht gezogen. Zwar läßt diese Vorschrift eine gerichtliche **Billigkeitskontrolle** unmittelbar nur für den Fall zu, daß die Bestimmung einer im Vertrag noch nicht festgelegten Leistung einer 38

---

[66] So auch *Hammen/Dischinger,* in: WuB I E 3.–3.96; AG Dortmund, WM 1996, 1136.
[67] Vgl. dazu *Rösler,* BB 1997, 1369 m. w. N.
[68] BGHZ 68, 207.
[69] Siehe *Palandt/Heinrichs,* BGB, § 138 BGB Rdnr. 19.

Vertragspartei überlassen wurde.[70] Nach verbreiteter Ansicht kann § 315 Abs. 3 BGB jedoch auch dann entsprechend angewendet werden, wenn eine Vertragspartei ihre Preise aufgrund einer rechtlichen oder faktischen Monopolstellung mehr oder weniger in einer Weise diktieren kann, als sei ihr ein Recht zur einseitigen Leistungsbestimmung vertraglich eingeräumt worden.[71] Zwar wird man davon ausgehen müssen, daß dem historischen Gesetzgeber die Konsequenzen einer gestörten Vertragsparität und deren Folgen bekannt war. Allerdings hat sich die Teilnahme am Rechts- und Wirtschaftsleben seit Inkrafttreten in einer Weise verkompliziert, daß es gerechtfertigt erscheint, das liberalistisch-individualistische Weltbild des historischen Gesetzgebers erheblich zu relativieren.[72] So ist der Verbraucher in der modernen Industrie- und Dienstleistungsgesellschaft Gefahren ausgesetzt, die zwar die Grenze zur Sittenwidrigkeit nicht überschreiten, aber gleichwohl so schwerwiegende wirtschaftliche Folgen haben können, daß die Rechtsordnung zum Eingreifen verpflichtet ist.[73]

39 Anders als bei der Prüfung der Sittenwidrigkeit gebietet der Maßstab des billigen Ermessens bzw. der Billigkeit eine zumindest am Grundsatz von Treu und Glauben ausgerichtete Geschäftspolitik, die aus der Not des Vertragspartners keinen übermäßigen Profit schlägt.[74] Aus diesem Grunde soll der Darlehensgeber gehalten sein, die Entgelthöhe,[75] jedenfalls in groben Zügen, an dem eingetretenen Verlust bzw. dem entgangegen Gewin auszurichten, wobei Überschreitungen des tatsächlichen Vorfälligkeitsnachteils von bis zu 10% unschädlich sein dürften.[76]

40 Die analoge Anwendung des § 315 Abs. 3 BGB scheitert allerdings an einer planwidrigen Regelungslücke des Gesetzes. § 138 genügt als Kontrolle des Preises einer Aufhebungsvereinbarung.

3. Vorfälligkeitsentschädigung als Grenze des Vorfälligkeitsentgelts

41 Stellt die Bank dem Darlehensnehmer bei den Preisverhandlungen zum Aufhebungsvertrag den Preis (Aufhebungsentgelt) so dar, als würde sie diesen nach den Vorgaben des BGH zur Berechnung der Vorfälligkeitsentschädigung berechnen, verlangt aber gemessen an den Vorgaben des BGH zur Berechnung einer Vorfäl-

---

[70] *Stelling*, Die vorzeitige Ablösung festverzinslicher Realkredite, S. 196.

[71] Vgl. RGZ 111, 310, 313; BGHZ 38, 183, 186; BGHZ 65, 395, 399; BGHZ 73, 114, 116; BGHZ 115, 311, 316 ff.; BGH NJW 1993, 1128, 1129; LG Frankfurt/Main MDR 1978, 932; *RGRK/Ballhaus*, BGB, § 315 Rdnr. 22; *Jauernig/Vollkommer*, BGB, § 315 Rdnr. 4; *Staudinger/Mader*, BGB, § 315 Rdnrn. 93 ff.; *Erman/Battes*, BGB, § 315 Rdnr. 2; *Futter*, BB 1978, 935, 939; *Lukes*, NJW 1963, 1897, 1899 f.; *Stelling*, Die vorzeitige Ablösung festverzinslicher Realkredite, S. 196 f.

[72] Vgl. *Bartholomeyczik*, AcP 16 (1966), 30, 33 ff.; *Larenz/Wolf*, BGB-AT, § 2 II 2a und b; *Stelling*, Die vorzeitige Ablösung festverzinslicher Realkredite, S. 197 m. w. N.

[73] *Stelling*, Die vorzeitige Ablösung festverzinslicher Realkredite, S. 197.

[74] So anschaulich *Stelling*, Die vorzeitige Ablösung festverzinslicher Realkredite, S. 202; vgl. im Ergbnis auch *Canaris*, in: Festschrift Zöllner, S. 1055, 1068, der diese Schlußfolgerung indessen im Rahmen einer Prüfung nach § 138 BGB zieht.

[75] *Stelling*, Die vorzeitige Ablösung festverzinslicher Realkredite, S. 202 spricht hier allerdings von der *Entschädigungs*höhe.

[76] So zu recht *Stelling*, Die vorzeitige Ablösung festverzinslicher Realkredite, S. 202.

ligkeitsentschädigung ein zu hohes – wenn auch nicht zwingend sittenwidriges – Vorfälligkeitsentgelt, kann im Einzelfall ein **Verschulden bei Vertragsverhandlungen** vorliegen und die Bank sich nach den Rechtsgrundsätzen der §§ 241 Abs. 2, 280, 311 Abs. 2 und 3 BGB n. F. (culpa in contrahendo) des Aufhebungsvertrages gegenüber dem Darlehensnehmer schadensersatzpflichtig machen. Der Darlehensnehmer ist dann so zu stellen, wie er stünde, wenn die Bank ihrer Aufklärungspflicht nachgekommen wäre. Dies wird die Rückzahlung der überhöhten Aufhebungsentgelts auf Grundlage der Vorfälligkeitsentschädigungsbetrachtung bedeuten. Damit ist im Gegensatz zur Fallgruppe des sittenwidrigen Aufhebungsvertrages keine weitere Sanktionswirkung über die Rückzahlung des Differenzbetrages hinaus verbunden.

Die Bank sollte darum auch in den Fällen des Aufhebungsvertrages den vom BGH für die Vorfälligkeitsentschädigung vorgegebenen Rahmen beachten, zumal die entstehenden Refinanzierungsnachteile dadurch in aller Regel vollständig ausgeglichen werden.[77] Ansonsten muß sie zur Berechnung schweigen bzw. deutlich machen, daß ein frei verhandelbarer Vertrag notwendig ist, um den bestehenden Darlehensvertrag zu überwinden, wenn sie sich nicht Schadensersatzansprüchen aussetzen will, die dann auf Kompensation der überzahlten Vorfälligkeitsentschädigung zielen würden. 42

IV. Disagioerstattung

Um in den Genuß eines niedrigen Nominalzinssatzes zu gelangen, vereinbaren Darlehensnehmer und Darlehensgeber, zum Teil aus steuerlichen Gründen, ein **Disagio**. Das Disagio, auch **Damnum** genannt, ist die Differenz zwischen dem vereinbarten Darlehensnennbetrag und dem im Kreditvertrag prozentual bezifferten Auszahlungsbetrag.[78] Üblicherweise wird das Disagio bei Valutierung des Kredits einbehalten; der Darlehensnehmer hat jedoch den gesamten Darlehensnennbetrag zu verzinsen und zurückzuzahlen. Wenngleich es in erster Linie Sache der Parteien ist, ob das Disagio den laufzeitunabhängigen Darlehensnebenkosten oder den laufzeitabhängigen Zinsen zuzurechnen ist, so entspricht es seit 1990 ständiger Rechtsprechung, daß das Disagio im Zweifel als laufzeitabhängiger Ausgleich für einen geringeren Nomialzins und damit im Ergebnis als Zinsvorauszahlung anzusehen ist.[79] Es ist integraler Bestandteil der Zinskalkulation und 43

---

[77] Vgl. auch LG Koblenz WM 2001, 567, 568.
[78] Vgl. *Bruchner,* in: *Schimansky/Bunte/Lwowski,* Bankrechts-Handbuch, § 78 Rdnr. 36, der anschaulich von einem „Auszahlungskurs" spricht; ähnlich *Soergel/Häuser,* BGB, § 608 Rdnr. 27; *Hopt/Mülbert,* Kreditrecht, § 608 Rdnr. 8; *Köndgen,* Gewährung und Abwicklung grundpfandrechtlich gesicherter Kredite, S. 92; *Schwintowski/Schäfer,* Bankrecht, § 7 Rdnr. 54; *MünchKomm/Westermann,* BGB, § 608 Rdnr. 2.
[79] BGH WM 1990, 2047, 2048; BGHZ 111, 287 = NJW 1990, 2250; BGH ZIP 1992, 825 = WM 1992, 1058 = NJW 1992, 2285; BGH NJW 1993, 3257; BGH NJW 1994, 47; BGHZ 133, 255 = ZIP 1996, 1895 = WM 1996, 2047 = NJW 1996, 3337, dazu EWiR 1996, 1113 *Reifner* und WuB I E 3.–1.97 *Wenzel;* BGH WM 1995, 1617; BGH WM 1992, 1058, 1059; BGH WM 1981, 838; BGHZ 81, 124, 126 ff.; OLG Hamm BB 1997, 1656, 1657; OLG Stuttgart WM 1997, 529, 530 f.; *Beyer,* ZkredW 1994, 318, f.; *Bruchner,* in: *Schimansky/Bunte/*

stellt eine Vorauszahlung von Zinsen dar, es sei denn, dem Vertrag ist ausnahmsweise eindeutig etwas anderes zu entnehmen. Ein solcher Ausnahmefall kommt bei normalen Bankdarlehen nur in sehr wenigen Fällen in Betracht, etwa wenn eine Bank eine Auszahlung zu 100 % nicht anbietet, sondern stets ein Disagio verlangt, dieses in der Vertragsurkunde als Bearbeitungsgebühr oder als Verwaltungskostenbeitrag etc. bezeichnet und daneben keine weiteres Bearbeitungsentgelt erhoben wird. Eine Aufteilung des Disagiobetrages in einen Sockelbetrag, der der Abdeckung eines einmaligen Aufwandes dient, und einen anderen Teil, der als Zinsvorauszahlung einzustufen ist, ist nicht möglich.[80] Bei subventionierten zweckgebundenen Darlehen aus öffentlichen Förderprogrammen ist das von der zwischengeschalteten Hausbank ebenso wie das vom Kreditnehmer gezahlte Disagio allerdings ausnahmsweise den laufzeitunabhängigen Kosten zuzurechnen.[81]

44 Grundsätzlich dient das Disagio als Rechenfaktor für die Zinsbemessung während des vereinbarten **Zinsfestschreibungszeitraumes**, d. h. es ist bei Ablauf der (ersten) Zinsbindungsphase verbraucht.[82] Erfolgt also eine vorzeitige Darlehensrückführung erst im Laufe der zweiten oder einer späteren Festzinsschrei-

---

Lwowski, Bankrechts-Handbuch, § 78 Rdnr. 36; *Häuser*, in: *Schimansky/Bunte/Lwowski*, Bankrechts-Handbuch, § 83 Rdnr. 115; *Soergel/Häuser*, BGB, § 608 Rdnr. 30; *Staudinger/Blaschczok*, BGB, § 246 Rdnr. 26; *Braunert*, NJW 1990, 2252; *Bruchner*, in: *Schimansky/Bunte/Lwowski*, Bankrechts-Handbuch, § 78 Rdnr. 36; *Hammen*, WM 1994, 1101, 1102; *Hopt/Mülbert*, Kreditrecht, § 608 Rdnr. 9; *Köndgen/Busse*, ZBB 1990, 214, 215; *Koller*, DB 1992, 1125, 1126 ff.; *Schwintowski/Schäfer*, Bankrecht, § 7 Rdnr. 57; *Thelen*, DB 1990, 1805; *Jauernig/Vollkommer*, BGB, § 246 Rdnr. 3; *Wenzel*, Die Bank 1995, 216; *Erman/Werner*, BGB, § 608 Rdnr. 8; *Nobbe*, Aktuelle höchst- und obergerichtliche Rechtsprechung, Rdnr. 684; *Rösler*, in: *Hadding/Nobbe*, Bankrecht 2000, S. 165, 175; *Knops*, Verbraucherschutz bei Immobiliarkreditverhältnissen, S. 156 f.; *Melzer*, BB 1995, 321; *Dietrich*, DStR 1997, 1087, 1089 f.; *Einsele*, JZ 1997, 514 f.; *Wehrt*, ZIP 1997, 481 f.; *Lang*, Sparkasse 1997, 46 f.; *Stelling*, Die vorzeitige Ablösung festverzinslicher Realkredite, S. 216; a. A. noch OLG Köln WM 1992, 1023. Der Bundesgerichtshof (WM 1990, 1150) hat allerdings eingeräumt, daß ein Disagio von 2 % bis 3 % u. U. noch als einmalige Nebenkosten anerkannt werden könnte, da sich ein derartiger Betrag der Höhe nach noch im Rahmen desjenigen hält, was Banken, wenn sie ihre einmaligen Nebenkosten ausweisen, üblicherweise als Bearbeitungsgebühren verlangen. Vgl. auch *MünchKomm/Westermann*, BGB, § 608 Rdnr. 3, der die Einordnung als laufzeitabhängiger Zins offenbar für bindend hält.

[80] Vgl. auch BGH WM 1998, 495 = NJW 1998, 1062 = ZIP 1998, 418; BGH WM 1999, 2547 = NJW 2000, 352 = ZIP 1999, 2143; BGH WM 2000, 1243 = NJW 2000, 2816 = ZIP 2000, 1101; BFH NJW-RR 2000, 426.

[81] BGH NJW 1992, 2285 = ZIP 1992, 825; BGH NJW 1994, 47 = ZIP 1993, 1781.

[82] BGH NJW 1990, 2250; BGH WM 1993, 2003 = NJW 1993, 3257; BGH ZIP 1995, 1505; BGH WM 1995, 2278; *Palandt/Heinrichs*, BGB, § 246 Rdnr. 3; *Palandt/Putzo*, BGB, § 609 Rdnr. 12 a; *von Rottenburg*, in: *von Westphalen/Emmerich/von Rottenburg*, VerbrKrG, § 4 Rdnrn. 75, 105; *Bruchner*, in: *Schimansky/Bunte/Lwowski*, Bankrechts-Handbuch, § 78 Rdnr. 44; *Häuser*, in: *Schimansky/Bunte/Lwowski*, Bankrechts-Handbuch, § 83 Rdnrn. 122 f.; *Hadding/Häuser*, WM-Festgabe für Thorwald Hellner, 1991, S. 4, 9; *Hammen*, WM 1994, 1101; mißverständlich *Knops*, Verbraucherschutz bei Immobiliarkreditverhältnissen, S. 101; siehe aber auch OLG Koblenz WM 1995, 797 (im Zweifel gesamte Vertragslaufzeit); zur Effektivzinsberechnung und dem Disagiosplitting vgl. *Wimmer/Stöckl-Pukall*, S. 73 ff.

IV. Disagioerstattung

bungsphase, ist ein Anspruch auf Rückerstattung eines Disagios regelmäßig nicht gegeben.

Kündigt der Darlehensnehmer den Vertrag, weil ihm ein Kündigungsrecht zusteht, ohne daß er wie nach § 490 Abs. 2 BGB n. F. eine Kompensationsleistung an die Bank erbringen muß, bedeutet diese Kündigung für ihn, daß er ohne die Berechnung einer Vorfälligkeitsentschädigung aus dem Vertrag aussteigen kann. Im Gegenzug ist die Bank jedoch verpflichtet, ein anteilig unverbrauchtes Disagio an den Kreditnehmer zurückzuzahlen.[83] Das Disagio ist als Zinsbestandteil anzusehen, wenn es die übliche Höhe von Bearbeitungskosten in Höhe von 1 bis 2 % übersteigt. In diesen Fällen ist es über die Zinsfestschreibungszeit aufzulösen und es sind die unverbrauchten Teile an den Kreditnehmer zu erstatten. Da die Bank keine Gegenleistung in Form der Kapitalnutzung erbringt, kann der Kreditnehmer das Disagio nach § 812 Abs. 1 Satz 1 BGB nach den Grundsätzen der ungerechtfertigten Bereicherung von der Bank herausverlangen,[84] soweit es noch nicht verbraucht ist.[85] Inwieweit es als verbraucht gilt, hängt vom Zinsfestschreibungszeitraum ab, der dem Darlehensvertrag zu entnehmen ist.[86]

45

Hat die Bank den Darlehensvertrag aus wichtigem Grund gekündigt, so steht ihr regelmäßig ein Schadensersatzanspruch aus positiver Vertragsverletzung zu. Da das Disagio einen Teil der rechtlich geschützten Zinserwartung umfaßt, kann es – da es sich bei ordnungsgemäßer Laufzeit am Ende der Festzinsschreibungsphase verbraucht hätte – einbehalten werden.[87] Dieser Grundsatz erfährt aber Ausnahmen unter dem Gesichtspunkt der **Vorteilsausgleichung**.[88] Kann die

46

---

[83] BGH WM 1996, 2047. Zur Verjährung des Zinsanspruchs auf Disagiobeträge, die wegen der vorzeitigen Darlehensrückführung zu erstatten sind vgl. OLG München WM 2001, 1376, dazu WuB I E 3.–5.01. *Wenzel*.

[84] Seit BGHZ 111, 289 = NJW 1990, 2250 ständige Rspr., vgl. BGH ZIP 1992, 825 = WM 1992, 1058 = NJW 1992, 2285; BGH NJW 1993, 3257; BGH NJW 1994, 47; BGHZ 133, 255 = ZIP 1996, 1895 = WM 1996, 2047 = NJW 1996, 3337, dazu EWiR 1996, 1113 *Reifner* und WuB I E 3.–1.97 *Wenzel*; OLG Hamm BB 1997, 1656, 1657; OLG Stuttgart WM 1997, 529, 530f.; *Bruchner*, in: *Schimansky/Bunte/Lwowski*, Bankrechts-Handbuch, § 78 Rdnr. 36; *Häuser*, in: *Schimansky/Bunte/Lwowski*, Bankrechts-Handbuch, § 83 Rdnr. 122; *Nobbe*, Aktuelle höchst- und obergerichtliche Rechtsprechung, Rdnr. 684; *Rösler*, in: *Hadding/Nobbe*, Bankrecht 2000, S. 165, 175; *Knops*, Verbraucherschutz bei Immobilienkreditverhältnissen, S. 156f.; *Melzer*, BB 1995, 321; *Dietrich*, DStR 1997, 1087, 1089f.; *Einsele*, JZ 1997, 514f.; *Wehrt*, ZIP 1997, 481f.; *Lang*, Sparkasse 1997, 46f.; *Hammen*, WM 1994, 1101, 1102f.; *Woelk*, MDR 1997, 801, 802. Zu den sog. Altfällen vor 1990 siehe *Bruchner*, aaO., § 78 Rdnrn. 50 ff.

[85] Vgl. BGH NJW 1993, 3257; OLG München WM 2001, 1376, 1377; MünchKomm/*Westermann*, BGB, § 608 Rdnr. 3; *von Westphalen*, in: *von Westphalen/Emmerich/von Rottenburg*, VerbrKrG, § 1 Rdnr. 95; *Metz*, in: *Metz/Wenzel*, Vorfälligkeitsentschädigung, Rdnr. 142; *Reifner*, NJW 1995, 2945, 2949; *Brutschke*, VuR 1996, 43; *Knops*, Verbraucherschutz bei Immobilienkreditverhältnissen, S. 157; a. A. *Wenzel*, in: *Metz/Wenzel*, Vorfälligkeitsentschädigung, Rdnr. 264; AG Dortmund WM 1996, 1136, 1138; AG Essen WM 1995, 1535.

[86] Auch der bei Verbraucherkrediten zwingend anzugebende (anfängliche) effektive Jahreszins legt diesen Disagioverbrauch in zeitlicher Hinsicht zugrunde.

[87] BGHZ 133, 355 = ZIP 1996, 1895, 1896 = WM 1996, 2047, 2048 = NJW 1996, 3337.

[88] BGHZ 133, 355 = ZIP 1996, 1895, 1896 = WM 1996, 2047, 2048 = NJW 1996, 3337; *Nobbe*, Aktuelle höchst- und obergerichtliche Rechtsprechung, Rdnr. 688.

Bank das vorzeitig zurückgeführte Darlehen wegen des gestiegenen Zinsniveaus zu einem den effektiven Vertragszinssatz übersteigenden Effektivzinssatz wieder ausleihen, so muß sie sich diesen Zinsverbesserungsvorteil anrechnen lassen.[89]

47 Macht die Bank eine Vorfälligkeitsentschädigung geltend[90] – gleichgültig, ob diese Geltendmachung aufgrund einer berechtigten außerordentlichen Kündigung seitens der Bank (§ 490 Abs. 1 BGB n. F.), seitens des Kunden (§ 490 Abs. 2 BGB n. F.) oder – bei „Altfällen" – aufgrund eines entsprechenden Anspruchs des Kunden auf Vertragsmodifizierung erfolgt –, so hat sie auch in diesem Falle unter dem Gesichtspunkt der Vorteilsausgleichung das unverbrauchte Disagio in Abzug zu bringen.[91] Insoweit stellen die Ansprüche der Bank auf Vorfälligkeitsentschädigung und der Anspruch des Darlehensnehmers auf Rückerstattung nicht verbrauchter Disagioanteile **unselbständige Rechnungsposten** dar, die bei der Abrechnung im Wege der Saldierung der wechselseitigen Ansprüchen zu berücksichtigen sind, so daß im Ergebnis nur die Differenz auszugleichen ist.[92]

48 Eine **formularmäßige Klausel**, wonach der Darlehensnehmer auf die Rückerstattung bzw. Nichtberücksichtigung des nicht verbrauchten Disagios verzichtet, ist nach § 307 Abs. 1 BGB n. F. (bzw. § 9 Abs. 1 AGBG) unwirksam.[93] Verzichtet der Darlehensnehmer im Falle und zum Zeitpunkt der vorzeitigen Beendigung des Darlehensvertrages zum Beispiel aus steuerlichen Gründen auf die Rückerstattung des Disagios, sollte sich die Bank dies dokumentieren lassen.

---

[89] BGHZ 133, 355 = ZIP 1996, 1895, 1896 = WM 1996, 2047, 2048 = NJW 1996, 3337; BGH WM 1999, 840; *Nobbe*, Aktuelle höchst- und obergerichtliche Rechtsprechung, Rdnrn. 688, 693; *Lang*, Sparkassse 1997, 46, 48. Zur Berechnung des anteiligen Disagios siehe BGH ZIP 1998, 418 = WM 1998, 495 = NJW 1998, 1062, dazu EWiR 1998, 449 *Wehrt* und WuB I E 3.–4.98 *Marburger*; OLG Hamm WM 1997, 865, dazu WuB I E 3.–1.99 *Weber*, LG Frankfurt/Main VuR 1996, 80; AG Köln VuR 1997, 239; *Nobbe*, aaO., Rdnrn. 694 ff; *Soergel/Häuser*, BGB, § 608 Rdnr. 39. Zur Verjährung siehe *Hoeren*, NJW 1994, 26 f.

[90] BGH ZIP 2001, 20 = WM 2000, 20; BGH WM 1997, 1747 ff. = ZIP 1997, 1641 ff.; BGH WM 1997, 1799 ff. = ZIP 1997, 1646 ff.; vgl. auch BGH WM 2000, 1243, 1244; BGH WM 1998, 495, 496.

[91] *Rösler*, in: *Hadding/Nobbe*, Bankrecht 2000, S. 165, 176; *Bruchner*, in: *Schimansky/Bunte/Lwowski*, Bankrechts-Handbuch, § 78 Rdnr. 49; *Häuser*, in: *Schimansky/Bunte/Lwowski*, Bankrechts-Handbuch, § 83 Rdnr. 122; *Palandt/Heinrichs*, BGB, § 246 Rdnr. 3; *Palandt/Thomas*, BGB, § 812 Rdnr. 81; *Reifner*, WM 1996, 2094, 1095.

[92] BGHZ 83, 156, 159 = WM 1983, 559; BGH WM 1994, 1163, dazu WuB I F 1 a.–9.92 *Häuser*; *Bruchner*, in: *Schimansky/Bunte/Lwowski*, Bankrechts-Handbuch, § 78 Rdnr. 48; *Häuser*, in: *Schimansky/Bunte/Lwowski*, Bankrechts-Handbuch, § 83 Rdnr. 122 b; *Nobbe*, Aktuelle höchst- und obergerichtliche Rechtsprechung, Rdnr. 688; vgl. auch *MünchKomm/Westermann*, BGB, § 608 Rdnr. 4; *Melzer*, BB 1995, 321. Hierbei sind auch gezogene Nutzungen (§ 818 Abs. 1 BGB) entsprechend zu vergüten, vgl. LG Frankfurt/Main VuR 1996, 80 mit Anm. *Reifner*; AG Köln VuR 1997, 239; *Nobbe*, aaO., Rdnr. 697.

[93] Vgl. BGH WM 1996, 2047, 2048; *Metz*, in: *Metz/Wenzel*, Vorfälligkeitsentschädigung, Rdnr. 144; *Knops*, Verbraucherschutz bei Immobilienkreditverhältnissen, S. 158; *Wolf*, in: *Wolf/Horn/Lindacher*, AGBG, § 9 Rdnr. D 14; *Köndgen*, NJW 1994, 1508, 1514, der indessen darauf hinweist, daß ein individualvertraglicher Verzicht selbstverständlich möglich ist. Vgl. i.ü. auch OLG Hamm BB 1997, 1656, 1657; *MünchKomm/Westermann*, BGB, § 608 Rdnr. 4; *Köndgen/Busse*, ZBB 1990, 214, 221.

Vorformulierte Verzichtserklärungen, die unter die gesetzlich geregelte Kontrolle formularmäßiger Bestimmungen fallen, werden dabei einer Prüfung nach § 9 bis 11 AGBG bzw. §§ 307–309 BGB n. F. nicht standhalten.

Die unbeanstandete Hinnahme einer vorzeitigen Abrechnung des Darlehensvertrages, die das unverbrauchte Disagio nicht berücksichtigt, sowie die vorbehaltlose Bezahlung des ihm von der Bank genannten Ablösungsbetrages durch den Darlehensnehmer enthalten grundsätzlich keinen konkludenten Verzicht auf die Erstattung des nicht verbrauchten anteiligen Disagios.[94] Etwas anderes gilt dann, wenn der Darlehensnehmer weder ein Recht zur Kündigung des Darlehensvertrages noch einen Anspruch hatte, die Valuta vorzeitig zurückzuzahlen, die Vereinbarung der Ablösungssumme und damit auch die Erstattung eines unverbrauchten Disagios also freier Vereinbarung der Parteien unterlag.[95] **49**

Ein Spezialproblem ergibt sich bei **langlaufenden Kreditverträgen**, wenn bei Krediten mit Disagio die Zinsfestschreibungszeit (z. B. 15 Jahre) den rechtlich geschützten Zinserwartungszeitraum des Kreditinstituts (10 Jahre und 6 Monate nach § 609a Abs. 1 Nr. 3 BGB a. F. bzw. § 489 Abs. 1 Nr. 3 BGB n. F.) übersteigt. Der Darlehensnehmer hat sich mit Vereinbarung des Disagios einen günstigeren Zinssatz für die vereinbarte Festschreibungszeit gesichert.[96] Die Bank kann den Kredit während der Festschreibung bei vertragsgemäßem Verlauf nicht kündigen. Das Disagio wird also regelmäßig über die gesamte Festschreibungsfrist aufzulösen sein. Das bedeutet, daß der Darlehensnehmer nach z. B. 12 Jahren vorfälligkeitsentschädigungsfrei kündigen kann, ihm aber das noch unverbrauchte Disagio auszukehren ist. Formularmäßige Regelungen, wonach das Disagio über eine kürzere Zeit (regelmäßig 10 Jahre wegen § 609a BGB a. F. bzw. § 489 Abs. 1 BGB n. F.) als die Zinsfestschreibung aufgelöst wird, dürften zumindest dann wegen unangemessener Benachteiligung des Kreditnehmers nach § 9 AGBG bzw. § 307 BGB n. F. unwirksam sein, wenn sich der Zinssatz nach Beendigung der Disagioauflösung nicht verändert, also nicht erhöht. **50**

Greift bei einem **Verbraucherkreditvertrag** die Sanktion des § 6 Abs. 2 Satz 2 VerbrKrG (§ 494 Abs. 2 BGB n. F.), weil er den Anforderungen des § 4 VerbrKrG (§ 492 BGB n. F.) nicht genügt und reduzieren sich damit die vom Darlehensnehmer zu zahlenden Zinsen auf den gesetzlichen Zinssatz von 4% bzw. bei Existenzgründungskrediten an Kaufleute auf 5%, ist diese Rechtsfolge bei der Rückerstattung eines Disagios zu berücksichtigen. Stellt das Disagio einen Ausgleich für niedrigere Nominalzinsen dar, ist bei der Rückerstattung in diesen Fällen zu berücksichtigen, daß die Bank nach dem Sinn des § 6 VerbrKrG (§ 494 BGB n. F.) insgesamt nur 4% (5%) Zinsen für das Darlehen erhalten soll. Somit ist eine Auskehrung des Disagios in diesen Fällen zwingend, soweit der Zinssatz bei einer gedachten Auszahlung von 100% den gesetzlichen Zinssatz übersteigt.[97] Bei einem hohen Disagio könnte ansonsten die Sanktionswirkung des § 6 VerbrKrG (§ 494 BGB n. F.) ausgehebelt werden. **51**

---

[94] BGHZ 111, 287 = NJW 1990, 2250; BGH WM 1993, 2003 = NJW 1993, 3257; BGH NJW 1994, 379 = b ZIP 1993, 1849.
[95] BGH WM 1994, 21 = ZIP 1994, 116.
[96] BGH WM 1995, 1617.
[97] BGH VuR 2000, 271.

52 Für den Bereicherungsanspruch auf Erstattung des unverbrauchten Disagio gilt die regelmäßige **Verjährungsfrist**.[98] Diese betrug nach § 195 BGB a. F. 30 Jahre, seit 1. 1. 2002 beträgt sie nach § 195 BGB n. F. drei Jahre.[99] Der Anspruch aus § 818 Abs. 1 BGB auf Herausgabe aus dem unverbrauchten Disagio gezogener Zinsnutzungen verjährten nach § 197 BGB a. F. in vier Jahren.[100] Für Fälle nach der Schuldrechtsmodernisierung wird dies die regelmäßige Verjährung von drei Jahren nach § 195 BGB n. F. bedeuten.

V. Rückerstattung einer Forward-Prämie

53 Bei **Forward-Darlehen**[101] schließt die Bank mit dem Kunden einen Darlehensvertrag ab, der regelmäßig erst in etwa ein bis drei Jahren (Forward-Zeit) zur Auszahlung kommen soll. Bereitstellungszinsen fallen für diese Darlehen während der Forward-Zeit regelmäßig nicht an. Durch diese Konstruktion will sich der Kreditnehmer das zum Zeitpunkt des Vertragsschlusses (niedrige) Zinsniveau sichern. Diese Darlehensform wurde vor allem für Immobilienfinanzierungen entwickelt, findet zwischenzeitlich aber auch bei kleineren und mittleren Unternehmen Anwendung. Große Unternehmen werden regelmäßig ein eigenes Zins- und Währungsmanagement und damit unabhängig von den geschlossenen Kreditverträgen selbst Zinssicherung betreiben.

54 Die Notwendigkeit für die Bank, eine Refinanzierung für das in der Zukunft auszuzahlende Darlehen zu den zum Zeitpunkt des Vertragsabschlusses gültigen Konditionen sicherzustellen, ist mit Kosten verbunden. Die Bank wird sich regelmäßig mit dem Darlehensbetrag bereits am Kapitalmarkt eindecken oder entsprechende Zinssicherungsgeschäfte tätigen. Die dabei entstehenden Kosten werden an den Darlehensnehmer mit den Konditionen für das Forward-Darlehen weitergegeben. Dabei ist zu differenzieren, ob die Prämie separat, z. B. zu Beginn der Darlehenslaufzeit oder zum Auszahlungstermin, vom Darlehensnehmer bezahlt werden soll oder ob die Zinsen für das Forward-Darlehen etwas höher sind und damit ein **Forward-Zinssatz** vorliegt.

55 Am anschaulichsten ist die Betrachtung für den Fall der zum Zeitpunkt des Vertragsschlusses zu zahlenden **Forward-Prämie**. Mit dieser Prämie finanziert der Darlehensnehmer die Zinssicherung bis zum Auszahlungstermin. Abgedeckt wird also das Risiko eines bis dahin ansteigenden Zinssatzes am Kapitalmarkt. Wird das Darlehen ausbezahlt, fällt dieses Risiko weg. Damit ist zum Zeitpunkt der Auszahlung die Forward-Prämie verbraucht. Wird also das Darlehen vor Auszahlung nicht abgenommen, kann der Darlehensnehmer die anteilige Erstattung der Forward-Prämie, gerechnet auf den Forward-Zeitraum, verlangen. Tritt das vertragsbeendigende Ereignis dagegen nach Auszahlung der Darlehensvaluta ein, liegt eine Bereicherung bei der Bank nicht mehr vor und eine Rückerstattung ist ausgeschlossen.

---

[98] BGH WM 1993, 2003 = NJW 1993, 3257 = ZIP 1993, 1700.
[99] Hierzu eingehend *Klassen*, in: *Lang/Assies/Werner*, Schuldrechtsmodernisierung in der Bankpraxis, S. 10 ff.
[100] BGH WM 2000, 811 = NJW 2000, 1637 = ZIP 2000, 661; OLG München WM 2001, 1376.
[101] Dazu ausführlich *Rösler*, WM 2000, 1930.

Fällt die Forward-Prämie erst am Ende der Forward-Periode an, finanziert 56
die Bank die Forward-Kosten vor, da sie auch in diesen Fällen während der Forward-Periode anfallen. Die Forward-Prämie wird dadurch tendenziell höher ausfallen, für die Betrachtung der Rückerstattung ändert sich jedoch nichts. Wird der Darlehensvertrag vor Abnahme beendet, fällt die Forward-Prämie insoweit an, als die Forward-Zeit bis zum Zeitpunkt des Wegfalls des Zinsrisikos genutzt wurde. Der Bank entsteht in diesen Fällen ein Schaden, der auch hier je nach schadensbeendigendem Ereignis über die Grundsätze der Nichtabnahme (§ 326 BGB a. F. bzw. §§ 281, 323 BGB n. F.) bzw. PVV des Darlehensvertrages (Kündigung und Widerruf) von der Bank vom Darlehensnehmer anteilig für die verbrauchte Forward-Zeit verlangt werden kann.

Werden die Kosten für die Forward-Zeit mit den nach Auszahlung anfallen- 57
den (erhöhten) Vertragszinsen ausgeglichen, wird das Darlehen und dessen Zinssatz als Einheit zu betrachten sein. Damit kann die Bank vor Auszahlung Nichtabnahmeentschädigung und nach Auszahlung Vorfälligkeitsentschädigung bzw. Vorfälligkeitsentgelt nach den allgemeinen Grundsätzen berechnen.

VI. Rückerstattung einer CAP-Prämie

Die Möglichkeit, Zinsrisiken zu begrenzen und gleichzeitig auch die Chance 58
auf sinkende Zinsen zu nutzen, bietet das Darlehen mit **Zins-Cap**.[102] Dabei wird zwischen Bank und Kunde ein Darlehensvertrag mit variabler Verzinsung bei gleichzeitiger Vereinbarung einer Zinsbegrenzung abgeschlossen. Darlehen mit Zinsbegrenzungen werden von der Kreditwirtschaft hauptsächlich als Cap-Kredit und Collar-Kredit angeboten.[103] Beim Cap-Kredit wird ein maximaler Zinssatz (Strike-Price) für den variablen Referenzzinssatz während einer bestimmten Laufzeit vereinbart. Mit dieser Variante nutzt der Kreditnehmer den Vorteil einer variablen Verzinsung im Hinblick auf die Chancen einer Zinsverbilligung sowie einer Kündbarkeit des Darlehens (§ 609a Abs. 2 BGB a. F. bzw. § 489 Abs. 2 BGB n. F.). Gleichzeitig sichert er sich gegen den Anstieg des Zinssatzes über die vereinbarte Cap-Grenze ab. Um die Absicherungskosten beim Cap-Kredit zu reduzieren, wird häufig die Kombination von **Cap** und **Floor**, der **Collar-Kredit**, angeboten. Dabei vereinbaren Kreditgeber und Kreditnehmer einen Zinskorridor, innerhalb dessen der Darlehenszins schwanken kann, typischerweise sichert dabei die eine Partei die Obergrenze, die andere die Untergrenze.[104]

1. Begriff der CAP-Pämie

Für diese Zinsabsicherungsinstrumente ist im Rahmen des Darlehensvertrages 59
eine Prämie zu entrichten. Die Prämie wird bei den heutigen Produkten in der

---

[102] Dazu ausführlich *Rösler*, WM 2000, 1930; *Köthe*, in: *Hadding/Nobbe*, Bankrecht 2000, S. 213.

[103] Vgl. auch *Jahn*, in: *Schimansky/Bunte/Lwowski*, Bankrechts-Handbuch, § 114 Rdnr. 9; Basisinformationen über Finanzderivate, 97 ff.

[104] *Pohl*, Innovative Finanzinstrumente im gemeinsamen europäischen Binnenmarkt, S. 134 m. w. N.

Regel einmalig zu Beginn des Darlehens erhoben, früher waren laufende jährliche Zahlungen üblich. Inwieweit eine solche Prämie zurückerstattet werden muß, wenn der Darlehensvertrag innerhalb der Laufzeit der Zinsbegrenzungsvereinbarung durch Kündigung oder in sonstiger Weise beendet wird, hängt insbesondere davon ab, ob es sich bei der Prämie um Einmalkosten handelt, d. h. ein einmaliges Tätigwerden des Kreditgebers vergütet wird. Einmalleistungen wie z. B. Bearbeitungskosten oder ein Disagio von 1–2 % sind mit Erbringung der Leistung, in der Regel im Zusammenhang mit Abschluß des Vertrages oder der Auszahlung der Darlehensvaluta, verbraucht und daher nicht erstattungsfähig.[105] Wird die Prämie bei Abschluß des Kreditvertrages von der Bank in der Weise eingesetzt, daß diese nicht bei ihr verbleibt und sie die Prämie von einem eventuellen Vertragspartner auch selbst nicht zurückerstattet bekommt, ist sie nicht ungerechtfertigt bereichert. Das Herausgabeverlangen nach bereicherungsrechtlichen Grundsätzen einer anteiligen, unverbrauchten Prämie würde damit ausscheiden. Um dies zu entscheiden, ist zunächst die rechtliche Einordnung der Zinsbegrenzungsvereinbarung zu klären.

2. Rechtliche Einordnung der Zinsbegrenzungsvereinbarung

60 Die wirtschaftliche und rechtliche Einordnung von **Zinsbegrenzungsvereinbarungen**, die kombiniert mit bzw. in Darlehensverträgen abgeschlossen werden, ist höchstrichterlich bislang nicht geklärt. Für die Bejahung oder Verneinung eines Rückerstattungsanspruchs muß sich darüber jedoch Klarheit verschafft werden. Absicherungsinstrumente, die außerhalb des Darlehens vom Kreditnehmer separat erworben werden und bei denen keine rechtliche Verbindung zwischen Kredit und Zinsbegrenzungsinstrument besteht, sollen hier außer Betracht bleiben.[106]

61 Das Landgericht Bochum[107] hat der **Cap-Prämie** einen versicherungsähnlichen Charakter zugesprochen und sieht eine formularmäßige Vereinbarung über Nichtrückerstattung einer Cap-Prämie nach dem Leitbild des § 68 Abs. 2 VVG unter Heranziehung von § 9 AGBG (nunmehr § 307 BGB n. F.) als unwirksam an. Die Zinsbegrenzungsprämie wird jedoch nicht als Versicherung angesehen werden können. Bei einer Versicherung liegt der Übernahme des Risikos durch die Versicherung die Kalkulation zugrunde, daß die im Versicherungsfall aufzubringenden Beträge durch die Gesamtheit der Entgelte abgedeckt werden. Diese für das Versicherungsgeschäft typische Risikoverteilung im Sinne einer Atomisierung oder Verteilung des Risikos auf alle Versicherungsnehmer ist auf die Zinsbegrenzungsprämie gerade nicht übertragbar. Das gesicherte Risiko der Zinsentwicklung verwirklicht sich nicht nur in der Person *eines* Kreditnehmers, vielmehr sind alle Beteiligten des jeweiligen Kapitalmarkts gleichermaßen von der Änderung des Zinssatzes betroffen. Der Stillhalter nimmt keine derartige

---

[105] *Bruchner,* in: *Schimansky/Bunte/Lwowski,* Bankrechts-Handbuch, § 81 Rdnr. 224 m. w. N.; *Rösler/Wimmer,* WM 2000, 164.

[106] Dazu *Jahn,* in: *Schimansky/Bunte/Lwowski,* Bankrechts-Handbuch, § 114 Rn. 7 und 61 m. w. N.

[107] WM 1996, 629 = WuB I E 3.–4.96 *Wenzel*; vgl. auch AG Schleswig, WM 1996, 630 = WuB I E 3.–4.96 *Wenzel*.

Kalkulation vor, sondern deckt sein eigenes Risiko durch gegenläufige Geschäfte ab. Die Heranziehung von § 68 Abs. 2 VVG als gesetzliches Leitbild für die Zinsbegrenzungsprämie scheidet aus.[108]

Zinsbegrenzungsverträge werden wirtschaftlich vielmehr als eine Serie von europäischen **Optionen** mit zunehmend langer Vorlaufzeit beurteilt werden müssen.[109] Die Option berechtigt den Käufer im Falle einer Cap-Vereinbarung, vom Verkäufer die Zahlung der positiven Differenz zwischen Marktzinssatz und dem vereinbarten Strike-Zinssatz zu verlangen. Die Diskussion, um welche Optionsart (Kauf- oder Verkaufsoption) es sich bei Cap- bzw. Floor-Vereinbarungen handelt, kann für die vorliegende Betrachtung dahinstehen.[110] Wesentlich ist, daß Zinsbegrenzungsvereinbarungen wirtschaftlich als eine Aneinanderreihung von Optionen dargestellt werden können. Zivilrechtlich betrachtet handelt es sich beim Optionsvertrag um ein atypisches, gegenseitiges und synallagmatisches Schuldverhältnis nach §§ 305, 320 ff. BGB.[111] Zinsbegrenzungsvereinbarungen sind außerdem Dauerschuldverhältnisse, da bei ihnen im Gegensatz zu einfachen Schuldverhältnissen ein untrennbarer Zusammenhang zwischen der Leistungshandlung und der Dauer der Leistungserbringung besteht.

3. Rückerstattungsverpflichtung

In der Regel wird die Bank einmalige Aufwendungen zur Absicherung des Zinsbegrenzungsgeschäftes haben, weil sie beispielsweise die Zinsbegrenzungsprämie wirtschaftlich betrachtet an einen Dritten (**Stillhalter**) abführt, der seinerseits das Zinsänderungsrisiko trägt. Bei Rückzahlung des Darlehens wird dann darauf abzustellen sein, ob die Zinsoption einen separat zu ermittelnden Wert besitzt, den die Bank auch realisieren kann.

Theoretisch besteht die Möglichkeit, Caps und Floors am Markt zu veräußern. Erst bei Geschäften mit einem Nominalvolumen von mehreren Millionen Euro ist ein Handel jedoch marktüblich. Außerdem sind die handelbaren Zinsoptionen anders strukturiert als die zu einem Darlehensvertrag gewöhnlich benötigten Instrumente, da sich erstere an einen Referenzzinssatz (wie z. B. 3-Monats-Euribor) anlehnen.[112] Der Marktwert hängt von jenen Größen ab, die den Wert von Optionen im allgemeinen bestimmen. Dies sind der vereinbarte Zinssatz, das Renditeniveau, die historischen Renditevolatilitäten und die Laufzeit der Zinsbegrenzungsvereinbarung. Der erzielte Betrag wäre dem Kunden zu erstatten.

Liegt der Betrag unter dieser Grenze oder findet die Bank aus anderen Gründen keinen Käufer, verfällt die Option bei Fälligkeit wertlos. Bei der Bank tritt in diesen Fällen keine Bereicherung ein, die sie an den Kunden auskehren könnte.

---

[108] So auch *Winter*, WM 1995, 1169; *Wenzel* in: WuB I E 3. – 4.96; *Jahn,* in: *Schimansky/Bunte/Lwowski*, Bankrechts-Handbuch, § 114 Rn. 61.

[109] *Jahn,* in: *Schimansky/Bunte/Lwowski*, Bankrechts-Handbuch, § 114 Rn. 61; Basisinformationen über Finanzderivate, 93.

[110] Vgl. *Winter*, WM 1995, 1169.

[111] *Bosch*, WM 1995, 365 ff., 413 ff. [373]; *Jahn,* in: *Schimansky/Bunte/Lwowski*, Bankrechts-Handbuch, § 114 Rn. 61; *Pohl*, Innovative Finanzinstrumente im gemeinsamen europäischen Binnenmarkt, 134 f. m. w. N.

[112] Vgl. Basisinformationen über Finanzderivate, S. 93.

66   Hat die Bank – wie im Regelfall – das Cap-Risiko ihres aus einer Vielzahl von einzelnen Krediten bestehenden Kreditportfolios mit einem oder mehreren Makrohedges unter Einsatz der gesammelten Zinsbegrenzungsprämien pauschal abgesichert, kann sie bei Rückzahlung eines Krediates diese eine Position nicht separat auflösen, so daß die vom Kunden gezahlte und an den Stillhalter im Wege des Gegengeschäfts weitergereichte Cap-Prämie wertlos verfällt und keine Auskehrung an den Kunden erfolgen kann.

67   Trägt die Bank das Risiko der Zinsänderung ausnahmsweise selbst und vereinnahmt die Zinsbegrenzungsprämie als Gegenleistung dafür, kann die Zinsbegrenzungsprämie nicht den laufzeitunabhängigen Einmalkosten zugerechnet werden. Sie dient der Bank vielmehr als Ausgleich für das von ihr eingegangene Risiko. Zahlt der Kreditnehmer seinen Kredit vorzeitig zurück, fällt auch das Risiko der Bank weg. In diesem Fall wird sich die Bank im Wertungsgleichklang mit den Entscheidungen des BGH zur Disagiorückerstattung und Vorfälligkeitsentschädigung[113] durch die vorzeitige Abwicklung des Darlehensvertrages nicht besserstellen dürfen, als wenn der Darlehensvertrag ordnungsgemäß durchgeführt worden wäre. Schließt die Bank also keine individuellen Gegengeschäfte für das Darlehen mit Zinsbegrenzung ab, sondern deckt sie nach eigenem Ermessen lediglich die pauschale Risikoposition aus den angesammelten Zinsbegrenzungsprämien, ist sie bei Rückzahlung des Darlehens um den unverbrauchten Teil dieser Zinsbegrenzungsprämie bereichert und sie hat diesen dem Kreditnehmer zu erstatten. Der Wert berechnet sich auch in diesen Fällen nach einem gedachten Marktwert einer Option, die anteilige, lineare Erstattung der Prämie wäre nach den wirtschaftlichen Gegebenheiten nicht sachgerecht.

VII. Abwicklung und Erteilung der Löschungsbewilligung

68   Üblicherweise ist der Darlehensnehmer im Rahmen der Rückabwicklung des Darlehensvertrages an einer zügigen Löschung des das Darlehen sichernden Grundpfandrechtes interessiert.[114] Die Bank wird diese **Löschungsbewilligung** jedoch regelmäßig erst dann erteilen, wenn der Kunde die geforderte Vorfälligkeitsentschädigung/Nichtabnahmeentschädigung bzw. das Vorfälligkeitsentgelt gezahlt, oder zumindest verbindlich zugesichert hat, daß er dies leisten werde.[115]

69   Aus rechtlicher Sicht ist sie dazu berechtigt, sofern die **Sicherungszweckvereinbarung** für die Grundschuld die Forderungen der Bank auf Zahlung von Vorfälligkeitsentschädigung und Nichtabnahmeentschädigung erfaßt. Bei der Grundschuld handelt es sich um ein akzessorietätsloses, abstraktes dingliches Sicherungsrecht, das dem Inhaber weitgehende Rechte zuerkennt. Sicherungsgeber und Sicherungsnehmer vereinbaren deshalb regelmäßig, welche Forderun-

---

[113] BGH WM 1996, 2048 = WuB I E 3. – 1.97 *Wenzel*; BGH WM 1997, 1747, 1798 = WuB I E 3. – 1.98 *von Heymann/Rösler*; dazu insgesamt *Rösler/Wimmer*, WM 2000, 164.

[114] Im Erg. auch *Mankowski/Knöfel*, ZBB 2001, 334, 338, 340; *Knops*, ZfIR 2001, 438, 444.

[115] Siehe auch *Rösler/Lang*, in: *Lang/Assies/Werner*, Schuldrechtsmodernisierung in der Bankpraxis, S. 170 ff.

VII. Abwicklung und Erteilung der Löschungsbewilligung

gen im Hinblick auf Inhalt und Umfang durch die Grundschuld gesichert werden sollen. Da von der Grundschuld nicht mißbräuchlich Gebrauch gemacht werden darf,[116] erfolgt eine solche Konkretisierung durch die – regelmäßig formularmäßig vereinbarte[117] – Zweckerklärung (auch Zweckbestimmungserklärung oder Sicherungszweckerklärung),[118] bei der es sich um eine treuhänderische Sicherungsabrede zum Schutz des Sicherungsgebers handelt.[119] Die Bank erlangt weder ein Pfandrecht an der Grundschuld noch hat sie ein Zurückbehaltungsrecht wegen anderer Forderungen, die nicht ausdrücklich unter die Zweckerklärung fallen.[120]

Inzwischen existiert eine schon fast unüberschaubare Judikatur zur Reichweite einer solchen Zweckerklärung,[121] vor allem zu der Frage, ob und in welchem Umfang der Sicherungsnehmer die Grundschuld heranziehen darf. Die Formularpraxis kennt die weite und die enge Zweckerklärung.

Bei der Erstgenannten, die üblicherweise zum Tragen kommt, wenn Kreditnehmer und Sicherungsgeber personenidentisch sind, erfaßt der Sicherheitszweck der Grundschuld regelmäßig *alle* Ansprüche aus der bankmäßigen Geschäftsverbindung.[122] Zur bankmäßigen Geschäftsbeziehung gehören alle Ansprüche aus Darlehen, Zinsen, Kosten und alle weiteren Ansprüche, die sich aus der laufenden Geschäftsbeziehung ergeben.[123] Erfaßt werden ferner Ansprüche aus ungerechtfertigter Bereicherung sowie Schadensersatzansprüche, soweit sich diese Ansprüche aus der bankmäßigen Geschäftsverbindung ergeben.[124] Der BGH hat den Schadensersatzanspruch der Bank wegen Nichtabnahme eines Darlehens ausdrücklich als von der Zweckerklärung mitumfaßten Anspruch aus der bankmäßigen Geschäftsverbindung angesehen.[125] Da Nichtabnahmeentschädigung und Vorfälligkeitsentschädigung beides Schadensersatzansprüche und damit gleichsetzbar sind – der Unterschied liegt faktisch nur daran, daß der Darlehensnehmer das Darlehen im ersten Fall von vorneherein, also vor Valutierung, nicht abnimmt, während er es im zweiten Fall nach Valutierung vorzeitig zurückführen möchte –, ist auch der Anspruch auf Vorfälligkeitsentschädigung von der Zweckerklärung mitumfaßt. Für die Fälle der vorzeitigen Tilgung, bei denen der Primäranspruch der Bank auf Rückzahlung des Kapitals nebst Zinsen gekürzt um die erlangten Vorteile weiterbesteht, handelt es sich um den selben

---

[116] Vgl. *Merkel*, in: *Schimansky/Bunte/Lwowski*, Bankrechts-Handbuch, § 94 Rdnr. 22, 294 ff. mit umfassenden Nachw. der Rechtsprechung.
[117] Vgl. *Merkel*, in: *Schimansky/Bunte/Lwowski*, Bankrechts-Handbuch, § 94 Rdnr. 300.
[118] VGl. BGH WM 1991, 86 f.; *Merkel*, in: *Schimansky/Bunte/Lwowski*, Bankrechts-Handbuch, § 94 Rdnr. 296
[119] BGH WM 1989, 210; BGH WM 1991, 668.
[120] BGH WM 1989, 1862; BGH WM 1989, 995 (Pfandrecht); BGH WM 1988, 859; BGH WM 1992, 1016 (Aufrechnung).
[121] Zahlreiche Nachweise bei *Merkel*, in: *Schimansky/Bunte/Lwowski*, Bankrechts-Handbuch, § 94 Rdnrn. 294 ff.
[122] Vgl. hierzu *Merkel*, in: *Schimansky/Bunte/Lwowski*, Bankrechts-Handbuch, § 94 Rdnrn. 313 ff.
[123] BGH WM 1987, 584; BGH WM 1981, 519; BGH WM 1979, 884.
[124] Vgl. BGH WM 1990, 8; BGH WM 1991, 954.
[125] BGH WM 1990, 8; *Rösler/Lang*, in: Lang/Assies/Werner, Schuldrechtsmodernisierung in der Bankpraxis, S. 172.

Anspruch wie den ursprünglich gesicherten, so daß dieser weiterhin von der Sicherungszweckerklärung erfaßt ist.

72 Die **enge Zweckerklärung** kommt zum Tragen, wenn Sicherungsgeber und Darlehensnehmer personenverschieden sind. Solche Zweckerklärungen binden regelmäßig alle Forderungen aus einem konkreten Kreditvertrag mit einer konkreten Darlehenssumme an die Grundschuld. In derartigen Fällen hat die Rechtsprechung hinsichtlich des Umfangs der Zweckerklärung verschiedentlich Einschränkungen zugunsten des Sicherungsgebers festgestellt. Derjenige, der zur Sicherung eines fremden Darlehens an seinem eigenen Grundstück eine Grundschuld zugunsten des Darlehensgebers bestellt, muß nach Ansicht des BGH billigerweise nicht damit rechnen, daß ohne besondere und mit ihm ausgehandelte Vereinbarung die Grundschuld für alle zukünftigen Forderungen aus laufender Geschäftsverbindung zwischen dem Darlehensschuldner und dem Darlehensgläubiger dient.[126]

73 Auch in diesen Fällen der engen Zweckerklärung sind jedoch Vorfälligkeitsentschädigung und Nichtabnahmeentschädigung vom Umfang der Zweckerklärung gedeckt. Bei beiden handelt es sich nicht um eine zum Zeitpunkt der Abgabe der Zweckerklärung ungewisse und zukünftige Forderung des Darlehensgebers. Viel eher ist die Entschädigung nichts anderes als die Kompensation des Zinsnachteils, den die Bank bei vorzeitiger Rückführung erleidet. Dieser Zinsanspruch bestand jedoch bereits zum Zeitpunkt der Erklärungsabgabe; er manifestiert sich nur in modifizierter Form, als Vorfälligkeits- oder Nichtabnahmeentschädigung. Man könnte sagen, daß sich durch die vorzeitige Rückführung lediglich die Verzinsung ändert; solche Umstände sind auch von der engen Zweckerklärung gedeckt.[127]

74 Da der allgemeine Anspruch des Sicherungsgebers auf Freigabe des belasteten Grundstücks nur fällig wird, wenn sich der Sicherungszweck **erledigt** hat,[128] besteht für den Fall der Vorfälligkeits- oder Nichtabnahmeentschädigung eine Pflicht der Bank, die zu sichernde Immobilie freizugeben, nur dann, wenn die Entschädigung vollumfänglich geleistet worden ist. Da die Entschädigung indessen in aller Regel nur einen Bruchteile der gesicherten Gesamtforderung (Darlehenssumme nebst Zinsen und etwaigen sonstigen Kosten) ausmacht, dürfte allerdings eine **Teilfreigabe** in Betracht kommen, um eine Übersicherung zu vermeiden, auch wenn der Sicherungszweck noch nicht vollständig erledigt ist.[129]

75 Erkennt der Kunde die Vorfälligkeitsentschädigung lediglich dem Grunde, nicht aber der Höhe nach an, so stellt sich die Frage, ob die Bank zur Erteilung

---

[126] Grundlegend BGH WM 1982, 290, siehe ferner BGH WM 1988, 12; BGH WM 1988, 446; BGH WM 1989, 88; BGH WM 1989, 1926f.; BGH WM 1991, 60; BGH WM 1992, 563; BGH WM 1992, 1648; BGH WM 1994, 1242; BGH WM 1995, 790; BGH WM 1995, 1397; BGH WM 1995, 1663.

[127] Im Erg. wohl auch *Merkel*, in: *Schimansky/Bunte/Lwowski*, Bankrechts-Handbuch, § 94 Rdnr. 336; a. A. OLG Rostock WM 2001, 1377.

[128] *Merkel*, in: *Schimansky/Bunte/Lwowski*, Bankrechts-Handbuch, § 94 Rdnr. 386. Zum Rechtsverhältnis zwischen Sicherungsgeber und Darlehensnehmer bei Personenverschiedenheit siehe BGH WM 1998, 858; BGH WM 1999, 35.

[129] BGH WM 1993, 849, 854; BGH WM 1984, 160; siehe auch BGH WM 1994, 1161; *Merkel*, in: *Schimansky/Bunte/Lwowski*, Bankrechts-Handbuch, § 94 Rdnrn. 390f., 398.

der Löschungsbewilligung verpflichtet ist. In einem solchen Fall besteht kein Anspruch auf Erteilung der Löschungsbewilligung.[130] Die Sicherungszweckerklärung bezieht sich regelmäßig auf alle Forderungen aus dem Darlehensvertrag, so daß auch der Vorfälligkeitsschaden umfaßt ist.[131] Dies gilt für Vorfälligkeitsentschädigung, Nichtabnahmeentschädigung und Vorfälligkeitsentgelt gleichermaßen. Dabei kann der Darlehensnehmer allerdings einen Teilfreigabeanspruch haben.[132]

Zum Teil wird jedoch die gegenteilige Ansicht vertreten. Da der Kunde den exakten Vorfälligkeitsbetrag nicht ermitteln könne, was zur Folge hätte, daß er u. U. erst nach einem „langwierigen Prozeß über mehrere Instanzen hinweg" ein lastenfreies Grundbuch erhalten würde, könne ein Löschungsanspruch auch bei einer Auseinersetzung um die Höhe der Vorfälligkeitsentschädigung nicht ohne weiteres verneint werden.[133] 76

Richtig an dieser Sichtweise ist sicher, daß der rückzahlungswillige Darlehensnehmer in der Lage sein muß, sich eine genaue Vorstellung über die Höhe der Vorfälligkeitsentschädigung zu machen. Aus diesem Grunde ist die Bank verpflichtet, dem Darlehensnehmer *alle* maßgeblichen Faktoren[134] mitzuteilen, die ihm eine Überprüfung ermöglichen.[135] Allerdings ist die Bank ausdrücklich nicht verpflichtet, dem Darlehensnehmer die Ermittlung der Vorfälligkeitsentschädigung im Einzelnen vorzurechnen.[136] Kommt die Bank ihrer Mitteilungspflicht ordnungsgemäß nach, und trägt der Kunde nach Überprüfung der sich daraus ergebenden Vorfälligkeitsentschädigung, für die ihm eine angemessene Zeitspanne einzuräumen ist dennoch Beanstandungen gegen deren Höhe vor, ohne diese seinerseits substantiiert begründen zu können, wird man keine Verpflichtung der Bank zur Erteilung einer Löschungsbewilligung annehmen können. 77

VIII. Rückabwicklung überhöhter Vorfälligkeitsentschädigungen

1. Rückzahlung und Verzinsung

Da sich die Bemessung der Vorfälligkeitsentschädigung und Nichtabnahmeentschädigung an Schadensersatzgesichtspunkten zu orientieren hat, darf die Bank nach Ansicht des Bundesgerichtshofs nicht mehr verlangen, als die Kompensation 78

---

[130] *Canaris*, in: *Hadding/Hopt/Schimansky*, Bankrechtstag 1996, S. 3, 41.
[131] Vgl. aber auch OLG Rostock WM 2001, 1377; *Mankowski/Knöfel*, ZBB 2001, 335, 348.
[132] Vgl. dazu z. B. *Rösler*, WM 1998, 1377 m. w. N.
[133] *Knops*, Verbraucherschutz bei Immobiliarkreditverhältnissen, S. 167; ähnlich *Mankowski/Knöfel*, ZBB 2001, 335, 348.
[134] Siehe im einzelnen Teil D.
[135] BGH ZIP 2001, 20, 24; AG Krefeld ZIP 1998, 1225 = WM 1998, 1490; dazu WuB I E 3.–6.98 *Rösler*; *von Heymann/Rösler*, ZIP 2001, 441, 445; *Gundlach/Halstenberg*, in: *Schimansky/Bunte/Lwowski*, Bankrechts-Handbuch, § 82 Rdnr. 28; vgl. auch *Derleder/Wosnitza*, ZIP 1990, 901, 907 f.; *Mankowski/Knöfel*, ZBB 2001, 335, 348.
[136] *von Heymann/Rösler*, ZIP 2001, 441, 445 m. w. N.; a. A. wohl *Knops*, Verbraucherschutz bei Immobiliarkreditverhältnissen, S. 167; *ders.* ZfIR 2001, 438, 444.

ihrer Nachteile.[137] Stellt sich im Einzelfall heraus, daß die Vorfälligkeitsentschädigung die für den Darlehensgeber mit der Darlehensabwicklung verbundenen Nachteile[138] überstiegen hat, so kann der frühere Darlehensnehmer den Differenzbetrag nach den Grundsätzen der ungerechtfertigten Bereicherung nach Maßgabe des § 812 Abs. 1 Satz 1, 1. Alt. BGB (Leistungskondiktion) zurückverlangen.[139]

79 Dabei ist vollkommen unerheblich, ob der Darlehensnehmer die Vorfälligkeitsentschädigung seinerzeit unter Vorbehalt geleistet hat oder nicht.[140] Denn auch wenn die darlehensgewährende Bank eine Aufgabe des Vorbehalts und damit eine die Höhe der Vorfälligkeitsentschädigung umfassende Vereinbarung der Parteien durchgesetzt haben sollte, könnte sie sich darauf nicht berufen, wenn sie auf diese Weise eine überhöhte Vorfälligkeitsentschädigung erzwungen und so ihrer Vertragspflicht zur Einwilligung in die Kreditablösung gegen angemessene Entschädigung zuwider gehandelt hätte.[141] Im übrigen wird durch einen erklärten Vorbehalt lediglich der Schutz der Bank nach § 818 Abs. 3 BGB zerstört und der Kreditnehmer gegen die Folgen des § 814 BGB geschützt.[142] Gleiches gilt, wenn Bank und Kunde sich bei Vorfälligkeits- oder Nichtabnahmeentschädigungen über den Betrag „geeinigt" haben. Auch dann greift für zuviel verlangte Beträge das Bereicherungsrecht.

80 Da der überschießende Betrag keine regelmäßig wiederkehrende Leistung ist, verjähren entsprechende Ansprüche der Darlehensnehmer auf Rückzahlung überhöhter Vorfälligkeitsentschädigungen und Nichtabnahmeentschädigungen vor Inkrafttreten des SchRModG nach 30 Jahren.[143] Inzwischen gilt jedoch die neue **Regelverjährungsfrist** von **drei Jahren** auch für diese Ansprüche. Kom-

---

[137] BGH WM 1997, 1747, 1750 = ZIP 1997, 1641, 1645.

[138] BGH WM 1997, 1747, 1750 = ZIP 1997, 1641, 1645.

[139] BGH WM 1997, 1747, 1750 = ZIP 1997, 1641, 1645; OLG München WM 1998, 1485, dazu WuB I E 3.–7.98 *Marburger*; vgl. auch *Grönwoldt/Bleuel*, DB 1997, 2062, 2064; *Nobbe*, Aktuelle höchst- und obergerichtliche Rechtsprechung, Rdnr. 738; *Metz*, ZBB 1994, 205, 212; *MünchKomm/Westermann*, BGB, § 608 Rdnr. 6 b; *Häuser*, in: *Schimansky/Bunte/Lwowski*, Bankrechts-Handbuch, § 83 Rdnr. 164; siehe auch *Hertwig*, MDR 1997, 1044, 1045, der in bestimmten Fällen von einem Rückzahlungsanspruch aus positiver Vertragsverletzung ausgeht; dagegen *Knops*, Verbraucherschutz bei Immobilienkreditverhältnissen, S. 166.

[140] BGH WM 1997, 1747, 1750 = ZIP 1997, 1641, 1645; BGH WM 1997, 1799 ff. = ZIP 1997, 1646; LG Essen VuR 1994, 381; *MünchKomm/Westermann*, BGB, § 608 Rdnr. 6 b; *Nobbe*, Aktuelle höchst- und obergerichtliche Rechtsprechung, Rdnr. 738; *Knops*, Verbraucherschutz bei Immobilienkreditverhältnissen, S. 165; a. A. noch OLG München WM 1994, 21; OLG Frankfurt WM 1996, 441; OLG Celle WM 1996, 439; OLG Schleswig WM 1996, 443; AG Dortmund WM 1996, 444.

[141] BGH WM 1997, 1747, 1750 = ZIP 1997, 1641, 1645; vgl. auch *Metz*, EWiR 1997, § 242 BGB, 923, 924; anders noch *Bruchner*, in: *Schimansky/Bunte/Lwowski*, Bankrechts-Handbuch, § 78 Rdnr. 103.

[142] Vgl. *Reich*, in: *Hadding/Hopt/Schimansky*, Bankrechtstag 1996, S. 43, 66; *Knops*, Verbraucherschutz bei Immobilienkreditverhältnissen, S. 165; vgl. auch *Canaris*, in: *Hadding/Hopt/Schimansky*, Bankrechtstag 1996, S. 3, 24 f.; *Harbeke*, in: *Hadding/Hopt/Schimansky*, Bankrechtstag 1996, S. 85, 92 f.

[143] OLG Hamburg WM 1993, 877; *Reifner*, NJW 1995, 86, 90; *Metz*, ZBB 1994, 205, 209 f.; *Canaris*, NJW 1987, 609, 610; *Scholz*, BB 1979, 188; *Krug*, BB 1979, 24; *Grönwoldt/Bleuel*, DB 1997, 2062, 2064; *Knops*, Verbraucherschutz bei Immobilienkreditverhältnissen, S. 166; a. A. noch OLG Köln ZIP 1990, 714 f.

plizierte Überleitungsregelungen in Art. 229 § 5 EGBGB regeln die Übergänge zum neuen Recht. So zählen die drei Jahre für die oben erwähnten Rückforderungsansprüche ab dem 1.1. 2002 an. Läuft allerdings die 30-Jahres-Frist aus dem alten Recht aus – was allenfalls eine theoretische Frage ist –, ist der Anspruch schon zu diesem, früheren Zeitpunkt verjährt.

Nach § 812 Abs. 1 Satz 1, § 818 Abs. 1, 2 BGB kann der Kreditnehmer verlangen, daß neben der „Über-Vorfälligkeitsentschädigung"[144] zusätzlich die hieraus gezogenen Nutzungen bzw. schuldhaft nicht gezogenen Nutzungen nach § 818 Abs. 4, § 819 Abs. 1, § 292 BGB an ihn ausgekehrt werden.[145]

Die Rechtsprechung geht auch ohne nähere Darlegung ohne weiteres davon aus, daß Banken und Sparkassen mit Geldern arbeiten und Zinsen erwirtschaften.[146] Hierbei legt sie – entsprechend der Rechtsprechung des Bundesgerichtshofs zur abstrakten Verzugsschadensberechnung[147] – einen Anspruch auf **Nutzungen** in Höhe von 5 % über dem jeweiligen Basiszinssatz zugrunde, räumt aber den Kreditinstituten die Möglichkeit ein, eine geringere Nutzung nachzuweisen.[148] In Betracht kommt insbesondere der für das jeweilige Kreditinstitut nach dem jeweiligen Geschäftsvolumen in den unterschiedlichen Kreditbereichen berechnete gewichtete Durchschnittszinssatz.

Andererseits muß sich der Kreditnehmer die Nachteile, die in adäquat kausalem Zusammenhang mit der Bereicherung stehen, nach § 818 Abs. 3 BGB entgegenhalten lassen.[149] Dies gilt jedoch nur dann, wenn die Verwendungen nicht ohnehin angefallen wären.[150] Soweit eingewendet wird, es handele sich bei derartigen Verwendungen regelmäßig um allgemeine Verwaltungskosten, die wegen der Unmöglichkeit einer direkten Zuordnung nicht abzugsfähig sind,[151] so muß dem entgegengehalten werden, daß ein Kreditinstitut heute sehr wohl in der Lage ist, geltend gemachte Verwendungen hinsichtlich ihres Entstehungsgrundes hinreichend zu konkretisieren. Soweit ein Kreditinstitut genau dieses Zahlenmaterial nicht offenbaren will, mag der jeweilige Geschäftsbericht als geeignete Schätzungsgrundlage herangezogen werden können.[152]

---

[144] So *Grönwoldt/Bleuel*, DB 1997, 2062, 2064.
[145] OLG Hamm WM 1998, 1811; bestätigt durch BGH, Nichtannahmebeschluß vom 26. 5. 1998 (XI ZR 340/97), dazu WuB I E 3.–9.98 *Frings*; *Grönwoldt/Bleuel*, DB 1997, 2062, 2064; *Nobbe*, Aktuelle höchst- und obergerichtliche Rechtsprechung, Rdnr. 740.
[146] BGH WM 1995, 1055; OLG Frankfurt/Main ZIP 1993, 1855, 1859; OLG Stuttgart ZIP 1996, 2162, 2163; OLG Stuttgart ZIP 1993, 1855, 1859; OLG Hamm WM 1988, 1441, 1444; AG Kaufbeuren WM 1996, 672; *Staudinger/Lorenz*, BGB, § 808 Rdnr. 11; *Grönwoldt/Bleuel*, DB 1997, 2062, 2064 unter Hinweis auf BGH NJW 1974, 895.
[147] BGH WM 1995, 1055; OLG Stuttgart ZIP 1996, 2162, 2163.
[148] BGH WM 1995, 1055; OLG Frankfurt/Main ZIP 1993, 1855, 1859; OLG Stuttgart ZIP 1996, 2162, 2163; OLG Stuttgart ZIP 1993, 1855, 1859; OLG Hamm WM 1988, 1441, 1444; AG Kaufbeuren WM 1996, 672; *Staudinger/Lorenz*, BGB, § 808 Rdnr. 11 *Grönwoldt/Bleuel*, DB 1997, 2062, 2064 unter Hinweis auf BGH NJW 1974, 895.
[149] *Grönwoldt/Bleuel*, DB 1997, 2062, 2064 unter Hinweis auf BGHZ 1, 75; BGHZ 14, 7; BGHZ 26, 185.
[150] *Grönwoldt/Bleuel*, DB 1997, 2062, 2064; *Palandt/Thomas*, BGB, § 818 Rdnr. 41.
[151] *Grönwoldt/Bleuel*, DB 1997, 2062, 2064.
[152] *Grönwoldt/Bleuel*, DB 1997, 2062, 2064, 2065.

2. Weitergehende Schäden

84 Zum Teil wird die These aufgestellt, daß es Bankkunden geben mag, die aufgrund der überzogenen Vorfälligkeitsentschädigungsforderung der Bank darauf verzichtet haben, ihren Kredit abzulösen. Hierdurch sei diesen Kunden ein Schaden entstanden, der nach den Grundsätzen der positiven Vertragsverletzung (nunmehr § 280, ggf. i. V. m. 281, 282, 324 BGB n. F.) gegenüber dem Darlehensgeber gelangt gemacht werden könne. In diesem Zusammenhang wird die Frage nach dem Vorliegen von Aufklärungs-, Hinweis-, Warn- und Beratungspflichten problematisiert.

85 Eine **Aufklärungspflicht** besteht – auch im Kreditgeschäft[153] – grundsätzlich dann, wenn der Vertragspartner nach den im Verkehr herrschenden Anschauungen redlicherweise Aufklärung erwarten darf.[154] Hierzu führt der Bundesgerichtshof aus, daß dann aufzuklären ist, wenn Umstände vorhanden sind, die den Vertragszweck vereiteln können und daher von so wesentlicher Bedeutung sind, daß nach Treu und Glauben unter Berücksichtigung der Verkehrsanschauung eine Information erwartet werden kann.[155] Eine Verletzung derartiger Aufklärungspflichten kann im Einzelfall eine Haftung aus positiver Vertragsverletzung gem. § 280 BGB n. F. begründen.[156]

86 In der Literatur wird zum Teil die Auffassung vertreten, den Kreditgeber treffe die Pflicht, eine Überprüfung für die Vergangenheit vorzunehmen,[157] da nur auf diese Weise ein „weiterfressender Schaden"[158] noch begrenzt werden könne. Soweit die Bank einen von ihr zu vertretenden Fehler erkenne, so müsse sie diesen nach Treu und Glauben und aus der Haftung für vorangegangenes Tun korrigieren, um den Kunden vor Schaden zu bewahren oder den Schaden zumindest gering zu halten.[159]

---

[153] Vgl. BGH WM 2000, 1687 = ZIP 2000, 1483; BGH WM 2000, 1685 = ZIP 2000, 1430; BGH WM 2000, 1287 = NJW 2000, 3065 = ZIP 2000, 1098; BGH WM 2000, 1245 = NJW 2000, 2352 = ZIP 2000 1051; BGH WM 1999, 678 = NJW 1999, 2032 = ZIP 1999, 574; BGH WM 1997, 662 = NJW 1997, 1361 = ZIP 1997, 580; OLG Hamm ZIP 1997, 360; OLG Stuttgart WM 2000, 1190; *Köndgen*, NJW 2000, 468, 469; allgemein zur Aufklärungsbedürftigkeit im Kreditgeschäft vgl. OLG München WM 1997, 254, 256 f.; OLG Köln WM 1997, 472; OLG Düsseldorf WM 1996, 1810; OLG Frankfurt/Main ZIP 1994, 1014; OLG Karlsruhe ZIP 1998, 1711; *Köndgen*, NJW 2000, 468, 469; siehe auch bereits *derselbe*, NJW 1995, 1508, 1510; *Bruchner*, WM 1999, 825, 830; *Früh*, ZIP 1999, 701; *Streit*, ZIP 1999, 477, 479; *Rösler*, DB 1999, 2297, 2298; wohl auch *Medicus*, in: Hadding/Nobbe, Bankrecht 2000, 2000, S. 259, 267 f.; anders noch *Canaris*, Bankvertragsrecht, Rdnr. 109 (siehe aber dort Rdnrn. 110 ff.); enger auch *Bruchner*, WM 1999, 825, 830; *Früh*, ZIP 1999, 701; *Streit*, ZIP 1999, 477, 479.
[154] BGH NJW 1970, 655 und – aus neuester Zeit – LG Braunschweig, WM 1997, 111 ff.
[155] BGH NJW 1993, 2107.
[156] *Siol*, in: Schimansky/Bunte/Lwowski, Bankrechts-Handbuch, § 43 Rdnr. 11.
[157] *Grönwoldt/Bleuel*, DB 1997, 2062, 2065; *Siol*, in: Schimansky/Bunte/Lwowski, Bankrechts-Handbuch, § 43 Rdnr. 11.
[158] So *Grönwoldt/Bleuel*, DB 1997, 2062, 2065.
[159] *Grönwoldt/Bleuel*, DB 1997, 2062, 2065; *Siol*, in: Schimansky/Bunte/Lwowski, Bankrechts-Handbuch, § 43 Rdnr. 11.

VIII. Rückabwicklung überhöhter Vorfälligkeitsentschädigungen

Es ist selbstverständlich, daß es dem Kreditinstitut – ohne betriebsinterne Daten offenlegen zu müssen – obliegt, dem ablösewilligen Kunden eine nachvollziehbare und verständliche Abrechung bzgl. der Höhe der Vorfälligkeitsentschädigung an die Hand zu geben, aus welcher dieser die einzelnen Posten zweifelsfrei erkennen kann.[160] Diese Pflicht, die als Informations- und Aufklärungspflicht bezeichnet werden kann, besteht grundsätzlich auch nach bereits erfolgter Abwicklung eines entsprechenden Kreditfalls. Es erscheint jedoch nicht geboten, ohne ausdrückliche Aufforderung des Kunden sämtliche in der Vergangenheit liegende Vorgänge erneut aufzurollen, nur um mögliche weiterfressende Schäden zunächst einmal überhaupt erst zu erkennen und dann ggf. zu begrenzen.[161]

87

---

[160] BGH ZIP 2001, 20, 24; AG Krefeld ZIP 1998, 1225 = WM 1998, 1490; dazu WuB I E 3.–6.98 *Rösler*; *von Heymann/Rösler*, ZIP 2001, 441, 445; *Gundlach/Halstenberg*, in: *Schimansky/Bunte/Lwowski*, Bankrechts-Handbuch, § 82 Rdnr. 28.

[161] Vgl. OLG Hamm ZIP 1996, 2067, wo sich das Gericht mit der Frage beschäftigen mußte, ob ein Kreditinstitut *verpflichtet* ist, einen Kunden nach unverbindlichen Börsenterminsgeschäften vor einer Endabrechnung auf einen möglichen Rechtsverlust gemäß § 55 BörsG hinzuweisen (noch offengelassen in OLG Hamm WM 1996, 669, 672, dazu EWiR 1996, 867 *Horn/Balzer* und WuB I G 1.–8.96 *Jaskulla*). Nach Ansicht des OLG Hamm (aaO.) kann eine solche Verpflichtung nicht angenommen werden; zust. *Häuser/Welter*, in: *Assmann/Schütze*, Handbuch Kapitalanlagerecht, 1. Ergänzung März 1999, § 16 Rdnr. 26; vgl. auch BGH WM 1989, 807, 809; BGH WM 1992, 479, 481; *Vortmann*, Anm. zu OLG Frankfurt/Main ZIP 2000, 615, in: EWiR 2000, 623, 624; *Schwark*, BörsG, § 55 Rdnr. 17.

D. Rechtliche Rahmenbedingungen für die Berechnung

1 Der finanzmathematisch exakten Berechnung wird von juristischer Seite ein Korridor vorgegeben, der sich unmittelbar aus den gesetzlichen Regelungen und der Rechtsprechung des BGH zusammensetzt. Dabei sind BGH und Gesetzgeber stets bestrebt, die rechtlichen Rahmenbedingungen so zu gestalten, daß die Finanzmathematik als Wissenschaft bei der konkreten Berechnung der Entschädigung nicht mehr als notwendig eingeengt wird und sich Recht und Mathematik möglichst ergänzen und nicht widersprechen. Die vom Gesetzgeber bewußt auch mit der Schuldrechtsmodernisierung nicht geregelte Berechnungsfrage ist vom BGH vor allem in den jüngsten Urteilen mit großem Engagement und finanzmathematischen Verständnis einer juristisch und finanzmathematisch sinnvollen Lösung zugeführt worden. Die in Einzelfragen noch bestehenden Unschärfen und Unklarheiten werden sich im Laufe der Jahre und in der täglichen Praxis bei Augenmaß von Bank und Kunde vernünftig regeln lassen.

I. Grundlagen

2 Elementare Leitlinien für eine Schadensberechnung der Bank im Rahmen einer Nichtabnahmeentschädigung wurden bereits im Rahmen der grundlegenden Entscheidung des Bundesgerichtshofs vom 12. 3. 1991[1] aufgestellt. Wichtige Konkretisierungen erfolgten durch die BGH-Urteile vom 8. 10. 1996,[2] 1. 7. 1997[3] und 7. 11. 2000.[4] Inzwischen gilt als unstreitig, daß die für den Fall der Nichtabnahme entwickelten Grundsätze hinsichtlich der Berechnung **vollumfänglich** auf die vorzeitige Ablösung eines Darlehens und damit auch auf die Berechnung einer Vorfälligkeitsentschädigung Anwendung finden.[5]

3 Bei der Berechung von Nichtabnahmeentschädigung und Vorfälligkeitsentschädigung wird eine abstrahierte Betrachtung des bei der Bank entstandenen Schadens bezüglich der **Refinanzierung** und des entgangenen Gewinns vorgenommen. Unterstellt wird, daß sich die Bank tatsächlich einzeln für das zu betrachtende Kreditgeschäft refinanziert hat. Diese Fiktion ist sachgerecht, da die Bank ab dem rechtswirksamen Vertragsschluß das Risiko für die Zurverfügungstellung der Darlehensvaluta insbesondere hinsichtlich Zinshöhe und Liquiditäts-

---

[1] BGH WM 1991, 760.
[2] BGH WM 1996, 2047.
[3] BGH WM 1997, 1747 ff. = ZIP 1997, 1641 ff.; BGH WM 1997, 1799 ff. = ZIP 1997, 1646 ff.; BGH WM 1998, 70 = NJW 1998, 592, dazu EWiR 1998, 481 *Eckert*.
[4] BGH ZIP 2001, 20 mit. Anm. *Metz* = WM 2001, 20 = ZfIR 2000, 115 mit Anm. *Wenzel* = EWiR § 242 BGB 1/01, 107 *Rösler*.
[5] BGH ZIP 2001, 20 = WM 2001, 20, dazu EWiR § 242 BGB 1/01, 107 *Rösler*; OLG Schleswig WM 1998, 1486, dazu WuB I E 3.–8.98 *Marburger*; OLG Hamm WM 1998, 1811, dazu WuB I E 3.–9.98 *Frings*; *Rösler*, in: *Hadding/Nobbe*, Bankrecht 2000, S. 165, 171.

I. Grundlagen

beschaffung trägt. Ob sie sich dann tatsächlich konkret refinanziert und wie diese konkrete Refinanzierung aussieht oder ob sie ein größeres **Portfolio** von Krediten zusammen refinanziert und die Risiken bis zur Zusammenstellung eines solchen Portfolios selbst trägt, ist für die Schadensberechnung unerheblich.[6] Dies gilt auch dann, wenn die konkrete Refinanzierung bekannt ist, wie dies zum Beispiel bei einer Kombinationsfinanzierung mit Kredit und Lebensversicherung[7] und der damit verknüpften Einzelrefinanzierung der Bank bei der Lebensversicherungsgesellschaft der Fall sein kann.[8]

Bei der Berechnung braucht sich die Bank auf theoretische oder volkswirtschaftlich abzuleitende zukünftige Geschäftschancen nicht verweisen zu lassen; abzustellen ist insoweit auf das konkrete Darlehensverhältnis. Die Bank hat im einzelnen Ablösungsfall ein berechtigtes Interesse daran, durch die Vorfälligkeitsentschädigung ihren Erfüllungsschaden ohne Einschränkungen abzudecken. Ein Ersatzgeschäft muß sich die Bank grundsätzlich nicht anrechnen lassen.[9]

Grundsätzlich kann die Bank ihren finanziellen Nachteil auf unterschiedliche Weise ermitteln. Zur Verfügung stehen die **Aktiv-Aktiv-Berechnungsmethode** – abstrakt oder konkret –, in deren Rahmen die Bank sowohl ihren Zinsmargen- als auch ihren Zinsverschlechterungsschaden geltend machen kann,[10] sowie die **Aktiv-Passiv-Methode**, bei der es sich in erster Linie um eine Form der Geltendmachung eines erweiterten Zinsverschlechterungsschadens handelt.[11] Bei der Entscheidung für eine der Methoden wird sich die Bank von der konkreten **Refinanzierungssituation** des Instituts, vom vorhandenen Datenmaterial und grundsätzlichen geschäftspolitischen Erwägungen leiten lassen. Viele Kreditinstitute rechnen nach der Aktiv-Passiv-Methode, einige auch nach der Aktiv-Aktiv-Methode, im letzteren Fall meist nach der abstrakten Variante, um die nicht einfache Ermittlung der ersparten Risiko- und Verwaltungskosten zu vermeiden.

Als Aktiv-Aktiv-Methode wird die Berechnung des Zinsverschlechterungsschadens im Wege des Vergleichs zwischen Vertragszinssatz und der Höhe des aktuellen Wiederanlagezinses für gleichartige laufzeitkongruente Darlehen bezeichnet (Wiederanlage in laufzeitkongruenten gleichartigen Darlehen), während die Berechnung des Zinsverschlechterungsschadens anhand eines Vergleiches zwischen dem Vertragszins mit dem aktuellen Wiederanlagezins in bestimmten Kapitalmarkttiteln als Aktiv-Passiv-Vergleich apostrophiert wird. Da die Bank in beiden Fällen das Geld wieder anlegt – entweder als Hypothekendarlehen oder auf dem Kapitalmarkt –, mithin diese Forderung in beiden Fällen zu aktivieren ist, handelt es sich im Grunde bei beiden Berechnungsmethoden um einen ech-

---

[6] BGH ZIP 2001, 20 = EWIR § 242 BGB 1/01, 107 *Rösler* = WM 2001, 20.
[7] Zu diesen Modellen *Rösler*, BKR 2001, 125.
[8] LG Koblenz WM 2001, 567.
[9] BGH WM 1997, 1747, 1750 = ZIP 1997, 1641, 1644 unter Hinweis auf BGHZ 62, 103, 105 ff.; 126, 305, 308; BGH ZIP 2001, 20 = WM 2001, 20, dazu EWIR § 242 BGB 1/01, 107 *Rösler*; OLG Schleswig WM 1998, 1486, dazu WuB I E 3.–8.98 *Marburger*; OLG Schleswig WM 1997, 522, 525 f.; a. A. *Wehrt*, ZIP 1997, 481, 485.
[10] *Rösler*, Die Bank 1998, 560.
[11] BGH WM 1997, 1747, 1750 = ZIP 1997, 1641, 1644; OLG Hamm WM 1998, 1811, dazu WuB I E 3.–9.98 *Frings*; BGH ZIP 2001, 20, 21; vgl. auch *Köndgen*, in: Ernst/Zimmermann, Zivilrechtswissenschaft und Schuldrechtsreform, S. 457, 474 f.

ten Aktiv-Aktiv-Vergleich.[12] Bei der echten Aktiv-Passiv-Methode hingegen muß der Vertragszins den entsprechenden Refinanzierungszinsen, also den Aufwendungen, die die Bank erbringen muß, wenn sie auf dem Kapitalmarkt Geld aufnimmt, gegenübergestellt werden. Gleichwohl soll an den Begriffen Aktiv-Aktiv- und Aktiv-Passiv-Methode festgehalten werden, da sich diese in der Praxis eingebürgert haben und Mißverständnisse nicht zu befürchten sind.

7 Innerhalb der vom BGH vorgegebenen Rahmenbedingungen[13] stehen somit grundsätzlich drei Varianten der Berechnung einer Vorfälligkeitsentschädigung (im folgenden ist damit auch die Nichtabnahmeentschädigung gemeint) zur Verfügung. Die Berechnung von Nichtabnahmeentschädigung und Vorfälligkeitsentschädigung kann mit den gleichen Methoden erfolgen. Die Bank kann sowohl die Aktiv-Aktiv-Methode, innerhalb dieser die abstrakte oder konkrete Variante, als auch die Aktiv-Passiv-Methode zur Berechnung heranziehen. Die verschiedenen Möglichkeiten veranschaulicht Abbildung 1.

8 Da die Entscheidungen vom 1.7.1997 zwangsläufig verschiedene Detailfragen offen ließen, war es nur verständlich, daß die Folgerechtsprechung bemüht werden mußte, um weitere Einzelheiten hinsichtlich der Berechung der Vorfälligkeitsentschädigung klarzustellen. Kontrovers diskutiert wurde hierbei vor allem, ob die Berechnung der Zinsen, die der Darlehensnehmer bei Abnahme des Darlehens tatsächlich gezahlt hat sowie die Ermittlung des Vergleichszinses auf der Grundlage der **Effektiv-**[14] oder der **Nominalzinssätze**[15] zu erfolgen hatte.

9 Durch eine weitere Grundsatzentscheidung vom 7.11.2000[16] konnte der Bundesgerichtshof seine Vorgaben zur Berechnung präzisieren und auf diese Weise die nach wie vor in Einzelheiten divergierende Rechtsprechung der Instanzgerichte in eine einheitliche Richtung lenken.

10 Abbildung 2 faßt den Anwendungsbereich des BGH-Urteils vom 7.11.2000 zusammen.

11 Schon seit längerem setzt die Kreditwirtschaft – vor allem Hypothekenbanken – ein Programm zur Berechnung der Vorfälligkeitsentschädigung ein (**KAPO-**

---

[12] *Lang/Beyer*, WM 1998, 897, 907; zustimmend *Stelling*, Die vorzeitige Ablösung festverzinslicher Realkredite, S. 214; ähnlich *Rösler*, Anm. zu OLG Schleswig WM 1998, 861, in: WuB I E 3.–5.98; *Grönwoldt/Bleuel*, DB 1997, 2062, 2064 bezeichnen den Aktiv-Passiv-Vergleich durchaus anschaulich als „Kapitalmarktmethode".
[13] BGH WM 1997, 1747 und 1799 = WuB I E 3. – 1.98 *von Heymann/Rösler* = NJW 1997, 2875 und 2878; BGH, NJW 2001, 509 = WM 2001, 20 = ZIP 2001, 20, dazu *von Heymann/Rösler,* ZIP 2001, 441.
[14] So OLG Köln WM 1999, 1661, dazu WuB I E 3.–5.99 *Rösler*; OLG Hamm WM 1998, 1811 sowie OLG Hamm WM 1998, 1812, dazu WuB I E 3.–9.98 *Frings;* OLG Hamm WM 2000, 1145; OLG Stuttgart WM 2000, 669, dazu WuB I E 3.–4.2000 *Rösler*; vgl. auch *Rösler/Wimmer*, WM 2000, 164.
[15] So OLG Schleswig WM 1998, 861, 862f., dazu WuB I E 3.–5.98 *Rösler*, kritisch hierzu *Köndgen*, NJW 2000, 468, 481; vgl. ferner OLG Schleswig WM 1998, 1486, dazu WuB I E 3.–8.98 *Marburger*; OLG Karlsruhe WM 1996, 572, 573; *Rösler/Wimmer*, WM 2000, 164, 173; *Rösler*, in: *Hadding/Nobbe*, Bankrecht 2000, S. 165, 177; *Metz*, ZBB 1994, 205, 213; *Maul*, BB 2000, 2477, 2479; *Stelling*, Die vorzeitige Ablösung festverzinslicher Realkredite, S. 217; BGH ZIP 2001, 20, 23.
[16] BGH ZIP 2001, 20; dazu EWiR § 242 BGB 1/01, 107 *Rösler*.

I. Grundlagen 125

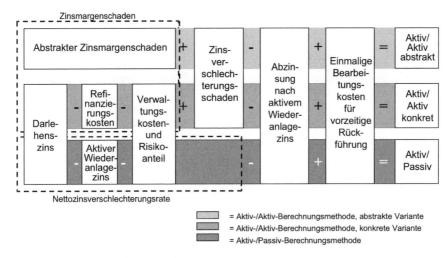

Abbildung 1: Berechnungsmethoden der Vorfälligkeitsentschädigung

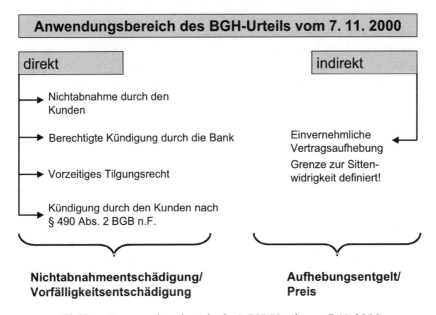

Abbildung 2: Anwendungsbereiche des BGH-Urteils vom 7. 11. 2000

Programm[17]), dessen Eignung von der obergerichtlichen Rechtsprechung allerdings überwiegend verneint wurde.[18] In seiner Entscheidung vom 7. 11. 2000 hat

---

[17] In der Kreditwirtschaft findet ferner das Berechnungsprogramm MARZIPAN bzw. MARZIPAN/M der Firmen Gillardon financial software GmbH und msg systems AG Verwendung, vgl. *Wimmer*, Sparkasse 1998, 326, 331 (siehe dort Fn. 16).

[18] So OLG München WM 1998, 1484 und OLG Schleswig WM 1998, 1486, dazu WuB I E 3.–8.98 *Marburger*; OLG Zweibrücken WM 1996, 621, dazu WuB I E 3.–6.96 *W. Weber*;

sich der Bundesgerichtshof dieser Sichtweise ausdrücklich nicht angeschlossen. Danach ist das KAPO-Programm grundsätzlich zur Berechnung einer Nichtabnahme- bzw. Vorfälligkeitsentschädigung geeignet, da es insbesondere dem Umstand Rechnung trägt, daß je nach Laufzeit der Darlehensraten unterschiedliche Renditen der Wiederanlagen anzusetzen sind.[19] Voraussetzung sei jedoch, daß dieses Programm richtig angewendet wird. So ist zunächst der gesamte Zinsverlust durch Berechnung der bei ordnungsgemäßer Vertragsdurchführung zu zahlenden Zinsen zu ermitteln, da eine solche Berechnungsweise den realen Zahlungsstrom und damit auch die Annuität zutreffend berücksichtigt. Des weiteren ist die Differenz zwischen Vertragszins und Kapitalmarktrendite um die ersparte Risikovorsorge zu kürzen.[20] Schließlich sind die ersparten jährlichen Verwaltungsaufwendungen abzuziehen.[21]

II. Die rechtlich geschützte Zinserwartung als Ausgangspunkt

1. Allgemeines

12 Da der Darlehenskunde in bestimmten Fällen einen Anspruch auf vorzeitge Rückführung im Wege einer Vertragsmodifizierung haben kann, ist die Vorfälligkeitsentschädigung nicht wie ein Preis bis zur Grenze des § 138 BGB aushandelbar. Die kreditgebende Bank kann vielmehr nur einen Ausgleich ihrer Nachteile verlangen, die ihr durch die vorzeitige Rückführung enstehen. Im Ergebnis ist sie folglich so zu stellen, wie sie stünde, wenn das Darlehen für den ursprünglich vereinbarten Festschreibungszeitraum fortgeführt und mit Zinsen bedient worden wäre.[22]

13 Maßgebend für die Dauer des geltend zu machenden Zinsnachteils bei vorzeitiger Beendigung des Darlehensvertrages ist die rechtlich geschützte **Zinserwartung** der Bank. Dies gilt für Nichtabnahmeentschädigung, Vorfälligkeitsentschädigung und Vorfälligkeitsentgelt gleichermaßen. Dabei wird zur Feststellung des Zinsnachteils der Bank auf den Zeitraum abgestellt, für den die Bank aufgrund der vertraglichen Vereinbarungen und der gesetzlichen Regelungen auf die Fortsetzung des Vertrages vertrauen durfte.[23] Die rechtlich geschützte Zinserwartung der Bank endet immer dann, wenn der Darlehensnehmer den Kreditvertrag durch Ausübung eines ihm zustehenden vertraglichen oder gesetzlichen Kündigungsrechts, insbesondere nach § 609a BGB a. F. bzw. § 498 BGB n. F.,

---

dies übernehmend *Knops*, Verbraucherschutz bei Immobiliarkreditverhältnissen, S. 167; a. A. *Marburger*, aaO., und *Nobbe*, Aktuelle höchst- und obergerichtliche Rechtsprechung, Rdnr. 729; dem folgend nunmehr BGH ZIP 2001, 20, 24.

[19] BGH ZIP 2001, 20, 24 unter Bezugnahme auf *Marburger*, Anm. zu OLG München WM 1998, 1485, in: WuB I E 3.–7.98; vgl. auch *Wenzel*, Die Bank 2001, 192, 194.

[20] Im konkreten Fall wurde indessen der Abzinsungszinssatz um die ersparte Risikovorsorge gekürzt, was der BGH (ZIP 2001, 20, 24) als fehlerhaft erkannte.

[21] BGH ZIP 2001, 20, 24.

[22] *Nobbe*, Aktuelle höchst- und obergerichtliche Rechtsprechung, Rdnr. 708; *Rösler*, DB 1998, 248; *Marburger*, ZBB 1998, 30; *Lang/Beyer*, WM 1998, 897, 906.

[23] *Rösler*, in: *Hadding/Nobbe*, Bankrecht 2000, S. 165, 175.

hätte beenden können. Dies ist z. B. bei den regelmäßig 20–30 Jahre laufenden Eigenheim-/Baufinanzierungen nach 10 Jahren und sechs Monaten Zinsfestschreibung noch Vollauszahlung der Fall.

2. Sondertilgungsrechte

Zum Teil wird dem Darlehenskunden bei Abschluß des Darlehensvertrages das Recht zur Leistung von **Sondertilgungsraten** eingeräumt.[24] Die konkrete Ausgestaltung von **Sondertilgungsrechten** kann differieren:[25] möglich sind Sondertilgungsrechte in bestimmter Höhe, zu bestimmten Terminen, nach Ablauf einer gewissen Vertragsdauer[26] oder auch zu jeder Zeit. Des weiteren ist es Vereinbarungssache, ob das Sondertilgungsrecht nach Ablauf eines bestimmten Termins verfällt oder erst ab einem bestimmten Zeitpunkt bzw. innerhalb eines bestimmten zeitlichen Korridors mit anschließendem Verfall ausgeübt werden kann. Hier sollten zur Vermeidung von Auslegungsschwierigkeit von vornherein klare Regelungen getroffen werden.[27]

14

Die Einräumung eines Sondertilgungsrechts ist allerdings nicht gleichbedeutend mit einem (konkludent) eingeräumten Recht zur Kündigung. Hat der Kreditnehmer allerdings das Recht, Sondertilgungen in jeder Höhe und zu jedem Zeitpunkt vorzunehmen, kann dieses Sondertilgungsrecht im Falle der **vollständigen Ausübung** einem **Kündigungsrecht** gleichkommen, da es einer Kündigung dann nicht mehr bedarf. Sofern das Sondertilgungsrecht nicht mit einer Ersatzregelung für die entfallenden Zahlungen in der Zukunft verknüpft ist, ist der Kreditgeber verpflichtet, die Valuta anzunehmen, ohne seinerseits weitere Ansprüche, etwa auf Vorfälligkeitsentschädigung, gegen den Kreditnehmer geltend machen zu können. Die Verzinsungspflicht endet zum Zeitpunkt der Sondertilgung.[28] Der Höhe nach beschränkte Sondertilgungsraten begründen

15

---

[24] Vgl. *Knops*, Verbraucherschutz bei Immobiliarkreditverhältnissen, S. 101; *Metz*, in: Metz/Wenzel, Vorfälligkeitsentschädigung, Rdnr. 58; *Stelling*, Die vorzeitige Ablösung festverzinslicher Realkredite, S. 62 f.

[25] Soweit *Stelling*, Die vorzeitige Ablösung festverzinslicher Realkredite, S. 62 die Ansicht vertritt, ein Sondertilgungsrecht sei „in der Kreditpraxis zumeist mit Einschränkungen verbunden, die seinen Stellenwert bei der Darlehensgestaltung erheblich relativieren", so ist dem zu widersprechen. Soweit Sondertilgungsrechte eingeräumt werden, so erfolgt dies im Hinblick auf die „Komepensation" regelmäßig ohne Einschränkungen.

[26] Vgl. *Rösler*, in: Hadding/Nobbe, Bankrecht 2000, S. 165, 173; *von Heymann/Rösler*, ZIP 2001, 441, 448.

[27] Nach *Rösler*, in: Hadding/Nobbe, Bankrecht 2000, S. 165, 173 wird das Sondertilgungsrecht im Falle der Nichtausübung am bzw. bis zum festgelegten Zeitpunkt wohl verfallen, sofern der Darlehensvertrag keine ausdrückliche Regelung enthält. Ähnlich *von Heymann/Rösler*, ZIP 2001, 441, 448.

[28] *Von Heymann/Rösler*, ZIP 2001, 441, 448; vgl. BGH WM 1985, 10, 12; BGH WM 1989, 1011, 1014; *Staudinger/J. Schmidt*, BGB, § 246 Rdnr. 8; *Mülbert*, AcP 192 (1992), 447, 490; zum zinsrechtlichen Akzessorietätsprinzip siehe RGZ 86, 218, 219; BGHZ 106, 42, 47; BGHZ 15, 87; OLG Bremen NJW 1991, 1837, 1838; *MünchKomm/Westermann*, BGB, § 608 Rdnr. 8; *Larenz*, SchR AT, § 12 III; *Bruchner*, in: Schimansky/Bunte/Lwowski, Bankrechts-Handbuch, Rdnr. 5; *Gernhuber*, Schuldverhältnisse, § 12 VIII 3 c; *Köndgen*, NJW 1987, 160, 163.

allerdings lediglich ein Teilleistungsrecht; darüber hinausgehende Rechte auf vorzeitige Rückführung können dann mit einer Vorfälligkeitsentschädigung belegt werden.[29]

16 Rechte zur vorzeitigen Tilgung dienen beim Abschluß des Vertrages meistens der Aquisition. Häufig ist sich die Bank oder ihr Angestellter zu diesem Zeitpunkt nicht bewußt, daß solche Regelungen erhebliche finanzielle Nachteile für die Bank mit sich bringen können. Um die daraus möglicherweise entstehenden Zahlungsströme für die Bank vorhersehbar zu machen, sollten diese Sondertilgungsrechte sowohl betraglich begrenzt als auch auf bestimmte Termine im Jahr beschränkt sein. Außerdem bietet sich zur besseren Planbarkeit an, den Kreditnehmer Sondertilgungen mit einer Frist avisieren zu lassen. Verstreichen solche konkret eingeräumten Sondertilgungsrechte ohne Ausübung, wird das Sondertilgungsrecht verfallen, eine nachträgliche Kumulation ist nicht möglich.[30] Um Diskussionen mit dem Darlehensnehmer zu vermeiden, sollte das Verbot der nachträglichen Kumulation ausdrücklich erwähnt werden.

Formulierungsbeispiel: Der Darlehensnehmer hat das Recht, jeweils zum 01.04. eines Jahres bis zu EUR 10.000,– vorzeitig zu tilgen. Die Tilgungsabsicht muß der Bank spätestens bis zum 15.03. des Jahres in schriftlicher Form angezeigt werden. Nicht oder nicht vollständig ausgeübte Tilgungsrechte können nachträglich nicht mehr in Anspruch genommen werden.

17 Nach den Grundsätzen zur Schadensfeststellung müssen sämtliche in der Zukunft liegende Sondertilgungsrechte bei der Berechnung der Vorfälligkeitsentschädigung berücksichtigt werden. Bezüglich der Sondertilgungsrechte hat die Bank keine rechtlich geschützte Zinserwartung. Somit ist bei der Feststellung des Schadens davon auszugehen, daß der Kreditnehmer sämtliche ihm eingeräumte Sondertilgungsrechte frühestmöglich ausgeübt hätte. Auf das Verhalten des Kreditnehmers in der Vergangenheit oder seine tatsächlichen Möglichkeiten, die Sondertilgungsrechte auszuüben und auf einen entsprechenden Sachvortrag bei einem gerichtlichen Verfahren, kommt es dabei nicht an.[31] Dieser Wegfall der rechtlich geschützten Zinserwartung durch Sondertilgungsrechte verringert die Höhe der Vorfälligkeitsentschädigung. Sofern jährliche Sondertilgungsrechte vereinbart waren, endet die rechtlich geschützte Zinserwartung der Bank für diese Sondertilgungstranche am vereinbarten Termin. Ist während des Kalenderjahres kein konkreter Termin vereinbart, kann der Darlehensnehmer theoretisch zum 01.01. des Jahres die Sondertilgung leisten, so daß die rechtlich geschützte Zinserwartung der Bank zu diesem Zeitpunkt für diese Tranche endet.

---

[29] *Von Heymann/Rösler*, ZIP 2001, 441, 448.
[30] *Früh*, in: *Hellner/Steuer*, Bankrecht und Bankpraxis, Rdnr. 3/227a.
[31] A. A. OLG Frankfurt/Main WM 2001, 565; wie hier *Fraune*, in: EWiR 2001, 657.

III. Aktiv-Passiv-Methode

Die Aktiv-Passiv-Methode beruht auf der Wiederanlage der vorzeitig zurückge- 18
flossenen Darlehensvaluta am Kapitalmarkt. Bereits das OLG Schleswig hatte
darauf hingewiesen, daß es der darlehensgebenden Bank häufig nicht möglich
oder nicht zumutbar sei, die vorzeitig zurückfließende Darlehensvaluta im Rahmen seines aktiven Geschäftsbetriebes laufzeitkongruent wieder in gleichartigen
Darlehen anzulegen, um auf diese Weise durch ein **Deckungsgeschäft** zugunsten des Darlehensnehmers den Schaden zu minimieren.[32] In solchen Fällen ist
eine Anlage auf dem allgemeinen Kapitalmarkt naheliegend. Dieser Weg steht
nicht nur Hypothekenbanken, sondern auch allen anderen Institutsformen zur
Verfügung.[33] Die Ermittlung der Vorfälligkeitsentschädigung auf der **laufzeitkongruenten Wiederanlage** der frei gewordenen Beträge in sicheren Kapitalmarkttiteln[34] bezeichnet man als Aktiv-Passiv-Methode, die sich inzwischen in
der Kreditpraxis weitgehend durchgesetzt hat.[35]

Zunächst ist der **Zinsverschlechterungsschaden** zu ermitteln. Zur besseren 19
Abgrenzbarkeit von der Aktiv-Aktiv-Methode spricht der BGH hier auch von der
Zinsverschlechterungsrate.[36] Die Ermittlung der Zinsverschlechterungsrate erfolgt durch Abzug des aktiven Wiederanlagezinses vom konkreten Vertragszins.

Dabei sind die während der Laufzeit des Darlehens anfallenden Zahlungs- 20
ströme detailliert zu berücksichtigen. Beim laufzeitkongruenten Vergleich der
einzelnen Raten und den Erlösen aus einer Wiederanlage werden die Effekte aus
einer unterjährigen Zahlungsweise berücksichtigt, so daß in diesem Fall Nomi-

---

[32] OLG Schleswig WM 1997, 522, 527.
[33] BGH WM 1997, 1747, 1750 = ZIP 1997, 1641, 1645 unter Hinweis auf OLG Hamm WM 1996, 569, 572; OLG Karlsruhe WM 1996, 572, 573f. und WM 1997, 520, 521; OLG Oldenburg WM 1996, 1955, 1956; *Canaris*, in: *Hadding/Hopt/Schimansky*, Bankrechtstag 1996, S. 3, 33; *Metz*, in: *Metz/Wenzel*, Vorfälligkeitsenschädigung, Rdnr. 130; *derselbe*, ZBB 1994, 205, 213; *Lang/Beyer*, WM 1998, 897, 901; *Wenzel*, in: *Metz/Wenzel*, Vorfälligkeitsentschädigung, Rdnr. 292ff.; *derselbe*, Die Bank 2001, 192, 194; *Rösler*, in: *Hadding/Nobbe*, Bankrecht 2000, S. 165, 181; *Nobbe*, Aktuelle höchst- und obergerichtliche Rechtsprechung, Rdnr. 721; a. A. *Grönwoldt/Bleuel*, DB 1997, 2062, 2068, die die Auffassung vertreten, daß die Berechnung der Vorfälligkeitsentschädigung nach der Kapitalmarktmethode den Hypothekenbanken vorbehalten sein muß, dagegen *Rösler*, DB 1998, 248.
[34] Vgl. BGH ZIP 2001, 20, 22; OLG München VuR 1998, 232, 233; OLG Oldenburg ZIP 1996, 1741, 1742; OLG Hamm VuR 1999, 1, 4; *Bruchner*, in: *Schimansky/Bunte/Lwowski*, Bankrechts-Handbuch, § 78 Rdnrn. 107, 110; *Canaris*, in: *Hadding/Hopt/Schimansky*, Bankrechtstag 1996, S. 3, 33f.; *Guttenberg*, JuS 1999, 1058, 1061f.; *von Heymann/Rösler*, Anm. zu BGH, WM 1997, 1747 und BGH, WM 1997, 1798, in WuB I E 3.–1.98; *dieselben*, ZIP 2001, 441, 445; *Lang/Beyer*, WM 1998, 897, 906; *Stelling*, Die vorzeitige Ablösung festverzinslicher Realkredite, S. 213; *Rösler*, BB 1997, 1369, 1373; *derselbe*, in: *Hadding/Nobbe*, Bankrecht 2000, S. 165, 181; *derselbe*, DB 1998, 248; *Wenzel*, in: *Metz/Wenzel*, Vorfälligkeitsentschädigung, Rdnrn. 292ff.; *derselbe*, WM 1997, 2340, 2343; *derselbe*, Die Bank 1997, 662, 664; *Stelling*, Die vorzeitige Ablösung festverzinslicher Realkredite, S. 213.
[35] Vgl. *von Heymann/Rösler*, Anm. zu BGH, WM 1997, 1747 und BGH, WM 1997, 1798, in WuB I E 3.–1.98.
[36] BGH WM 1997, 1747 und 1799, dazu WuB I E 3. – 1.98 *von Heymann/Rösler* = NJW 1997, 2875 und 2878.

nalzinssätze zugrundegelegt werden müssen.[37] Diese Cash-Flow-Methode ist im übrigen bei allen drei zur Verfügung stehenden Berechnungsmethoden anzuwenden. Der BGH hat mit der Entscheidung vom 7.11. 2000[38] die frühere Rechtsprechung insoweit anhand finanzmathematischer Erkenntnisse konkretisiert und damit eine korrektere Berechnung für jeden Einzelfall[39] vorgegeben. Die jetzt vorgeschriebene finanzmathematisch korrekte Berechnung war bereits vor dem Hintergrund der Urteile vom 1.7. 1997[40] rechtlich zulässig, wenn auch nicht zwingend anzuwenden.

21 Der **aktive Wiederanlagezins** als Vergleichszinssatz hatte sich nach der Rechtsprechung des BGH vom 1.7. 1997[41] an laufzeitkongruenten Kapitalmarkttiteln öffentlicher Schuldner zu orientieren. Dabei kamen sowohl Bundes- als auch Landesanleihen in Betracht. Zinssätze der Bundesanleihen können sowohl den Monatsberichten der Bundesbank als auch den Wirtschaftsteilen größerer Tageszeitungen entnommen werden. Regelmäßig werden sich Banken jedoch nicht mit Kapitalmarkttiteln öffentlicher Schuldner eindecken, vielmehr wird aufgrund der meist geringfügig besseren Rendite davon auszugehen sein, daß Bankschuldverschreibungen einen größeren Anteil im Portfolio der Banken ausmachen. In der Praxis dürfte dies überwiegend so gehandhabt werden, da die Banktreasury bzw. Disposition regelmäßig die höher rentierlichen Titel auswählen wird.

22 Nach der Diktion des Bundesgerichtshofs gilt dies besonders für Hypothekenbanken,[42] was indiziert, daß diese Grundsätze auch auf alle anderen Institutsformen Anwendung finden.[43] Darum war es auch bisher schon sachgerecht, wenn als Vergleichsmaßstab die Renditen von Bankschuldverschreibungen zugrunde gelegt wurden.[44] Aufgrund des in den Jahren 1997–2000 zunehmenden Spreads von ca. 0,4 % zwischen Kapitalmarkttiteln öffentlicher Schuldner und Bankschuldverschreibungen hat der BGH mit Entscheidung vom 7.11. 2000[45] das Heranziehen von Bankschuldverschreibungen bei der Aktiv-Passiv-Methode als Vergleichszinssatz und als Zinssatz für die Abzinsung vorgeschrieben. Dabei hat er sich aufgrund der vergleichbaren Sicherheit dieser Papiere für **Hypothekenpfandbriefsätze** entschieden, die als Teilsegment der Bankschuldverschreibungen anzusehen sind. Im Wirtschaftsteil der F.A.Z. sind diese Sätze für verschiedene Restlaufzeiten allgemein zugänglich. Die Zinssätze für restlaufzeitkongru-

---

[37] BGH ZIP 2001, 20, dazu GWiR 2001, 107 *Rösler* = WM 2001, 20; *Rösler/Wimmer*, WM 2000, 164; *Metz*, ZBB 1994, 205; vgl. auch WuB I E 3.–5.99 *Rösler*.

[38] BGH ZIP 2001, 20, dazu GWiR 2001, 107 *Rösler* = WM 2001, 20.

[39] A. A. *Wenzel*, ZfIR 2001, 93.

[40] BGH WM 1997, 1747 und 1799, dazu WuB I E 3. – 1.98 *von Heymann/Rösler* = NJW 1997, 2875 und 2878.

[41] BGH WM 1997, 1747 und 1799, dazu WuB I E 3. – 1.98 *von Heymann/Rösler* = NJW 1997, 2875 und 2878.

[42] BGH ZIP 2001, 20, 23.

[43] Vgl. *Nobbe*, Aktuelle höchst- und obergerichtliche Rechtsprechung, Rdnr. 721; *Rösler*, in: *Hadding/Nobbe*, Bankrecht 2000, S. 165, 181; *derselbe*, DB 1998, 248; a. A. *Grönwoldt/Bleuel*, DB 1997, 2062.

[44] So auch *Früh*, in: *Hellner/Steuer*, Bankrecht und Bankpraxis, Rdnr. 3/227i.

[45] BGH ZIP 2001, 20, dazu EWiR 2001, 107 *Rösler* = WM 2001, 20.

III. Aktiv-Passiv-Methode

ente Hypothekenpfandbriefe kann die Bank einem Renditeindex ihrer Wahl entnehmen.

Aufgrund der geringen und in beide Richtungen leicht schwankenden Unterschiede zwischen Hypothekenpfandbriefsätzen und Bankschuldverschreibungen allgemeiner Art dürfte auch die Berechnung mit letzteren Titeln nicht zu beanstanden sein. Bankschuldverschreibungen haben gegenüber den Hypothekenpfandbriefen den Vorteil des wesentlich größeren Marktvolumens. Außerdem gestattet der BGH für gebrochene Restlaufzeiten sowohl den Rückgriff auf Zinssätze von Monats- oder Tagesgeld als auch die Ermittlung der Zinssätze für gebrochene Restlaufzeiten durch **Interpolation**. 23

Diese relativ strenge Beschränkung auf eine bestimmte (wenngleich fiktive) Wiederanlageform zum Zwecke der Schadensberechnung nach der Aktiv-Passiv-Methode ist der Preis dafür, daß die darlehensgebende Bank tatsächlich nicht verpflichtet ist, eine konkrete Refinanzierung des eingegangenen Geschäftes vorzunehmen.[46] Der Bundesgerichtshof trägt hier den tatsächlichen Abläufen der Banken-Refinanzierung Rechnung, wonach Kreditinstitute regelmäßig eine **Mischrefinanzierung** aus verschiedenen Refinanzierungsquellen betreiben[47] und mehrere Kundengeschäfte zu einem Refinanzierungsgeschäft zusammengefaßt werden. Darüber hinaus berücksichtigt er, daß eine vorzeitige Rückführung auch dann noch erfolgen kann, wenn die ursprünglich vereinbarte vertragsgemäße Abwicklung in wenigen Tagen oder Wochen fällig wird. Da ein Kreditinsitut in derartigen Fällen bei der Wiederanlage von Tilgungsraten wegen der längeren Restlaufzeiten nicht auf Hypothekenpfandbriefe zurückgreifen kann, ist es zulässig, für diese gebrochenen Restlaufzeiten auch eine Wiederanlage in Monats- oder sogar Tagesgeldern vorzunehmen.[48] Die Wiederanlage in Hypothekenpfandbriefen scheint allerdings für den Bundesgerichtshof im Regelfall die angemessene Wiederanlageform zu sein. 24

Aus der vom Bundesgerichtshof eingeräumten Möglichkeit, bei sehr kurzen Restlaufzeiten auch eine Wiederanlage in Monats- oder sogar Tagesgeldern ins Auge zu fassen, kann der Schluß gezogen werden, daß eine Wiederanlage auch in anderen Kapitalmarkttiteln zulässig ist, sofern die Bank darlegen kann, daß sie sich üblicherweise über solche (anderen) Kapitalmarkttitel refinanziert. Hierbei wird man sicher davon ausgehen dürfen, daß eine Bank aus wirtschaftlichen Gründen, nicht zuletzt auch aufgrund der bereits erwähnten „Mischrefinanzierung", grundsätzlich bestrebt ist, eine Wiederanlage zu wählen, die ihr eine günstige Rendite beschert.[49] Sofern eine Bank also eine Wiederanlage wählt, die mit derjenigen eines Hypothekenpfandbriefes vergleichbar ist oder die sogar eine höhere Rendite verspricht, so wird man dies ohne weiteres als zulässig erachten 25

---

[46] BGH ZIP 2001, 20, 23; zustimmend *Rösler*, in: EWiR 2001, 107; wohl auch *Wenzel*, Die Bank 2001, 192, 195.

[47] Zu Einzelheiten der Bankenrefinanzierung siehe *Bruchner*, in: *Bruchner/Metz*, Variable Zinsklauseln, Rdnrn. 54 ff.; *derselbe*, in: *Schimansky/Bunte/Lwowski*, Bankrechts-Handbuch, § 78 Rdnr. 63 a; vgl. auch *Rösler/Wimmer*, WM 2000, 164, 173. Zur Entwicklung des modernen Refinanzierungssystems siehe auch *Köndgen*, in: *Ernst/Zimmermann*, Zivilrechtswissenschaft und Schuldrechtsreform, S. 457, 458 f.; *derselbe*, WM 2001, 1638 f.

[48] BGH ZIP 2001, 20, 23; so bereits *Canaris*, in: *Hadding/Hopt/Schimansky*, Bankrechtstag 1996, S. 3, 33 f.

[49] Ähnlich *Früh*, NJW 1999, 2623, 2627 und *Grönwoldt/Bleuel*, DB 1997, 2062, 2066.

dürfen.⁵⁰ In diesem Zusammenhang ist darauf zu achten, daß ein Kreditinstitut, welches den Zinsverschlechterungsschaden durch Heranziehung z. B. des Zinssatzes einer bestimmten Emission einer Landesbank oder einer sicheren Industrieanleihe ermittelt, diese Praxis nicht willkürlich ändert.⁵¹ Die Ermessensausübung der Bank bei der Vornahme ihrer Schadensberechnung hat sich grundsätzlich an einem objektiven Referenzmaßstab auszurichten, was auch beinhaltet, daß die Wahl des Referenzzinssatzes transparent und nachvollziehbar bleibt.⁵²

26   Die so errechnete **Zinsverschlechterungsrate** ist um die in der Marge enthaltene **Risikoprämie** sowie den **Verwaltungskostenanteil** zu bereinigen.⁵³

27   Die Nettozinsverschlechterungsrate ist wegen ihrer vorzeitigen Verfügbarkeit abzuzinsen. Als Abzinsungszinssatz ist der Zinssatz von Hypothekenpfandbriefsätzen⁵⁴ heranzuziehen. Auch hier spielt die **Cash-Flow-Betrachtung** eine Rolle, denn als Zinssätze sind die laufzeitkongruenten Sätze einer **realen Zinsstrukturkurve**⁵⁵ heranzuziehen.⁵⁶ Das Rechnen mit einem Zinssatz für alle Restlaufzeiten mit einer flachen Zinsstrukturkurve trägt den wirtschaftlichen Gegebenheiten und finanzmathematischen Erkenntnissen nicht ausreichend Rechnung.

28   Ferner kann die Bank zum so errechneten Schaden die **einmaligen Bearbeitungskosten** für die vorzeitige Vertragsabwicklung addieren.⁵⁷

29   Eine Belastung des Kreditnehmers mit dem Zinsmargenschaden scheidet bei dieser Methode aus. Der Aktiv-Passiv-Vergleich enthält systembedingt Zinsmargenschaden und Zinsverschlechterungsschaden gleichzeitig. Aus diesem Grund kann der gesamte Schaden den Nettogewinn vergleichbarer Banken übersteigen.⁵⁸

Eine Besonderheit ergibt sich für **Fremdwährungskredite**, die häufig in Schweizer Franken oder japanischen Yen aufgrund des dortigen niedrigen Zinsniveaus ausgereicht werden. Hier sind als Vergleichszinssätze die jeweiligen vergleichbaren Kapitalmarktrenditen des jeweiligen Währungsraumes heranzuziehen, um zu vernünftigen Ergebnissen zu kommen.

IV. Aktiv-Aktiv-Methode

30   Die Aktiv-Aktiv-Methode stellt bei der Berechnung der Vorfälligkeitsentschädigung auf eine **hypothetische Neuausreichung** der vorzeitig zurückgeflossenen Darlehensvaluta als neues Darlehen ab. Die Vorfälligkeitsentschädigung setzt sich zusammen aus dem abgezinsten und bereinigten Zinsmargenschaden, ggf. dem abgezinsten Zinsverschlechterungsschaden sowie den Kosten für den zusätzlichen Aufwand der vorzeitigen Abwicklung des Darlehens.⁵⁹

---

⁵⁰ Wie hier auch *Früh*, NJW 1999, 2623, 2627.
⁵¹ Vgl. hierzu *Lang/Beyer*, WM 1998, 897, 908.
⁵² Vgl. AG Ibbenbüren WM 1997, 1445, 1147.
⁵³ Dazu unten D Rdnr. 51 ff.
⁵⁴ BGH ZIP 2001, 20, dazu GWiR 2001, 107 *Rösler* = WM 2001, 20.
⁵⁵ Dazu *Rösler/Wimmer*, WM 2000, 164.
⁵⁶ BGH ZIP 2001, 20, dazu GWiR 2001, 107 *Rösler* = WM 2001, 20.
⁵⁷ Dazu unten D Rn. 55 ff.
⁵⁸ BGH ZIP 2001, 20, dazu GWiR 2001, 107 *Rösler* = WM 2001, 20.
⁵⁹ *Rösler*, in: *Hadding/Nobbe*, Bankrecht 2000, S. 165, 177; *von Heymann/Rösler*, ZIP 2001, 441, 447.

1. Zinsmargenschaden

Unter dem **Zinsmargenschaden** ist der Differenzbetrag zwischen den Refinanzierungskosten und dem im konkreten Vertrag vereinbarten Erfüllungszins zu verstehen,[60] wobei die durch die Beendigung des Vertrages ersparten Aufwendungen (Verwaltungskosten und Risikoprämie) berücksichtigt werden müssen.[61] Diese Aufwendungen müssen abgezogen werden, da im Ergebnis nur der Nettogewinn maßgeblich ist.[62]   **31**

Bei der konkreten Variante der Aktiv-Aktiv-Methode wird der Zinsmargenschaden im Wege einer konkreten Betrachtung ermittelte, d. h. vom konkreten Darlehenszins wird der tatsächlich bestehenden Refinanzierungszins[63] subtrahiert; das auf diese Weise ermittelte Ergebnis ist die **Bruttomarge** der Bank.[64] Auf der Grundlage dieser Bruttomarge ist der Gewinn für die Gesamtdauer der Zinserwartung zu berechnen und – wenn Zinsen und Rückzahlung vereinbarungsgemäß erst nacheinander im Laufe der Vertragszeit fällig geworden wären – entsprechend abzuzinsen.[65]   **32**

Durch die vorzeitige Rückführung erspart die Bank allerdings Risiko- und Verwaltungskosten, die zur Berechnung der Nettozinsmarge in Abzug zu bringen sind. Im Rechtsstreit kann das Gericht eine Schätzung vornehmen (§ 287 ZPO).   **33**

Der Nachweis der konkreten Aufwendungen, die von Bank zu Bank verschieden sind, kann auf Schwierigkeiten stoßen und u. U. eine Offenlegung interner Betriebsdaten (Kalkulationsdaten) erforderlich machen.[66]   **34**

---

[60] Vgl. OLG Koblenz, WM 2001, 567, 569; *Canaris*, in: *Hadding/Hopt/Schimansky*, Bankrechtstag 1996, S. 3, 13; *Derleder*, JZ 1989, 165, 170; *Bruchner*, in: *Schimansky/Bunte/Lwowski*, Bankrechts-Handbuch, § 78 Rdnr. 105; *Dietrich*, DStR 1997, 1087, 1089; WuB I E 3.-1.98 *von Heymann/Rösler*; *Lang/Beyer*, WM 1998, 897, 905; *Marburger*, ZBB 1998, 30, 33; *Rauch/Zimmermann*, Grundschuld und Hypothek, S. 206; *Reifner*, NJW 1995, 2945, 2947; *Reifner/Brutschke*, Gutachten zur Vorfälligkeitsentschädigung, S. 33 f.; *Rösler*, BB 1997, 1369, 1373; *derselbe*, DB 1998, 248, 249; *derselbe*, in: *Hadding/Nobbe*, Bankrecht 2000, S. 165, 177 f.; *Veit*, VuR 1996, 310; *Weber*; NJW 1995, 2951, 2954; *Wenzel*, WM 1995, 1433, 1438; *derselbe*, Die Bank 1995, 368, 370; *derselbe*; in: *Metz/Wenzel*, Vorfälligkeitsentschädigung, Rdnrn. 260 f.; *derselbe*, WM 1997, 2340, 2343; *derselbe*, Die Bank 1997, 662, 664; *Knops*, Verbraucherschutz bei Immobilienkreditverhältnissen, S. 154; *Stelling*, Die vorzeitige Ablösung festverzinslicher Realkredite, S. 209.

[61] *Derleder*, JZ 1989, 165, 174; *Reifner*, NJW 1995, 2945, 2946; WuB I E 3.-1.98 *von Heymann/Rösler*.

[62] BGH WM 1997, 1747, 1750 = ZIP 1997, 1641, 1644; OLG Schleswig WM 1997, 522, 525.

[63] Der konkrete Refinanzierungszins kann bei ansonsten gleichen Bedingungen von Kreditinstitut zu Kreditinstitut unterschiedlich ausfallen, weil insoweit das Rating des Kreditinstitutes von Bedeutung ist, vgl. *Bruchner*, in: *Bruchner/Metz*, Variable Zinsklauseln, Rdnr. 150.

[64] *Rösler*, in: *Hadding/Nobbe*, Bankrecht 2000, S. 165, 179; *von Heymann/Rösler*, ZIP 2001, 441, 447; *Knops*, Verbraucherschutz bei Immobilienkreditverhältnissen, S. 150; *Metz*, in: *Metz/Wenzel*, Vorfälligkeitsentschädigung, Rdnr. 108.

[65] So OLG Schleswig WM 1997, 522, 525; vgl. auch *Knops*, Verbraucherschutz bei Immobilienkreditverhältnissen, S. 151.

[66] BGH WM 1997, 1747, 1750 = ZIP 1997, 1641, 1644; *Grönwoldt/Bleuel*, DB 1997, 2062,

35 Auf eine solche Offenlegung kann jedoch dann verzichtet werden, wenn von der zur Zeit des Vertragsschlusses bei Banken gleichen Typs erzielten Durchschnittsgewinn[67] (Netto-Zinsspanne pro Jahr)[68] ausgegangen wird. In diesem Fall spricht man von der der abstrakten Variante der Aktiv-Aktiv-Methode. Hier wird der Zinsmargenschaden nicht konkret ermittelt. Als Marge wird der übliche Durchschnittsgewinn bei Banken gleichen Typs für Darlehen gleicher Art zugrundgelegt.[69] Hierbei kann von den Möglichkeiten des § 287 ZPO Gebrauch gemacht werden und auf der Grundlage statistischer Angaben in den Monatsberichten der Deutschen Bundesbank die maßgebenden Berechnungsfaktoren im Wege der Schätzung zu ermitteln.[70] Eine derartige Pauschalierung wird von der Rechtsprechung unter Hinweis auf § 252 BGB ausdrücklich zugelassen.[71] So kann beispielsweise der im Hypothekenbankenbereich anerkannte Satz von 0,5 % als **Nettomarge** zugrunde gelegt werden.[72] Bei Geschäftsbanken dürfte dieser Satz aufgrund des inhomogeneren Geschäfts eher höher liegen. Anders als bei der konkreten Variante der Aktiv-Aktiv-Methode bedarf es bei der abstrakten Methode keiner Bereinigung um Risiko- und Verwaltungskosten, da die anerkannten Nettomargen bereits alle entsprechenden Faktoren berücksichtigen.

2. Zinsverschlechterungsschaden

36 Neben dem Zinsmargensschaden besteht die Möglichkeit, *zusätzlich* den Zinsverschlechterungsschaden geltend zu machen.[73] Ein solcher entsteht, wenn die Bank das vorzeitig zurückgeführte Darlehenskapital für die Restlaufzeit des ab-

---

2066; vgl. auch WuB I E 3.–1.98 *von Heymann/Rösler*; krit. *Lang/Beyer*, WM 1998, 897, 906; *Maul*, BB 2000, 2477, 2480; *Rauck/Zimmermann*, Grundschuld und Hypothek, Rdnr. 352 (siehe dort Fn. 214); *Mankowski/Knöfel*, ZBB 2001, 335, 339.

[67] BGH WM 1997, 1747, 1750 = ZIP 1997, 1641, 1645; *Grönwoldt/Bleuel*, DB 1997, 2062, 2066.

[68] So OLG Schleswig WM 1997, 522, 525.

[69] *Rösler*, in: *Hadding/Nobbe*, Bankrecht 2000, S. 165, 181; *von Heymann/Rösler*, ZIP 2001, 441, 448.

[70] BGH WM 1997, 1747, 1750 = ZIP 1997, 1641, 1645; kritisch *Knops*, Verbraucherschutz bei Immobilienkreditverhältnissen, S. 153 f. und *Hoyningen/Huene/Boemke*, NJW 1994, 1757, 1763, die darauf hinweisen, daß § 287 ZPO als Ausnahmevorschrift rechtssystematisch hinter § 252 Satz 2 BGB zurücktreten müsse.

[71] BGH WM 1997, 1747, 1750 = ZIP 1997, 1641, 1645; *Rösler*, in: *Hadding/Nobbe*, Bankrecht 2000, S. 165, 181; *von Heymann/Rösler*, ZIP 2001, 441, 448.

[72] OLG Koblenz ZIP 1983, 557 = WM 1983, 802; OLG Düsseldorf WM 1991, 218, dazu EWiR 1991, 451; OLG Schleswig WM 1997, 522, 527; *Rösler*, in: *Hadding/Nobbe*, Bankrecht 2000, S. 165, 181; *von Heymann/Rösler*, ZIP 2001, 441, 448; *Knops*, Verbraucherschutz bei Immobilienkreditverhältnissen, S. 151 (sieh dort Fn. 337); vgl. auch OLG Karlsruhe WM 1996, 672; OLG Zweibrücken VuR 1996 und WM 1996, 621; OLG München WM 1996, 1132; *Derleder*, JZ 1989, 173; *Beckers*, WM 1991, 2053; *Weber*, NJW 1995, 2951 und *Reifner*, NJW 1995, 2945. Nach BGH WM 1998, 20, 21 soll die branchenübliche Nettozinsmarge von Hypothekenbanken sogar bei 0, 7 % bis 0, 8 % (*Köndgen*, Gewährung und Abwicklung grundpfandrechtlich gesicherter Kredite, S. 134; *Bellinger/Kerl/Fleischmann*, HypBankG, vor § 3 14–21 Rdnr. 28) bzw. 0,85 % (*Rauch/Zimmermann*, Grundschuld und Hypothek, Rdnr. 206; *Weber*, NJW 1995, 2951, 2954) liegen.

[73] Siehe hierzu die Ausführungen bei *von Heymann/Rösler*, in: WuB I E 3.–1.98.

IV. Aktiv-Aktiv-Methode

gelösten Darlehens nur zu einem niedrigen als dem Vertragszins wieder ausleihen bzw. anlegen kann.[74] Der Zinsverschlechterungsschaden ist also die Differenz zwischen (höherem) Vertragszins und (niedrigerem) Wiederanlagezins. Bei der Bemessung des Zinsverschlechterungsschadens ist eine etwaige Wiederanlage der vorzeitig zurückfließenden Mittel auf Seiten des Darlehensgebers in dessen aktivem Geschäft (= aktiver Wiederanlagezins) in das Abrechnungsverhältnis einzustellen, wobei als Nachteil der entgangene Gewinn aus dem Wiederanlagegeschäft (= Netto-Zinsmarge) zu berücksichtigen ist.[75] Die Refinanzierungskosten sind für die Berechnung des Zinsverschlechterungsschadens ohne Belang. Diese werden im Rahmen des Zinsmargenschadens berücksichtigt.[76]

Dem Vertragszins ist somit als Vergleichszins der aktive Wiederanlagezins, bezogen auf den Zeitpunkt der Ablösungsvereinbarung gegenüberzustellen. Die Höhe des aktiven Wiederanlagezinses zum Zeitpunkt der Ablösungsvereinbarung kann unter Heranziehung der aktuellen Statistiken der deutschen Bundesbank (Monatsberichte) für vergleichbare Darlehen[77] ermittelt werden.[78] Hierbei sind sich die Gerichte sehr wohl darüber im klaren, daß eine exakte Ermittlung des Vergleichszinses auf der Grundlage der Effektivzinssätze nicht ohne weiteres

37

---

[74] BGH WM 1997, 1747, 1750 = ZIP 1997, 1641, 1645 unter Hinweis auf die Senatsurteile vom 12. 3. 1991 und vom 8. 10. 1996; *Derleder*, JZ 1989, 165, 173 f.; BGH WM 1991, 760, 762; OLG München VuR 1998, 232, 233; OLG Schleswig WM 1997, 522, 525 f.; OLG Celle WM 1996, 439, 440; OLG Karlsruhe WM 1996, 572, 573; OLG Zweibrücken VuR 1996, 304, 308; LG Karlsruhe WM 1996, 574, 576; *Bellinger/Kerl/Fleischmann*, HypBankG, vor §§ 14–21a, Rdnr. 28; *Bruchner*, in: *Schimansky/Bunte/Lwowski*, Bankrechts-Handbuch, § 78 Rdnr. 105; *Derleder*, JZ 1989, 165, 174 f.; *Dietrich*, DStR 1997, 1087, 1089; *von Heymann/Rösler*, Anm. zu BGH, WM 1997, 1747 = ZIP 1997, 1641 und BGH, WM 1997, 1798 = ZIP 1997, 1646, in: WuB I E 3.–1.98; *Lang/Beyer*, WM 1998, 897, 906; *Rauch/Zimmermann*, Grundschuld und Hypothek, S. 206; *Reifner*, NJW 1995, 2945, 2947; *Reifner/Brutschke*, Gutachten zur Vorfälligkeitsentschädigung, S. 33 f.; *Rösler*, BB 1997, 1369, 1373; *derselbe*, DB 1998, 248, 249; *derselbe*, in: *Hadding/Nobbe*, Bankrecht 2000, S. 165, 177 f.; *Veit*, VuR 1996, 310; *Weber*; NJW 1995, 2951, 2954; *Wenzel*, WM 1995, 1433, 1438; *derselbe*, Die Bank 1995, 368, 370; *derselbe*; in: *Metz/Wenzel*, Vorfälligkeitsentschädigung, Rdnrn. 265 f.; *derselbe*, WM 1997, 2340, 2343; *derselbe*, Die Bank 1997, 662, 664; *Knops*, Verbraucherschutz bei Immobiliarkreditverhältnissen, S. 154; *Stelling*, Die vorzeitige Ablösung festverzinslicher Realkredite, S. 208.

[75] Vgl. BGH WM 1997, 1747, 1750 = ZIP 1997, 1641, 1645; so bereits OLG Schleswig WM 1997, 522, 526 f.

[76] Das dies nicht immer als Selbstverständlichkeit angesehen wird, zeigt der vom OLG Koblenz WM 2001, 567, 569 zu beurteilende Sachverhalt, wo der klagende Darlehensnehmer die Refinanzierungskosten – konkret ging es um eine Lebensversicherung – im Rahmen des Zinsverschlechterungsschadens berücksichtigt wissen wollte. Das OLG Koblenz (aaO.) stellte zu Recht fest, daß sich die Vorfälligkeitsentschädigung „nach allgemeinen Grundsätzen", also nicht in Abhängigkeit eines etwaigen Aufhebungsentgeltes, das die Bank selbst aus der Refinanzierung zu entrichten hatte, bemißt.

[77] Hierbei ist zu berücksichtigen, daß in der amtlichen Statistik der Deutschen Bundesbank nur Zinsen für erstrangig gesicherte Hypothekarkredite, nicht aber für nachrangige Kreditteile abgebildet sind, vgl. BGH ZIP 2000, 1376, dazu EWiR 2000, 901 *R. Weber*; *Bruchner*, in: Festschrift Schimansky, S. 263, 271 ff.; *derselbe*, in: *Bruchner/Metz*, Variable Zinsklauseln, Rdnrn. 87, 127; *derselbe*, WM 1999, 825 ff.

[78] OLG Schleswig WM 1997, 522, 526 f.

möglich ist. Insbesonders bei gebrochenen Restlaufzeiten ist es eher unwahrscheinlich, daß eine laufzeitkongruente optimale Wiederanlage tatsächlich realisierbar ist. So bleibt nur übrig, fiktive Darlehenszinssätze zu ermitteln (z. B. 2 Jahre und 7 Monate), da in der Praxis Darlehen mit solchen Laufzeiten nicht vorkommen.

38   Sofern das Kreditinstitut nicht gewillt oder in der Lage ist,[79] die frei werdenden Mittel in gleichartigen laufzeitkongruenten Darlehen anzulegen, hat es die Alternative, einen Aktiv-Passiv-Vergleich anzustellen, bei dem anstelle des Wiederanlage-Darlehensszinssatzes die Rendite von Hypothekenpfandbriefen[80] bei der Berechnung der Vorfälligkeitsentschädigung zugrundegelegt wird.

39   Der aktive **Wiederanlagezins** ist der Zins, zu dem die Bank im Rahmen ihres gewöhnlichen Aktivgeschäfts zur Zeit der Ablösungsvereinbarung entsprechende Darlehen herausgibt. In diesem Zusammenhang ist von Bedeutung, wie sich der aktuelle Zinssatz gegenüber dem zum Zeitpunkt des Vertragsschlusses vereinbarten Zinssatz geändert hat. In seiner Entscheidung vom 8. 10. 1996[81] hat der Bundesgerichtshof festgestellt, daß in den Fällen, in denen das Zinsniveau zwischenzeitlich gestiegen ist und dadurch das vorzeitig zurückerlangte Darlehenskapital zu einem höheren als dem effektiven Vertragszins des beendeten Darlehens wieder angelegt werden kann, die Bank keinen vom Darlehensnehmer auszugleichenden Nachteil erleidet.[82] Da weitere Faktoren in die Schadensberechnung einfließen, wird man diese Aussage wohl dahingegehend relativieren müssen, daß die Nachteilsausgleichung nur dann entfällt, wenn durch das gestiegene Zinsniveau sämtliche Nachteile kompensiert werden.[83]

40   Berechnet die Bank die Vorfälligkeitsentschädigung nicht auf der Grundlage des Nominal-, sondern des Effektivzinssatzes,[84] so ist das anteilige, nicht verbrauchte Disagio in Abzug zu bringen,[85] da dieses als laufzeitabhängiger Bestandteil des Zinses im Effektivzins enthalten ist.[86] Als Bestandteil seiner rechtlich geschützten Zinserwartung darf der Darlehensgeber das Disagio grundsätzlich behalten, da dieses nach Ablauf der Zinsbindungsfrist regelmäßig verbraucht ist.[87]

---

[79] BGH WM 1997, 1747, 1750 = ZIP 1997, 1641, 1645.
[80] BGH ZIP 2001, 20, 23 = WM 2001, 20, 23; anders noch BGH WM 1997, 1747, 1750 = ZIP 1997, 1641, 1645.
[81] BGH WM 1996, 2047 ff.; siehe hierzu eingehend *Wehrt*, ZIP 1997, 481; *derselbe*, in WuB I E 3.–1.97; WuB I E 3.–1.97 *Wenzel*; *Lang*, Sparkasse 1997, 46 ff.
[82] BGH WM 1996, 2047 ff.; BGH WM 1999, 840 = NJW-RR 1999, 842, 843; *Häuser*, in: Schimansky/Bunte/Lwowski, Bankrechts-Handbuch, § 83 Rdnr. 160.
[83] Vgl. *Häuser*, in: Schimansky/Bunte/Lwowski, Bankrechts-Handbuch, § 83 Rdnr. 160.
[84] VGl. OLG Koblenz WM 2001, 567, 569.
[85] BGH WM 1996, 2047, 2048 f.; siehe hierzu *Wehrt*, ZIP 1997, 481; WuB I E 3.–1.97 *Wenzel;* sowie eingehend *Lang*, Sparkasse 1997, 46 ff.
[86] BGH WM 1996, 2047, 2048; vgl. auch *W. Weber*, NJW 1995, 2951, 2955; *Wenzel*, WM 1997, 2340, 2343; *Lang*, Sparkasse 1997, 46, 47.
[87] Vgl. BGH WM 1996, 2047, 2048 f.; *Wenzel*, WM 1997, 2340, 2343; *Lang*, Sparkasse 1997, 46.

3. Zinsverschlechterungsschaden neben Zinsmargenschaden

Im Rahmen der beiden BGH-Entscheidungen vom 1.7. 1997 wurde die lange 41 offen gebliebene Frage,[88] ob Zinsverschlechterungsschaden und Zinsmargenschaden nur **alternativ**[89] oder auch **kumulativ**[90] geltend gemacht werden können, zu Gunsten des Letztgenannten entschieden.[91] Zwar wird nach wie vor die Ansicht vertreten, die Möglichkeit der kumulativen Geltendmachung von Zinsmargenschaden und Zinsverschlechterungschaden könne nicht bedeuten, daß das darlehensgewährende Institut neben dem Zinsmargenschaden zusätzlich einen Zinsverschlechterungsschaden in voller Höhe geltend machen könne, weil der Kreditnehmer die Vorfälligkeitsentschädigung in diesem Falle praktisch doppelt leisten würde.[92] Diese Sichtweise verkennt jedoch, daß Zinsmargenschaden und Zinsverschlechterungsschaden unterschiedliche Schadenspositionen erfassen, die unabhängig voneinander entstehen können.

Grund dafür, daß der Bank der Zinsverschlechterungsschaden zusätzlich zum 42 Zinsmargenschaden entsteht, ist folgender: Die Bank darf die vorzeitig zurückerlangte Darlehensvaluta nicht ohne Zinsertrag, also brach liegen lassen. Vielmehr hat sie die bereits bestehende Refinanzierung bei der Ausreichung eines

---

[88] Vgl. hierzu *Wenzel*, in: *Metz/Wenzel*, Vorfälligkeitsentschädigung, S. 83 ff. m. w. N.

[89] So z. B. OLG Düsseldorf ZIP 1997, 500, 501; OLG Karlsruhe ZIP 1997, 498 = WM 1997, 1049; LG Braunschweig WM 1996, 1135; *Wehrt*, ZIP 1997, 481, 485; *derselbe*, ZBB 1997, 48, 52 ff.; *Reifner*, VuR 1996, 315, 316; *derselbe*, NJW 1995, 86, 90; *derselbe*; VuR 1999, 41, 43; *Grönwoldt/Bleuel*, DB 1997, 2062, 2063 f.; im Erg. wohl auch *Knops*, Verbraucherschutz bei Immobiliarkreditverhältnissen, S. 156.

[90] In diese Richtung etwa ging die Entscheidung des BGH = WM 1996, 2047; siehe auch OLG München WM 1997, 1051, 1052; OLG München WM 1996, 1132; *Weber*, NJW 1995, 1951; *Beckers*, WM 1991, 2049, 2051 f.; *Rösler*, Die Bank 1998, 560, 561; *Bruchner*, in: *Schimansky/Bunte/Lwowski*, Bankrechts-Handbuch, § 78 Rdnr. 105; *Derleder*, JZ 1989, 165, 174 f.; *Dietrich*, DStR 1997, 1087, 1089; WuB I E 3.–1.98 *von Heymann/Rösler*; *Lang/Beyer*, WM 1998, 897, 906; *Rauch/Zimmermann*, Grundschuld und Hypothek, S. 206; *Rösler*, BB 1997, 1369, 1373; *derselbe*, DB 1998, 248, 249; *derselbe*, in: *Hadding/Nobbe*, Bankrecht 2000, S. 165, 177 f.; *Veit*, VuR 1996, 310; *Weber*; NJW 1995, 2951, 2954; *Wenzel*, WM 1995, 1433, 1438; *derselbe*, Die Bank 1995, 368, 370; *derselbe*; in: *Metz/Wenzel*, Vorfälligkeitsentschädigung, Rdnrn. 265 f.; *derselbe*, WM 1997, 2340, 2343; *derselbe*, Die Bank 1997, 662, 664; *Stelling*, Die vorzeitige Ablösung festverzinslicher Realkredite, S. 208.

[91] BGH WM 1997, 1747, 1748 = ZIP 1997, 1641, 1642; KG WM 2001, 2204; OLG Schleswig WM 1997, 522, 525; OLG München WM 1998, 1484; *Lang/Beyer*, WM 1998, 897, 905 f.; *Rösler*, in: *Hadding/Nobbe*, Bankrecht 2000, S. 165, 177; nach wie vor kritisch *Köndgen*, ZIP 1997, 1645; Nach *Canaris*, in: *Hadding/Hopt/Schimansky*, Bankrechtstag 1996, S. 3, 14; *derselbe*, in: Festschrift Zöllner, S. 1055, 1069 (siehe dort Fn. 15) handelt es sich indessen um ein „Scheinproblem"; hierzu *Knops*, Verbraucherschutz bei Immobiliarkreditverhältnissen, S. 155 (sieh dort Fn. 379). Nach wie vor kritisch aber *Köndgen*, in: *Ernst/Zimmermann*, Zivilrechtswissenschaft und Schuldrechtsreform, S. 457, 466 und *Knops*, ZfIR 2001, 438; letzterer mit der nicht haltbaren Begründung, daß der Aktiv-Passiv (!)-Vergleich nicht selten eine höhere (!) Entschädigung ergibt als der Aktiv-Aktiv-Vergleich bei kumulativer Berechnung.

[92] *Grönwoldt/Bleuel*, DB 1997, 2062, 2066, die in diesem Zusammenhang vom sog. „Kombinationsmodell" sprechen; vgl. auch *Köndgen*, in: *Ernst/Zimmermann*, Zivilrechtswissenschaft und Schuldrechtsreform, S. 457, 466.

neuen Darlehens einzusetzen. Den Vorteil der bestehenden Refinanzierung muß sich die Bank demzufolge bei Neuausreichung eines weiteren Darlehens anrechnen lassen. Ansonsten müßte der Kunde die gesamten Refinanzierungskosten tragen und der Bank zusätzlich zum entgangenen Gewinn (Zinsmargenschaden) ersetzen. Denn die Bank ist nach dem Grundsatz pacta sunt servanda an die Refinanzierung gebunden. Wenn die Bank zum Beispiel aus geschäftspolitischen Gründen keinerlei Kreditgeschäft mehr betreiben würde, könnte sie die bestehende Refinanzierung nicht mehr für ein neu auszureichendes Darlehen einsetzen und der Kreditnehmer müßte die gesamte Refinanzierung bedienen. In einem solchen – im übrigen abwegigen – Fall wäre es vertretbar, die Bank ausnahmsweise auf die Aktiv-Passiv-Methode zu verweisen.

43 Hieraus ergibt sich, daß bei der „Aktiv-Aktiv-Methode" nur die kumulative Geltendmachung von Zinsmargenschaden und Zinsverschlechterungschaden zu einem schadensgerechten Ergebnis führen kann, jedenfalls wenn das Zinsniveau seit Ausreichung des Altdarlehens gesunken ist.[93] Der Umstand, daß ein Zinsverschlechterungsschaden keinesfalls immer anfallen muß, ergab sich bereits aus der Entscheidung vom 8.10. 1996,[94] in welcher der Bundesgerichtshof die Zulässigkeit der Geltendmachung eines (zusätzlichen) Zinsverschlechterungsschadens von der Entwicklung des Kapitalmarktzinses seit Abschluß des Darlehensvertrages abhängig gemacht hatte.[95] Nur wenn die Bank das vorzeitig zurückerhaltene Darlehen für die Restlaufzeit des Darlehensvertrages, genauer bis zum Ablauf der Festzinsschreibungsfrist[96] allein zu einem niedrigeren als dem Vertragszins wieder ausleihen kann, erleidet sie also einen Zinsverschlechterungsschaden.[97]

V. Weitere Faktoren bei der Schadensberechnung

44 Die nachfolgend aufgeführten Einzelfragen gelten sowohl für die Aktiv-Aktiv-Methode in beiden Ausprägungen (abstrakte und konkrete Variante) als auch für die Aktiv-Passiv-Methode, wenn nicht gesondert auf Abweichungen hingewiesen wird.

1. Entfallendes Risiko

45 Bei der Aktiv-Aktiv-Methode in der konkreten Variante und bei der Aktiv-Passiv-Methode ist aufgrund des Wegfalls des Darlehensrisikos ein genau zu bezif-

---

[93] *Rösler*, DB 1998, 248, 249; *derselbe*, in: *Hadding/Nobbe*, Bankrecht 2000, S. 165, 177 f.; vgl. auch *Wimmer*, Sparkasse 1998, 332; *Rösler/Wimmer*, WM 2000, 164 ff.; *Häuser*, in: *Schimansky/Bunte/Lwowski*, Bankrechts-Handbuch, § 83 Rdnr. 160; *Stelling*, Die vorzeitige Ablösung festverzinslicher Realkredite, S. 212.

[94] BGH WM 1996, 2047, 2048 f.; siehe hierzu *Wehrt*, ZIP 1997, 481; WuB I.E 3.–1.97 *Wenzel*; *Lang*, Sparkasse 1997, 46 ff.; bestätigt durch BGH WM 1998, 70, 71.

[95] Vgl. *Rösler*, DB 1998, 248, 249; *derselbe*, in: *Hadding/Nobbe*, Bankrecht 2000, S. 165, 177 f.

[96] Vgl. BGH WM 1996, 2047 und BGH ZIP 1998, 20 = WM 1998, 70.

[97] BGH WM 1996, 2046, 2047; BGH WM 1998, 70, 71.

fernder Betrag in Abzug zu bringen.[98] Die Ermittlung und der Nachweis dieser **Risikokosten** im konkreten Fall ist nicht einfach. Im Rechtsstreit kann das Gericht eine **Schätzung** vornehmen (§ 287 ZPO). Unerheblich ist bei dieser laufzeitorientierten Betrachtung, ob der Risikoanteil der Bruttomarge mit einem DM/Euro-Betrag p. a. berücksichtigt wird oder ob dieser Margenanteil in Prozent-/Promillesätzen aus der Marge herausgerechnet wird.[99]

Bei der Bezifferung des entfallenden Risikos sind in die Schätzung das allgemeine Rückzahlungsrisiko, bei Immobilienkrediten die Wertentwicklung am Immobilienmarkt und personenbezogene Faktoren einzubeziehen. Bei vollständiger grundpfandrechtlicher Besicherung (z. B. 60 % nach § 11 HypBankG) und fehlenden persönlichen Risiken dürfte sich die Risikoprämie in der Marge der Bank im Promillebereich bewegen. **46**

Das OLG Schleswig hat in einem Fall, in dem ein individuelles Risiko nicht bestand, eine Risikoprämie von jährlich 140,– DM pro angefangene Million DM der Darlehenssumme als zulässig erachtet.[100] Allerdings dürfte der prozentuale Abschlag des Risikoanteils von der Bruttomarge wohl die genauere Ermittlungsmethode darstellen. Auf diese Weise wird berücksichtigt, daß das Risiko und damit die Risikoprämie auch von der jeweiligen Höhe der Schuld abhängen. In der instanzgerichtlichen Rechtsprechung wurden Abschläge zwischen 0,05 % und 0,06 %[101] bzw. 0,014 %[102] für angemessen erachtet, wobei diese gemäß § 287 ZPO geschätzt wurden, was der Bundesgerichtshof ausdrücklich als zulässig erachtet hat.[103] **47**

Verbraucherschützer fordern deutlich höhere Risikoprämien, während Bankenvertreter eher dem unteren Ende der Spanne zuneigen. In der Praxis scheint sich eine Risikoprämie von 0,1 % als Kompromiss herauszubilden. Die Risikokostenerstattung könnte demnach auch in Zukunft in Einzelfällen zu Rechtsstreitigkeiten führen. **48**

Nicht gänzlich unstreitig ist, auf welches Risiko hier abgestellt werden muß. Zur Disposition stehen auf der einen Seite das **generelle Ausfallrisiko** von Darlehen der betreffenden Art[104] und auf der anderen Seite das **spezielle Risiko** aus dem **konkreten Darlehen**.[105] Im Hinblick darauf, daß die Darlehensausgestaltung heutzutage zunehmend individuell auf den konkreten Kunden zugeschnit- **49**

---

[98] BGH ZIP 2001, 20, 24; BGHZ 136, 161, 171 = ZIP 1997, 1641, 1644.

[99] BGH ZIP 2001, 20, 24; BGHZ 136, 161, 171 = ZIP 1997, 1641, 1644; so *Rösler*, in: *Hadding/Nobbe*, Bankrecht 2000, S. 165, 179; ähnlich *Wenzel*, Die Bank 2001, 192, 196.

[100] OLG Schleswig WM 1998, 861, dazu WuB I E 3.–5.98 *Rösler*; vgl. auch *derselbe*, in: *Hadding/Nobbe*, Bankrecht 2000, S. 165, 179; *Nobbe*, Aktuelle höchst- und obergerichtliche Rechtsprechung, Rdnr. 727.

[101] BGH ZIP 2001, 20, 24 unter Bezugnahme auf OLG Hamm WM 1998, 1811, 1812 und OLG Hamm WM 2000, 1145; OLG Köln WM 1999, 1661, 1662.

[102] BGH ZIP 2001, 20, 24 unter Bezugnahme auf OLG Schleswig WM 1998, 861, 863.

[103] BGH ZIP 2001, 20, 24; OLG Hamm VuR 1998, 14 f. mit krit. Anm. *Reifner*; OLG Schlewsig WM 1998, 861 f. Kritisch zur Schätzung durch den Richter *Canaris*, in: Festschrift Zöllner, S. 1055, 1061 f.

[104] So *Marburger*, ZBB 1998, 30, 34.

[105] *Früh*, NJW 1999, 2323, 2327; wohl auch *Bruchner*, in: *Bruchner/Metz*, Variable Zinsklauseln, Rdnr. 142; *derselbe*, in: *Schimansky/Bunte/Lwowski*, Bankrechts-Handbuch, § 78

tenen wird und inzwischen sehr differenzierte Kreditrating-Modelle[106] entwickelt wurden, die die Risiken jedenfalls bestimmter Kundengruppen bzw. Darlehensarten recht genau erfassen und in Ansatz bringen lassen, wird man hier sicher nicht ausschließlich auf das generelle Ausfallrisiko von Darlehen der betreffenden Art abstellen müssen, sondern das spezielle Risiko aus dem Darlehen vergleichbarer Kreditnehmer (Kundengruppe) zugrunde legen können. Allerdings ist zu konzedieren, daß in der Kreditwirtschaft – anders als in der Versicherungswirtschaft – eine breite Basis historischer Erhebungen über die Ausfallwahrscheinlichkeit von Risikoklassen fehlt.[107] In diesem Zusammenhang kann **Basel II**,[108] das mit Hilfe von bankinternen Rating-Verfahren eine aussagekräftige **Risikodifferenzierung** auch im Privatkundengeschäft ermöglichen soll, um eine Reduzierung der kostenintensiven Eigenkapitalunterlegung zu erreichen,[109] in Zukunft Bedeutung erlangen.

50   Es stellt sich ferner die Frage, ob ein Risikoanteil auch dann in Abzug zu bringen ist, wenn die Bank im **konkreten Einzelfall** darlegen kann, daß der Kreditvergabe von vorneherein kein oder nur ein sehr geringes Risiko beigemessen wurde[110] oder aber die bis zum Ablösungszeitpunkt pünktliche Bedienung der Zins- und Tilgungsanforderungen ein ursprünglich bestehendes Risiko weitgehend oder vollständig ausgeschlossen hat. Ein anfängliches Risiko kann weiterhin auch durch eine zwischenzeitlich erfolgte beträchtliche Wertsteigerung des Pfandobjektes beseitigt worden sein. Schließlich sind Konstellationen denkbar, in denen dem Darlehensnehmer eine Sonderkondition eingeräumt wurde, weil z. B. aus Bonitätsgründen oder aufgrund der Werthaltigkeit des Beleihungsobjektes von vorne herein ein Risiko nicht bestand und dieses fehlende Risiko bei der individuellen Konditionengestaltung zu Gunsten des Darlehensnehmers berücksichtigt wurde. In den Fällen, in denen dem Kunden Sonderkonditionen eingeräumt wurden, kann sich das Kreditinstitut der hier geschilderten Problematik ggf. dadurch entledigen, indem auf dem Darlehensvertrag vermerkt wird, daß die eingeräumte Kondition unter Berücksichtigung des nicht vorhandenen Risikoanteils möglich gewesen ist.

2. Ersparte Verwaltungskosten

51   Verwaltungskosten sind ganz überwiegend als **volumensunabhängig** und beschäftigungsfix anzusehen. Sie sind deshalb unabhängig von der Darlehenssumme in Euro zu beziffern. In der Vergangenheit haben viele Banken einen gemeinsamen Prozentsatz für die Risiko- und Verwaltungskosten angesetzt. Das führte

---

Rdnr. 580; vgl. zum Ganzen auch *Canaris*, in: *Hadding/Hopt/Schimansky*, Bankrechtstag 1996, S. 3, 33.

[106] Vgl. hierzu *Pfingsten*, BKR 2001, 139 ff.
[107] *Bruchner*, in: *Bruchner/Metz*, Variable Zinsklauseln, Rdnr. 142; *Wittig*, WM 1996, 1381.
[108] „Konsultationspapier des Basler-Ausschusses für Bankenaufsicht" aus Januar 2001, im Internet abrufbar unter http://www.uni-leipzig.de/bankinstitut/links/ oder http://www.bakred.de/texte/internat/ (siehe auch http://www.bafin.de).
[109] Vgl. *Bruchner*, in: *Bruchner/Metz*, Variable Zinsklauseln, Rdnr. 146.
[110] Vgl. hierzu auch *Wenzel*, WM 1997, 2340, 2343; *Knops*, Verbraucherschutz bei Immobiliarkreditverhältnissen, S. 159.

hinsichtlich der **ersparten Verwaltungskosten** häufig zu unvertretbaren Ergebnissen. Bei niedrigen Darlehensrestbeträgen war der Abzug meist zu niedrig, während er bei hohen Beträgen unverhältnismäßig hoch ausfiel.

So hat denn der BGH auch folgerichtig entschieden, daß die – ebenfalls nach § 287 ZPO ein Schätzung zugänglichen – Kosten der ersparten Verwaltungsaufwendungen im Gegensatz zu den entfallenen Risikokosten nicht in einem prozentualen Abschlag angeben werden können, sondern als **konkreter Euro-Betrag** anzusetzen sind.[111] Bei den zu berücksichtigenden ersparten Verwaltungskosten sind damit DM/Euro-Beträge zugrundezulegen,[112] denn die Verwaltungskosten werden nur unwesentlich von der Höhe des Darlehens abhängen. 52

Der Verwaltungsaufwand gleichartiger Darlehen ist im Wesentlichen von der Höhe der konkreten Darlehenssummen unabhängig. Aus diesem Grund besteht zwischen den Verwaltungskosten, die bei Durchführung eines Darlehensvertrages entstehen, und der Höhe der Darlehenssumme keine proportionale Beziehung. Die ersparten Verwaltungsaufwendungen können demzufolge nur als absolute, von der Darlehenssumme unabhängige Beträge angesetzt werden.[113] Dabei ist zu berücksichtigen, daß ein Darlehensvertrag hauptsächlich zu Beginn Verwaltungsaufwand erfordert, während die weitere, meist EDV-mäßige Durchführung in aller Regel keinen erheblichen Verwaltungsaufwand mit sich bringt.[114] Insoweit hat der Bundesgerichtshof zutreffend herausgestellt, daß der Hauptanteil der Verwaltungskosten in aller Regel bereits im Rahmen der Darlehensverhandlungen und -vergabe anfällt.[115] Eine zeitanteilige Verteilung auf die gesamte Darlehenslaufzeit ist deswegen insofern nicht angebracht, weil die Darlehensüberwachung im Computer-Zeitalter[116] kostenmäßig nur in eher geringem Umfang ins Gewicht fällt und es im Ergebnis kaum einen Unterschied macht, ob ein Darlehen fünf-, zehn oder fünfzehn Jahre läuft. 53

Bei der Ermittlung der ersparten Verwaltungsaufwendungen sind Zahlungsweise, Tilgungsverrechnung, Abrechnungsperiode und Pünktlichkeit der bisherigen Zahlungen einzubeziehen. Wenn die Abwicklung des Darlehens weitgehend per EDV erfolgt und die laufende Verwaltung dadurch nur sehr geringe Kosten verursacht, werden die Ersparnisse nur gering sein. Die höchsten Verwaltungsaufwendungen fallen zu Beginn des Darlehens an, bis die notwendigen Unterlagen beigebracht, die Sicherheiten bestellt und das Darlehen auszahlungsreif ist.[117] Je nach Einzelfall dürften Verwaltungskosten von EUR 30,– bis EUR 60,– p. a. 54

---

[111] BGH ZIP 2001, 20, 24.

[112] BGH ZIP 2001, 20 = EWiR § 242 BGB 1/01, 107 *Rösler* = WM 2001, 20.

[113] OLG Köln WM 1999, 1661; OLG Schleswig WM 1998, 861, 863. Die noch vom OLG Schleswig WM 1997, 522ff. angestellte pauschalierte Berechnung, das für die Verwaltungskosten 0, 1 % der Marge und für das entfallende Risiko 0, 2 % der Marge im Wege der Schätzung (§ 287 ZPO) ermittelt hatte, hätte nach der aktuellen BGH-Rechtsprechung jedenfalls im Hinblick auf die Verwaltungskosten keinen Bestand. Vgl. auch *Lang/Beyer*, WM 1998, 897, 905.

[114] Vgl. bereits *Derleder*, JZ 1989, 165, 179.

[115] *Wenzel*, WM 1997, 2340, 2343.

[116] *Wenzel*, WM 1997, 2340, 2343.

[117] OLG Hamm WM 1998, 1812.

3. Entgelt für die vorzeitige Beendigung

55 Für die vorzeitige Abrechnung des Darlehens und den damit verbundenen Verwaltungsaufwand kann die kreditgebende Bank ein angemessenes **Entgelt** verlangen.[119] Auch in diesem Zusammenhang ist es jedoch nicht sachgerecht, als Ansatzpunkt für deren Bemessung einen bestimmten Prozentsatz der Darlehenssumme zu wählen.[120] Eine Berechnung, die einen abstrakten Prozentsatz der Darlehenssumme oder ähnliches zugrundelegt, ist unzulässig.[121] Auch hier ist ein bestimmter Festbetrag anzusetzen, wobei die Ermittlung dieses Betrages aus Gründen der Praktikabilität im Wege der Schätzung zulässig ist.[122] Diese Sichtweise ist insofern sachgerecht, als daß es in praxi kaum einen Unterschied ausmacht, ob ein Darlehen in Höhe von EUR 50.000,– oder EUR 500.000,– vorzeitig zurückgeführt wird.[123]

56 Die **Bearbeitungskosten** werden sich am Aufwand für den Einzelfall orientieren. Dabei ist zu bedenken, daß die Bank EDV-Systeme und Know-How zur Berechnung der Vorfälligkeitsentschädigung vorhalten muß. Diese Kosten sind auf alle vorzeitig zurückgeführten Darlehen zu verteilen. Neben diesem Sockelbetrag kann die Bank die Kosten berechnen, die beim konkreten Kunden für die Bearbeitung angefallen sind. Nach den bisherigen Erfahrungen dürften die einmaligen Bearbeitungskosten regelmäßig im unteren dreistelligen EURO-Bereich und damit zwischen EUR 150,– und EUR 300,– anzusiedeln sein.[124] So

---

[118] *Wenzel*, ZfIR 2001, 93: DM 40,– bis DM 250,– p. a.

[119] BGH ZIP 2001, 20, 24; BGH WM 1997, 1747, 1750 = ZIP 1997, 1641, 1645; OLG Schleswig WM 1997, 522, 528 f.; a. A. wohl *Stelling*, Die vorzeitige Ablösung festverzinslicher Realkredite, S. 215, wobei jedoch zu konzedieren ist, daß diese Sichtweise vor dem Hintegrund, daß *Stelling* das Recht auf vorzeitige Rückführung als ein auf eng begrenzte Einzelfälle zu beschränkendes Recht zur außerordentlichen Kündigung begreift, durchaus folgerichtig ist.

[120] BGH ZIP 2001, 20, 24; BGH WM 1997, 1747, 1750 = ZIP 1997, 1641, 1645; OLG Schleswig WM 1997, 522, 528 f.

[121] BGH WM 1997, 1747 und 1799 = WuB I E 3. – 1.98 *von Heymann/Rösler* = NJW 1997, 2875 und 2878.

[122] BGH ZIP 2001, 20, 24; BGH WM 1997, 1747, 1750 = ZIP 1997, 1641, 1645; OLG München WM 1998, 1484, dazu WuB I E 3.-7.98 *Marburger*; OLG Hamm WM 1998, 1812; AG Köln WM 1999, 1460, 1462; *Nobbe*, Aktuelle höchst- und obergerichtliche Rechtsprechung, Rdnr. 733; anders noch OLG Schleswig ZIP 1997, 501, 506 (0,8 % des Restkapitals); LG Lübeck WM 1996, 579 (1 % des Restkapitals).

[123] Wie hier wohl auch *Grönwoldt/Bleuel*, DB 1997, 2062; vgl. auch *Bruchner*, in: Schimansky/Bunte/Lwowski, Bankrechts-Handbuch, § 80 Rdnr. 14.

[124] So haben z. B. das OLG Schleswig, WM 1998, 961 = WuB I E 3–5.98 *Rösler* einen Betrag von DM 400 (ca. 200 Euro) und das OLG Hamm, WM 1998, 1811 = WuB I E 3. – 9.98 *Frings* (bestätigt durch Nichtannahmebeschluß des BGH) einen Betrag von DM 500 (ca. 255 Euro) als einmalige Bearbeitungskosten zugelassen; *Nobbe*, Bankrecht, 1999, Rdnr. 720 und 734, sieht DM 350 bis DM 500 (entspricht 180 bis 255 Euro) als angemessen an.

hat der BGH bereits in der Entscheidung vom 1.7.1997 mit dem Aktenzeichen XI ZR 197/96 einen Bearbeitungspreis von DM 500,– (ca. EUR 255,–) nicht beanstandet.[125] Rechtsprechung und die Literatur halten einen Bearbeitungspreis von DM 350,– (ca. EUR 180,– bis DM 500,– (ca. EUR 255,–) üblicherweise für angemessen.[126] In der Praxis sind Werte zwischen EUR 100,– und EUR 250,– üblich.

Löst der Darlehensnehmer zum gleichen Zeitpunkt **mehrere Darlehen** ab, kann das Entgelt nicht einfach verdoppelt werden, da sich auch der Aufwand bei gleichzeitiger Ablösung und Abrechnung nicht verdoppelt. Vielmehr ist dem Darlehensnehmer auf alle weiteren Darlehen ein „Rabatt" zu gewähren. 50 % auf die übliche Summe der einmaligen Bearbeitungskosten können dabei für jedes weitere Darlehen angemessen sein. 57/58

4. Cash-Flow-Methode

In seiner weiteren Grundsatzentscheidung zur Vorfälligkeitsentschädigung vom 7.11.2000 hat der Bundesgerichtshof zu dieser Problematik Stellung genommen, wobei er bestrebt war, den finanzmathematischen Gegebenheiten Rechnung zu tragen.[127] Bei dem vorzeitig zurückgeführten Darlehen handelt es sich regelmäßig um ein Annuitätendarlehen, auf das während der Laufzeit regelmäßig – zumeist monatlich – neben Zins- auch Tilgungsleistungen erbracht werden, die naturgemäß die zu verzinsende Darlehenssume reduzieren. Um dieser fortlaufenden Rückführung des zu verzinsenden Kapital Rechnung zu tragen, ist bei der Berechnung der Zinsen nach der **Cash-Flow-Methode** zu verfahren. Dabei wird berücksichtigt, daß Zins- und Tilgungszahlungen unterjährig zu verschiedenen Zeitpunkt an die darlehensgebende Bank geflossen wären.[128] 59

Da insoweit der konkrete **Tilgungsverlauf** berücksichtigt werden muß, ist der Berechnung der vereinbarte Nominalzinsatz zugrunde zu legen.[129] Der effektive Vertragszins kann nach Ansicht des Bundesgerichtshofs aber dann herangezogen werden und zu korrekten Ergebnissen führen, wenn vertragsspezifische Tilgungsvereinbarungen unberücksichtigt bleiben und – was der Bundesgerichtshof nicht ausdrücklich erwähnt hat – der Effektivzinssatz um weitere Faktoren, die nicht Zinsbestandteil sind, bereinigt wird.[130] Letztendlich basiert diese 60

---

[125] Allerdings ging es in der genannten Entscheidung um eine Gesamtengagement von insgesamt rund 8,4 Millionen DM, welches „rückabzuwickeln" war.
[126] Vgl. OLG Schleswig WM 1998, 861, dazu WuB I E 3.–5.98 *Rösler*; OLG Hamm WM 1998, 1811 und OLG Hamm WM 1998, 1812, dazu WuB I E 3.–9.98 *Frings*; *Nobbe*, Aktuelle höchst- und obergerichtliche Rechtsprechung, Rdnr. 733; *Rösler*, in: Hadding/Nobbe, Bankrecht 2000, S. 165, 181.
[127] BGH ZIP 2001, 20.
[128] BGH ZIP 2001, 20, 23 unter Bezugnahme auf WuB I E 3.–5.99 *Rösler*; bereits zuvor *Maul*, BB 2000, 2477, 2482.
[129] BGH ZIP 2001, 20, 23 unter Bezugnahme auf OLG Schleswig WM 1998, 861, 862f.; OLG Karlsruhe WM 1996, 572, 573; *Rösler/Wimmer*, WM 2000, 164, 173 und *Metz*, ZBB 1994, 205, 213.
[130] Vgl. *Rösler*, in: Hadding/Nobbe, Bankrecht 2000, S. 165, 177; derselbe, DB 1998, 248; derselbe, in: WuB I E 3.–4.2000; *Wimmer*, Sparkasse 1998, 332; *Rösler/Wimmer*, WM 2000, 164, 172f.; WuB I E 3.–8.98 *Marburger*; derselbe, ZBB 1998, 30, 33; *Maul*, BB 2000, 2477, 2480.

Berechnungsmethode auf nichts anderem als auf einer konsequenten Weiterführung der Rechtsprechung zur nachschüssigen Tilgungsverrechnung,[131] die in der Kreditpraxis zur Einführung der taggenauen Tilgungsverrechnung geführt hat.[132] Die **Cash-Flow-Methode** ist sowohl beim Aktiv-Aktiv- als auch beim Aktiv-Passiv- Vergleich heranzuziehen.

61 Der Umstand, daß die Parteien ein **Annuitätendarlehen** vereinbart haben, ist auch bei der Berechnung der von der Bank im Falle einer Wiederanlage in Hypothekenpfandbriefen erwirtschafteten Rendite zu berücksichtigen, da die Bank bei ordnungsgemäßem Verlauf jede Tilgungsrate bereits zu dem Zeitpunkt anlegen kann, zu dem ihr die Rate zurückgeflossen ist. Da bei längeren Anlagezeiträumen regelmäßig höhere Renditen zu erzielen sind, sind – je nach der Zeitspanne zwischen vorzeitiger Rückführung und dem Ende der Zinsbindungsfrist – unterschiedliche Renditen möglich, so daß die Bank regelmäßig nicht von einem einheitlichen Wiederanlagezinssatz ausgehen kann.[133]

5. Abzinsung

62 Ebenso wie bei der Aktiv-Aktiv-Methode ist auch beim Aktiv-/Passiv-Vergleich eine **Abzinsung** vorzunehmen. Die Schadenspositionen sind aufgrund ihrer vorzeitigen Verfügbarkeit auf den Zeitpunkt der Zahlung der Vorfälligkeitsentschädigung abzuzinsen.[134] Dabei ist der aktive **Wiederanlagezins**, also der Zinssatz von Hypothekenpfandbriefsätzen zugrunde zu legen.[135] Auch in diesem Zusammenhang ist aber zu berücksichtigen, dass bei einem Annuitätendarlehen der Zinsanteil kontinuierlich abnimmt und sich der Kapitalstand des Darlehens folglich entsprechend „nach unten" ändert.[136] Grundlage für die Berechnung sind demzufolge die Darlehenskapitalstände unter Berücksichtigung der vereinbarten Zahlungsrate (Cash-Flow).[137] Obwohl es einem Darlehensgeber in der Regel nicht möglich sein wird, Kapitalmarktanlagen mit den sich ändernden Kapitalständen und gebrochenen Restlaufzeiten zu erzielen, geht der Bundesgerichtshof davon aus, daß im Rahmen einer abstrakten Betrachtung die kontinuierliche Reduzierung der Darlehensschuld durch fortschreitende Tilgung und die dadurch bedingte Verminderung der Zinsschuld berücksichtigt werden könne.[138] Abzu-

---

[131] Grundlegend BGHZ 106, 42 = ZIP 1988, 1530 = WM 1988, 1780 = NJW 1989, 222, dazu EWiR 1989, 1 *Bruchner* und WuB I E 4.-2.89 *Canaris*; BGH NJW 1990, 2383; BGH NJW 1991, 1889; BGH NJW 1992, 503; BGH NJW 1992, 1097; BGH NJW 1992, 1108; BGH NJW 1995, 2286; eingehend hierzu *Bruchner*, in: *Schimansky/Bunte/Lwowski*, Bankrechts-Handbuch, § 78 Rdnrn. 73 ff.; derselbe, WM 1987, 449 ff.

[132] *Bruchner*, in: *Schimansky/Bunte/Lwowski*, Bankrechts-Handbuch, § 78 Rdnr. 74; *Häuser*, in: *Schimansky/Bunte/Lwowski*, Bankrechts-Handbuch, § 83 Rdnr. 103 (siehe dort Fn. 3).

[133] BGH ZIP 2001, 20, 23.

[134] BGH ZIP 2001, 20, 24; vgl. auch *von Heymann/Rösler*; ZIP 2001, 441, 447.

[135] BGH ZIP 2001, 20, 24; vgl. auch *von Heymann/Rösler*; ZIP 2001, 441, 447.

[136] BGH ZIP 2001, 20, 24.

[137] BGH ZIP 2001, 20, 24; ähnlich bereits BGH WM 1997, 1747, 1750 = ZIP 1997, 1641, 1644; BGH WM 1998, 70, 71; OLG Schleswig WM 1997, 522, 527 vgl. auch BGH WM 1991, 760; OLG Celle WM 1996, 439.

[138] BGH ZIP 2001, 20, 24 unter Bezugnahme auf OLG Schleswig WM 1998, 861, 863 f.

zinsen ist dabei mit der **realen Zinsstrukturkurve**,[139] da das Rechnen mit einem Zinssatz für alle Restlaufzeiten den wirtschaftlichen Gegebenheiten und finanzmathematischen Erkenntnissen nicht ausreichend Rechnung trägt.[140] In diesem Zusammenhang ist das vereinbarte (einmalige oder jährlich zu entrichtende) Verwaltungsengelt aus der vereinbarten Zahlungsrate in Abzug zu bringen, und zwar bis zum Ende der rechtlich geschützten Zinserwartung.[141]

Als **Abzinsungszinssatz** konnte bei der Aktiv-Aktiv-Methode vor dem BGH-Urteil vom 7.11.2000 ein marktgerechter Darlehenszinssatz herangezogen werden.[142] Jetzt verstößt zwar eine Bank, die den marktgerechter Darlehenszinssatz verwendet, gegen den Wortlaut des Urteils. Danach sind die laufzeitkongruenten Hypothekenpfandbriefsätze heranzuziehen. Da sich das Urteil aber erstens auf eine Berechnung nach der Aktiv-Passiv-Methode stützt und zweitens der Zinssatz für (Neu-) Darlehen in aller Regel höher ist als der Zinssatz entsprechender Hypothekenpfandbriefsätze, führt die Abzinsung mit dem höheren Zinssatz zu einer niedrigeren Entschädigung. Da hieran ausschließlich der Kunde profitiert, ist dieses Ergebnis nicht zu beanstanden. Für die Heranziehung der Darlehenszinssätze spricht ferner, daß dies der Grundidee der Methode entspricht.

6. Transparenz der Berechnung

Von ausschlaggebender Bedeutung ist, daß die Angaben und die anläßlich der Berechnung der Vorfälligkeitsentschädigung zugrundegelegten Parameter einer Überprüfung durch den Darlehensnehmer zugänglich sind (**Transparenz**).[143] Zwar ist die Bank nicht verpflichtet, dem Darlehensnehmer die Ermittlung der Vorfälligkeitsentschädigung im Einzelnen vorzurechnen.[144] Ihm sind aber alle maßgeblichen Faktoren mitzuteilen, die eine Überprüfung ermöglichen.[145] Anzugeben sind somit neben den Vertragszinsen vor allem die Art der Wiederanlage einschließlich der insoweit zugrundegelegten Zinsen.[146] Nur auf diese Weise kann der Darlehensnehmer, etwa anhand anhand der Bundesbankstatistik oder anderer leicht zugänglicher Quellen, die Art der Wiederanlage und die Höhe des

63

---

[139] BGH ZIP 2001, 20, 24 unter Bezugnahme auf *Rösler/Wimmer*, WM 2000, 164, 176f.; vgl. auch *von Heymann/Rösler*; ZIP 2001, 441, 447; *Wenzel*, Die Bank 2001, 192, 195. Zur Berechnungsmethodik siehe *Reifner*, NJW 1995, 2949.

[140] So die Erklärung bei *von Heymann/Rösler*; ZIP 2001, 441, 447.

[141] BGH ZIP 2001, 20, 24.

[142] *Rösler*, DStR 1998, 1193.

[143] BGH ZIP 2001, 20, 24; AG Krefeld ZIP 1998, 1225 = WM 1998, 1490; dazu WuB I E 3.–6.98 *Rösler*; *von Heymann/Rösler*, ZIP 2001, 441, 445; *Gundlach/Halstenberg*, in: *Schimansky/Bunte/Lwowski*, Bankrechts-Handbuch, § 82 Rdnr. 28.

[144] *von Heymann/Rösler*, ZIP 2001, 441, 445; a. A. wohl *Knops*, Verbraucherschutz bei Immobiliarkreditverhältnissen, S. 167.

[145] BGH ZIP 2001, 20, 24; AG Krefeld ZIP 1998, 1225 = WM 1998, 1490; dazu WuB I E 3.–6.98 *Rösler*.

[146] BGH ZIP 2001, 20, 24; AG Krefeld ZIP 1998, 1225 = WM 1998, 1490; dazu WuB I E 3.–6.98 *Rösler*. Die isolierte Angabe der zugrunde gelegten Wiederanlagezinssätze sind keine ausreichende Grundlage für eine Überprüfung, da der Darlehensnehmer die Anlageart nicht erkennen kann.

zugrundegelegten Zinssatzes plausibel nachvollziehen. Der Umstand, daß die Bank die für die einzelnen Wiederanlagezeiträume anzuwendenden Zinssätze durch Interpolation, d. h. durch eine rechnerische Ergänzung unbekannter Werte zwischen bekannten Werten ermittelt hat, begegnet dabei keinen Bedenken.[147]

64 Die Grundlagen der angewandten Computer-Programme sind so deutlich zu machen, daß dem Darlehensnehmer eine Überprüfung möglich ist.[148] Für die Bankpraxis empfiehlt sich die Anwendung eines Computer-Programmes, das durch entsprechende Ausdrucke den Kreditnehmer erklärend durch die Berechnung führt. Diese sollte anhand der BGH-Vorgaben aufgebaut sein, so daß der Kreditnehmer und seine Berater eine Überprüfungsmöglichkeit haben.

7. Effektiv- oder Nominalzinssätze

65 Kontrovers von den Gerichten entschieden wurde häufig die Frage, ob die Ermittlung der Nettozinsverschlechterungsrate auf der Grundlage des effektiven oder des nominellen Vertragszinses und der Rendite oder des **Nominalzinses** laufzeitkongruenter Kapitalmarkttitel zu berechnen ist. Während die meisten Obergerichte den **Effektivzins** des Darlehensvertrages mit der Rendite laufzeitkongruenter Kapitalmarkttitel abgeglichen haben,[149] hat das OLG Schleswig dem Nominalzins des abgelösten Darlehens die Rendite öffentlicher Kapitalmarkttitel gegenüber gestellt,[150] was mit der Bemerkung, daß beide „offenbar inkommensurable Größen" seien, kommentiert wurde.[151] Hieran ist sicher richtig, daß die Ermittlung der Nettozinsverschlechterungsrate rechnerisch falsch sein muß, wenn auf der einen Seite ein Zinssatz als Grundlage herangezogen wird, der neben dem Nominalzins zusätzliche, z.T. auch laufzeitunabhängige Bestandteile enthält, während auf der anderen Seite der reine Nominalzins steht.[152] Letztlich kommt man bei konsequenter und richtiger Rechnung auf das gleiche Ergebnis, egal ob Nominal- oder Effektivzinssätze zugrundegelegt werden.[153]

---

[147] BGH ZIP 2001, 20, 24; *von Heymann/Rösler*, ZIP 2001, 441, 447.

[148] BGH ZIP 2001, 20 = EWiR § 242 BGB 1/01, 107 *Rösler* = WM 2001, 20.

[149] So OLG Hamm WM 1998, 1811, dazu WuB I E 3.–9.98 *Frings*, bestätigt durch BGH, Nichtannahmebeschluß vom 26. 5. 1998 – XI ZR 340/97; OLG Hamm WM 2000, 1145; OLG Köln WM 1999, 1661, dazu WuB I E 3.–5.99 *Rösler*; OLG Stuttgart WM 2000, 669, dazu WuB I E 3.–4.2000 *Rösler*; *Nobbe*, Aktuelle höchst- und obergerichtliche Rechtsprechung, Rdnr. 723. *Rösler* (WuB I E 3.–4.2000) weist darauf hin, daß bei finanzmathematisch korrekter Vorgehensweise mit dem Nominalzinsvergleich dasselbe Ergebnis erzielt werden kann wie mit dem Effektivzinsvergleich; vgl. auch *Rösler/Wimmer*, WM 2000, 164.

[150] So OLG Schleswig WM 1998, 1486, dazu WuB I E 3.–8.98 *Marburger*; OLG Schleswig WM 1998, 861, 862f., dazu WuB I E 3.–5.98 *Rösler*; vgl. ferner OLG Schleswig WM 1998, 1486, dazu WuB I E 3.–8.98 *Marburger*; OLG Karlsruhe WM 1996, 572, 573; *Rösler/Wimmer*, WM 2000, 164, 173; *Rösler*, in: *Hadding/Nobbe*, Bankrecht 2000, S. 165, 177; *Metz*, ZBB 1994, 205, 213; *Maul*, BB 2000, 2477, 2479 nunmehr auch BGHB ZIP 2001, 20, 23.

[151] *Köndgen*, NJW 2000, 468, 481.

[152] Vgl. *Nobbe*, Aktuelle höchst- und obergerichtliche Rechtsprechung, Rdnr. 724.

[153] Dazu unten E 2.

Beim Effektivzinssatz handelt es sich um eine Vergleichszahl der **Preisanga-** 66
benverordnung,[154] die zu höher Transparenz vor allem im Hinblick auf laufzeitunabhängige Faktoren wie insbesondere Bearbeitungskosten sowie die Folgen einer unterjährigen Zahlungsweise führen soll.[155] Berücksicht man diese Faktoren, so werden bei finanzmathematisch korrekter Vorgehensweise sowohl mit dem Nominalzinsvergleich als auch mit dem Effektivzinsvergleich identische Ergebnisse erzielt.[156]

VI. Vorteilsausgleichung

Nach den Grundsätzen des Schadensrechts und vor dem Hintergrund finanzma- 67
thematischer Überlegungen muß sich die Bank Vorteile anrechnen lassen, die sie durch die vorzeitige Beendigung des Darlehensvertrages erlangt hat (**Vorteilsausgleichung**).

1. Gestiegenes Zinsniveau

Ein solcher Vorteil ist vor allem dann anzunehmen, wenn das Zinsniveau seit 68
Ausreichen der ursprünglichen Darlehensvaluta gestiegen ist, weil die Bank in diesem Falle die erlangten Gelder zu einem höheren Zinsatz wieder ausreichen kann.[157]

Hatte sich die Bank für das konkrete Darlehen bereits refinanziert, wovon 69
für die Schadensbetrachtung ausgegangen werden kann,[158] wird sie die nunmehr überflüssige, für sie günstigere Refinanzierung zur Ausreichung eines neuen Darlehens verwenden und die bisherige Refinanzierung glatt stellen. Damit erlangt sie einen Vorteil, der in der Differenz zwischen der neuen, höheren Refinanzierung und der bereits bestehenden, ursprünglichen Refinanzierung liegt. Dieser Vorfälligkeitsnutzen ist das Gegenstück zum Zinsverschlechterungsschaden, könnte also auch als Zinsverbesserungsvorteil bezeichnet werden. Die Grenze der Erstattung des Zinsverbesserungsvorteils ist erreicht, wenn kein Schaden mehr für die Bank besteht und der Kunde im Falle der vorzeitigen Beendigung des Darlehensvertrages an die Bank somit keine Entschädigung zu leisten hat.

Zinsverbesserungsvorteil, Zinsmargenschaden und die einmalige Zahlung 70
für den mit der Abrechnung verbundenen Aufwand sind dabei für jeden konkreten Darlehensvertrag separat zu betrachten und insgesamt zu saldieren. Die Bank kann nicht den Vorteil des gestiegenen Zinsniveaus behalten und vom Kreditnehmer den gesamten Margenschaden verlangen. Im für den Darlehensnehmer günstigsten Fall mag sich dieser Vorteil soweit verdichten, daß eine Vorfälligkeitsent-

---

[154] Dazu *Wimmer/Stöckel-Pukall*, Die Preisangabenverordnung der Banken, passim.
[155] WuB I E 3.–4.2000 *Rösler*.
[156] WuB I E 3.–4.2000 *Rösler*; *Rösler/Wimmer*, WM 2000, 164, 172f.; weitere Einzelheiten bei *Häuser*, in: *Schimansky/Bunte/Lwowski*, Bankrechts-Handbuch, § 83 Rdnrn. 105 ff.; *Soergel/Häuser*, BGB, § 608 Rdnrn. 4 ff.
[157] *Häuser*, in: *Schimansky/Bunte/Lwowski*, Bankrechts-Handbuch, § 83 Rdnr. 160.
[158] BGH NJW 2001, 509 = WM 2001, 20 = ZIP 2001, 20, dazu von *Heymann/Rösler*, ZIP 2001, 441.

schädigung nicht mehr zu zahlen ist. Andererseits ist die Bank nicht verpflichtet, einen den Schaden möglicherweise übersteigenden Anteil am Zinsverbesserungsvorteil an den Darlehensnehmer auszukehren.[159] Allerdings sind alle weiteren Faktoren, etwa Kosten für die vorzeitige Rückführung usw. in die Berechnung des Zinsverbesserungsvorteils einzubeziehen. Zinsverbesserungsvorteil, Zinsmargenschaden und Kosten für die Abrechnung sind also zu saldieren.[160]

71 **Beispiel:** Die Bank hat einen Zinsnutzen von EUR 5.000 und einen Zinsmargenschaden von EUR 3.000. Als einmalige Bearbeitungskosten verlangt sie EUR 100. Der Schadenssaldo liefert einen Nutzen, den die Bank nicht herauszugeben hat. Sie kann nur die Rückzahlung der Restschuld verlangen. Unzulässig wäre z. B. die Vereinnahmung der Restschuld zuzüglich EUR 3.000. Zinsmargenschaden. Zur Auskehrung eines etwa per Saldo entstehenden Zinsnutzens ist die Bank aus rechtlicher Sicht nicht verpflichtet.

2. Margenerstattung bei Umschuldung

72 Einen weiteren Fall der Vorteilsausgleichung betrifft die **Margenerstattung**.[161] Ein Teil der Vorfälligkeitsentschädigung setzt sich aus dem entgangenen Gewinn der Bank, also ihrer Nettomarge zusammen. Erlangt die Bank eine neue Marge nur deshalb, weil das zu betrachtende Darlehen vorzeitig zurückgeführt werden soll, wird sie sich diesen Vorteil im Rahmen der Vorteilsausgleichung anrechnen lassen müssen. Solche Fälle betreffen klassischerweise die Umschuldung bei derselben Bank,[162] wenn also ein- und derselbe Darlehensnehmer zunächst ein Altdarlehen vorzeitig zurückführt und dann ein neues Darlehen erhält. Im Rahmen der Vorteilsausgleichung wird man die Bank für verpflichtet halten müssen, etwaige Vorteile, die sie aus einem Vergleich zwischen alter Marge und neuer Marge erlangt, an den Darlehensnehmer weiterzugeben. Hierbei ist die Margenerstattung zeitlich im Hinblick auf die Restlaufzeit des Altdarlehens und betragsmäßig im Hinblick auf die durch das Altdarlehen vorgegebene Kapitalbindung zu begrenzen.[163]

73 Die Frage der Margenerstattung stellt sich somit immer dann, wenn zunächst das Altdarlehen durch Zahlung vollständig abgelöst und *gleichzeitig* ein Neukredit ausgereicht wird. Die Umschuldung setzt sich aus der Aufhebungsvereinbarung oder dem vorzeitigem Tilgungsrecht und dem gleichzeitigem Abschluß eines Neugeschäfts zusammen. Es ist folglich wirtschaftlich ein einheitlicher Vorgang und juristisch Kausalität anzunehmen: Die Aufhebungsvereinbarung ist ursächlich für den Neuabschluß. Die Bank muß eine der Margen aus rechtlichen Gründen im Rahmen der Vorteilsausgleichung erstatten. Bei Umschuldungen oder Neuabschlüssen liegt es letztlich in der Vertragsautonomie der Parteien, inwieweit die neue Marge durch die bisher vereinbarte verringert wird.

---

[159] *Von Heymann/Rösler*, ZIP 2001, 441, 449; *Häuser*, in: *Schimansky/Bunte/Lwowski*, Bankrechts-Handbuch, § 83 Rdnr. 160. Kritik findet sich bei *Köndgen*, in: *Ernst/Zimmermann*, Zivilrechtswissenschaft und Schuldrechtsreform, S. 457, 476 f., der insoweit eine gesetzgeberische Entscheidung fordert.
[160] *Von Heymann/Rösler*, ZIP 2001, 441, 449.
[161] *Wimmer*, Die Bank 2000, 862.
[162] *Von Heymann/Rösler*, ZIP 2001, 441, 449.
[163] *Von Heymann/Rösler*, ZIP 2001, 441, 449.

VII. Nichtabnahme- und Vorfälligkeitsentschädigungsklauseln in AGB

Falls die Bank erstens den Vorfälligkeitsschaden komplett in Rechnung stellt und zweitens das Neugeschäft zu marktüblichen Konditionen abschließt, kommt es zur doppelten Vereinnahmung der Marge bezogen auf die Restlaufzeit des Altdarlehens. Aus juristischer Sicht ist hier zu differenzieren: 74

Fällt die Umschuldung unter die von der BGH-Rechtsprechung definierten Fallgruppen Vorfälligkeitsentschädigung, so darf die Marge nicht doppelt vereinnahmt werden. Die Bank müsste zwar finanzmathematisch gesehen immer die **Neugeschäftsmarge** erstatten, sie hat aber rechtlich gesehen die Möglichkeit, immer die niedrigere Marge (Altgeschäftsmarge bzw. Neugeschäftsmarge) zu erstatten, da es sich aufgrund der Schadensbetrachtung um eine Vorteilsanrechung/Vorteilsausgleichung handelt. 75

In den meisten Fällen wird hingegen die Umschuldung kulanterweise erfolgen, also Fälle der Aufhebungsvereinbarung mit Aufhebungsentgelt darstellen. Damit liegt eine freie Preisvereinbarung mit der Grenze der Sittenwidrigkeit (§ 138 BGB) vor. Das bedeutet konkret: Die von der Bank verdiente Marge (bezogen auf Restlaufzeit) darf maximal doppelt so groß sein wie die Marge, die in der vorgenannten Fallgruppe bei der Bank verbliebe. Gegenüberzustellen sind jeweils abgezinste Beträge. 76

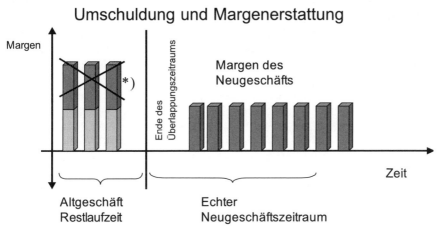

Abbildung 3: Umschuldung und Margenerstattung

VII. Nichtabnahme- und Vorfälligkeitsentschädigungsklauseln in AGB

1. Grundsatz

Bis etwa 1990 wurde eine Pauschalierung von Schadensersatzforderungen auch im Darlehensgeschäft von der Rechtsprechung, jedenfalls bei Festzinsdarlehen, die bis zum 31.12. 1986 abgeschlossen worden sind, für zulässig ge- 77 halten.¹⁶⁴ Entsprechende **Klauseln** in **Allgemeinen Geschäftsbedingungen**, die allerdings ausschließlich die Nichtabnahmeentschädigung betrafen, hielten nach Ansicht der früheren Rechtsprechung insbesondere der Inhaltskontrolle gemäß den §§ 9–11 AGBG (nunmehr §§ 307–309 BGB n. F.) stand.¹⁶⁵ Ein Verstoß gegen § 11 Nr. 6 AGBG (§ 309 Nr. 6 BGB n. F.) sollte deswegen nicht in Betracht kommen, weil die Nichtabnahmeentschädigung keine Vertragsstrafe, sondern die Abgeltung der erlittenen Nachteile sei.¹⁶⁶ Sie stelle für den Darlehensnehmer auch keine unangemessene Benachteiligung im Sinne des § 9 AGBG (§ 307 BGB n. F.) dar, da es nicht treuwidrig sein könne, wenn ein Kreditinstitut in seinen Allgemeinen Geschäftsbedingungen für den Fall, daß der Darlehensnehmer das angebotene Darlehen vertragswidrig nicht annimmt (bzw. ein angenommenes Darlehen vorzeitig zurückführt) eine pauschale Entschädigung nicht nur für ihre bereits angefallenen Kosten, sondern auch für den entgangenen Gewinn festlegt.¹⁶⁷ Die frühere Rechtsprechung hat im Zusammenhang mit der Nichtabnahme von bereits zugesagten Darlehen einen pauschalierten Schadensersatz von 3 %, vereinzelt auch von 4,5 % der Darlehenssumme für wirksam gehalten;¹⁶⁸ das OLG Düsseldorf hat in seiner Entscheidung vom 12. 7. 1990 sogar eine pauschale Nichtabnahmeentschädigung von 5 % als zulässig angesehen.¹⁶⁹

78 In seiner Entscheidung vom 12. 3. 1991¹⁷⁰ hat der Bundesgerichtshof seine vormalige Rechtsprechung jedoch deutlich relativiert. Nach nunmehriger Auffassung bestehen gegen AGB-Regelungen, die als Pauschalentschädigungen einen von der Laufzeit des Einzelvertrages unabhängigen Prozentsatz des Darlehensnennbetrages vorsehen, Bedenken aus § 11 Nr. 5 a AGBG (nunmehr § 309 Nr. 5 a BGB n. F.).¹⁷¹ Diese Bestimmung kommt vor allem dann zum Tragen,¹⁷² wenn ein Kreditgeber seinen Zinsmargenschaden pauschal nach dem branchenüblichen Durchschnitt berechnet und die Klausel eine Entschädigung laufzeitunabhängig und ohne erkennbaren Bezug zum tatsächlich entstandenen Zinsschaden festlegt, etwa in Form eines bestimmten Prozentsatzes vom Rückzahlungsbetrag.¹⁷³ Da hierin gleichzeitig ein Verstoß gegen § 9 Abs. 1 und Abs. 2 Nr. 1 AGBG (nunmehr

---

¹⁶⁴ BGH WM 1983, 802, 803; BGH WM 1985, 686; BGH WM 1986, 156; BGH WM 1986, 577; BGH WM 1989, 1011; BGH WM 1990, 8; BGH WM 1990, 751; OLG Koblenz WM 1983, 802, 803; OLG Stuttgart WM 1986, 998, 999; OLG Düsseldorf WM 1991, 218.
¹⁶⁵ Vgl. BGH WM 1983, 802, 803; BGH WM 1985, 686; BGH WM 1986, 156; BGH WM 1986, 577; BGH WM 1989, 1011; BGH WM 1990, 8; BGH WM 1990, 751; OLG Koblenz WM 1983, 802, 803; OLG Stuttgart WM 1986, 998, 999; OLG Düsseldorf WM 1991, 218.
¹⁶⁶ BGH WM 1989, 1011; BGH WM 1990, 8; OLG Koblenz WM 1983, 802, 803; OLG Düsseldorf WM 1991, 218, 219.
¹⁶⁷ BGH WM 1989, 1011; BGH WM 1990, 8, 10; OLG Düsseldorf WM 1991, 218, 219.
¹⁶⁸ Vgl. BGH WM 1985, 686; BGH WM 1986, 156; BGH WM 1989, 1011; BGH WM 1990, 8, 9; siehe auch OLG Koblenz WM 1983, 802, 803; OLG Stuttgart WM 1986, 998, 999.
¹⁶⁹ OLG Düsseldorf WM 1991, 218.
¹⁷⁰ BGH ZIP 1991, 575 ff.
¹⁷¹ BGH ZIP 1991, 575 ff.; BGH WM 1998, 70, 71.
¹⁷² BGH ZIP 1998, 20 f.; BGH WM 1999, 840, 841.
¹⁷³ BGH WM 1999, 840, 841; BGH ZIP 1998, 20 f.; OLG Zweibrücken VuR 1996, 304, 306; *Reifner*, NJW 1995, 86, 91; *Knops*, Verbraucherschutz bei Immobilienkreditverhältnissen, S. 107.

VII. Nichtabnahme- und Vorfälligkeitsentschädigungsklauseln in AGB

§ 307 Abs. 2 Nr. 1 BGB n. F.) liegt, gilt diese Unwirksamkeit auch gegenüber Kaufleuten.[174] Zwar hält das Gericht eine Pauschalisierung von Schadensersatzansprüchen nicht schlechthin für unzulässig; dem Umfang solcher pauschalen Schadensersatzansprüche sind jedoch enge Grenzen gesetzt.[175]

In seiner Entscheidung vom 11. 11. 1997 hat der Bundesgerichtshof die **Pauscha- 79 lierung einer Vorfälligkeitsentschädigung** mit jährlich 1 % des fälligen Darlehensbetrages bei einer Hypothekenbank, deren Nettozinsmarge 0,63 % beträgt, als Verstoß gegen § 9 Abs. 2 AGBG (§ 307 Abs. 2 BGB n. F.) gewertet.[176] Nach Auffassung des Gerichts verstoße eine solche Pauschalierung gegen wesentliche Grundsätze des Schadensrechts, die nur auf Ausgleich des wirklichen Schadens gerichtet seien.[177] Nach § 252 BGB könne die Bank lediglich ihren mit Wahrscheinlichkeit zu erwartenden Gewinn als Schaden ersetzt verlangen. Eine Pauschalierung dieses Schadensersatzanspruches in AGB sei unwirksam, wenn die Pauschale den nach dem gewöhnlichen Lauf der Dinge zu erwartenden Schaden übersteigt.[178] Eine solche Klausel sei daher in sachlicher Übereinstimmung mit § 11 Nr. 5 a AGBG (nunmehr § 309 Nr. 5 a BGB n. F.) auch unter Kaufleuten unwirksam.[179] Durch Urteil vom 2. 3. 1999 hat der Bundesgerichtshof eine Pauschalierung darüber hinaus auch deswegen als unzulässig erachtet, weil diese eine für eine korrekte Schadensbemessung erforderliche Abzinsung der für künftige Zeiträume anfallenden Entschädigungsbeträge nicht vorsah.[180] Nicht zuletzt vor diesem Hintergrund muß die formularmäßige Pauschalierung einer Vorfälligkeitsentschädigung als unzulässig angesehen werden,[181] sofern die Pauschale zu einer überhöhten Entschädigung führen kann. Der Versuchung, die gesetzliche Schadenspauschale nach § 11 Abs. 1 VerbrKrG bzw. § 497 Abs. 1 Satz 2 BGB n. F. – Basiszinssatz plus 5 % (bzw. 2, 5 %) – im Wege der Analogie auf gekündigte Grundpfandkredite zu übertragen, hat der Bundesgerichtshof[182] im übrigen „tapfer widerstanden".[183]

---

[174] BGH WM 1999, 840, 841 unter Bezugnahme auf BGH ZIP 1998, 20; *Knops*, Verbraucherschutz bei Immobiliarkreditverhältnissen, S. 108.

[175] BGH ZIP 1991, 575 ff.

[176] BGH ZIP 1998, 20 f. = WM 1998, 70 = NJW 1998, 592, dazu EWiR 1998, 481 *Eckert*; bestätigt durch BGH WM 1999, 840, 841; zustimmend *Wolf*, in: *Wolf/Horn/Lindacher*, AGBG, § 9 Rdnr. D 30; vgl. auch *Nobbe*, Aktuelle höchst- und obergerichtliche Rechtsprechung, Rdnr. 736.

[177] BGH ZIP 1998, 20, 21 = WM 1998, 70, 71.

[178] BGH WM 1998, 20, 21 unter Hinweis auf BGH WM 1984, 1174, 1175; BGH WM 1994, 1121, 1122; *Ulmer/Brandner/Hensen*, AGBG, § 11 Nr. 5 Rdnr. 27; *Wolf/Horn/Lindacher*, AGBG, § 11 Nr. 5 Rdnr. 39 m. w. N.

[179] BGH ZIP 1998, 20 = WM 1998, 70, 71; vgl. auch BGH ZIP 1994, 461.

[180] BGH WM 1999, 840, 841 = NJW-RR 1999, 842; BGH ZIP 1997, 118 = WM 1997, 70; *von Heymann/Rösler*, ZIP 2001, 441, 449.

[181] Vgl. BGH WM 1990, 8, 10; OLG Koblenz WM 1983, 802, 803 f.; *Häuser*, in: *Schimansky/Bunte/Lwowski*, Bankrechts-Handbuch, § 83 Rdnr. 163; *Wenzel*, ZfIR 2001, 93; *Knops*, Verbraucherschutz bei Immobiliarkreditverhältnissen, S. 152; *Emmerich*, in: *von Westphalen/Emmerich/von Rottenburg*, VerbrKrG, § 12 Rdnr. 31, § 11 Rdnr. 43; vgl. auch *Reich*, NJW 1978, 1570, 1571.

[182] BGH NJW 1992, 1620; BGH ZIP 1999, 1483.

[183] *Köndgen*, in: *Ernst/Zimmermann*, Zivilrechtswissenschaft und Schuldrechtsreform, S. 457, 475.

80 Pauschalierungen von Vorfälligkeitsentschädigung und Nichtabnahmeentschädigung in Allgemeinen Geschäftsbedingungen sind also regelmäßig nach § 309 Nr. 5 a BGB n. F. bzw. § 307 BGB n. F. (§ 11 Nr. 5 a AGBG bzw. § 9 AGBG) unwirksam, wenn sie der Bank ohne Nachweis der Schadenshöhe zu einer zu hohen Entschädigung verhelfen können.[184] Zur Unwirksamkeit genügt bereits, daß die vorgeschriebene Abzinsung in der formularmäßigen Regelung nicht vorgesehen ist.[185] Die Vereinbarung von prozentualen Beträgen (häufig 1 % oder 2 %) vom Kreditbetrag ist formularmäßig ebenfalls nicht möglich. Solche Regelungen können den Kreditnehmer insbesondere dann benachteiligen, wenn die rechtlich geschützte Zinserwartung nur noch kurze Zeit läuft und so der Schaden an sich eher gering wäre. Dieser hängt von der Darlehenssumme gerade nicht entscheidend ab, die Zinssituation und die Restlaufzeit der rechtlich geschützten Zinserwartung sind ebenso Parameter, die es zu berücksichtigen gilt. In einem konkret über die Höhe der Vorfälligkeitsentschädigung geführten Rechtsstreit kann sich die Bank als Verwender nicht auf die unwirksame Klausel berufen und muß die Vorfälligkeitsentschädigung nach den vom BGH aufgestellten Grundsätzen berechnen.[186]

81 Die Nichtabnahmeentschädigung, die sich eine Bank für den Fall des Scheiterns der vom Darlehensnehmer nachzuweisenden Gesamtfinanzierung formularmäßig ausbedungen hat, verstößt gegen § 305 c BGB n. F., wenn als Kreditgeber auftretende Banken konzernmäßig verbunden sind und weitere Umstände den Darlehensvertrag und die benötigte Refinanzierung als ein rechtlich und wirtschaftlich einheitliches Geschäft erscheinen lassen.[187]

2. Vereinbarung einer Vorfälligkeitsklausel

82 Für die Praxis der Vertragsgestaltung stellt sich regelmäßig die Frage, welche Regelungen für den Fall der Nichtabnahme oder vorzeitigen Tilgung bzw. Kündigung und der damit zusammenhängenden Entschädigung vorgesehen werden sollen. Vor dem Hintergrund der mittlerweile gefestigten Rechtsprechung des BGH zu dieser Thematik sind Vereinbarungen in Formularverträgen, die deutschem Recht unterliegen, regelmäßig überflüssig. Die Bank bekommt den ihr entstehenden Schaden nach der Rechtsprechung auch ohne vertragliche Regelung ersetzt. Benachteiligen vertragliche Regelungen den Darlehensnehmer, sind sie in Formularverträgen unwirksam, so daß für die Bank günstigere Regelungen als die BGH-Vorgaben ohnehin nicht vereinbart werden können.

83 Soll die **Vorfälligkeitsklausel** indessen lediglich Fälle erfassen, bei denen eine vorzeitige Rückführung außerhalb einer Kündigungsmöglichkeit nach § 609 a Abs. 1 und 2 BGB a. F. (bzw. § 489 Abs. 1 und 2 BGB n. F.), also etwa anhand der Vorgaben der neuen höchstrichterlichen Rechtsprechung,[188] bestehen soll, so hat

---

[184] BGH WM 1999, 840 = NJW-RR 1999, 842; BGH WM 1997, 70 = BB 1998, 124.
[185] BGH NJW 1998, 592; BGH NJW-RR 1999, 842.
[186] BGH WM 1997, 1747 und 1799, dazu WuB I E 3. – 1.98 von Heymann/Rösler = NJW 1997, 2875 und 2878.
[187] BGH WM 1998, 23 = NJW 1998, 683 = ZIP 1997, 2192.
[188] BGH WM 1997, 1747 ff. = ZIP 1997, 1641 ff. = NJW 1997, 2875 ff.; BGH WM 1997, 1799 ff. = ZIP 1997, 1646 ff. = NJW 1997, 2878 f.; BGH ZIP 2001, 20.

VII. Nichtabnahme- und Vorfälligkeitsentschädigungsklauseln in AGB

die Klausel lediglich **deklaratorischen** Charakter, d. h. sie beschreibt eine an sich bereits bestehende Zahlungspflicht.[189] In einem solchen Fall unterliegt eine deklaratorische und im übrigen überflüssige Vorfälligkeitsklausel keinen Beanstandungen.

Sofern eine entsprechende Vorfälligkeitsklausel das in § 609 a Abs. 1 und Abs. 2 BGB a. F. bzw. § 489 Abs. 1 u. 2 BGB n. F. enthaltene Kündigungsrecht ausschließt bzw. erschwert, so ist eine solche Klausel nach § 134 BGB nichtig (§§ 134, 609 a Abs. 4 BGB a. F. bzw. § 489 Abs. 4 BGB n. F.).[190] Der Kreditnehmer muß die Möglichkeit der Kündigung nach § 609 a Abs. 1 oder Abs. 2 BGB a. F. (bzw. § 489 Abs. 1 oder Ans. 2 BGB n. F.) ohne Einschränkung wahrnehmen können.[191]

84

Nur sehr vereinzelt wird die Ansicht vertreten, daß das Fehlen eines entsprechenden Hinweises auf die Erhebung einer Vorfälligkeitsentschädigung bei vorzeitiger, jedoch nicht kündigungsbedingter Rückführung (unter Einschluß aller für die Berechnung erforderlichen Parameter) dazu führen könne, daß der Darlehensgeber eine solche nicht beanspruchen dürfe. Hierbei würde z. T. die Bestimmung des § 4 Abs. 1 Satz 4 Nr. 1 Buchstabe d VerbrKrG (nunmehr: § 492 Abs. 2 Nr. 4 BGB n. F.) herangezogen,[192] wonach im Kreditvertrag neben dem Zinssatz auch alle sonstigen Kosten des Kredits anzugeben sind. Im Falle der Nichtbeachtung dieser Angabepflicht, die auch für grundpfandrechtlich gesicherte Darlehen gilt, werden diese Kosten vom Kreditnehmer nicht geschuldet § 494 Abs. 2 Satz 2 BGB n. F. (bzw. § 6 Abs. 2 Satz 3 VerbrKrG). Da eine wortgetreue Auslegung des § 494 Abs. 2 Satz 2 BGB n. F. (§ 6 Abs. 2 Satz 3 VerbrKrG) ergebe, daß damit auch solche Kosten gemeint seien, die nur unter bestimmten Bedingungen anfallen,[193] könne eine Vorfälligkeitsentschädigung, sofern im Vertrag keine solche vereinbart bzw. aufgeführt sei, gegenüber dem Verbraucher auch nicht geltend gemacht werden. In diesem Zusammenhang wird die Ansicht vertreten, daß eine Vorfälligkeitsentschädigung zwar nicht der Höhe, wohl aber dem Grunde nach angegeben werden könne. Außerdem sei es möglich, die Abhängigkeit einer Vorfälligkeitsentschädigung von Laufzeit und Restvaluta deutlich zu machen sowie die wesentlichen Merkmale der Berechung anzugeben.[194]

85

Losgelöst von den Angabepflichten des Verbraucherkreditgesetzes liege in der formularmäßigen Nichteinbeziehung einer Vorfälligkeitsentschädigung des weiteren ein Verstoß gegen das sich aus § 307 Abs. 1 S. 2 BGB n. F. (vormals § 9 AGBG) ergebende Transparenzgebot, das im Rahmen des Schuldrechtsmodernisierungsgesetzes nunmehr ausdrücklich im BGB normiert wurde (§ 307 Abs. 1 S. 2 BGB n. F.)[195] Nach ständiger Rechtsprechung sind Darlehensbedingungen

86

---

[189] *Knops*, Verbraucherschutz bei Immobiliarkreditverhältnissen, S. 103.
[190] *Von Rottenburg*, WM 1987, 1.
[191] Vgl. auch *von Heymann/Rösler*; ZIP 2001, 441, 443.
[192] *Knops*, Verbraucherschutz bei Immobiliarkreditverhältnissen, S. 103 ff.
[193] *Knops*, Verbraucherschutz bei Immobiliarkreditverhältnissen, S. 104 unter Bezugnahme auf OLG München, Urt. vom 19. 7. 1996–21 U 2358/96, S. 10.
[194] *Knops*, Verbraucherschutz bei Immobiliarkreditverhältnissen, S. 104.
[195] Vgl. hierzu BGHZ 104, 82, 92 f.; BGHZ 112, 115, 118 f.; BGHZ 115, 185; BGHZ 108, 57; BGHZ 106, 42, 47; BGH 1985, 2253; BGH NJW 1991, 2630, 2631; BGH NJW 1992, 179, 180; BGH NJW 1992, 3158, 3161; BGH NJW 1998, 3114; *Wolf*, in: *Wolf/Horn/Lindacher*, AGBG, § 9 Rdnrn. 143 ff.; *Baums*, ZIP 1989, 7, 8; *Heinrichs*, NJW 1996, 2190; *Prütting*, in:

nach Treu und Glauben so zu gestalten, daß auch nicht krediterfahrene Kunden[196] preiserhöhende oder sonst sie benachteiligende Klauseln ohne Nachfrage oder intensiver Beschäftigung erfassen.[197] Gerade bei „besonders potenten Verwendern wie vor allem Banken und Sparkassen"[198] sei eine strenge **Transparenzkontrolle** angezeigt.[199] Da dem durchschnittlichen Verbraucher nicht bekannt sei, daß er im Falle einer vorzeitigen Ablösung eines Immobiliarkredits eine Vorfälligkeitsentschädigung leisten müsse, sei ein solcher Hinweis im Kreditvertrag aus Gründen der Transparenz geboten. Sowohl die Diskussion um die Abschaffung des § 247 BGB a. F. und die Einführung des § 609a BGB a. F., als auch die Auseinandersetzung um die Vorfälligkeitsentschädigung in den letzten Jahren habe gezeigt, daß die vorzeitige Beendigung ein typischer Fall sei.[200] Aus diesen Gründen könne die Bank eine transparente Gestaltung nicht einfach dadurch umgehen, daß sie entsprechende Klauseln in den Formularen weglasse. Wenn weder die Entschädigung noch deren Voraussetzungen für deren Enstehen genannt würden, sei das Transparenzgebot verletzt, was eine Unwirksamkeit nach § 307 BGB n.F bzw..§ 9 AGBG zur Folge haben könne.[201]

87 Diese Sichtweise verkennt mehrere Aspekte: zunächst handelt es sich bei der Vorfälligkeitsentschädigung bereits qua definitionem nicht um zusätzliche „Kosten" (i. S. d. VerbrKrG bzw. des § 494 BGB n. F.), sondern schlicht um die **Manifestation der rechtlich geschützen Zinserwartung** des Darlehensgebers, mithin um einen Zinssatz, der sich auch bei einem Immobiliarkreditvertrag sowohl im Nominal- als auch im Effektivzinssatz niederschlägt.[202] Der Kreditnehmer wird also nicht „von Zusatzkosten überrascht, durch die sich der Kredit für ihn als eine wesentlich größere Belastung darstellt, als ursprünglich angenommen";[203] im Gegenteil bleibt die Belastung für ihn im Falle der vorzeitigen Rückführung gleich bzw. wird aufgrund der Faktoren, um die die Vorfälligkeitsentschädigung aufgrund des vorzeitigen Wiedererhalts bereinigt wurde, rein rechnerisch sogar geringer.

88 Ungeachtet dessen können unter den Begriff „Kosten" i. S. d. § 492 Abs. 1 Nr. 4 BGB n. F. (bzw. § 4 Abs. 1 Satz 4 Nr. 1 Buchstabe d) VerbrKrG) nur diejenigen subsumiert werden, die bei vertragsgemäßer, d. h. „planmäßiger" Abwicklung anfallen.[204] Der Umstand, daß. § 492 Abs. 1 Nr. 6 BGB n.F (bzw. § 4 Abs. 1

Festschrift Gaul, S. 525; *Köndgen*, NJW 1989, 943, 945. Eingehend auch *Schebesta*, in: Lang/Assies/Werner, Schuldrechtsmodernisierung in der Bankpraxis, S. 234 ff.

[196] Vgl. zu den Verständnismöglichkeiten des Kunden als Maßstab des Transparenzegebotes BGHZ 106, 42, 46; BGHZ 112, 115, 118 f.; BGH NJW 1993, 2052, 2054; *Wolf*, in: *Wolf/Horn/Lindacher*, AGBG, § 9 Rdnrn. 145, 148, 150.

[197] Vgl. BGH NJW 1989, 224.

[198] *Esser/Schmidt*, SchR I/1, § 11 II 3 c a. E.; dies übernehmend *Knops*, Verbraucherschutz bei Immobiliarkreditverhältnissen, S. 110.

[199] *Knops*, Verbraucherschutz bei Immobiliarkreditverhältnissen, S. 110 unter Bezugnahme auf *Brandner*, in: *Ulmer/Brandner/Hensen*, AGBG, § 9 Rdnr. 93.

[200] *Knops*, Verbraucherschutz bei Immobiliarkreditverhältnissen, S. 111.

[201] *Knops*, Verbraucherschutz bei Immobiliarkreditverhältnissen, S. 112.

[202] Diese verkennt *Knops*, Verbraucherschutz bei Immobiliarkreditverhältnissen, S. 105.

[203] So aber *Knops*, Verbraucherschutz bei Immobiliarkreditverhältnissen, S. 105.

[204] *Staudinger/Kessal-Wulf*, BGB, § 4 VerbrKrG Rdnr. 53; *von Rottenburg*, in: *von Westpha-*

Satz 4 Nr. 1 Buchstabe d) VerbrKrG) ausdrücklich die Kosten einer Restschuldversicherung nennt und die Feststellung des Bundesgerichtshofs, wonach auch die Kosten der Einschaltung eines Inkassounternehmens anzugeben sind,[205] steht dem nicht entgegen. Kosten einer Restschuldversicherung dienen nicht zuletzt dem Kreditnehmer, der insoweit vor dem Risiko einer etwaigen zukünftigen Zahlungsunfähigkeit geschützt wird,[206] während die besondere Erwähnung von Kosten bei der Einschaltung eines Inkassounternehmens ihre Rechtfertigung darin findet, daß durch derartige Kosten eine etwaige Rechtsverfolgung verteuert wird. Bei der Vorfälligkeitsentschädigung liegt der Fall indessen anders. Für Fälle nicht ordnungsgemäßer Abwicklung von Verbraucherkrediten hat der Gesetzgeber in den §§ 11 und 12 VerbrKrG (bzw. §§ 497, 498 BGB n. F.) zwingende gesetzliche Regelungen geschaffen, die eine Angabepflicht im Kreditvertrag entbehrlich machen.[207]

Schließlich handelt es sich bei einer vorzeitigen außerplanmäßige Kreditbeendigung keinesfalls um einen typischen Fall, sondern bildet im Vergleich zum Gesamtimmobiliarkreditgeschäft die Ausnahme, was bereits dadurch verdeutlicht wird, daß die Kreditwirtschaft zunehmend Zinsfestschreibungsmöglichkeiten von mehr als 10 Jahren bis hin zu 15 bis 20 Jahren anbietet sowie Produkte entwickelt hat, die es dem Kreditnehmer bereits für zukünftige Geschäfte eine sichere Zinskalkulation ermöglichen.[208] Zwar mag § 498 BGB n. F. (vormals: § 14 VerbrKrG), der den Fall einer vorzeitigen Kreditbeendigung regelt,[209] im Teilzahlungskreditgeschäft eine gewisse Häufigkeit aufweisen. Ein Rückschluß auf das Immobiliarkreditgeschäft ist jedoch nicht möglich.

---

len/Emmerich/von Rottenburg, VerbrKrG, § 4 Rdnr. 110; *Wolf*, in: *Wolf/Horn/Lindacher*, AGBG, § 9 Rdnr. D 30 unter Hinweis auf BGH NJW 1997, 3169.

[205] OLG Dresden NJW-RR 1994, 1139 f.

[206] Der Sichtweise von *Derleder*, KJ 1991, 275, 281 ff. und *Knops*, Verbraucherschutz bei Immobiliarkreditverhältnissen, S. 105 (siehe dort Fn. 80), wonach diese Restschuldversicherung ausschließlich das Kreditinstitut für den Fall einer nicht ordnungsgemäßen Abwicklung absichern soll, kann vor diesem Hintergrund nicht zugestimmt werden.

[207] *Von Rottenburg*, in: *von Westphalen/Emmerich/von Rottenburg*, VerbrKrG, § 4 Rdnr. 110. Entgegen *Knops*, Verbraucherschutz bei Immobiliarkreditverhältnissen, S. 105 (siehe dort Fn. 82) ist damit keinesfalls ausschließlich § 14 VerbrKrG gemeint; gesetzliche Regelungen zur Abwicklung nicht planmäßig beendeter („notleidender") Kredite existieren in großer Fülle im allgemeinen Zivil- und Zivilprozeßrecht. Besondere Aufmerksamkeit wurde in jüngster Zeit den Regelungen über den Verzug geschenkt, vgl. den seit dem vom 1. 5. 2000 bis 31.12. 2001 geltenden § 284 Abs. 3 Satz 1 BGB, der durch das Gesetz zur Beschleunigung fälliger Zahlungen vom 30. 3. 2000, (BGBl. I 2000, S. 330, dazu *Fabis*, ZIP 2000, 865; *Kiesel*, NJW 2000, 1673; *Schmidt-Räntsch*, ZfIR 2000, 337; sehr kritisch *Brambring*, ZfIR 2000, 245; dagegen *Pick*, ZfIR 2000, 333) eingefügt wurde und nach massiver Kritik in § 286 BGB i. d. F. d. SchRModG eine grundlegende Überarbeitung erfahren hat.

[208] Diese sog. Forwardkredite werden in den unterschiedlichsten Ausgestaltungen angeboten, vgl. *Kohte*, in: *Hadding/Nobbe*, Bankrecht 2000, S. 213; *Kümpel*, Bank- und Kapitalmarktrecht, 15.58; *Rösler*, WM 2000, 1930 ff.

[209] § 14 VerbrKrG bzw. § 498 BGB n. F. gilt i. ü. nur für die sog. Teilzahlungskredite (vgl. *Palandt/Putzo*, BGB, § 4 VerbrKrG Rdnr. 15; 14 VerbrKrG Rdnr. 1), was gerade bei Immobiliarkrediten nicht der Fall ist.

3. Rückwirkung der Rechtsprechung

90 Die Problematik der **Rückwirkung**[210] in Zusammenhang mit der Rechtsprechung zur vorzeitigen Tilgung stellt sich besonders in den Fällen einer vormals formularmäßigen Pauschalierung einer Vorfälligkeitsentschädigung. Höchstrichterliche Grundsatzentscheidungen zu typischen Vertragsgestaltungen in Allgemeinen Geschäftsbedingungen von Kreditinstituten entfalten eine (unechte) Rückwirkung, von der z. B. alle unter Verwendung einer bestimmten Klausel gestalteten Rechtsbeziehungen betroffen sind.[211] Hält eine in Allgemeinen Geschäftsbedingungen verwendete Regelung (Klausel) der gerichtlichen Überprüfung nicht stand und ist unwirksam, so wirkt diese Unwirksamkeit auf den Zeitpunkt des jeweiligen Vertragsschlusses zurück. Als Rechtsfolge der Unwirksamkeit tritt die die gesetzliche Regelung an die Stelle der unwirksamen Klausel. Dies hat zur Folge, daß die vertragliche AGB-Regelung juristisch nie existiert hat, d. h. also z. B. eine Haftungsverlagerung nicht stattgefunden hat oder ein Preis nicht wirksam vereinbart worden ist. Das entsprechende Urteil bewirkt also nicht die Rechtswidrigkeit einer Klausel. Es stellt vielmehr nur die (schon immer vorliegende) Rechtsunwirksamkeit fest. Der Kunde kann sich darauf berufen und die dadurch bewirkten Entgelte oder sonstigen Nachteile – z. B. zu hohes Vorfälligkeitsentgelt – zurückfordern. Die Rechtsprechung hat sich nur selten mit dieser Rückwirkungsproblematik auseinandergesetzt. So hat sich der Bundesgerichtshof erst in zwei Urteilen zu Bürgschaftsverträgen jeweils – soweit erkennbar erstmals – in der Rechtsprechung zum Bankrecht mit der Rückwirkung höchstrichterlicher Rechtsprechung auseinandergesetzt.

91 In seiner Entscheidung vom 29. 2. 1996[212] kommt er zu dem Ergebnis, daß eine Begrenzung der Rückwirkung nur in Frage kommt, wenn die von der Rückwirkung betroffene Partei auf die Fortgeltung der bisherigen Rechtsprechung vertrauen durfte und wenn die Rechtsfolgen im Streitfall oder wegen ihrer Wirkung auf andere vergleichbar gelagerte Rechtsbeziehungen eine unzumutbare

---

[210] Siehe hierzu eingehend *Medicus*, NJW 1995, 2577 ff.; *derselbe*, WM 1997, 2333 ff.; *A. Weber*, WM 1996, 49 ff.

[211] Als Beispiele der letzten Jahre können – ohne Anspruch auf Vollständigkeit – genannt werden: BGH, WM 1988, 1780; BGH WM 1991, 1452; BGH WM 1992, 218 (Zinsberechnung bei Annuitätendarlehen, nachschüssige Tilgungsverrechnung); BGH WM 1991, 179 (Zinsanpassung bei „Idealkredit"); BGH NJW 1990, 716; BGH NJW 1991, 2768; BGH NJW 1992, 1626; BGH WM 1994, 414; BGH WM 1994, 419; BGH WM 1994, 1283 (Rechtsprechung zur Sicherheitenbestellung); BGH WM 1981, 839; BGH WM 1989, 1011; BGH WM 1990, 1150; (Disgiorechtsprechung); BGH WM 1989, 126 (Wertstellung); BGHZ 124, 254 (Barein- und -auszahlung am Bankschalter); BGH WM 1996, 1080 (Buchungsposten); BGHZ 125, 343 (Überziehung bei Kreditkarten); OLG Hamburg NJW 1996, 1902 (Kreditkarte im Ausland); LG Heilbronn WM 1995, 1621 (Barauszahlung mittels Kreditkarte); LG Mannheim WM 1995, 1805; LG Berlin WM 1996, 1624; LG Nürnberg-Fürth WM 1996, 1624 sowie OLG Nürnberg WM 1996, 1637 (Preisverzeichnis); weitere Nachweise bei *Graf v. Westphalen*, WM 1995, 1209 ff.; *Derleder/Metz*, ZIP 1996, 573 ff.; 621 ff. und *Horn*, WM-Sonderbeilage 1/1997.

[212] WM 1996, 762 ff.

Härte bedeuten würden. Im Urteil vom 18.1. 1996[213] hob der Bundesgerichtshof hervor, daß eine für unwirksam erklärte AGB-Bestimmung in Vergangenheit liegendender Verträge auch dann betrifft, wenn die Klausel zuvor in ständiger höchstrichterlicher Rechtsprechung als gültig angesehen wurde. Offen läßt er lediglich, ob dies auch bzgl. einer Entscheidung gilt, die auf einem allgemeinen Beurteilungswandel beruht. Der Bundesgerichtshof betont nochmals sehr deutlich, daß höchstrichterliche Urteile kein Gesetzesrecht darstellen und damit keine vergleichbare Rechtsbindung erzeugen. Gerichtliche Entscheidungen, die die Wirksamkeit eines Rechtsgeschäfts betreffen, wirken schon ihrer Natur nach auf einen in der Vergangenheit liegenden, noch nicht abgeschlossenen Sachverhalt. Diese unechte Rückwirkung erklärt der Bundesgerichtshof hier ausdrücklich für zulässig. Schranken könnten sich nur aus dem rechtsstaatlichen Prinzip der Rechtssicherheit ergeben, welches für den Bürger in erster Linie Vertrauensschutz bedeute. Wenn die betroffene Partei mit der Fortgeltung der bisherigen Rechtslage rechnen konnte und dies Vertrauen bei der Abwägung der gegenläufigen Interessen der Beteiligten sowie der Belange der Allgemeinheit den Vorrang verdient, so greift die Rückwirkung in rechtlich geschützte Positionen ein. Für Verwender von AGB, d.h. hier kreditwirtschaftlichen Formularklauseln, stehe einer solchen Einschränkung in der Regel schon der Schutzzweck des AGB-Gesetzes entgegen. Das Risiko, ob eine Klausel Bestand habe, treffe daher allein den Verwender.

Auch in den Entscheidungen vom 1.7. 1997 und vom 7.11. 2000 wurde auf **92** dieses Problem nicht mehr eingegangen.

---

[213] ZIP 1996, 456 ff.

E. Konkrete Methoden zur Berechnung der Zahlungsverpflichtung

I. Grundsätzliche Probleme der Berechnung

1 Die Nichtabnahmeentschädigung berechnet sich wie die Vorfälligkeitsentschädigung[1] und umfaßt erstens den Zinsmargenschaden (ZMS). Zweitens kann der Kreditgeber nach Erteilung der Darlehenszusage einen weiter gehenden Schaden berechnen, wenn dieser sich sogleich endgültig refinanziert hat. Man spricht vom Zinsverschlechterungsschaden (ZVS). Beim Aktiv-Passiv-Vergleich existiert letztlich nur diese Schadenskomponente, die aber den Margenschaden systembedingt bereits enthält.

2 Der Vorfälligkeitsschaden ergibt sich aus folgender Überlegung:
- Die Bank hat ursprünglich einen Darlehensvertrag mit dem Kunden geschlossen und sich das dafür benötigte Kapital beschafft. Um Auswirkungen des Zinsänderungsrisikos auf die Schadensbetrachtung auszuschließen, wird von einer fristenkongruenten Refinanzierung der Bank ausgegangen. Aus der Differenz von Darlehens- und Refinanzierungszinsen ergibt sich der Rohertrag der Bank, der als Marge bezeichnet wird.
- Endet der Darlehensvertrag vorzeitig, so entgeht der Bank dieser Ertrag bezogen auf die Restlaufzeit des Darlehens. Die Bank kann damit den Zinsmargenschaden (ZMS) geltend machen. Außerdem besteht für die Bank nunmehr das Problem, die bereits vorgenommene Refinanzierung im Darlehensneugeschäft verwenden zu müssen. Ist der Refinanzierungszinssatz bezogen auf die Restlaufzeit des Darlehens gesunken, kann die Bank nicht auf die mittlerweile billigere Refinanzierung zugreifen, sondern sie muß die bereits vorhandene Refinanzierung einsetzen.[2] Diese Differenz ergibt den Zinsverschlechterungsschaden (ZVS).

3 Dabei ist die Bank nicht verpflichtet, dem Kunden die Berechnung der Vorfälligkeitsentschädigung en detail zu erläutern, es genügt, wenn ihm alle maßgeblichen Faktoren genannt werden, so daß ihm eine Überprüfung möglich ist.[3] Allerdings sind die Grundlagen der Berechnung nachvollziehbar und transparent zu erläutern.[4]

4 Bei der Berechung von Nichtabnahme- und Vorfälligkeitsentschädigungen wird eine abstrahierte Betrachtung des bei der Bank entstandenen Schadens bezüglich der Refinanzierung und des entgangenen Gewinns vorgenommen.

---

[1] OLG Schleswig WM 1998, 1486, dazu WuB I E 3. – 8.98 *Marburger*; OLG Hamm WM 1998, 1811.

[2] Alternativ kann man argumentieren, die Bank müsse ihrerseits die bei Darlehensausreichung eingegangene und nunmehr nicht mehr benötigten Refinanzierungsmittel am Geld- und Kapitalmarkt ablösen.

[3] AG Krefeld WM 1998, 1490, dazu WuB I E 3. – 6.98 *Rösler*.

[4] BGH NJW 2001, 509 = WM 2001, 20 = ZIP 2001, 20, dazu *von Heymann/Rösler*, ZIP 2001, 441.

I. Grundsätzliche Probleme der Berechnung

Vor dem BGH-Urteil vom 7.11. 2000[5] war jedenfalls hinsichtlich der Nichtabnahmeentschädigung umstritten, ob die Bank eine endgültige Refinanzierung nachweisen muß.[6] Hier ist es nützlich, die bankpraktischen Zusammenhänge zu würdigen.[7] In der Bankpraxis melden die Kundenberater wirksam zustande gekommene Kreditverträge umgehend an die Disposition (Treasury). Die Disposition managt die gesamten Zahlungsströme der Bank und steuert das Zinsänderungsrisiko eigenverantwortlich. Dispositionsmaßnahmen betreffen immer eine Fülle von Einzelgeschäften. Da eine konkrete Zuordnung einer einzelnen Refinanzierungsmaßnahme zu einem einzelnen Kreditgeschäft nicht nachweisbar ist, erscheint die Annahme der fristenkongruenten Refinanzierung als plausibel. Unterstellt wird damit, daß sich die Bank tatsächlich bezogen auf das zu betrachtende Kreditgeschäft fristenkongruent refinanziert hat (vgl. zusammenfassend Abbildung 1).

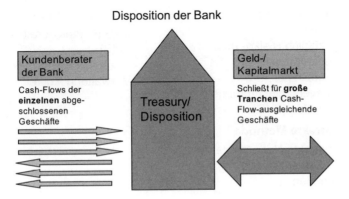

Abbildung 1: Refinanzierung und Zinsverschlechterungsschaden

Diese Fiktion hat wie bereits erwähnt den Vorteil, daß die Schadensersatzberechnung unabhängig davon ist, welches Ausmaß an Zinsänderungsrisiken die Bank auf sich zu nehmen bereit ist. Die Schadensberechnung ist damit unabhängig von der konkreten Refinanzierung der Bank. Die Argumentation ist schlüssig, da die Bank ab rechtswirksamem Vertragsschluß das Risiko für die Zurverfügungstellung der Darlehensvaluta insbesondere hinsichtlich Zinshöhe und Liquiditätsbeschaffung trägt. Ob sie sich dann tatsächlich konkret refinanziert und wie diese konkrete Refinanzierung aussieht oder ob sie ein größeres Portfolio von Krediten zusammen refinanziert und die Risiken bis zur Zusammenstellung eines solchen Portfolios selbst trägt, ist für die Schadensberechnung unerheblich (was der BGH ausdrücklich anerkannt hat).[8]

---

[5] BGH NJW 2001, 509 = WM 2001, 20 = ZIP 2001, 20, dazu *von Heymann/Rösler,* ZIP 2001, 441.
[6] BGH WM 1991, 762.
[7] Dazu *Wimmer,* So rechnen Banken, S. 243 f.
[8] BGH NJW 2001, 509 = WM 2001, 20 = ZIP 2001, 20, dazu *von Heymann/Rösler,* ZIP 2001, 441.

160 E. Konkrete Methoden zur Berechnung der Zahlungsverpflichtung

7 Innerhalb der vom BGH vorgegebenen Rahmenbedingungen[9] stehen grundsätzlich drei Varianten der Berechnung einer Vorfälligkeitsentschädigung (im folgenden ist damit auch die Nichtabnahmeentschädigung gemeint) zur Verfügung. Die Bank kann sowohl die **Aktiv-Aktiv-Methode**, innerhalb dieser die abstrakte oder konkrete Variante, als auch die **Aktiv-Passiv-Methode** zur Berechnung heranziehen. Die verschiedenen Möglichkeiten veranschaulicht Abbildung 2.

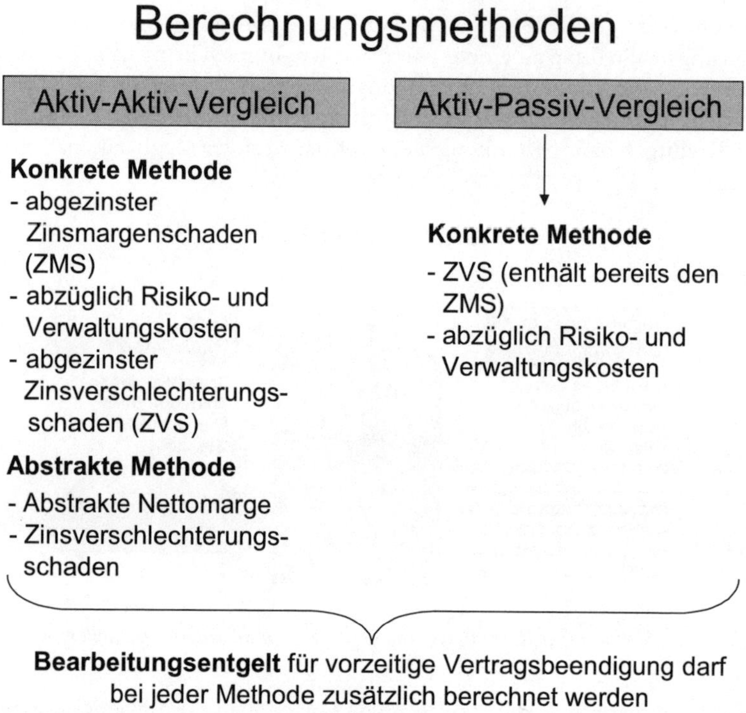

Berechnungsmethoden

Aktiv-Aktiv-Vergleich

Konkrete Methode
- abgezinster Zinsmargenschaden (ZMS)
- abzüglich Risiko- und Verwaltungskosten
- abgezinster Zinsverschlechterungsschaden (ZVS)

Abstrakte Methode
- Abstrakte Nettomarge
- Zinsverschlechterungsschaden

Aktiv-Passiv-Vergleich

Konkrete Methode
- ZVS (enthält bereits den ZMS)
- abzüglich Risiko- und Verwaltungskosten

Bearbeitungsentgelt für vorzeitige Vertragsbeendigung darf bei jeder Methode zusätzlich berechnet werden

Abbildung 2: Berechnungsmethoden der Vorfälligkeitsentschädigung

8 Die vom BGH an die Berechnung gestellten Anforderungen[10] seien an dieser Stelle in Form einer Tabelle zusammengefaßt:

- Der Darlehensgeber soll so gestellt werden, wie er stünde, wenn das Darlehen für den ursprünglich vereinbarten Festschreibungszeitraum fortgeführt und mit Zinsen bedient worden wäre.
- Die Bank kann bei der Aktiv-Aktiv-Methode sowohl den **Zinsmargenschaden** als auch einen etwaigen **Zinsverschlechterungsschaden** verlangen.

---

[9] BGH WM 1997, 1747 und 1799, dazu WuB I E 3. – 1.98 *von Heymann/Rösler* = NJW 1997, 2875 und 2878; BGH NJW 2001, 509 = WM 2001, 20 = ZIP 2001, 20, dazu *von Heymann/Rösler*, ZIP 2001, 441.

[10] BGH WM 1997, 1747 und 1799; BGH NJW 2001, 509 = WM 2001, 20 = ZIP 2001, 20.

- Die Schadensbeträge sind auf den Zeitpunkt der Zahlung der Vorfälligkeitsentschädigung abzuzinsen.
- Zur Berechnung ist die **Cash-Flow-Methode** heranzuziehen, und damit sind die ausfallenden Raten zu bewerten.
- **Abzinsung** der Schadensbeträge/Ermittlung von Wiederanlageerträgen mit Bankschuldverschreibungen (Segment **Hypothekenpfandbriefe**).
- Abzuzinsen ist mit der realen Zinsstrukturkurve: Jede ausfallende Rate ist mit der laufzeitspezifischen Kapitalmarktrendite abzuzinsen.[11]
- Zu erstattende **Risikokosten** sind als Prozentsatz des Darlehens anzugeben.
- Entfallende **Verwaltungskosten** sind unabhängig von der Darlehenssumme in Euro zu beziffern.
- **Transparenz** der Schadensberechnung: Grundlagen von Programmen müssen für den Kunden überprüfbar sein. Die Art der Wiederanlagesätze ist zu benennen; sie sind allgemein zugänglichen Quellen (z. B. Bundesbankstatistik) zu entnehmen.
- **Bearbeitungsentgelte** sind zulässig, wenn sie in konkreten Beträgen angegeben werden und nicht überhöht sind (ca. 100–250 €).

Abbildung 3: Kernaussagen des BGH zur Berechnung der Nichtabnahme-/Vorfälligkeitsentschädigung

1. Cash-Flow-Methode und reale Zinsstrukturkurve

Der BGH[12] versteht unter **Cash-Flow-Methode**, daß Zins- und Tilgungszahlungen unterjährig zu verschiedenen Zeitpunkten an die Bank geflossen wären und damit der konkret vereinbarte Tilgungsverlauf zu berücksichtigen ist. Die Berechnungen müssen somit auf den exakten Cash-Flow und damit auf den **Zins- und Tilgungsplan** des Restdarlehens abheben. In der Vergangenheit wurde von Verbraucherschützern und Teilen der Rechtsprechung[13] mit der sogenannten flachen Zinsstrukturkurve gerechnet. Dabei werden Raten, die in einem Jahr bzw. zwei Jahren an die Bank geflossen wären, einheitlich mit dem Wiederanlagesatz für zweijährige Anlagen bewertet. Da der Satz für zweijährige Kapitalmarktanlagen im Normalfall höher liegt als der für einjährige Anlagen, würde die erste Rate fälschlicherweise zu stark – ebenfalls mit dem höheren 2-Jahreszinssatz – abgezinst und der Schaden zu niedrig ausgewiesen. Deshalb hat sich der Bundesgerichtshof für die **reale Zinsstrukturkurve** ausgesprochen. Die in einem Jahr fällige Rate ist folglich mit dem Satz für einjährige Anlagen zu bewerten. Ein kleines Beispiel soll das Problem verdeutlichen:

9

---

[11] Diese Formulierung kann Mißverständnisse auslösen. Abzuzinsen ist mit den sogenannten Zerobondabzinsfaktoren bzw. anhand des Duplizierungsprinzips („strukturkongruente Refinanzierung"). Vgl. *Wimmer*, Moderne Bankkalkulation, 2. Aufl. (im Druck); *Caprano/Wimmer*, Finanzmathematik, S. 146 ff.

[12] BGH NJW, 2001, 509 = WM 2001, 20 = ZIP 2001, 20, dazu von *Heymann/Rösler*, ZIP 2001, 441.

[13] OLG Schleswig WM 1998, 861.

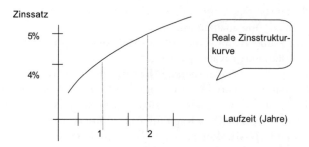

Abbildung 4: Reale Zinsstrukturkurve

Situation 1:

10   Es liege ein vertraglich geschützter Zinserwartungszeitraum von 2 Jahren (Restlaufzeit des Altdarlehens) vor. Zum Ablösezeitpunkt gelten am Kapitalmarkt die folgenden Anlagesätze (Interbankensätze): 1 Jahr: 4,00 %; 2 Jahre: 5,00 %. Wer mit der realen Zinsstrukturkurve – Abbildung 4 – rechnet, zinst eine in einem Jahr fällige Zins- und Tilgungszahlung in Höhe von 1.000 Euro mit dem Anlagezinssatz von einem Jahr (= 4 %) ab. Wer dagegen mit einer flachen Zinsstrukturkurve – Abbildung 5 – rechnet, zinst mit dem Anlagezinssatz für 2 Jahre (= 5 %) ab, weil für alle Laufzeiten mit dem „laufzeitkürzeren" Satz abgezinst wird.[14] Vereinfacht würde also einmal mit 1/1,04 und einmal mit 1/1,05 abgezinst: 1000/1,04 = 961,54; 1000/1,05 = 952,38. Vereinfacht deshalb, weil beim Rechnen mit der realen Zinsstrukturkurve eine andere Rechentechnik zu wählen ist. Sie wird im Zusammenhang mit dem Aktiv-Passiv-Vergleich vorgestellt.[15]

In der genannten Situation wäre das Abzinsen mit der flachen Zinsstrukturkurve für den Kreditnehmer vorteilhaft, da ein niedrigerer Ablösebetrag (Gegenwartswert, Barwert) berechnet wird.

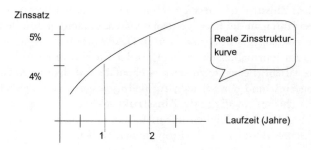

Abbildung 5: Flache Zinsstrukturkurve

---

[14] Entsprechend würde ein Darlehen mit einer Restlaufzeit von 10 Jahren mit dem 10-Jahressatz bewertet, d. h., jede ausfallende Rate würde mit dem 10-Jahressatz diskontiert. Also würde die in einem Jahr ausfallende Rate ebenfalls mit dem 10-Jahressatz abgezinst.

[15] Vgl. E. III. 2..

Situation 2:

Es gelten die Daten aus Situation 1, allerdings soll nunmehr eine inverse Zinsstrukturkurve vorliegen: 1 Jahr: 5,00 %; 2 Jahre: 4,00 %. Wer mit der realen Zinsstrukturkurve rechnet, zinst eine in einem Jahr fällige Zins- und Tilgungszahlung in Höhe von 1.000 Euro mit dem Anlagezinssatz von einem Jahr (= 5 %) ab. Wer dagegen mit einer flachen Zinsstrukturkurve rechnet, zinst mit dem Anlagezinssatz für 2 Jahre (= 4 %) ab. Es würde also einmal mit 1/1,05 und einmal mit 1/1,04 abgezinst.

Jetzt geht das Abzinsen mit der flachen Zinsstrukturkurve zu Lasten des Kreditnehmers, da ein höherer Gegenwartswert (Barwert) berechnet wird.

Ergebnis: Die finanzmathematisch korrekte Berechnung muss folglich jede einzelne ausfallende Zahlung mit der darauf bezogenen laufzeitkongruenten Geld- und Kapitalmarktrendite bewerten. Nur das Rechnen mit der realen Zinsstrukturkurve quantifiziert den **Erfüllungsschaden** exakt. Bei einer normalen, d. h. ansteigenden Zinsstrukturkurve ist die flache Kurve für den Kreditnehmer vorteilhaft, da ein niedrigerer Ablösebetrag (Gegenwartswert, Barwert) als bei der zweiten Variante berechnet wird. Umgekehrtes gilt bei einer **inversen Zinsstrukturkurve**.

2. Nominal- oder Effektivzinssätze

Zwischen Nominal- und Effektivverzinsung besteht in vielen Fällen ein großer Unterschied.[16]

Die **Nominalverzinsung** bezieht sich immer auf den Nominalbetrag und wird i. d. R. als p. a.-Satz angegeben. Sie liegt dem Zins- und Tilgungsplan („echtes Kreditkonto") zugrunde. Die jeweils laut („echtem") Kreditkonto bestehende Restschuld wird vom Kreditnehmer geschuldet.

Die **Effektivverzinsung** bezieht sich auf den tatsächlich ausgezahlten Kreditbetrag und gibt (prinzipiell) die tatsächliche Belastung des Kreditnehmers an. Die Berechnung des Effektivzinssatzes anhand von Formeln ist für typische Praxisfälle zu umständlich, weshalb ein sogenanntes Vergleichskonto („effektives Kreditkonto") verwendet wird, das den Zahlungsstrom zwischen Bank und Kunde enthält.

Das „echte" Kreditkonto beruht somit auf einer Staffeldarstellung auf Basis des Nominalbetrags und der Nominalzinsen, während beim Vergleichskonto der effektive Kreditbetrag und der Effektivzinssatz zugrunde gelegt werden.

Beispiel: Ein Kunde nimmt ein endfälliges Darlehen in Höhe von 100.000 € auf (keine Tilgung während der Laufzeit); Laufzeit 3 Jahre; Nominalzinssatz 6 % p. a. (nachschüssige jährliche Zahlung).
a) Der Kunde erhält das Darlehen zu 100 % ausbezahlt: Nominal- gleich Effektivverzinsung = 6 %).
b) Die Bank zieht vom Darlehensbetrag 2 % Bearbeitungsgebühren ab und zahlt nur 98 % aus. Der Kreditnehmer muß jedoch 100 % verzinsen und tilgen. Die Nominalverzinsung beträgt unverändert 6 %, während die Effektivverzinsung auf 6,759 % ansteigt. Man beachte, daß sich letztere nicht durch die Faustformel „Nominalzinssatz zuzüglich Bearbeitungsgebühr in % geteilt durch die Laufzeit" ergibt.

---

[16] Vgl. hierzu *Caprano/Wimmer*, Finanzmathematik, S. 9 f.

164 E. *Konkrete Methoden zur Berechnung der Zahlungsverpflichtung*

Nominalkonto
Nominalzinssatz 6,00 %

Zahlungen	Zinsen	Rate	Tilgung	Restkapital
30.12.2000			- €	100.000,00 €
30.12.2001	6.000,00 €	6.000,00 €	- €	100.000,00 €
30.12.2002	6.000,00 €	6.000,00 €	- €	100.000,00 €
30.12.2003	6.000,00 €	106.000,00 €	100.000,00 €	- €
Summe	**18.000,00 €**	**118.000,00 €**	**100.000,00 €**	

Vergleichskonto (Effektivkonto)
Effektivzinssatz 6,758746 %

Zahlungen	Effektivzinsen	Rate	effektive Tilgung	effektives Restkapital
30.12.2000			- €	98.000,00 €
30.12.2001	6.623,57 €	6.000,00 €	- 623,57 €	98.623,57 €
30.12.2002	6.665,72 €	6.000,00 €	- 665,72 €	99.289,29 €
30.12.2003	6.710,71 €	106.000,00 €	99.289,29 €	- 0,00000 €
Summe	**20.000,00 €**	**118.000,00 €**	**98.000,00 €**	

Abbildung 6: Nominal- und Vergleichskonto

16 Erläuterung des **Vergleichskontos**:[17]
1. Der Kunde schuldet nicht den in der Spalte effektives Restkapital angegebenen Betrag. Vielmehr ist dieser Betrag notwendig zur Berechnung der Effektivzinsen der laufenden Periode (siehe 2.).
2. Effektivzinsen: Ergebnis der Multiplikation von effektivem Restkapital der Vorperiode mit dem Effektivzinssatz unter Anwendung der exponentiellen Zinsrechnung.[18]
   $6623{,}57 = 98000 * (1{,}06758746)^{12/12} - 98000$.
3. Rate: Sie ist als Zahlungsverpflichtung des Kreditnehmers auch hier vorgegeben und kann folglich aus dem Nominalkonto übernommen werden. Sie setzt sich aus den bereits berechneten laufenden Effektivzinsen und der nunmehr rechnerisch durch Subtraktion zu ermittelnden effektiven Tilgung zusammen. Die effektive Tilgung ergibt sich somit immer nur rechnerisch als Differenz der beiden vorgegebenen Werte für die Rate und für die nach 2. berechneten Effektivzinsen. Sie nimmt hier zunächst einen negativen Wert an, da die Rate die Effektivzinsen unterschreitet
   Periode 1: – 623,57 = 6000–6623,57.
4. Effektives Restkapital: Das effektive Restkapital einer Periode errechnet sich, indem man vom effektiven Restkapital der Vorperiode die effektive laufende Tilgung abzieht.
   Periode 1: 98.000 – (–623,57) = 98623,57.

Die gesamte Belastung des Kreditnehmers ergibt sich unmittelbar aus dem Kreditkonto, da die Effektivzinsen die Nominalzinsen und das Disagio enthalten.

17 Die immer wieder Verwirrung stiftende Frage, ob die Bank bei der Berechnung von Vorfälligkeits- und Nichtabnahmeentschädigung mit Nominal- oder Effektivzinssätzen rechnen müsse, ist bei genauer Betrachtung überflüssig. Soweit ausfallende Raten Zinsanteile beinhalten, sind diese aus Nominalzinssätzen abzuleiten. Wiederanlagen in festverzinslichen Wertpapieren werden auf Basis des bei

---

[17] *Wimmer*, So rechnen Banken, S. 112 ff.
[18] Die kaufmännischen Zinsformel könnte hier nur deshalb auch angewendet werden, weil das Beispiel jährliche Zahlungsweise annimmt. Bei unterjährlichen Zahlungen muß – wie in der Formel dargelegt – exponentiell gerechnet werden.

I. Grundsätzliche Probleme der Berechnung 165

der Emission festgelegten **Zinskupons** und der gehandelten **Kurswerte** getätigt. Daraus leiten sich die am Markt gehandelten Renditen ab.

Beispiel:[19] Ein endfälliges Darlehen wird heute abgelöst. Genau in einem Jahr sind die Tilgung in Höhe von 100.000 € und die letztmals zu zahlenden Nominalzinsen mit 7000 € fällig. Die Wiederanlagerendite für Bankschuldverschreibungen (jährlicher Zinskupon) betrage 5 %. Die Bank kann das Wertpapier A zum Kurs von 100 % und einem Kupon von 5 % kaufen oder das Wertpapier B zum Kurs von 99,04762 % und einem Kupon von 4 % kaufen. Beide Papiere erbringen somit eine Rendite von 5 %. Den Ablösebetrag erhält man erstens unmittelbar durch Abzinsung des ausfallenden Cash-Flows mit der Rendite: 107.000/(1,05) = 101.904,76. Zweitens kann man fragen, wieviel die Bank heute anlegen muß, wenn sie den ausfallenden Cash-Flow „rekonstruieren" will. Beim Wertpapier A sind das 101.904,76, wie die eben vorgenommene Rechnung zeigt. Beim Wertpapier B gilt nichts anderes. Die Bank erwirbt vom Wertpapier B nominal 107.000/(1,04) = 102.884,62, allerdings zum Kurs von 99,04762 %. Sie zahlt daher 102.884,62*99,04762 % = 101.904,76.

Auch im Zusammenhang mit der Disagioerstattung trat häufig die Frage auf, **18** ob der Effektivzinssatz oder der Nominalzinssatz heranzuziehen ist. Bei korrekter Vorgehensweise muß das gleiche Ergebnis ermittelt werden.

Beispiel:[20]
Darlehensbetrag nominal 100.000; Nominalzinssatz 6 %; endfällige Tilgung, Zinsbindung = Laufzeit 4 Jahre; Disagio 6 %; Effektivzinssatz (PAngV) = 7, 8036 %.

Ausgangsdaten:	Nominalbetrag	100000	Nominalzinssatz	6%	endfällige Tilgung	
	Disagio 6%					
Zinssatz	7,8036%					
Jahr	effektive Zinsen	Disagioauflösung	Disagio	Rate	effektive Tilgung	effektives Restkapital
0	0,00		6.000,00	0,00	0,00	94.000,00
1	7.335,40	1.335,40	4.664,60	6.000,00	-1.335,40	95.335,40
2	7.439,60	1.439,60	3.225,00	6.000,00	-1.439,60	96.775,00
3	7.551,95	1.551,95	1.673,05	6.000,00	-1.551,95	98.326,95
4	7.673,05	1.673,05	0,00	106.000,00	98.326,95	0,00

Nominalzinsvergleich			"6%-4%"			
GKM- Rendite	4,00 %				Marktwert	103.772,19
Jahr (t)		2	3	4		
AZF(t)			0,9615385	0,9245562		
Kunden- Cash-Flow		-100.000,00	6.000,00	106.000,00	Nominalkapital, Nominalzinsen	
Wiederanlage		-100.000,00	4.000,00	104.000,00	Nominalkapital, Nominalzinsen	
Schaden			-2.000,00	-2.000,00		
Schaden barwertig		0,00	-1.923,08	-1.849,11	-103.772,19	Ablösebetrag

Effektivzinsvergleich			"7,81%-4%"			
GKM- Rendite	4,00 %				Marktwert	103.772,19
Jahr (t)		2	3	4		
AZF(t)			0,9615385	0,9245562		
Effektivkapital			96.775,00	98.326,95		
Effektivzinsen			7.551,95	7.673,05	Kunde	
Effektivzinsen			3.871,00	3.933,08	GKM	
Schaden			-3.680,95	-3.739,98		
Schaden barwertig	-6.997,19		-3.539,37	-3.457,82		
Disagioerstattung		3.225,00				
Nominalkapital		-100.000,00				
Ablösebetrag	-103.772,19					

Abbildung 7: Disagio und Vorfälligkeitsentschädigung: Nominal- oder Effektivzinsvergleich

---

[19] Wimmer, ZfgK 2001, 160.
[20] Wimmer, Sparkasse 1998, 332.

Man kommt – wie Abbildung 7 zu entnehmen ist – mit drei verschiedene Alternativen zum korrekten Ergebnis:
   a) Am einfachsten ist es, die ausstehenden Cash-Flows mit der Marktrendite abzuzinsen: 6000/1,04 + 106.000/1,04² = 103.772,19.
   b) Beim Nominalzinsvergleich sind sämtliche Vergleichsgrößen aus den nominalen Konditionen abzuleiten. Das Disagio ist dann bereits berücksichtigt. Der abgezinste Schaden (2000/1,04 + 2000/1,04² = 3772,19) ergibt zusammen mit der Restschuld den bereits bekannten Ablösebetrag.
   c) Beim Effektivzinsvergleich sind sämtliche Vergleichsgrößen aus den effektiven Konditionen abzuleiten. Hierzu findet sich in der ersten Tabelle der die effektive Darstellung der Zinsen und des effektiven Kontos (vgl. hierzu die Hinweise zum Vergleichskonto oben). Das Disagio ist muß separat berücksichtigt werden. Der abgezinste Schaden (3871/1,04 + 3933,08/1,04² = 6997,19) ist um das effektive restliche Disagio zu vermindern (–3225). Zusammen mit der Restschuld von 100.000 ergibt sich wieder der Ablösebetrag. Alternativ kann man das effektive Restkapital (96775) und den effektiven Schaden (6997,19) addieren (im Effektivkapital ist das restliche Disagio schon berücksichtigt).

Ergebnis: Am einfachsten ist die direkte Abzinsung (hier vereinfachend angenommene flache Zinsstrukturkurve). Gleichwertig sind der Nominalzinsvergleich auf Basis des Nominalkapitals oder der Effektivzinsvergleich auf Basis des Effektivkapitals.

3. Abzinsung von Risikokosten

19 An dieser Stelle ist auf eine interpretationsbedürftige Stelle des BGH-Urteils einzugehen,[21] das die zu erstattenden Risikokosten betrifft: „Fehlerhaft ist es allerdings, daß die Klägerin nicht die Differenz zwischen Vertragszins und Kapitalmarktrendite, sondern den Abzinsungszinssatz um die ersparte Risikovorsorge gekürzt hat." Gekürzt kann sich nur auf den Daß-Satz beziehen. Gemeint ist offensichtlich Folgendes. Angenommen, die Bank erstatte 0,1 % Risikokosten. Bezogen auf das zuvor beispielhaft angeführte endfällige Darlehen (Restlaufzeit 1 Jahr) könnte man erstens den ausfallenden Cash-Flow um die in den Nominalzinssatz eingepreiste Risikoprämie reduzieren. Der so reduzierte Cash-Flow wäre dann mit dem risikolosen Wiederanlagezinssatz abzuzinsen. Zweitens – und das erklärt der BGH für unzulässig – könnte man die Wiederanlagerendite erhöhen. In der Tat kommt man zu unterschiedlichen Ergebnissen, wenn der Risikosatz in beiden Fällen gleich hoch ist:

Im ersten Fall erhält man (107.000–100)/(1,05) = 101.809,52; im Fall zwei 107.000/(1,051) = 101.807,80.

4. Transparenz der Berechnung

20 In Fortsetzung seiner bisherigen Rechtsprechung fordert der BGH die **Transparenz** der Schadensberechnung.[22] Da die Bank für die Überprüfungsmöglichkeit durch den Kunden zu sorgen hat, müssen die verwendeten Wiederanlagesätze allgemein zugänglichen Quellen entnehmbar sein. Die Kapitalmarktstatistik der Deutsche Bundesbank liefert mittlerweile täglich[23] die Hypothekenpfandbrief-

---

[21] Vgl. *Wimmer*, ZfgK 2001, 159.
[22] Vgl. *Wimmer/Rösler/Metz*, Der langfristige Kredit 2001, 159 f.
[23] Im Anhang findet sich eine Kapitalmarktstatistik vom 28. 9. 2001.

renditen und kann deshalb sowohl für Alt- als auch für Neufälle verwendet werden. Überdies stellt die Bundesbank in ihrer Kapitalmarktstatistik die Renditen der Vergangenheit bis 1991 zur Verfügung.[24] Nachteilig an den ausgewiesenen Daten ist die Angabe von Laufzeitbändern, was in der Praxis zu Streit über die Zuordnung auf die für die Berechnung der Vorfälligkeitsentschädigung benötigten Stützwerte für jedes Jahr führen kann.[25]

Ebenso wird man sich bei neuen Abrechnungsfällen auf die Sätze der F. A. Z.-Renten-Rendite-Statistik („Hypothekenpfandbriefe und öffentliche Pfandbriefe") stützen können, auch wenn dort eine Differenzierung zwischen den beiden Segmenten Hypothekenpfandbriefe und öffentliche Pfandbriefe nicht erfolgt. Ebenso kann die Bank die PEX-Renditen oder die DGZ-Renditen heranziehen. Soweit der Kunde auf diese Sätze keinen unmittelbaren Zugriff hat,[26] wird dieser im Sinne der Transparenzanforderung des BGH eine geeignete Dokumentation (z. B. hardcopy) erwarten dürfen. Für Altfälle weisen die PEX-Renditen den Vorzug auf, daß eine länger als die Bundesbankstatistik zurückreichende Datendokumentation zur Verfügung steht. Auch Institute, die mit der Aktiv-Aktiv-Methode arbeiten, müssen jetzt auf Bankschuldverschreibungen bei der Abzinsung der beiden Schadenskomponenten zurückgreifen.

Die genannten Zugriffsmöglichkeiten führen leider nicht immer zum gleichen Ergebnis, wie das Beispiel der Renditensituation vom 25. 9. 2001 zeigt:[27]

25. 9. 2001 Rendite- übersicht	PEX	Bundesbank (Mittelwerte)	F.A.Z	Laufzeit- bänder	Bundesbank (Original)
1 Jahr	3,5180%		3,5300%		
2 Jahre	3,7548%	3,8850%	3,9000%	1-2 J.	3,7900%
3 Jahre	4,0223%	4,1100%	4,1200%	2-3 J.	3,9800%
4 Jahre	4,2599%	4,3400%	4,3200%	3-4 J.	4,2400%
5 Jahre	4,4741%	4,5650%	4,5800%	4-5 J.	4,4400%
6 Jahre	4,6666%	4,7800%	4,7800%	5-6 J.	4,6900%
7 Jahre	4,8396%	4,9200%	4,9300%	6-7 J.	4,8700%
8 Jahre	4,9873%	5,0750%	5,1500%	7-8 J.	4,9700%
9 Jahre	5,1067%	5,2000%	5,1700%	8-9 J.	5,1800%
10 Jahre	5,2092%	5,2200%	5,3800%	9-10 J.	5,2200%

Abbildung 8: Hypothekenpfandbriefrenditen (PEX, Bundesbank, F.A.Z.)

---

[24] http://www.bundesbank.de, abgerufen am 26.9. 2001; dort unter Statistik/Monatsbericht/Statistische Beihefte.

[25] Im Anhang finden sich die Seiten 38 und 39 der Kapitalmarktstatistik. Daraus kann der Spread zwischen den Renditen der öffentlichen Hand und den nunmehr zu verwendenden Hypothekenpfandbriefrenditen entnommen werden.

[26] Eine Zugriffsmöglichkeit besteht über die Homepage des VDH (Verband Deutscher Hypothekenbanken).

[27] Allerdings macht der Ausweis der Laufzeitbänder Probleme. In Abbildung 8 wurde deshalb zusätzlich der Mittelwert gebildet. Beispiel: Wert 2 Jahre = Mittelwert (Wert 1–2 Jahre; Wert für 2–3 Jahre) = Mittelwert (3,79 %; 3,98 %) = (3,79 % + 3,98 %)/2. Die tatsächliche Verteilung innerhalb der Laufzeitbänder ist leider nicht bekannt.

23 Man darf aus diesem Beispiel keinesfalls generelle Schlüsse über das Ausmaß der Abweichungen ziehen. Jedenfalls wäre der Kunde am 25. 9. 2001 mit den F. A. Z.-Renditen am besten gestellt gewesen.

24 Woher die Differenzen rühren, kann hier nur vermutet bzw. angedeutet werden:

Bei der F. A. Z. werden wie oben ausgeführt auch die öffentlichen Pfandbriefe mit aufgenommen.

Beim PEX handelt sich um einen börsentäglich ermittelten Kursindex für den Pfandbriefsektor, der durch den Verband deutscher Hypothekenbanken und den Verband der öffentlichen Banken entwickelt worden ist. Grundlage für die Berechnung sind die Meldungen von 30 im Pfandbriefhandel tätigen Banken.

25 Das Yahoo Finanzlexikon führt zum **PEX (Deutscher Pfandbriefindex)** folgendes aus: „Der Pex und seine Teilindices stellen die Preisentwicklung des deutschen Pfandbriefmarktes und die einzelnen Laufzeitsegmente rückwirkend bis zum 30. 12. 1987 dar. Dem PEX liegen analog zum REX synthetische Anleihen für die Laufzeitklassen von einem bis zu zehn Jahren mit drei Couponklassen mit 6,00 %, 7,50 % und 9,00 % zugrunde. Als Inputdaten werden börsentäglich von 30 Geschäftsbanken, die im Pfandbriefhandel tätig sind, die Renditen gemeldet, zu denen gehandelt worden ist. Zur Vermeidung von Verzerrungen werden die jeweils niedrigsten und höchsten 25 % der Renditemeldungen gestrichen. Anschließend wird aus den restlichen 50 % der Renditemeldungen für jede Laufzeitklasse das arithmetische Mittel gebildet. Für den einjährigen dünn besetzten Bereich wird ersatzweise der 12-Monats-Euribor-Satz herangezogen. Sodann erfolgt ausgehend von den ermittelten Renditen pro Laufzeit die Darstellung der Spot Rates pro Laufzeit in einem rekursiven Verfahren. Die berechneten Spotrates werden anschließend für jede Laufzeit als Diskontierungssatz zum Zweck der Preisberechnung der 30 synthetischen Pfandbriefe verwendet. Man erhält damit eine Matrix mit Preisangaben für jedes Laufzeitsegment und die Couponklassen. Durch Aggregation über die Couponklassen erhält man für jede Laufzeitklasse einen PEX-Preisteilindex. Die Aggregation über die Laufzeitklassen ergibt dann den PEX Gesamtindex."

26 Die Bundesbank legt die amtlichen Kurse der börsennotierten Pfandbriefe zugrunde, die arbeitstäglich von der Deutsche Börse AG geliefert werden und die in die Renditenberechnung einfließen. Die Restlaufzeiten werden in Laufzeitbändern von 1–2, 2–3 Jahren usw. abgebildet.[28] Die Bundesbank bildet die gesamte tatsächliche Marktbreite ab.

27 Bei den in Abbildung 8 ausgewiesenen Renditen handelt es sich um Kuponzinssätze, die auf einen Kurs von 100 % bezogen sind. Deshalb entsprechen sich Nominal- und Effektivzinssatz.

5. Ablösung per Termin

28 In vielen Fällen läßt sich der Kunde zwar heute den Ablösebetrag nennen, er möchte aber erst in der Zukunft ablösen. Die Bank muß in der Lage sein, dem

---

[28] Am Wertpapiermarkt exisitieren nicht für jeden Arbeitstag Papiere mit einer exakten Restlaufzeit von 1, 2, 3, ... Jahren.

Kunden sowohl den Ablösebetrag per heute als auch per Termin verbindlich zusagen zu können. Zwar wird aus rechtlicher Sicht die Berechnung einer Vorfälligkeitsentschädigung grundsätzlich zum Zeitpunkt der Rückzahlung der Darlehensvaluta vorzunehmen sein. Abweichende Vereinbarungen zwischen Bank und Kreditnehmer sind jedoch in solchen Situationen zur Planbarkeit sowohl für die Bank als auch den Darlehensnehmer zulässig.[29]

Der Ablösebetrag per Termin ergibt sich aus der am Konditionierungstag gültigen Zinsstrukturkurve. Wird die Ablösung per Termin vereinbart, so meldet der Kundenberater der Disposition diesen Geschäftsabschluß. Die Disposition kann prinzipiell das mit dem Termingeschäft verbundene Zinsänderungsrisiko am Geld- und Kapitalmarkt glattstellen, indem sie das Termingeschäft bereits heute fristenkongruent am Geld- und Kapitalmarkt refinanziert. Die damit verbundenen Zinsaufwendungen stellt die Bank dem Kunden mindestens in Rechnung.

Finanzmathematisch gesehen führen die beiden Alternativen Sofortablösung und Ablösung per Termin zum gleichen Ergebnis, da über die Terminzinssätze eine unmittelbare Koppelung besteht. Kapitel F. III. 1. enthält hierzu ein ausführliches Beispiel.

II. Aktiv-Aktiv-Methode

Die Aktiv-Aktiv-Methode stellt bei der Berechnung der Vorfälligkeitsentschädigung auf eine hypothetische Neuausreichung der vorzeitig zurückgeflossenen Darlehensvaluta als neues Darlehen ab. Die Berechnung setzt sich aus dem abgezinsten Zinsmargenschaden, dem abgezinsten Zinsverschlechterungsschaden, den ersparten Kosten sowie den zusätzlichen Kosten für die vorzeitige Abwicklung des Darlehens zusammen.

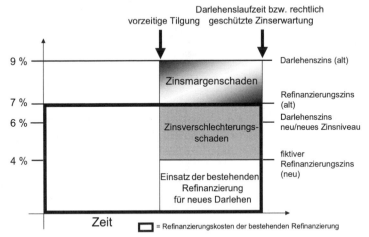

Abbildung 9: Zinsverschlechterungsschaden und Zinsmargenschaden beim Aktiv-Aktiv-Vergleich

---

[29] A. A. *Mülbert*, WM 2002, 465, der aber die Fallgruppen des vorzeitigen Tilgungsrechts (außerordentliches Kündigungsrecht nach § 490 Abs. 2 DGB n. F.) und der einvernehmlichen Vertragsaufhebung in seiner Begründung nicht ausreichend differenziert.

1. Kumulative Berechnung von Zinsverschlechterungsschaden und Zinsmargenschaden

32 Obwohl dies vielfach bestritten wurde,[30] hat der BGH in seinen Entscheidungen zur Vorfälligkeitsentschädigung die Möglichkeit der **kumulativen Berechnung** bejaht.[31] Zinsmargenschaden und Zinsverschlechterungsschaden erfassen unterschiedliche Schadenspositionen, die unabhängig voneinander entstehen können (vgl. Abbildung 9).

33 Wie das nachfolgende Beispiel zeigt, führt die kumulative Berechnung von Zinsmargenschaden und Zinsverschlechterungsschaden unter Schadensgesichtspunkten zu einem sachgerechten Ergebnis.[32]

Als **Beispiel** wird von einem Darlehenszins des ursprünglichen Darlehens von 9 % ausgegangen. Anzunehmen ist, daß dieses Darlehen mit 7 % refinanziert wurde, die Marge der Bank also 2 % beträgt. Im Zeitpunkt der vorzeitigen Tilgung des Darlehens würde die Bank für die Restlaufzeit bzw. die rechtlich geschützte Zinserwartung ein Darlehen lediglich noch zu 6 % ausreichen können, denn die Refinanzierung für dieses Darlehen am Kapitalmarkt würde sie 4 % kosten. Auch beim neuen Darlehen beträgt die Marge also 2 %. Aus diesem Beispiel läßt sich ersehen, daß der Zinsmargenschaden im wesentlichen die Differenz zwischen Darlehenszins und den ursprünglich bestehenden Refinanzierungskosten abbildet. Im Beispiel beträgt dieser 2 % (9 % Darlehenszins abzüglich 7 % Refinanzierungskosten). Der BGH berechnet den Zinsverschlechterungsschaden aus Darlehenszins abzüglich Wiederausleihezins, in obigem Beispiel beträgt der Zinsverschlechterungsschaden deshalb nach BGH 3 % (9 % Darlehenszins abzüglich 6 % Wiederausleihezins). Die Tabelle faßt das Beispiel zusammen:

Aktiv-Aktiv-Vergleich

Effektivzinssatz Kundengeschäft „alt"	9 %	Effektivzinssatz der Refinanzierung „alt"	7 %	Marge „alt" 2 %	Zinsmargenschaden = 2 %
Vergleichbares Neudarlehen	6 %				
Zinsverschlechterungsschaden	= 3 %				Schaden gesamt 5 %

34 Grund dafür, daß der Bank der Zinsverschlechterungsschaden zusätzlich zum Zinsmargenschaden entsteht, ist folgender: Die Bank darf die vorzeitig zurückerlangte Darlehensvaluta nicht ohne Zinsertrag, also brachliegen lassen. Vielmehr hat sie die bereits bestehende Refinanzierung bei der Ausreichung eines neuen Darlehens einzusetzen. Den Vorteil der bestehenden Refinanzierung muß sich die

---

[30] Zuletzt *Grönwoldt/Bleuel*, DB 1997, 2062 mit Entgegnung *Rösler*, DB 1998, 248 m. w. N.

[31] BGH WM 1997, 1747 und 1799 = WuB I E 3. – 1.98 *von Heymann/Rösler* = NJW 1997, 2875 und 2878; so auch OLG München WM 1998, 1484 = WuB I E 3. – 7.98 *Marburger; Lang/Beyer*, WM 1998, 897.

[32] Die Frage, ob es sich in der folgenden Grafik um Nominal- oder Effektivzinssätze handelt, kann offenbleiben, da bei korrekter Vorgehensweise identische Ergebnisse resultieren. Vgl. *Wimmer*, Sparkasse 1998, 332.

Bank demzufolge bei Neuausreichung eines weiteren Darlehens anrechnen lassen. Ansonsten müßte der Kunde die gesamten Refinanzierungskosten tragen und der Bank zusätzlich zum entgangenen Gewinn (Zinsmargenschaden) ersetzen. Denn die Bank ist nach dem Grundsatz pacta sunt servanda an die Refinanzierung gebunden. Wenn die Bank zum Beispiel aus geschäftspolitischen Gründen keinerlei Kreditgeschäft mehr betreiben würde, könnte sie die bestehende Refinanzierung nicht mehr für ein neu auszureichendes Darlehen einsetzen und der Kreditnehmer müßte die gesamte Refinanzierung bedienen. In einem solchen abwegigen Fall wäre aber zu vertreten, die Bank ausnahmsweise auf die Aktiv-Passiv-Methode zu verweisen. Der Kreditnehmer würde faktisch die (fiktive) Refinanzierung ablösen. Der Ablösebetrag enthielte sowohl den Zinsmargenschaden und den Zinsverschlechterungsschaden. Systembedingt würde allerdings eine Aufsaplung in die beiden Schadenskomponenten unterbleiben.

Zieht nun die Bank die vorzeitig zurückerlangte Darlehensvaluta quasi als 35 neue Refinanzierung für ein weiteres Darlehen heran, so erspart sie damit Refinanzierungskosten, im obigen Beispiel den Sockelbetrag von 4 %. Diese Ersparnis muß sie sich anrechnen lassen. Da sie aber bei dem gesunkenen Zinsniveau eine günstigere Refinanzierung hätte erlangen können, entsteht ihr durch die Differenz zur bisherigen Refinanzierung ein Schaden. Im Beispielsfall gelangt man zu einem Zinsverschlechterungsschaden von 3 %, das Refinanzierungsniveau war von 7 % auf 4 % herabgesunken. Bei dieser Betrachtung werden ausschließlich Refinanzierungssätze miteinander verglichen, die Marge und damit der Zinsmargenschaden spielt keine Rolle. Auch der BGH kommt zu diesem Ergebnis. Er setzt lediglich voraus, daß die Höhe der Marge sowohl bei bisherigen als auch bei hypothetisch neu auszureichenden Darlehen gleich bleibt. Vor dem Hintergrund der Schadensberechnung ist diese Annahme sachgerecht.

2. Vor- und Nachteile des Aktiv-Aktiv-Vergleichs

Problematisch ist die Definition des „vergleichbaren" Darlehens, das so nicht im- 36 mer existieren wird. Vorausgesetzt werden müßten z. B. vergleichbare Bonität und identische Zahlungsrhythmen. Auch ist in der Abrechnungspraxis bisweilen die Vergleichsbasis (Nominal- oder Effektivzinssätze?) unklar. Ausgesprochen problematisch ist schließlich die Ermittlung des entgangenen Gewinns beim konkreten Aktiv-Aktiv-Vergleich, da die Bank ihren Gewinn (Marge) offenlegen müßte.[33] Damit ist überdies – wie beim Aktiv-Passiv-Vergleich – die Verwendung einer Refinanzierungsprämisse verbunden. Die Offenlegung des Gewinns dürfte der Grund dafür sein, daß der konkrete Aktiv-Aktiv-Vergleich in der Praxis unüblich ist.[34]

Andererseits weist der abstrakte Aktiv-Aktiv-Vergleich den Vorteil auf, daß 37 die ersparten Verwaltungs- und Risikokosten nicht angegeben werden müssen, da diese in der Nettomarge von z. B. 0,5 % pauschal bereits berücksichtigt wurden.

---

[33] Vgl. *Mankowski/Knöfel*, ZBB 2001, 335, 339.
[34] *Ebenda.*

38 Schließlich ist auf eine Kernproblem hinzuweisen, das im Zusammenhang mit dem geschützten Zinserwartungszeitraum auftritt und das beim anschließend zu diskutierenden Aktiv-Passiv-Vergleich systembedingt geklärt ist. Angenommen, die ursprüngliche Darlehenslaufzeit betrug 10 Jahre: nach fünf Jahren möchte der Kunde ablösen (Ausübung des BGH-Tilgungsrechts). Zu fragen ist, ob ein vergleichbares Darlehen vorliegt, wenn
1. die Ursprungslaufzeit (10 Jahre) verwendet wird oder
2. die Restlaufzeit (5 Jahre) zugrunde gelegt wird.

39 Hinsichtlich des abgewandelten Falles (ursprüngliche Darlehenslaufzeit betrug 15 Jahre: der geschützte Zinserwartungszeitraum endet nach 10,5 Jahren) hat sich der BGH (7. 11. 2000) eindeutig geäußert. Beim Aktiv-Passiv-Vergleich ist die Wiederanlage auf 10,5 Jahre zu begrenzen. Soweit das Darlehen länger gelaufen wäre, endet der Zins- und Tilgungsplan nach 10,5 Jahren. Auch für den Aktiv-Aktiv-Vergleich ist unstreitig, daß nach 10,5 Jahren bzw. im vorgenannten Beispiel nach 5 Jahren der Schadenszeitraum endet. Fraglich und derzeit offen ist jedoch, ob die Wiederanlagezinsen eines der Ursprungslaufzeit oder der Restlaufzeit entsprechenden Darlehens heranzuziehen sind. Die Konsequenzen liegen auf der Hand: Da die Zinssätze längerlaufender Darlehen im allgemeinen deutlich höher sind, wäre der Zinsverschlechterungsschaden erheblich geringer. Die aufgeworfene Fragestellung macht deutlich, daß letztlich der Begriff des vergleichbaren Darlehens offen ist. Analog zum Aktiv-Passiv-Vergleich müßte der Restlaufzeit der Vorzug gegeben werden.

3. Finanzmathematischer Aufbau des Aktiv-Aktiv-Vergleichs

40 Der Aktiv-Aktiv-Vergleich ist zweckmäßigerweise wie folgt aufzubauen:
Erstellung des Zins- und Tilgungsplans des Altdarlehens für die Restlaufzeit.
Erstellung des Zins- und Tilgungsplans des Neudarlehens für die Restlaufzeit.
Die ermittelten Zinsdifferenzen sind abzuzinsen und dann zu addieren. Man erhält den Zinsverschlechterungsschaden (ZVS).

41 Der Abzinsungsfaktor errechnet sich anhand der Formel $1/(1+i)^t$; t gibt hier den zeitlichen Abstand des Schadens vom Ablösezeitpunkt in Jahren und i die Marktrendite an. Bei unterjährlichen Zahlungen wären Jahresbruchteile einzusetzen. Es gilt also immer die exponentielle Zinsformel (ISMA/AIBD-Methode, die seit 1. 9. 2000 auch in der PAngV gilt[35]).

42 Um die Funktionsweise des konkreten Aktiv-Aktiv-Vergleichs zu demonstrieren, sei ein Beispiel angeführt. Vorsorglich sei darauf hingewiesen, daß hier lediglich die prinzipielle Vorgehensweise beschrieben werden soll. Finanzmathematische Feinheiten, die allerdings sehr praxisrelevant sind, z. B. unterjährliche Zahlungen und die Berücksichtigung der realen Zinsstrukturkurve, werden erst im Zusammenhang mit der Beschreibung des Aktiv-Passiv-Vergleichs aufgegriffen.[36] Das Beispiel basiert deshalb in bewußter Vereinfachung auf einer flachen Zinsstrukturkurve. Hier wie in den nachfolgenden Tabellen wird auf die Einbeziehung der Verwaltungs- und Risikokosten der Kürze halber verzichtet.

---

[35] Dazu insgesamt *Wimmer/Stöckl-Pukall*, Die Preisangabenverordnung der Banken, passim.

[36] Vgl. E. III. 2.

II. Aktiv-Aktiv-Methode

Beispiel: Betrachtet wird ein endfälliges Darlehen mit jährlicher Zinszahlung (Nominalzinssatz p. a. 8 %), das ursprünglich zu 7,48 % refinanziert wurde:

Ablösezeitpunkt	30. 9. 1996
Ende der Vertragslaufzeit (zugleich Zinsbindungsfrist)	30. 9. 1999
Restschuld zum Ablösezeitpunkt	Euro 90.000
Zinszahlung jährlich	zum 30. 9.

Wiederanlagezinssatz zum 30. 9. 96 5,98 % am Geld- und Kapitalmarkt. Vereinfachend wird von konstanten Margen im Alt- und Neugeschäft ausgegangen.

Zahlungsplan (zugleich Kreditkonto bezogen auf die Restlaufzeit):

8,000 % Nominalzinssatz

Datum	Zinsen	Rate	Tilgung	Restschuld
30. 9. 1996	- €	- €	- €	90.000,00 €
30. 9. 1997	7.200,00 €	7.200,00 €	- €	90.000,00 €
30. 9. 1998	7.200,00 €	7.200,00 €	- €	90.000,00 €
30. 9. 1999	7.200,00 €	97.200,00 €	90.000,00 €	- €
Summe	**21.600,00 €**	**111.600,00 €**	**90.000,00 €**	

Ermittlung des Zinsverschlechterungsschadens

Nominalzinssatz 8,00 %   Darlehenszinssatz neu 6,50 %   5,98 % Wiederanlagesatz GKM

Termin	Restschuld	Nominal-zinsen	Rate	Tilgung	Anlagezins	ZVS	Zinstage	Abzinsungs-faktor	ZVS netto barwertig
30. 9. 1996	90.000								
30. 9. 1997	90.000	7.200	7.200	0	5.850	1.350	360	0,943574259	1.273,83
30. 9. 1998	90.000	7.200	7.200	0	5.850	1.350	720	0,890332383	1.201,95
30. 9. 1999	90.000	7.200	97.200	90.000	5.850	1.350	1.080	0,840094719	1.134,13
								Summe	**3.609,90**

Zinsen, die der Bank zugeflossen wären

Zinsen, die der Bank aus der Wiederanlage zufließen würden

An dieser Stelle ist nach dem Zinsmargenschaden (ZMS) zu fragen, der konsequenterweise die Übernahme der Rechenschritte für den Zinsverschlechterungsschaden bedeutet:
- Erstellung des Zins- und Tilgungsplans des Altdarlehens für die Restlaufzeit
- Erstellung des Zins- und Tilgungsplans der ursprünglichen Refinanzierung für die Restlaufzeit
- Die ermittelten Zinsdifferenzen sind abzuzinsen und dann zu addieren. Man erhält den Zinsmargenschaden.

Ermittlung des Zinsmargenschadens

Nominalzinssatz 8,00 %   Refinanzierungssatz 7,48 %   Wiederanlagesatz GKM 5,98 %

Termin	Restschuld	Nominal-zinsen	Rate	Tilgung	Refin.zinsen	ZMS	Zinstage	Abzinsungs-faktor	ZMS barwertig
30. 9.1996	90.000								
30. 9.1997	90.000	7.200,00	7.200,00	0,00	6.732	468,00	360	0,943574259	441,59
30. 9.1998	90.000	7.200,00	7.200,00	0,00	6.732	468,00	720	0,890332383	416,68
30. 9.1999	90.000	7.200,00	97.200,00	90.000,00	6.732	468,00	1.080	0,840094719	393,16
								Summe	**1.251,43**

Aus dieser Differenz errechnet sich die Bruttomarge der Bank

43 Hinweise:
- Im Beispiel wurde der Refinanzierungssatz bewußt so gewählt, daß Zinsverschlechterungsschaden und Zinsmargenschaden prozentual gesehen zusammen denselben Schadenswert wie beim Aktiv-Passiv-Vergleich ergeben. Diese Annahme ist natürlich unrealistisch.
- Den Vorteil der vorzeitigen Verfügbarkeit des Darlehensbetrags muß die Bank durch die Abzinsung der Schadensbeträge ausgleichen. Als Abzinsungszinssätze müssen die Renditen der laufzeitspezifischen Hypothekenpfandbriefe herangezogen werden. Alternativ wird man zugunsten des Kunden mit vergleichbaren Darlehenszinssätzen diskontieren dürfen.
- Zusätzlich darf die Bank die einmaligen Kosten in Rechnung stellen, die für die Bearbeitung der vorzeitigen Vertragsbeendigung angefallen sind. Dabei ist eine Berechnung unzulässig, die einen abstrakten Prozentsatz der Darlehenssumme oder ähnliches zugrunde legt. Die Bearbeitungskosten orientieren sich am Aufwand für den Einzelfall. Üblich sind Werte zwischen 100 und 250 €.

44 Der abstrakte Aktiv-Aktiv-Vergleich vermeidet die exakte Quantifizierung des Zinsmargenschadens, indem als Marge der übliche Durchschnittsgewinn bei Banken gleichen Typs zugrunde gelegt wird (z. B. die Deutsche Bank wendet diese Methode an). Legt man etwa den im Hypothekenbankenbereich bei Nichtabnahmeentschädigungen verwendeten Satz von 0,5 % zugrunde, so erhält man im Beispiel einen niedrigeren Schadensbetrag. Bei einer angenommenen Marge von 0,667 % führen der abstrakte und der konkrete Aktiv-Aktiv-Vergleich zum identischen Ergebnis.

45 Der abstrakte Aktiv-Aktiv-Vergleich ist wie folgt aufzubauen:
- Ermittlung des Zinsverschlechterungsschadens wie beim konkreten Aktiv-Aktiv-Vergleich.
- Der Zinsmargenschaden der Bank ergibt sich durch Multiplikation der abstrakten Marge mit dem Restkapital der einzelnen Zahlungszeitpunkte. Abzuzinsen ist mit den Renditen der laufzeitkongruenten Hypothekenpfandbriefe.

Im Beispiel gilt:

	Ermittlung des Zinsmargenschadens						**Wiederanlagesatz GKM**	
Nominalzinssatz	8,00 %	pauschalierte Marge	0,50 %				5,98 %	
Termin	Restschuld	Nominalzinsen	Rate	Tilgung	ZMS	Zinstage	Abzinsungsfaktor	ZMS barwertig
30. 9. 1996	90.000							
30. 9. 1997	90.000	7.200,00	7.200,00	0,00	450	360	0,943574259	424,61
30. 9. 1998	90.000	7.200,00	7.200,00	0,00	450	720	0,890332383	400,65
30. 9. 1999	90.000	7.200,00	97.200,00	90.000,00	450	1.080	0,840094719	378,04
							Summe	**1203,30**

46 Praxishinweis:
- Der abstrakte Aktiv-Aktiv-Vergleich kann für die Bank dann Vorteile aufweisen, wenn der abstrakt ermittelte Schaden den konkreten Schaden übersteigt.
- Allerdings ist dann möglicherweise Streit über die anzuwendenden Marge vorprogrammiert. Spezialisten fällt es nicht schwer, die ursprüngliche Refinanzierung zu ermitteln und daraus die Marge der Bank konkret zu berechnen.

III. Aktiv-Passiv-Methode

Nach der Grundidee des **Aktiv-Passiv-Vergleichs** entgehen der Bank Raten- 47
zahlungen, die ihr bei vertragsgemäßer Abwicklung zugeflossen wären. Um keinen Schaden zu erleiden, muß sie sich diese Raten anderweitig am Kapitalmarkt beschaffen. Die Zahlungen, die nötig sind, um den ursprünglichen Ratenfluß zu rekonstruieren, ergeben den Ablösebetrag. Nach Abzug der Restschuld laut Kreditkonto erhält man den Schaden, der den Zinsmargenschaden und Zinsverschlechterungsschaden gleichzeitig umfaßt. Zur besseren Abgrenzbarkeit von der Aktiv-Aktiv-Methode spricht der BGH hier auch von der Zinsverschlechterungsrate.[37]

Die Aktiv-Passiv-Methode beruht zusammengefaßt auf der Wiederanlage der 48
vorzeitig zurückgeflossenen Darlehensvaluta am Kapitalmarkt. Diese Möglichkeit der Berechnung steht nicht nur Hypothekenbanken, sondern allen Banken und Sparkassen zur Verfügung.[38]

Der Aktiv-Passiv-Vergleich existiert in mehreren Varianten. Man kann zwi- 49
schen finanzmathematisch exakt arbeitenden und nur näherungsweise rechnenden Varianten unterscheiden. Letztere sind nur dann zulässig, wenn die Ablösebeträge die finanzmathematisch exakten Ablösebeträge nicht überschreiten. Um an dieser Stelle möglichst einfach und vergleichbar zum Aktiv-Aktiv-Vergleich argumentieren zu können, wird zunächst vereinfacht vom Zinsvergleich ausgegangen. Die Ermittlung der Zinsverschlechterungsrate erfolgt durch Abzug des aktiven Wiederanlagezinses vom konkreten Vertragszins. Hinsichtlich der ersparten Verwaltungs- und Risikokosten sowie dem Bearbeitungsentgelt gelten die Ausführungen zum Aktiv-Aktiv-Vergleich in gleicher Weise.

Beispiel:

Aktiv-Aktiv-Vergleich

Effektivzinssatz Kundengeschäft „alt"	9%	Effektivzinssatz der Refinanzierung „alt"	7%	Marge „alt" 2%	Zinsmargenschaden = 2%
Vergleichbares Neudarlehen	6%				
Zinsverschlechterungsschaden	=3%				Schaden gesamt 5%

Aktiv-Passiv-Vergleich

Effektivzinssatz Kundengeschäft „alt"	9%	Effektivzinssatz der neuen Refinanzierung/Wiederanlage	4%	Zinsverschlechterungsrate = Schaden gesamt	=5%

---

[37] BGH WM 1997, 1747 und 1799, dazu WuB I E 3. – 1.98 *von Heymann/Rösler* = NJW 1997, 2875 und 2878.
[38] Andere Ansicht *Grönwoldt/Bleuel*, DB 1997, 2062 dagegen *Rösler*, DB 1998, 248, *von Heymann/Rösler*, WuB I E 3. – 1.98; *Lang/Beyer*, WM 1998, 897, 906 f.; ausdrücklich bestätigt durch BGH WM 2001, 20 = NJW 2001, 59.

176 E. *Konkrete Methoden zur Berechnung der Zahlungsverpflichtung*

Die Identität der Abrechnung ist das Ergebnis der eher unrealistischen Annahme konstanter Margen im Alt- und Neugeschäft. Der Wiederanlagesatz von 4% folgt zwingend dem neuen Darlehenssatz von 6% und der Margenkonstanz (2%).

50 Die so errechnete Zinsverschlechterungsrate ist wie bei der konkreten Aktiv-Aktiv-Methode um die in der Marge enthaltene Risikoprämie sowie den Verwaltungskostenanteil zu bereinigen. Die Ermittlung von Risiko- und Verwaltungskostenanteil kann wie bei der Aktiv-Aktiv-Methode erfolgen. Auch die Nettozinsverschlechterungsrate ist wegen ihrer vorzeitigen Verfügbarkeit mit den laufzeitkongruenten Hypothekenpfandbriefsätzen abzuzinsen. Auch bei dieser Methode kann die Bank zum so errechneten Schaden die einmaligen Bearbeitungskosten für die vorzeitige Vertragsabwicklung addieren.

51 Eine Belastung des Kreditnehmers mit dem Zinsmargenschaden scheidet bei dieser Methode aus. Der Aktiv-Passiv-Vergleich enthält systembedingt Zinsmargenschaden und Zinsverschlechterungsschaden gleichzeitig. Aus diesem Grund kann der gesamte Schaden den Nettogewinn vergleichbarer Banken übersteigen.[39]

1. Vereinfachter Aktiv-Passiv-Vergleich

52 Das OLG Schleswig,[40] an das der BGH am 1.7.1997 die Sache zur anderweitigen Verhandlung und Entscheidung zurückverwiesen hatte, hatte ein Näherungsverfahren auf Excel-Basis entwickelt. Es sei stellvertretend für sonstige in der Bankpraxis existierenden Varianten des vereinfachten Aktiv-Passiv-Vergleichs vorgestellt. Sämtliche Vereinfachungsverfahren sind nur zulässig, wenn die gegenüber der finanzmathematisch korrekten Rechnung auftretenden Abweichungen zu Lasten der Bank gehen.

53 **Aufbau des Aktiv-Passiv-Vergleichs:**
- Erstellen des Zins- und Tilgungsplans für den Zeitraum der geschützten Zinserwartung des Kreditinstituts.
- Den nominalen Kundenzinsen sind die zum Ablösezeitpunkt erzielbaren Anlagezinsen gegenüberzustellen. Es muß sich laut BGH um den Anlagesatz des Kapitalmarktsegments Hypothekenpfandbriefe handeln. Sie sollen in Übernahme des vereinfachten Beispiels zum Aktiv-Aktiv-Vergleich 5,98% betragen.
- Die sich ergebende Zinsdifferenz wird reduziert um ersparte Verwaltungskosten und um ersparte Risikokosten.
- Der verbleibende Zinsschaden (Zinsverschlechterungsschaden netto) ist anhand der exponentiellen Zinsformel abzudiskontieren. Das OLG Schleswig rechnet mit einer flachen Zinsstrukturkurve. Maßgeblich ist der Zinssatz am Kapitalmarkt a) für Hypothekenpfandbriefe und b) für die Laufzeit, die der ursprünglichen Restlaufzeit entspricht.
- Kosten für die vorzeitige Beendigung darf das Kreditinstitut ansetzen.

---

[39] BGH NJW 2001, 509 = WM 2001, 20 = ZIP 2001, 20, dazu *von Heymann/Rösler,* ZIP 2001, 441.
[40] OLG Schleswig WM 1998, 861.

III. Aktiv-Passiv-Methode

In der nachfolgenden Tabelle wird auf die Einbeziehung der Verwaltungs-/Risikokosten und der Bearbeitungsgebühr der Kürze halber verzichtet. Es wird nochmals das für den Aktiv-Aktiv-Vergleich angeführte Beispiel samt Vereinfachungen gerechnet. 54

Nominalzinssatz		8,00%			Rendite	5,98%			
Termin	Restschuld	Nominal-zinsen	Rate	Tilgung	Anlagezins	ZVS	Zinstage	Abzinsungs-faktor	ZVS netto barwertig
30. 9. 96	90.000								
30. 9. 97	90.000	7.200,00	7.200,00	0,00	5.382	1.818,00	360	0,943574259	1.715,42
30. 9. 98	90.000	7.200,00	7.200,00	0,00	5.382	1.818,00	720	0,890332383	1.618,62
30. 9. 99	90.000	7.200,00	7.200,00	0,00	5.382	1.818,00	1.080	0,840094719	1.527,29
								Summe	4.861,33

Die Berechnungsmethode des OLG berücksichtigt die Usancen der Geld- und Kapitalmärkte nur unzureichend. Überdies treten finanzmathematische Mängel zu Tage, wie die Fallstudie E. IV. belegt.[41] 55

Zwischen der Aktiv-Aktiv-Methode und der geschilderten vereinfachten Aktiv-Passiv-Methode besteht der folgende Zusammenhang, wobei nur unter vereinfachenden Annahmen gleiche Ergebnisse resultieren. Die Daten des Beispiels verdeutlichen die üblicherweise von der Rechtsprechung zugrunde gelegten Zusammenhänge. 56

Aktiv-Aktiv-Vergleich

Effektivzinssatz Kundengeschäft „alt"	8 %	Effektivzinssatz der Refinanzierung „alt"	7,48 %	**Zinsmargen-schaden**	**= 0,52 %**
Vergleichbares Neu-darlehen	6,5 %				
Zinsverschlechte-rungsschaden	**= 1,5 %**			**Schaden gesamt**	**2,02 %**

Aktiv-Passiv-Vergleich

Effektivzinssatz Kundengeschäft „alt"	8 %	Effektivzinssatz der Refinanzierung „neu" = Anlagesatz am Geld- und Kapitalmarkt	5,98 %	Zinsmargenschaden = Schaden gesamt	= 2,02 %

Beispiel: Unterstellt wird dabei eine konstante Marge gegenüber der Ausgangssituation: ursprünglich ergab sich die Marge mit 8 % – 7,48 % = 0,52 %; jetzt sinkt die Darlehensverzinsung auf 6,5 %, so daß der neue Refinanzierungssatz definitionsgemäß 5,98 % beträgt. Diese Betrachtung ist bei der juristischen Schadensfeststellung durchaus sachgerecht. Allerdings ist die Annahme der Konstanz der Marge im Alt- und Neugeschäft wenig realitätsnah. 57

Argumentiert man mit konstanten Margen, so läßt sich daraus der nachstehende Zusammenhang ableiten:

---

[41] Zu einer ausführlichen Analyse des Urteils *Wimmer*, Sparkasse 1998, 329.

178   E. Konkrete Methoden zur Berechnung der Zahlungsverpflichtung

	Schadensaufspaltung	Aktiv-Aktiv-Vergleich	abstrakt		konkret	Aktiv-Passiv-Vergleich
Zinssatz „alt" Kunde Refinanzierungssatz alt	Zinsmargenschaden	8% 7,48%	Pauschalierte Marge (z. B.) 0,5%		0,52%	irrelevant
Refinanzierungssatz alt Refinanzierungssatz neu („verdrängt")	Zinsverschlechte- rungsschaden	7,48% 5,98%		1,5%	1,5%	irrelevant
	Gesamtschaden			2%	2,02%	2,02% (= 8% −5,98%)

Bei gleicher Refinanzierungsprämisse entsprechen sich folglich Aktiv- und Passiv-Vergleich. Abweichungen zwischen den beiden Methoden beruhen insoweit auf unzulänglichen Berechnungsmethoden.[42]

Im Unterschied zur Ausgangssituation soll jetzt im Neudarlehen a) ein höherer, b) ein niedrigerer Wiederausleihesatz im Darlehensneugeschäft angenommen werden. Der Refinanzierungssatz neu soll zur Vereinfachung konstant bleiben (damit wird die unrealistische Annahme der Margenkonstanz im Alt- und Neugeschäft aufgegeben). Die Margen betragen (7% − 5,98% =) 1,02% und (6,1% − 5,98% =) 0,12%.

	Schadensaufspaltung	Aktiv-Aktiv-Vergleich laut BGH	abstrakt		konkret	Aktiv-Passiv-Vergleich
Zinssatz „alt" Kunde Refinanzierungssatz alt	Zinsmargenschaden	8% 7,48%	Pauschalierte Marge (z. B.) 0,5%		0,52%	irrelevant
Zinssatz „alt" Kunde Wiederausleihesatz	Zinsverschlechte- rungsschaden	8% 7%		1%	1%	irrelevant
	Gesamtschaden			1,5%	1,52%	2,02% (= 8% −5,98%)

	Schadensaufspaltung	Aktiv-Aktiv-Vergleich laut BGH	abstrakt		konkret	Aktiv-Passiv-Vergleich
Zinssatz „alt" Kunde Refinanzierungssatz alt	Zinsmargenschaden	8% 7,48%	Pauschalierte Marge (z. B.) 0,5%		0,52%	irrelevant
Zinssatz „alt" Kunde Wiederausleihesatz	Zinsverschlechte- rungsschaden	8% 6,1%		1,9%	1,9%	irrelevant
	Gesamtschaden			2,4%	2,42%	2,02% (= 8% −5,98%)

---

[42] Nachweis bei *Wimmer*, ÖBA 1999, 185.

Es ist unschwer zu erkennen, daß jetzt beim Aktiv-Aktiv-Vergleich der geltend ge- 58
machte Schaden in Abhängigkeit von der Zinsdifferenz Altdarlehen/Neudarlehen
schwankt, obwohl bei der Bewertung anhand des Aktiv-Passiv-Vergleichs der
Schaden gleich bleibt. Dies liegt jetzt an der unzutreffenden Vergleichsbasis Altdarlehen/Neudarlehen, die die Refinanzierungssituation ausblendet. Die Schadensberechnung wirkt i. d. R. zu Lasten oder zugunsten der Bank. Der Effekt tritt im
übrigen in gleichem Umfang beim abstrakten Aktiv-Aktiv-Vergleich auf.

Demgegenüber bleibt beim jetzt zu diskutierenden finanzmathematisch exak- 59
ten Aktiv-Passiv-Vergleich der Schadensbetrag immer konstant, da in beiden Fällen immer der identische Cash-Flow anhand der aktuellen Zinsstrukturkurve zu
bewerten ist.

Aus dieser Darstellung folgt, daß der Aktiv-Aktiv-Vergleich, wie er derzeit 60
in der Praxis im Einklang mit der Rechtsprechung durchgeführt wird, zu Abweichungen vom fairen Ablösewert führen kann.

Je nach Situation geht dies – unabhängig davon, ob mit einer flachen oder 61
der realistischen Zinsstrukturkurve gearbeitet wird – zu Lasten oder zugunsten
der Bank. Diese Kritik trifft den abstrakten wie den konkreten Aktiv-Aktiv-Vergleich in gleicher Weise. Der Aktiv-Passiv-Vergleich vermeidet diese Verzerrungen. Allerdings ist das Ergebnis finanzmathematisch betrachtet erst dann fair,
wenn die reale Zinsstrukturkurve verwendet wird. Darauf ist nunmehr ausführlich einzugehen.

2. Finanzmathematisch exakter Aktiv-Passiv-Vergleich (Kurswertvergleich)

a) Ausgangsüberlegung „Kursbewertung"

Die Idee des exakten Aktiv-Passiv-Vergleichs kann man gut anhand des im 62
Festzinskreditgeschäft naheliegenden Vergleichs mit festverzinslichen Wertpapieren verdeutlichen. Deshalb ist zutreffend von der Barwertermittlung des ausfallenden Cash-Flows zu sprechen.

Beispiel: Angenommen, der Kunde besitze ein festverzinsliches Wertpapier über nominal
100.000 €, das bei einer am Kapitalmarkt erzielbaren Rendite von 6 % mit einem Kupon
von nominal 6 % ausgestattet ist. Die Frage nach dem Marktwert/Kurswert ist leicht zu
beantworten. Da die Rendite des Wertpapiers mit der Kapitalmarktverzinsung für die
identische Laufzeit übereinstimmt, wird der aktuelle Kurs 100 % betragen (etwaige Abweichungen z. B. infolge von Bonitätseinschätzungen des Emittenten durch den Markt können hier unbeachtet bleiben).
Nunmehr ist auf das Problem der vorzeitigen Vertragsauflösung einzugehen. Unmittelbar nach Ablauf des zweiten Jahres möchte der Kunde das Wertpapier zurückgeben. Zum
Ablösezeitpunkt soll der Geld- und Kapitalmarkt (GKM)-Zinssatz um 2 % gestiegen bzw.
gesunken sein.
Rechnerisch ist der Kurswert so festzulegen, daß der Erwerber unter Beachtung des
Kaufpreises und der unveränderbaren Nominalverzinsung gerade die aktuelle Marktrendite erzielt. Liegt der Kaufpreis (Kurswert) zu hoch, wird sich kein (rational handelnder)
Erwerber finden, liegt er zu niedrig, werden sehr schnell die einsetzenden Arbitrageeffekte
den Kurswert in die richtige Höhe treiben:
- der Ablösewert steigt mit sinkendem Zinsniveau = (6000*0,9615385 +
106.000*0,9245562 =) 103.772; der Wertpapierkunde erhält mehr als den Nennwert; be-

180   E. *Konkrete Methoden zur Berechnung der Zahlungsverpflichtung*

zogen auf die Vorfälligkeitsentschädigung gilt: hier muß der Kreditnehmer mehr als die nominale Restschuld zahlen
- der Ablösewert sinkt mit steigendem Zinsniveau = (6000*0,9259259 + 106.000*0,8573388 =) 96.433.

63   Diese bei der Vorfälligkeitsentschädigungsberechnung zu beachtenden Zusammenhänge sind damit im Wertpapiergeschäft schon lange eine Selbstverständlichkeit.

64   Vergleicht man den Anforderungskatalog des BGH, so besteht kein Widerspruch zur vorgestellten Marktbewertung. Vielmehr erübrigt sich die Unterteilung in Zinsmargenschaden und Zinsverschlechterungsschaden, die beim sogenannten Aktiv-Aktiv-Vergleich i. d. R. auf die Pauschalierung des Zinsmargenschadens hinauslaufen wird (ohne Refinanzierungsprämisse kann das Problem nicht gelöst werden). Der Aktiv-Passiv-Vergleich entspricht damit der objektiven Marktbewertung.

b) Vorgehensweise beim korrekten Aktiv-Passiv-Vergleich

65   Die Marktbewertung/Kurswertablösung kann prinzipiell auf zwei verschiedene Arten begründet werden.
- Die Bank möchte so gestellt werden, als ob der Vertrag vom Kunden erfüllt worden wäre. Hierzu muß sie den ausfallenden Zahlungsstrom am Geld- und Kapitalmarkt nachbilden, indem sie entsprechende Anlagegeschäfte abschließt.
- Die Bank muß die vorgegebene Refinanzierung glatt stellen. Letztere entspricht bei der ursprünglich (tatsächlich oder gedanklich) vorgenommenen fristenkongruenten Refinanzierung des Kundenzahlungsstromes exakt dem Restzahlungsstrom des Kundengeschäfts.

66   Die beste Rechenmethode ist letztlich ohne praktischen Wert, wenn die Vorgehensweise dem Verbraucher bzw. dem Gericht im Streitfall nicht transparent gemacht werden kann. Deshalb ist es der Kreditwirtschaft zu empfehlen, der konkreten Abrechnung – wenigstens auf Anforderung – eine einfache Musterabrechnung beizulegen. Ein Vorschlag hierzu findet sich in E. III. 4.

Beispiel:[43] Ein Ratendarlehen weist am 30. 6. 1999 (Ablösezeitpunkt) eine Restschuld von 100.000 auf. Bei einem Nominalzinssatz von 6 % p. a. und 50.000 Tilgung p. a. müsste der Kunde 56.000 in einem Jahr und 53.000 in zwei Jahren zahlen. Diese Information liefert der Zins- und Tilgungsplan. Die Hypothekenpfandbriefe, die jeweils zu einem Kurs von 100 % notieren, bringen eine Wiederanlagerendite von 2,936 % für ein Jahr und 3,352 % für zwei Jahre. Die Renditen entsprechen folglich zugleich den Nominalzinssätzen. Die Bank muss die Wiederanlage-Cash-Flows so konstruieren, daß die ausfallenden Cash-Flows exakt nachgebildet werden. In der Fachterminologie spricht man auch von der **strukturkongruenten Refinanzierung** (sogenannte MARZIPAN-Methode).

Grundsätzlich ist jede einzelne entfallende Zahlung durch eine Anlage am Kapitalmarkt nachzubilden. Die reale Zinstrukturkurve kommt somit zum Tragen. Im Beispiel tätigt die Bank zwei Anlagen. Zu beginnen ist mit der 2-Jahresanlage. Bei Anlage von 51.281,06 fallen nach je einem Jahr Zinsen von 3,352 % oder 1.718,94 an. Im zweiten Jahr fließen das Ausgangskapital zurück sowie die Zinsen für das zweite Jahr. Zusammen sind das 53.000. Die ausfallende Rate in Höhe von 53.000 wird durch das Anlagegeschäft ausgeglichen.

---

[43] Vgl. hierzu *Wimmer*, Sparkasse 2001, 235 f.

III. Aktiv-Passiv-Methode

Damit ist der zentrale Leitsatz des BGH-Urteils vom 1.7.1997 umgesetzt. Das gleiche Prinzip gilt für die in einem Jahr fällige Zahlung.

Die Wiederanlagebeträge ergeben den Ablösebetrag vor Kostenerstattung, den man auch als Barwert der ausfallenden Raten bezeichnen kann. Die vorgestellte Methode, die sog. MARZIPAN-Methode, ist als Standard für bankinterne Margenkalkulationen weit verbreitet, da nur auf die geschilderte Weise Geld-/Brief-Differenzen – die Refinanzierungssätze übersteigen bekanntlich die Anlagesätze der gleichen Laufzeit – berücksichtigt werden können.

Ablösung am:	30. 6. 1999	30. 6. 2000	30. 6. 2001
ausfallender Zahlungsstrom		56.000,00 DM	53.000,00 DM
Korrekte Lösung: Rekonstruktion der Raten am Kapitalmarkt (Hypothekenpfandbriefe)			
1. Anlage (Laufzeit 2 Jahre) zu 3,352 %	- 51.281,06 DM Anlage	1.718,94 DM Zins	53.000,00 DM Zins u. Tilgung
2. Anlage (Laufzeit 1 Jahr) zu 2,936 %	- 52.732,82 DM Anlage	54.281,06 DM Zins u. Tilgung	
Wiederanlagen gesamt = Ablösebetrag (Kurswert)	**- 104.013,88 DM**	56.000,00 DM	53.000,00 DM
		= Ergebnis der Rekonstruktion	

Abbildung 10: Exakter Aktiv-Passiv-Vergleich (strukturkongruente Refinanzierung)

Beispielhafte Erläuterung: Legt die Bank 51.281,06 für zwei Jahre an, so fließen ihr nach 67 dem ersten Jahr und nach dem zweiten Jahr jeweils 1718,94 (= 51.281,06*3,352 %) Zinsen zu. Im zweiten Jahr beträgt der Zufluß demnach 53.000, das sind die Tilgung (51.281,06) und die Zinsen des zweiten Jahres (1718,94).

Die Wiederanlagebeträge entsprechen dem Ablösebetrag vor Kosten, den man auch als Kurswert oder Barwert der ausfallenden Raten bezeichnen kann. Die Rechnung läßt sich nachprüfen, indem die ausfallenden Zahlungen anhand des durchschnittlichen gewogenen Wiederanlagezinssatzes abgezinst werden. Bei überschlägiger Berechnung erhält man: (56.000*2,936 %*1 + 53.000*3,352 %*2)/(56.000*1+ 53.000*2) = 3,208 %. Bei exponentieller Abzinsung mit dem genauen durchschnittlichen Wiederanlagesatz ergibt sich der bereits bekannte Ablösebetrag vor Kosten.

Wiederanlagesatz	3,2093%		gerundet: 3,21%	
Datum	Zinstage	Raten	Abzinsungsfaktor	abgezinste Raten
heute				
Jahr 1	360	56.000,00 DM	0,968905153	54.258,69 DM
Jahr 2	720	53.000,00 DM	0,938777196	49.755,19 DM
			Summe	104.013,88 DM

Abbildung 11: Nachweis beim exakten Aktiv-Passiv-Vergleich

Soweit für Zwecke der Berechnung von Vorfälligkeitsentschädigungen auf Geld-/Brief- 68 Differenzen verzichtet wird, kann alternativ der Cash-Flow mit **Zerobondabzinsfaktoren** abgezinst werden (**WISO-Vorfälligkeitsrechner**; Programm der Verbraucherzentrale Bremen). Die Kuponrenditen sind also vor der Abzinsung in Zerobondabzinsfaktoren (ZBF) bzw. laufzeitspezifische Spot-Rates umzurechnen. Man erhält den gleichen Ablösebetrag mit 56.000*0,971477 + 53.000*0,936059. Die Zerobondabzinsfaktoren erhält man durch eine finanzmathematische Transformation, die an anderer Stelle ausführlich beschrieben wurde:[44]

---

[44] Vgl. *Wimmer*, Bankkalkulation, S. 158 ff., sowie Exkurs E. III. 5.

182   E. Konkrete Methoden zur Berechnung der Zahlungsverpflichtung

Herleitung der Zerobond-Abzinsfaktoren   30. 6. 1999

	Kuponzinssätze p.a.	ZBF	
1. Jahr	2,936 %	ZBF 01	**0,971477**
2. Jahr	3,352 %	ZBF 02	**0,936059**

	Cash-Flow	ZBF	Barwerte
1. Jahr	56.000	0,971477	54.402,74
2. Jahr	53.000	0,936059	49.611,15
			104.013,88
			= Kurswert des Darlehens

Abbildung 12: Aktiv-Passiv-Vergleich auf Basis von Zerobondabzinsfaktoren

69 Ebenso kann – wie dies die Bank im Falle des BGH-Urteils vom 7.11. 2000[45] getan hat – der Schaden als Differenz von entgangenen Zinsen und Wiederanlagezinsen plausibel gemacht werden (**KAPO-Methode**; Abbildung 13). Damit die Rechnung die Krümmung der Zinsstrukturkurve richtig abbildet, müssen die ausfallenden Nominalzinsen mit den Wiederanlagezinsen (Kuponzinssätze) barwertig verglichen werden. Für letztere gilt: 3144 = 50.000*(2,936 %+3,352 %) und 1676= 50.000*3,352 %. Die Abzinsung der Zinsbeträge erfolgt mit den Zerobondabzinsfaktoren.

Zinsvergleichsmethode

I. Entgangene Zinsen	ausfallende Zinsen	Abzinsung mit ZBF	Barwert
1. Jahr	6.000,00 DM	0,971477	5.828,86 DM
2. Jahr	3.000,00 DM	0,936059	2.808,18 DM
			8.637,04 DM

II. Wiederanlagezinsen	anlagefähiges Kapital	Wiederanlagezinsen	Abzinsung mit ZBF	Barwert
1. Jahr	50.000,00 DM	3.144,00 DM	0,971477	3.054,33 DM
2. Jahr	50.000,00 DM	1.676,00 DM	0,936059	1.568,84 DM
				4.623,16 DM

Zinsdifferenz	4.013,88 DM
Ablösebetrag	104.013,88 DM

Abbildung 13: Aktiv-Passiv-Vergleich als Zinsvergleichsmethode

70 Wer angesichts der übereinstimmenden Ergebnisse auf eine letztlich einheitliche Interpretation der realen Zinsstrukturkurve schließt, muß leider enttäuscht werden. Ein in mehreren Softwareprogrammen vorzufindender Fehler besteht darin, einfach mit den jeweiligen Kupon-Renditen abzuzinsen. Falsch ist es somit 56.000/1,02936 + 53.000/1,03352^2 = 104.020,60 zu rechnen, da dabei die Krümmung der Zinsstrukturkurve unzureichend abgebildet wird. Das Ergebnis überzeichnet bei normaler Zinsstrukturkurve den Schaden zu Lasten des Kunden. Den BGH-Anforderungen wird nur näherungsweise entsprochen. Erst recht unzutreffend wäre es übrigens 56.000/1,02936 + 53.000/(1,02936*1,03352) = 104.221,13 zu rechnen, also die jeweiligen Kuponrenditen zu „multiplizieren".

Nunmehr ist nochmals auf die Erstattung von Risikokosten zurückzukommen. Angenommen, die Bank erstatte 0,1 % Risikokosten. Sie muß den ausfallenden Cash-Flow um die in den Nominalzinssatz eingepreiste Risikoprämie reduzieren. Der so reduzierte Cash-Flow ist dann mit den risikolosen Wiederanla-

---

[45] BGH WM 2001, 20 = NJW 2001, 59.

III. Aktiv-Passiv-Methode

gezinssätzen abzuzinsen. Im Beispiel erhält man einen um Risikokosten reduzierten Ablösebetrag von 103.869,93 (vgl. Abbildung 14). Unzulässig ist es nach BGH, die Wiederanlagerendite zu erhöhen und den unkorrigierten Kunden-Cash-Flow zu diskontieren. Dies ist methodisch gesehen schlüssig, da das Risiko im Kunden-Cash-Flow und nicht im Wiederanlage-Cash-Flow steckt. Man erhielte fälschlicherweise 103.865,02 (vgl. Abbildung 15). Da die Abweichung vom korrekten Wert zu Lasten der Bank geht, wird man die Rechnung im Beispiel dennoch nicht beanstanden können.

Ablösung am:		30. 6. 1999	30. 6. 2000	30. 6. 2001
ausfallender Zahlungsstrom			56.000,00 DM	53.000,00 DM
Abzug der Risikoprämie	0,10 %		- 100,00 DM	- 50,00 DM
korrigierter Zahlungsstrom			55.900,00 DM	52.950,00 DM
1. Anlage (Laufzeit 2 Jahre) zu 3,352 %		- 51.232,68 DM	1.717,32 DM Zins	52.950,00 DM Zins u. Tilgung
2. Anlage (Laufzeit 1 Jahr) zu 2,936 %		- 52.637,25 DM	54.182,68 DM Zins u. Tilgung	
Ablösebetrag		**- 103.869,93 DM**	**55.900,00 DM**	**52.950,00 DM**

Abbildung 14: BGH-konforme Risikokostenerstattung im exakten Aktiv-Passiv-Vergleich

Ablösung am:	30. 6. 1999	30. 60. 2000	30. 6. 2001
ausfallender Zahlungsstrom		56.000,00 DM	53.000,00 DM
1. Anlage (Laufzeit 2 Jahre) zu 3,452 %	- 51.231,49 DM	1.768,51 DM Zins	53.000,00 DM Zins u. Tilgung
2. Anlage (Laufzeit 1 Jahr) zu 3,036 %	- 52.633,53 DM	54.231,49 DM Zins u. Tilgung	
Ablösebetrag	**- 103.865,02 DM**	**56.000,00 DM**	**53.000,00 DM**

Abbildung 15: Nicht-BGH-konforme Risikokostenerstattung

Die Vorgaben des BGH sind jetzt auf einen Praxisfall zu übertragen. Die Anforderungen des BGH an die Transparenz der Abrechnung werden dabei umgesetzt.

c) Erstattung bei „Altfällen"

Ob Kunden bei Nachberechnungen von **Altfällen** eine **Rückzahlung** überhöhter Schadensbeträge erhalten, kann nicht allgemeingültig formuliert werden. Generell ergeben sich niedrigere Schadensbeträge, weil die Bank im nachhinein auf Hypothekenpfandbriefe und nicht öffentliche Anleihen abstellen muß. Dies gilt natürlich nur, wenn ein entsprechender Zinsspread zum ursprünglichen Abrechnungszeitpunkt nachweisbar ist. Bei Banken, die in der Vergangenheit bereits den Schaden realistisch, also mit der realen Zinsstrukturkurve, berechneten, wird es damit vielfach zu Erstattungen kommen. Bei Banken, die hingegen zu eigenen Lasten „flach" rechneten, ist der Ausgang der Nachberechnung offen: Möglicherweise wird die Schadensminderung infolge der Bewertung mit Hypothekenpfandbriefen überkompensiert, wenn in der Nachberechnung mit der

184 E. Konkrete Methoden zur Berechnung der Zahlungsverpflichtung

realen Zinsstrukturkurve gerechnet wird. Dies gilt für den Aktiv-Aktiv-Vergleich wie den Aktiv-Passiv-Vergleich in gleicher Weise.

73   Zunächst seien – bei willkürlicher Datumsauswahl – einige Zinsstrukturkurven auf Basis der Kuponrenditen betrachtet (vgl. Abbildung 16). Man erkennt unmittelbar, daß sich die Steigung der Zinsstrukturkurve über die Zeit verändert. Ende 2000 beispielsweise war die Kurve v. a. am kurzen Ende ziemlich flach. Daraus kann man Tendenzaussagen ableiten, inwieweit sich nachträglich Erstattungsansprüche in Altfällen für Kunden ergeben können.

	1	2	3	4	5	6	7	8	9	10
30-Jun-98	3,871	4,128	4,293	4,432	4,557	4,670	4,759	4,855	4,952	5,024
30-Jun-99	2,936	3,352	3,666	3,920	4,125	4,296	4,450	4,588	4,706	4,800
30-Jun-00	5,037	5,294	5,384	5,460	5,534	5,602	5,668	5,722	5,768	5,807
29-Dez-00	4,749	4,758	4,846	4,954	5,063	5,178	5,292	5,381	5,453	5,526

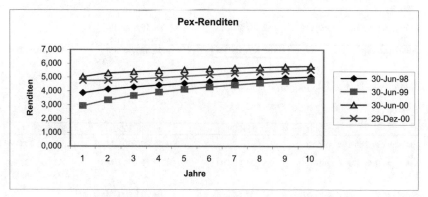

Abbildung 16: Reale Zinsstrukturkurve (Kuponzinssätze)

74 Hat die Bank ursprünglich bereits „steil" (real) gerechnet, so kommt es immer dann zu Erstattungsansprüchen, wenn – was grundsätzlich anzunehmen ist – die Bank mit den Zinssätzen öffentlicher Schuldner abgerechnet hat. Das Ausmaß hängt vom nachgewiesenen Spread zu den Hypothekenpfandbriefsätzen ab.

75 Hat die Bank ursprünglich „flach" gerechnet, so kommt es nur dann zu Erstattungsansprüchen, wenn der Effekt des nachgewiesenen Spreads zu den Hypothekenpfandbriefsätzen den Puffer aus der kundenfreundlichen „flachen" Rechnung überwiegt. Um die Effekte zu verdeutlichen, wird das zuletzt angeführte Beispiel für den Aktiv-Passiv-Vergleich herangezogen.

76 Man erhält für einen angenommenen (!) Spread von 0,4 Prozentpunkten
   • Per 30.6. 1999 mit Hypothekenpfandbriefsätzen „steil" gerechnet= 104.013,88; „flach" gerechnet = 103.801,63;
     mit Öffentlichen Anleihen „steil" gerechnet = 104.613,15; „flach" gerechnet = 104.398,46; Fazit: der Kunde hat in jedem Fall einen Erstattungsanspruch.
   • Per 29.12. 2000 mit Hypothekenpfandbriefsätzen „steil" gerechnet = 101.755,86; „flach" gerechnet = 101.751,46;
     mit Öffentlichen Anleihen „steil" gerechnet = 102.331,74; „flach" gerechnet = 102.327,29; Fazit: der Kunde hat in jedem Fall einen Erstattungsanspruch.

III. Aktiv-Passiv-Methode 185

Man erhält für einen angenommenen (!) Spread von 0,1 Prozentpunkten dagegen **77**
- Per 30. 6. 1999 mit Hypothekenpfandbriefsätzen „steil" gerechnet = 104.013,88; „flach" gerechnet = 103.801,63;
  mit Öffentlichen Anleihen „steil" gerechnet = 104.163,12; „flach" gerechnet = 103.950,26; Fazit: die Bank hat theoretisch einen Nachforderungsanspruch, wenn sie ursprünglich „flach" gerechnet hatte.
- Per 29. 12. 2000 mit Hypothekenpfandbriefsätzen „steil" gerechnet = 101.755,86; „flach" gerechnet = 101.751,46;
  mit Öffentlichen Anleihen „steil" gerechnet = 101.899,28; „flach" gerechnet = 101.894,87; Fazit: der Kunde hat in jedem Fall einen Erstattungsanspruch, da die geringe Krümmung der Zinsstrukturkurve nur zu einem geringen Puffer führt.

Die bisherigen Ausführungen gelten ausschließlich für die Schadensfälle, nicht **78** aber für die davon zu unterscheidenden Aufhebungsentgeltfälle. Hier müssen Banken nur erstatten, wenn das ursprüngliche Aufhebungsentgelt sittenwidrig hoch war. Allerdings hat sich in Folge des neuen BGH-Urteils die Messlatte verändert. Das Aufhebungsentgelt darf maximal 90%–100% des nach BGH-Grundsätzen berechneten Schadens übersteigen.[46]

3. Exakter Aktiv-Passiv-Vergleich bei unterjährlichen Zahlungen

Bislang wurde vereinfacht eine jährliche Zahlungsweise unterstellt. Realisti- **79** scherweise ist aber in der Bankpraxis in erster Linie **unterjährliche Zahlungsweise** üblich. Insofern sind die bisherigen Ausführungen in diesem Punkt zu präzisieren. Um die Ausführungen übersichtlich zu halten, wird im folgenden Beispiel von halbjährlicher Zahlungsweise ausgegangen.

Beispiel: Nominalbetrag 100.000,00, Auszahlungsdatum 30. 12. 00, Auszahlungsbetrag 99.000,00 (Disagio 1%), Nominalzinssatz 5%, Tilgung in zwei gleich hohen Jahresraten zum 30. 12. 01 und 30. 12. 02 sowie halbjährliche nachschüssige Zinszahlung. Der Effektivzinssatz nach AIBD beträgt 5,79%. Die Geld- und Kapitalmarktsätze sollen bei Vertragsabschluss nominal 3,8% ($^1/_2$-Jahresgeld), 4% (1-Jahresgeld), 4,2% ($1^1/_2$-Jahresgeld) und 4,45% (2-Jahresgeld) betragen. Es soll der Ablösebetrag berechnet werden, wenn der Kreditnehmer das Darlehen nicht abnimmt.[47]

Cash-Flow des Darlehens:

30. 12. 00	30. 6. 01	30. 12. 01	30. 6. 02	30. 12. 02
–99.000	2.500	52.500	1.250	51.250

Der Ablösebetrag beträgt 101.048,05 und die Vorfälligkeitsentschädigung (nach Abzug der nominalen Restschuld) 2.048,05, wie Abbildung 17 zu entnehmen ist:[48]

---

[46] Vgl. dazu oben C. III.
[47] Das Beispiel vereinfacht insofern, als bis zur tatsächlichen Nichtabnahme regelmäßig Fristen zu beachten sind.
[48] Die Berechnung erfolgte mit dem Programm MARZIPAN/M-AP der Fa. msg systems ag. Programmtechnische Details – wie die taggenaue Refinanzierung – wurden vereinfachend ausgeblendet.

Ausgangsdaten:
1. Anlagesätze am GKM

nominal	Rendite	Kurs	Laufzeit
4,450 %	4,480 %	99,9438 %	2
4,200 %	4,240 %	102,021 %	1,5
4,000 %	4,000 %	100,000 %	1
3,800 %	3,836 %	100,000 %	0,5

2. Zahlungsstrom Kundengeschäft — Nominalbetrag 100.000,00 DM
Nominalzinssatz 5,00 %

	30. 12. 2000	30. 6. 2001	30. 12. 2001	30. 6. 2002	30. 12. 2002
Zinstage		180	180	180	180
Kapital	- 99.000,00 DM		50.000,00 DM		50.000,00 DM
Zinsen		2.500,00 DM	2.500,00 DM	1.250,00 DM	1.250,00 DM
Zahlungsstrom	- 99.000,00 DM	2.500,00 DM	52.500,00 DM	1.250,00 DM	51.250,00 DM

3. Wiederanlage am Kapitalmarkt

Nominalbeträge	Cash-Flow					Laufzeit
- 49.066,54 DM	- 49.038,97 DM	*0,0445 →	2.183,46 DM		51.250,00 DM	2
				:1,0445		
- 1.199,62 DM	- 1.223,86 DM	*0,042 → 50,38 DM		1.250,00 DM		1,5
			:1,042			
- 48.381,29 DM	- 48.381,29 DM		50.316,54 DM			1
- 2.403,94 DM	- 2.403,94 DM	2.449,62 DM				0,5
Zahlungsstrom	- 101.048,05 DM	2.399,23 DM	52.500,00 DM	1.250,00 DM	51.250,00 DM	

Vorf.schaden - 2.048,05 DM

4. Nachweis Kursberechnung

nominal	Rendite	Kurs	Laufzeit
0,044500	4,480 %	99,9438 %	2
0,042000	4,240 %	102,0210 %	1,5
0,040000	4,000 %	100,000 %	1
0,038000	3,836 %	100,000 %	0,5

2 Jahre

30. 12. 200	30. 6. 2001	30. 12. 2001	30. 6. 2002	30. 12. 2002
		4,45		104,45
99,9438	:(1,0448)		:(1,0448^2)	

1,5 Jahre

30. 12. 2000	30. 6. 2001	30. 12. 2001	30. 6. 2002
102,02123	4,2		104,2
:(1,0424^{0,5})		:(1,0424^{1,5})	

Abbildung 17: Aktiv-Passiv-Vergleich bei unterjährlichen Zahlungen

80 Abbildung 17 enthält unter Ziffer 1 die zum Kalkulationszeitpunkt gültigen Geld- und Kapitalmarktzinssätze. Anzuführen sind sowohl die Nominal- als auch die Effektivzinssätze sowie die Kurse der Wertpapiere, mit denen die Refinanzierung erfolgt. Unter Ziffer 2 ist die zahlungsstromkongruente Refinanzierung abgebildet. Um die Kuponeffekte[49] berücksichtigen zu können, ist mit dem am weitesten in der Zukunft liegenden Cash-Flow zu beginnen. Ziffer 3 enthält die Refinanzierung, die sich aus vier Einzeltranchen (eine pro Cash-Flow des Kundengeschäfts) zusammensetzt. Die Nominalbeträge der Refinanzierung

---

[49] Beispiel Refinanzierung des Cash-Flows, der nach zwei Jahren fällig ist. Die Refinanzierung per 30.12.00 führt zu einer ersten Zinszahlung nach einem Jahr mit 49.066,54*4,45 % = 2183,46. Diese Zinszahlung ist beim Ausgleich des Cash-Flows in Höhe von 52.500, der am 30.12.01 zufließt, zu berücksichtigen.

III. Aktiv-Passiv-Methode

rufen die Zins- und (endfälligen) Tigungszahlungen hervor, während die Kurse den Kapitaleinsatz zum Refinanzierungszeitpunkt festlegen.

Beispiel: Cash-Flow per 30.12.02: 81
1. Schritt: 51.250/1,0445 = 49.066,54 (Nominalbetrag der Refinanzierung)
2. Schritt: 49.066,54*0,999438 = 49.038,97 (Cash-Flow der Refinanzierung)
3. Schritt: Kuponeffekt: jährliche Zinszahlung: 49.066,54*0,0445 = 2183,46.

Die Kurswertberechnung (Ziffer 4) ergibt sich aus der Berücksichtigung der Tatsache, daß im Laufzeitbereich über einem Jahr die Marktrenditen als gegebene Größen anzusehen sind. Die Nominalzinssätze am Geld- und Kapitalmarkt weisen aber keine „krummen" Werte auf, was als Konsequenz den Ausgleich über den Wertpapierkurs hervorruft. Die abgezinsten Rückflüsse aus dem Wertpapiergeschäft ergeben den Kurswert (abzuzinsen ist mit der Kuponrendite[50]). Bei krummen Laufzeiten wird hier unterstellt, der Erwerber erhält die Zinsen in voller Höhe ausgezahlt, wobei der Kupontermin rückwärts ab Endfälligkeit gerechnet wird.[51]

In der Praxis – so z.B. bei Verwendung der PEX-Renditen – wird meist von 82 Kurswerten mit 100% gerechnet. Insofern fallen dann die Spalten Nominalbeträge und Cash-Flow unter Ziffer 3 zusammen.

Die vorstehende Übersicht macht die Komplexität der Rechnung deutlich. 83 Aber in der Praxis handelt es sich nur um ein technisches Problem, d.h., die Software berücksichtigt diese Zusammenhänge automatisch.

4. Beispiel zur Erfüllung der Transparenzanforderung an die Abrechnung

Hinsichtlich der Transparenz der Abrechnung hat der BGH Rahmenbedingungen definiert. Im Detail werden sich gleichwohl die Nachweise der einzelnen Banken unterscheiden. Der folgende **Schadensnachweis** kann deshalb nur beispielhafter Natur sein.[52] Er bezieht sich auf den eben ausführlich vorgestellten exakten Aktiv-Passiv-Vergleich. Die Bank könnte folgenden Nachweis liefern:[53] 84

„**Erläuterungen zur Berechnung von Vorfälligkeitsentschädigungen** 85 **mit Hilfe des Aktiv-Passiv-Vergleichs**"

Sehr geehrter Kunde,
bei der Berechnung von Vorfälligkeitsentschädigungen berücksichtigen wir alle Anforderungen der BGH-Rechtsprechung:
1. Der Darlehensgeber soll so gestellt werden, wie er stünde, wenn das Darlehen für den ursprünglich vereinbarten Festschreibungszeitraum fortgeführt und mit Zinsen bedient worden wäre. Um dies zu erreichen, werden die frei gewordenen Beträge in sicheren Kapitalmarkttiteln laufzeitkongruent zum ab-

---

[50] Grund: Die Rentenhändler rechnen auf diese Weise.
[51] Weitere Verfeinerungen, um die Usancen des Wertpapiergeschäfts abzubilden, könnten natürlich hier eingearbeitet werden.
[52] Zu einer ausführlichen Darstellung des Schadensnachweises sei auf *Wimmer*, BGH-konformer Schadensnachweis bei der Vorfälligkeitsentschädigung, in BKR 2002 (im Druck) verwiesen.
[53] Die im folgenden verwendeten Kapitalmarktsätze wurden bewußt gegenüber der Realität abgewandelt („glatte Sätze"). Zu einem realitätsnahen Fall vgl. E. IV.

188 E. Konkrete Methoden zur Berechnung der Zahlungsverpflichtung

zulösenden Darlehen angelegt. Es handelt sich dabei um Hypothekenpfandbriefe. Für jede einzelne ausfallende Rate ist eine laufzeitkongruente Kapitalmarktanlage heranzuziehen.
2. Der berechnete Schaden wird um angemessene Beträge sowohl für ersparte Verwaltungsaufwendungen als auch für das entfallende Risiko gekürzt.
3. Die Schadensbeträge werden auf den Zeitpunkt der Zahlung der Vorfälligkeitsentschädigung abgezinst. Dabei wird ein Zinssatz in gleicher Höhe wie der Wiederanlagezinssatz zugrunde gelegt.
4. Der Darlehensgeber kann ein zusätzliches Bearbeitungsentgelt für die Berechnung der Vorfälligkeitsentschädigung in Rechnung stellen.

Unsere Berechnungsmethode erläutern wir an einem **Berechnungsbeispiel**. Dabei sind folgende Schritte zu unterscheiden:
1. Erstellung des Zahlungsplans für das vorzeitig abzulösende Darlehen. Maßgeblich ist die Restlaufzeit der Zinsbindungsfrist aus Sicht des Ablösezeitpunktes.
2. Angabe der zum Ablösezeitpunkt aktuellen Wiederanlagezinssätze. Sie nehmen in Abhängigkeit von der betrachteten Rate und deren Laufzeit eine unterschiedliche Höhe an (i. a. steigen die Zinssätze mit zunehmender Laufzeit).
3. Ermittlung des vorläufigen Ablösebetrags auf Basis des Zahlungsplans und der Wiederanlagezinssätze.
4. Abzug der entfallende Risiko- und Verwaltungskosten und Hinzurechnen der zusätzlich für die Schadensberechnung anfallenden Bearbeitungskosten.

Die folgende Musterberechnung erläutert die einzelnen Berechnungschritte. Ein Minuszeichen drückt eine Anlage der Bank am Kapitalmarkt aus, während die daraus resultierenden Rückflüsse (Zinsen pro Jahr, Tilgung am Laufzeitende) ein positives Vorzeichen aufweisen.

Betrachtet wird ein Ratendarlehen mit einer jährlichen Rate von 30.000 €; Nominalzinssatz p. a. 10 %:

Ablösezeitpunkt	30. 9. 1996
Ende der Vertragslaufzeit (zugleich Zinsbindungsfrist)	30. 9. 1999
Restschuld zum Ablösezeitpunkt	90.000 €
Ratenzahlung	jährlich zum 30. 9.
Anrechnung der Ratenzahlung	jährlich zum 30. 9.

1. Schritt: Erstellen des Zahlungsplans (siehe Protokolldruck S. 002)

Datum	Raten	Zinsen	Tilgung	Restschuld
30. 9. 96	– €	– €	– €	90.000,00 €
30. 9. 97	39.000,00 €	9.000,00 €	30.000,00 €	60.000,00 €
30. 9. 98	36.000,00 €	6.000,00 €	30.000,00 €	30.000,00 €
30. 9. 99	33.000,00 €	3.000,00 €	30.000,00 €	0,00 €
Summe	**108.000,00 €**	**18.000,00 €**	**90.000,00 €**	

2. Schritt: Angabe der Wiederanlagesätze (siehe Protokolldruck S. 003)

(**G**eld- und **K**apital**m**arkt Segment Hypothekenpfandbriefe = **GKM**)
1 Jahr: 3,00 %; 2 Jahre: 5,00 %; 3 Jahre: 7,00 %

3. Schritt: Berechnung des vorläufigen Ablösebetrages

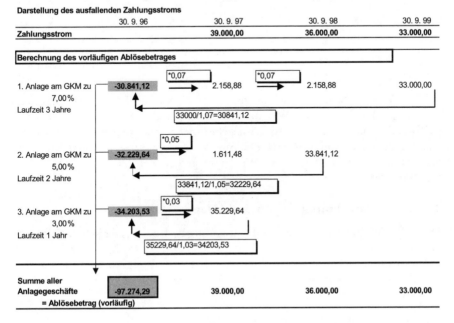

Grundsätzlich ist jede einzelne „ausfallende" Zahlung durch eine Anlage am Geld- und Kapitalmarkt (GKM) nachzubilden. Im Beispiel sind deshalb drei Anlagen durch die Bank zu tätigen. Zu beginnen ist mit der am weitesten in der Zukunft liegenden Zahlung. Wenn die Bank 30.841,12 € zum Ablösezeitpunkt anlegt, so erhält sie auf der Grundlage des Marktzinssatzes für Anlagen mit einer dreijährigen Laufzeit jeweils nach einem Jahr Zinsen (jeweils bezogen auf das Anlagekapital) in Höhe von 7 % aus 30.841,12 €, das sind 2.158,88 €. Im letzten Jahr bekommt sie damit das Ausgangskapital von 30.841,12 € zurück sowie die Zinsen für das dritte Jahr. Zusammen sind das 33.000 €. Als Zwischenergebnis kann man festhalten: die ausfallende Zahlung des Kunden im dritten Jahr, die 33.000 € betragen hätte, wird exakt durch das Anlagegeschäft ausgeglichen.

Genauso ist für die restlichen Zahlungszeitpunkte vorzugehen. Zu berücksichtigen ist dabei allerdings, daß durch das eben vorgestellte Anlagegeschäft Zinszahlungen an die Bank im ersten und zweiten Jahr ausgelöst wurden, die natürlich im weiteren zu berücksichtigen sind. Deshalb ist zum 30. 9. 98 der ausfallende Betrag von 36.000 € nur noch in Höhe von 33.841,12 € durch ein zweijähriges Anlagegeschäft auszugleichen: die Differenz von 2.158,88 € ist über die Zinsen aus der dreijährigen Anlage abgedeckt.

Es versteht sich von selbst, daß die oben gewählte Form der Darstellung bei komplexen Praxisfällen mit einer Vielzahl von ausfallenden Zahlungen aus

190 E. *Konkrete Methoden zur Berechnung der Zahlungsverpflichtung*

Gründen der Übersichtlichkeit nicht in Betracht kommt. Deshalb wird die nachstehend angeführte Nachweisform gewählt. Unter „Bewegung original" sind die ausfallenden Zahlungen, unter „Bewegung aus Anlage" die aus der Wiederanlage des Ablösebetrages gewonnenen Zahlungen zu verstehen; wie ausgeführt, müssen sich diese Größen entsprechen.

LAUFZEIT		Nominal-	Wiederanlage	Bewegung €	
Jahre	Mon.	zins %	€	original	aus Anlage
1.00	12	3.00	−34.203.53	39.000	39.000
2.00	24	5.00	−32.229,64	36.000	36.000
3.00	36	7.00	−30.841,12	33.000	33.000

Addiert man die Spalte Wiederanlage, so erhält man mit 97.274,29 € exakt den (vorläufigen) Ablösebetrag. Wie im folgenden Abschnitt „Nachvollziehbarkeit der Berechnung" dargelegt wird, entspricht unser Rechenweg zugleich einer Abzinsung der ausfallenden Raten. Die Summe der abgezinsten Raten entspricht wiederum den eben berechneten Wiederanlagebetrag in Höhe von 97.274,29 € (vgl. Protokolldruck S. 004).

4. Schritt: Berechnung des Ablösebetrags

Diese Gliederung finden Sie im Protokolldruck Ihres persönlichen Falles auf Seite 001 unten.

Die aus Banksicht entfallenden Risiko- und Verwaltungskosten sollen in diesem Beispiel abgezinst zusammen 243,10 € betragen.

Damit erhält man folgendes Ergebnis:

Nominale Restschuld laut Kreditkonto zum Ablösezeitpunkt	€	90.000,00
+ Vorfälligkeitsentschädigung	€	7.274,29
= vorläufiger Ablösebetrag	€	97.274,29
− Erstattung Verwaltungskosten (50 € p. a.)	€	134,44
− Erstattung entfallender Risikokosten (0,06 %)	€	99,66
+ Bearbeitungsgebühr für vorzeitige Ablösung (Pauschale)	€	200,00
= Ablösebetrag	€	97.240,19

Nachvollziehbarkeit der Berechnung

In der Anlage kann unsere Berechnungsmethode anhand der Originalausdrucke unserer Software nochmals nachvollzogen werden. Die im konkreten Fall durchgeführte Schadensberechnung kann relativ einfach nachgeprüft werden, indem man die ausfallenden Zahlungen anhand des durchschnittlichen Wiederanlagezinssatzes abzinst. Man erhält den Gegenwartswert der ausfallenden Zahlungen.

Wie dargelegt, findet sich der durchschnittliche Wiederanlagezinssatz nicht unmittelbar am GKM, da die ausfallenden Zahlungen auch datumsgenau am GKM nachzubilden sind und dabei für unterschiedliche Laufzeiten auch unterschiedliche Zinssätze gelten. Der durchschnittliche Wiederanlagezinssatz ist deshalb als laufzeit- und kapitalgewichteter Zinssatz der einzelnen Zahlungszeitpunkte zu verstehen. Im Beispiel beträgt dieser 5,5796 %.

III. Aktiv-Passiv-Methode

Zinst man man die ausfallenden Zahlungen mit dem Wiederanlagezinssatz ab, dessen Ermittlung wir auf Anforderung nachweisen können, so ergibt sich der vorläufige Ablösebetrag:

Wiederanlagesatz 5,5796 %

Datum	Zinstage	Raten	Abzinsungsfaktor	abgezinste Raten
30. 9. 97	360	39.000,00 €	0,947153009	36.938,97 €
30. 9. 98	720	36.000,00 €	0,897098823	32.295,56 €
30. 9. 99	1080	33.000,00 €	0,849689849	28.039,77 €
			Summe	97.274,29 €

Die Abzinsungsfaktoren ergeben sich unter Berücksichtigung der Zinstage zwischen Ablösezeitpunkt und Zeitpunkt der ausfallenden Zahlung. Z. B. gilt für den 30. 9. 98: Zinstage 720 und damit ein Abzinsungsfaktor von $1/(1,05796^{720/360})$.

Mit freundlichen Grüßen

Originalnachweise

```
------------------------------------------------------ Seite 001 -
Vorfaelligkeitsentschaedigung / Abloesung: Tilgungsdarlehen
------------------------------------------------------

Marktzinstabelle   (30. 9.1996)

Datum der Konditionierung                    30.9.1996
Zinsbindung bis                              30.9.1999
Fruehest moegliche Kuendigung                30.9.1999
Abloesedatum                                 30.9.1996

Zinsusance                         30/360

Urspruenglicher Darlehensbetrag         €          90.000,00
Rueckzahlungsbetrag                     €          90.000,00
Nominalzins p.a.                        %              10,000

Tilgungssatz p.a.                       %              33,33%
Ratenhoehe ab Tilgungsbeginn            €          30.000,00
Hoehe der ersten Rate              voll

Anzahl Annuitaeten / Raten p.a.    1
Naechste Annuitaet / Rate am                 30.9.1997
Anzahl Tilgungsanrechnungen p.a.   1
Naechste Tilgungsanrechnung am               30.9.1997
Anzahl Zinszahlungen p.a.          1
Naechstes Zinsperiodenende am                30.9.1997
Zins vorfaellige Tage              0

Noch nicht verrechnete Tilgung          €               0,00

Durchschnittlicher Wiederanlagesatz     %               5,5796

erstattete Risikokosten                 %               0,06000
erst. Verwaltungskosten p.a.            €              50

Ermittlung des Abloesebetrages
------------------------------

==================================================================
Nominale Restschuld lt. Kreditkonto € :            90.000,00
==================================================================
(+) Vorfaelligkeitsentschaedigung    € :             7.274,29
==================================================================
(=) vorlaeufiger Abloesebetrag       € :            97.274,29
(./.) erst. Verw. kosten             € :               134,44
(./.) erst.Risikokosten              € :                99,66
(+) Bearbeitungskosten               € :               200,00
(./.) erstattete Marge               € :                 0,00
==================================================================
(=) Abloesebetrag                    € :            97.240,19

Vorfaelligkeitsentsch. gesamt        € :             7.240,19
==================================================================


MARZIPAN/M ----------------------------------------------
```

Zahlungsplan des abzulösenden Darlehens

```
------------------------------------------------------------------ Seite 002 -
Zahlungsplan des abzuloesenden Darlehens ------------------------------------
-----------------------------------------------------------------------------
```

Termin	restl. Dar- lehensbetrag €	Rate €	Zins €	Tilgung €
30.9.1997	60.000,00	39.000,00	9.000,00	30.000,0
30.9.1998	30.000,00	36.000,00	6.000,00	30.000,0
30.9.1999	0,00	33.000,00	3.000,00	30.000,0
30.9.1999	0,00	0,00	0,00	0,0
Summe:		108.000,00	18.000,00	

Nachweis der GKM-Sätze

```
------------------------------------------------------------------ Seite 003 -
```

* Durchschnittlicher Wiederanlagesatz :   5,5796 %

* zur Errechnung verwendete Hypothekenpfandbriefsätze Stand 30.09.1996

Laufzeit Anzahl Tage	Faelligkeits- datum	Nominalzins in %
360	30.9.1997	3,000
720	30.9.1998	5,000
1080	30.9.1999	7,000

```
MARZIPAN/M -------------------------------------------------
```

Abzinsung der entfallenden Raten

```
------------------------------------------------------------------ Seite 004 -
```
Abzinsung der entfallenden Raten

* Durchschnittlicher Wiederanlagesatz: 5,5796 % [1])

Termin	Anlagen €	Zeitraum Tage	Abzinsungsfaktor	abgezinste Anlagen €
30.9.1997	39.000,00	360	0,947153	36.938,97
30.9.1998	36.000,00	720	0,897099	32.295,56
30.9.1999	33.000,00	1080	0,849690	28.039,77
3009.1999	0,00	1080	0,849690	0,00
Summe:				97.274,29

[1])Hinweis: Der Abzinsungsfaktor ermittelt sich gemaess der Formel:

$$1 / (1 + \text{Wiederanlagesatz})^{\text{Tage} / 360}$$

5. Mathematische Abbildung der realen Zinsstrukturkurve

Die folgende Tabelle enthält den Nachweis, dass sich die strukturkongruente **86** Refinanzierung und die Abzinsung mit Hilfe von Zerobondabzinsfaktoren prinzipiell entsprechen.[54] Dabei wird auf das im vorausgegangenen Abschnitt entwickelte Beispiel aufgegriffen. Der Vorteil der dort beschriebenen softwaremäßigen Umsetzung des **Duplizierungsprinzips** („strukturkongruente Refinanzierung") ist an mehreren Punkten festzumachen:

- Geld-/Brief-Differenzen können im Gegensatz zur Methode der Zerobondabzinsfaktoren berücksichtigt werden.
- Auf den Kundenberater ausgerichtete Technik: Das Prinzip der austauschbaren Lösung ermöglicht es, kurswertneutrale Ergebnisse z. B. durch Anpassung des Nominalzinssatzes oder Berechnung einer einmaligen Ausgleichszahlung zu erzeugen.
- Kompatibilität mit der **Disposition**: Die Disposition wird durch die Veränderung des ursprünglichen Cash-Flows in ihrem „Gleichgewicht" gestört. Um die Störung zu beheben, sind Gegengeschäfte zu tätigen. Bei der Kreditausreichung entspricht dies der fristenkongruenten Refinanzierung; bei der vorzeitigen Darlehensablösung sind die ausfallenden Cash-Flows durch fristenkongruente Anlagegeschäfte auszugleichen.
- Realitätsnähe der Rechnung: die gewählte Technik erlaubt es, mit echten Alternativen, sprich gehandelten Wertpapieren zu rechnen.

Herleitung der Zerobond-Abzinsfaktoren

Kupons der Zinsstrukturkurve	
1. Jahr	3,00 %
2. Jahr	5,00 %
3. Jahr	7,00 %

Ausgangsmatrix	1,03000	0,05000	0,07000
	0,00000	1,05000	0,07000
	0,00000	0,00000	1,07000
Inverse Matrix	0,97087379	-0,04623209	-0,06049058
	0,00000000	0,95238095	-0,06230530
	0,00000000	0,00000000	0,93457944
ZBF	0,97087379	0,90614887	0,81178356

Cash-Flow	Barwerte	
39000	37864,08	
36000	32621,36	
33000	26788,86	
	97274,29	= Kurswert des Darlehens

---

[54] Vgl. *Wimmer*, Bankkalkulation, S. 158 ff.

6. Folgerungen aus dem exakten Aktiv-Passiv-Vergleich und offene Punkte[55]

87 Der Aktiv-Aktiv-Vergleich darf unstreitig alternativ zum Aktiv-Passiv-Vergleich verwendet werden. Bekanntlich erfolgt bei dieser Methode eine Schadensaufspaltung in zwei Komponenten. Der Zinsmargenschaden deckt den entgangenen Gewinn ab. Der Zinsverschlechterungsschaden entsteht der üblicherweise vorgetragenen Argumentation zufolge, wenn die Bank das Ersatzdarlehen nur zu einem niedrigeren Kreditzins an einen neuen Darlehensnehmer ausreichen kann. Tatsächlich ist der Aktiv-Aktiv-Vergleich aber nicht „ernst gemeint". Wäre er ernst gemeint, so müsste die Bank den rechnerischen Kurswert des Altdarlehens mit dem des Ersatzdarlehens vergleichen und dem Kunden einen etwaigen Kursverlust in Rechnung zu stellen. Damit ist der Zusammenhang zum Aktiv-Passiv-Vergleich hergeleitet. Die Bank vergleicht den Kurswert des Altdarlehens entweder mit dem eines Ersatzkreditnehmers (Aktiv-Aktiv-Vergleich) oder mit dem eines Bündels von Kapitalmarktanlagen (Aktiv-Passiv-Vergleich). Konsequenterweise wäre also auch beim Aktiv-Aktiv-Vergleich der Cash-Flow des Ersatzdarlehens nach den oben dargelegten Grundsätzen[56] zu bewerten.

88 Aus wirtschaftlicher Sicht inkonsequent ist die juristische Trennung zwischen Vorfälligkeitsentschädigung und Aufhebungsentgelt. Die aktuelle Rechtslage behandelt wirtschaftlich gleiche Sachverhalte ungleich. In beiden Fällen fallen Raten aus, die der Kreditnehmer abgezinst an die Bank zahlen muss, damit diese schadensfrei gestellt wird. In beiden Fällen geht es um die Bewertung der Raten per Ablösezeitpunkt. Viele Banken[57] fordern deshalb auch bei einer einvernehmlichen Vertragsbeendigungen nur ein Aufhebungsentgelt in Höhe des nach BGH-Grundsätzen berechneten Schadens. Dies ist fair und deshalb zu begrüßen. Diese hier vertretene Auffassung entspricht im Ergebnis übrigens der in Dänemark geltenden gesetzlichen Regelung.[58]

89 Bei steigenden Marktrenditen kann der rechnerische Ablösebetrag (Kurswert) unter der nominellen Restschuld liegen. Juristen sprechen in diesem Fall von einem Vorfälligkeitsnutzen für die Bank, der nicht an den Kunden ausgekehrt werden muss. Wenig überzeugend ist hier die Berufung auf die Schadensbetrachtung, da doch bereits eingangs die Bewertung der vorgezogenen Raten als maßgeblich herausgestellt wurde – eine Schadensberechnung erfolgt somit bei der Ausübung des vorzeitigen Tilgungsrechts nach BGH bzw. § 490 Abs. 2 BGB gerade nicht. Weiter kann es analog zur Bewertung festverzinslicher Wertpapiere nicht auf die nominelle Restschuld bei vorzeitiger Rückzahlung/Rückgabe, sondern nur auf die nominelle Restschuld bei planmäßiger Rückzahlung (beim Kupon-Wertpapier ist das der Nominalwert) ankommen. So gesehen muss man die generelle Kurswertablösung fordern. Die nominale Restschuld erweist sich folglich als irrelevant. Ein zugegeben extremer Fall verdeutliche die Absurdität der aktuellen Rechtslage.

---

[55] Vgl. zum folgenden *Wimmer/Rösler/Metz*, Der langfristige Kredit 2001, 158 ff.; *Wimmer*, ZfgK 2001, 158 ff.; *Wimmer*, Sparkasse 2001, 235 ff..
[56] Siehe B. VII.
[57] So zum Beispiel eine Empfehlung vom Rechtsausschuß des Verbandes der Hypothekenbanken.
[58] Vgl. oben Teil B.

Ein Darlehen mit 0% Nominalzinssatz wird zum Kurs von 78% ausgezahlt. **90**
Bei einer Laufzeit von 4 Jahren ergibt sich eine Effektivverzinsung von 6,4085‰.[59]

Die Marktrendite betrage 6% bei Ausreichung. Vereinfachend sei eine flache **91**
Zinsstrukturkurve mit 6% angenommen. Bei Ablösung nach zwei Jahren und
einer unveränderten Zinsstrukturkurve würde bei Ausübung des vorzeitigen
Tilgungsrechts im Sinne der BGH-Rechtsprechung eine Rückzahlung von
€ 100.000 gefordert, obwohl der faire Rückzahlungsbetrag (Kurswert/Barwert)
bei 88.999,64 € liegt. Dieser ergibt sich mit $100000/1,06^2$. Der so berechnete
Wert ist unmittelbar plausibel. Nach zwei Jahren ist im Beispiel die Hälfte des
Disagios verbraucht. Besteht die Bank dagegen auf ihrem nominalen Rückzahlungsanspruch in Höhe von 100.000 €, so fließen ihr wirtschaftlich gesehen
rund €11.000 zuviel zu, weil sie den vorausgezahlten Zins einfach behält und andererseits bei unveränderten Marktzinsen keinen Schaden hat. Demgegenüber
kann die Bank der aktuellen Rechtslage zufolge 100.000 € fordern. Dieses Ergebnis ist offensichtlich abwegig.

IV. Fallstudie: Methodenvergleich

Im folgenden wird ein Praxisbeispiel für die verschiedenen Abrechnungsmetho- **92**
den durchgerechnet.[60] Als Ausgangsdaten sind gegeben: Annuitätendarlehen,
Restschuld 196.680,18, Nominalzinssatz 7%, monatliche Rate von 1.750, Ablösedatum 30. 6. 1999, Vertragsende 30. 11. 2003. Der Kunde hat ein vertraglich eingeräumtes Sondertilgungsrecht in Höhe von 10.000 € pro Kalenderjahr; im laufenden Jahr hat er dieses Recht noch nicht ausgeübt.

1. Exakter Aktiv-Passiv-Vergleich

Die Bank rechnet mit dem exakten Aktiv-Passiv-Vergleich und berücksichtigt **93**
folglich die reale Zinsstrukturkurve. Zur Schadensberechnung sind folgende
Schritte notwendig:[61]
1. Erstellung des restlichen Zins-und Tilgungsplans für das vorzeitig abzulösende
   Darlehen. Mit der obigen Begründung sind die Sondertilgungen (erstmals am
   30. 6. 1999 und dann jeweils zum 1. 1. jeden Jahres) einzubeziehen.
2. Angabe der zum Ablösezeitpunkt aktuellen Wiederanlagezinssätze (Hypothekenpfandbriefrenditen).
3. Ermittlung des vorläufigen Ablösebetrags auf Basis des Zahlungsplans und
   der Wiederanlagezinssätze durch Abzinsung der ausfallenden Raten. Hierzu
   werden die unter 2. angegebenen Sätze in einen durchschnittlichen Wiederanlagesatz umgerechnet.
4. Abzug der entfallenden Risiko- und Verwaltungskosten und Addition der zusätzlich für die Schadensberechnung anfallenden Bearbeitungskosten.

---

[59] 0,064085 = —
[60] Vgl. *Wimmer*, Kreditpraxis 2001, 29.
[61] Die Berechnungen wurden mit dem Programm MARZIPAN/M-AP der Fa. msg
systems ag vorgenommen.

94 Die vier Schritte finden sich in den Tabellen.

(1) Zins- und Tilgungsplan des Restdarlehens

Termin	restl. Darlehens-betrag	Zahlung €	Zins €	Tilgung €
30. 6. 1999	186.680,18			
30. 7. 1999	186.019,15	1.750,00	1.088,97	661,03
30. 8. 1999	185.354,26	1.750,00	1.085,11	664,89
30. 9. 1999	184.685,49	1.750,00	1.081,23	668,77
30. 10. 1999	184.012,82	1.750,00	1.077,33	672,67
30. 11. 1999	183.336,23	1.750,00	1.073,41	676,59
30. 12. 1999	172.655,69	11.750,00	1.069,46	10.680,54
...				
30. 10. 2003	99.440,44	1.750,00	586,85	1.163,15
30. 11. 2003	98.270,51	1.750,00	580,07	1.169,93
30. 11. 2003	0,00	98.270,51	0,00	98.270,49

Hinweis: Die Sondertilgungsoption gilt zugunsten des Kunden als frühestmöglich ausgeübt (1.1.).

(2) Hypothekenpfandbriefrenditen

Renditen		
Kalkulationsdatum: 30. 6. 1999		
Darstellung:	Laufzeit	
Rendite ISMA	1 Jahr	: 2,936 %
Rendite ISMA	2 Jahre	: 3,352 %
Rendite ISMA	3 Jahre	: 3,666 %
Rendite ISMA	4 Jahre	: 3,920 %
Rendite ISMA	5 Jahre	: 4,125 %

(3) Abzinsung der ausfallenden Raten mit der durchschnittlichen Wiederanlagerendite

				3,858440 %
Termin	Zinstage	Raten	Abzinsungsfaktor*)	abgezinste Raten
30. 7. 1999	30	1750,00	0,996850086	1744,48765
30. 8. 1999	60	1750,00	0,993710093	1738,992663
30. 9. 1999	90	1750,00	0,990579992	1733,514985
30. 10. 1999	120	1750,00	0,98745975	1728,054562
30. 11. 1999	150	1750,00	0,984349336	1722,611338
30. 12. 1999	180	11750,00	0,98124872	11529,67246
30. 1. 2000	210	1750,00	0,978157871	1711,776273
...				
30. 7. 2003	1470	1750,00	0,856766893	1499,342063
30. 8. 2003	1500	1750,00	0,854068151	1494,619264
30. 9. 2003	1530	1750,00	0,851377909	1489,911341
30. 10. 2003	1560	1750,00	0,848696142	1485,218248
30. 11. 2003	1590	1750,00	0,846022822	1480,539938
30. 11. 2003	1590	98270,49	0,846022822	83139,07723
				205531,18

*) $\dfrac{1}{(1 + Effektivzinssatz)^{Zinstage/360}}$

(4) Gesamtergebnis nach Kostenerstattung
Marktzinstabelle Hypothekenpfandbriefsätze vom 30. 6. 1999

Ablösedatum	30. 6. 1999
Zinsbindung bis	30. 11. 2003
Rückzahlungsbetrag	186.680,18 €
Nominalzins p. a.	7,000 %
Anzahl Tilgungsanrechnungen p. a.	12
Nächste Tilgungsanrechnung am	30. 7. 1999
Anzahl Zinsverrechnungen	12
Nächstes Zinsperiodenende am	30. 7. 1999
erst. Verwaltungskosten p. M.	5,00 €
erstattete Risikokosten	0,06 %
Ermittlung des Ablösebetrages	
Nom. Restschuld laut Kreditkonto	186.680,18 €
(+) Vorfälligkeitsentschädigung	18.851 €
(=) Ablösebetrag vor Kosten	205.531,18 €
(./.) erstattete Verwaltungskosten	247,88 €
(./.) erstattete Risikokosten	352,56 €
(+) Bearbeitungskosten	200,00 €
(=) Ablösebetrag	**205.130,74 €**

Der Kunde zahlt damit insgesamt 215.130,74 (die fiktive Sondertilgung in Höhe von 10.000 per 30. 6. 1999 ist zum Ablösebetrag zu addieren).

Auf Basis der Abzinsung mit Zerobondabzinsfaktoren erhält man nahezu das gleiche Ergebnis. Differenzen beruhen auf Interpolationsunterschieden, die vernachlässigbar sind. So liefert das damit arbeitende und auf beigelegter CD-ROM gespeicherte Programm eine Vorfälligkeitsentschädigung von 17.982,68 bei einer Zahllast von 204.662,86 bzw. mit Sondertilgung 214.662,86. Das Programm erlaubt es dem Leser, den typischen Praxisfall (Annuitätendarlehen) mit hinreichender Genauigkeit abzubilden. Die CD enthält auch eine Checkliste zu den wichtigsten Problembereichen der Vorfälligkeitsentschädigung sowie das Muster einer Aufhebungsvereinbarung. Darüber hinaus sind bis Juni 2002 die historischen PEX-Renditen eingestellt, und es findet sich ein Link zum VDM, um die aktuellen Hypothekenpfandbriefsätze laden zu können.

Die Berechnungsparameter und die Entwicklung des Kreditkontos können Abbildung 18 entnommen werden.

Nunmehr ist auf Softwareprogramme zurückzukommen, die auf den ersten Blick korrekt zu rechnen scheinen. Tatsächlich aber wird nicht mit ZBF abgezinst, sondern mit den jeweiligen Kuponrenditen, was bei normaler steiler Zinsstrukturkurve zu Lasten des Kunden geht (vgl. Abbildung 19). Das Verfahren ist deshalb abzulehnen.

Der Fehler liegt darin, dass die Krümmung der Zinsstrukturkurve im Bereich › 1 Jahr nicht exakt abgebildet wird. Wie ausgeführt gelingt dies nur mit Hilfe der Duplizierungstechnik (strukturkongruente Refinanzierung, MARZIPAN-Methode) oder unter Einsatz der Zerobondabzinsfaktoren. Der Fehler kann den Abbildungen 18 und 19 entnommen werden. Beispielhaft wurde der Abzinsfaktor der 52. Rate hervorgehoben.

Aktiv-Passiv-Vergleich mit Zerobondabzinsfaktoren
(WISO-Methode; vgl. beiliegende CD)

Abrechnungsdaten:

Nominalzinssatz	7,00 %	
Risikoprämie	0,060 %	
Verwaltungskosten	5,00	p.M.
Sondertilgungsrecht	10.000,00	p.a.

Abrechnung:

Kurswert der Raten	123.024,01	
Kurswert der Restschuld	82.482,92	
= vorläufige Zahllast	205.506,92	
./. Risikoerstattung	-354,44	
./. Verwaltungskostenerstattung	-244,81	
= (endgültige) Zahllast	204.907,67	mit Sondertilgung
Stand Kreditkonto	186.680,18	
Vorfälligkeitsentschädigung	18.227,49	

| | | | | | | 214.907,67 | |

Kreditkonto Annuitätendarlehen

Rate	Termin	Restschuld	Nominal-zinsen	Zins-tage	Rate	Tilgung	Sonder-tilgung	Pfandbrief-sätze	Zerobond-Abzinsungs-faktor	abgezinste Rate	erstattete Risikoprämie	abgezinste Risikoprämie	erstattete VWK	abgezinste VWK
1	30. 6.1999	186680,18	1088,97	30	1750,00	661,03		2,976 %	0,997559305	1745,73	9,33	9,31	5,00	4,99
2	30. 7.1999	186019,15	1085,11	30	1750,00	664,89		2,972 %	0,995130495	1741,48	9,30	9,26	5,00	4,98
3	30. 8.1999	185354,26	1081,23	30	1750,00	668,77		2,968 %	0,992713483	1737,25	9,27	9,20	5,00	4,96
4	30. 9.1999	184685,49	1077,33	30	1750,00	672,67		2,965 %	0,990308184	1733,04	9,23	9,14	5,00	4,95
5	30.10.1999	184012,82	1073,41	30	1750,00	676,59		2,961 %	0,987914512	1728,85	9,20	9,09	5,00	4,94
6	30.11.1999	183336,23	1069,46	30	11750,00	10680,54	10000,00	2,958 %	0,985532385	11580,01	9,17	9,03	5,00	4,93
7	30.12.1999	172655,69	1007,16	30	1750,00	742,84		2,954 %	0,983161717	1720,53	8,63	8,49	5,00	4,92
8	30. 1.2000	171912,85	1002,82	30	1750,00	747,18		2,950 %	0,980802427	1716,40	8,60	8,43	5,00	4,90
9	29. 2.2000	171165,67	998,47	30	1750,00	751,53		2,947 %	0,978454433	1712,30	8,56	8,37	5,00	4,89
10	30. 3.2000	170414,14	994,08	30	1750,00	755,92		2,943 %	0,976117655	1708,21	8,52	8,32	5,00	4,88
11	30. 4.2000	169658,22	989,67	30	1750,00	760,33		2,940 %	0,973792011	1704,14	8,48	8,26	5,00	4,87
12	30. 5.2000	168897,89	985,24	30	1750,00	764,76		2,936 %	0,971477423	1700,09	8,44	8,20	5,00	4,86
...														
52	30.10.2003	99440,42	586,85	30	1750,00	1163,15		3,988 %	0,842775034	1474,86	5,03	4,24	5,00	4,21
53	30.11.2003	98270,49	580,07	30	1750,00	1169,93		4,005 %	0,839345766	1468,86	4,97	4,17	5,00	4,20
										123024,01		354,44		244,81

Abbildung 18: Aktiv-Passiv-Vergleich mit Zerobondzinsfaktoren

IV. Fallstudie: Methodenvergleich 199

Aktiv-Passiv-Vergleich mit "falscher steiler" Zinsstrukturkurve

Abrechnungsdaten:

Nominalzinssatz	7,00%	
Risikoprämie	0,060%	
Verwaltungskosten	5,00	p.M.
Sondertilgungsrecht	10.000,00	p.a.

Abrechnung:

Kurswert der Raten	123.077,53	
Kurswert der Restschuld	82.621,42	
= vorläufige Zahllast	205.698,94	
./. Risikoerstattung	-354,58	
./. Verwaltungskostenerstattung	-244,92	
= (endgültige) Zahllast	205.099,44	mit ST
Stand Kreditkonto	186.680,18	
Vorfälligkeitsentschädigung	**18.419,26**	

215.099,44

Fehlerquelle: falsche Abzinsung im Bereich > 1 Jahr

Kreditkonto Annuitätendarlehen

Rate	Termin	Restschuld	Nominal-zinsen	Zins-tage	Rate	Tilgung	Sondertilgung	Pfandbrief-sätze	Zins-tage	Abzinsungs-faktor	abgezinste Rate	erstattete Risikoprämie	abgezinste Risikoprämie	erstattete VWK	abgezinste VWK
	30. 6. 1999	186680,18		30											
1	30. 7. 1999	186019,15	1088,97	30	1750,00	661,03		2,976%	30	0,997559305	1745,73	9,33	9,31	5,00	4,99
2	30. 8. 1999	185354,26	1085,11	30	1750,00	664,89		2,972%	60	0,995130495	1741,48	9,30	9,26	5,00	4,98
3	30. 9. 1999	184685,49	1081,23	30	1750,00	668,77		2,968%	90	0,992713483	1737,25	9,27	9,20	5,00	4,96
4	30. 10. 1999	184012,82	1077,33	30	1750,00	672,67		2,965%	120	0,990308184	1733,04	9,23	9,14	5,00	4,95
5	30. 11. 1999	183336,23	1073,41	30	1750,00	676,59		2,961%	150	0,987914512	1728,85	9,20	9,09	5,00	4,94
6	30. 12. 1999	172655,69	1069,46	30	11750,00	10680,54	10000,00	2,958%	180	0,985532385	11580,01	9,17	9,03	5,00	4,93
7	30. 1. 2000	171912,85	1007,16	30	1750,00	742,84		2,954%	210	0,983161717	1720,53	8,63	8,49	5,00	4,92
.....															
52	30. 10. 2003	99440,42	586,85	30	1750,00	1163,15		3,988%	1560	0,844111837	1477,20	5,03	4,25	5,00	4,22
53	30. 11. 2003	98270,49	580,07	30	1750,00	1169,93		4,005%	1590	0,840755114	1471,32	4,97	4,18	5,00	4,20
											123077,53		354,58		244,92

Fehlerbeispiel:
= 1/1,03988^(1560/360)

Abbildung 19: Falscher Aktiv-Passiv-Vergleich (Abzinsung mit Kuponrenditen)

200 E. Konkrete Methoden zur Berechnung der Zahlungsverpflichtung

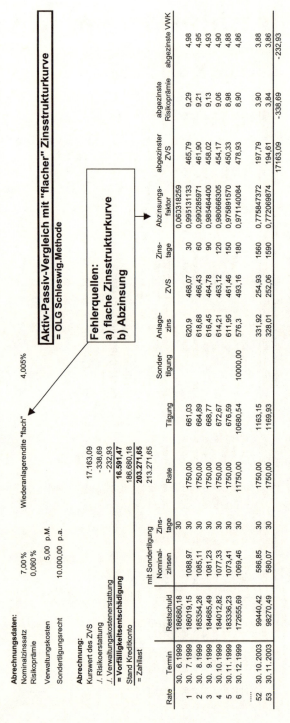

Abbildung 20: Aktiv-Passiv-Vergleich nach OLG Schleswig

Die gleiche ablehnende Feststellung trifft auf die vom OLG Schleswig entwickelte Variante des Aktiv-Passiv-Vergleichs zu.[62] Dabei werden die erzielbaren Kundenzinsen mit den am Geld- und Kapitalmarkt erzielbaren Anlagezinsen verglichen. Der Aufbau des Aktiv-Passiv-Vergleichs nach OLG Schleswig ist Abbildung 20 zu entnehmen.

Inkonsistent ist es, den Anlagezinssatz sowohl für die Berechnung der schadensmindernden Anlagezinsen (kaufmännische, d. h. lineare Zinsrechnung) als auch für die (exponentielle) Abzinsung zu verwenden. Dies widerspricht wichtigen finanzmathematischen Zusammenhängen zwischen der Nominal- und der Effektivverzinsung. Gewichtiger ist der zweite Fehler: es wird die reale Zinsstrukturkurve vernachlässigt. Das Ergebnis fällt bei der angenommenen normalen Zinsstrukturkurve zu Lasten der Bank aus. Die Berechnungsmethode des OLG Schleswig widerspricht somit der Realität der Geld- und Kapitalmärkte und weist überdies finanzmathematische Mängel auf:

- Der Anlagezinssatz i^{gkm} wird sowohl für die Berechnung der schadensmindernden Anlagezinsen (kaufmännische, d. h. lineare Zinsrechnung) als auch für die (exponentielle) Abzinsung verwendet. Die finanzmathematischen Zusammenhängen zwischen der Nominal- und der Effektivverzinsung werden damit falsch dargestellt. Korrekt ist es nur, die Wiederanlagezinsen anhand des Nominalzinssatzes (i^{nom}) zu berechnen; die Abzinsung muß dagegen mit dem Effektivzinssatz (i^{eff}) erfolgen. Im Beispiel gilt:[63] $i^{eff} = (1 + 0,04005/4)^{12} - 1 = 0,06032$. Plausibilisierung der Formel:

Ein Kunde schließt einen Sparvertrag, Laufzeit 1 Jahr, monatliche Zinszahlung auf das vorhandene Kapital, Zinssatz nominal 4,005 %:

	Zinstage	Zinssatz Kapital	4,005% nominal Zinsen
30.12.2000		1000,00	
30. 1.2001	30	1003,34	3,34
28. 2.2001	30	1006,69	3,35
30. 3.2001	30	1010,05	3,36
30. 4.2001	30	1013,42	3,37
30. 5.2001	30	1016,80	3,38
30. 6.2001	30	1020,19	3,39
30. 7.2001	30	1023,60	3,40
30. 8.2001	30	1027,01	3,42
30. 9.2001	30	1030,44	3,43
30.10.2001	30	1033,88	3,44
30.11.2001	30	1037,33	3,45
30.12.2001	30	1040,79	3,46
		Rendite	4,0793 %

- Die reale Zinsstrukturkurve wird vernachlässigt, was einen fairen Interessensausgleich zwischen Bank und Kunde unmöglich macht.
- Nicht die ohnehin unzutreffend ermittelte Zinsdifferenz zwischen Kunden- und Marktzinsen ist relevant, sondern der ursprünglich vereinbarte Cash-Flow zwischen Bank und Kunde.

---

[62] OLG Schleswig WM 1998, 861.
[63] Im Beispiel nur näherungsweise, da die erste Periode nur ein Monat umfaßt. Die angeführte Formel gilt bei jeweils gleich langen Perioden.

102 Zwischen der exakten Rechnung und der finanzmathematisch unzulänglichen Methode des OLG Schleswig bestehen damit erhebliche Ergebnisunterschiede.

2. Aktiv-Aktiv-Vergleich

103 Die für den Aktiv-Passiv-Vergleich angenommenen Daten werden jetzt auf den abstrakten Aktiv-Aktiv-Vergleich übertragen. Konsequenterweise sind sowohl der Zinsmargenschaden als auch der Zinsverschlechterungsschaden mit Zerobondabzinsfaktoren abzuzinsen. Angenommen wird eine Nettomarge von 0,5 %; hinsichtlich der Kostenerstattung wurden die Annahmen aus dem Aktiv-Passiv-Vergleich übernommen. Der Ausreichungssatz im Neudarlehen wurde bewußt so gewählt, daß sich eine Übereinstimmung mit dem Aktiv-Passiv-Vergleich[64] ergibt. Das ist selbstverständlich gerade nicht der Regelfall! Im Beispiel wäre vielmehr zu fragen, zu welchen Konditionen die Bank im Neugeschäft ausgeliehen hätte. Das Ergebnis findet sich in Abbildung 21.

V. Disagioerstattung

1. Methode der Disagioerstattung

104 Im BGH-Urteil vom 27. 1. 1998[65] wird die nominalzinskonstante Berechnung vom BGH als „allein sachgerecht" bezeichnet. Sie ist demzufolge verbindlich bei der Berechnung der Disagioerstattung zu verwenden.

Beispiel: Nominalbetrag 100.000 €; Nominalzinssatz 8%; halbjährliche Zinszahlung; Tilgung in zwei gleich hohen Raten (je einem Jahr nach Auszahlung); Disagio 8%; Laufzeit 2 Jahre.

Nominalkonto
Nominalzinssatz 8,00%

Zahlungen	Zinstage	Zinsen	Rate	Tilgung	Restkapital
30.12.2000					100.000,00 €
30. 6.2001	180	4.000,00 €	4.000,00 €	- €	100.000,00 €
30.12.2001	180	4.000,00 €	54.000,00 €	50.000,00 €	50.000,00 €
Zinsen des ersten Jahres		8.000,00 €			
30. 6.2002	180	2.000,00 €	2.000,00 €		50.000,00 €
30.12.2002	180	2.000,00 €	52.000,00 €	50.000,00 €	- €
Zinsen des zweiten Jahres		4.000,00 €			
Summe		**12.000,00 €**	**112.000,00 €**	**100.000,00 €**	

Bei der nominalzinskonstanten Verteilung wird der Disagioverbrauch proportional zum Anfall der Nominalzinsen des betrachteten Zeitraums ermittelt. Im Beispiel entfallen von den 8.000 € 5.333,33 € auf erste und 2.666,67 € auf zweite Jahr:

$$5333,33 = \frac{8000}{1200} * 8000 \text{ bzw. } 2666,67 = \frac{4000}{12000} * 8000 \text{ €}$$

---

[64] Variante mit Zerobondabzinsfaktoren.
[65] NJW 1998, 1062 = WM 1998, 495 = ZIP 1998, 418.

V. Disagioerstattung

Abrechnungsdaten:
Nominalzinssatz: 7,00 %   Ausreichungssatz Neudarlehen: 4,414 %
                          Zinsmargenschaden (% p.a.): 0,50 %

Sondertilgungsrecht: 10.000,00 p.a.

Aktiv-Aktiv-Vergleich mit Zerobondabzinsfaktoren

Abrechnung:

Gegenwartswert des ZVS	15.273,82
Gegenwartswert des ZMS	2.953,70
= vorläufige Vorfälligkeitsentschädigung	18.227,52
= (endgültige) Vorfälligkeitsentschädigung	**18.227,52**
Stand Kreditkonto	186.680,18
= **Zahllast**	**204.907,70** mit Sondertilgung

                                                          214.907,70

                                          4,414 %   0,50 %

Kreditkonto Annuitätendarlehen

Rate	Termin	Restschuld	Nominal-zinsen	Zinstage	Rate	Tilgung	Sonder-tilgung	Wiederanla-gezinsen	ZVS	ZMS	Pfandbrief-sätze	Abzinsungs-faktor	abgezinster ZVS	abgezinster ZMS
	30. 6.1999	186680,18		30										
1	30. 7.1999	186019,15	1088,97	30	1750,00	661,03		686,74	402,23	77,78	2,976 %	0,997559305	401,25	77,59
2	30. 8.1999	185354,26	1085,11	30	1750,00	664,89		684,31	400,80	77,51	2,972 %	0,995130495	398,85	77,13
3	30. 9.1999	184685,49	1081,23	30	1750,00	668,77		681,87	399,36	77,23	2,968 %	0,992713483	396,45	76,67
4	30.10.1999	184012,82	1077,33	30	1750,00	672,67		679,41	397,92	76,95	2,965 %	0,990308184	394,06	76,20
5	30.11.1999	183336,23	1073,41	30	1750,00	676,59		676,93	396,48	76,67	2,961 %	0,987914512	391,69	75,74
6	30.12.1999	172655,69	1069,46	30	11750,00	10680,54	10000,00	674,44	395,02	76,39	2,958 %	0,985532385	389,31	75,28
7	30. 1.2000	171912,85	1007,16	30	1750,00	742,84		635,15	372,01	71,94	2,954 %	0,983161717	365,75	70,73
...														
14	30. 8.2000	166590,20	976,29	30	1750,00	773,71		615,68	360,61	69,73	3,005 %	0,965965452	348,34	67,36
15	30. 9.2000	165811,98	971,78	30	1750,00	778,22		612,84	358,94	69,41	3,040 %	0,963147168	345,71	66,85
...														
52	30.10.2003	99440,42	586,85	30	1750,00	1163,15		370,09	216,76	41,92	3,988 %	0,842775034	182,68	35,33
53	30.11.2003	98270,49	580,07	30	1750,00	1169,93		365,81	214,26	41,43	4,005 %	0,839345766	179,84	34,77
													15273,82	2953,70

Abbildung 21: Aktiv-Aktiv-Vergleich

204   E. Konkrete Methoden zur Berechnung der Zahlungsverpflichtung

Die nominalzinskonstante Verteilung des Disagios ist einfach durchzuführen, und sie entspricht der aktuellen steuerrechtlichen Handhabung. Allerdings gleicht der Effektivzinssatz bezogen auf die tatsächliche (verkürzte) Laufzeit nicht dem ursprünglichen Effektivzinssatz. Dies ist aus betriebswirtschaftlicher Sicht unbefriedigend, da nur die effektivzinskonstante Abgrenzung plausibel ist. Nur bei dieser Methode entsprechen sich der ursprüngliche Effektivzinssatz und der Effektivzinssatz der verkürzten Laufzeit.

Im Beispiel beträgt der Effektivzinssatz nach PAngV 14,67 %, und die **effektivzinskonstante Disagioverteilung** würde 2.785,46 € ergeben:

Effektivzinssatz nach PAngV		14,6717%					
Datum	effektive Zinsen	Rate	effektive Tilgung	effektives Restkapital	Disagio	Auflösung	
30.12.2000	- €	- €	- €	92.000,00 €	8.000,00 €		
30. 6.2001	6.518,07 €	4.000,00 € -	2.518,07 €	94.518,07 €	5.481,93 €	2.518,07 €	
30.12.2001	6.696,47 €	54.000,00 €	47.303,53 €	47.214,54 €	2.785,46 €	2.696,47 €	5.214,54 €
30. 6.2002	3.345,08 €	2.000,00 € -	1.345,08 €	48.559,62 €	1.440,38 €	1.345,08 €	
30.12.2002	3.440,38 €	52.000,00 €	48.559,62 € -	0,00 €	0,00 €	1.440,38 €	2.785,46 €
	20.000,00 €	112.000,00 €	92.000,00 €			8.000,00 €	

Abbildung 22: Effektivzinskonstante Disagioauflösung I

Bei der vom BGH abgelehnten effektivzinskonstanten Erstattung ergibt sich hingegen ein plausibles Ergebnis, da der Effektivzinssatz der verkürzten Laufzeit gerade dem der ursprünglichen Laufzeit entspricht:

Zinssatz	14,67167% PAngV		Disagioerstattung	2.785,46 DM
Zahlung	Zinsen	Zahlung	Tilgung	Restkapital
30.12.2000	- €	- €	- €	92.000,00 €
30. 6.2001	6.518,07 €	4.000,00 € -	2.518,07 €	94.518,07 €
30.12.2001	6.696,47 €	51.214,54 €	44.518,07 €	50.000,00 €
	13.214,54 €	= 54000-2785,46	42.000,00 €	

Abbildung 23: Effektivzinskonstante Disagioauflösung II

2. Disagioerstattung und Vorfälligkeitsentschädigung

105   Im Disagio-Urteil hat der BGH ausführlich Stellung zum Zusammenhang zwischen Vorfälligkeitsentschädigung und Damnumerstattung genommen.[66] Die Entscheidung ist jedoch inhaltlich teilweise überholt.

106   Die Erstattung von Disagio bzw. das Verlangen einer Vorfälligkeitsentschädigung hängt vom Grund der Vertragsbeendigung ab, wie Abbildung 24 verdeutlicht.

107   Es besteht kein Anlaß für eine Vorfälligkeitsentschädigung, wenn weder eine gesetzliche (§ 609a BGB a. F. bzw. § 489 BGB n. F.) noch eine vertraglich geschützte Zinserwartung des Kreditinstituts vorliegt. Ob es zu einer Disagioerstattung kommt, hängt vom Kündigungsgrund ab. Hier sind zwei Fälle zu unterscheiden.

---

[66] BGH WM 1996, 2047.

V. Disagioerstattung

Abbildung 24: Disagioerstattung in Abhängigkeit von Kündigungsrechten

Fall 1: Der Kreditnehmer übt bestehende Kündigungsrechte aus 108
(vgl. z. B. § 609a BGB a. F. bzw. § 489 BGB n. F.):
Die Bank muß eine Disagioerstattung vornehmen, da das Disagio als „laufzeitabhängiger Ausgleich für einen niedrigeren Nominalzinssatz anzusehen ist".[67] Die Erstattung erfolgt aufgrund des BGH-Urteils vom 27.1.1998 nominalzinskonstant.[68]

Fall 2: Kreditgeber kündigt fristlos aus wichtigem Grund 109
In dieser Situation kündigt der Kreditgeber berechtigterweise. Da letztlich der Kreditnehmer die Kündigung zu vertreten hat, besteht eine geschützte Zinserwartung des Kreditinstituts. Nach BGH 8.10.1996 wäre eine Disagioerstattung entbehrlich, was im Ergebnis auf eine pauschalierte Vorfälligkeitsentschädigungsberechnung hinausliefe: der Disagioeinbehalt würde die Berechnung der Vorfälligkeitsentschädigung ersetzen. Allerdings hat das Urteil aus 1996 hier einen entscheidenden Punkt letztlich offengelassen. Bei gestiegenen Anlagezinsen, die den effektiven Vertragszinssatz übersteigen, kommt ein Anspruch auf Berücksichtigung dieses Vorteils für die Bank „in Betracht" (so wörtlich der BGH). Ab welcher Grenze dies gelten soll, ist bislang ungeklärt.

Nach hier vertretener Ansicht können bei Übernahme des BGH-Wortlautes 110 kaum vertretbare Ergebnisse resultieren und Kreditnehmer möglicherweise in unvertretbarer Weise benachteiligen. Die Argumentation kann durch ein bewußt extrem gewähltes Beispiel – Disagioeinbehalt bei einem Darlehen mit 0 % Nominalzinssatz und entsprechend hohem Disagio – verdeutlicht werden: 78 % Auszahlung, 0 % Nominalzinsen, Laufzeit 4 Jahre; Marktrendite 6 % bei Ausreichung. Es ergibt sich eine Effektivverzinsung von 6,4085 %. Bei Ablöse nach zwei Jahren – unveränderte Marktzinsen von 6 % unterstellt – würde bei Einbehalt des Disagios eine Rückzahlung von 100.000 € mit der BGH-Argumentation gefordert, während der faire Rückzahlungsbetrag bei 88999,64 € liegt. Die rechnerische Begründung wurde bereits unter E. III. 6. geliefert. Der Kurswert/Barwert ergibt sich mit:

$$\frac{100.000}{1,06^2} = 88999,64$$

---

[67] BGH WM 1996, 2048.
[68] NJW 1998, 1062 ff.

111 Der so berechnete Wert ist unmittelbar plausibel. Nach zwei Jahren ist im Beispiel die Hälfte des Disagios verbraucht. Besteht die Bank dagegen auf ihrem nominalen Rückzahlungsanspruch in Höhe von 100.000 €, so fließen ihr rund 11.000 € zuviel zu, weil sie den vorausgezahlten Zins einfach behält und andererseits bei unveränderten Marktzinsen keinen Schaden hat. Dieses offensichtlich unangemessene Ergebnis dürfte nicht der Intention des BGH entsprechen! Es ist der Kreditwirtschaft deshalb zu empfehlen, auch in der Fallgruppe 2 das Darlehen nach den Grundsätzen zur Berechnung von Vorfälligkeitsentschädigungen abzurechnen. Nur so wird eine für beide Seiten akzeptable Lösung erzielt. Der vom BGH 1996 eingeräumte Disagiovorbehalt als pauschalierter Schadensersatz ist deshalb abzulehnen, da das Urteil in dem angesprochenen Punkt als überholt anzusehen ist.

112 Ergebnis: Die vom Kreditnehmer zu vertretende Vertragsauflösung führt generell zu einem Schadensersatzanspruch der Bank,[69] der nach den unten erläuterten Grundsätzen zur Vorfälligkeitsentschädigung zu berechnen ist. Das Disagio ist dabei ein „unselbständiger Rechnungsposten".

113 **Fall 3: Nicht bestehende Kündigungsrechte des Kreditnehmers**
In dieser Fallkonstellation kann die Bank die Vertragsauflösung von der Zahlung einer angemessenen Vorfälligkeitsentschädigung abhängig machen. Der im Urteil vom 8.10.1996 formulierte Leitsatz ist nach wie vor unmittelbar relevant:

Die Bank ist so zu stellen, „wie sie bei ordnungsgemäßer Durchführung des Vertrages bis zum Ende der festgelegten Laufzeit gestanden hätte".[70]

114 Der BGH hat 1996 zwei Alternativen entwickelt:

115 **Alternative 1**: Die Bank kann das Disagio „im Regelfall" (so der BGH wörtlich) behalten; der Disagioeinbehalt gilt zugleich als Schadensersatz. Wiederum ist zu fragen, wann von diesem Regelfall abzuweichen ist; auch hier ist wohl auf gestiegene Anlagezinssätze zu achten. Und erneut ist nach der gegebenenfalls zu beachtenden Grenze zu fragen. Mit der Argumentation von oben (Fall 2) muß das Urteil von 1996 in diesem Punkt als überholt eingestuft werden. Es verbleibt die Alternative 2, die auch nach dem neuesten BGH-Urteil vom 7.11.2000 nicht zu beanstanden ist.

116 **Alternative 2**: Das Kreditinstitut kann eine Vorfälligkeitsentschädigung (VE) berechnen, muß dabei aber das unverbrauchte Disagio berücksichtigen.

117 Ergebnis: Nur Alternative 2 ist korrekt. Banken sollten in der genannten Fallkonstellation generell eine Vorfälligkeitsentschädigung berechnen. Wie nachgewiesen wurde, wird der Disagioerstattungsanspruch bei der exakten Variante des Aktiv-Passiv-Vergleichs automatisch berücksichtigt.

118 Nunmehr ist nochmals die Behauptung aufzugreifen, das Disagio habe grundsätzlich keine Auswirkung auf das Abrechnungsergebnis bei Berechung einer Vorfälligkeitsentschädigung. Vielmehr hatte das ursprünglich vereinbarte Disagio die

---

[69] Ansonsten käme man zu dem wenig überzeugenden Ergebnis, daß ein Kunde durch Provozieren einer Kündigung bessergestellt wäre gegenüber demjenigen, der den Weg der einvernehmlichen Vertragsauflösung einschlägt.
[70] BGH WM 1996, 2048.

V. Disagioerstattung

laufende Zinszahllast (gemessen an der 100%-Auszahlungsvariante) verringert, weswegen der Cash-Flow-Schaden der Bank c. p. geringer ausfällt.

Beispiel: Nominalbetrag 100.000,00, Auszahlungsdatum 30.6.10, Laufzeit 2 Jahre, Auszahlungsbetrag 99.000,00 (Disagio 1%), Nominalzinssatz 6% (jährlich zu zahlen), Tilgung in zwei gleich hohen Jahresraten zum 30.6.11 und 30.6.12. Unterstellt man vereinfachend eine flache Zinsstrukturkurve zu 5%, so lässt sich die Marge der Bank leicht ermitteln. Da sie nur 99.000 € auszahlt, aber sich in Höhe von 101.405,90 € refinanzieren könnte, verbleibt ihr kalkulatorisch ein Gewinn per 30.6.10 von 2.405,90 € (vgl. Abbildung 25):

Kalkulation bei Auszahlung am:	30. 6. 2010	30. 6. 2011	30. 6. 2012
Vereinbarter Zahlungsstrom	- 99.000,00 €	56.000,00 €	53.000,00 €
Disagioverteilung nominalzinskonstant		666,67 € =(1000/9000)*6000	333,33 € =(1000/9000)*3000
Refinanzierung der Raten am Kapitalmarkt (Hypothekenpfandbriefe)			
1. Refinanzierung (Laufzeit 2 Jahre) zu 5,000%	50.476,19 € Refinanzierung	- 2.523,81 € Zins	- 53.000,00 € Zins u. Tilgung
2. Refinanzierung (Laufzeit 1 Jahr) zu 5,000%	50.929,71 € Refinanzierung	- 53.476,19 € Zins u. Tilgung	
Refinanzierung gesamt	101.405,90 €	- 56.000,00 €	- 53.000,00 €
Gewinn der Bank ("barwertig")	2.405,90 €		

Abbildung 25: Irrelevanz des Disagios bei der Kurswertmethode I

Bei angenommener Ablösung nach einem Jahr gegen Zahlung einer Vorfälligkeitsentschädigung ergibt sich anhand der mehrfach vorgetragenen Argumentation folgendes Ergebnis (vgl. Abbildung 26). Bleibt die Marktrendite unverändert, muß der Kunde 50.476,19 zahlen (bei Anstieg der Marktrendite müßte er nur 49.532,71 zahlen).

Ablösung am:	30. 6. 2011	30. 6. 2012
ausfallender Zahlungsstrom		53.000,00 DM
Wiederbeschaffung der ausfallenden Rate am Kapitalmarkt (Hypothekenpfandbriefe)		
Anlage (Laufzeit 1 Jahr) zu 5,000%	- 50.476,19 € Anlage	53.000,00 € Zins u. Tilgung
Zum Vergleich:		
Anlage (Laufzeit 1 Jahr) zu 7,000%	- 49.532,71 € Anlage	53.000,00 € Zins u. Tilgung

Abbildung 26: Irrelevanz des Disagios bei der Kurswertmethode II

Die Ergebnisse folgen unmittelbar aus dem Aktiv-Passiv-Vergleich. Darin ist die Disagioauflösung bereits systembedingt enthalten. Allerdings muß der enthaltene Betrag transparent und laut Rechtsprechung gesondert ausgewiesen werden. Da die effektivzinskonstante Verteilung unzulässig ist, muß zwingend in der Abrechnung auf die nominalzinskonstante Verteilung des Disagios zurückgegriffen werden. Dabei wird der Disagioverbrauch proportional zum Anfall der Nominalzinsen des betrachteten Zeitraums ermittelt.

Daraus leitet sich die Abrechnung der Bank ab:

Restschuld	50.000,00
Vorfälligkeitsschaden	+ 476,19
= Ablösebetrag)	**= 50.476,19**

darin enthalten ist eine Disagioerstattung in Höhe von 333,33.

120 Das Disagio, der Ablösebetrag und die Restschuld sind zusammengefaßt gegebene Größen, aus denen die Vorfälligkeitsentschädigung berechnet wird. Das Disagio ist im korrekt durchgeführten Aktiv-Passiv-Vergleich ohne Einfluß auf die Zahllast des Kunden.

121 Soweit Banken den Aktiv-Aktiv-Vergleich heranziehen oder in Altfällen (vor BGH vom 7.11. 2000) beim Aktiv-Passiv-Vergleich zum Teil auf Effektivzinsbasis abgerechnet haben, ergaben sich in der Praxis immer wieder Streitigkeiten, wie in diesem Zusammenhang das Disagio zu berücksichtigen ist. Hierzu kann man folgende Regel aufstellen:[71]

122 Erfolgt ein Vergleich auf Nominalzinsbasis, so ist das nicht verbrauchte Disagio im Abrechnungsvorgang bereits enthalten. Bei einem Vergleich auf Effektivzinsbasis hingegen muß das unverbrauchte Disagio hingegen explizit eingerechnet (erstattet) werden. Zu Details vgl. oben unter E. I. 2.

3. Zinsfestschreibungszeit und rechtlich geschützter Zinserwartungszeitraum

123 Ein Spezialproblem ergibt sich bei langlaufenden Kreditverträgen, wenn bei Krediten mit Disagio die Zinsfestschreibungszeit (z. B. 15 Jahre) den rechtlich geschützten Zinserwartungszeitraum des Kreditinstituts (10 Jahre und 6 Monate nach § 609a Abs. 1 Nr. 3 BGB a. F. bzw. § 489 Abs. 1 Nr. 3 BGB n. F.) übersteigt. Der Darlehensnehmer hat sich mit Vereinbarung des Disagios einen günstigeren Zinssatz für die vereinbarte Festschreibungszeit gesichert.[72] Die Bank kann den Kredit während der Festschreibung bei vertragsgemäßem Verlauf nicht kündigen. Das Disagio wird also regelmäßig über die gesamte Festschreibungsfrist aufzulösen sein. Das bedeutet, daß der Darlehensnehmer nach z. B. 12 Jahren vorfälligkeitsentschädigungsfrei kündigen kann, ihm aber das noch unverbrauchte Disagio auszukehren ist. Formularmäßige Regelungen, wonach das Disagio über eine kürzere Zeit (regelmäßig 10 Jahre wegen § 609a BGB a. F. bzw. § 489 BGB n. F.) als die Zinsfestschreibung aufgelöst wird, dürften zumindest dann wegen unangemessener Benachteiligung des Kreditnehmers nach § 9 AGBG (§ 307 BGB n. F.) unwirksam sein, wenn sich der Zinssatz nach Beendigung der Disagioauflösung nicht verändert, also erhöht.

124 Zur Erläuterung der Fragestellung wird ein einfaches **Beispiel** eingeführt bei Gültigkeit einer flachen und im Zeitablauf konstanten Zinsstrukturkurve.

---

[71] Vgl. *Wimmer*, Sparkasse 1998, 326.
[72] BGH WM 1995, 1617.

V. Disagioerstattung

Laufzeit 4 Jahre; Nominalbetrag 100.000; Vertragsvariante 1: Nominalzinssatz 6,1544 % bei Auszahlung 100 %; Vertragsvariante 2: Nominalzinssatz 5 % bei Auszahlung 96 % und einem Zinsvorteilszeitraum von 4 Jahren. In beiden Fällen soll der Kunde nach zwei Jahren kündigen können (geschützter Zinserwartungszeitraum des Kreditinstituts 2 Jahre). Der Refinanzierungszinssatz beträgt 6 %.

Die beiden Varianten wurden so gewählt, daß sie aus Sicht der Bank exakt gleichwertig sind (vgl. Abbildung 27). Die Gleichwertigkeit ist gegeben, wenn unter Berücksichtigung der Kreditauszahlung die (Margen)Barwerte der Varianten identisch ist. In einer Welt ohne Zinsen wäre dies offensichtlich nicht der Fall:

$-100.000 + 4*6.154,36 + 100.000 = +24.617,44$
$-96.000 + 4*5.000 + 100.000 = +24.000$.

Die Bank würde Variante 1 wählen, da diese sie um 617,44 besserstellt. Bei 6 % Marktrendite (Refinanzierungssatz) ist hingegen die Gleichwertigkeit gegeben:

$$-100000 + \frac{6154,36}{1,06} + \frac{6154,36}{1,06^2} + \frac{6154,36}{1,06^3} + \frac{106154,36}{1,06^4} = +534,89$$

$$-96000 + \frac{5000}{1,06} + \frac{5000}{1,06^2} + \frac{5000}{1,06^3} + \frac{105000}{1,06^4} = +534,89$$

Es soll nun der faire Ablösebetrag bestimmt werden, wenn der Kunde das Darlehen nicht abnimmt (Bestimmung der Nichtabnahmeentschädigung). Annahmegemäß beläuft sich die Marktrendite nach wie vor auf 6 %.

In der Variante 1 ergibt sich die Lösung, indem der „geschützte Cash-Flow" (6.154,36 Jahr 1 und 106.154,36 im Jahr 2, das sind 100.000 Tilgung und 6.154,36 Zinsen) abgezinst wird. Die Zahllast des Kunden beträgt 100.283,01:

$$\frac{6154,36}{1,06} + \frac{106154,36}{1,06^2} = 100.283,01$$

In der Variante 2 ergibt sich die Lösung, indem zunächst der Kurswert des geschützten Cash-Flows (5.000 im Jahr 1 und 105.000 im Jahr 2) berechnet wird; man erhält 98.166,61. Dieser Betrag ist jedoch zu korrigieren. Die Zahllast in Höhe dieses Betrages ließe außer acht, daß die Bank hinsichtlich des auf die letzten zwei Jahre der vereinbarten Vertragslaufzeit entfallenden Disagios nicht schützenswert ist. Korrekterweise ergibt sich die Lösung auf Cash-Flow-Basis nur, wenn man die Cash-Flows der beiden Varianten vergleichbar macht. Hierzu sind demnach die beiden Cash-Flow-Differenzen der letzten zwei Jahre in Abzug zu bringen. Die Korrektur erfolgt also, indem die Disagioreste – abgezinst mit den Marktzinssätzen bei Ablösung, das sind 1.883,59 – erstattet werden. Der Kunde zahlt somit 96283,01. Das Ergebnis, das in Abbildung 26 hergeleitet wird, ist unmittelbar plausibel. Die Bank verdient in beiden Fällen den ihr für den geschützten Zinserwartungszeitraum zustehenden Margenbarwert in Höhe von 283,01: 100 %-Variante und Disagiovariante sind wiederum für die Bank gleichwertig.

Die zunächst kompliziert anmutende Umrechnung kann man sich folgendermaßen plausibel machen. Die Bank behält in Variante 2 sofort bei Auszahlung 4.000 € ein; das Disagio ist zweifelsfrei als vorausbezahlter Zins zu verstehen. Der Kunde zahlt deshalb in vier Folgejahren jeweils 1.154,36 € weniger Zins als in Variante 1. Die Gleichwertigkeit der Varianten läßt sich somit auch über diesen Zusammenhang herstellen:

$$4000 = \frac{1154,36}{1,06} + \frac{1154,36}{1,06^2} + \frac{1154,36}{1,06^3} + \frac{1154,36}{1,06^4}$$

Würde die Bank den Kurswert von 98.166,61 € vereinnahmen, so hätte sie offensichtlich 2.166,61 – also 98166,61 abzüglich 96.000 Restschuld – verdient. Dieser Betrag setzt sich

Annahmen: Zinsstrukturkurve unverändert; Vollablösung sofort

Disagioverteilung	0	1	2	3	4	Auflösung
20000	4.000,00	1000,00	1000,00	1000,00	1000,00	Disagio
	Rest	3000,00	2000,00	1000,00		

Alternative 100%

	Wiederanlagesatz	6%	Nominalzinssatz	6,15437%		
Jahr (t)	0	1	2	3	4	
AZF(t)	1,0000000	0,9433962	0,8899964	0,8396193	0,7920937	Margenbarwert
	-100.000,00	6.154,37	6.154,37	6.154,37	106.154,37	534,89

Alternative 96%

	Wiederanlagesatz	6%	Nominalzinssatz	5,000%		
Jahr (t)	0	1	2	3	4	
AZF(t)	1,0000000	0,9433962	0,8899964	0,8396193	0,7920937	Margenbarwert
	-96.000,0000	5.000,00	5.000,00	5.000,00	105.000,00	534,89

Ablösezeitpunkt

Kunde muß so gestellt sein, daß gegenüber der 100%-Variante kein Nachteil entsteht!

nicht geschützter Zeitraum

Differenz-Cash-Flow (100% zu 96%-Variante)

Jahr (t)	0	1	2	3	4
AZF(t)	1,0000000	0,9433962	0,8899964	0,8396193	0,7920937
				1.154,37	1.154,37
Barwert	1.883,59			969,23	914,37

Zahllast Disagiovariante:

	finanzmathematische Sichtweise	Basis: 5000/105000	Vereinfacht: Disagioerstattung lt. Abgrenzung	
Kurswert	98.166,61		Kurswert	98.166,61
Erstattung	-1.883,59		Erstattung	-2.000,00
zu zahlen	96.283,01		zu zahlen	96.166,61

Margenbarwert der Bank

Disagiovariante	283,01
100%-Variante	283,01

Bei der finanzmathematischen Vorgehensweise bleibt auch nach Vollablösung die Gleichwertigkeit der beiden Darlehensvarianten erhalten!

Abbildung 27: Disagioerstattung wenn Vorteilszeitraum länger als Zinserwartungszeitraum

aus der geschätzten Zins-/Gewinnerwartung von 283,01 und dem Disagioeffekt der Jahre 3 und 4 zusammen (1.883,59). Für letzteren gilt:

$$1883,59 = \frac{1154,36}{1,06^3} + \frac{1154,36}{1,06^4}$$

Ganz offensichtlich ist demnach die erläuterte Korrektur um das Disagio notwendig, um ein faires, d. h. finanzmathematisch exaktes Ergebnis zu erzielen. In der Praxis findet vielfach ein Näherungsverfahren Anwendung, indem das ausstehende Disagio laut nominalzinskonstanter Abgrenzung – wie sie vom BGH vorgegeben wird – erstattet wird. Es verbleibt Ende des zweiten Jahres ein Restdiagio von 2.000 €. Eine Abzinsung des Disagios ist nicht vorzunehmen, da die Abgrenzung „zinslos" vorgenommen wird (4*1.000=4.000). Insgesamt ergibt sich ein doch deutlicher Unterschied zur Kurswertrechnung. Rechtliche Vorgaben, wie zu rechnen ist, bestehen (derzeit) allerdings nicht.

Etwas unübersichtlicher wird die Berechnung, wenn nicht eine Voll-, sondern eine Teilablösung (Sondertilgung) vorgenommen wird. In diesem Fall muß immer das auf die Sondertilgung entfallende anteilge Disagio erstattet werden. Kein Problem tritt auf, wenn der Zinsvorteilszeitrum den Zinserwartungszeitraum nicht übersteigt, da die Kursbewertung (Vergleich Kurswert alte Vereinbarung und Kurswert neue Vereinbarung) die Erstattung bereits beinhaltet.

Wenn hingegen, wie in diesem Abschnitt angenommen, der Zinsvorteilszeitraum den Zinserwartungszeitraum übersteigt, so ist das auf die Sondertilgung entfallende Disagio explizit – wie oben bereits demonstriert – herauszurechnen. Die Disagiovariante ist mit der 100%-Variante vergleichbar zu machen. Alternativ wird man angesichts fehlender gesetzlicher Regelungen die vereinfachte Abrechnung, das bedeutet anteilige Erstattung des abgegrenzten Disagios, vornehmen dürfen.

Beispiel: Ergänzend zu oben sei angenommen, der Kunde leiste am Ende des ersten Jahres eine Sondertilgung in Höhe von 40.000 €. Der Effekt setzt sich wie folgt zusammen:
- Erstattung des Disagios 800 (= 400 + 400 bei vereinfachter Verteilung, vgl. Abbildung 28)
- Quantifizierung der Kurswertänderung, hier Vorteil von +377,36 (= 104.433,96 – 104.056,60; vgl. Abbildung 29).

Die Kurswertveränderung darf nur auf den geschützten Cash-Flow bezogen werden. Das bedeutet, die Tilgungsbeträge, die im nicht geschützten Zeitraum liegen, sind – wie bei einer Abschnittsfinanzierung – vorzuziehen. Der Kunde hätte der wirtschaftlichen Betrachtung zufolge nur 38.824 bzw. 38.822,64 zu zahlen für die Anrechnung einer Sondertilgung in Höhe von 40.000 € (Alternative a). Demgegenüber wird man mit der aktuellen Rechtslage auf die Erstattung des Kursgewinns verzichten dürfen (Alternative b).[73]

Disagioverteilung	0	1	2	3	4	
20000	4.000,00	1000,00	1000,00	1000,00	1000,00	Plan-Auflösung
	Rest Plan	3000,00	2000,00	1000,00		
	Sondertilgung	40000,00				
	Auflösung	0,40	400,00	400,00	400,00	Effekt ST
	Rest neu	1800	600	600	600	Verteilung neu
			nicht geschützter Zeitraum			

Abbildung 28: Sondertilgung und Disagioerstattung

---

[73] Vgl. auch die Diskussion im folgenden Abschnitt.

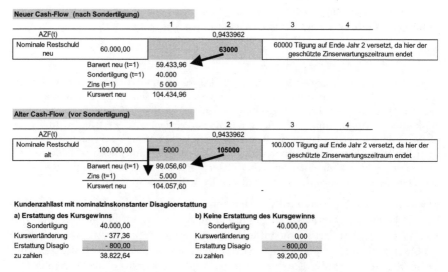

Abbildung 29: Sondertilgung und Kurswertveränderung

VI. Erstattung eines Zinsnutzens

127 Es wird immer wieder die Frage aufgeworfen, ob im Falle von gegenüber dem Darlehensabschlußzeitpunkt gestiegenen Marktrenditen ein „**Vorfälligkeitsnutzen**" herauszugeben ist. Juristisch gesehen besteht wie bereits ausgeführt keine derartige Verpflichtung. Indessen kann mit einfachen Beispielen nachgewiesen werden, weshalb diese Auffassung aus wirtschaftlicher Sicht unbefriedigend ist.

128 Hierzu wird ein einfaches **Beispiel** (betrachtet. Die Bank verdient bei der gewählten Konstellation barwertig 1,405,90 € (vgl. Abbildung 30).

	Nominalzinssatz	6 %		
	Ausreichung am:	30. 6. 2010	30. 6. 2011	30. 6. 2012
Vereinbarter Zahlungsstrom	-	**100.000,00 €**	**56.000,00 €**	**53.000,00 €**
Refinanzierung der Raten am Kapitalmarkt (Hypothekenpfandbriefe)				
1. Refinanzierung (Laufzeit 2 Jahre) zu 5,000 %		50.476,19 €	- 2.523,81 € Zins	- 53.000,00 € Zins u. Tilgung
2. Refinanzierung (Laufzeit 1 Jahr) zu 5,000 %		50.929,71 €	- 53.476,19 € Zins u. Tilgung	
Refinanzierung gesamt		**101.405,90 €**	- 56.000,00 €	- 53.000,00 €
Margenbarwert = 101405,90 -100000 = 1405,90				

Abbildung 30: Zinsnutzen: Ausgangssituation

Bei Ablösung des Darlehens nach einem Jahr bei einer gestiegenen Marktrendite liegt der Kurswert mit 49532,71 € unter der nominalen Restschuld von 50.000 €. Juristisch gesehen darf die Bank aber die nominale Restschuld verlangen.

VI. Erstattung eines Zinsnutzens

Ablösung am:	30. 6. 2011	30. 6. 2012
ausfallender Zahlungsstrom		53.000,00 €

Anlage der Raten am Kapitalmarkt (Hypothekenpfandbriefe)

Anlage (Laufzeit 1 Jahr) zu 7,000 %	- 49.532,71 € Anlage	53.000,00 € Zins u. Tilgung

Abbildung 31: Zinsnutzen: Kurswertberechnung

Nunmehr ist zu zeigen, weshalb die Vereinnahmung der nominalen Restschuld unbillig ist. Vergleicht man den vereinbarten und den letztlich realisierten Cash-Flow, so wird deutlich, daß die Bank ein „Zusatzgeschäft" gemacht hat (Abbildung 32). Die 500 € Extragewinn per 30. 6. 12 ergeben sich aus der Wiederanlage der Restschuld zu 7 % am 30. 6. 11. Der Bank fließen daraus am 30. 6. 12 53.500 € zu, das sind 500 € mehr als ihr planmäßig im Kundengeschäft zugeflossen wären. Demgegenüber erzielt die Bank bei Abrechnung zum Kurswert von 49.532,71 € exakt den ursprünglichen Cash-Flow – ein offensichtlich faires Ergebnis (Abbildung 33).

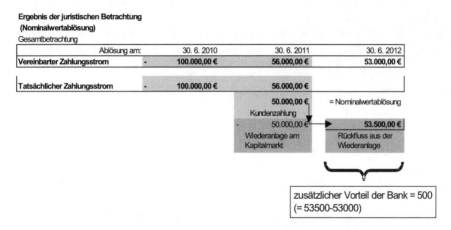

Abbildung 32: Nominalwertablösung und Vorfälligkeitsnutzen

Abbildung 33: Kurswertablösung und Vorfälligkeitsnutzen

VII. Vorfälligkeitsentschädigung und Vorschußzinsen [74]

1. Darstellung der Vorschußzinsberechnung

129 Die Novellierung des Kreditwesengesetzes (KWG) zum 1.1.1993 hatte die Streichung der gesetzlichen Vorschriften über den Sparverkehr mit Wirkung zum 1.7.1993 zur Folge. § 11 KWG verweist nunmehr auf die Rechnungslegungsverordnung der Kreditinstitute (RechKredV), die definiert, welche Einlagen zukünftig in der Bankbilanz als „Spareinlagen" ausgewiesen werden dürfen.[75]

130 Diese Definition ist für den einzelnen Bankkunden jedoch nur von untergeordneter Bedeutung, denn die Rechtsbeziehung zwischen dem Kreditinstitut und dem Sparkunden werden in den „Bedingungen für den Sparverkehr" der Banken und Sparkassen geregelt.

131 Gemäß den Sparbedingungen nehmen Kreditinstitute Gelder als Spareinlagen an, die der Ansammlung und Anlage von Vermögen, nicht aber z.B. dem Zahlungsverkehr dienen. Über Sparguthaben darf aus diesem Grund nur per Barauszahlung verfügt werden. Verfügungen über Spareinlagen können ohne Einhaltung der mindestens dreimonatigen Kündigungsfrist in einer maximalen Höhe von 2000,- € im Kalendermonat abgehoben werden. Insofern stellt sich auch nicht die Frage nach einem besonderen **Vorschußzins**, der in Anlehnung an die vor dem 1.1.1993 geltende Rechtslage als Vorschußzins bezeichnet wurde.

132 Die bei Sparbucheinlagen übliche Zinsgutschrift per 30.12. (die Zinskapitalisierung ist also kalenderabhängig!) kann bis zum 28. bzw. 29.2. des Folgejahres ohne Anrechnung auf den 2000,- € Freibetrag abgehoben werden. Die ursprünglich gesetzlich vorgeschriebene Vorschußzinsberechnung ist mittlerweile entfallen.

133 Insoweit greift demnach jetzt die zwischen Bank und Kunde gültige Vereinbarung, wobei die Geschäftsbedingungen dem Kunden, wie schon bisher, keinen Anspruch auf vorzeitige Rückzahlung einräumen. Üblicherweise werden allerdings ungekündigte Auszahlungsbeträge oberhalb der 2000,- €-Grenze mit Vorschußzinsen in Anlehnung an die frühere gesetzliche Vorschrift belastet. Ebenso verzichten Kreditinstitute auf diese Vorschußzinsen bei wirtschaftlicher Notlage des Sparers. Gleiches gilt regelmäßig, wenn der Sparer die Gelder bei demselben Kreditinstitut auf eine andere Anlageform mit mindestens der gleichen Laufzeit überträgt. Die Höhe der Vorschußzinsen ist im Preisaushang in der Schalterhalle zu veröffentlichen.

---

[74] Vgl. *Wimmer*, So rechnen Banken, S. 230 ff.
[75] Zum folgenden vgl. auch *Gerke/Kölbl*, S. 164 ff.

VII. Vorfälligkeitsentschädigung und Vorschußzinsen

[Auszug aus den Bedingungen für den Sparverkehr aus dem Sparkassensektor]

Verzinsung
Die Verzinsung beginnt mit dem Tage der Einzahlung und endet mit dem der Rückzahlung vorhergehenden Kalendertag. Der Monat wird zu 30 Tagen, das Jahr zu 360 Tagen gerechnet.

Zinskapitalisierung
Soweit nichts anderes vereinbart ist, werden die aufgelaufenen Zinsen zum Schluß des Geschäftsjahres gutgeschrieben, dem Kapital hinzugerechnet und mit diesem vom Beginn des neuen Geschäftsjahres an verzinst. Wird über die gutgeschriebenen Zinsen nicht innerhalb von 2 Monaten nach Gutschrift verfügt, unterliegen sie der im übrigen vereinbarten Kündigungsregelung. Bei Auflösen des Sparkontos werden die Zinsen sofort gutgeschrieben.

Kündigung
Die Kündigungsfrist beträgt mindestens drei Monate. Von Spareinlagen mit einer Kündigungsfrist von drei Monaten können – soweit nichts anderes vereinbart wird – ohne Kündigung bis zu 2000 € für jedes Sparkonto innerhalb eines Kalendermonats zurückgefordert werden. Eine Auszahlung von Zinsen innerhalb zweier Monate nach Gutschrift gem. vorstehenden Absatz zur Zinskapitalisierung wird hierauf nicht angerechnet.

Ein Anspruch auf vorzeitige Rückzahlung besteht darüber hinaus nicht. Stimmt die Sparkasse gleichwohl ausnahmsweise einer vorzeitigen Rückzahlung zu, hat sie das Recht, für diese vorzeitige Rückzahlung ein Vorfälligkeitsentgelt oder Vorschußzinsen zu verlangen. Die Höhe des Vorfälligkeitsentgelts oder der jeweilige Vorschußzinssatz wird durch Aushang/Auslage im Kassenraum bekanntgegeben.

2. Berechnung der Vorschußzinsen

Die Berechnung der Vorschußzinsen ist nicht mehr gesetzlich geregelt. Dennoch wird häufig analog zur damaligen Berechnungsweise vorgegangen. Bis 31.12. 1992 galt nach § 22 Abs. 3 KWG: 134

„Die Sollzinsen müssen die zu vergütenden Habenzinsen um mindestens ein Viertel übersteigen."

Beispiel: Es ist ein Habenzinssatz von 4 % für die Geldanlage vereinbart. Der Sollzinssatz (Vorschußzinssatz) muß demnach den Habenzinssatz um 0,25*4 %= 1 % übersteigen. Der Vorschußzinssatz beträgt also 5 %. Das Konto ist wie folgt abzurechnen: Dem Sparer werden bis zum Ablauf der Kündigungsfrist 4 % Habenzinsen vergütet und 5 % Sollzinsen bis zum Ablauf der Kündigungsfrist belastet. Im Ergebnis wird der Kunde damit mit einem Zinssatz von 1 % bezogen auf den Zeitraum von der vorzeitigen Verfügung bis zum Ablauf der Kündigungsfrist belastet. 135

Hinweis: Es empfiehlt sich in jedem Fall vor der vorzeitigen Verfügung über eine Spareinlage im oben definierten Sinn zu klären, ob und in welcher Höhe Vorschußzinsen anfallen. 136

Die Berechnung von Vorschußzinsen schmälert natürlich die erwartete Rendite des Anlegers.

137 Beispiel: Der Kunde legt 10.000 € am 30.12.00 bei seiner Hausbank zu 4 % bei einer dreimonatigen Kündigungsfrist an. Am 1.10.01 hebt der Kunde den Gesamtbetrag ab; der Vertrag ist ungekündigt. Von den 10.000 € sind 2000 € ohnehin nicht betroffen von der Vorschußzinsregelung, für die laut Preisaushang der Bank die Aussage gilt: „Die Sollzinsen übersteigen die zu vergütenden Habenzinsen um ein Viertel."

Rechenweg

138 Es wird angenommen, daß die Bank den Rückzahlungsbetrag in drei Kategorien aufsplittet (andere Berechnungsmöglichkeiten sind denkbar):
- 2000 sind „frei"
- 2000 werden im nächsten Monat frei und damit mit Vorschußzinsen für 30 Zinstage belastet
- 2000 werden im übernächsten Monat frei und damit mit Vorschußzinsen für 60 Zinstage belastet
- 2000 werden mit Vorschußzinsen für 90 Zinstage belastet.

usw.

Habenzinsen für 9 Monate gleich 270 Zinstage: 10.000*0,04*270/360=300 €.
Sollzinsen: 2000*0,01*30/360 + 2000*0,01*60/360 + 4000*0,01*90/360 = 1,67 + 3,33 + 10 = 15
Abrechnungsbetrag: 10.000 + 300 − 15 = 10.285.

3. Wertung der Vorschußzinsregelung

139 Betrachtet man die Ausgangssituation bei der Vorschußzinsberechnung, so könnten auf den ersten Blick durchaus Parallelen zum Thema „Vorfälligkeitsentschädigung" erkenbar werden. Immerhin sollen in beiden Fällen ursprünglich getroffene Vereinbarungen hinsichtlich der Zinsbindung vorzeitig beendet werden. In beiden Fällen geht es um die Bewertung der Folgen der damit verbundenen Cash-Flow-Verschiebungen.

140 Allerdings bestehen zwischen der vorzeitigen Beendigung eines Darlehensvertrages (nach § 490 Abs. 2 BGB n. F. erfolgt dies durch Kündigung) und der vorzeitigen Rückforderung einer Spareinlage signifikante Unterschiede.

141 Zunächst einmal ist zu konstatieren, daß der Bankkunde bei der vorzeitigen Beendigung eines Darlehensvertrages als Darlehensnehmer fungiert, während er im Falle einer vorzeitigen Rückforderung einer Spareinlage als Darlehensgeber auftritt, der aber nunmehr vor der vereinbarten Fälligkeit sein Kapital zurückfordert. In beiden Fällen ist es der Kunde, der den Grundsatz „pacta sunt servanda" durchbricht.

142 Die Rechtsprechung hat dieses Durchbrechen nur in Fällen der Beeinträchtigung der wirtschaftlichen Handlungsfähigkeit des Darlehensnehmers toleriert und zugelassen.[76] Dieser Sichtweise folgend hat der Gesetzgeber in § 490 Abs. 2 BGB n. F. eine entsprechende Regelung getroffen, die allerdings auf Fälle beschränkt ist, in denen der Kunde (a) Darlehensnehmer ist und (b) ein berechtigtes Interesse an der vorzeitigen Rückführung besitzt und dieses darlegen kann.[77]

---

[76] Vgl. BGH NJW 1997, 2875, 2877; siehe oben Teile A. und B.

[77] Beschlußempfehlung und Bericht des Rechtsausschusses, BT-Drucks. 14/7052, S. 240 unter Hinweis auf BGH NJW 1997, 2875, 2877.

VII. Vorfälligkeitsentschädigung und Vorschußzinsen

Nun ist es sicher zutreffend, daß ein Bankkunde auch ein berechtigtes Interesse **143** an einer vorzeitigen Rückforderung einer Spareinlage besitzen kann. Im Wege einer Abwägung ist diesem Kundeninteresse aber zugleich das Interesse der Bank gegenüberzustellen. Anders als in Fällen, in denen die Bank ein Darlehen vorzeitig zurücknehmen muß – sie also „Geld erhält" –, liegt es im Falle einer vorzeitigen Spareinlagenrückforderung so, daß ihr hier als Darlehen zur Verfügung gestelltes Kapital wieder entzogen wird.

Aus diesem Grunde muß es der Bank daher gestattet sein, ein entsprechendes „Vor- **144** fälligkeitsentgelt" (eben in Form von Vorschußzinsen) zu beanspruchen. Die Vorschußzinsen stellen sich in diesem Falle als „echtes Entgelt" dar. Immerhin ist die Bank nicht verpflichtet, einer vorzeitigen Rückführung zustimmen. Sofern sie diesem Wunsch des Kunden ausnahmesweise Folge leistet, so kann sie hierfür ein entsprechendes Aufhebungsentgelt verlangen, da in diesem Fall ein **Aufhebungsvertrag** vorliegt, dessen Konditionen einer Prüfung nach § 138 BGB zugänglich sind.[78]

Im Rahmen ihrer Bedingungen für den Sparverkehr hat die Bank zwar ihre **145** grundsätzliche Bereitschaft zum Abschluß eines Aufhebungsvertrages erklärt. Ein Rechtsanspruch des Kunden besteht indessen nicht. Er muß viel eher davon ausgehen, daß die Bank nur dann einer solchen Vereinbarung zustimmen wird, wenn der Kunde bereit ist, der Bank die ihr entstehenden Nachteile auszugleichen. Die Vorschußzinsen sind in diesem Falle nichts anderes als der Preis für den Abschluß eines Aufhebungsvertrages. Es handelt sich mithin nicht um einen Schadensersatzanspruch der Bank, sondern um eine Preisvereinbarung.[79]

Auch die AGB-mäßige Verankerung – daß es sich bei den „Bedingungen für **146** den Sparverkehr" um AGB handelt, ist unstreitig – einer solchen Entgeltklausel dürfte nicht zu beanstanden sein. AGB sind bekanntlich vorformulierte Vertragsbedingungen des Verwenders, die ausdrücklich in den Vertrag einbezogen werden müssen (§ 305 Abs. 2 und 3 BGB n. F. bzw. § 2 AGBG). Hierzu ist ein ausdrücklicher und für den Kunden verständlicher Hinweis erforderlich.[80] Nach § 305 Abs. 2 BGB n. F. (§ 2 Abs. 1 AGBG) ist hierbei ein deutlich sichtbarer Aus-

---

[78] OLG Schleswig ZIP 1997, 501 = WM 1997, 522, 524, dazu EWiR 1997, 17 *Reifner*; OLG München WM 1996, 132, dazu WuB I E 3.–9.96 *Zoller/von Aulock*; OLG München WM 1997, 521, 522; OLG Oldenburg ZIP 1996, 1741 = WM 1996, 1955, dazu EWiR 1996, 925 *Vortmann*; OLG Karlsruhe WM 1997, 520; OLG Hamm WM 1996, 569, 572; AG Köln WM 1999, 1460, dazu WuB I E 3.–8.99 *Wenzel*; LG München I WM 1996, 579, 580; AG Dortmund WM 1996, 1136; *Canaris*, in: *Hadding/Hopt/Schimansky*, Bankrechtstag 1996, S. 3, 32 ff.; *derselbe*, in: Festschrift Zölner, S. 1055, 1068 ff.; *Dietrich*; DStR 1997, 1087, 1088; *Harbeke*, in: *Hadding/Hopt/Schimansky*, Bankrechtstag 1996, S. 85, 100; *Melzer*, BB 1995, 321, 322; *Früh*, NJW 1999, 2623, 2626; *Rösler*, BB 1369, 1374 f.; *derselbe*, in: *Hadding/Nobbe*, Bankrecht 2000, S. 165, 174; *Stark*, Die Bank 1996, 522; *Bruchner*, in: *Schimansky/Bunte/Lwowski*, Bankrechts-Handbuch, § 78 Rdnr. 101; *W. Weber*, NJW 1995, 2951; *Wenzel*, in: *Metz/Wenzel*, Vorfälligkeitsentschädigung, Rdnr. 78; *derselbe*, WM 1995, 1433, 1438; *derselbe*, EwiR 1995, 343, 344; *derselbe*, WM 1996, 1605; *derselbe*, WM 1997, 2340, 2341; *MünchKomm/Westerman*, BGB, § 608 Rdnr. 6 a; *Reich*, in: *Hadding/Hopt/Schimansky*, Bankrechtstag 1996, S. 43, 46; *Köndgen*, ZIP 1997, 1645, 1646; *Mues*, ZBB 1996, 252; *Stelling*, Die vorzeitige Ablösung festverzinslicher Realkredite, S. 86.

[79] Dazu *Rösler*, BB 1997, 1369 m. w. N.

[80] BGHZ 86, 135 = NJW 1983, 816, 817; *Bunte*, in: *Schimansky/Bunte/Lwowski*, Bankrechts-Handbuch, § 5 Rn. 15 f.

hang am Ort des Vertragschlusses ausreichend.[81] Um AGB wirksam vereinbaren zu können, muß es dem Kunden möglich sein, in zumutbarer Weise Kenntnis von deren Inhalt zu verlangen, was neben der reinen Verfügbarkeit zusätzlich das Postulat der Lesbarkeit[82] und Verständlichkeit beinhaltet.[83]

147 Diese Vorausetzungen sind indessen gegeben, da der Kunde den aktuellen Vorschußzinsatz ohne nennenswerte Probleme dem **Preisaushang** des Kreditinstitutes entnehmen kann und auf dieser Grundlage selbst entscheiden kann, ob er eine vorzeitige Verfügung über den Freibetrag von 2.000 € hinaus in Anspruch nehmen will. Da es sich bei der Regelung über die Vorschußzinsen um eine Preisfestsetzung handelt, ist bereits fraglich, ob eine Inhaltskontrolle nach § 307–309 BGB n. F. (§§ 8–11 AGBG)[84] überhaupt möglich ist. Nach § 307 Abs. 3 BGB n. F. (§ 8 AGBG) gelten die §§ 307 Abs. 1 und 2, 308, 309 BGB n. F. (§§ 9–11 AGBG) nur für Bestimmungen in AGB, durch die von Rechtsvorschriften abweichende oder diese ergänzende Regelungen vereinbart werden.[85] Klauseln in AGB, die ein für die Leistung zu zahlende Entgelt festlegen, unterliegen grundsätzlich nicht der Inhaltskontrolle durch die AGB-rechtlichen Vorschriften.[86] Dennoch könnte die Überlegung anzustellen sein, ob in einer Parallelwertung zur Kreditseite[87] eine AGB-rechtliche Überprüfung einer Pauschalierung der Vorschußzinsen bei unangemessener Benachteiligung des Darlehensnehmers zur Unwirksamkeit der häufig relativ starren %-Sätze führen kann.

148 Gleichwohl ist zu konzedieren, daß auch im Hinblick auf die Festlegung des Vorschußzinssatzes das Transparenzgebot[88] Anwendung findet, das nunmehr seinen ausdrücklichen Niederschlag in § 307 Abs. 1 Satz 3 BGB n. F. gefunden hat.[89] Wenn und soweit es lediglich heißt, daß die Bank einen Vorschußzinsatz festlegen kann, oder auf die bis zum 31.1.21992 geltende Regelung des § 22 Abs. 3 KWG, wonach „die Sollzinsen... die vergütenden Habenzinsen um mindestens ein Viertel übersteigen [müssen]", so ist für den Kunden u. U. kaum nachvollziehbar, welche Parameter die Bank bei der Bemessung des Zinssatzes zugrunde legt. Die Frage nach der Zulässigkeit der Festlegung eines Vorschußzinssatzes ähnelt also der höchst kontrovers diskutierten (aber hier nicht zu vertiefenden) Problematik der variablen Zinsanpassungsklauseln.[90]

---

[81] *Bunte*, in: *Schimansky/Bunte/Lwowksi*, Bankrechts-Handbuch, § 5 Rn. 16.

[82] Vgl. BGH WM 1986, 769; *Ulmer/Brandner/Hensen*, AGBG, § 2 Rn. 54.

[83] *Bunte*, in: *Schimansky/Bunte/Lwowksi*, Bankrechts-Handbuch, § 5 Rn. 17.

[84] Hierzu *Wolf*, in: 50 Jahre BGH – Festgabe aus der Wissenschaft, Band I, S. 111, 114 f.

[85] Zum Sinngehalt des § 8 AGBG vgl. *Joost* ZIP 1996, 1685, 1686; *Krüger* WM 1999, 1402; *derselbe*, ZIP 2000, 1196, 1199.

[86] BGHZ 124, 254, 256 = NJW 1994, 318; BGH, Urt. v. 19.11. 1991 – X ZR 63/90, BGHZ 116, 117 = NJW 1992, 688; BGH, Urt. v. 6.2. 1985 – VIII ZR 61/84, BGHZ 93, 358 = NJW 1985, 3013; *Bunte*, in: *Schimansky/Bunte/Lwowksi*, Bankrechts-Handbuch, § 5 Rn. 52; *Wolf*, in: *Wolf/Horn/Lindacher*, AGBG, § 8 Rn. 8; *derselbe*, in: 50 Jahre BGH – Festgabe aus der Wissenschaft, Band I, S. 111, 114 f.

[87] Vgl. z. B. BGH NJW 1998, 481.

[88] Vgl. *Wolf*, in: 50 Jahre BGH – Festgabe aus der Wissenschaft, Band I, S. 111, 117; *Bunte*, in: Festschrift Schimansky, S. 19 ff.

[89] Vgl. RegE zum SchRModG, S. 352.

[90] Vgl. einerseits *Bruchner*, in: *Bruchner/Metz*, Variable Zinsklauseln, Rdnrn. 35 ff.,

Um die Auswirkungen der üblichen Vorschußzinsberechnung aufzuzeigen, wird ein Beispiel betrachtet, das vereinfachend von der 2000 €-Freigrenze abstrahiert. Angenommen, der Kunde habe eine Spareinlage über 100.000 € mit vierjähriger Kündigungsfrist zum Festzinssatz von 4 % abgeschlossen. Die Zinsen werden jährlich ausgezahlt. Nach zwei Jahren möchte er vorzeitig über sein Sparguthaben verfügen. Die Bank macht – obwohl die Marktrendite für 2-Jahresgelder auf 3 % gefallen ist – von der Vorschußzinsregelung Gebrauch und berechnet pauschalierte **Vorschußzinsen**. Hier wird in Übernahme der Vorschußzinsregelung einer Großbank wie folgt gerechnet: „Stimmt die Bank (...) im Ausnahmefall einer vorzeitigen Rückzahlung zu, so werden Vorschußzinsen abgezogen. Sie werden bis zum Ablauf der Kündigungsfrist – höchstens für 2 ½ Jahre – berechnet. Dabei wird ¼ des zum Zeitpunkt der Rückzahlung geltenden Guthabenzinssatzes – ggf. aufgerundet auf ein volles ¼ Prozent – zugrunde gelegt. Vorschußzinsen werden höchstens bis zur Höhe der insgesamt für die Spareinlagen vergüteten Zinsen berechnet."[91]

Diese Bank berechnet also wie oben eingangs beschrieben analog zur ursprünglich gesetzlichen Regelung. Im Ergebnis wird folglich ein Prozent Strafzins (= 4 %*¼) auf die Restlaufzeit erhoben. Wie den Abbildungen 1 bis 4 zu entnehmen ist, ergeben sich Differenzen zum Kurswertprinzip, was analog zur Diskussion um die Vorfälligkeitsentschädigung zum Überdenken der aktuellen Handhabung der **Vorschußzinsregelungen** führen sollte. Finanzmathematisch korrekt ist nur die Kurswertabrechnung.

Alternative 100 %	Marktrendite 5 %		Nominalzinssatz	4 %			
Jahr (t)	0	1	2	3	4		
AZF(t)	1,0000000	0,9569378	0,9157300	0,8762966	0,8385713		
	100.000,00	-4.000,00	-4.000,00	-4.000,00	-104.000,00	Summe	
Barwerte	100.000,00	-3.827,75	-3.662,92	-3.505,19	-87.210,38	1.793,76	
						= Margenbarwert	

Abbildung 34: Ausgangssituation zur Vorschusszinsberechnung

In der Ausgangssituation kalkuliert die Bank eine Marge von 1.793,76 € ein. Zum Ablösezeitpunkt beläuft sich der Wert der Spareinlage auf 101.913,47, d. h. der Kunde würde, falls es sich bei der Einlage um ein festverzinsliches Wertpapier handelte, diesen Betrag ausgezahlt bekommen. Neben den Habenzinsen würde er somit einen Kursgewinn vereinnahmen.

---

187 ff.; *derselbe*, BKR 2001, 16; *Habersack*, WM 2001, 753; *Rolfes*, WM 2001, 762; *Gößmann*, in: *Schimansky/Bunte/Lwowski*, Bankrechts-Handbuch, ß 7 a Rdnrn. 25 ff.; und andererseits *Metz*, in: *Bruchner/Metz*, Variable Zinsklauseln, Rdnrn. 235 ff.; *derselbe*, BKR 2001, 21, 26; *Schimansky*, WM 2001, 1169; *Derleder*, WM 2001, 2029; siehe bereits *Reifner*, JZ 1995, 866. Aus der jüngeren Rechtsprechung siehe BGH ZIP 2000, 16; LG Dortmund ZIP 2001, 66, dazu EwiR 2001, 201 *Derleder*; LG Köln ZIP 2001, 65, dazu EwiR 2001, 199 *Lang*, anders noch BGHZ 97, 212 = ZIP 1986, 698, dazu EwiR 1986, 653 *Köndgen*.

[91] Ob die Vorschußzinsen abgezinst werden, ist den Sparbedingungen nicht entnehmbar. Hier wird vereinfachend nicht abgezinst. Dies ändert an der vorgetragenen Argumentation ohnehin nichts.

220 E. Konkrete Methoden zur Berechnung der Zahlungsverpflichtung

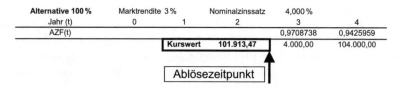

Abbildung 35: Kurswertabrechnung

Aus Abbildung 36 geht hervor, daß die beiden Abrechnungen zu einer nicht vernachlässigbaren Differenz führen, die sich erstens auf den Vorschußzins selbst und zweitens auf den Unterschied zwischen Nominal- und Kurswert zurückführen läßt.

Vorschusszinsmethode		Kurswertmethode	
Strafzinssatz	1,0000 %	Marktrendite	3,0000 %
Nominalzinssatz	4,000 %		
Nominalbetrag	100.000,00 €		
Abrechnung Ende 2. Jahr:		**Abrechnung Ende 2. Jahr:**	
Nominalwert	100.000,00 €	Kurswert	101.913,47 €
Habenzinsen 2. Jahr	4.000,00 €	Habenzinsen 2. Jahr	4.000,00 €
Vorschusszinsen für 2 Jahre:	- 2.000,00 €		
Rückzahlung an den Kunden	**102.000,00 €**	**Rückzahlung an den Kunden**	**105.913,47 €**

Differenz		3.913,47 €
a) Nominal- zu Kurswert		1.913,47 €
b) Vorschusszinsen		2.000,00 €

Abbildung 36: Vorschußzinsberechnung statt Kurswertabrechnung I

Nun kann gefragt werden, bei welcher Marktrendite die Kurswertabrechnung und die Vorschußzinsberechnung zufälligerweise zum selben Ergebnis führen:

Vorschusszinsmethode		Kurswertmethode	
Strafzinssatz	1,0000 %	Marktrendite	5,0768 %
Nominalzinssatz	4,000 %		
Nominalbetrag	100.000,00 €		
Abrechnung Ende 2. Jahr:		**Abrechnung Ende 2. Jahr:**	
Nominalwert	100.000,00 €	Kurswert	98.000,00 €
Habenzinsen 2. Jahr	4.000,00 €	Habenzinsen 2. Jahr	4.000,00 €
Vorschusszinsen für 2 Jahre:	- 2.000,00 €		
Rückzahlung an den Kunden	**102.000,00 €**	**Rückzahlung an den Kunden**	**102.000,00 €**

Differenz		0,00 €
a) Nominal- zu Kurswert	-	2.000,00 €
b) Vorschusszinsen		2.000,00 €

Abbildung 37: Vorschußzinsberechnung statt Kurswertabrechnung II

Ergebnis: Erst wenn die Marktrendite rund 5,08 % beträgt, ergibt sich auch unter Zugrundelegung der beschriebenen Vorschußzinsberechnung ein im Sinne der Kapitalwertmethode faires Ergebnis.

F. Berücksichtigung sonstiger Vertragsänderungen

Unter sonstigen **Vertragsänderungen** sind **außerplanmäßige Ereignisse** zu verstehen, die bei jeder nachträglichen vertraglichen Vereinbarung bzw. bei jedem tatsächlichen Verhalten des Kunden vorliegen, das den planmäßigen Zahlungsstrom des Kundengeschäfts abändert.[1]

Die Definition führt naturgemäß zu Abgrenzungsfragen insofern, als auch beispielsweise Kreditaufstockungen den ursprünglich vereinbarten Cash-Flow verändern. **Kreditaufstockungen** rechnen nicht zu den außerplanmäßigen Ereignissen, da die Bank letztlich ein **Neugeschäft** abschließt.

Da sich die Vollablösung als Sonderfall der außerplanmäßigen Ereignissen darstellt, ist nunmehr das Abrechnungsprinzip zu verallgemeinern. Die Vorgehensweise sei zunächst wiederum an einem Beispiel präsentiert.

I. Ausgangsüberlegung

In Fortführung des **Beispiels** aus E. III. 3 möchte der Kunde am 30. 12. 2001 unmittelbar nach Zahlung der Rate von 52.500 eine Sondertilgung vornehmen. Die nominalen Geld- und Kapitalmarkt-Sätze seien gesunken und betragen am 30. 12. 01 3% für 1 Monat, 3,25% für ½-Jahr und 3,5% für 1 Jahr. Der zum Ablösezeitpunkt noch ausstehende Cash-Flow ist fett hervorgehoben (nominale Restschuld 50.000):

30. 12. 00	30. 6. 01	30. 12. 01	**30. 6. 02**	**30. 12. 02**
−99.000	2.500	52.500	**1.250**	**51.250**

Es ist der Effekt aus der Umstellung für die Bank aufzuzeigen. Hierzu sind die Kurswerte des alten Zahlungsstroms mit denen des modifizierten Zahlungsstroms zu vergleichen. Zum Beispiel könnte folgende Situation vorliegen:

Kurswerte	30. 12. 01	30. 6. 02	30. 12. 02	
50.746,92	–	+ 1250	+ 51.250	alter Zahlungsstrom
50.373,46	+ 25.000	+ 625	+ 25.625	neuer Zahlungsstrom
− 373,46				Kurswertdifferenz

Die Vertragsänderung führt folglich zu einer Barwert-/Kurswertveränderung zu Lasten der Bank von 373,46:

---

[1] Zum folgenden Abschnitt vgl. *Wimmer*, ÖBA 1999, 120 ff., 182 ff.

Kurswert- bzw. Barwertberechnung des alten Zahlungsstroms

Monat	Zinssatz	Abzinsungsfaktor	Cash-Flow	Barwerte
6	3,250 %	0,98400984	1.250,00 €	1.230,01 €
12	3,500 %	0,966183575	51.250,00 €	49.516,91 €
			Barwert	50.746,92 €

Kurswert- bzw. Barwertberechnung des neuen Zahlungsstroms

Monat	Zinssatz	Abzinsungsfaktor	Cash-Flow	Barwerte
				25.000,00 €
6	3,250 %	0,98400984	625,00 €	615,01 €
12	3,500 %	0,966183575	25.625,00 €	24.758,45 €
			Barwert	50.373,46 €
			Differenz:	373,46 €

Bankintern löst dies einen Verrechnungsvorgang aus. Dem Profit-Center wird im Zuge der Nachkalkulation der Kursverlust belastet; die Disposition erhält den gleichen Betrag als Ausgleich für den Kursverlust:

Barwertige Profit-Center-Erfolgsrechnung

Auszahlungen	Einzahlungen
50.746,92 an die Disposition (Refi-Ausgleich) = Kauf vom Kunden	50.373,46 von der Disposition = Verkauf des geänderten Cash-Flows
	373,46 = Belastung des Profit-Centers
50.746,92	50.746,92

5   Das Profit-Center wird, falls es die Sondertilgung ohne **Schadensausgleich** durch den Kunden akzeptiert, konsequenterweise belastet. Die Disposition muß andererseits einen Ausgleich für die vordisponierten Cash-Flows erhalten, aber im Gegenzug den modifizierten Cash-Flow vom Profit-Center einkaufen. Den neuen Zahlungsstrom muß sie prinzipiell neu **disponieren**.

6   Der geschilderte Verrechnungsvorgang führt damit sowohl bankintern als auch im Verhältnis Bank-Kunde zu korrekten Ergebnissen. Weiter wird klar, daß es letztlich nicht darauf ankommt, ob eine Vertragsstörung im Sinne des vorzeitigen Tilgungsrechts (→ Vorfälligkeitsentschädigung) oder im Sinne des Aufhebungsentgelts (→ Preisvereinbarung) vorliegt. In beiden Fällen ist die Kurswertveränderung maßgeblich.

7   Der Zusammenhang zwischen der Bewertung von außerplanmäßigen Ereignissen zur Profit-Center-Steuerung läßt sich damit folgendermaßen skizzieren (vgl. Abbildung 38 und Abbildung 39):

I. Ausgangsüberlegung

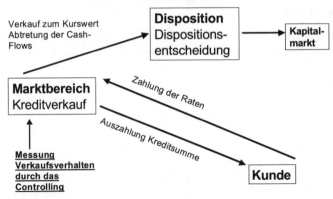

Abbildung 38: Verrechnungsbeziehung Markt und Treasury I

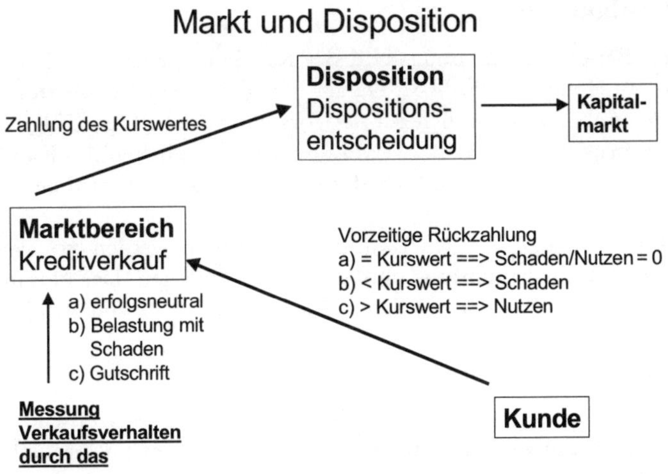

Abbildung 39: Verrechnungsbeziehung Markt und Treasury II

Entscheidend für die Lösung ist folglich die Neubewertung des ausfallenden Restzahlungsstroms anhand der im Ablösezeitpunkt (Konditionierungsdatum) maßgeblichen Zinsstrukturkurve. Damit läßt sich für sämtliche außerplanmäßigen Ereignisse folgender einfache Zusammenhang ableiten:

Kurswert Restzahlungsstrom **neu** (bewertet zum Änderungszeitpunkt)
./. Kurswert Restzahlungsstrom **alt** (bewertet zum Änderungszeitpunkt)
= Kurswertveränderung („+" = Nutzen, „–" = Schaden für die Bank)

Dieser Zusammenhang gilt bei allen außerplanmäßigen Ereignissen.

1. Bepreisung außerplanmäßiger Ereignisse und bankinterne Konsequenzen

9   Soweit Vertragsmodifikationen Cash-Flow-Veränderungen hervorrufen, interessiert in der Praxis jedoch häufig auch die Quantifizierung des erfolgsneutralen Cash-Flows. Hierzu werden Ausgleichszahlungen zwischen Bank und Kunde vereinbart.

10 Die Lösung für die erfolgsneutrale Behandlung von außerplanmäßigen Ereignissen besteht in der Berechnung kurswertneutraler Cash-Flows, d. h., der Kurswert vor Vertragsänderung muß mit dem Kurswert nach Änderung übereinstimmen. Die Vorgehensweise sei anhand von vier Sachverhaltsgruppen demonstriert. Festzuhalten ist, daß es das Konzept der Kurswertneutralität erlaubt, sämtliche Formen von außerplanmäßigen Ereignissen in allgemeingültiger Form abzubilden. Um die Darstellung nicht zu überladen, werden nicht sämtliche Ergebnisse vorgerechnet. Soweit Ergebnisse nachgewiesen werden, wird mit der Technik der Zerobondabzinsfaktoren gearbeitet.

2. Sondertilgungen

11 Im obigen Beispiel wurde unterstellt, der Kunde tätige am 30.12.01 eine Sondertilgung in Höhe von 25.000 €. Daraus leitete sich eine Kurswertdifferenz von – 373,46 bzw. ab, die wesentlich auf das Vorziehen der hälftigen Tilgungsrate um ein Jahr zurückzuführen ist. Bei vertragswidrigem Verhalten des Kunden würde dieser Wert die Vorfälligkeitsentschädigung bzw. das finanzmathematische Aufhebungsentgelt darstellen.

12 Soll eine einmalige Ausgleichszahlung vermieden werden, so bietet es sich z. B. an, die Nominalverzinsung entsprechend anzupassen. Der Nominalzinssatz erhöhte sich auf 6,532 % (Zinsen damit 816,5 zum 30.6.02 und 30.12.02).

3. Wechsel der Darlehensart

13 Hierzu sei für das obige Beispiel angenommen, der Kunde wünsche zum 30.12.01 die Darlehensumwandlung in ein Annuitätendarlehen mit monatlicher Zahlungsweise. Auch diesmal könnte gefragt werden, welche Rate bei gegebenem Nominalzinssatz für alternative Tilgungsraten zu entrichten wären und welche Ausgleichszahlungen daraus resultieren. Günstiger ist es, das Verfahren abzukürzen und nach der kurswertneutralen Annuität zu fragen. Sie ergibt sich im unterstellten Zinsszenario mit 4.305,14, was zu einem Nominalzinssatz von 6,079 % führt.

4. Änderung des Zahlungsrhythmus

14 Hierzu sei wiederum auf das Ausgangsbeispiel zurückgegriffen: der Kunde wünsche ab dem 30.12.01 monatliche Zinszahlung. Da die Effekte aus der Umstellung für die Bank bereits oben dargestellt wurden, braucht hier nur gefragt zu werden, wie die Kurswertneutralität hergestellt werden kann:

1. Ablösezahlung von 17,95 (Szenario 1)
Kurswert alt = Kurswert neu – Ablösezahlung; 50.746,92 = 50.764,87 – 17,95.

Sollte eine (gesonderte) Ausgleichszahlung nicht gewünscht sein, so ist der neue Cash-Flow anzupassen, z. B. durch eine entsprechende Veränderung des Nominalzinssatzes:

2. Berücksichtigung der Kurswertveränderung im Zahlungsstrom:
a) Berücksichtigung im Nominalzinssatz: neuer Zinssatz 4,963 % (monatliche Zinszahlung 206,81).
b) Berücksichtigung in der Schlußrate (Tilgung) bei unverändertem Nominalzinssatz von 5 % (monatliche Zinszahlung 208,33): Schlußrate 50.189,71:
In allen geschilderten Konstellationen bleibt der Kurswert konstant.

5. Veränderung der Laufzeit

Hierzu sei für das obige Beispiel angenommen, der Kunde wünsche zum 30.12. **15** 01 eine Verlängerung der Laufzeit um ein Jahr; die Tilgung soll wiederum nachschüssig zum Jahresende jeweils in Höhe von 25.000 € erfolgen. Vereinfachend sei unterstellt, daß der Vertrag ansonsten unverändert fortgeführt werden soll. Man erhält auf Basis der neuen Zinsstrukturkurve [3,25 % ($^1/_2$-Jahresgeld), 3,5 % (1-Jahresgeld), 4 % ($1^1/_2$-Jahresgeld), 4,5 % (2-Jahresgeld)] eine Kurswertänderung in Höhe von 110,15:

Kurswerte	30.6.02.	30.12.02	30.6.03	30.12.03	
50.746,92	+ 1.250	+ 51.250	–	–	„alt" („–")
50.636,77	+ 1.250	+ 26.250	+ 625	+ 25.625	„neu" („+")
– 110,15	–	– 25.000	+ 625	+ 25.625	Differenz

Wiederum bietet es sich an, nach der kurswertneutralen Restzahlungsreihe zu **16** fragen. Wiederum kann dies z. B. anhand der Anpassung des Nominalzinssatzes (5,153 %) oder einer Veränderung der Schlußrate (25.745,43) erfolgen. In beiden Fällen bliebe der Kurswert konstant.

II. Berechnungsmethoden bei Umschuldung und Margenerstattung

In der Praxis streben Bankkunden meist nicht die vollständige Darlehensablö- **17** sung, sondern eine **Umschuldung** des Darlehens bei derselben Bank an.

Beispiel: Der Kunde möchte sich das aktuell niedrige Zinsniveau bereits heute langfristig sichern. Er möchte deshalb sein Darlehen, das noch 3 Jahre läuft, bereits heute vorzeitig ablösen und gleichzeitig ein neues Darlehen abschließen, das 10 Jahre Zinsbindung aufweist. Juristisch könnte man argumentieren, es lägen zwei separat zu beurteilende Geschäfte vor. Erstens die Aufhebungsvereinbarung und zweitens der Abschluß eines Neugeschäfts. Die Konsequenz wäre, daß die Bank sowohl die Marge aus dem Altgeschäft als auch aus dem Neugeschäft verdient. Die „doppelte" Vereinnahmung der Marge bezogen auf die Restlaufzeit des Altdarlehens liegt auf der Hand.[2]

---

[2] Vgl. oben Rdnr. D. VI. 2.

18 Juristisch wie betriebswirtschaftlich interessant ist deshalb die Frage, ob und wenn ja, in welchem Umfang die Bank in diesem Zusammenhang eine Margenerstattung vornehmen soll bzw. muß.[3]

19 Ob die „doppelte" Vereinnahmung der Marge bezogen auf die Restlaufzeit des Altdarlehens aus juristischer Sicht zulässig ist, hängt von der folgenden Fallunterscheidung ab:
- Fällt die Umschuldung unter die von der BGH-Rechtsprechung (1.7.1997) bzw. § 490 Abs. 2 BGB definierten Fallgruppen Vorfälligkeitsentschädigung (vorzeitiges Tilgungsrecht), so darf die Marge nicht doppelt vereinnahmt werden. Die Bank müßte zwar finanzmathematisch gesehen immer die Neugeschäftsmarge erstatten, sie hat aber rechtlich gesehen die Möglichkeit, immer die niedrigere Marge (Altgeschäftsmarge bzw. Neugeschäftsmarge) zu erstatten, da es sich aufgrund der Schadensbetrachtung um eine Vorteilsanrechung/Vorteilsausgleichung handelt.
- In den meisten Fällen wird hingegen die Umschuldung „kulanterweise" erfolgen. Auch hier liegt eine freie Preisvereinbarung mit der Grenze der Sittenwidrigkeit vor. Das bedeutet konkret: die von der Bank verdiente Marge (bezogen auf die Restlaufzeit) darf maximal doppelt so groß sein wie die Marge, die in der vorgenannten Fallgruppe bei der Bank verbliebe. Gegenüberzustellen sind jeweils abgezinste Beträge.

20 In dieser Schrift wird ein einheitlicher Vorgang zugrunde gelegt, der sich betriebswirtschaftlich in der Veränderung eines geplanten Cash-Flows (Cash-Flow Altgeschäft) äußert. Folgt man dieser Ansicht, so ist konsequenterweise zu prüfen, welcher Margenerstattungsbetrag finanzmathematisch gesehen als fair einzustufen ist. Aus juristischer Sicht gilt dann konsequenterweise für Umschuldungsfälle innerhalb der Gruppe 1, daß die Marge nicht doppelt vereinnahmt werden darf. In Fällen der Gruppe 2 kommt es hingegen auf die Grenze zur Sittenwidrigkeit an: die von der Bank verdiente Marge (bezogen auf die Restlaufzeit) darf maximal doppelt so groß sein wie die Marge, die in der vorgenannten Fallgruppe bei der Bank verbliebe.

21 Im folgenden werden die beiden Fallgruppen nicht mehr unterschieden, da hier v. a. die betriebswirtschaftliche Analyse interessiert. Deshalb ist zuerst zu zeigen, daß finanzmathematisch zwingend immer die Neugeschäftsmarge zu erstatten wäre. Da realistischerweise die Bank den juristischen Spielraum für sich nützen wird, gehen die Beispiele jedoch von der Erstattung der niedrigeren Margen des Alt- bzw. Neugeschäfts aus. Die Erstattung kommt nicht generell für das gesamte Neugeschäft in Betracht, sondern nur soweit Bank und Kunde aufgrund des Altgeschäfts schutzwürdig sind: Die Erstattung ist zeitlich auf die Restlaufzeit des Altgeschäfts („**Überlappungszeitraum**") zu begrenzen. Darüber hinaus ist eine über die zum **Umschuldungszeitpunkt** bestehende Kapitalschuld hinausgehende Kreditaufstockung auszuklammern. Dabei ist nicht nur auf die nominelle Darlehensrestschuld, sondern v. a. auf den Umfang der Kapitalbindung des Neugeschäfts im Vergleich zum Altgeschäft abzustellen. In betrags-

---

[3] Vgl. zu diesem Abschnitt *Wimmer*, ÖBA 1999, 120 ff. und 182 ff.; sowie *Wimmer*, Die Bank 2000, 862 ff.

mäßiger Hinsicht erfolgt deshalb eine Begrenzung auf die Kapitalbindung des Altgeschäfts.

Um den Einstieg in die bislang weitgehend vernachlässigte Problemstellung zu erleichtern, wird zunächst vereinfachend von einer flachen Zinsstrukturkurve ausgegangen. Weiter soll die Restlaufzeit des Altdarlehens der Laufzeit des Neudarlehens entsprechen; die Darlehensart wird beibehalten.

Beispiel: Betrachtet wird ein endfälliges Darlehen mit einer Laufzeit von 4 Jahren bei jährlicher Zinszahlung (Nominal- gleich Effektivzinssatz 6 %; Geld- und Kapitalmarktsatz 5 %; prozentuale Marge der Bank somit 1 % bzw. laufende Marge 1.000 € p. a.). Nach zwei Jahren will der Kunde das Darlehen umschulden, d. h. einen Neukredit abschließen. Die Marge der Bank soll dann 0,5 % bei einem neuen Nominalzinssatz von 4,5 % und einer Geld- und Kapitalmarktrendite von 4 % betragen.

Ausgangssituation bei Vertragsabschluß[4]

Refinanzierung	5,00 %	Altdarlehen			
Jahr (t)	0	1	2	3	4
Zahlungen des Kunden		6.000,00	6.000,00	6.000,00	106.000,00
Refinanzierung		-5.000,00	-5.000,00	-5.000,00	-105.000,00
Marge der Bank		1.000,00	1.000,00	1.000,00	1.000,00

In der Ausgangssituation erzielt die Bank eine Marge von 1000 € pro Jahr, was einer prozentualen Marge von 1 % (=6 % − 5 %) entspricht.

Situation bei Umschuldung:
Die Bank schließt für die Restlaufzeit von zwei Jahren einen neuen Kreditvertrag mit dem Kunden. Der Nominalzinssatz beträgt 4,5 % und die Marge beträgt jetzt 0,5 %, da sich der Refinanzierungszinssatz annahmegemäß auf 4 % beläuft.

Mit dem Neukredit ist eine Marge per Vertragsabschluß in Höhe von barwertig 943,05 verbunden: $500/1,04 + 500/1,04^2$. Der Barwert/Kurswert des Altdarlehens beträgt entsprechend 103.772,19 (= $6.000/1,04 + 106.000/1,04^2$), den der Kunde bei einer Vollablösung zu zahlen hätte. Da die Bank im Anschlußgeschäft (Umschuldung) eine Marge von 500 pro Jahr erzielt, ist finanzmathematisch gesehen dieser Vorteil herauszugeben. Argument:

Infolge des ursprünglichen Vertrages sind beide Parteien bezogen auf die Restlaufzeit des Altvertrages schützenswert.

Refinanzierung	4,00 %	Neukredit	
Jahr	0	1	2
Zahlungen des Kunden		4.500,00	104.500,00
Refinanzierung		-4.000,00	-104.000,00
Marge der Bank		500,00	500,00

Faire Abrechnung	
Barwert Altdarlehen	-103.772,19
Barwert neue Marge	943,05
Kreditausreichung neu	100.000,00
Zahllast	-2.829,14

= barwertige Margenerstattung aus dem Neugeschäft!

---

[4] t=0 bezeichnet den Zeitpunkt „heute" (Vertragsschluß bzw. Aufhebungszeitpunkt); t=1 liegt ein Jahr von t=0 entfernt.

24 Der Cash-Flow der Bank würde bei einer Bewertung des Altdarlehens *und* des Neukredits zu einem Barwert von 104.715,24 führen. Der Betrag ergibt sich aus
- 3.772,19, das ist der Betrag der Vorfälligkeitsentschädigung bei Vollablösung
- 100.943,05 (=4500/1,04 + 104500/1,04^2), das ist der Kurswert des neuen Darlehens.

Ein Kunde, der folglich den Neukredit zu den angeführten Konditionen annehmen und gleichzeitig für das Altdarlehen den Ablösewert bei Vollablösung – Vorfälligkeitsentschädigung von 3772,19 – akzeptieren würde, würde der Bank damit die Gesamtmarge aus Alt- und Neugeschäft bezahlen. Das sind 2.000 p. a. oder abgezinst 3.772,19. Tatsächlich sind davon 500 p. a. dem Neugeschäft zurechenbar und deshalb zu erstatten. Der Umschuldungsschaden beträgt demzufolge 1.500 p. a. Das sind abgezinst 2.829,14.

Refinanzierung	4,00%		Umschuldungszeitpunkt
Jahr		1	2
vereinbarte Zahlungen		6.000,00	106.000,00
neue Refinanzierung zu 4%		-4.000,00	-104.000,00
Marge der Bank		2.000,00	2.000,00
davon dem Neugeschäft zurechenbar		-500	-500,00
Umschuldungsschaden		1.500,00	1.500,00
abgezinst		**2829,14**	

25 Die korrekte Lösung ergibt sich im Beispiel sehr viel einfacher, wenn man die Kurswerte von Alt- und Neukredit (103.772,19 – 100.943,05) betrachtet und bewertet. Der Kurswertverlust der Bank beträgt 2.829,14. Dieser Betrag gibt zugleich den fairen Vorfälligkeitsentschädigungsbetrag bei Neuabschluß eines Kredits an. Er drückt letztlich den Tauschnachteil der Bank aus.

Marge sinkt: Barwertvergleich

Refinanzierung	4,00%		Neukredit	Fall b)
Jahr		0	1	2
Zahlungen des Kunden			4.500,00	104.500,00
Faire Abrechnung				
Barwert Altdarlehen		103.772,19		
Barwert Neudarlehen		100.943,05	= Barwert- bzw. Kurswertvergleich!	
Zahllast Kunde		2.829,14		

26 Nunmehr ist zu fragen, was bei einer Margenerhöhung im Neugeschäft passiert. Die Marge der Bank soll jetzt 1,5% bei einem neuen Nominalzinssatz von 5,5% und einer Geld- und Kapitalmarktrendite von 4% betragen.

27 Nimmt die Bank keine Margenerstattung vor, so fordert sie eine Ablösezahlung für das Altdarlehen in Höhe des Kurswertes.[5] Ergebnis:
- Die Bank erhält eine Ablösezahlung für den Altkredit in Höhe von + 103.772,19.[6] Sie ist hinsichtlich des Altgeschäfts so gestellt, als ob der Kunde die Raten bezahlt hätte. Die Bank reicht außerdem den Neukredit in Höhe von – 100.000 aus und hat aus dem Neukredit einen Anspruch gegen den Kunden in Höhe von zwei Raten zu 5.500 und

---

[5] Es wird folglich ähnlich wie bei der Kurswertberechnung vorzeitig zurückzuzahlender festinslicher Wertpapiere vorgegangen. Vgl. *Wimmer*, So rechnen Banken, S. 221 ff; *Rösler/Wimmer*, WM 2000, 175. Die Begriffe Barwert und Kurswert werden synonym verwendet.

[6] 103772,19 = 6000/1,04 + 106000/1,04^2.

105.500. Der Kurswert dieses Anspruchs beträgt + 102.829,14 = 5.500/1,04 + 105.500/1,04². Mit dem Neukredit ist offensichtlich eine Marge von 1.500 p. a. verknüpft. Der Kunde entrichtet der Bank damit für die identische (Rest-)Laufzeit die Marge „doppelt", da sich die Bank die Neugeschäftsmarge von 1.500 p. a. ebenso wie die im Kurswert des Altgeschäfts enthaltene Altgeschäftsmarge von 1.000 p. a. bezahlen läßt.

Die finanzmathematisch korrekte Lösung ergibt sich erst, wenn der Barwertverlust der Position der Bank von Alt- und Neukredit (103.772,19–102.829,14) betrachtet wird. Die Bank tauscht nämlich im Beispiel die ursprüngliche Cash-Flow-Position von 6.000 und 106.000 gegen eine modifizierte Cash-Flow-Position von 5.500 und 105.500 ein. Der Nachteil der Bank beträgt pro Jahr 500, das sind abgezinst 943,05. Das ist bei dieser Konstellation die Margenveränderung Alt-/Neugeschäft). Dieser Betrag entspricht zugleich dem fairen Aufhebungsentgelt bei Neuabschluß eines Kredits. Die Bank vereinnahmt folglich die neuen Cash-Flows im Wert von 102.829,14 sowie den Aufhebungsbetrag über 943,05. Zusammen sind das 103.772,19. Bei dieser Vorgehensweise wird automatisch – wie auch schon in der vorgenannten Konstellation – die Neugeschäftsmarge erstattet.

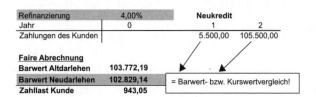

Die korrekte Lösung ergibt sich somit am einfachsten, wenn man die Kurswerte von Alt- und Neukredit betrachtet (→ Abbildung 40). Der Kurswertverlust der Bank gibt den fair berechneten Aufhebungsbetrag bei Neuabschluß eines Kredits an und drückt letztlich den Tauschnachteil der Bank aus.

	Marge steigt	Marge sinkt
Kurswert Altgeschäft	103772,19	103772,19
Kurswert Neugeschäft	102829,14	100943,05
Cash-Flow-Schaden	943,05	2829,14 zugleich faires Aufhebungsentgelt

Abbildung 40: Cash-Flow-Schaden und Kurswertvergleich

Zwischenergebnis: Finanzmathematisch ist zwingend die Neugeschäftsmarge zu erstatten. Die Problemlösung anhand des Kurswertvergleichs „alt-neu" führt automatisch zu dieser Lösung: In beiden Situationen reicht die Bank das Neudarlehen aus und stellt das Aufhebungsentgelt in Rechnung. Die bisherige Analyse ist allerdings insofern noch wenig praxisrelevant, da der Kunde i. a. einen längerfristigen Neukredit anstrebt.

1. Laufzeitverlängerung und Wechsel der Darlehensart

Jetzt wird angenommen, die Laufzeit des Neudarlehens übersteige die Restlaufzeit des Altdarlehens. Die Darlehensart bleibe unverändert. Auf Basis der Daten von oben für den Fall der steigenden Marge und einer unterstellten „Vertragsverlängerung" auf vier Jahre gilt: die Bank und ebenso der Kunde sind nach wie vor nur für zwei Jahre, das entspricht der Restlaufzeit des Altdarlehens, schutzwürdig. Der Schaden ergibt sich auch jetzt wieder aus der Bewertung des Cash-Flow-Nachteils, den die Bank bezogen auf die Restlaufzeit erleidet. Das sind abgezinst 943,05. Die bisherige Analyse ist sehr einfach gehalten, da die **Kapitalbindung** im Überlappungszeitraum im Alt- und Neugeschäft identisch und konstant ist. Was ändert sich aber, wenn die **Laufzeitverlängerung** mit einem **Darlehenswechsel** kombiniert wird?

32 In Erweiterung des eben genannten **Beispiels** soll jetzt der Neukredit als Ratendarlehen mit einem Tilgungssatz von 25 % p. a. ausgestaltet werden. Um unmittelbar laufende Margen zu erzeugen, wird eine Refinanzierung gewählt, die zu Zahlungssalden zwischen Kunden-Cash-Flow und Refinanzierungs-Cash-Flow führt. In der Tabelle (→ Abbildung 41) ist die Refinanzierung ebenso wie die neue Marge in € enthalten (GKM = Geld- und Kapitalmarkt; AZF = Abzinsungsfaktor). Die neue Marge bezogen auf die Restlaufzeit des Altdarlehens ist konsequenterweise mit der obigen Begründung auch jetzt wieder zu erstatten. Unter der Annahme, daß die Bank die alten laufenden Margen abgespeichert hat, kommt auch die Erstattung der Altgeschäftsmarge in Betracht. Diesen Weg wird die Bank wählen, wenn die diskontierte Altgeschäftsmarge ($1000/1{,}04 + 1000/1{,}04^2 = 1886{,}09$) niedriger als die Neugeschäftsmarge ($1500/1{,}04 + 1125/04^2 = 2482{,}43$) ist.

GKM-Rendite	4,00 %	Neukredit	5,5 %		Restlaufzeit		
Jahr (t)			0	1	2	3	4
AZF(t)				0,9615385	0,9245562	0,8889964	0,8548042
		Cash-Flow neu	–100.000,00	30.500,00	29.125,00	27.750,00	26.375,00
		Refi-Cash-Flow	100.000,00	–29.000,00	–28.000,00	–27.000,00	–26.000,00
		Marge „neu"		1.500,00	1.125,00	750,00	375,00
		Margen-Vorteil		1.500,00	1.125,00		
		barwertig	**2482,43**				
		Erstattung	–2482,43				

		Neugeschäft		Altgeschäft
Abrechnung	Ablösebetrag	103.772,19		103772,19
	Erstattung	–2482,43		–1886,09
	Neukredit	–100.000		–100000,00
Aufhebungsentgelt		1.289,76		1886,09

Abbildung 41: Berücksichtigung des Darlehenswechsels und der Laufzeitverlängerung

Ergebnis: Finanzmathematisch gesehen ist die im Neugeschäft erzielte abgezinste Marge des geschützten Zinserwartungszeitraums zu erstatten. Allerdings kann die Bank juristisch betrachtet anstelle des finanzmathematisch korrekten Betrags (2482,43) wohl auch nur die niedrigere Altgeschäftsmarge erstatten ($1886{,}09 = 1000/1{,}04 + 1000/1{,}04^2$).

33 Der Rechenweg kann unter Beibehaltung des Kurswertvergleichs alternativ wie folgt aufgebaut werden. Der neue Cash-Flow kann zwar mit dem alten Cash-Flow nicht ohne weiteres verglichen werden, da die **Tilgungsmodalität** verändert wurde. Die Vergleichbarkeit ist erst gegeben, wenn der Betrachtungszeitraum von zwei Jahren auch beim Neukredit den vollen Tilgungsbetrag umfaßt. Hierzu ist die noch ausstehende Tilgung (50.000) bei fiktiver Vertragsbeendigung

II. Berechnungsmethoden bei Umschuldung und

nach zwei Jahren zu berücksichtigen. Man rechnet demzufolge wie bei einer **Abschnittsfinanzierung** (Abbildung 42). Der Barwert dieses fiktiven Cash-Flows ist dem des alten Cash-Flows gegenüberzustellen: die Differenz gibt den Tauschnachteil der Bank an. Der Barwert des eingetauschten Neudarlehens beträgt 102.482,43; d. h., der Kunde kann daher nicht nominal tauschen (100.000 Altkredit gegen 100.000 Neukredit), sondern muß dafür zusätzlich 1.289,76 (Barwert Altkredit abzüglich angepaßter Barwert Neukredit) aufbringen.

GKM- Rendite	4,00%	Neukredit	5,5%		
Jahr (t)		0	1	2	3
AZF(t)			0,9615385	0,9245562	0,8889964
Tilgung		-100.000	25.000	75.000	
Zinsen			5.500	4.125	0
Kunden- CF		-100.000	30.500	79.125	0
Barwert		102.482,43	29.326,92	73.155,51	
Abrechnung	Kurswert Altkredit	103.772,19		50.000 fiktive Tilgung	
	Kurswert Neukredit	102.482,43			
	Aufhebungsentgelt	1.289,76			

Abbildung 42: Analogie zur Abschnittsfinanzierung

2. Zinsstrukturkurveneffekte

Bei einer nicht-flachen Zinsstrukturkurve ergeben sich Veränderungen gegenüber der bisherigen Analyse. Um die Effekte deutlich zu machen, wird wie eben von einem Wechsel der Darlehensart bei Begrenzung des Erstattungszeitraums ausgegangen. Um die Darstellung möglichst prägnant zu halten, wird vereinfachend von der Berücksichtigung von Geld-/Brief-Differenzen abgesehen und mit Zerobondabzinsfaktoren (ZBF) gearbeitet.

Beispiel: Das eingangs betrachtete endfällige Darlehen mit einer Restlaufzeit von zwei Jahren wird auf einen Ratenkredit mit einer Laufzeit von 4 Jahren umgestellt. Angenommene Zinsstrukturkurve 4% (1 Jahr), 5% (2 Jahre), 5,15% (3. Jahr) und 5,3% (4. Jahr).

Lösungsweg:
- Berechnung des Barwertes des Altgeschäfts; hier 101.868,13, da jetzt mit Zerobondabzinsfaktoren (ZBF) diskontiert wird.
- Berechnung der laufenden Margen des Neugeschäfts. Die Margen entsprechen abgezinst mit den Renditen der Zinsstrukturkurve gerade dem Margenbarwert des Neugeschäfts.
- Abzinsung der laufenden Margen des Überlappungszeitraums mit Renditen der Zinsstrukturkurve. Der Margenbarwert ist zu erstatten, es sei denn, die Altgeschäftsmarge, hier 1868,13,[7] ist niedriger. Im Sachverhalt ist demzufolge die Neugeschäftsmarge in Höhe von 728,79 herauszugeben.
- Das Aufhebungsentgelt errechnet sich mit:

---

[7] = $1000 \star ZBF_{01} + 1000 \star ZBF_{02}$.

232 F. Berücksichtigung sonstiger Vertragsänderungen

Kurswert Altkredit	101.868,13	(= 6000*ZBF01 + 106000*ZBF02)
Erstattung	− 728,79	
Neukredit	− 100.000	
Aufhebungsentgelt	= 1.139,34	

35 Abbildung 43 enthält die Barwertberechnung unter Verwendung der Zerobondabzinsfaktoren (ZBF).

Kuponsätze	Jahr	ZBF	neuer Cash-Flow	Barwerte	Geb. Kapital	Barwerte	Marge €	Barwerte	
			−100000,00	−100000,00					
4,000 %	1	0,9615385	30500,00	29326,92	100000	96153,850	443,98	426,91	
5,000 %	2	0,9065934	29125,00	26404,53	75000	67994,51	332,99	301,88	728,79
5,150 %	3	0,8595256	27750,00	23851,84	50000	42976,28	221,99	190,81	
5,300 %	4	0,8123781	26375,00	21426,47	25000	20309,45	111,00	90,17	
				1009,77		227434,09	1109,95	1009,77	
					Prozentuale Marge	0,4439815 %			

Abbildung 43: Umstellung endfälliges Darlehen auf Ratendarlehen

36 Legt man die Abschnittsfinanzierung zugrunde, scheidet die Diskontierung der Cash-Flows der künstlich verkürzten Darlehenslaufzeit mit ZBF aus, da ansonsten die Marge der gesamten Laufzeit erstattet würde: Der resultierende Kurswert in Höhe von 101.061,13 (= 30500*ZBF01 + 79125*ZBF02) wäre überhöht. Um der vorgestellten exakten Lösung wenigstens näherungsweise zu entsprechen, ist der Kurswert des fiktiv verkürzten Neudarlehens jetzt mit dem durchschnittlichen Einstandssatz der strukturkongruenten Refinanzierung des vollen Neugeschäfts abzuzinsen. Dies ist notwendig, um die Margenerstattung nach Maßgabe der Kapitalbindung auf die Zeitabschnitte „alt" und „neu" vorzunehmen. Man erhält einen neuen Kurswert von 100.726,38,[8] der verglichen mit dem alten Kurswert von 101.868,13 zu einem Aufhebungsentgelt von 1.141,75 führt. Dieser möglicherweise überraschende Zusammenhang klärt sich auf, wenn man bedenkt, daß durch die vorgezogene Tilgung der Barwert infolge der niedrigeren „kurzen" Bewertungssätze (4 % bzw. 5 %) überhöht dargestellt würde.

37 Die Begrenzung der Margenerstattung wurde vorgestellt in bezug auf die zeitliche Begrenzung. Sie ist allerdings nunmehr zu erweitern in betragsmäßiger Hinsicht.

3. Begrenzung des Kreditvolumens

38 Wird die Darlehensart (Ratendarlehen, Annuitätendarlehen, endfälliges Darlehen) beibehalten, so ist die Frage der **betragsmäßigen Begrenzung der Margenerstattung** tendenziell weniger bedeutsam, da es in den meisten Fällen ausreicht, die **Kappung** an der nominellen Restschuld des Altdarlehens festzumachen. Beispiel: Restschuld endfälliges Altdarlehen 100.000, Neugeschäftsvolumen 120.000 (endfälliges Darlehen); die Kappung greift bei 100.000.

---

[8] 30500/1,0505477 + 79125/1,0505477^2. Die 5,05477 % ergeben sich aus der strukturkongruenten Refinanzierung.

Wechselt man dagegen die Darlehensart, so kommt es vielfach zur einer **39**
versteckten Ausweitung des Neukreditvolumens trotz identischer nomineller
(Rest-)Schuld im Alt- und Neugeschäft. Beispiel: Wechsel von einem Ratendarlehen in ein endfälliges Darlehen. Trotz identischer nomineller (Rest-)Schuld im
Alt- und Neugeschäft ergeben sich völlig unterschiedliche Kapitalbindungen
während des Überlappungszeitraums (Abbildung 44).

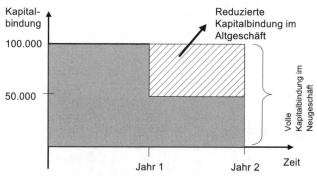

Abbildung 44: Berücksichtigung der Kapitalbindung

Man erkennt, daß im ersten Jahr des Überlappungszeitraumes die Kapitalbin- **40**
dung im Alt- und Neugeschäft übereinstimmt. Dagegen ist die Kapitalbindung
im zweiten Jahr im Neugeschäft doppelt so hoch wie im Altgeschäft. Die Margenerstattung ist deshalb auf die durch das Altgeschäft vorgegebene Kapitalbindung zu beschränken. Aus diesem Grund kommt die Abschnittsfinanzierung
und damit der Kurswertvergleich nicht weiter in Betracht.

Die betragsmäßige Beschränkung kann folgendermaßen erzielt werden: Man **41**
ermittelt explizit das gebundene Kapital im Überlappungszeitraum. Dabei ist
darauf zu achten, daß die Kapitalbindung des Altgeschäfts nie überschritten
wird. Das in den einzelnen Perioden gebundene Kapital wird mit der prozentualen Marge multipliziert. Damit stehen die aus dem Neugeschäft erzielten laufenden Margen in € fest. Die laufenden Margen werden anhand der Zinsstrukturkurve diskontiert. Man erhält den zu erstattenden Margenbarwert. Erstattet wird
der niedrigere Margenbarwert aus Alt- und Neugeschäft.

Der skizzierte Lösungsansatz sei am Beispiel verdeutlicht. Hierzu wird ange- **42**
nommen, daß ein Ratendarlehen in ein endfälliges Darlehen umgewandelt wird
(vgl. Abbildung 45). Hierfür gelten die angeführten Daten und die bekannte
Zinsstrukturkurve.

Altkredit	6,0 %				
Jahr (t)	0	1	2		
Kunden- CF	–100.000	56.000	53.000	Barwert	101895,60

Neukredit	5,5 %				
Kunden- CF	–100.000	5.500	5.500	5.500	105.500
Kapitalbindung Neugeschäft		100000	100000	100000	100000
Kapitalbindung Altgeschäft		100000	50000		

Abbildung 45: Umwandlung Ratendarlehen in endfälliges Darlehen

43 Zunächst wird die Erstattung anhand der Neugeschäftsmarge vorgenommen (Abbildung 46; ZBF wie oben).

Jahr	Cash-Flow	Barwerte	Erstattung laut „neuer" Kapitalbindung			Erstattung laut „alter" Kapitalbindung		
			Geb. Kapital	Marge €	Barwerte	Geb. Kapital	Marge €	Barwerte
	–100000,00	–100000,00						
1	5500,00	5288,46	100000	200,00	192,31	100000	200,00	192,31
2	5500,00	4986,26	100000	200,00	181,32	50000	100,00	90,66
3	5500,00	4727,39	100000		85952,56			282,97
4	105500,00	85705,89	100000		81237,81			
		708,01			354003,56			

Prozentuale Marge: 0,200 %

Abbildung 46: Berechnung der Margenerstattung

44 Berücksichtigt man dagegen die im Altgeschäft vorgegebene Kapitalbindung, so resultiert – wie der Berechnung zu entnehmen ist – ein deutlich anderes Ergebnis. Als Konsequenz ergibt sich ein Aufhebungsentgelt in Höhe von 1612,63, das sich aus dem Ablösebetrag (Barwert) des Altgeschäfts von 101.895,60, der Erstattung der Neugeschäftsmarge von 282,97 und der Kreditauszahlung von – 100.000 zusammensetzt. Es zeigt sich, daß nur die Rechnung „Neugeschäft mit Berücksichtigung der durch das Altgeschäft vorgegebenen Kapitalbindung" zum korrekten Ergebnis führt.

III. Ablösung per Termin und Forwarddarlehen

1. Ablösung per Termin

45 Die bereits oben angesprochene Ablösung per Termin sei nunmehr an einem Beispiel verdeutlicht:[9] Aus dem bestehenden Darlehen erwartet die Bank noch eine Zahlung von 100 € in einem und 1100 € in zwei Jahren (endfälliges Darlehen). Der Kunde möchte das Darlehen a) sofort bzw. b) in einem Jahr ablösen. Im Fall b) möchte er bereits heute den Ablösebetrag verbindlich festlegen.

46 Weiter gelte zum Verhandlungszeitpunkt „heute" die folgende Zinsstrukturkurve:

---

[9] Vgl. *Wimmer*, So rechnen Banken, S. 274 ff.

III. Ablösung per Termin und Forwarddarlehen

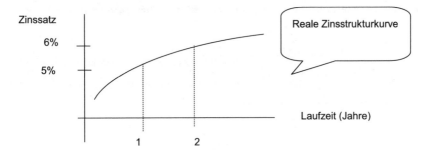

Situation a) Ablösung „heute"

Zinssätze	5%	6%	
	1 Jahr	2 Jahre	
heute	**Jahr 01**	**Jahr 02**	
	100,00	1100,00	Zahlungen aus dem Altdarlehen
-1037,74	62,26	1100,00	Anlage 1037,74 zu 6%; Laufzeit 2 Jahre
-35,94	37,74		Anlage 35,94 zu 5%; Laufzeit 1 Jahr
-1073,67	100,00	1100,00	

zwei Anlagen am Kapitalmarkt

Konsequenz ist die Abbildung des entfallenden Zahlungsstroms (altes Darlehen)

Im Fall der Sofortablösung wird die Bank unter Zugrundelegung des BGH-Leitsatzes den ausfallenden Cash-Flow am Geld- und Kapitalmarkt (Segment Hypothekenpfandbriefe) nachbilden. Hierzu tätigt sie – wie bereits ausführlich im Zusammenhang mit dem exakten Aktiv-Passiv-Vergleich beschrieben[10] – zwei Anlagegeschäfte. Ergebnis: Der Kunde muß als fairen Ablösebetrag 1073,67 € an die Bank zahlen. Auch hier entspricht der Ablösebetrag dem Kurswert/Barwert der ausfallenden Cash-Flows. **47**

Soll hingegen die Ablöse einem Jahr mit verbindlicher Zusage „heute" erfolgen, muß ein gegenüber der Sofortablösung gleichwertiges Ergebnis erzielt werden. Hierzu bieten sich mehrere Überlegungen an. Am einfachsten ist es, sich vorzustellen, daß die Bank dem Kunden den eben berechneten Ablösebetrag kreditiert; das bedeutet, der Kunde zahlt diesen Betrag nicht heute, sondern erst in einem Jahr. Schlägt die Bank hier keine weitere Marge auf, so wird der Kunde in einem Jahr 1073,67 € zuzüglich Zinsen in Höhe der Geld- und Kapitalmarktverzinsung für ein Jahr – demnach 5%- entrichten müssen. Man erhält somit per Termin: 1.073,67 + 1.073,67*5 % = 1.127,36 €. Zum gleichen Ergebnis kommt man, wenn die Bank bereits „heute" ein 2 jähriges Anlagegeschäft mit einem 1 jährigen Refinanzierungsgeschäft geeignet koppelt: es soll sich ein Zahlungssaldo zwischen dem Kundengeschäft und dem Koppelungsgeschäft nur zum Ablösezeitpunkt ergeben. Es kommt folglich die gleiche Technik zum Einsatz wie bei Sofortablösung. Ergebnis wiederum: Der Kunde muß als fairen Ablösebetrag 1127,36 € an die Bank zahlen. **48**

---

[10] Vgl. oben E. III. 2.

Situation b) Ablösung in einem Jahr mit verbindlicher Zusage „heute"

	5% 1 Jahr	6% 2 Jahre	
heute	Jahr 01	Jahr 02	
	100,00	1100,00	Zahlungsstrom altes Darlehen
-1037,74	62,26	1100,00	1. Anlage von 1037,74 für zwei Jahre
1037,74	-1089,62		2. Aufnahme von 1037,74 für ein Jahr
0,00	-1027,36	0,00	

Fairer Ablösebetrag:
1027,36 + 100 aus dem Altgeschäft = 1127,36

49 Aus Sicht „heute" sind, wie nachgewiesen wurde, die beiden Ablösewerte zu den jeweiligen Ablösezeitpunkten gleichwertig. Die beiden Ablösebeträge sind über den Terminzinssatz, der aus der heutigen Zinsstrukturkurve abgeleitet wird, miteinander verknüpft.

2. EXKURS: Berechnung von Forward-Rates

50 Gegeben sei die folgende **Zinsstrukturkurve** per „heute". Es soll der Terminzinssatz ermittelt werden, zu dem Geld in einem Jahr für ein Jahr Laufzeit angelegt werden kann. Diesen Satz nennt man im allgemeinen Forward-Rate oder Forwardsatz.[11]

51 Den **Forwardsatz** kann man ermitteln, indem man ein einjähriges Anlagegeschäft mit einem zweijährigen Aufnahmegeschäft kombiniert und jeweils den gleichen Betrag zugrunde legt. Der resultierende Saldo im ersten und zweiten Jahr ergibt automatisch das Futuregeschäft (Termingeschäft), das eine Rendite von 7,07 % aufweist. Dies ist der Forwardsatz, mit dem die Bank rechnet.

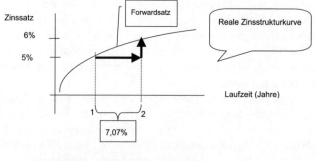

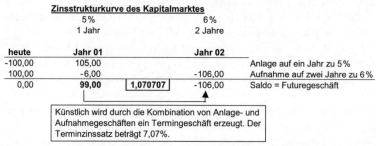

---

[11] Ausführlich *Wimmer*, Bankkalkulation, S. 156–162

Jetzt kann man den Ablösebetrag per Ablösung in einem Jahr mit verbindlicher 52
Zusage „heute" nochmals auf andere Weise rechnen. Hierzu muß man lediglich
die in zwei Jahren fällige Zahlung auf das Jahr 1 mit der Forward-Rate abzinsen.
Man erhält 1100/1,070707 = 1027,35. Die genau in einem Jahr fällige Zahlung über
100 hat in einem Jahr natürlich genau einen Wert von 100. Zusammen ergibt sich
gerade der bereits oben ermittelte Wert. Ebenso kann der Ablösebetrag per heute
mit dem Futuresatz (heute/1 Jahr) bewertet werden: 1.073,67 *1,05 = 1.127,36.

Entsprechend kann man jetzt den Ablösewert per Termin in zwei Jahren be- 53
rechnen:
100*1,0707 + 1.100 = 1.207,07 oder 1.127,36*1,0707 = 1.207,07.

3. Forwarddarlehen

Als Alternative zur Vollablösung bieten Banken zunehmend sogenannte **For-** 54
warddarlehen an, deren Konditionen bereits „heute" fixiert werden, deren Beginn aber erst in der Zukunft erfolgt. Wir greifen nochmals das eben erläuterte
Beispiel auf. Auch hier sei vorsorglich darauf hingewiesen, daß die Darstellung
bewußt vereinfacht und nicht komplexe reale Fälle abbildet.

Beispiel: Aus dem eben betrachteten Darlehen erwartet die Bank noch eine Zahlung 55
von 100 € in einem und 1100 € in zwei Jahren. Der Kunde möchte das Darlehen in einem
Jahr ablösen, aber bereits heute den Ablösebetrag verbindlich festlegen. Es gelte zum Verhandlungszeitpunkt „heute" die bereits bekannte Zinsstrukturkurve (5 % 1-Jahresgeld; 6 %
2-Jahresgeld). Die Bank bietet ihm als Alternative ein Forwarddarlehen an. Dessen Funktionsweise erläutert sie so:
„Wir einigen uns bereits heute darauf, daß wir Ihnen in einem Jahr ein Darlehen über
1000 € zu einem Nominalzinssatz von 7,0707 % anbieten; Zinsbindung ein Jahr."
Bei genauer Betrachtung zeigt sich, daß die Alternativen Forwarddarlehen und Ablösung
per Termin zum gleichen Ergebnis wie die Ablösung des Darlehens heute führen (müssen).
Um diese Behauptung zu belegen, muss man lediglich den Cash-Flow des Forwarddarlehens ermitteln sowie die Ablösezahlung per Termin berücksichtigen:

Forwardkondition	7,0707 %		Sicht des Kunden!
heute	Jahr 01	Jahr 02	
	1000,00	-1070,7070	Forwarddarlehen
	-1127,36	Ablösezahlung	Altdarlehen
Gesamtergebnis	-127,36	-1070,7070	

Man erkennt, daß der Kunde aus dieser Umschuldung natürlich nichts gewinnen kann,
da das Paket aus Ablösung des Altdarlehens per Termin und Abschluß eines Forwarddarlehens zum Termin Jahr 1 exakt den gleichen Wert hat (haben muss):

heute	Jahr 01	Jahr 02	
	-127,36	-1070,7070	
	-1000	Abzinsung der Zahlung im Jahr 2 zum Terminzinssatz 7,07 %	
Summe	**-1127,36**		

Zusammengefasst kann die Bank kein Geld verschenken, da der Kurs des Altdarlehens objektiv durch die Zinsstrukturkurve vorgegeben ist. Aus dem Abschluß eines Forwarddarlehens kann der Kunde deshalb zunächst noch keinen Nutzen ziehen. Ein Nutzen tritt erst auf, wenn der neue Darlehenszinssatz auf eine die Laufzeit des Altdarlehens übersteigenden Zeitraum fixiert wird und der Kunde damit rechnet, daß das künftige Zinsniveau darüber liegen wird.

4. § 490 Abs. 2 BGB und Terminablösung

56 Zwischen der BGH-Rechtsprechung der Jahre 1997 und 2001 zur Vorfälligkeitsentschädigung und der gesetzlichen Regelung in § 490 Abs. 2 BGB, die ab 1. 1. 2002 gilt, bestehen nicht nur die ausführlich diskutierten juristische Unterschiede. Von erheblicher Praxisrelevanz ist die neu hinzutretende gesetzliche Kündigungsfrist von drei Monaten, die nach Ablauf von sechs Monaten nach dem vollständigen Empfang des Darlehens bei vorliegendem „berechtigten Interesse" wirksam ausgesprochen werden kann.

57 Bisher kam es hinsichtlich der entscheidenden Frage, welche **Hypothekenpfandbriefsätze** bei der Berechnung der Vorfälligkeitsentschädigung herangezogen werden, auf den Tag des Geldeingangs an. Beispiel: Der Kunde weist am 31. 12. 01 sein berechtigtes Interesse nach. Die Bank teilt dem Kunden mit, er müsse bei sofortiger Ablösung (31. 12. 01) eine Vorfälligkeitsentschädigung von 2415 € zahlen. Tatsächlich dauert es bis zum 31. 1. 02 bis das Geld bei der Bank eingeht. Es ist offensichtlich, daß üblicherweise der am 31. 1. 02 berechnete Schaden von dem am 31. 12. 01 signalisierten Schaden abweichen wird: die Hypothekenpfandbriefsätze werden sich geändert haben; in jedem Fall hat sich die Restlaufzeit des Darlehens (Zeitraum der geschützten Zinserwartung) faktisch verkürzt, d. h., die Abzinsung erfolgt für einen kürzeren Zeitraum. Im Ergebnis ist Streit zwischen Bank und Kunde vorprogrammiert, wenn die Bank keinen eindeutigen Vorbehalt am 31. 12. 01 gemacht hat. Eindeutig wäre etwa: „In Abhängigkeit von der Geld- und Kapitalmarktentwicklung kann sich der Schaden erhöhen oder reduzieren."[12]

58 Letztlich aber gleicht diese vielfach anzutreffende Vorgehensweise für den Bankkunden einem Lotteriespiel, bei dem er gewinnen, bei ungünstiger Marktentwicklung – also bei sinkenden Marktrenditen – aber viel verlieren kann. Die gesetzliche Kündigungsfrist sieht einen Vorlauf von 3 Monaten vor und verschärft folglich die schon bisher in der Praxis bestehende Problematik. Da Kreditnehmer das Zinsänderungsrisiko letztlich in vielen Fällen nicht tragen können, drängt sich eine Ablösung per Termin geradezu auf.

59 Dies wird die Bank anbieten, wenn sie teilweise oder ganz die den Kreditgeber schützende Kündigungsfrist in Anspruch nehmen möchte. Als Vorteil ergibt sich für den Kunden Kalkulationssicherheit. Die von ihm per Termin, im Beispiel am 31. 3. 02 zu zahlende Vorfälligkeitsentschädigung ist unabhängig von der Kapitalmarktmarktentwicklung, da zu heutigen (Termin-)Zinssätzen abgerechnet wird. Im Umkehrschluß ergibt sich natürlich auch keine Zinsänderungschance für den Kunden. Er muß also abwägen, ob er Risiko und Chance ausschließen will. Für die Bank resultiert aus dieser Vereinbarung kein Nachteil, da sie über ihr Treasury

---

[12] Vgl. hierzu den Musterbrief im Anhang.

III. Ablösung per Termin und Forwarddarlehen

jederzeit das eigene Zinsänderungsrisiko ausschließen kann. Für beide Seiten kann somit Kalkulationssicherheit hergestellt werden.

Beispiel: Der Kunde hat ein Darlehen mit einer Restzinsbindung von exakt einem Jahr (also bis 31.12.02). Er muß nur noch eine Rate (Tilgung und Zinsen) am 31.12.02 in Höhe von 106 000 € zahlen. Angenommen der 1-Jahreszinssatz für Hypothekenpfandbriefe betrage 3,5 % und der Geldmarktsatz für 3-Monatsgeld 3,2 %. Der Kunde zahlt bei Sofortablösung 2415 € (6 % zu 3,5 % Zinsdifferenz, die abzuzinsen ist). Bei Ablösung per Termin, die heute verbindlich abgeschlossen wird, zahlt er hingegen 3244 €, da die Bank den Forwardsatz (Terminzinssatz) von 3,506 % zugrunde legt. Würde hingegen mit dem „Zufallszinssatz" am 31.3.02 ablöst, ist das Ergebnis davon abhängig, wie sich der Geld- und Kapitalmarkt entwickelt. Beträgt das 9-Monatsgeld 4 %, zahlt der Kunde 2857 €. Bei 3 % ergeben sich 3625 €. Beträgt das 9-Monatsgeld zufällig 3,506 % wie in der Terminvereinbarung, bleibt es bei den 3235 €. Bei längeren Kreditlaufzeiten und größeren Beträgen verschärft sich die Problematik, d.h., es kann schnell zu mehreren Tausend € Differenz zwischen den Alternativen kommen.

Die folgende Tabelle enthält die zum Nachvollziehen des Beispiels notwendigen Daten. **60**
Die Herleitung des Terminzinssatzes wurde bereits in F. III. 2 erläutert.

	Sofortablösung	31.12.2001	31.3.2002	31.12.2002
1-Jahresgeld	3,50 %	- 100.000,00 € 102.415,46 € 2.415,46 €		106.000,00 €

	Ablösung per Termin	31.12.2001	**31.3.2002**	31.12.2002
9-Monatsgeld	3,506 %		- 100.000,00 € **103.234,78 €** 3.234,78 €	106.000,00 €

	Ablösung +x %	31.12.2001	**31.3.2002**	31.12.2002
9-Monatsgeld	4,000 %		- 100.000,00 € **102.857,14 €** 2.857,14 €	106.000,00 €

	Ablösung -x %	31.12.2001	**31.3.2002**	31.12.2002
9-Monatsgeld	3,000 %		- 100.000,00 € **103.625,25 €** 3.625,25 €	106.000,00 €

Herleitung Terminzinssatz		31.12.2001	31.3.2002	31.12.2002
	3,50 %	- 100.000,00 €		103.500,00 €
3-Monatsgeld	3,20 %	100.000,00 €	- 100.800,00 €	
FRA(3;12)	**3,506 %**		100.800,00 €	- 103.500,00 € - €

G. Abwicklung von Leasinggeschäften und Teilzahlungskrediten

I. Leasing

1 Bei **Leasinggeschäften**[1] wird in der Praxis bisweilen zwischen der Berechnung anhand der Zwei-Faktorenmethode und der Einfaktorenmethode differenziert. Bei der hier vorzustellenden Einfaktorenmethode läßt sich der Effektivzinssatz des Leasinggeschäfts – hier aus Kundensicht – unmittelbar aus der bekannten Bestimmungsgleichung des Effektivzinssatzes

> Finanzierungsvolumen – abdiskontierte Ratenzahlungen – abdiskontierter Restwert = 0

ableiten. Der Zinssatz, für den dieser Zusammenhang gilt, stellt den gesuchten Effektivzinssatz dar. Aus Kundensicht fließen lediglich die Ratenzahlungen an die Bank. Das Finanzierungsvolumen ergibt sich aus dem Listenpreis des geleasten PKW nach Abzug eines Rabatts und der üblichen Einmalzahlung (Leasingsonderzahlung). Der Restwert stellt den voraussichtlichen Verkaufserlös des geleasten PKW dar. Vertragswert und Restwert stellen aus Kundensicht nur fiktive Zahlungen dar. Es wird folglich unterstellt

- der Leasingnehmer erhalte ein Darlehen in Höhe des Wertes des Leasinggutes und
- der Leasingnehmer tilge die Restschuld bei Vertragsende durch Verkauf des Leasinggutes zum Restwert.

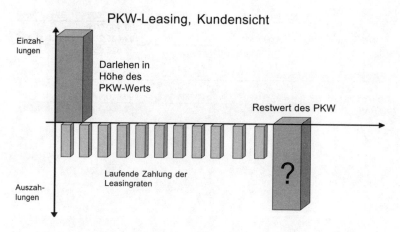

---

[1] Vgl. ausführlich zur finanzmathematischen Abbildung des Leasinggeschäfts *Wimmer/Stöckl-Pukall*, 1998/2000, S. 85–93.

I. Leasing

Da der Leasingnehmer überdies während der Laufzeit i. d. R. konstante Leasingraten zu leisten hat, kann das Leasinggeschäft wie ein Annuitätendarlehen mit Abschnittsfinanzierung abgebildet werden. Zur Wiederholung: Bei einer Abschnittsfinanzierung verbleibt am Ende der Vertragslaufzeit eine planmäßige Restschuld. Zweckmäßigerweise wird deshalb die Diskontierung mit Hilfe der Annuitätenmethode durchgeführt. Man beachte übrigens, daß im Leasinggeschäft vorschüssige Zahlungen üblich sind! **2**

Ein **Praxisbeispiel** verdeutliche die Vorgehensweise der (Automobil-)Banken im Leasinggeschäft: **3**
  Ein Leasingnehmer least einen PKW, dessen Anschaffungspreis 50.000 € beträgt. Der Nominalzinssatz 8,9 % p. a., d. h., der monatsanteilige Nominalzinssatz beträgt 0,74167 %. Die Leasinggesellschaft ermittelt die Leasingrate anhand des sogenannten Zinsfaktors. Der Zinsfaktor errechnet sich mit 1+0,089/12 = 1,0074167. Bei 36 Monate Laufzeit, dem gegebenen Finanzierungsvolumen in Höhe von 50.000 € und einem angenommenen Restwert von 20.000 € erhält man die Leasingrate mit 1092,82. Sie berechnet sich folgendermaßen:

$$\text{Annuitätenfaktor vorschüssig} = \frac{\frac{i}{m} \star \left(1 + \frac{i}{m}\right)^{m \star n - 1}}{\left(1 + \frac{i}{m}\right)^{m \star n} - 1}$$

i = Nominalzinssatz p. a.; m = Zahl der unterjährigen Zahlungen, hier 12; n = Laufzeit in Jahren, hier 3

$$\text{Annuitätenfaktor} \star \left(\text{Fin.vol.} - \frac{\text{Restwert}}{1{,}0074167^{36}}\right) = 0{,}031519443 \star (50000 - 15328{,}56) = 1092{,}82$$

Nominalzinssatz	8,90 %
Raten pro Jahr	12
Jahre	3
Annuitätenfaktor	**0,031519443** (vorschüssig; unterjährliche Zahlungen)
Vertragswert	50.000,00 DM
Restwert	20.000,00 DM
barwertiger Restwert	15.328,56 DM
Finanzierungsbetrag	**34.671,44 DM** = Vertragswert ./. barwertiger Restwert
Rate pro Monat	**1.092,82 DM**

Aus den Vertragsvereinbarungen läßt sich wiederum der Cash-Flow des Leasinggeschäfts bestimmen und demzufolge auch ein Effektivzinssatz (ISMA) angeben: **4**

Effektivzinssatz		9,272173 %		Vergleichskonto	
Monat	Kreditauszahlung	Zinsen	Rate	Tilgung	Restkapital
0	50.000,00 €		1.092,82 €	1.092,82 €	48.907,18 €
1	= Wert des PK	362,73 €	1.092,82 €	730,10 €	48.177,08 €
2		357,31 €	1.092,82 €	735,51 €	47.441,57 €
35		154,20 €	1.092,82 €	938,62 €	19.852,76 €
36		147,24 €	20.000,00 €	19.852,76 €	- 0,00 €
Summe		9.341,68 €	59.341,68 €	50.000,00 €	

242 G. *Abwicklung von Leasinggeschäften und Teilzahlungskrediten*

5 Die **vorzeitige Vertragsbeendigung bei Leasinggeschäften** ist für die wichtigsten Fälle, z. B. Verzug des Leasingnehmers, in den Allgemeinen Geschäftsbedingungen geregelt. Bei einvernehmlicher Vertragsauflösung kommt es auf das Verhandlungsergebnis zwischen den Vertragsparteien an. Zulässig ist insofern jede Vertragsaufhebung, die nicht sittenwidrig ist. Für die gewöhnlich in den Allgemeinen Geschäftsbedingungen geregelten Fälle gilt:[2]
- Der Leasinggeber stellt dem Leasingnehmer den sogenannten Kündigungsschaden in Rechnung. Dieser ergibt sich aus der Differenz zwischen dem Ablösewert des Vertrages und dem Verkaufserlös des Fahrzeugs.
- Der Ablösewert des Vertrages setzt sich aus drei Komponenten zusammen:
  1. Dem Barwert der noch ausstehenden Leasingraten, die üblicherweise um ersparte Risiko- und Verwaltungskosten in Höhe von 3 % gekürzt werden.
  2. Dem auf die Restlaufzeit entfallenden Anteil der Leasingsonderzahlung.
  3. Dem Barwert des ursprünglich kalkulierten Restwertes des Fahrzeugs.
- Die Abzinsung erfolgt anhand eines Zuschlagssatzes auf einen Referenzzinssatz. Das war in der Vergangenheit der Diskontsatz, der durch das Diskontsatz-Überleitungs-Gesetz durch den sogenannten Basiszinssatz ersetzt wurde. Dem Beispiel liegt ein Abzinsungssatz in Höhe von 6 % zu Grunde.

6 Ergänzend sei auf den Auszug aus den Allgemeinen Geschäftsbedingungen einer großen Leasinggesellschaft hingewiesen, wobei die Formeln hier nicht näher erläutert werden.[3]

Auszug aus den Allgemeinen Geschäftsbedingungen [vgl. Anlage].

1 - Im Falle einer vorzeitigen Beendigung des Leasingvertrages durch eine nach diesem Vertrag zulässige Kündigung wird dem Leasingnehmer der entstandene Kündigungsschaden in Rechnung gestellt. Dieser ergibt sich aus der Differenz zwischen Ablösewert und Verkaufserlös.

Der Ablösewert setzt sich zusammen aus:
- dem Barwert der vom Tag der Fahrzeugrückgabe bis zum regulären Vertragsende (Restlaufzeit) noch ausstehenden Netto-Leasingraten, die um die ersparten Gemeinkosten reduziert werden
- dem auf die Restlaufzeit entfallenden Anteil einer etwaigen Leasingsonderzahlung (netto)
- dem Barwert des kalkulierten Restwertes (netto).

Die Barwerte berechnen sich unter Verwendung der Barwertformeln für die Leasingraten:

$$\frac{LR}{V^{n-1}} * \frac{V^{n-1}}{V-1} + \frac{\frac{LR*m}{30}}{V^{n-1}} = \text{Barwert der Leasingrate}$$

$$\frac{\text{kalkulierter Restwert}}{V^n} = \text{Barwert kalk. Restwert}$$

---

[2] Vgl. hierzu *Wimmer*, So rechnen Banken, S. 234 f.
[3] Vgl. ausführlich *Caprano/Wimmer*, Finanzmathematik, S. 36–62. Zur im folgenden verwendeten unmittelbaren Barwertberechnung ergeben sich vernachlässigbare Differenzen.

Es bedeuten:
LR = Leasingrate pro Monat (reduziert lt. Ziffer 3 des Leasingantrags)
m = Restlaufzeit in Tagen
n = Restlaufzeit in Monaten
P = Abzinsungssatz (lt. Ziff. 3 des Leasingantrags)

$$V = \left(1 + \frac{P}{12 \star 100}\right)$$

Es sei nochmals das Ausgangsbeispiel aufgegriffen. Unterstellt wird, daß der Leasingvertrag vorzeitig (berechtigterweise) vom Leasinggeber nach 24 Monaten gekündigt wird. Der Leasingnehmer muß demzufolge den Kündigungsschaden ersetzen, der entsteht, wenn der Verkaufserlös niedriger als 30.342 € ist.

Monat	Abzinsungs-zeitraum	Effektivzinssatz Abzinsfaktoren	6,000000% abgezinste Raten	Rate	Abzinsungs-konto
25	0	1,000000000	1.060,04 €	1.060,04 €	um 3%
26	1	0,995156028	1.054,91 €	1.060,04 €	gekürzte
27	2	0,990335519	1.049,80 €	1.060,04 €	Raten
35	10	0,952602636	1.009,80 €	1.060,04 €	
36	11	0,947988255	18.959,77 €	20.000,00 €	
Summe			30.341,85 €	31.660,44 €	
			= Ablösewert		

II. Teilzahlungskredite

1. Produktbeschreibung

Bei den typischen Verbraucherkrediten handelt es sich um **Ratenkredite**, die auch als Laufzeitzinsdarlehen, p. M.-Kredite, **Teilzahlungskredite** oder **Konsumentendarlehen** bezeichnet werden.

Die vom Kunden zu leistenden Raten setzen sich aus dem Monatszinssatz, der Bearbeitungsgebühr und dem Kreditbetrag zusammen:

$$monatliche\ Rate = \frac{Kreditbetrag\ (1 + b + i \star m)}{m}$$

mit b = Bearbeitungsgebühr (in %), i = Laufzeitzinssatz (in % p. M.) und m = Laufzeit in Monaten.

Beispiel:[4] Kreditbetrag = 10.000 €; b = 2%; i = 0,5% p. M.; m = 30; Effektivzinssatz mit Bearbeitungsgebühr = 13,28%;

$$monatliche\ Rate = \frac{10000\ (1 + 0,02 + 0,005 \star 30)}{30} = \frac{11700}{30} = 390.$$

---

[4] Vgl. *Wimmer* (1996a), 60–64.

Der Kunde erhält den Nettokreditbetrag (10.000 €) und hat monatlich die Ratenzahlung in Höhe von 13,28 % zu leisten. Diese Beträge legen den Zahlungsstrom fest und definieren folglich den Effektivzinssatz. Die Berechnung erfolgt anhand der aus dem Anhang zu § 6 PAngV bekannten Formel.[5]

2. Vorzeitige Rückzahlung von Teilzahlungskrediten

10 Bei der Abwicklung vorzeitig fällig gestellter Teilzahlungskredite sind die noch nicht verbrauchten laufzeitabhängigen Kreditkosten (Nominalzinsen) von der Summe der planmäßig ausstehenden Raten abzuziehen. Andernfalls müßte der Kunde Zinsen auch auf gar nicht in Anspruch genommenes Kapital entrichten. Der Rechtsprechung zufolge müssen sogenannte **Einmalkosten**, wie z. B. die Bearbeitungsgebühr, nicht erstattet werden. Gemäß § 12 Abs. 2 und § 14 VerbrKrG sind Kreditinstitute verpflichtet, eine staffelmäßige Rückrechnung der Zinsen und übrigen laufzeitabhängigen Kosten, die auf den Zeitraum nach Wirksamwerden der Kündigung bzw. der vorzeitigen Erfüllung entfallen, vorzunehmen.

11 Als offen darf derzeit die Frage bezeichnet werden, ob unter „staffelmäßiger" Rückrechnung lediglich die Rückrechnung mit Hilfe von **Zinsstaffeln** zu verstehen ist oder ob auch vereinfachte Verfahren zulässig sind. Letztere wurden bislang von der Rechtsprechung anerkannt, wenn wenigstens tendenziell die monatlich zunehmenden Tilgungsbeträge und spiegelbildlich dazu abnehmenden Zinsbeträge berücksichtigt werden. Dies ist bei der sogenannten **Rediskont-Methode** (**78er-Methode**) erfüllt, da man sie auf das Grundprinzip der digitalen Abschreibungsmethode[6] zurückführen kann. Mit Hilfe der digitalen Abschreibungsmethode gelingt es näherungsweise, den finanzmathematisch korrekten Verlauf von Zins- und Tilgungsanteilen nachzubilden.[7]

12 Die Rediskont-Methode stellt sich wie folgt dar:

$$Rediskont = \frac{Restlaufzeit\,(Restlaufzeit + 1)}{Laufzeit\,(Laufzeit + 1)} * Summe\,Zinsen.$$

Unter Rediskont sind dabei die dem Kunden zu erstattenden nicht verbrauchten Zinsen zu verstehen.

13 Im angeführten **Beispiel** soll der Ratenkredit nach 25 Monaten vorzeitig abgelöst werden. Die Rediskontmethode liefert bei insgesamt anfallenden Zinsen von 1.500 folgenden nicht verbrauchten Zinsanteil:

$$Rediskont = \frac{5\,(5+1)}{30\,(30+1)} * 1500 = 48,39.$$

---

[5] Vgl. hierzu *Wimmer*, WM 2001, 447 und *Wimmer/Stöckl-Pukall*, Preisangabenverordnung, 2000, passim.

[6] **Beispiel:** Nutzungsdauer 4 Jahre; Afa-Satz im ersten Jahr: 4/(1+2+3+4)=4/10; im zweiten Jahr: 3/10; im dritten Jahr: 2/10; im vierten Jahr: 1/10. Kehrt man die Afa-Quoten um – im ersten Jahr 1/10 – so erhält man näherungsweise den Tilgungsanteil der Annuität.

[7] Vgl. hierzu *Wimmer* (1996a), 60f. und *Wimmer/Stöckl-Pukall*, Preisangabenverordnung, 2000, S. 107–113.

II. Teilzahlungskredite 245

Die Erstellung der Endabrechnung stellt sich unter Anwendung der Rediskont-Methode wie folgt dar:

Die noch ausstehenden Ratenzahlungen (5*390 = 1950) sind um die als erspart geltenden Zinsen in Höhe von 48,39 zu reduzieren:

Aktueller Kontostand (11 700 − 25*390 =) − 1950

Zinsvergütung (siehe oben)   48,39

zu zahlen   = 1901,61

Demgegenüber gliedert sich die finanzmathematisch korrekte staffelmäßige Rückrechnung auf Basis der angegebenen Staffel in zwei Schritte:

Zinssatz	11,7039% PAngV			
Monat	Zinsen	Rate	Tilgung	Restkapital
0	- €	- €	- €	10.000,00 €
1	92,66 €	383,34 €	290,68 €	9.709,32 €
.....				
25	20,64 €	383,34 €	362,70 €	1.864,55 €
26	17,28 €	383,34 €	366,06 €	1.498,49 €
27	13,89 €	383,34 €	369,45 €	1.129,03 €
28	10,46 €	383,34 €	372,88 €	756,15 €
29	7,01 €	383,34 €	376,33 €	379,82 €
30	3,52 €	383,34 €	379,82 €	0,00 €
Summe	1.500,20 €	11.500,20 €	10.000,00 €	
zu erstatten	52,15 €			

1. Die nicht zu erstattende Bearbeitungsgebühr wird gesondert betrachtet; der auf die Monatsrate (linear berechnete) entfallende Anteil (hier: 200 : 30 = 6,66 €) gilt als für die Tilgung der Bearbeitungsgebühr verwendet. Im Beispiel hat der Kunde folglich zum Zeitpunkt der Abrechnung bereits 25*6,66 € = 166,67 € getilgt, d. h., er muß noch 33,33 € an Bearbeitungsgebühr zahlen.
2. Die Restschuld (ohne Bearbeitungsgebühr) und damit die effektiv angefallenen Zinsen sind aus einer Staffeldarstellung − (z. B.) Vergleichskonto nach PAngV − abzuleiten, wobei der Effektivzinssatz auf Basis der ursprünglichen Konditionen *ohne Bearbeitungsgebühr* zugrunde zu legen ist (Hinweis: dies folgt aus Schritt 1; die Bearbeitungsgebühr soll ja gerade nicht erstattet werden). Im Beispiel sinkt die monatliche Rate um die anteilige Bearbeitungsgebühr auf 383,34 €, was zu einem Effektivzinssatz von 11,70 % nach PAngV führt. Nach 25 Raten beträgt der neue Kapitalsaldo 1.864,55 €.

Die Endabrechnung setzt sich damit aus dem Schlußsaldo und der restlichen Bearbeitungsgebühr zusammen: 33,33 + 1.864,55 = 1897,88. Dieser Betrag stimmt bis auf eine zu vernachlässigende Rundungsdifferenz überein mit der Differenz der noch ausstehenden Ratenzahlungen (5*390 = 1950) und den als erspart geltenden Zinsen in Höhe von 52,15 €. Letztere können der Spalte „effektive Zinsen" der Effektivzinsstaffel entnommen werden. Zusammengefaßt gilt:

Aktueller Kontostand (11 700 − 25*390 =) − 1950,00

Zinsvergütung (siehe oben)   +   52,15

zu zahlen   **= 1897,26**

16 Es ergeben sich Abweichungen zur Rediskont-Formel, die den Verbraucher generell benachteiligen.[8] Allerdings weisen diese im allgemeinen ein vertretbares Ausmaß auf.

Vertragsveränderungen am Beispiel der Sondertilgung

17 Aufgrund der Konstruktionsvorschrift von Ratenkrediten (vorausgerechnete Zinsen) kann auch bei einer Sondertilgung nicht einfach eine Subtraktion vom Bruttokreditbetrag (Gesamtbetrag abzüglich aufgelaufener Raten) erfolgen. Um eine exakte Berücksichtigung „ersparter" Zinsen und gegebenenfalls auch der „ersparten" Bearbeitungsgebühr (wovon im folgenden *nicht* ausgegangen wird) sicherzustellen, bieten sich (zumindest) zwei Lösungswege an: (1) Fiktion der vollständigen Rückzahlung des „Altdarlehens" und Neuausreichung des Darlehens; (2) Berücksichtigung der Sondertilgung in der Netto-Effektivzinsstaffel. In der Praxis ist die erste Alternative verbreitet. Nur sie wird deshalb im folgenden erläutert.

18 Es wird zunächst die vollständige Rückzahlung des Darlehens – unter Berücksichtigung der Rückvergütung – abgebildet. Anschließend wird von der Neuausreichung des Restkredits unter Anrechnung der Sondertilgung unterstellt.

19 Angenommen im Beispiel nimmt der Bankkunde eine Sondertilgung in Höhe von 1000 € nach der 25. Rate vor. Die Lösung besteht darin, der aktuellen Kontostand (5 ausstehende Raten zu 390 €) um die Sondertilgung und die zu erattenden Zinsen, die oben bereits ermittelt wurden, zu reduzieren.

Abrechnung:	
Aktueller Kontostand	− 1.950
Sondertilgung	+ 1.000
Zinsvergütung (siehe oben)	+ 52,15
„Neukredit"	= **897,85**

20 Die Abrechnung lässt allerdings außer acht, daß für Kreditinstitute aus der nicht vertraglich vereinbarten vorzeitigen Rückzahlung des Kredits i. a. Vor- oder Nachteile resultieren. Die skizzierte exakte Abrechnung sollte aus wirtschaftlicher Sicht ergänzt werden durch die Quantifizierung eines möglichen **Margenschadens (Margennutzens)**, der der Bank möglicherweise dadurch entsteht, daß die Geld- und Kapitalmarktzinssätze während der Laufzeit des Darlehens gesunken (gestiegen) sind. Die rechtlichen Rahmenbedingungen (vgl. §§ 489 f. BGB n. F.) wurden bereits erläutert.

---

[8] Zum Nachweis vgl. *Wimmer/Stöckl-Pukall*, Preisangabenverordnung, 2000, S. 110 f.

H. Schlußbetrachtung und Ausblick

Die Kreditwirtschaft hat sich bereits früh mit den von der höchstrichterlichen Rechtsprechung entwickelten Grundsätzen arrangieren können. Es bedurfte allerdings keiner hellseherischen Fähigkeiten, daß nach den Grundsatzentscheidungen des Bundesgerichtshofes vom 1.7. 1997[1] der eine oder andere das berühmte „finanzmathematisches Haar in der Suppe"[2] zu finden glaubte. Nach der weiteren Entscheidung des Bundesgerichtshofes vom 7.11. 2000,[3] bei der es in erster Linie um Details der Berechnung einer Nichtabnahme- bzw. Vorfälligkeitsentschädigung ging, hat auch diese Diskussion erheblich nachgelassen. 1

Auch die zwischenzeitlich erfolgte Kodifikation der Vorfälligkeitsproblematik durch das SchRModG dürfte hieran nicht allzuviel ändern. Da § 490 Abs. 2 BGB für alle Darlehen gilt, die ab dem 1.1. 2002 abgeschlossen werden, haben die von der Rechtsprechung entwickelten Grundsätze für die sog. Altfälle, also solche Darlehen, die vor dem Inkrafttreten des SchRModG abgeschlossen wurden, zwar nach wie vor Gültigkeit. Ab dem 1.1. 2003 werden indessen alle Rechtsverhältnisse – also auch Dauerschuldverhältnisse, die **vor** dem 1.1. 2002 begründet worden sind – auf das neue Recht „umgestellt". 2

Insgesamt dürfte auch nach der Schuldrechtsreform eine Flut von Kündigungen zum Zwecke einer vorzeitigen Rückführung nicht zu befürchten sein. Zum einen bleibt es bei der Pflicht zur Zahlung einer Vorfälligkeitsentschädigung. Darüber hinaus muß ein hinreichender Grund für eine Kündigung nach § 490 Abs. 2 BGB n. F. vorliegen. Wenngleich ein solcher zwar bereits besteht, wenn der Darlehensnehmer „ein Bedürfnis nach einer anderweitigen Verwertung des zur Sicherung des Darlehens beliehenen Objekts" hat, so ist doch festzuhalten, daß in jedem Falle ein Bezug zum beliehenen Objekt bestehen muß. Eine Kündigung allein aus Konditionengründen ist demnach nicht vom Kündigungrecht nach § 490 Abs. 2 BGB n. F. erfaßt. Da die Vorschrift die mittlerweile über mehrere Jahre existierende Rechtsprechung des BGH – wenn auch rechtsdogmatisch verändert – in eine gesetzliche Norm gegossen hat, wird sie sich in der Praxis zwischen Kreditinstitut und Darlehensnehmer mit Sicherheit genauso bewähren wie das bisher angewandte vorzeitige Tilgungsrecht. 3

Bislang weder vom BGH noch vom Gesetzgeber endgültig geregelte Themen wie das Verhältnis zwischen Verzug und Vorfälligkeitsentschädigung oder die Problematik der Vorteilsausgleichung (und damit der Margenerstattung bei Umschuldung) wird die Gerichte mit Sicherheit auch weiterhin beschäftigen. Außerdem könnten Produktentwickler bei Kreditinstituten Baufinanzierungskredite kreieren, bei denen z. B. das Risiko der vorzeitigen (Teil-)Beendigung bereits 4

---

[1] BGH, WM 1997, 1747 ff. = ZIP 1997, 1641 ff.; BGH, WM 1997, 1799 ff. = ZIP 1997, 1646 ff.

[2] *Köndgen*, ZIP 1997, 1645.

[3] BGH ZIP 2001, 20 = WM 2000, 20.

über ein Portfoliorisiko integriert ist und der Darlehensnehmer ohne oder nur mit einer sehr geringen Entschädigung aussteigen kann. Ferner werden sich die Erkenntnisse zur Schadensfeststellung bei außerplanmäßigen Ereignissen im Kreditgeschäft womöglich auf ähnliche Fallkonstellationen im Einlagegeschäft der Kreditinstitute auswirken.

5   Im Ergebnis hat das Thema „Vorfälligkeitsentschädigung" auch nach (oder vielleicht gerade wegen?) der Kodifizierung durch das SchRModG nichts von seiner Aktualität eingebüßt. Insgesamt ist und bleibt die Vorfälligkeitsproblematik eine dynamische Materie, die Praxis und Rechtsprechung mit immer neuen Fragestellungen nachhaltig beschäftigen wird.

I. Hinweise zum Berechnungsprogramm auf der beiliegenden CD-ROM

Die CD-Rom enthält eine von einem Autor dieses Werkes erstellte Checkliste zu den wichtigsten Problembereichen der Vorfälligkeitsentschädigung. Darüber hinaus sind bis Juni 2002 die historischen Hypothekenpfandbriefrenditen für die Nachberechnung von Altfällen eingestellt. Es findet sich überdies ein Link, um die aktuellen Hypothekenpfandbriefsätze laden zu können.

Die CD-Rom soll Sie, liebe Leserinnen und Leser, ferner in die Lage versetzen, Standardfälle selbst zu berechnen. Darunter ist die Vollablösung eines Annuitätendarlehens mit bzw. ohne Sondertilgungsrecht zu verstehen. Die Auswirkung einer Teilablösung können Sie ebenfalls quantifizieren.

Berechnung einer Vollablösung:
1. Sie starten das Programm und werden dann aufgefordert, die Vertragsdaten des betreffenden Darlehens einzugeben („Kreditdaten erfassen"). Sollte z. B. ein (optionales) Sondertilgungsrecht im Vertrag fixiert sein, so ist dies entsprechend im Reiter „Sondertilgung" einzutragen. Soweit, was üblich ist, kein festes Datum im Vertrag angegeben ist, ist als Datum der frühestmögliche Ausübungstermin (1.1. des Jahres) zu wählen.
2. Da das Programm aus 1. den Zins- und Tilgungsplan des Restdarlehens errechnet, ist nunmehr das Ablösedatum zu fixieren (Reiter „Zinsstaffel"). Soweit das Ablösedatum vor Oktober 2001 liegt, werden Ihnen automatisch die Hypothekenpfandbriefsätze in Form der PEX-Renditen eingespielt. Alternativ können Sie andere Hypothekenpfandbriefsätze selbst eintippen. Bei „jüngeren" Fällen müssen Sie die Renditen ohnehin selbst eintragen. Hierzu wird Ihnen ein Link angeboten.
3. Um die zu erstattenden Risiko- und Verwaltungskosten bestimmen zu können, sind diese auf der Maske zu definieren (z. B. 0,06 % Risikoprämie und 50 € Verwaltungskosten p. a.). Weiter ist die Bearbeitungsgebühr des bearbeitenden Instituts zu berücksichtigen. Jetzt sind sämtliche Parameter definiert, um sich das Ergebnis anzeigen zu lassen.
4. Wenn Sie den Reiter „Auswertung" anklicken, sehen Sie zunächst im Überblick das Abrechnungsergebnis nach der in dieser Schrift ausführlich erläuterten BGH-konformen Kurswertmethode. Einen ausführlichen Nachweis erhalten Sie, indem Sie auf „Abzinsungskonto" klicken.
5. Dokumentation: Bitte beachten Sie, daß Sie die eingegebenen Daten nicht speichern, wohl aber ausdrucken können.
6. In der Kopfzeile des Programms finden Sie u. a. das Feld „Info". Dort erhalten Sie unter „Texte" zahlreiche Informationen zur Vorfälligkeitsentschädigung und weitere Erläuterungen, die Sie sich auch ausdrucken lassen können.

4 Berechnung einer Teilablösung:
  1. Sie starten das Programm und führen die zur Vollablösung beschriebenen Schritte aus. Drucken Sie sich das Ergebnis aus.
  2. Sie geben jetzt das „neue" Darlehen – das ist das bisherige Darlehen vermindert um die Sondertilgung – ein. Sie berechnen die Vollablösung dieses Darlehens per Durchführung der Sondertilgung. Sie erhalten wiederum einen Kurswert. Die Kurswertdifferenz aus 1. und 2. ergibt den Schaden (Nutzen) für die Bank. Beispiel (Verwaltungskosten unberücksichtigt):

Darlehen vor Sondertilgung		
Kurswert vor Sondertilgung	1.050.000,00 €	
Darlehen nach Sondertilgung		
Kurswert nach Sondertilgung	730.000,00 €	
Sondertilgung	300.000,00 €	300.000,00 €
Kurswert mit Sondertilgung	1.030.000,00 €	
Kurswertdifferenz vorläufig	20.000,00 €	20.000,00 €
Risikokosten vor Sondertilgung -	3.000,00 €	
Risikokosten nach Sondertilgung	1.900,00 €	
Risikokostenerstattung -	1.100,00 € -	1.100,00 €
Bearbeitungsgebühr	400,00 €	400,00 €
vom Kunden inkl. Sondertilgung zu zahlen		**319.300,00 €**

5 Für die freundliche Genehmigung zur Software-Nutzung für das beiliegende Berechnungsprogramm danken wir der BUHL DATA SERVICE GMBH, dort ganz besonders Herrn Dr. Thomas Becker.

© 2001–2002, Buhl Data Service GmbH, www.buhl.de

Trotz sorgfältiger Bearbeitung kann für die Richtigkeit der Berechnungsergebnisse keine Gewähr übernommen werden.

Verzeichnis BGH-Entscheidungen

BGH, 21. 1. 1960 – VII ZR 170/58	= WM 1960, 576
BGH, 21. 3. 1977 – II ZR 96/75	= BGHZ 68, 204
BGH, 2. 7. 1981 – III ZR 8/80	= BGHZ 81, 124
	= NJW 1981
	= WM 1981, 839
	= ZIP 1981, 841
BGH, 2. 7. 1981 – III ZR 17/80	= NJW 1981, 2180
	= WM 1981, 838
	= ZIP 1981, 839
BGH, 23. 2. 1984 – III ZR 159/83	= WM 1984, 586
BGH, 21. 2. 1985 – III ZR 207/83	= NJW 1985, 1831
	= WM 1985, 686
	= ZIP 1985, 673
BGH, 12. 12. 1985 – III ZR 184/84	= NJW-RR 1986, 670
	= WM 1986, 156
	= ZIP 1986, 359
BGH, 6. 3. 1986 – III ZR 234/84	= NJW 1986, 577
	= WM 1986, 577
	= ZIP 1986, 833
BGH, 9. 3. 1989 – III ZR 269/87	= NJW 1989, 1667
	= WM 1989, 665
	= BB 1989, 938
	= DB 1989, 1230
	= ZIP 1989, 558
	= WuB I E 1. – 8.89 *Münstermann*
BGH, 1. 6. 1989 – III ZR 219/87	= NJW 1989, 987
	= WM 1989, 1011
	= ZIP 1989, 903
	= WuB I E 4. – 6.98 *W. Weber*
BGH, 2. 11. 1989 – III ZR 143/88	= NJW 1990, 981
	= WM 1990, 8
	= ZIP 1990, 29
BGH, 14. 12. 1989 – III ZR 198/88	= WM 1990, 215
BGH, 2. 3. 1990 – XI ZR 81/98	= NJW-RR 1999, 842
	= WM 1999, 840
BGH, 13. 3. 1990 – XI ZR 235/89	= NJW 1990, 2676
	= WM 1990, 751
	= ZIP 1990, 638
BGH, 3. 4. 1990 – XI ZR 261/89	= NJW 1990, 1844
	= WM 1990, 918
	= BB 1990, 1090

	= DB 1990, 2164
	= ZIP 1990, 854
	= WuB I E 1. – 18.90 *v. Rottenburg*
BGH, 29. 5. 1990 – XI ZR 231/89	= BGHZ 111, 287
	= NJW 1990, 2250
	= WM 1990, 1150
	= ZIP 1990, 848
BGH, 12. 3. 1991 – XI ZR 190/90	= NJW 1991, 1817
	= WM 1991, 760
	= ZIP 1991, 575
	= WuB I E 4. – 7.91 *Beckers*
BGH, 10. 12. 1991 – XI ZR 48/91	= NJW 1992, 971
BGH, 12. 5. 1992 – XI ZR 258/91	= NJW 1992, 2285
	= WM 1992, 1058
	= ZIP 1992, 825
BGH, 5. 5. 1992 – XI ZR 242/91	= NJW 1992, 2560
	= WM 1992, 1355
	= ZIP 1992, 1220
BGH, 12. 10. 1993 – XI ZR 11/93	= NJW 1993, 3257
	= WM 1993, 2003
	= ZIP 1993, 1700
BGH, 19. 10. 1993 – XI ZR 49/93	= NJW 1994, 47
	= WM 1993, 2204
	= ZIP 1993, 1781
BGH, 16. 11. 1993 – XI ZR 70/93	= NJW 1994, 379
	= WM 1994, 13
	= ZIP 1993 1849
BGH, 17. 5. 1994 – IX ZR 232/93	= NJW 1994, 1790
	= WM 1994, 1163
	= ZIP 1994, 938
BGH, 11. 7. 1995 – XI ZR 28/95	= NJW 1995, 2778
	= WM 1995, 1617
	= ZIP 1995, 1505
BGH, 8. 10. 1996 – XI ZR 283/95	= BGHZ 133, 355
	= NJW 1996, 3337
	= WM 1996, 2047
	= ZIP 1996, 1895
	= WuB I E 3. – 1.97 *Wenzel*
BGH, 16. 10. 1996 – VIII ZR 45/96	= WM 1997, 70
	= BB 1998, 124
BGH, 1. 7. 1997 – XI ZR 197/96	= NJW 1997, 2878
	= DStR 1997, 1657
	= WM 1997, 1799
	= ZIP 1997, 1646
	= WuB I E. 3. – 1.98 *v. Heymann/Rösler*
BGH, 1. 7. 1997 – XI ZR 267/96	= BGHZ 136, 161
	= NJW 1997, 2875

	= DStR 1997, 1654
	= WM 1997, 1747
	= ZIP 1997, 1641
	= WuB I E 3. – 1.98 *v. Heymann/Rösler*
BGH, 4. 11. 1997 – XI ZR 261/96	= NJW 1998, 683
	= WM 1998, 23
	= ZIP 1997, 2192
BGH, 11. 11. 1997 – XI ZR 13/97	= NJW 1998, 592
	= WM 1998, 70
	= ZIP 1998, 20
	= BB 1998, 124
BGH, 27. 1. 1998 – XI ZR 158/97	= NJW 1998, 1062
	= WM 1998, 495
	= ZIP 1998, 418
BGH, 9. 7. 1998 – III ZR 158/97	= NJW 1998, 2898
	= WM 1998, 1673
	= BB 1998, 1763
	= DB 1998, 1875
	= ZIP 1998, 1389
	= WuB I G 1. – 4.98 *Schwintowski*
BGH, 2. 3. 1999 – XI ZR 81/98	= NJW-RR 1999, 842
	= WM 1999, 840
BGH, 9. 11. 1999 – XI ZR 311/98	= NJW 2000, 352,
	= WM 1999, 2547
	= ZIP 1999. 2143
BGH, 15. 2. 2000 – XI ZR 76/99	= NJW 2000, 1637
	= WM 2000, 811
	= ZIP 2000, 661
BGH, 4. 4. 2000 – XI ZR 200/99	= NJW 2000, 2816
	= WM 2000, 1243
	= ZIP 2000, 1101
BGH, 18. 4. 2000 – XI ZR 193/99	= DB 2000, 1399
BGH, 7. 11. 2000 – XI ZR 27/00	= NJW 2001, 509
	= WM 2001, 20
	= ZIP 2001, 20
BGH, 19. 12. 2000 – XI ZR 349/99	= NJW 2001, 962
	= WM 2001, 297
	= ZIP 2001, 230
BGH, 16. 1. 2001 – XI ZR 113/00	= NJW 2001, 1065
	= WM 2001, 458,
	= ZIP 2001, 406

Literaturverzeichnis

Selbständige Werke (Monographien, Handbücher, Kommentare usw.) werden, soweit nicht mit vollem Titel, abgekürzt zitiert. Beiträge in Festschriften und Sammelwerken werden mit Autor, Bezeichnung des Sammelwerkes und Fundstelle (Seite) zitiert. Entsprechendes gilt für Beiträge in juristischen Fachzeitschriften und Periodika. Fanden mehrere Auflagen eines Werkes Verwendung, beziehen sich die Nachweise ohne besonderen Zusatz auf die jeweils aktuell aufgeführte Auflage; ältere Auflagen sind entsprechend gekennzeichnet. Umlaute (ä, ö, ü) werden im Literaturverzeichnis wie Vokale (a, o, u) behandelt.

Altmeppen, Holger: Schadensersatz wegen Pflichtverletzung – Ein Beispiel für die Überhastung der Schuldrechtsreform, DB 2001, S. 1131 ff.
Altmeppen, Holger: Untaugliche Regeln zum Vertrauensschaden und Erfüllungsinteresse im Schuldrechtsmodernisierungsentwurf, DB 2001, S. 1399 ff.
Anders, Holm: Der zentrale Haftungsgrund der Pflichtverletzung im Leistungsstörungsrecht des Entwurfs für ein Schuldrechtsmodernisierungsgesetz, ZIP 2000, S. 184 ff.
Artz, Markus: Die Schuldrechtsreform vor dem Hintergrund des Gemeinschaftsrechts, NJW 2001, S. 1703 ff.
Assmann, Heinz-Dieter/Schneider, Uwe H. (Hrsg.): Wertpapierhandelsgesetz, 2. Auflage, Köln 1999 (zit.: *Bearbeiter*, in: Assmann/Schneider, WpHG).
Assmann, Heinz-Dieter/Schütze, Rolf A. (Hrsg.): Handbuch des Kapitalanlagerechts, 2. Auflage, München 1997 (zit.: *Bearbeiter*, in: Assmann/Schütze, Handbuch Kapitalanlagerecht).
Balzer, Peter: Vermögensverwaltung durch Kreditinstitute, München 1999.
Baronikians, Patrick: Eilverfahren und Verjährung – Anmerkung zu dem Diskussionsentwurf eines Schuldrechtsmodernisierungsgesetzes, WRP 2001, 121 ff.
Basedow, Jürgen: Das BGB im künftigen europäischen Privatrecht: der hybride Kodex, AcP 200 (2000), S. 445 ff.
Baterau, Ludwig Hans/Koppers, Josef: Keine anteilige Erstattung des Disagios bei vorzeitiger Rückführung öffentlicher Fördermittel, WM 1992, S. 174 ff.
Baumbach, Adolf/Hopt, Klaus J.: Handelsgesetzbuch, 30. Auflage, München 2000 (zit.: *Baumbach/Hopt*, HGB).
Beckers, Michael: Die Berechnung der Nichtabnahmeentschädigung – zugleich eine Anmerkung zu BGH WM 1991, 760, in: WM 1991, S. 2049 ff.
Behnk, Wiebke: Vorfälligkeitsentschädigung: Banken können sich nicht auf Vertragsfreiheit berufen, Bank Watch 1995, S. 66 f.
Bellinger, Dieter/Kerl, Volkher/Fleischmann, Rudolf: Hypothekenbankgesetz – Kommentar, 4. Auflage, München 1995 (zit.: *Bellinger/Kerl/Fleischmann*, HypBankG).
Beyer, Hans-Joachim: Wandlung des Disagios in laufzeitabhängiges Entgelt – zivil- und steuerrechtliche Folgen, ZkredW 1994, S. 318 ff.

Brandmüller, Gerhard: Grundschulddarlehen, München 1993.
Bruchner, Helmut: Der Immobiliarkredit im Sinne von § 3 Abs. 2 Nr. 2 VerbrKrG, in: Festschrift für Herbert Schimansky (hrsg. von Norbert Horn, Hans-Jürgen Lwowksi und Gerd Nobbe), Köln 1999, S. 263 ff.
Bruchner, Helmut: Bankenhaftung bei fremdfinanziertem Immobilienerwerb, WM 1999, S. 825 ff.
Bruchner, Helmut/Metz, Rainer: Variable Zinsklauseln, Köln 2001.
Brüggemeier, Gert/Reich, Norbert: Europäisierung des BGB durch große Schuldrechtsreform? Stellungnahme zum Entwurf eines Schuldrechtsmodernisierungsgesetzes, BB 2001, S. 213 ff.
Brutschke, Henning: Ewiger Streit um das Disagio – wer darf es nun behalten?, VuR 1996, S. 43 ff.
Brutschke, Henning: Vorfälligkeitsentschädigung bei vorzeitiger Tilgung eines Hypothekendarlehens, ZAP Fach 8, S. 179 ff.
Bühler, Wolfgang/Köndgen, Johannes/Schmidt, Hartmut: Schutz und Diskriminierung durch § 609 a BGB, ZBB 1990, S. 49 ff.
Bülow, Peter: Kreditvertrag und Verbraucherkreditrecht im BGB, in: Schulze, Reiner/Schulte-Nölke, Hans (Hrsg.), Die Schuldrechtsreform vor dem Hintergrund des Gemeinschaftsrechts, Tübingen, 2001, S. 153 ff.
Bülow, Peter: Heidelberger Kommentar zum Verbraucherkreditgesetz, 3. Auflage, Heidelberg 1998 (zit.: *Bülow,* VerbrKrG).
Bülow, Peter/Artz, Markus: Fernabsatzverträge und Strukturen eines Verbraucherprivatrechts im BGB, NJW 2000, S. 2049 ff.
Bydlinski, Peter: Die geplante Modernisierung des Verjährungsrechts, in: Schulze, Reiner/Schulte-Nölke, Hans (Hrsg.), Die Schuldrechtsreform vor dem Hintergrund des Gemeinschaftsrechts, Tübingen, 2001, S. 381 ff.
Bydlinski, Franz: Zulässigkeit und Schranken „ewiger" und extrem langandauernder Vertragsbindung, Wien 1991.
Canaris, Claus-Wilhelm: Die Reform des Rechts der Leistungsstörungen (Vortrag auf der Zivilrechtslehrertagung am 31. 3. 2001 in Berlin, JZ 2001, S. 499 ff.
Canaris, Claus-Wilhelm: Zur Bedeutung der Kategorie der „Unmöglichkeit" für das Recht der Leistungsstörungen, in: Schulze, Reiner/Schulte-Nölke, Hans (Hrsg.), Die Schuldrechtsreform vor dem Hintergrund des Gemeinschaftsrechts, Tübingen, 2001, S. 43 ff.
Canaris, Claus-Wilhelm: Die Vorfälligkeitsentschädigung zwischen Privatautonomie und richterlicher Regulierung – zugleich ein Beitrag zum Verhältnis von Abschlußzwang und Inhaltfreiheit, in: Festschrift für Wolfgang Zöllner (hrsg. von Manfred Lieb, Ulrich Noack und Harm Peter Westermann), Köln 1998, S. 1055 ff.
Canaris, Claus-Wilhelm: Nichtabnahmeentschädigung und Vorfälligkeitsvergütung bei Darlehen mit fester Laufzeit, in: Vorzeitige Beendigung von Finanzierungen/Rating von Unternehmen, Bankrechtstag 1996 (hrsg. von Walter Hadding, Klaus J. Hopt und Herbert Schimansky), Berlin – New York 1997, S. 3 ff.
Canaris, Claus-Wilhelm: Bankvertragsrecht. 2. Auflage, Berlin – New York 1981 [zit: Bankvertragsrecht^2]; Erster Teil, 3. Auflage, Berlin – New York 1988 (zit: Bankvertragsrecht).

Canaris, Claus-Wilhelm: Die Pflicht des Gesetzgebers zur Reform des § 247 BGB, WM 1982, S. 254 ff.

Canaris, Claus-Wilhelm: Schranken der Privatautonomie zum Schutze des Kreditnehmers, ZIP 1980, S. 709 ff.

Caprano, Eugen/Wimmer, Konrad: Finanzmathematik. Grundlagen und Anwendungsmöglichkeiten in der Bank- und Investitionswirtschaft, 6. Auflage, München 1999.

Claussen, Carsten Peter: Bank- und Börsenrecht. Handbuch für Lehre und Praxis, 2. Auflage, München 2000.

Däubler-Gmelin, Herta: Die Entscheidung für die so genannte Große Lösung bei der Schuldrechtsreform, NJW 2001, S. 2281

Dauner-Lieb, Barbara: Die geplante Schuldrechtsmodernisierung – Durchbruch oder Schnellschuß?, JZ 2001, S. 8 ff.

Dauner-Lieb, Barbara: Kodifikation von Richterrecht, in: Ernst, Wolfgang/Zimmermann, Reinhard (Hrsg.), Zivilrechtswissenschaft und Schuldrechtsreform, Tübingen 2001, S. 305 ff.

Dauner-Lieb, Barbara/Arnold, Arnd/Dötsch, Wolfgang/Kitz, Volker: Anmerkungen und Fragen zur konsolidieren Fassung des Diskussionsentwurfs eines Schuldrechtsmodernisierungsgesetzes, im Internet abrufbar unter www.uni-koeln.de/jur-fak/lbrah/Publ_pdf/ Schuldrechtsreform.pdf.

Derleder, Peter: Transparenz und Äquvalenz bei bankvertraglicher Zinsanpassung, WM 2001, 2029.

Derleder, Peter: Schadensersatzansprüche der Banken bei Nichtannahme der Darlehensvaluta, JZ 1989, S. 165 ff.

Derleder, Peter/ Beining, Dietmar: Die betragsmäßigen Grenzen der Kreditbürgschaft, ZBB 2001, 1.

Derleder, Peter/Metz, Rainer: Die Nebenentgelte – zur Zulässigkeit der einzelnen „Gebühren", ZIP 1996, S. 621 ff.

Derleder, Peter/Metz, Rainer: Die Nebenentgelte der Banken – Rechtsgrundlagen und rechtliche Grenzen, ZIP 1996, S. 573 ff.

Dietrich, Werner: Vorfälligkeitsentgelt und anteilige Disagioerstattung bei vorzeitiger Beendigung des Darlehensvertrages, DStR 1997, S. 1087 ff.

Dilger, Jörg: Schuldnerverzug im Wandel – vom Gesetz zur Beschleunigung fälliger Zahlungen zum Schuldrechtsmodernisierungsgesetz, ZBB 2000, S. 322 ff.

Dörrie, Robin: Verbraucherdarlehen und Immobilienfinanzierung nach der Schuldrechtsmodernisierung, ZfIR 2002, 89.

Drescher, Jochen: VerbraucherkreditG und Bankenpraxis, München 1994.

Ebenroth, Carsten Thomas/Boujong, Karlheinz/Joost, Detlev: HGB, Kommentar, München, 2001.

Eidenmüller, Horst: Neuverhandlungspflichten bei Wegfall der Geschäftsgrundlage, ZIP 1995, S. 1063 ff.

Einsele, Dorothee: Anmerkung zu BGH, Urt. v. 8. 10. 1996 – XI ZR 283/95 –, in: JZ 1997, S. 514 ff.

Engau, Herwigh: Das neue gesetzliche Kündigungsrecht, Sparkasse 1987, S. 18 ff.

Ernst, Wolfgang: Schuldrechtsreform und Öffentlichkeit, WM 2001, S. 728

Ernst, Wolfgang: Die Schuldrechtsreform 2001/2002, ZRP 2001, S. 1 ff.

Ernst, Wolfgang: Deutsche Gesetzgebung in Europa – am Beispiel des Verzugsrechts, ZEup 8 (2000), S. 769 ff.

Ernst, Wolfgang/Zimmermann, Reinhard (Hrsg.)*:* Zivilrechtswissenschaft und Schuldrechtsreform. Zum Diskussionsentwurf eines Schuldrechtsmodernisierungsgesetzes des Bundesministeriums der Justiz, Tübingen 2001 (zit.: *Autor,* in: *Ernst/Zimmermann,* Zivilrechtswissenschaft und Schuldrechtsreform).

Esser, Josef/Schmidt, Eike: Schuldrecht. Band I, Allgemeiner Teil, Teilband 1 (Entstehung, Inhalt und Beendigung von Schuldverhältnissen), 8. Auflage, Heidelberg 1995 (zit.: *Esser/Schmidt,* SchR I/1); Band 1, Allgemeiner Teil, Teilband 2 (Durchführungshindernisse und Vertragshaftung, Schadensausgleich und Mehrseitigkeit beim Schuldverhältnis), 8. Auflage, Heidelberg 2000 (zit.: *Esser/Schmidt,* SchR I/2).

Esser, Josef/Weyers, Hans-Leo: Schuldrecht, Band II, Besonderer Teil, Teilband 1 (Verträge), 8. Auflage, Heidelberg 1998 (zit.: *Esser/Weyers,* SchR II/1); Teilband 2 (Gesetzliche Schuldverhältnisse), 8. Auflage, Heidelberg 2000 (zit.: *Esser/Weyers,* SchR II/2).

Fikentscher, Wolfgang: Die Geschäftsgrundlage als Frage des Vertragsrisikos, München 1971.

Fikentscher, Wolfgang: Vertrag und wirtschaftliche Macht, in: Festschrift für Wolfgang Hefermehl, Heidelberg 1971.

Fleischer, Holger: Vorvertragliche Pflichten im Schnittfeld von Schuldrechtsreform und Gemeinschaftsprivatrecht – dargestellt am Beispiel der Informationspflichten, in: Schulze, Reiner/Schulte-Nölke, Hans (Hrsg.), Die Schuldrechtsreform vor dem Hintergrund des Gemeinschaftsrechts, Tübingen, 2001, S. 243 ff.

Fleischer, Holger: Informationsasymmetrie im Vertragsrecht, München 2001.

Flume, Werner: Vom Beruf unserer Zeit für Gesetzgebung – Die Änderungen des BGB durch das Fernabsatzgesetz, ZIP 2000, S. 1427 ff.

Flume, Werner: Allgemeiner Teil des Bürgerlichen Rechts, Zweiter Band: Das Rechtsgeschäft, 3. Auflage, Berlin – Heidelberg – New York 1979 = 4. unveränderte Auflage, Berlin – Heidelberg – New York 1991.

Freitag, Robert: Die Beendigung des Darlehenvertrages nach dem Schuldrechtsmodernisierungsgesetz, WM 2001, S. 2370 ff.

Früh, Andreas: Der Anspruch des Darlehensnehmers auf Einwilligung in die vorzeitige Darlehensrückzahlung, NJW 1999, S. 2623 ff.

Früh, Andreas: Vergütungsanspruch von Banken, WM 1998, S. 63 ff.

Grönwoldt, Jens/Bleuel, Sabine: Die vorfristige Kreditabwicklung gegen Vorfälligkeitsentschädigung, DB 1997, S. 2062 ff.

Grundmann, Stefan: Darlehens- und Kreditrecht nach dem Schuldrechtsmodernisierungsgesetz, BKR 2001, S. 66 ff.

Grundmann, Stefan: Europäisches Schuldvertragsrecht, Tübingen 1999.

Grunewald, Barbara: Vorschläge für eine Neuregelung der anfänglichen Unmöglichkeit und des anfänglichen Unvermögens, JZ 2001, S. 433 ff.

Gsell, Beate: EG-Verzugsrichtlinie und Reform der Reform des Verzugsrechts in Deutschland, ZIP 2000, S. 1861 ff.

Gsell, Beate/Rüfner, Thomas: Symposium Schuldrechtsmodernisierung 2001 (Tagungsbericht Regensburg 17./18. 11. 2000), NJW 2001, S. 424 ff.

Guttenberg, Ulrich: Vorzeitige Darlehenslösung bei Festzinskredit – BGHZ 136, 161, in: JuS 1999, S. 1058 ff.
Haarmann, Wilhelm: Wegfall der Geschäftsgrundlage bei Dauerschuldverhältnissen, Berlin 1979.
Habersack, Mathias: Verbraucherkredit- und Haustürgeschäfte nach der Schuldrechtsmodernisierung, BKR 2001, S. 72 ff.
Hadding, Walther: Zur Abgrenzung von Unterrichtung, Aufklärung, Auskunft, Beratung und Empfehlung als Inhalt bankrechtlicher Pflichten, in: Bankrecht – Schwerpunkte und Perspektiven. Festschrift für Herbert Schimansky (hrsg. von Norbert Horn, Hans-Jürgen Lwowski und Gerd Nobbe), Köln 1999, S. 67 ff.
Hammen, Horst: Zum Verzicht auf die Rückgewähr des nicht verbrauchten Teils eines Disagios, WM 1994, S. 1101 ff.
Harbeke, Christof: Die vorzeitige Beendigung von Finanzierungen aus der Sicht eines Kreditinstituts, in: Vorzeitige Beendigung von Finanzierungen/Rating von Unternehmen, Bankrechtstag 1996 Schriftenreihe der bankrechtlichen Vereinigung (hrsg. von Walter Hadding, Klaus J. Hopt und Herbert Schimansky), Berlin – New York 1997, S. 85 ff.
Häuser, Franz/Welter, Reinhard: Neues Recht der Darlehenskündigung – Von § 247 BGB zu § 609a BGB, NJW 1987, S. 17 ff.
Heinrichs, Helmut: EG-Richtlinie zur Bekämpfung von Zahlungsverzug im Geschäftsverkehr und Reform des Verzugsrechts nach dem Entwurf eines Schuldrechtsmodernisierungsgesetzes, BB 2001, S. 157 ff.
Hellner, Thorwald/Steuer, Stephan (Hrsg.): Bankrecht und Bankpraxis, Loseblattsammlung, Köln (zit: *Bearbeiter,* in: Bankrecht und Bankpraxis).
Hertwig, Stefan: Anmerkung zu BGH, Urteil vom 1. 7. 1997 – Az. XI ZR 267/96 –, in: MDR 1997, S. 1044 ff.
Heymann, Ekkehardt von/Rösler, Patrick: Anmerkung zu BGH, Urt. v. 1. 7. 97 in WuB I E 3. – 1.98.
Heymann, Ekkehardt von/Rösler, Patrick: Berechnung von Vorfälligkeits- und Nichtabnahmeentschädigung. Zugleich eine Besprechung des BGH-Urteils vom 7. 11. 2000 – XI ZR 27/00, ZIP 2001, 20, in: ZIP 2001, S. 441 ff.
Heymann, Ekkehardt von: Bankenhaftung beim Immobilienanlagen, 15. Auflage, Frankfurt/Main 2001.
Heymann, Ekkehardt von: Neuregelung des Kündigungsrechts nach § 247 BGB, BB 1987, S. 415 ff.
Heymann, Ekkehardt von: Die Kündigung von Darlehen nach § 247 BGB, München 1984.
Hoeren, Thomas: Zur Verjährung von Ansprüchen auf anteilige Rückerstattung des Disagio, NJW 1994, S. 26 ff.
Honsell, Heinrich: Einige Bemerkungen zum Diskussionsentwurf eines Schuldrechtsmodernisierungsgesetzes, JZ 2001, S. 18 ff.
Hopt, Klaus J.: Vertrags- und Formularbuch zum Handels-, Gesellschafts-, Bank- und Transportrecht, 2. Auflage, München 2000.
Hopt, Klaus J.: Funktion, Dogmatik und Reichweite der Aufklärungs-, Warn- und Beratungspflichten der Kreditinstitute, in: Aufklärungs- und Beratungspflichten der Kreditinstitute – Der moderne Schuldturm?/Bankrechtstag

1992, Schriftenreihe der Bankrechtlichen Vereinigung (hrsg. v. Walther Hadding, Klaus J. Hopt, und Herbert Schimansky), Berlin – New York 1993, S. 1 ff. und in: Festschrift für Joachim Gernhuber, Tübingen 1993, S. 169 ff. (zit: *Hopt*, in: Hadding/Hopt/Schimansky, Bankrechtstag 1992).

Hopt, Klaus J.: Der Kapitalanlegerschutz im Recht der Banken: gesellschafts-, bank- und börsenrechtliche Anforderungen an das Beratungs- und Verwaltungshandeln der Kreditinstitute, München 1975.

Hopt, Klaus J./Mülbert, Peter O.: Kreditrecht, Berlin – New York 1994.

Hopt, Klaus J./Mülbert, Peter O.: Die Darlehenskündigung nach § 609a BGB – Eine Bilanz der ersten drei Jahre, WM-Sonderbeilage 3/1990.

Huber, Ulrich: Das geplante Recht der Leistungsstörungen, in: Ernst, Wolfgang/Zimmermann, Reinhard (Hrsg.), Zivilrechtswissenschaft und Schuldrechtsreform, Tübingen 2001, S. 31 ff.

Huber, Ulrich: Die Pflichtverletzung als Grundtatbestand der Leistungsstörung im Diskussionsentwurf eines Schuldrechtsmodernisierungsgesetzes, ZIP 2000, S. 2273 ff.

Huber, Ulrich: Die Unmöglichkeit der Leistung im Diskussionsentwurf eines Schuldrechtsmodernisierungsgesetzes, ZIP 2000, S. 2137 ff.

Huber, Ulrich: Das neue Recht des Zahlungsverzugs und das Prinzip der Privatautonomie, JZ 2000, 743 ff.

Huber, Ulrich: Das Gesetz zur Beschleunigung fälliger Zahlungen und die europäische Richtlinie zur Bekämpfung von Zahlungsverzug im Geschäftsverkehr, JZ 2000, S. 957 ff.

Hübner, Hein: Allgemeiner Teil des Bürgerlichen Gesetzbuchs, 2. Auflage, Berlin/New York 1996.

Jakobs, Horst Heinrich: Tagungsbericht: Schuldrechtsmodernisierung, JZ 2001, S. 27 ff.

Jauernig, Othmar: Bürgerliches Gesetzbuch mit Gesetz zur Regelung des Rechts der Allgemeinen Geschäftsbedingungen, 9. Auflage, München 1999 (zit: *Jauernig/Bearbeiter*, BGB).

Kern, Hans-Günther: Ökonomische Analyse der Langzeitverträge, JuS 1992, S. 13 ff.

Keßler, Klaus Ulrich: Zivilrechtliche Haftungsrisiken von Kreditinstituten beim Vertrieb von Immobilienanleihen, VuR 1998, S. 3 ff.

Kiesel, Helmut: Das Gesetz zur Beschleunigung fälliger Zahlungen, WM 2000, S. 1673 ff.

Knops, Kai-Oliver: Verbraucherschutz bei der Begründung, Beendigung und Übernahme von Immobiliarkreditverhältnissen. Darlehensbegründung und -kündigung, Vorfälligkeitsentschädigung, Ersatzkreditnehmerstellung, Grundschuldablösung und -übernahme, Berlin, Heidelberg 2000 (zit.: *Knops*, Verbraucherschutz bei Immobiliarkreditverhältnissen).

Knops, Kai-Oliver: Die Ersatzkreditnehmerstellung, WM 2000, S. 1427 ff.

Knops, Kai-Oliver: Vorfälligkeits- und Nichtabnahmeentschädigung bei Darlehen mit fester Laufzeit, ZfIR 2001, 438.

Köhler, Helmut: Die Lehre von der Geschäftsgrundlage als Lehre von der Risikobefreiung, in: 50 Jahre BGH – Festgabe aus der Wissenschaft (hrsg. von Claus Wilhelm Canaris, Andreas Heldrich, Klaus J. Hopt, Claus Roxin, Karsten Schmidt und Gunter Widmaier), Band I, München 2000, S. 295 ff.

Koller, Ingo: Die Erstattung des Disagios bei vorzeitiger Rückzahlung subventionierter Kredite, DB 1992, S. 1125 ff.

Köndgen, Johannes: Darlehen, Kredit und finanzierte Geschäfte nach neuem Schuldrecht – Fortschritt oder Rückschritt?, WM 2001, 1637 ff.

Köndgen, Johannes: Die Positivierung der culpa in contrahendo als Frage der Gesetzgebungsmethodik, in: Schulze, Reiner/Schulte-Nölke, Hans (Hrsg.), Die Schuldrechtsreform vor dem Hintergrund des Gemeinschaftsrechts, Tübingen, 2001, S. 231 ff.

Köndgen, Johannes: Modernisierung des Darlehensrechts: eine Fehlanzeige, in: Ernst, Wolfgang/Zimmermann, Reinhard (hrsg.), Zivilrechtswissenschaft und Schuldrechtsmodernisierung, Tübingen 2001, S. 457 ff.

Köndgen, Johannes: Vorzeitige Tilgung hypothekarisch gesicherter Festzinskredite, in: Die vorzeitige Rückzahlung von Festzinskrediten. Eine rechtsvergleichende und ökonomische Analyse, Schriftenreihe des Verbandes deutscher Hypothekenbanken, Band 8, Bonn – Frankfurt/Main 2000 (zit.: *Köndgen*, Gutachten vorzeitige Tilgung).

Köndgen, Johannes: Die Entwicklung des Bankkreditrechts in den Jahren 1995–1999, NJW 2000, S. 468 ff.

Köndgen, Johannes: Anmerkung zu BGH, Urteil vom 1.7. 1997 – XI ZR 267, 97, ZIP 1997, 1641, in: ZIP 1997, S. 1645 f.

Köndgen, Johannes: Kommentar zu Wehrt, Klaus: Preis oder Ersatz des Erfüllungsinteresses: eine rechtsökonomische Analyse vorzeitiger Darlehensablösungen, in: Effiziente Verhaltenssteuerung und Kooperation im Zivilrecht, Beiträge zum V. Travemünder Symposium zur ökonomischen Analyse des Rechts vom 27.–30. März 1996 (hrsg. von Claus Ott und Hans-Bernd Schäfer), 1997, S. 135 ff.

Köndgen, Johannes: Bankgebühren – Ökonomie und Recht kreditwirtschaftlicher Entgeltgestaltung, ZBB 1997, S. 117 ff.

Köndgen, Johannes: Gewährung und Abwicklung grundpfandrechtlich gesicherter Kredite, 3. Auflage, Köln 1994.

Köndgen, Johannes/Busse, Alexander: Rechtsprechungsänderung zum Disagio – Zivil- und steuerrechtliche Fragen zur Entgeltgestaltung beim Darlehen, ZBB 1990, S. 214 ff.

Kothe, Wolfhard: Forwardkredit und Verbraucherschutz, in: Bankrecht 2000 (hrsg. v. Walther Hadding und Gerd Nobbe), Köln 2000, S. 213 ff.

Krebs, Peter: Die große Schuldrechtsreform, DB 2000, Beilage 14.

Krug, Volker: Die vorzeitige Rückzahlung von Konsumkrediten durch den Kreditnehmer, BB 1979, S. 24 ff.

Kümpel, Siegfried: Bank- und Kapitalmarktrecht, 2. Auflage, Köln 2000.

Lammel, Siegbert: Probleme des Ratenbarkredits, BB-Beilage 8/1980.

Lang, Volker: Einmal mehr: Berufsrecht, Berufspflichten und Berufshaftung. Gedanken zu Inhalt und Dogmatik eines Berufsrechtes am Beispiel der bankrechtlichen Informationspflichten, AcP 201 (2001), S. 451 ff.

Lang, Volker: Zur Problematik der Rückerstattung von Disagio, Sparkasse 1997, S. 46 ff.

Lang, Volker/Assies, Paul/Werner, Stefan (Hrsg.): Schuldrechtsmodernisierung in der Bankpraxis. SchRModG 2002 und die Auswirkungen auf das Bank- und Darlehensgeschäft, Heidelberg 2002 (zit. *Bearbeiter*, in: Lang/Assies/Werner, Schuldrechtsmodernisierung in der Bankpraxis).

Lang, Volker/Beyer, Hans-Joachim: Vorzeitige Ablösung von Festzinsdarlehen und Vorfälligkeitsentschädigung – Eine Bestandsaufnahme nach den BGH-Entscheidungen vom 1.7. 1997 aus der Sicht von Universalkreditinstituten und Hypothekenbanken –, WM 1997, S. 897 ff.

Larenz, Karl: Methodenlehre der Rechtswissenschaft, 6. Auflage, Berlin – Heidelberg – New York 1991.

Larenz, Karl: Lehrbuch des Schuldrechts. Erster Band: Allgemeiner Teil, 14. Auflage, München 1987 (zit.: *Larenz*, SchR AT).

Larenz, Karl/Wolf, Manfred: Allgemeiner Teil des Bürgerlichen Rechts, 8. Auflage, München 1997 (zit.: *Larenz/Wolf*, AT).

Lörcher, Gino: Die Anpassung langfristiger Verträge an veränderte Umstände, DB 1996, S. 1269

Lorenz, Stephan: Die Lösung vom Vertrag, insbesondere Rücktritt und Widerruf, in: Schulze, Reiner/Schulte-Nölke, Hans (Hrsg.), Die Schuldrechtsreform vor dem Hintergrund des Gemeinschaftsrechts, Tübingen, 2001, S. 329 ff.

Lorenz, Stefan: Schadensersatz wegen Pflichtverletzung – ein Beispiel für die Überhastung der Kritik an der Schuldrechtsreform, JZ 2001, S. 742 ff.

Löwisch, Manfred: Die Zins- und Schadensersatzansprüche des Ratenkreditgebers bei Säumnis des Kreditnehmers, BB 1985, S. 959 ff.

Lubberich, Stefan: Nichtabnahmeentschädigung bei Darlehen, Sparkasse 1997, S. 245 f.

Mack, Günter: Der Zinsanspruch der Bank im Zahlungsverzug des Darlehensnehmers, WM 1986, S. 1337 ff.

Magnus, Ulrich: Der Tatbestand der Pflichtverletzung, in: Schulze, Reiner/ Schulte-Nölke, Hans (Hrsg.), Die Schuldrechtsreform vor dem Hintergrund des Gemeinschaftsrechts, Tübingen, 2001, S. 67 ff.

Mankowski, Peter/Knöfel, Oliver: Das außerordentliche Kündigungsrecht in § 490 Abs. 2 BGB des Regierungsentwurfs zur Schuldrechtsreform – eine gelungene Konstruktion, ZBB 2001, S. 335 ff.

Marburger, Christian: Vorzeitige Darlehensablösung gegen Vorfälligkeitsentschädigung. Bemerkungen zu BGH, Urt. v. 1.7. 1997 – XI ZR 267/96 – sowie XI ZR 197/97 –, in: ZBB 1998, S. 30 ff.

Maul, Karl-Heinz: Berechnung der Vorfälligkeitsentschädigung bei vorzeitiger Ablösung von Festzinsdarlehen, BB 2000, S. 2477 ff.

Medicus, Dieter: Dogmatische Verwerfungen im geltenden deutschen Schuldrecht, in: Schulze, Reiner/Schulte-Nölke (Hrsg.), Hans, Die Schuldrechtsreform vor dem Hintergrund des Gemeinschaftsrechts, Tübingen, 2001, S. 33 ff.

Medicus, Dieter: Entscheidungen des BGH als Marksteine für die Entwicklung des allgemeinen Zivilrechts, NJW 2000, S. 2921 ff.

Medicus, Dieter: Bürgerliches Recht, 18. Aufl. München 1999.

Medicus, Dieter: Allgemeiner Teil des BGB, 7. Auflage, Heidelberg 1997 (zit.: *Medicus*, BGB AT).

Medicus, Dieter: Schuldrecht I, Allgemeiner Teil, 9. Auflage, München 1996 (zit: *Medicus*, SchR I).

Medicus, Dieter: „Geld muß man haben", AcP 188 (1988), S. 489 ff.

Megede, Ekkehard zur/Kirsten, Hermann: Formen der Entschädigungsrechnung, DLK 1992, S. 564 ff. und 612 ff.

Melzer, Uwe: Vorfälligkeitsentschädigung als Gegenanspruch der Bank bei anteiliger Rückzahlung des Disagios?, BB 1995, S. 321 ff.

Metz, Rainer: Die Vorfälligkeitsentschädigung: Entgelt für die Vertragslösung, Schadensersatz oder kontrollfreier Raum?, ZBB 1994, S. 205 ff.

Metz, Rainer/Wenzel, Frank: Vorfälligkeitsentschädigung – Entgelt für die Vertragslösung oder Schadensersatz, Köln 1996

Motsch, Richard: Risikoverteilung im allgemeinen Leistungsstörungsrecht, JZ 2001, S. 428 ff.

Mülbert, Peter O.: Das verzinsliche Darlehen, AcP 192 (1992), S. 447 ff.

Mülbert, Peter O.: Die Auswirkungen der Schuldrechtsmodernisierung im Recht des „bürgerlichen" Darlehensvertrages, WM 2002, 465.

Münchener Kommentar zum Bürgerlichen Gesetzbuch (hrsg. v. Kurt Rebmann und Jürgen Säcker), Band 1, Allgemeiner Teil (§§ 1–240), AGB-Gesetz, 3. Auflage, München 1993; Band 2, Schuldrecht, Allgemeiner Teil (§§ 241–432), 3. Auflage, München 1994; Band 4, Schuldrecht, Besonderer Teil II (§§ 607–704), 3. Auflage, München 1997; Band 5, Schuldrecht, Besonderer Teil III (§§ 705–853), 3. Auflage, München 1997 (zit.: *MünchKomm-BGB/Bearbeiter*).

Mues, Jochen: Bankrechtstag 1996 der bankrechtlichen Vereinigung e.V. am 28. Juli 1996 in Hamburg, ZBB 1996, S. 252 ff.

Nobbe, Gerd: Der BGH – „Innenansichten zu Struktur, Funktion und Bedeutung" – Festvortrag zur feierlichen Eröffnung des Instituts für Deutsches und Internationales Bank- und Kapitalmarktrecht der Juristenfakultät der Universität Leipzig vom 21. 1. 2000, in Internet abrufbar als html- oder pdf-Lesefassung unter http://www.uni-leipzig.de/bankinstitut/institut/profil.html #gruendung

Nobbe, Gerd: Aufklärungs- und Beratungspflichten bei Wertpapieranlagen, in: Bankrecht 1998 (hrsg. v. Norbert Horn und Herbert Schimansky), Köln 1998, S. 235 ff. (zit.: *Nobbe*, in: Horn/Schimansky, Bankrecht 1998).

Nobbe, Gerd: Neue höchstrichterliche Rechtsprechung zum Bankrecht, 6. Auflage 1995.

Nobbe, Gerd: Bankrecht. Aktuelle höchst- und obergerichtliche Rechtsprechung, Köln 1999.

Oetker, Hartmut: Das Dauerschuldverhältnis und seine Beendigung, Tübingen 1994.

Palandt, Otto: Bürgerliches Gesetzbuch mit Ergänzungsband zum SchRModG, 61. Auflage, München 2002 (zit.: *Palandt/Bearbeiter*, BGB).

Peters, Frank: Die Stornierung von Verträgen, JZ 1996, S. 73 ff.

Pfeiffer, Thomas: Der Verbraucher nach § 13 BGB, in: Schulze, Reiner/Schulte-Nölke, Hans (Hrsg.), Die Schuldrechtsreform vor dem Hintergrund des Gemeinschaftsrechts, Tübingen, 2001, S. 133 ff.

Pick, Eckart: Der Entwurf des Schuldrechtsmodernisierungsgesetzes, in: Schulze, Reiner/Schulte-Nölke, Hans (Hrsg.), Die Schuldrechtsreform vor dem Hintergrund des Gemeinschaftsrechts, Tübingen, 2001, S. 25 ff.

Pick, Eckart: Zum Stand der Schuldrechtsmodernisierung, ZIP 2001, S. 1173

Pleyer, Klemens: Das Kündigungsrecht nach § 247 BGB und seine Ausnahmen, NJW 1978, S. 2128 ff.

Rauch, Wolfgang/Zimmermann, Steffen: Grundschuld und Hypothek – Der Realkredit in der Bankenpraxis, München 1996 (zit.: *Rauch/Zimmermann*, Grundschuld und Hypothek).

Reich, Norbert: Die vorzeitige Beendigung von Finanzierungen aus der Sicht des Kreditnehmers, insbesondere des Verbrauchers, in: Vorzeitige Beendigung von Finanzierungen/Rating von Unternehmen, Bankrechtstag 1996 Schriftenreihe der bankrechtlichen Vereinigung (hrsg. von Walter Hadding, Klaus J. Hopt und Herbert Schimansky), Berlin – New York 1997, S. 43 ff.

Reifner, Udo: Verbraucherschutz und Rückwirkungsverbot in der Rechtsprechung zum Bankvertragsrecht – Anmerkungen zu einem bankrechtlichen Symposium –, WM 1996, S. 2094 ff.

Reifner, Udo: Schadensbegriff und Berechnung der Vorfälligkeitsentschädigung beim Hypothekenkredit, NJW 1995, S. 2945 ff.

Reifner, Udo: Rechtliche Grundlagen der Vorfälligkeitsentschädigung beim Hypothekenkredit, NJW 1995, S. 86 ff.

Reifner, Udo/Brutschke, Henning: Gutachten zur Vorfälligkeitsentschädigung, Hamburg 1993.

Reichsgerichtsrätekommentar. Das Bürgerliche Gesetzbuch mit besonderer Berücksichtigung der Rechtsprechung des Reichsgerichts und des Bundesgerichtshofes Band I, §§ 1–240, 12. Auflage, Berlin – New York 1982; 73. Lieferung, §§ 611, 621–625, Berlin – New York 1997; 65. Lieferung, §§ 626–630, Berlin – New York 1991; Band II, 4. Teil, §§ 631–811, 12. Auflage, Berlin – New York 1978; Band II, 5. Teil, §§ 812–831, 12. Auflage, Berlin – New York 1989 (zit.: *RGRK/Bearbeiter*, BGB).

Rolland, Walter: Risikoverlagerung nach den Vorschlägen der Schuldrechtskommission, in: Festschrift für Dieter Medicus, München 1999, S. 469 ff.

Rösler, Patrick: Risiken bei Darlehen mit Risikoaussetzung: Haftungsvermeidung durch Aufklärung, BKR 2001, 125 ff.

Rösler, Patrick: Anmerkung zu OLG Schleswig von 8.1.1998 in: WuB I E 3. – 5.98.

Rösler, Patrick: Anmerkung zu AG Krefeld vom 30.4.1998 in: WuB I E 3. – 6.98.

Rösler, Patrick: Anmerkung zu OLG Köln vom 12.8.1999 in: WuB I E 3. – 5.99.

Rösler, Patrick: Anmerkung zu OLG Köln vom 29.7.1999 in: WuB I E 3. – 1.00.

Rösler, Patrick: Anmerkung zu BGH vom 9.11.1999 in: WuB I E 3. – 3.00.

Rösler, Patrick: Anmerkung zu OLG Stuttgart vom 20.10.1999 in: WuB I E 3. – 4.00.

Rösler, Patrick: Anmerkung zu BGH vom 7.11.2000 in: EWiR 2001 S. 107.

Rösler, Patrick: Vorfälligkeitsentgelt, Vorfälligkeitsentschädigung und Nichtabnahmentschädigung, in: Bankrecht 2000 (hrsg. v. Walther Hadding und Gerd Nobbe), Köln 2000, S. 195 ff. (zit.: *Rösler,* in: Hadding/Nobbe, Bankrecht 2000).

Rösler, Patrick: Forward-Darlehen und Darlehen mit Zins-Cap, WM 2000, S. 1930 ff.

Rösler, Patrick: Aktuelle Rechtsfragen zu grundpfandrechtlich gesicherten Krediten, WM 1998, S. 1377 ff.

Rösler, Patrick: Berechnung der Vorfälligkeitsentschädigung nach der Aktiv/Aktiv-Methode, Die Bank 1998, S. 560 ff.

Rösler, Patrick: Alternativ oder kumulativ: Die Vorfälligkeitsentschädigung als unendliche Geschichte? – Zugleich eine Entgegnung zu *Grönwoldt/Bleuel*, DB 1997, S. 2062 ff. –, in: DB 1998, S. 248 f.

Rösler, Patrick: Anmerkung zu LG Weiden v. 21. 9. 2000 in: EWiR 2000 S. 1137.

Rösler, Patrick: Vorfälligkeitsentgelt bei Festzinskrediten, BB 1997, S. 1369 ff.

Rösler, Patrick: Berechnung von Vorfälligkeitsentschädigungen bei Festzinskrediten, DStR 1998, S. 1193 ff.

Rösler, Patrick/Wimmer, Konrad: Zahlungsverpflichtungen und Zahlungströme bei vorzeitiger Beendigung von Darlehensverträgen – Eine kombinierte juristisch-betriebswirtschaftliche Analyse, WM 2000, S. 164 ff.

Roth, Wulf-Henning: Europäischer Verbraucherschutz und BGB, JZ 2001, S. 475 ff.

Rümker, Dietrich: Haftung bei dem Erwerb und der Finanzierung von Vermögensanlagen, in: Neue Entwicklungen im Bankhaftungsrecht (hrsg. von Johannes Köndgen), Köln 1987, S. 71 ff. (zit: *Rümker,* in: Köndgen, Bankhaftungsrecht).

Sandkühler, Gerd: Bankrecht, 2. Auflage, Köln/Berlin/Bonn/München 1993.

Schäfer, Frank A.: Allgemeine Aufklärungs-, Beratungs- und Warnpflichten der Bank, in: Bankrecht 1998 (hrsg. v. Norbert Horn und Herbert Schimansky), Köln 1998, S. 27 ff. (zit: *Schäfer,* in: Horn/Schimansky, Bankrecht 1998).

Schimansky, Herbert: Bankentgelte, Wertstellung, in: Bankrecht 1998 (hrsg. v. Norbert Horn und Herbert Schimansky), Köln 1998, S. 1 ff. zit: *Schimansky,* in: Hau/Schimansky, Bankrecht 1998).

Schimansky, Herbert: Bankvertragsrecht und Privatautonomie, WM 1995, S. 461 ff.

Schimansky, Herbert/Bunte, Hermann-Josef/Lwowski, Hans-Jürgen (Hrsg.): Bankrechts-Handbuch Band I (Allgemeine Grundlagen und bargeldloser Zahlungsverkehr), Band II (Einlagen und Kreditgeschäft); Band III (Wertpapier-, Geld- und Auslandsgeschäfte), 2. Auflage München 2001 (zit.: *Bearbeiter,* in: Schimansky/Bunte/Lwowski, Bankrechts-Handbuch).

Schlechtriem, Peter: Schuldrecht, Allgemeiner Teil, 3. Auflage, Tübingen 1997.

Schmidt, Karsten: BGB-Verbraucherrecht und Handelsrecht – Eine Skizze, in: Schulze, Reiner/Schulte-Nölke, Hans (Hrsg.), Die Schuldrechtsreform vor dem Hintergrund des Gemeinschaftsrechts, Tübingen, 2001, S. 143 ff.

Schmidt-Kessel, Martin: Die Zahlungsverzugsrichtlinie und ihre Umsetzung, NJW 2001, S. 97 ff.

Schmidt-Räntsch, Jürgen: Der Entwurf eines Schuldrechtsmodernisierungsgesetzes, ZIP 2000, S. 1639 ff.

Schmidt-Räntsch, Jürgen: Reintegration der Verbraucherschutzgesetze durch den Entwurf eines Schuldrechtsmodernisierungsgesetzes, in: Schulze, Reiner/ Schulte-Nölke, Hans (Hrsg.), Die Schuldrechtsreform vor dem Hintergrund des Gemeinschaftsrechts, Tübingen, 2001, S. 169 ff.

Schmidt-Räntsch, Jürgen: Zum Fernabsatzgesetz, ZBB 2000, S. 344 ff.

Schneider, Uwe H.: Europäische und internationale Harmonisierung des Bankvertragsrechts. Zugleich ein Beitrag zur Angleichung des Privatrechts in der Europäischen Gemeinschaft, NJW 1991, S. 1985 ff

Schwab, Dieter: Das BGB und seine Kritiker, ZNR 2000, S. 325 ff.

Schwark, Eberhard: Börsengesetz. Kommentar zum Börsengesetz und zu den börsenrechtlichen Nebenbestimmungen, 2. Auflage, München 1994 (zit.: *Schwark,* BörsG).

Schwintowski, Hans-Peter/Schäfer, Frank A.: Bankrecht. Commercial Banking – Investment Banking, Köln – Berlin – Bonn – München 1997.

Simon, Jürgen: Zum Kontrahierungszwang von Kreditinstituten, ZIP 1987, S. 1234 ff.

Siol, Joachim: Beratungs- und Aufklärungspflichten der Discount-Broker, in: Bankrecht – Schwerpunkte und Perspektiven. Festschrift für Herbert Schimansky (hrsg. von Norbert Horn, Hans-Jürgen Lwowski und Gerd Nobbe), Köln 1999, S. 781 ff.

Soergel, Hans Theodor: Bürgerliches Gesetzbuch mit Einführungsgesetz und Nebengesetzen Band 1, Allgemeiner Teil (§§ 1–240), HaustürWiderrufG, 12. Auflage, Stuttgart – Berlin – Köln – Mainz 1987; Band 2, Schuldrecht I (§§ 241–432), 12. Auflage, Stuttgart – Berlin – Köln – Mainz 1990; Band 3, Schuldrecht II (§§ 516–704), 11. Auflage, Stuttgart – Berlin – Köln – Mainz 1980; Band 4, Schuldrecht III (§§ 705–853), 11. Auflage, Stuttgart – Berlin – Köln – Mainz 1985; Band 4/1, Schuldrecht III/1 (§§ 516–651), Gesetz zur Regelung der Miethöhe, Verbraucherkreditgesetz, 12. Auflage, Stuttgart – Berlin – Köln – Mainz 1998 (zit.: *Soergel/Bearbeiter,* BGB).

Stark, Gunnar: Zahlungsstromorientierte Vorfälligkeitsentschädigung, Die Bank 1996, S. 552 ff.

Staudinger, Julius von: Kommentar zum Bürgerlichen Gesetzbuch mit Einführungsgesetz und Nebengesetzen. Erstes Buch, Allgemeiner Teil, §§ 134–163, 13. Bearbeitung, Berlin 1996; Erstes Buch, Allgemeiner Teil, §§ 164–240, 13. Bearbeitung, Berlin 1995; Zweites Buch, Recht der Schuldverhältnisse, Einleitung zu §§ 241 ff; §§ 241–243, 13. Bearbeitung, Berlin 1995; Zweites Buch, Recht der Schuldverhältnisse, Einleitung zu §§ 241 ff; §§ 241, 242, Gesetz zur Regelung des Rechts der Allgemeinen Geschäftsbedingungen, 12. Auflage, Berlin 1983; Zweites Buch, Recht der Schuldverhältnisse, §§ 249–254, 13. Bearbeitung, Berlin 1998; Zweites Buch, Recht der Schuldverhältnisse, §§ 243–254, 12. Auflage, Berlin 1983; Zweites Buch, Recht der Schuldverhältnisse, §§ 255–327, 12. Auflage, Berlin 1979; Zweites Buch, Recht der Schuldverhältnisse, §§ 620–630, 13. Bearbeitung, Berlin 1995; Zweites Buch, Recht der Schuldverhältnisse, §§ 631–651, 13. Bearbeitung, Berlin 1994; Zweites Buch, Recht der Schuldverhältnisse, §§ 652–704, 13. Bearbeitung, Berlin 1995; Zweites Buch, Recht der Schuldverhältnisse, §§ 652–704, 12. Auflage, Berlin 1991; Zweites Buch, Recht der Schuldverhältnisse, §§ 823–832, 12. Auflage, Berlin 1986 (zit.: *Staudinger/Bearbeiter,* BGB).

Stelling, Rainer: Die vorzeitige Ablösung festverzinslicher Realkredite. Eine Untersuchung zu den Rechtsgrundlagen und Grenzen von Vorfälligkeitsentschädigungen, Kieler Rechtswissenschaftliche Abhandlungen (NF) – Band 27, Baden-Baden 2000.

Steppeler, W./Astfalk, T.: Preisrecht und Preisangaben in der Kreditwirtschaft, Köln 1986.

Stoll, Hans: Notizen zur Neuordnung des Rechts der Leistungsstörungen, JZ 2001, S. 589 ff.

Teichmann, Arndt: Strukturveränderungen im Recht der Leistungsstörungen nach dem Regierungsentwurf eines Schuldrechtmodernisierungsgesetzes, BB 2001, S. 1485 ff.
Thelen, Werner: Die Erstattung des Disagios bei vorzeitiger Beendigung des Kreditvertrages, DB 1990, S. 1805 ff.
Ulmer, Peter: Integration des AGB-Gesetzes in das BGB?, in: Schulze, Reiner/ Schulte-Nölke, Hans (Hrsg.), Die Schuldrechtsreform vor dem Hintergrund des Gemeinschaftsrechts, Tübingen, 2001, S. 215 ff.
Ulmer, Peter: Kündigungsschranken im Handels- und Gesellschaftsrecht, in: Festschrift für Philipp Möhring (hrsg. von Wolfgang Hefermehl, Rudolf Nirk und Harry Westermann), München 1975, S. 295 ff.
Ulmer, Peter/Brandner, Hans Erich/Hensen, Horst-Diether: AGB-Gesetz, 8. Auflage, Köln 1997.
Ulmer, Peter/Habersack, Mathias: Verbraucherkreditgesetz, München 1995.
Vortmann, Jürgen: Aufklärungs- und Beratungspflichten der Banken, 6. Auflage, Köln 1999.
Weber, Walter: Das Vorfälligkeitsentgelt bei vorzeitiger Rückzahlung eines Hypothekendarlehens, NJW 1995, S. 2951 ff.
Wehrt, Klaus: Vorfälligkeitsentschädigung und Wettbewerb. Mögliche wettbewerbsrechtliche Auswirkungen der Rechtsprechung zur vorzeitigen Ablösung von Festzinsdarlehen, ZBB 1997, S. 48 ff.
Wehrt, Klaus: Preis oder Ersatz des Erfüllungsinteresses: eine rechtsökonomische Analyse vorzeitiger Darlehensablösungen, in: Effiziente Verhaltenssteuerung und Kooperation im Zivilrecht, Beiträge zum V. Travemünder Symposium zur ökonomischen Analyse des Rechts vom 27.–30. März 1996 (hrsg. von Claus Ott und Hans-Bernd Schäfer), 1997, S. 108 ff.
Wehrt, Klaus: Die Rückerstattung des unverbrauchten Disagios. Eine Besprechung des Urteils des Bundesgerichtshofs vom 8. Oktober 1996, ZIP 1996, 1895, in: ZIP 1997, S. 481 ff.
Weis, Hubert: Einführung in den Diskussionsentwurf, in: Ernst, Wolfgang/Zimmermann, Reinhard (Hrsg.), Zivilrechtswissenschaft und Schuldrechtsreform, Tübingen 2001, S. 25 ff.
Wenzel, Frank: Neues Grundsatzurteil zum Vorfälligkeitsausgleich, Die Bank 2001, S. 192 ff.
Wenzel, Frank: Vorzeitige Beendigung von Hypothekendarlehen, WM 1997, S. 2340 ff.
Wenzel, Frank: Rechtsfragen der vorzeitigen Beendigung von Finanzierungen und des Rating von Unternehmen – Bericht über den Bankrechtstag 1996 am 28. Juni 1996 in Hamburg –, WM 1996, S. 1605 ff.
Wenzel, Frank: Rechtliche Grundlagen der Vereinbarung eines Vorfälligkeitsentgelts mit Verbrauchern, WM 1995, S. 1433 ff.
Wenzel, Frank: Vorfälligkeitsausgleich bei Nichtabnahme oder vorzeitiger Beendigung langfristiger Hypothekarkredite, ZfIR 2001, S. 93 ff.
Wenzel, Frank: Vorfälligkeitsentgelt bei vorzeitiger Tilgung eines Hypothekarkredits, Die Bank 1995, S. 368 ff.
Westermann, Harm Peter: Anmerkung zu BGH, Urt. v. 1.7.1997 – XI ZR 267/96 –, in: DZWiR 1998, S. 27 ff.

Westphalen, Friedrich Graf von (Hrsg): Vertragsrecht und AGB-Klauselwerke, München, Stand: Mai 1994.
Westphalen, Friedrich Graf von: Grundschulddarlehen – Kontrollkriterien des AGBG, in: ZIP 1984, S. 1 ff.
Westphalen, Friedrich Graf von/Emmerich, Volker/Rottenburg, Franz von: Verbraucherkreditgesetz, 2. Auflage Köln 1996.
Wetzel, Thomas: Das Schuldrechtsmodernisierungsgesetz – der große Wurf zum 1. 1. 2002?, ZRP 2001, S. 117 ff.
Wieser, Eberhard: Eine Revolution des Schuldrechts, NJW 2001, S. 121 ff.
Wilk, Burkhard: Zinsfortzahlungsklausel und vorzeitige Darlehenstilgung, DB 1991, S. 1207 ff.
Wimmer, Konrad: So rechnen Banken. Entscheidungshilfen für Geldanlage und Kreditaufnahme, München 2001.
Wimmer, Konrad: Bankkalulation. Neue Konzepte der Kosten- und Erlösrechnung von Kreditinstituten, 2. Auflage, Berlin 1996.
Wimmer, Konrad: Margenerstattung bei der Umschuldung von Darlehensverträgen, Die Bank 2000, S. 862 ff.
Wimmer, Konrad: Barwertkonzept und außerplanmäßige Ereignisse, (I) und (II), ÖBA 1999, 120–127, 182–190.
Wimmer, Konrad: Vorfälligkeitsentschädigung und höchstrichterliche Rechtsprechung, Sparkasse 1998, 326 ff.
Wimmer, Konrad: Vorzeitige Kündigung: Entschädigung nach neuem BGH-Urteil, in: Kreditpraxis 2001, 26.
Wimmer, Konrad: Die neue Preisgabenverordnung, in: WM 2001, 447.
Wimmer, Konrad/Rösler, Patrick/Metz, Rainer: Ablösung und Umschuldung von Krediten – endlich weitgehende Klarheit, in: Der langfristige Kredit 2001, 158.
Wimmer, Konrad/Stöckl-Pukall, Ernst: Die Preisangabenverordnung der Banken, München 1998 (mit Nachtrag 2000).
Woelk, Birgit: Erstattung des anteiligen unverbrauchten Disagios bei einvernehmlicher Aufhebung des Darlehensvertrages, MDR 1997, S. 801 ff.
Wolf, Manfred/Horn, Norbert/Lindacher, Walter F.: AGB-Gesetz. Gesetz zur Regelung des Rechts der Allgemeinen Geschäftsbedingungen, 4. Auflage, München 1999 (zit.: *Bearbeiter*, in: Wolf/Horn/Lindacher, AGBG).
Zimmermann, Reinhard: Schuldrechtsmodernisierung?, JZ 2001, S. 171 ff.
Zimmermann, Reinhard: Schuldrechtsmodernisierung?, in: Ernst, Wolfgang/Zimmermann, Reinhard (Hrsg.), Zivilrechtswissenschaft und Schuldrechtsreform, Tübingen 2001, S. 1 ff.

Anhang

Übersicht
1. AGB – Banken (Nr. 18, 19)
2. AGB – Sparkassen (Nr. 26)
3. Bürgerliches Gesetzbuch – (§§ 314, 489, 490, 497, 498)
4. Bürgerliches Gesetzbuch – alte Fassung (§§ 609 a, 610)
5. Verbraucher Kreditgesetz – außer Kraft (§§ 11, 12)

1. Allgemeine Geschäftsbedingungen der privaten Banken und der Genossenschaftsbanken

Fassung vom 1. April 2002

– Auszug –

Kündigung

18. Kündigungsrechte des Kunden

(1) Jederzeitiges Kündigungsrecht
Der Kunde kann die gesamte Geschäftsverbindung oder einzelne Geschäftsbeziehungen (zum Beispiel den Scheckvertrag), für die weder eine Laufzeit noch eine abweichende Kündigungsregelung vereinbart ist, jederzeit ohne Einhaltung einer Kündigungsfrist kündigen.

(2) Kündigung aus wichtigem Grund
Ist für eine Geschäftsbeziehung eine Laufzeit oder eine abweichende Kündigungsregelung vereinbart, kann eine fristlose Kündigung nur dann ausgesprochen werden, wenn hierfür ein wichtiger Grund vorliegt, der es dem Kunden, auch unter Berücksichtigung der berechtigten Belange der Bank, unzumutbar werden lässt, die Geschäftsbeziehung fortzusetzen.

(3) Gesetzliche Kündigungsrechte
Gesetzliche Kündigungsrechte bleiben unberührt.

19. Kündigungsrechte der Bank

(1) Kündigung unter Einhaltung einer Kündigungsfrist
Die Bank kann die gesamte Geschäftsverbindung oder einzelne Geschäftsbeziehungen, für die weder eine Laufzeit noch eine abweichende Kündigungsregelung vereinbart ist, jederzeit unter Einhaltung einer angemessenen Kündigungsfrist kündigen (zum Beispiel den Scheckvertrag, der zur Nutzung von Scheckvordrucken berechtigt). Bei der Bemessung der Kündigungsfrist wird die Bank auf die berechtigten Belange des Kunden Rücksicht nehmen. Für die Kündigung der Führung von laufenden Konten und Depots beträgt die Kündigungsfrist mindestens sechs Wochen.

(2) Kündigung unbefristeter Kredite
Kredite und Kreditzusagen, für die weder eine Laufzeit noch eine abweichende Kündigungsregelung vereinbart ist, kann die Bank jederzeit ohne Einhaltung einer Kündigungsfrist kündigen. Die Bank wird bei der Ausübung dieses Kündigungsrechts auf die berechtigten Belange des Kunden Rücksicht nehmen.

(3) Kündigung aus wichtigem Grund ohne Einhaltung einer Kündigungsfrist
Eine fristlose Kündigung der gesamten Geschäftsverbindung oder einzelner Geschäftsbeziehungen ist zulässig, wenn ein wichtiger Grund vorliegt, der

der Bank, auch unter Berücksichtigung der berechtigten Belange des Kunden, deren Fortsetzung unzumutbar werden lässt. Ein wichtiger Grund liegt insbesondere vor,

- wenn der Kunde unrichtige Angaben über seine Vermögensverhältnisse gemacht hat, die für die Entscheidung der Bank über eine Kreditgewährung oder über andere mit Risiken für die Bank verbundene Geschäfte (z. B. Aushändigung einer Zahlungskarte) von erheblicher Bedeutung waren, oder
- wenn eine wesentliche Verschlechterung der Vermögensverhältnisse des Kunden oder der Werthaltigkeit einer Sicherheit eintritt oder einzutreten droht und dadurch die Rückzahlung des Darlehens oder die Erfüllung einer sonstigen Verbindlichkeit gegenüber der Bank – auch unter Verwertung einer hierfür bestehenden Sicherheit – gefährdet ist, oder
- wenn der Kunde seiner Verpflichtung zur Bestellung oder Verstärkung von Sicherheiten nach Nr. 13 Absatz 2 dieser Geschäftsbedingungen oder aufgrund einer sonstigen Vereinbarung nicht innerhalb der von der Bank gesetzten angemessenen Frist nachkommt.

Besteht der wichtige Grund in der Verletzung einer vertraglichen Pflicht, ist die Kündigung erst nach erfolglosem Ablauf einer zur Abhilfe bestimmten angemessenen Frist oder nach erfolgloser Abmahnung zulässig, es sei denn, dies ist wegen der Besonderheiten des Einzelfalles (§ 323 Absätze 2 und 3 des Bürgerlichen Gesetzbuches) entbehrlich.

(4) Kündigung von Verbraucherdarlehensverträgen bei Verzug
Soweit das Bürgerliche Gesetzbuch Sonderregelungen für die Kündigung wegen Verzuges mit der Rückzahlung eines Verbraucherdarlehensvertrages vorsieht, kann die Bank nur nach Maßgabe dieser Regelungen kündigen.

(5) Abwicklung nach einer Kündigung
Im Falle einer Kündigung ohne Kündigungsfrist wird die Bank dem Kunden für die Abwicklung (insbesondere für die Rückzahlung eines Kredits) eine angemessene Frist einräumen, soweit nicht eine sofortige Erledigung erforderlich ist (zum Beispiel bei der Kündigung des Scheckvertrages die Rückgabe der Scheckvordrucke).

2. Allgemeine Geschäftsbedingungen der Sparkassen
Fassung vom 1. April 2002
– Auszug –

Auflösung der Geschäftsbeziehung Nr. 26 – Kündigungsrecht

(1) Ordentliche Kündigung
Sowohl der Kunde als auch die Sparkasse können die gesamte Geschäftsbeziehung oder einzelne Geschäftszweige jederzeit ohne Einhaltung einer Kündigungsfrist kündigen, soweit keine abweichenden Vorschriften oder anderweitigen Vereinbarungen dem entgegenstehen. Kündigt die Sparkasse, so wird sie den berechtigten Belangen des Kunden angemessen Rechnung tragen, insbesondere nicht zur Unzeit kündigen.

(2) Kündigung aus wichtigem Grund
Ungeachtet anderweitiger Vereinbarungen können sowohl der Kunde als auch die Sparkasse die gesamte Geschäftsbeziehung oder einzelne Geschäftszweige jederzeit fristlos kündigen, wenn ein wichtiger Grund vorliegt, aufgrund dessen dem Kündigenden die Fortsetzung der Geschäftsbeziehung nicht zugemutet werden kann. Dabei sind die berechtigten Belange des anderen Vertragspartners zu berücksichtigen.

Für die Sparkasse ist ein solcher Kündigungsgrund insbesondere gegeben, wenn aufgrund der nachfolgend beispielhaft aufgeführten Umstände die Einhaltung der Zahlungsverpflichtungen des Kunden oder die Durchsetzbarkeit der Ansprüche der Sparkasse – auch unter Verwertung etwaiger Sicherheiten – gefährdet wird:

a) wenn eine wesentliche Verschlechterung oder eine erhebliche Gefährdung der Vermögensverhältnisse des Kunden oder in der Werthaltigkeit der für ein Darlehen gestellten Sicherheiten eintritt, insbesondere wenn der Kunde die Zahlungen einstellt oder erklärt, sie einstellen zu wollen, oder wenn von dem Kunden angenommene Wechsel zu Protest gehen;
b) wenn der Kunde seiner Verpflichtung zur Bestellung oder zur Verstärkung von Sicherheiten (Nr. 22 Absatz 1) nach Aufforderung durch die Sparkasse nicht innerhalb angemessener Frist nachkommt;
c) wenn der Kunde unrichtige Angaben über seine Vermögensverhältnisse gemacht hat;
d) wenn gegen den Kunden eine Zwangsvollstreckung eingeleitet wird;
e) wenn sich die Vermögensverhältnisse eines Mitverpflichteten oder des persönlich haftenden Gesellschafters wesentlich verschlechtert haben oder erheblich gefährdet sind, sowie bei Tod oder Wechsel des persönlich haftenden Gesellschafters.

Besteht der wichtige Grund in der Verletzung einer Pflicht aus dem Vertrag, ist die Kündigung erst nach erfolglosem Ablauf einer zur Abhilfe bestimmten Frist oder nach erfolgloser Abmahnung zulässig. Etwas anderes gilt nur, wenn der Kunde die Leistung ernsthaft und endgültig verweigert, er die Leistung zu einem im Vertrag bestimmten Termin oder innerhalb einer bestimmten Frist nicht bewirkt, obwohl die Sparkasse den Fortbestand ihres Leistungsinteresses vertraglich an die Rechtzeitigkeit der Leistung gebunden hat, oder wenn besondere Umstände vorliegen, die unter Abwägung der beiderseitigen Interessen eine sofortige Kündigung rechtfertigen.

(3) Rechtsfolgen bei Kündigung
Mit der Auflösung der gesamten Geschäftsbeziehung oder einzelner Geschäftszweige werden die auf den betroffenen Konten geschuldeten Beträge sofort fällig. Der Kunde ist außerdem verpflichtet, die Sparkasse insoweit von allen für ihn oder in seinem Auftrag übernommenen Verpflichtungen zu befreien.

Die Sparkasse ist berechtigt, die für den Kunden oder in seinem Auftrag übernommenen Verpflichtungen zu kündigen und sonstige Verpflichtungen, insbesondere solche in fremder Währung, mit Wirkung gegen den Kunden auszugleichen sowie hereingenommene Wechsel und Schecks sofort zurückzubelasten; die wechsel- oder scheckrechtlichen Ansprüche gegen den Kunden und jeden aus dem Papier Verpflichteten auf Zahlung des vollen Betrages der Wechsel und Schecks mit Nebenforderungen verbleiben der Sparkasse jedoch bis zur Abdeckung eines etwaigen Schuldsaldos.

3. Bürgerliches Gesetzbuch (BGB)
In der Fassung der Bekanntmachung vom 2. Januar 2002
(BGBl. I S. 42)
– Auszug –

§ 314 Kündigung von Dauerschuldverhältnissen aus wichtigem Grund.
(1) Dauerschuldverhältnisse kann jeder Vertragsteil aus wichtigem Grund ohne Einhaltung einer Kündigungsfrist kündigen. Ein wichtiger Grund liegt vor, wenn dem kündigenden Teil unter Berücksichtigung aller Umstände des Einzelfalls und unter Abwägung der beiderseitigen Interessen die Fortsetzung des Vertragsverhältnisses bis zur vereinbarten Beendigung oder bis zum Ablauf einer Kündigungsfrist nicht zugemutet werden kann.

(2) Besteht der wichtige Grund in der Verletzung einer Pflicht aus dem Vertrag, ist die Kündigung erst nach erfolglosem Ablauf einer zur Abhilfe bestimmten Frist oder nach erfolgloser Abmahnung zulässig. § 323 Abs. 2 findet entsprechende Anwendung.

(3) Der Berechtigte kann nur innerhalb einer angemessenen Frist kündigen, nachdem er vom Kündigungsgrund Kenntnis erlangt hat.

(4) Die Berechtigung, Schadensersatz zu verlangen, wird durch die Kündigung nicht ausgeschlossen.

§ 489 Ordentliches Kündigungsrecht des Darlehensnehmers. (1) Der Darlehensnehmer kann einen Darlehensvertrag, bei dem für einen bestimmten Zeitraum ein fester Zinssatz vereinbart ist, ganz oder teilweise kündigen,
1. wenn die Zinsbindung vor der für die Rückzahlung bestimmten Zeit endet und keine neue Vereinbarung über den Zinssatz getroffen ist, unter Einhaltung einer Kündigungsfrist von einem Monat frühestens für den Ablauf des Tages, an dem die Zinsbindung endet; ist eine Anpassung des Zinssatzes in bestimmten Zeiträumen bis zu einem Jahr vereinbart, so kann der Darlehensnehmer jeweils nur für den Ablauf des Tages, an dem die Zinsbindung endet, kündigen;
2. wenn das Darlehen einem Verbraucher gewährt und nicht durch ein Grund- oder Schiffspfandrecht gesichert ist, nach Ablauf von sechs Monaten nach dem vollständigen Empfang unter Einhaltung einer Kündigungsfrist von drei Monaten;
3. in jedem Fall nach Ablauf von zehn Jahren nach dem vollständigen Empfang unter Einhaltung einer Kündigungsfrist von sechs Monaten; wird nach dem Empfang des Darlehens eine neue Vereinbarung über die Zeit der Rückzahlung oder den Zinssatz getroffen, so tritt der Zeitpunkt dieser Vereinbarung an die Stelle des Zeitpunkts der Auszahlung.

(2) Der Darlehensnehmer kann einen Darlehensvertrag mit veränderlichem Zinssatz jederzeit unter Einhaltung einer Kündigungsfrist von drei Monaten kündigen.

(3) Eine Kündigung des Darlehensnehmers nach Absatz 1 oder Absatz 2 gilt als nicht erfolgt, wenn er den geschuldeten Betrag nicht binnen zwei Wochen nach Wirksamwerden der Kündigung zurückzahlt.

(4) Das Kündigungsrecht des Darlehensnehmers nach den Absätzen 1 und 2 kann nicht durch Vertrag ausgeschlossen oder erschwert werden. Dies gilt nicht bei Darlehen an den Bund, ein Sondervermögen des Bundes, ein Land, eine Gemeinde, einen Gemeindeverband, die Europäischen Gemeinschaften oder ausländische Gebietskörperschaften.

§ 490 Außerordentliches Kündigungsrecht. (1) Wenn in den Vermögensverhältnissen des Darlehensnehmers oder in der Werthaltigkeit einer für das Darlehen gestellten Sicherheit eine wesentliche Verschlechterung eintritt oder einzutreten droht, durch die die Rückerstattung des Darlehens, auch unter Verwertung der Sicherheit, gefährdet wird, kann der Darlehensgeber den Darlehensvertrag vor Auszahlung des Darlehens im Zweifel stets, nach Auszahlung nur in der Kegel fristlos kündigen.

(2) Der Darlehensnehmer kann einen Darlehensvertrag, bei dem für einen bestimmten Zeitraum ein fester Zinssatz vereinbart und das Darlehen durch ein Grund- oder Schiffspfandrecht gesichert ist, unter Einhaltung der Fristen des § 489 Abs. 1 Nr. 2 vorzeitig kündigen, wenn seine berechtigten Interessen dies gebieten. Ein solches Interesse liegt insbesondere vor, wenn der Darlehensnehmer ein Bedürfnis nach einer anderweitigen Verwertung der zur Sicherung des Darlehens beliehenen Sache hat. Der Darlehensnehmer hat dem Darlehensgeber denjenigen Schaden zu ersetzen, der diesem aus der vorzeitigen Kündigung entsteht (Vorfälligkeitsentschädigung).

(3) Die Vorschriften der §§ 313 und 314 bleiben unberührt.

§ 497 Behandlung der Verzugszinsen, Anrechnung von Teilleistungen. (1) Soweit der Darlehensnehmer mit Zahlungen, die er auf Grund des Verbraucherdarlehensvertrags schuldet, in Verzug kommt, hat er den geschuldeten Betrag gemäß § 288 Abs. 1 zu verzinsen, es sei denn, es handelt sich um einen grundpfandrechtlich gesicherten Verbraucherdarlehensvertrag gemäß § 491 Abs. 3 Nr. 1. Bei diesen Verträgen beträgt der Verzugszinssatz für das Jahr zweieinhalb Prozentpunkte über dem Basiszinssatz. Im Einzelfall kann der Darlehensgeber einen höheren oder der Darlehensnehmer einen niedrigeren Schaden nachweisen.

(2) Die nach Eintritt des Verzugs anfallenden Zinsen sind auf einem gesonderten Konto zu verbuchen und dürfen nicht in ein Kontokorrent mit dem geschuldeten Betrag oder anderen Forderungen des Darlehensgebers eingestellt werden. Hinsichtlich dieser Zinsen gilt § 289 Satz 2 mit der Maßgabe, dass der Darlehensgeber Schadensersatz nur bis zur Höhe des gesetzlichen Zinssatzes (§ 246) verlangen kann.

(3) Zahlungen des Darlehensnehmers, die zur Tilgung der gesamten fälligen Schuld nicht ausreichen, werden abweichend von § 367 Abs. 1 zunächst auf die Kosten der Rechtsverfolgung, dann auf den übrigen geschuldeten Betrag (Absatz 1) und zuletzt auf die Zinsen (Absatz 2) angerechnet. wer Darlehensgeber darf Teilzahlungen nicht zurückweisen. Die Verjährung der Ansprüche auf Darlehensrückerstattung und Zinsen ist vom Eintritt des Verzugs nach Absatz 1 an bis

zu ihrer Feststellung in einer in § 197 Abs. 1 Nr. 3 bis 5 bezeichneten Art gehemmt, jedoch nicht länger als zehn Jahre von ihrer Entstehung an. Auf die Ansprüche auf Zinsen findet § 197 Abs. 2 keine Anwendung. Die Sätze 1 bis 4 finden keine Anwendung, soweit Zahlungen auf Vollstreckungstitel geleistet werden, deren Hauptforderung auf Zinsen lautet.

§ 498 Gesamtfälligstellung bei Teilzahlungsdarlehen. (1) Wegen Zahlungsverzugs des Darlehensnehmers kann der Darlehensgeber den Verbraucherdarlehensvertrag bei einem Darlehen, das in Teilzahlungen zu tilgen ist, nur kündigen, wenn

1. der Darlehensnehmer mit mindestens zwei aufeinanderfolgenden Teilzahlungen ganz oder teilweise und mindestens 10 Prozent, bei einer Laufzeit des Verbraucherdarlehensvertrags über drei Jahre mit 5 Prozent des Nennbetrags des Darlehens oder des Teilzahlungspreises in Verzug ist und
2. der Darlehensgeber dem Darlehensnehmer erfolglos eine zweiwöchige Frist zur Zahlung des rückständigen Betrags mit der Erklärung gesetzt hat, dass er bei Nichtzahlung innerhalb der Frist die gesamte Restschuld verlange.

Der Darlehensgeber soll dem Darlehensnehmer spätestens mit der Fristsetzung ein Gespräch über die Möglichkeiten einer einverständlichen Regelung anbieten.

(2) Kündigt der Darlehensgeber den Verbraucherdarlehensvertrag, so vermindert sich die Restschuld um die Zinsen und sonstigen laufzeitabhängigen Kosten des Darlehens, die bei staffelmäßiger Berechnung auf die Zeit nach Wirksamwerden der Kündigung entfallen.

4. Bürgerliches Gesetzbuch

Alte Fassung (vor 1.1.2002)

– Auszug –

§ 609 a [Kündigungsrecht] (1) Der Schuldner kann ein Darlehen, bei dem für einen bestimmten Zeitraum ein fester Zinssatz vereinbart ist, ganz oder teilweise kündigen,
1. wenn die Zinsbindung vor der für die Rückzahlung bestimmten Zeit endet und keine neue Vereinbarung über den Zinssatz getroffen ist, unter Einhaltung einer Kündigungsfrist von einem Monat frühestens für den Ablauf des Tages, an dem die Zinsbindung endet; ist eine Anpassung des Zinssatzes in bestimmten Zeiträumen bis zu einem Jahr vereinbart, so kann der Schuldner jeweils nur für den Ablauf des Tages, an dem die Zinsbindung endet, kündigen;
2. wenn das Darlehen einer natürlichen Person gewährt und nicht durch ein Grund- oder Schiffspfandrecht gesichert ist, nach Ablauf von sechs Monaten nach dem vollständigen Empfang, unter Einhaltung einer Kündigungsfrist von drei Monaten; dies gilt nicht, wenn das Darlehen ganz oder überwiegend für Zwecke einer gewerblichen oder beruflichen Tätigkeit bestimmt war;
3. in jedem Falle nach Ablauf von zehn Jahren nach dem vollständigen Empfang unter Einhaltung einer Kündigungsfrist von sechs Monaten; wird nach dem Empfang des Darlehens eine neue Vereinbarung über die Zeit der Rückzahlung oder den Zinssatz getroffen, so tritt der Zeitpunkt dieser Vereinbarung an die Stelle des Zeitpunkts der Auszahlung.

(2) Der Schuldner kann ein Darlehen mit veränderlichem Zinssatz jederzeit unter Einhaltung einer Kündigungsfrist von drei Monaten kündigen.

(3) Eine Kündigung des Schuldners nach den Absätzen 1 oder 2 gilt als nicht erfolgt, wenn er den geschuldeten Betrag nicht binnen zweier Wochen nach Wirksamwerden der Kündigung zurückzahlt.

(4) Das Kündigungsrecht des Schuldners nach den Absätzen 1 und 2 kann nicht durch Vertrag ausgeschlossen oder erschwert werden. Dies gilt nicht bei Darlehen an den Bund, ein Sondervermögen des Bundes; ein Land, eine Gemeinde oder einen Gemeindeverband.

§ 610 [Widerruf eines Darlehensversprechens] Wer die Hingabe eines Darlehens verspricht, kann im Zweifel das Versprechen widerrufen, wenn in den Vermögensverhältnissen des anderen Teiles eine wesentliche Verschlechterung eintritt, durch die der Anspruch auf die Rückerstattung gefährdet wird.

5. Verbraucherkreditgesetz (VerbrKrG)

Ab 1. 1. 2002 außer Kraft

– Auszug –

§ 11 Verzugszinsen; Anrechnung von Teilleistungen. (1) Soweit der Verbraucher mit Zahlungen, die er auf Grund des Kreditvertrages schuldet, in Verzug kommt, ist der geschuldete Betrag mit fünf vom Hundert über dem jeweiligen Diskontsatz der Deutschen Bundesbank zu verzinsen, wenn nicht im Einzelfall der Kreditgeber einen höheren oder der Verbraucher einen niedrigeren Schaden nachweist.

(2) Nach Eintritt des Verzugs anfallende Zinsen sind auf einem gesonderten Konto zu verbuchen und dürfen nicht in ein Kontokorrent mit dem geschuldeten, Betrag oder anderen Forderungen des Kreditgebers eingestellt werden. Hinsichtlich dieser Zinsen gilt § 289 Satz 2 des Bürgerlichen Gesetzbuchs mit der Maßgabe, daß der Kreditgeber Schadensersatz nur bis zur Höhe des gesetzlichen Zinssatzes verlangen kann.

(3) Zahlungen des Verbrauchers, die zur Tilgung der gesamten fälligen Schuld nicht ausreichen, werden abweichend von § 367 Abs. 1 des Bürgerlichen Gesetzbuchs zunächst auf die Kosten der Rechtsverfolgung, dann auf den übrigen geschuldeten Betrag (Absatz 1) und zuletzt auf die Zinsen (Absatz 2) angerechnet. Der Kreditgeber darf Teilzahlungen nicht zurückweisen. Auf die Ansprüche auf Zinsen finden die §§ 197 und 218 Abs. 2 des Bürgerlichen Gesetzbuchs keine Anwendung. Die Sätze 1 bis 3 sind nicht anzuwenden, soweit Zahlungen auf Vollstreckungstitel geleistet werden, deren Hauptforderung auf Zinsen lautet.

§ 12 Gesamtfälligstellung bei Teilzahlungskrediten. (1) Der Kreditgeber kann bei einem Kredit, der in Teilzahlungen zu tilgen ist, den Kreditvertrag wegen Zahlungsverzugs des Verbrauchers nur kündigen, wenn
1. der Verbraucher mit mindestens zwei aufeinanderfolgenden Teilzahlungen ganz oder teilweise und mindestens zehn vom Hundert, bei einer Laufzeit des Kreditvertrages über drei Jahre mit fünf vom Hundert des Nennbetrages des Kredits oder des Teilzahlungspreises in Verzug ist und
2. der Kreditgeber dem Verbraucher erfolglos eine zweiwöchige Frist zur Zahlung des rückständigen Betrags mit der Erklärung gesetzt hat, daß er bei Nichtzahlung innerhalb der Frist die gesamte Restschuld verlange.

Der Kreditgeber soll dem Verbraucher spätestens mit der Fristsetzung ein Gespräch über die Möglichkeiten einer einverständlichen Regelung anbieten.

(2) Kündigt der Kreditgeber den Kreditvertrag, so vermindert sich die Restschuld um die Zinsen und sonstigen laufzeitabhängigen Kosten des Kredits, die bei staffelmäßiger Berechnung auf die Zeit nach Wirksamwerden der Kündigung entfallen.

Sachverzeichnis

Die Zahlen verweisen auf die Seiten

Abnahmeverpflichtung 8, 9
Abschnittsfinanzierung 21, 229
Abzinsung 141, 142, 159
AGB-Banken 16
AGB-Sparkassen 16
Aktiv-Aktiv-Methode 121, 158
aktiver Wiederanlagezins 128
Aktiv-Passiv-Methode 121, 158, 173
Allgemeine Geschäftsbedingungen 148
Altfälle 181
Annuitätendarlehen 142
Arbeitslosigkeit 33, 34
Aufhebungsentgelt 83, 100
Aufhebungsvertrag 52, 81, 100
ausländische Gebietskörperschaft 31
Auslandskreditgeschäft 22
außerordentliche Kündigung 64, 80
außerplanmäßige Ereignisse 219
Avalkredit 22

b. a. w. Kredite 16
Basel II 138
Baufinanzierung 21, 26, 28
Bearbeitungskosten 88, 140, 159
Belgien 85
berechtigtes Interesse 32, 35
Billigkeitskontrolle 101
Bruttomarge 131
Bund 31
Bundesbankstatistik 28

Cap-Kredit 23
Cap-Prämie 110
Cash-Flow-Methode 130, 141, 142, 159
Collar-Kredit 23

Damnum 103
Dänemark 86
Darlehenswechsel 228
Darlehnsmindestlaufzeit 28
Deckungsgeschäft 127
Disagio 88, 103
Diskussionsentwurf eines Schuldrechtsmodernisierungsgesetzes 69
Disposition 191
Doppeldarlehen 29

E-Commerce-Richtlinie 65
Effektivzins 122, 144, 161, 202
Ehescheidung 33
Einmalkosten 88, 242
Erfüllungsschaden 161
Ersatzkreditnehmer 63
ersparte Verwaltungskosten 139
EU-Richtlinien 64
Europäische Gemeinschaft 31

Festzinsvereinbarung 23
Finanzierungszweck 26
Forward-Darlehen 29, 30, 108, 235
Forward-Prämie 108
Forward-Zinssatz 108, 234
Frankreich 85

Gebot der Rücksichtnahme 44
Gemeinde 31
Gemeindeverband 31
Geschäftsgrundlage 55
Gesamtfälligstellung bei Teilzahlungskrediten 11
Gesprächsangebot 19
gewerblicher Festsatzkredit 35
Großbritannien 85
grundpfandrechtliche Sicherung 26

Hypothekenpfandbriefe 128, 159, 236

Interpolation 129
inverse Zinsstrukturkurve 161

Kapitalbindung 228
KAPO-Programm 122
Kappung 230
Konsumentendarlehen 241
Kontrahierungszwang 53
Krankheit 33
Kreditaufstockung 219
Kündigung 12, 73
Kurswerte 163

laufzeitkongruente Wiederanlage 127
Laufzeitverlängerung 228
Leasinggeschäfte 238
Lebensversicherung 36
Löschungsbewilligung 112

Maklerprovision 88
Margenerstattung 146, 230
Margennutzen 245
Margenschaden 245

Nachfinanzierung 33
Nachfrist 19
natürliche Person 26
Nebenpflichtverletzung 14
Nennbetrag des Kredits 18
Nettomarge 132
Neugeschäft 147, 219
Nichtabnahmeentschädigung 89
Nominalzins 122, 144, 161
Nutzungen 117

objektive Geschäftsgrundlage 55
Option 111

pacta sunt servanda 1
Pauschalierung einer Vorfälligkeitsentschädigung 149
PEX (Deutscher Pfandbriefindex) 166
Pflicht zur Kreditversorgung 11
Portfolio 121
Positive Vertragsverletzung 95
Preisangabenverordnung 145
Preisvereinbarung 83
Primäranspruch 90
Prolongation 47

Ratenkredite 241
reale Zinsstrukturkurve 130, 143, 159
Rediskont-Methode 242
Refinanzierung 120, 121
Regelverjährungsfrist 116
Risikodifferenzierung 138
Risikokosten 137, 159
Roll-Over-Kredit 25
Rückwirkung 154
Rückzahlung 181

Schadensausgleich 220
Schadensnachweis 185
Schätzung 137
Scheidung 48
Schriftformerfordernis 8
Schuldrechtsmodernisierungsgesetz 4, 15, 64
Sekundäranspruch 90
Sicherungszweckvereinbarung 112
Sondertilgungsrechte 125
Sondervermögen des Bundes 31
Stillhalter 111
strukturkongruente Refinanzierung 178
synthetische Festsatzkredite 24

Teilkündigung 22
Teilzahlungskredite 17, 241
Teilzahlungspreis 18
Tilgungsmodalität 228
Tilgungsplan 159
Tilgungsverlauf 142
Tod des Kreditnehmers 7, 35
Transparenz 143, 152, 159, 164

Überlappungszeitraum 224
Überlappungszeitraum 224
Überschuldung 33
übliche Bedingungen 27
Umschuldung 223
Umschuldungszeitpunkt 224
Umzug 33
unterjährliche Zahlungsweise 183

variabel verzinsliche Kredite 22
Verbraucher 8, 26
Verbraucherkreditrecht 96, 107
Verbrauchsgüterkaufrichtlinie 64
Vereinbarung über den Zinssatz 25
Vereinigte Staaten 86
Vergleichskonto 162
Verkaufsgelegenheit 33
Vertragsabschlußkosten 88
Vertragsanpassung 58, 219
Vertragsfreiheit 81
Vertragsmodifizierung 35, 40, 42
Vertragsstrafenvereinbarung 31
Vertragstreue 41
Verwaltungskosten 159
Verwendungsrisiko 47
Verzug 18, 98
Vorfälligkeitsentgelt 83, 100
Vorfälligkeitsentschädigung 90
Vorfälligkeitsklausel 150
Vorfälligkeitsnutzen 210
Vorschußzinsen 212, 217
Vorteilsausgleichung 145
vorzeitige Vertragsbeendigung bei Leasinggeschäften 240
vorzeitige Vertragsbeendigung 32
vorzeitiges Tilgungsrecht 32, 90

Wegfall der Geschäftsgrundlage 53
Werkvertrag 62
Widerruf 12
Wiederanlagezins 134 ›142
wirtschaftliche Handlungsfreiheit 32, 41
WISO-Vorfälligkeitsrechner 179

Zahlungsschwierigkeiten 34
Zahlungsverzugs-Richtlinie 65
Zerobondabzinsfaktoren 179
Zinsbindungsfrist 23

Zinserwartung 124
Zinsfestschreibungszeitraum 104
zinsgünstige Umschuldung 34
Zinskupons 163
Zinsmargenschaden 131, 158
Zinsplan 159

Zinsstaffeln 242
Zinsstrukturkurve 234
Zinsverbesserungsvorteil 145
Zinsverschlechterungsschaden 158
Zweckerreichung 57
Zweckfortfall 57